PRESIDENTES
GOVERNANTES

Grupo
Editorial
Nacional

VITALINO **CANAS**

PRESIDENTES GOVERNANTES

Numa era de fragmentação e volatilidade políticas

Apresentação
- Ministro Gilmar Mendes

Prefácio
- Ministro Luis Felipe Salomão

Editora
FORENSE

Os céus não podem tolerar dois sóis, nem a terra dois senhores
Alexandre, o Grande
(356 a.C. – 323 a.C.)

Ao meu avô, Afonso Ferreira (1911-1983), republicano

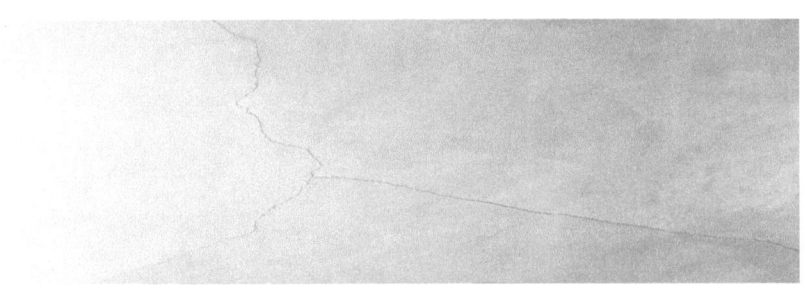

AGRADECIMENTOS E NOTA GERAL

À **Doutora Paula Baltar agradeço** a revisão minuciosa e precisa do texto. Muitas deficiências foram evitadas pelo seu trabalho atento. Ao Sidnei Gonzalez, da Fundação Getúlio Vargas, agradeço ter apostado no livro antes mesmo de ele estar concluído. Não poderia ambicionar maior manifestação de confiança. À biblioteca da Faculdade de Direito da Universidade de Lisboa agradeço a permanente disponibilidade para aceder mesmo aos mais difíceis pedidos.

Os preceitos legais citados sem referência à fonte são preceitos constitucionais. Os preceitos constitucionais citados sem menção da data da constituição são preceitos da constituição que interessa para o caso, em princípio a constituição em vigor no Estado em referência[1].

---

[1] Na consulta às constituições, recorremos, por norma, à base documental de ELKINS, Zachary; GINS-BURG, Tom; MELTON, James. *Constitute: The World's Constitutions to Read, Search, and Compare*. 2017. Abreviadamente conhecida como *Constitute Project*. Disponível em: https://www.constituteproject. org/constitutions?lang=en&status=in_force&status=is_draft. Complementamos, por vezes, com a informação fornecida pela ConstitutionNet. Disponível em: https://constitutionnet.org/. Acesso em: 9 jan. 2025; também a Global Law and Policy Database operada pelo Alto Comissariado das Nações Unidas para Refugiados (ACNUR). Acesso em: https://www.refworld.org/. Acesso em: 9 jan. 2025.
Para a comparação das normas constitucionais vigentes nos países da América Latina, pode também recorrer-se às informações do *Comparative Constitutional Study*. Disponível em: https:// pdba.georgetown.edu/Comp/comparative.html. Acesso em: 9 jan. 2025.
Atendendo a que em muitos casos estas bases documentais providenciam o texto constitucional em outra língua que não a de origem, procedemos por norma à confrontação entre as duas fontes.

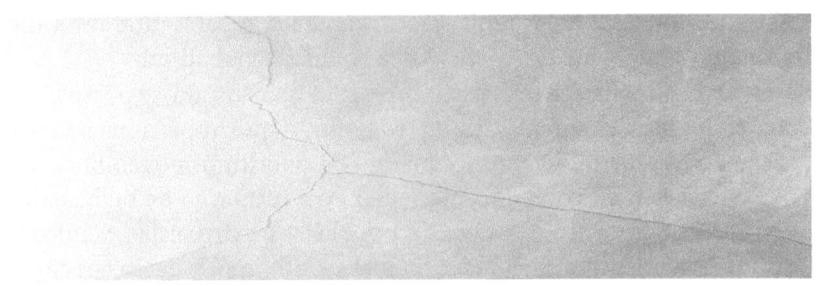

PREFÁCIO

A governança é hoje um dos temas centrais no debate global, o que certamente conduz a uma reflexão sobre a necessidade de soluções que conciliem a crescente complexidade das relações sociais, políticas e tecnológicas com a demanda por estabilidade institucional.

O aperfeiçoamento dos mecanismos de exercício do poder e da administração pública nos distintos sistemas de governo é, de fato, um imperativo para a preservação do Estado democrático de direito. No entanto, existe uma conjuntura crítica que compromete a funcionalidade das instituições e expõe o esgarçamento da relação entre o Estado e os cidadãos. As questões como fragmentação política, descrédito das instituições e rejeição popular aos modelos vigentes de representação evidenciam a encruzilhada atual.

No mundo todo, vivemos a transformação do analógico para o digital. Além disso, os negócios são realizados de maneira transnacional e algumas moedas não têm regulação em Banco Central, como é o caso da criptomoeda. Há, em andamento, um processo de autorregulação em vários setores das sociedades mundiais, como resposta da vida privada ao Estado, que não atende aos anseios sociais.

A crise de representação e a própria crise da democracia expõem os sistemas ao risco de se tornarem alvos fáceis tanto do descontentamento generalizado quanto de investidas desestabilizadoras de um populismo desenfreado e quase caricato. Independentemente do modelo de governo adotado – parlamentarista, presidencialista ou híbrido –, todos enfrentam tensões estruturais que colocam a sua própria existência em xeque.

A polarização emerge como um dos principais indutores dessa instabilidade, estimulada pelo *modelo de negócios* das redes sociais, expondo as instituições à fragilização e à erosão da ordem democrática em si.

A própria dinâmica da participação política foi alterada, uma vez que a configuração do debate público foi transformada pelas novas tecnologias de comunicação. A expansão da internet e das redes sociais viabilizou o acesso ampliado à informação e facilitou a interação entre os indivíduos. Da mesma forma, trouxe desafios inéditos. As redes sociais e a comunicação instantânea reconfiguraram a mobilização social, tornando-a mais ágil em meio a uma realidade globalizada.

Os limites físicos se dissiparam e, com isso, tornou-se possível o amplo alcance de conteúdos, especialmente os polarizadores, o que impulsiona a expansão e a radicalização dos discursos. O aprimoramento de algoritmos possibilita o direcionamento e a personalização do conteúdo, alimentando a formação de bolhas ideológicas – verdadeiras câmaras de eco de discursos populistas e extremistas. Sendo assim, a opacidade do funcionamento dessas redes estabelece um impasse não apenas sob a ótica social, mas também política e jurídica.

A instantaneidade e a amplitude da difusão da informação tornam cada vez mais difícil conter essa dinâmica, especialmente no que diz respeito à propagação da desinformação. A instrumentalização dessa dinâmica manifesta-se na tentativa de influenciar ou incitar a contestação de processos políticos e eleitorais, seja por meio da subversão de sua condução, seja pelo questionamento de sua celeridade e legitimidade. Outro fator determinante é o radicalismo religioso, que também entra como pano de fundo nessa quadra ativa de nossa história recente.

O conceito de narrativa, outrora restrito ao léxico pós-moderno dos anos 1960, consolidou-se no vocabulário dos usuários das redes sociais, que passaram a habitar um ambiente onde verdade e opinião frequentemente se confundem. As fronteiras entre fato e ponto de vista são apresentadas como sendo difusas, sustentando o obscurantismo predominante nas redes, em que as experiências individual e coletiva são moldadas por uma realidade digital globalizada. Há, portanto, a necessidade de uma abordagem que supere a perspectiva local e leve em consideração o impacto transnacional de eventos.

O avanço e a crescente aplicação da inteligência artificial intensificaram os desafios preexistentes, tornando ainda mais complexa a regulação dessas plataformas. Diante disso, há um esforço global para enfrentar esse desafio.

As transformações sociais, seus impactos políticos, bem como a influência recíproca entre ambos, constituem um processo inerente aos sistemas de governo. Desde os primeiros modelos políticos de organização, a estruturação do poder refletia as dinâmicas sociais, culturais e econômicas de seu tempo. Antes de se consolidarem, os sistemas atuais passaram por um extenso processo de adaptação às exigências históricas.

A monarquia, por exemplo, assistiu à gradual superação do direito divino e absoluto, levando à consolidação do parlamentarismo. Enquanto isso, a revolução, por seu caráter radical e transformador, deu origem a um sistema inédito, o presidencialismo. Ambos os sistemas desenvolveram mecanismos próprios para estabelecer o equilíbrio em suas estruturas, assegurando o funcionamento do governo e a preservação do Estado. Ademais, a incorporação e expansão da participação popular representaram uma virada copernicana.

Um princípio fundamental da política moderna, a separação dos poderes, inerente ao sistema presidencialista, simboliza uma prerrogativa basilar: o poder não pode se concentrar em uma única autoridade sem comprometer a estabilidade e segurança das instituições.

No contexto atual, a resiliência dos sistemas depende da capacidade das instituições de se adaptarem às novas realidades. Para isso, compreender e fortalecer os sistemas de governo tornou-se uma necessidade inadiável.

Essa é a tarefa assumida por Vitalino Canas em *Presidentes governantes: numa era de fragmentação e volatilidade políticas*, obra que nasce como referência e oferece um detalhado retrato da situação dos sistemas de governo no século XXI, analisado com critério e profundidade.

O livro destaca-se pelo exame de múltiplos casos que compõem um grupo heterogêneo de países. Mais do que uma mera descrição das experiências de sistemas que admitem *presidentes governantes* – fenômeno que extrapola os limites do presidencialismo –, a investigação revela as tensões entre governabilidade e democracia, examinando como os sistemas evoluem diante de desafios institucionais e políticos.

Ao dedicar-se a estudos de caso, sua atenção está voltada para os fatores que alçam certos personagens ao poder, com especial interesse nas forças que os conduzem, sustentam-nos e, eventualmente, levam à derrocada deles. O autor examina ainda o domínio das esferas do Estado, considerando a hipertrofia do poder e as lideranças unipessoais – que podem ser *presidentes dominantes* – como um fator de risco à democracia.

O livro é resultado de um rigoroso esforço de pesquisa e compilação, trazendo uma análise inovadora e multidisciplinar. Canas transita entre o Direito Constitucional, a Ciência Política e a Política Comparada e, assim, torna a leitura essencial para juristas, cientistas políticos e formuladores de políticas públicas.

Composta por oito capítulos, trata-se de uma obra na qual o autor percorre o longo caminho da evolução dos sistemas de governo. Os dois primeiros capítulos introduzem o tema e o estado da arte do que nos será apresentado. O capítulo III aborda o nascimento do sistema presidencialista e do instituto *presidente governante*, este que estará no cerne dos capítulos IV, V e VI. No capítulo VII, Canas nos brinda com a apreciação dessa caixa de ressonância que é o sistema brasileiro, olhando especialmente para o fenômeno do "presidencialismo de coalizão". Por fim, encerra o livro com preciosos apontamentos sobre o complexo cenário brasileiro e mundial.

O alcance da obra transcende a análise acadêmica, oferecendo uma reflexão fundamental sobre o futuro das instituições democráticas no mundo contemporâneo.

Boa leitura!

Luis Felipe Salomão

Ministro do Superior Tribunal de Justiça.
Professor emérito da Escola da Magistratura do Rio de Janeiro e da Escola Paulista da Magistratura.
Doutor honoris causa em Ciências Sociais e Humanas pela Universidade Candido Mendes e Professor honoris causa da Escola Superior da Advocacia – RJ.
Coordenador do Centro de Pesquisa FGV - Justiça.

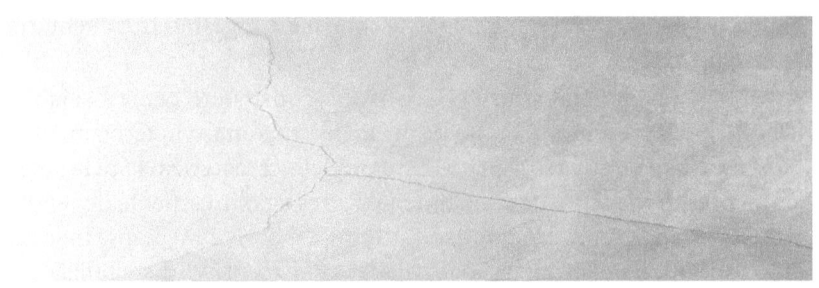

APRESENTAÇÃO

**Presidentes governantes numa era
de fragmentação e volatilidade política: uma análise sistemática**

A presente obra de Vitalino Canas examina sistematicamente os sistemas de governo caracterizados por presidentes governantes, analisando fenômenos como fragmentação, governo dividido, volatilidade e coalizões políticas. A tese central identifica uma tendência universal à unificação do poder político por meio da delegação de responsabilidades governamentais a órgãos unipessoais, sem necessariamente comprometer princípios democráticos.

O conceito fundamental de "sistemas de presidentes governantes" transcende a classificação tradicional de sistemas presidenciais, parlamentares e semipresidenciais. Esses sistemas são definidos pelo específico equilíbrio entre unidade e divisão do poder político, conferindo ao órgão presidencial papel primordial na conformação e execução das decisões fundamentais do Estado. A taxonomia proposta, por sua vez, estabelece três categorias principais: sistemas presidenciais propriamente ditos, sistemas híbridos de presidentes governantes constitucionalmente estabelecidos, e sistemas resultantes da mutação de outras formas.

A investigação comparativa empreendida por Canas abrange múltiplos sistemas presidenciais contemporâneos, analisando suas variações institucionais e adaptações às realidades locais. O caso brasileiro emerge como paradigma analítico significativo, evidenciando os desafios estruturais inerentes aos sistemas presidencialistas em contextos de alta complexidade sociopolítica: fragmentação partidária acentuada, imperativos coalizacionais permanentes, instabilidade política sistêmica e tensões interinstitucionais recorrentes.

No ordenamento constitucional brasileiro, o Poder Executivo apresenta natureza jurídica multifacetada, congregando funções de Estado e governo. O sistema caracteriza-se pela concentração de competências no órgão presidencial, manifestada por atribuições constitucionais amplas: representação internacional, direção administrativa superior, iniciativa legislativa, regulamentação normativa, gestão orçamentária e comando das Forças Armadas.

O "Presidencialismo de Coalizão", constructo teórico elaborado por Sérgio Abranches, apresenta-se como resposta institucional à heterogeneidade sociopolítica e à estrutura federativa brasileira. Esse modelo caracteriza-se pela aparente contradição entre presidentes constitucionalmente fortes e politicamente dependentes de coalizões parlamentares. A governabilidade sistêmica é obtida mediante mecanismos institucionais específicos: centralização legislativa no Executivo, distribuição de cargos públicos e controle orçamentário.

A obra de Canas evidencia que, embora o caso brasileiro apresente singularidades institucionais próprias, os desafios enfrentados pelo sistema presidencialista nacional refletem tensões estruturais verificáveis em múltiplas jurisdições. A análise comparativa desenvolvida pelo autor demonstra que fenômenos como a fragmentação partidária, a necessidade de construção de maiorias parlamentares e as crises de governabilidade não constituem exclusividade do ordenamento constitucional brasileiro, mas manifestam-se, em diferentes graus e configurações, em diversos sistemas presidencialistas contemporâneos.

Em última análise, o trabalho de Canas estabelece-se como referência metodológica indispensável para a compreensão dos desafios contemporâneos da governança presidencial, oferecendo não apenas um diagnóstico preciso das patologias institucionais observáveis, mas também um instrumental analítico robusto para a elaboração de possíveis soluções institucionais.

Desejo a todos proveitosa leitura.

Gilmar Ferreira Mendes
Ministro do Supremo Tribunal Federal (STF).
Doutor em Direito pela Universidade de Münster,
Alemanha. Professor de Direito Constitucional nos cursos de graduação
e pós-graduação do Instituto Brasileiro de Ensino, Desenvolvimento e Pesquisa (IDP).

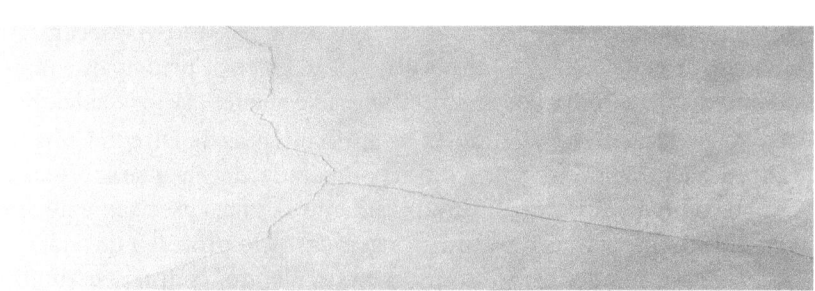

NOTA PRÉVIA

Como noutros domínios da vida, a dialética entre o universal e o particular pauta as opções fundamentais das comunidades políticas.

É aspiração universal o bom governo, em função do ambiente contextual e das exigências particulares ou locais. As elites e os povos favorecem sistemas de governo que se traduzem na delegação das funções de liderança a um órgão unipessoal — tenha este a designação de presidente, primeiro-ministro, chanceler ou outra —, a quem possam imputar responsabilidade política, sem álibis. Esta solução é conatural às formas de governo autocráticas; mas também encontra crescente aderência nas democráticas. Muitas democracias contemporâneas são formas modernas de governo misto que, fruto da personalização da política e da presidencialização dos sistemas políticos, atribuem centralidade a um órgão unipessoal, sustentado por uma oligarquia parlamentar, legitimados pelo voto do povo através de sufrágio universal. Monarquia republicana coexiste com oligarquia parlamentar e democracia eleitoral.

Regista-se a propensão para versões locais de sistemas de governo cada vez mais diferenciadas e desvinculadas dos tipos ideais universais clássicos. Umbilicalmente ligado à presidencialização dos sistemas de governo e partilhando essencialmente as mesmas causas, regista-se o fenómeno da presidencialização dos partidos, que vai além da famosa lei de bronze da oligarquização dos partidos inaugurada por Robert Michels no dealbar do século XX.

A desilusão crescente em relação aos partidos históricos traduz-se no aumento da disposição dos eleitores para aderir a novas ofertas político-partidárias ou para se afastar do sistema. Os partidos das famílias políticas clássicas perdem peso ou tornam-se irrelevantes e os sistemas históricos de partidos sofrem transformações, por vezes radicais. Por todo o lado assiste-se à fragmentação partidária e à volatilidade das escolhas eleitorais.

Presidencialização e fragmentação são fenómenos independentes que correm em paralelo. O ponto de interseção entre as duas dinâmicas resulta de a fragmentação tornar mais frequente a hipótese de governos divididos e incentivar à formação de coligações de governo, mesmo onde elas não foram opção no passado. As circunstâncias de governo dividido e/ou de coligação de governo estão entre os principais e mais eficazes fatores de limitação do Poder dos órgãos unipessoais beneficiários da delegação democrática.

O presente livro, valendo-se de ensinamentos de Direito Constitucional Comparado, de ciência política e de política comparada, debruça-se sobre sistemas de governo em que o órgão unipessoal é um presidente — mais precisamente, um presidente governante — nas várias modalidades geradas pelo processo de adaptação do universal ao local, retratando, demonstrando e articulando, com o seu auxílio, os fenómenos das presidencializações, da fragmentação, do governo dividido, da volatilidade e da generalização das coligações.

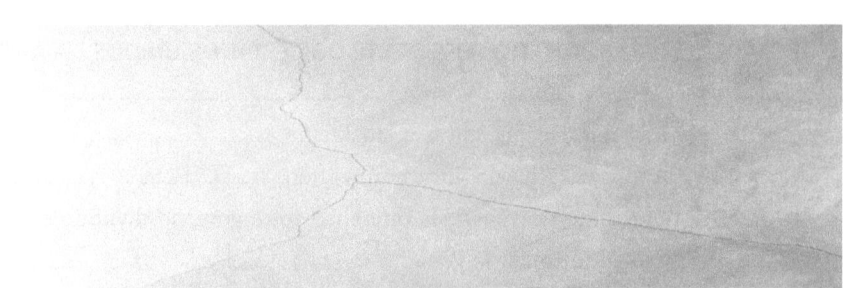

SUMÁRIO

Capítulo I

INTRODUÇÃO

1. TENDÊNCIAS DO CURSO DOS SISTEMAS POLÍTICOS QUE INTERESSAM A ESTE LIVRO

Uma das manifestações da retomada do institucionalismo à primeira linha da ciência política, robustecido nas vestes de neoinstitucionalismo, foi o debate que, ao longo do último quartel do século passado e início do presente, incidiu sobre qual o sistema de governo que melhor poderia cumprir o objetivo de consumar e consolidar as transições democráticas da chamada terceira vaga[2]. Este debate assumiu especial vigor quando vários Estados da América Latina encetaram o regresso à democracia (entre 1978 e 1994, na sua esmagadora maioria[3]). O pressuposto era que as instituições[4] são sempre os *starting points*. Por isso, elas são uma variável independente determinante, embora não a única. Em consequência, havia que apurar qual ou quais os sistemas de governo *não aconselhados* e qual ou quais os sistemas de governo *aconselhados*.

O presente livro não se cinge aos sistemas presidenciais, que são apenas uma das categorias de sistemas de presidentes governantes. Mas todo o debate das últimas décadas sobre o sistema presidencial — particularmente na América Latina, onde se situa o maior número de *espécimes* — pode ser extrapolado em muitos aspectos. Por isso, uma viagem breve sobre os sucessivos focos, teorias e conclusões sobre ele é útil para o tema mais geral que nos ocupará.

Em uma época mais recuada, muitos ensaios colocaram em confronto sobretudo dois, e por vezes três, sistemas de governo clássicos: o presidencial, o parlamentar e o semipresidencial (porém, este nem sempre no perímetro de investigação).

---

[2] Cf. HUNTINGTON, Samuel. *The third wave: democratization in the late twentieth century*. Norman: University of Oklahoma Press, 1991. p. 22.

[3] 1978: eleições livres na República Dominicana, vencidas por Antonio Guzmán Fernández, que derrotou o incumbente Joaquín Balaguer e as próprias Forças Armadas, que procuraram interromper o processo eleitoral. 1994: eleições em El Salvador, realizadas na sequência do Acordo de Chapultepec (1992), que pôs termo ao confronto militar com a guerrilha da Frente Farabundo Martí de Libertação Nacional.

[4] Instituições, entendidas como normas ou organizações de pessoas estruturadas por normas.

Arturo Valenzuela, primeiro, focando sobretudo o caso do Chile[5], Juan Linz, logo a seguir, com âmbito mais geral[6] e outros[7], defenderam as virtudes do sistema parlamentar e realçaram os efeitos perniciosos do sistema presidencial ou do presidencialismo na região, prognosticando o falhanço da democracia, caso os reformistas do tempo insistissem na reiterada e histórica opção presidencialista[8]. Nas mentes estavam gravados dados pesados: dos trinta países que, em vários momentos históricos, adotaram o sistema presidencial, todos, sem exceção, conheceram ruturas[9].

Apontavam-se vários aspetos dificultadores da transição e consolidação democráticas, alegadamente amplificados pelo sistema presidencial: exposição a golpes ou

---

[5]   Cf. VALENZUELA, Arturo. *The breakdown of democratic regimes: chile*. Baltimore: Johns Hopkins University Press, 1978; VALENZUELA, Arturo. Latin America: presidentialism in crisis. *Journal of Democracy*, v. 4, p. 3-16, 1993; VALENZUELA, Arturo. Party politics and the crisis of presidentialism in Chile: a proposal for a parliamentary form of government. *In*: LINZ, Juan J.; VALENZUELA, Arturo (org.). *The failure of presidential democracy*. Baltimore: Johns Hopkins University Press, 1994. p. 91-150.

[6]   A linha de argumentação foi reiterada em vários ensaios, desde, pelo menos, 1985. Pode ver-se: LINZ, Juan. Democracia presidencialista o parlamentaria. Hay alguna diferencia?. *In*: CONSEJO PARA LA CONSOLIDACION DE LA DEMOCRACIA (ed.). *Presidencialismo versus parlamentarismo. Materiales para el estudio de la reforma constitucional*. Buenos Aires: Eudeba, 1988. p. 19-44. Disponível em: http://www.derecho.uba.ar/academica/catedras_libres/pdf/presidencialismo-vs-parlamentarismo.pdf. Acesso em: 4 jan. 2025; LINZ, Juan. The perils of presidentialism. *Journal of Democracy*, v. 1, n. 1, p. 51-69, jan. 1990; LINZ, Juan J. Presidential or Parliamentary Democracy: Does it make a difference?. *In*: LINZ, Juan J.; VALENZUELA, Arturo (org.). *The failure of presidential democracy*. Baltimore: Johns Hopkins University Press, 1994; LINZ, Juan. *Parlamentarized presidentialism, moderate multiparty system and state transformation. The case of Bolivia*. La Paz: CEBEM, 1996.

[7]   Cf., na mesma altura, RIGGS, Fred W. The survival of presidentialism in America: para--constitutional practices. *International Political Science Review*, v. 9, n. 4, p. 247-278, 1988; BONAVIDES, Paulo. *Ciência Política*. 10. ed. São Paulo: Malheiros, 1994; JONES, Mark. *Electoral laws and the survival of presidential democracies*. Notre Dame: University of Notre Dame Press, 1995. Na defesa da superioridade parlamentar, entre outros: ARAYA, Oscar Godoy. *Hacia una democracia moderna. La opción parlamentaria*. Santiago: Ediciones Universidad Católica de Chile, 1990; STEPAN, Alfred; SKACH, Cindy. Constitutional frameworks and democratic consolidation: parliamentarianism versus presidentialism. *World Politics*, v. 46, n. 1, p. 1-22, out. 1993. A certa altura, o debate assumiu até contornos inesperados quando dois professores americanos decidiram esgrimir argumentos sobre qual seria o sistema melhor, o presidencial da Constituição americana ou o parlamentar da Constituição alemã: ACKERMAN, Bruce. *We the people: foundations*. Cambridge: Harvard University Press, 1991; CALABRESI, Steven G. The virtues of presidential government: why Professor Ackerman is wrong to prefer the German to the US Constitution. *Constitutional Commentary*, v. 18, n. 5, p. 51-103, 2001.

[8]   O debate do final do século XIX teve semelhanças com o debate do final do século XX, quando Woodrow Wilson, em *Congressional Government: A Study in American Politics*, criticou o sistema presidencial e defendeu o parlamentar, invocando argumentos que, em boa parte, anteciparam os de alguns dos mais recentes críticos do sistema presidencial. V. WILSON, Woodrow. *Congressional government: A study in american politics*. Boston: Houghton Mifflin, 1885.

[9]   ACKERMAN, Bruce. The new separation of powers. *Harvard Law Review*, v. 113, n. 3, p. 633-729, 2000. p. 646.

influência militares; choque de legitimidades do executivo e do legislativo; tendência para a confrontação e o bloqueio mútuo entre os dois; desincentivo à colaboração e concertação interinstitucional; fragilidade da instituição parlamentar, eventualmente acentuada pelo possível aumento da retórica antiparlamentar subscrita pelo presidente; frequência de destituições presidenciais por meios atípicos ou *ad hoc*; facilitação da eleição de personalidades sem percurso político nem experiência político-partidária; *caudilhismo*; incipiência e fragmentação do sistema partidário; irresponsabilidade financeira; clientelismo.

Uma abordagem não totalmente divorciada dessa é a de autores cujo foco não está necessariamente centrado na crítica sistemática aos atributos intrínsecos do sistema presidencial, mas se fixam numa componente específica eventual, como a posse de poder legislativo pelo presidente (Mainwaring; Shugart) ou que pretendem demonstrar que quando alguns daqueles aspectos intrínsecos do sistema presidencial se conjugam com determinados fatores ou variáveis exógenas arriscam seriamente o insucesso. Uma das mais conhecidas teorias é a da difícil combinação do sistema presidencial com sistemas partidários fragmentados (Mainwaring; Stepan; Skach)[10].

Também numa linha cética, depois de surgirem sistemas multipartidários em África, alertou-se para que os sistemas presidenciais são uma das causas da fragilidade dos partidos nesse continente (com exceções, todavia, designadamente dos partidos que lutaram pela independência ou dos partidos resultantes do anterior partido único)[11].

A tese *linziana* foi sendo sucessivamente contraditada ou desmontada[12].

Por essa altura, o estado da investigação dos sistemas de governo já permitia uma primeira nuance, de caráter analítico e metodológico, à dicotomia presidencial/parlamentar. Em 1992, Shugart e Carey, embora sem contestar os apontados aspectos negativos do sistema presidencial (e sustentando, inclusive, que, quando os presidentes dispõem de poder legislativo, o risco de bloqueio cresce), mapeavam, no mundo multipolar dos

---

[10] MAINWARING, Scott. Presidentialism, multipartism, and democracy: the difficult combination. *Comparative Political Studies*, v. 26, n. 2, p. 198-228, 1993; MAINWARING, Scott. *Presidentialism and democracy in Latin America.* Cambridge: Cambridge University Press, 1997; STEPAN; SKACH, ref. 7.

[11] VAN DE WALLE, Nicolas. Presidentialism and clientelism in Africa's emerging party systems. *Journal of Modern African Studies*, v. 41, n. 2, p. 297-321, 2003.

[12] O que não quer dizer que não continue a granjear apoios. Recentemente, v. NOVAIS, Jorge Reis. *Teoria das formas políticas e dos sistemas de governo.* 2. ed. Lisboa: AAFDL, 2019. p. 200 et *seq.*, o autor apresenta argumentos que sustentam a tese da não exportabilidade do sistema presidencial clássico — norte-americano — para a Europa. Neste continente, um sistema de separação rígida de poderes, conjugado com sistemas partidários compostos por partidos construídos como forças de combate, disciplinados e orientados em torno de objetivos programáticos diferentes e opostos, implicaria bloqueios e impasses. Eventualmente, quer os exemplos latino-americanos, baseados na generalização de coligações de governo ou parlamentares (replicáveis na Europa), quer a aproximação entre os sistemas partidários europeus e o sistema americano poderiam levar a uma reponderação dos argumentos do autor.

sistemas de governo, o continente rico e diversificado dos sistemas mistos[13]. Ademais, a investigação alertava para o facto de que os sistemas presidenciais não são todos iguais e mostrava a insuficiência de uma visão que centra a sua análise numa dicotomia fechada e rígida entre dois sistemas de governo, monoliticamente idealizados e cristalizados.

Estas e outras investigações deram alento aos defensores de sistemas alegadamente mistos. Entre estes, os sistemas semipresidenciais, então — como ainda hoje — erroneamente considerados sistemas mistos. Por exemplo, Giovanni Sartori advogou a opção semipresidencial[14]; Carlos Santiago Nino, um sistema misto dinâmico[15]; Bruce Ackerman, uma hipótese de *constrained parliamentarism*. O leque das hipóteses não ficou por aqui.

Pela mesma altura, o "contra-ataque" daqueles que consideravam que o sistema presidencial não podia ser considerado, à partida, por motivos intrínsecos ou endógenos, inapelavelmente indesejável ou, pelo menos, mais indesejável em abstrato do que outros, seguiu por vários caminhos. Apontou-se que muitos dos sintomas enunciados por Linz podem eclodir *mutatis mutandis* com igual virulência noutros sistemas de governo, incluindo no parlamentar. A imagem de fácil vítima às mãos de qualquer oportunista, propenso a ruturas violentas, confrontação, estagnação e impasses insolúveis, caudilhismo, clientelismo, patrimonialismo e corrupção, fadado a falhar à democracia e a descredibilizar a representação parlamentar que se colava ao sistema presidencial, em contraposição ao sistema parlamentar, avesso a ruturas, incentivador da concertação e da colaboração interinstitucional, respeitador da instituição parlamentar, célere desbloqueador de impasses, favorável à consolidação democrática, pareceu a muitos romântica e caricatural[16].

---

[13]   SHUGART, Mathew; CAREY, John. *Presidents and assemblies: constitutional design and electoral dynamics*. Cambridge: Cambridge University Press, 1992.

[14]   V. SARTORI, Giovanni. Neither presidentialism nor parliamentarism. *In*: LINZ, Juan; VALENZUELA, Arturo (org.). *The failure of presidential democracy: comparative perspectives*. Baltimore: Johns Hopkins University Press, 1994. p. 106-118. Sartori defende que os sistemas presidenciais tendem ao bloqueio, ao invés dos semipresidenciais. No entanto, o autor não atende às numerosas variantes dos sistemas presidenciais, como é visível em: SARTORI, Giovanni. *Ingegneria costituzionale comparata*. Bolonha: Il Mulino, 1995, particularmente no mapa da página 188. Para uma discussão mais ampla, v. SABSAY, Daniel A. El semipresidencialismo: una visión comparada. *In*: NINO, Carlos Santiago *et al*. *El presidencialismo puesto a prueba*. Madrid: Centro de Estudos Constitucionales, 1992. p. 197-214.

[15]   Inspirado em França, Portugal e Finlândia, e a pensar especificamente na reforma do sistema hiperpresidencialista argentino, v. NINO, Carlos Santiago. El hiper-presidencialismo argentino y las concepciones de la democracia. *In*: NINO, Carlos Santiago *et al*. *Presidencialismo puesto a prueba*. Madrid: Centro de Estudios Constitucionales, 1992. p. 19-79. p. 55. Nino coordenou, a partir de 1985, o Consejo para la Consolidación de la Democracia, entidade consultiva criada pelo presidente argentino Alfonsín, composta por representantes dos partidos, da sociedade civil e por personalidades de relevo.

[16]   O debate prolongou-se ao longo de décadas e reemerge periodicamente. Entre muitos, cf. LIJPHART, Arend (org.). *Parliamentary versus presidential government*. Oxford: Oxford University Press, 1992; HIGLEY, John; GUNTHER, Richard (org.). *Elites and democratic consolidation in Latin American and Southern Europe*. Cambridge: Cambridge University Press, 1992; THIBAUT, Bernhard. *Präsidentialismus und demokratie in Lateinamerika: Argentinien, Brasilien, Chile und Uruguay im*

Nesta linha destacaram-se, logo no início da década de 1990, autores como Dieter Nohlen, Mario Fernandez e outros, que contestaram, dos pontos de vista teórico, empírico e metódico[17], os argumentos a favor do parlamentarismo e desenharam uma linha de argumentação favorável à reiteração do sistema presidencial na América Latina, baseada nos seguintes pontos salientes: (i) não existe *uma única* modalidade de sistema presidencial, mas várias modalidades; (ii) do ponto de vista da engenharia institucional, há que identificar qual a modalidade mais indicada para cada país, com vista a assegurar padrões de funcionamento otimizados; (iii) nessa identificação tem de se ter em conta o ambiente contextual, designadamente os padrões comportamentais dos agentes do sistema político; (iv) detetando-se dificuldades no funcionamento do sistema presidencial, a solução não reside em substituí-lo acriticamente por outro, mas em reformá-lo, uma vez que, de modo geral, o sistema presidencial, em diferentes variantes, está enraizado na América Latina, aí ganhou tração e tradição, nada permitindo prognosticar que outros sistemas de governo teriam mais sucesso[18].

---

historischen vergleich. Opladen: Leske+Budrich, 1996; MAYORGA, René; MAINWARING, Scott; SHUGART, Matthew (orgs.). *Presidentialism and democracy in Latin America.* New York: Cambridge University Press, 1997; POWER, Timothy; GASIOROWSKI, Mark. Institutional design and democratic consolidation in the Third World. *Comparative Political Studies,* v. 30, n. 2, p. 123–155, 1997; NOHLEN, Dieter; FERNÁNDEZ, Mario (org.). *El presidencialismo renovado.* Caracas: Nueva Sociedad, 1998; LANZARO, Jorge; MAYORGA, René (org.). *Tipos de presidencialismo y coaliciones políticas en América Latina.* Buenos Aires: CLACSO, 2000; LANZARO, Jorge. Democracia presidencial y alternativas pluralistas. *In:* CHERESKY, Isidoro; POUSADELA, Inês (comp.). *Política e instituciones en las nuevas democracias latinoamericanas.* Buenos Aires: Paidós, 2001. p. 188-231; LANZARO, Jorge (org.). *Tipos de presidencialismo y coaliciones políticas en América Latina.* Buenos Aires: CLACSO, 2001; COLOMER, Josep M. *Political institutions: democracy and social choice.* Oxford; New York: Oxford University Press, 2001; COLOMER, Josep; NEGRETTO, Gabriel. Can presidentialism work like parliamentarism? *Government and Opposition,* v. 40, n. 1, p. 60-89, 2005; ELGIE, Robert. From Linz to Tsebelis: Three waves of presidential/parliamentary studies? *Democratization,* v. 12, n. 1, p. 106-122, 2005; CHAISTY, Paul; CHEESEMAN, Nic; POWER, Timothy. Rethinking the 'presidentialism debate': Conceptualizing coalitional politics in cross-regional perspective. *Democratization,* v. 21, n.1, p. 72–94, 2012; CHAISTY, Paul; CHEESMAN, Nick; POWER, Timothy. *Coalitional presidentialism in comparative perspective: Minority presidents in multiparty systems.* Oxford: Oxford University Press, 2018; ALCÁNTARA, Manuel; BLONDEL, Jean; THIÉBAULT, Jean-Marie. *Presidents and democracy in Latin America.* New York; London: Routledge, 2018; PRZEWORSKI, Adam. *Crises da democracia.* Rio de Janeiro: Zahar, 2020; NOHLEN, Dieter; GARRIDO, Antonio. *Presidencialismo comparado: América Latina.* Madrid: CEPC, 2020. Como se pode ver pelos títulos de algumas das obras citadas, começa a emergir o debate em torno não já da relação entre executivo e legislativo, mas da relação entre presidentes e coligações de governo ou parlamentares.

[17] Avultando, quanto à metódica, a óbvia falácia de comparar os sucessos do sistema parlamentar do pós-II Guerra (olvidando os insucessos do período entre as Guerras) com os insucessos dos sistemas presidenciais anteriores às transições democráticas. Em ciência política, como em todos os domínios que beneficiam da comparatística, o comparável deve ser comparado com o comparável...

[18] V. NOHLEN, Dieter. Presidencialismo versus parlamentarismo en América Latina. *Revista de Estudios Políticos,* v. 74, p. 43-54, 1991; NOHLEN; GARRIDO, ref.16, onde, recentemente, os autores fazem um exaustivo balanço bibliográfico do debate desta e de outras visões teóricas.

Uma das dimensões em que a teoria *linziana* e as de outros céticos sofreram maior rombo é a da propalada dificuldade do sistema presidencial em resistir a condições ambientais de multipartidarismo fragmentado. Estudos publicados no limiar dos anos 2000 por autores como Figueiredo, Limongi, Deheza, Amorim Neto, Altman, Zelaznik, Chasquetti, Cheibub, Przeworski e Saiegh [19], alimentados pela experiência brasileira do presidencialismo de coalizão (cujo sucesso tornou-se visível com Fernando Henrique Cardoso e, logo a seguir, Lula da Silva) e pela expansão do fenómeno das coligações de governo em sistemas presidenciais, mostraram que o casamento entre sistema presidencial e sistema eleitoral de representação proporcional não conduz necessariamente à instabilidade e aos bloqueios vaticinados.

As visões e prognósticos reservados das décadas de 1980 e 1990 seriam corrigidos, gerando-se o consenso de que os presidentes, face a uma posição minoritária do seu partido ou coligação original no parlamento, propendem quase sempre a construir e manter uma coligação que sustente a sua agenda, *mutatis mutandis* à semelhança do que faz um primeiro-ministro de sistema parlamentar ou semipresidencial[20], ao invés do que Linz havia sugerido.

Ou seja: mesmo no domínio onde se julgava que o sistema parlamentar tinha mais trunfos, isto é, na capacidade de incentivar coligações capazes de assegurar a

---

[19]   V. LIMONGI, Fernando; FIGUEIREDO, Argelina. Bases institucionais do presidencialismo de coalizão. *Lua Nova*, n. 44, p. 81-106, 1998; FIGUEIREDO, Argelina; LIMONGI, Fernando. *Executivo e Legislativo na nova ordem constitucional*. 2.ª ed. Rio de Janeiro: Editora FGV, 2001; DEHEZA, Grace Ivana. *Gobiernos de coalición en el sistema presidencial: América del Sur*. 1997. Tese (Doutorado) – European University Institute, Florença, 1997; AMORIM NETO, Octavio. *Of Presidents, parties, and ministers. Cabinet formation and legislative decision making under separation of powers*. 1998. Tese (Doutorado) - University of California, San Diego, 1998; ALTMAN, David. The Politics of Coalition Formation and Survival in Multiparty Presidential Democracies: The Case of Uruguay, 1989-1999. *Party Politics*, v. 6, n. 3, p. 259-283, jul. 2000; ZELAZNIK, Javier. *The building of coalitions in the presidential systems of Latin America: An inquiry into the political conditions of governability*. 2001. Tese (Doutorado em Ciência Política) – Department of Government, University of Essex, Colchester, 2002; CHASQUETTI, Daniel. Democracia, multipartidismo y coaliciones en América Latina: evaluando la difícil combinación. *In*: LANZARO, Juan (comp.). *Tipos de presidencialismo y coaliciones políticas en América Latina*. Buenos Aires: Clacso, 2001. p. 319-359; CHEIBUB, José António; PRZEWORSKI, Adam; SAIEGH, Sebastián. Governos de coalizão nas democracias presidencialistas e parlamentaristas. *DADOS*, v. 45, n. 2, p. 187-218, 2002; CHEIBUB, José Antonio; PRZEWORSKI, Adam; SAIEGH, Sebastián. Government coalitions and legislative success under presidentialism and parliamentarism. *British Journal of Political Science*, v. 34, n. 4, p. 565-587, 2004; CHEIBUB, José Antonio. *Presidentialism, parliamentarism, and democracy*. New York: Cambridge University Press, 2007; SAMUELS, David; SHUGART, Matthew. *Presidents, parties, and prime ministers: How the separation of powers affects party organization and behavior*. Cambridge: Cambridge University Press, 2010; ALEMÁN, Eduardo; TSEBELIS, George. Political parties and government coalitions in the Americas. *Journal of Politics in Latin America*, v. 3, n.1, p. 3-28, 2011.

[20]   CHEIBUB, José Antonio; PRZEWORSKI, Adam; SAIEGH, Sebastián. Government coalitions and legislative success under presidentialism and parliamentarism. *British Journal of Political Science*, v. 34, n. 4, p. 565-587, 2004.

governabilidade em situações de ausência de maiorias de um partido no parlamento demonstrou-se que as diferenças entre sistema parlamentar e sistema presidencial não são abissais nem qualitativas.

Cheibub foi um dos autores que primeiro assumiu o encargo de submeter o pensamento de Linz e de outros autores da mesma linha a escrutínio exaustivo, contrapondo, de modo geral, teses antagónicas ou, pelo menos, corretivas[21]. Algumas das suas propostas teóricas: (i) a fragmentação partidária torna mais prováveis as coligações[22]; (ii) a estrutura do sistema presidencial não tem nada que implique que as coligações de governo sejam atípicas[23]; embora as coligações sejam mais frequentes em sistemas parlamentares, não são de todo raras nos presidenciais[24]; (iii) apesar de diferentes, tanto existem incentivos no sistema parlamentar como no presidencial para coligações, bem como colaboração entre executivos sem maioria no parlamento e outras forças políticas; (iv) sob certas circunstâncias, coligações e governos de minoria surgirão exatamente pelas mesmas razões em sistemas presidenciais e parlamentares[25]; (v) na maior parte dos casos as coligações maioritárias de sistemas presidenciais duram tanto quanto as dos parlamentares[26]; (vi) governos minoritários em sistemas presidenciais não são menos efetivos do que governos de coligação maioritária, tal como ocorre nos sistemas parlamentares[27]; (vii) o tipo de governo (maioritário, minoritário) não tem efeitos no cálculo de probabilidades de sobrevivência da democracia[28]; (viii) a possibilidade de a democracia ser extinta apenas cresce ligeiramente com o aumento do número de partidos, sendo mais alta com a fragmentação moderada do que com a fragmentação elevada, ao invés do que ocorre com os sistemas parlamentares[29]; (ix) os sistemas em que o presidente domina o processo legislativo (por meio de processo orçamental e/ou veto) não estão mais ameaçados de morte do que aqueles em que o presidente não tem esse domínio[30]; (x) coligações de governo são mais frequentes quando o presidente é fraco do ponto de vista institucional[31]; (xi) provavelmente, os sistemas partidários de sistemas parlamentares instigam maior disciplina partidária, designadamente devido à necessidade de disciplina de voto para sustentar o governo, mas no sistema presidencial também há incentivos à disciplina (poder legislativo do presidente, organização das bancadas parlamentares)[32].

---

[21] CHEIBUB, ref.19.

[22] *Ibid.*, p. 19.

[23] *Ibid.*, p. 18.

[24] *Ibid.*

[25] *Ibid.*, p. 17.

[26] *Ibid.*, p. 19

[27] *Ibid.*

[28] *Ibid.*

[29] *Ibid.*, p. 19 e 97.

[30] *Ibid.* p. 20.

[31] *Ibid.*

[32] *Ibid.*, p. 21.

Algumas das teorias deste e doutros autores que vincam o ponto da proximidade entre o funcionamento de sistemas presidenciais e outros sistemas, fazem parte, hoje, da tradição da ciência política. No entanto, outras merecem reavaliação à luz de desenvolvimentos recentes, tais como: a necessidade de recurso a coligações fantasmas no Equador; a inviabilidade de coligações em alguns países, como a República da Coreia ou Taiwan e até em muitos países africanos; a pronunciada erosão dos sistemas partidários históricos e a substituição por outros; o processo muito mais acelerado e profundo de fragmentação, sem que isso se reflita positivamente nas possibilidades de coligação; generalização do recurso ao *impeachment*; verificação de que as coligações em sistema de presidente constitucionalmente forte não apenas são frequentes, como são decisivas, sob pena de as vantagens institucionais diluírem-se, como a experiência do Brasil mostra; vulgarização de episódios de sistema presidencial de assembleia.

Sobretudo, persiste um dado de facto que requer explicação. O próprio Cheibub reportou que os 18 países que constituem o coração da América Latina foram responsáveis por 37% das transições de regime entre 1946 e 2002; a expetativa de vida das democracias com sistema parlamentar, no mesmo período, tinha sido de 58 anos, enquanto nas democracias com sistema presidencial, esse número ficava em torno de 24[33]. Permanece, portanto, a dúvida: se nada há de intrinsecamente errado com os sistemas presidenciais, o que leva a que os sistemas políticos assentes nesses sistemas de governo soçobrem mais facilmente perante a força das armas e da violência política?

Quem entende que o sistema presidencial não é *intrinsecamente* desvantajoso, tende a procurar razões para aquele índice de falência, incontestavelmente mais elevado do que outros, em fatores exógenos ao sistema de governo. Alguns aventam a hipótese teórica de isso radicar na circunstância de os sistemas parlamentares coincidirem frequentemente com países ricos ou com maiores índices de desenvolvimento, tendencialmente mais estáveis ou com países pequenos, mais homogéneos e que levantam menores desafios para o governo. Embora admita alguma correlação entre rendimento *per capita*, desenvolvimento e localização e a maior sucumbência dos sistemas presidenciais em comparação com os parlamentares[34], Cheibub elege o que designa de *militar-presidential nexus*. Trata-se, todavia, de um nexo indireto e acidental. Há mais quebras da democracia com sistema presidencial do que com sistema parlamentar devido ao intervencionismo militar não porque o sistema presidencial seja, em si, mais propenso a suscitar ou tolerar golpes militares, mas porque, por *coincidência* (*sic*), os Estados onde os militares são mais intervencionistas por razões históricas adotam sistemas presidenciais, também por razões históricas[35]. Esta tese seria confirmada designadamente pela circunstância de as democracias de qualquer tipo — parlamentares ou presidenciais — antecedidas por ditaduras militares terem mais possibilidade de colapsar que outras[36]. Não fora o

---

[33]   CHEIBUB, ref. 19, p. 2, 136 *et seq.*
[34]   *Ibid.*, p. 138-139.
[35]   *Ibid.*, p. 147.
[36]   *Ibid.*, p. 157.

fator militar (forte na América Latina), as democracias presidenciais poderiam ser tão estáveis quanto as parlamentares[37].

O argumento — que o autor reconhece escapar à ortodoxia das explicações causais preferidas pela literatura — pode ter valia, e ganhar força em alguns casos concretos da história da América Latina. Todavia, há aspetos endógenos ao sistema presidencial que, não sendo únicos ou determinantes, efetivamente o tornam mais propenso a crises agudas e ruturas drásticas. O sistema presidencial coloca às costas do titular de um órgão unipessoal as expetativas de uma comunidade. Como qualquer sistema em que pontifique um órgão unipessoal que governa, incluindo, à cabeça, os dos regimes autoritários, o sistema presidencial fornece um alvo fácil, cujo derrube garante o sucesso imediato de um golpe: o presidente. Se as aspirações de desenvolvimento, satisfação das necessidades básicas, justiça, diminuição da desigualdade, paz social, forem sistematicamente frustradas, é mais mobilizador dirigir o desencanto e o desejo de mudança contra o titular de um órgão unipessoal do que contra um parlamento ou um ou vários partidos. O sucesso de um golpe de Estado é muitas vezes ajudado por uma vertigem de facilidade, que assola os golpistas. O essencial é destituir uma pessoa, um rosto com identidade, talvez com eliminação física, e substituí-lo por outra, o ditador. Decapitada a chefia do Estado, a chefia do executivo, o comandante constitucional das Forças Armadas, está inevitavelmente decapitada a democracia, uma vez que os demais órgãos não têm por norma condições nem instrumentos para reagir eficazmente. Por vezes, esses órgãos até permanecem e tornam-se instrumentais aos intuitos dos golpistas. Após o golpe de Estado que depôs João Goulart (em 31 de março/1 de abril de 1964), o Congresso Nacional brasileiro não só permaneceu em exercício pleno, como elegeu para a função presidencial o General Castelo Branco, um dos principais líderes do golpe, e, pouco tempo depois, prorrogou o seu mandato. O STF não fechou as portas, mesmo nesse período, embora tenha sido objeto ao longo dos tempos de medidas hostis dos militares.

Mesmo quem admite que o sistema presidencial não é intrinsecamente insolvente não descarta a possibilidade de serem introduzidas reformas. Essa é mais uma linha de estudos sobre o tema. Opções desesperadas como a greve de fome do Presidente boliviano Siles Zuazo (1982-1985) são certamente caricaturais. Mas vários ajustamentos vão sendo propostos ou testados, pressupondo a manutenção do esquema estrutural do sistema presidencial, embora não o *tipo ideal*. Por exemplo: (i) onde isso não esteja previsto, eleições simultâneas para o órgão presidencial e o parlamento; (ii) onde ainda não exista, criação do lugar de primeiro-ministro que possa funcionar como uma almofada na relação entre presidente, parlamento e opinião pública, além de fomentador e articulador de acordos parlamentares, *ad hoc* ou duradouros, de apoio à agenda do governo; é expectável que a circunstância de um primeiro-ministro e outros ministros darem ativamente a cara por certas políticas mais controversas ou impopulares possa resguardar o presidente; (iii) possibilidade de votos de censura de ministros (e/ou do gabinete globalmente considerado) pelo parlamento, sem a consequência direta da

---

[37] CHEIBUB, ref.19, p. 160.

respetiva demissão[38]; (iv) possibilidade de revogação do mandato presidencial por voto popular — ou *recall* — em situações de grave crise ou bloqueio, devolvendo-se a palavra aos cidadãos[39]; (v) possibilidade de *recall* de deputados[40]; (vi) possibilidade de destituição do presidente por aprovação de voto de censura[41]; (vii) introdução da possibilidade de perguntas ao presidente[42] ou de interpelações e perguntas a outros membros do gabinete[43].

Em alguns casos, os ajustamentos fazem migrar o sistema para sistemas híbridos, saindo das fronteiras do sistema presidencial. É o caso da possibilidade de os parlamentos demitirem o presidente através de uma verdadeira e própria moção de censura, ou de provocarem a demissão do gabinete de governo em bloco; ou da possibilidade de o presidente dissolver o parlamento, com a concomitante consequência de o seu próprio mandato ficar em risco ou até terminar. A imaginação dos engenheiros de sistemas de governo é pródiga e não se deixa espartilhar por preocupações conceptuais.

> As expressões sistema de governo *híbrido* e sistema de governo *misto* são frequentemente usadas indiferenciadamente. Mas vemos utilidade em especificar. A expressão sistema misto é empregue quando se verifica uma *conjugação* de todos ou alguns componentes identificadores de dois ou mais tipos ideais de sistemas, mantendo-se o contributo de cada um saliente e identificável (*v.g.*, presidente como chefe do executivo, eleição direta do presidente, responsabilidade do gabinete perante o parlamento, poder de dissolução do parlamento). Uma conjugação típica de características de sistemas puros pode gerar *um novo tipo de sistema puro*, como sucede com o sistema semipresidencial. Por seu turno, sistemas híbridos[44] são sistemas que combinam, em diferentes modalidades, todas ou algumas soluções institucionais eventualmente encontradas nos tipos ideais e, também, eventualmente, soluções institucionais não identificadoras de nenhum deles (*v.g.*, dupla responsabilidade política do executivo,

---

[38] Alguns exemplos: artigo 131.º e artigo 37.º da Constituição de El Salvador de 1983; artigo 194.º da Constituição do Paraguai de 1992; artigo 121.º, n.º 24, da Constituição da Costa Rica de 1949. Céticos sobre a virtuosidade desta possibilidade, v. SHUGART; CAREY, ref.13, p. 22, 74, 112.

[39] Por exemplo, v. NINO, ref. 15, p. 56.

[40] Como no Quénia (artigo 104.º da Constituição de 2010). V. QUÉNIA [Constituição (2010)]. *Constitution of Kenya, 2010.* Nairobi: National Council for Law Reporting, 2010. Disponível em: http://kenyalaw.org/kl/index.php?id=398. Acesso em: 9 jan. 2025.

[41] Como na Constituição de 1996 da Gâmbia, artigo 63.º, n.º 3 e n.º 4. V. GÂMBIA [Constituição (1996)]. *Constitution of the Republic of The Gambia, 1996.* Banjul: Government of The Gambia, 1996. Disponível em: https://www.constituteproject.org/constitution/Gambia_2004.pdf. Acesso em: 9 jan. 2025.

[42] Sobre o caso do México, v. VALADÉS, Diego. *La parlamentarización de los sistemas presidenciales.* Ciudad de México: UNAM, El Colegio Nacional, 2011. p. 85 *et seq.*

[43] Em geral, v. VALADÉS, ref. 42, p. 127 *et seq.* A pergunta envolve um pedido de informação; a interpelação, envolve um juízo crítico, implícito ou explícito, sobre um comportamento ou facto político.

[44] Que não devem ser confundidos com os *regimes híbridos*. V. DIAMOND, Larry. Elections without democracy: thinking about hybrid regimes. *Journal of Democracy*, v. 13, n. 2, p. 21-35, abr. 2002.

possibilidade de demissão de um ministro apenas em caso de acordo entre presidente e maioria parlamentar, qualificada ou não; sistema de morte cruzada; eleição direta do primeiro-ministro; poder legislativo concorrencial pleno do presidente; mecanismo de revogação popular do mandato presidencial ou *recall* do presidente. Todos os sistemas mistos ostentam alguma dose de hibridismo, mas nem todos os sistemas híbridos são mistos (no sentido de amálgama típica de sistemas puros).

Aquelas e outras soluções institucionais não são remédio para todos os males. Os ajustamentos ao nível da estática e da dinâmica institucional raramente são inteiramente capazes de reverter as consequências de uma cultura política de confronto histórico e de ausência de cooperação entre os partidos, que, em última análise, comprometem a estabilidade do sistema, como comprometeriam em qualquer outro modelo institucional.

Ironicamente, a visão crítica em relação ao sistema presidencial e o prognóstico de que ele soçobraria inexoravelmente, dominante no último quartel do século XX, foi logo a seguir desafiada pelos estudos que sublinharam o fenómeno — não novo, mas agigantado nas últimas décadas — de tendência geral de personalização da política e de presidencialização dos sistemas políticos[45]. A par disso, notou-se a radical tendência para a personalização e a presidencialização dos sistemas de partidos ou, mais rigorosamente, dos principais partidos. Menos estudado, pois só agora caminha a passos acelerados para se tornar um fenómeno geral, é o fenómeno da fragmentação dos sistemas partidários.

Atualmente, o tópico mais *"bestsellerizado"* é o da tendencial erosão democrática[46], transversal a todos os sistemas, acelerada pelo populismo, pelo constitucionalismo abusivo, pelo iliberalismo e pelo revisionismo de potências governadas autoritariamente. O presente estudo não se detém no — nem avalia a extensão do — fenómeno dessa propalada erosão democrática, designadamente as suas causas e sequelas sistémicas. Em diálogo com literatura de referência, pretende-se estudar de que modo os sistemas políticos de alguns Estados com formas de governo democráticas, com separação funcional de poderes e divisão do Poder por vários órgãos, estão a gerar, ou podem gerar, respostas aos riscos institucionais e não institucionais de erosão democrática, no

---

[45] POGUNTKE, Thomas; WEBB, Paul. *The presidentialization of politics: a comparative study of modern democracies*. Oxford: Oxford University Press, 2005.

[46] Um dos ensaios mais emblemáticos e com maior ressonância é o de Steven Levitsky e Daniel Ziblatt, v. LEVITSKY, Steven; ZIBLATT, Daniel. *How democracies die*. New York: Broadway Books, 2018. Cf., entre muitos, CASTELLS, Manuel. *Ruptura. La crisis de la democracia liberal*. Madrid: Alianza Editorial, 2017; GINSBURG, Tom; HUQ, Aziz. *How to save a constitutional democracy*. Chicago: University of Chicago Press, 2018; GRABER, Mark; LEVINSON, Sanford; TUSHNET, Mark (ed.). *Constitutional democracy in crisis?*. Oxford: Oxford University Press, 2018; MOUNK, Yascha. *Povo Vs. democracia: saiba porque a nossa liberdade está em perigo e como a podemos salvar*. Alfragide: Lua de Papel, 2019; URBINATI, Nadia. *Democracy disfigured*. Cambridge, MA: Harvard University Press, 2014; URBINATI, Nadia. *Me the people: how populism transforms democracy*. Cambridge, MA: Harvard University Press, 2019; APPLEBAUM, Anne. *Twilight of democracy: The Seductive Lure of Authoritarianism*. New York: Knopf Doubleday Publishing Group, 2020; BARTELS, Larry. *Democracy erodes from the top: leaders, citizens, and the challenge of populism in Europe*. Princeton: Princeton University Press, 2023.

plano específico dos sistemas de governo e dos sistemas partidários. Para isso, superamos estudos anteriores referentes à classificação dos sistemas de governo, propondo um macroconceito de sistemas de presidentes governantes, que se ramifica em várias classes, incluindo a do clássico sistema presidencial desdobrado nas suas distintas modalidades. Analisamos os diferentes modos, institucionais e não institucionais, de limitação dos poderes de presidentes governantes. Nesse âmbito, prestamos especial atenção ao impacto da fragmentação dos sistemas de partidos e seus efeitos colaterais e à readaptação de institutos clássicos.

Entre as desencontradas e difusas tendências dos sistemas de governo associados à forma de governo democrática, com separação funcional de poderes e divisão do Poder por vários órgãos, assentamos o desenvolvimento subsequente em sete hipóteses teóricas.

Primeira, a fuga aos sistemas de governo clássicos formalmente puros (ou formalmente respeitadores do tipo ideal que os autores elaboraram para cada um) e a procura de soluções para problemas concretos de cada sistema político — o "fato à medida" — que frequentemente encaminham para a hibridização daqueles sistemas ou até para a construção de sistemas estruturalmente híbridos, a maioria com presidentes governantes.

Segunda, a unidade do Poder, traduzida na consagração constitucional e/ou no funcionamento de sistemas de governo que assentam no predomínio do princípio da entrega da responsabilidade política suprema do governo do Estado a um órgão unipessoal com a qualidade de chefe de Estado e de chefe do governo (e geralmente, comandante-chefe das Forças Armadas). Designamos esta heterogénea categoria por sistemas de *presidentes governantes*. Em altíssima percentagem, os titulares destes órgãos unipessoais são eleitos por sufrágio direto e universal dos eleitores; e, uma vez consagrada a eleição direta, a tendência é para não mais ser abandonada[47]. No entanto, este aspecto não é determinante. Nos tempos atuais, mesmo expressões indiretas de preferência podem ter significado equivalente a voto direto: nos sistemas parlamentares e semipresidenciais os primeiros-ministros não obtêm a sua legitimidade por voto direto, mas o voto numa lista partidária ou em um candidato a deputado em eleições legislativas tem o mesmo significado e valor que o voto direto em um candidato a primeiro-ministro.

Estas duas tendências levam a uma situação paradoxal: por um lado, nunca como hoje os sistemas de governo confluíram tanto na adoção de uma máxima universal de organização política, a máxima da unidade do Poder nas mãos de um órgão unipessoal. Mas, por outro, nunca como hoje houve tanta diversidade nas soluções nacionais adotadas na organização do poder político.

Terceira, apesar de se poder observar em vários ordenamentos o reforço dos poderes constitucionais dos parlamentos[48], é também possível constatar uma tendência

---

[47] Abrangendo não apenas os presidentes governantes, mas também outros, Samuels e Shugart estimavam que cerca de dois terços dos sistemas democráticos incorporam presidentes eleitos diretamente. V. SAMUELS; SHUGART, ref. 19, p. 4 *et seq.*, 259.

[48] Referindo-se aos sistemas de governo latino-americanos, v. UPRIMNY, Rodrigo. The recent transformation of constitutional law in Latin America: trends and challenges. *Texas Law Review*, v. 89, n. 7, p. 1587-1609, 2011. Cheibub, Elkins e Ginsburg notam que aqueles sistemas

— desigual — nos sistemas de governo, particularmente nos de presidente governante, seja com governo unificado, com governo dividido[49] sem coligação ou com governo dividido com coligação, para os parlamentos sofrerem um processo de erosão da relevância política, salvo quando a combinação entre a arquitetura institucional e o contexto dite o debilitamento presidencial e, no limite, acione o governo (parlamentar ou presidencial) de assembleia.

Quarta, os sistemas de presidentes governantes não contrariam — antes pelo contrário, contribuem para acentuar — a tendência para a delegação de poder dentro dos partidos políticos num líder ou numa figura de referência — *presidencialização* — e para a erosão do papel destes na pilotagem do sistema político. Os partidos assistem à deterioração da sua função de controlo e de constrição da ação dos eleitos.

Quinta, a fragmentação — e, por vezes, também a polarização — dos sistemas partidários, bem como a volatilidade das escolhas eleitorais.

Sexta, a modificação do conteúdo e função de alguns mecanismos clássicos dos sistemas de presidentes governantes, como o *impeachment*.

Sétima, quando os partidos ou agrupamentos políticos dos presidentes governantes nos órgãos parlamentares são minoritários — *governos divididos*, situação cada vez mais frequente dada a quinta tendência —, os presidentes optam pela formação de coligações para estruturar o apoio político-parlamentar à sua ação política. As coligações em situação de presidente governante com governo dividido são hoje um dos mecanismos mais comuns e eficazes de controlo e limitação do poder presidencial.

Este é um estudo multidisciplinar que apela a contributos de direito constitucional comparado, de sistemas políticos comparados, de política comparada e de ciência política (numa perspetiva neoinstitucional) para alcançar uma visão do modo como estas tendências se expressam e articulam. É um estudo comparatístico que só episodicamente recorre ao auxílio de dados quantitativos e estatísticos, o que não quer dizer que não sejam aqui valorizados, particularmente quando transmitem a ideia de grandes tendências históricas. Por exemplo, a demonstração gráfica do gradual incremento dos poderes do executivo ao longo dos séculos XIX a XXI, particularmente no domínio dos poderes relacionados com a produção de lei, preparada pelo *Constitute Project*, aligeira significativamente o ónus de demonstração de algumas das premissas do presente trabalho[50].

---

combinam parlamentos fortes com presidentes detentores de poderes legislativos. Um dos instrumentos mais salientes, a começar pelo próprio sistema presidencial americano, é a comissão parlamentar de inquérito, que se vulgariza nos sistemas com separação de Poder. V. CHEIBUB, José Antonio; ELKINS, Zachary; GINSBURG, Tom. Latin American presidentialism in comparative and historical perspective. *Texas Law Review*, v. 89, n. 7, p. 1707-1739, 2011. p. 12.

[49] Quando o "executivo" e o "legislativo" representam coligações de voto ou maiorias político-partidárias de quadrantes diferentes, o governo está *dividido*. As noções são precisadas adiante.

[50] V. CONSTITUTE PROJECT. *How powerful is the US president?* Disponível em: https://www.constituteproject.org/data-stories/how-powerful-is-the-us-president. Acesso em: 9 jan. 2025.

A pretensão é, com base num grupo limitado de casos, que não almejam cobrir todo o universo ideal que responderia aos critérios de seleção, encontrar pontos comuns nos sistemas comparados, mas também os elementos discrepantes. Estes, aliás, tendem a aumentar de importância, dada a tendência de as elites de cada Estado prepararem "fatos à medida" ou "vias originais" que fogem a modelos ideais, "pronto a vestir", com vista a encontrar a melhor forma de governo. Isso leva a que este estudo comparatístico — como muitos — fique mais próximo da análise comparativa qualitativa de *case studies*, do que da análise alimentada por modelos de quantificação.

O núcleo central do desenvolvimento incide sobre a segunda tendência (unificação do Poder sob presidentes governantes) e a quarta tendência (presidencialização dos partidos) que simultaneamente decorre dela e a robustece, bem como sobre as quinta, sexta e sétima tendências (fragmentação partidária, polarização e volatilidade políticas, reajustamento de institutos clássicos e coligações), que constituem como que uma reação instintiva do sistema político ao risco da concentração do Poder. A primeira e terceira[51] tendências não são objeto de estudo, sendo afloradas apenas na medida do que for necessário para compreender o núcleo central do trabalho.

2. HARMONIZAÇÃO ENTRE OS PRINCÍPIOS DA UNIDADE E DA DIVISÃO DO PODER. CONCEITOS OPERACIONAIS: SEPARAÇÃO DE FUNÇÕES, SEPARAÇÃO DE ÓRGÃOS, FREIOS E CONTRAPESOS

Importa delimitar o universo da investigação. Um primeiro passo consiste em explicitar que este estudo incide sobre *sistemas políticos democráticos com separação de poderes em sentido funcional (separação funcional de poderes) e divisão do Poder*.

Importa também esclarecer alguns conceitos: (i) separação (ou divisão) *de* poderes em sentido funcional; (ii) divisão *do* Poder (com maiúscula); e (iii) freios e contrapesos[52].

O conceito doutrinal a que nos reportamos, por ser o que mais se coaduna com a realidade, sem perder valia normativa (como sustentáculo do bom governo), é o de separação de poderes em sentido *funcional* ou separação funcional de poderes. Este conceito contrapõe-se à doutrina da separação de poderes em sentido *orgânico-funcional*, que é eventualmente mais próximo da origem da doutrina da separação de poderes.

---

[51] No que toca à erosão do papel dos parlamentos, deixamos alguns apontamentos sobre um caso de flagrante e deliberada minimização da dimensão parlamentar, refletida na posição do Parlamento Europeu e dos parlamentos nacionais no processo de decisão da União Europeia, v. CANAS, Vitalino. A admirável democracia (im)parlamentar da União Europeia. *In*: MACHETE, Pedro; RIBEIRO, Gonçalo de Almeida; CANOTILHO, Mariana (org.). *Estudos em homenagem ao Conselheiro Presidente Manuel da Costa Andrade*. Volume I. Coimbra: Almedina, 2022. p. 783-802.

[52] V. WALDRON, Jeremy. Separation of powers in thought and practice? *Boston College Law Review*, v. 54, n. 2, p. 433-468, 2013. p. 438. Além dos estudados no texto, o autor alude ao princípio do bicameralismo e ao princípio do federalismo, mas esses não têm vocação universal. São estudados mais adiante nos locais próprios.

A origem do *princípio da separação de poderes*, seja como princípio político, normativo ou jurídico-constitucional, não é consensual. Platão, Aristóteles, Políbio, Cícero, Henry de Bracton, Marsílio de Pádua, Locke, Montesquieu, Rousseau, Madison, Kant, Constant, Hegel, Laband, Jellinek, Kelsen, Carré de Malberg, são alguns dos pensadores que, positiva ou negativamente, contribuíram para moldar o princípio, algumas vezes acolhendo-o, outras rejeitando-o[53]. O pensamento liberal, imbuído de algum pessimismo antropológico, tornou-o um dos seus pilares, na medida em que era visto como um dos meios mais automáticos de atingir o objetivo da limitação do poder (como logo o célebre artigo 16 da Declaração dos Direitos do Homem e do Cidadão anunciava[54]). Era isso que subjazia aos dois mais influentes modelos de separação de poderes dos primórdios, o de Madison e o de Montesquieu.

O pensamento de Madison ficou vertido na Constituição americana de 1787. O sistema de governo consagrado neste contexto é o que mais se aproxima do princípio da separação orgânico-funcional de poderes, atribuído a Montesquieu, distinguindo--se, assim, da maioria dos sistemas parlamentares, nomeadamente daqueles onde os governos tenham competências legislativas ou pelo menos de iniciativa legislativa. Todavia, tendo em conta o desenvolvimento constitucional e da prática institucional americana, é discutível que tenha alguma vez sido levado às últimas consequências visadas por Madison. Hoje, coloca-se em dúvida que o modelo *madisoniano* de separação de poderes tenha real eficácia na limitação do poder[55], valendo antes mecanismos não conhecidos na época dos *founders*: as eleições por sufrágio universal, a opinião pública plural e os partidos políticos[56].

Na Europa, o *modelo recebido*, ou modelo de referência, foi o preconizado por Montesquieu. Todavia, há, desde logo, uma persistente querela sobre o seu alcance e conteúdo, no âmbito do próprio pensamento original de Montesquieu[57]. Alguns setores

---

[53] Aproveitamos a breve resenha sobre a história do conceito oferecida, numa perspetiva diacrónica, v. VIGNUDELLI, Aljs. Sulla separazione dei poteri nel diritto vigente. *Diritto & Questioni Pubbliche*, ano 7, n.1, p. 201-232, 2007, p. 202-204.

[54] DECLARAÇÃO DOS DIREITOS DO HOMEM E DO CIDADÃO (1789). Disponível em:https://www.elysee.fr/en/french-presidency/the-declaration-of-the-rights-of-man-and-of-the-citizen. Acesso em: 9 jan. 2025.

[55] Posner e Vermeule fazem um exercício, sustentado na metodologia das escolhas racionais, visando mostrar que o princípio madisoniano da separação de poderes pode levar, inclusive, a resultados mais gravosos para os contribuintes do que se o poder estivesse monopolizado. V. POSNER, Eric; VERMEULE, Adrian. *The executive unbound. After the Madisonian Republic*. Oxford: Oxford University Press, 2011. p. 118. Consulte também POSNER, Eric. Balance-of-powers arguments and the structural constitution. *Coase-Sandor Institute for Law & Economics Working Paper*, n. 622, 2012. Disponível em: https://chicagounbound.uchicago.edu/cgi/viewcontent. cgi?article=1071&context=law_and_economics. Acesso em: 25 ago. 2024.

[56] V. LEVINSON, Daryl; PILDES, Richard. Separation of parties, not powers. *Harvard Law Review*, Cambridge, v. 119, n. 1, p. 1-73, 2006; POSNER; VERMEULE, ref. 55, p. 121.

[57] Para uma revisão recente, SANDRO, Paolo. *The making of constitutional democracy. From creation to application of law*. Oxford: Hart Publishing, 2022. p. 260 et seq.

apontam a sua insuficiente justificação[58] e, consequentemente, valia normativa. Nota-se que face ao desenvolvimento histórico em praticamente todas as latitudes e países, a sua capacidade de auxiliar na descrição das organizações constitucionais efetivamente existentes é escassa. Essas dúvidas seriam seguramente insuperáveis caso se concluísse que o princípio da separação de poderes preconizado por Montesquieu consiste na separação *orgânico-funcional*, ou seja, implica que cada uma das funções do Estado esteja especificamente entregue a um, e um só, órgão. Com esse alcance, poucos, ou nenhum, sistemas concretos, antigos ou contemporâneos, poderiam ser usados como exemplos. Todavia, a conceção orgânico-funcional não corresponde ao pensamento de Montesquieu e não influenciou, de facto, orientações normativas de quem entende que o princípio da separação de poderes é um pilar crucial da democracia liberal.

Numa conceção atualista e adaptada à realidade dos sistemas de governo na sua configuração contemporânea, o princípio da separação de poderes deve ser entendido numa aceção estritamente *funcional*[59]. O Estado de Direito postula uma nítida distinção e separação dos modos de deliberação e ação em que se desdobra o exercício do Poder[60]. Isto é, impõe a separação de poderes, *na aceção de separação (ou divisão) de funções do Estado*. Waldron, um dos adeptos mais eloquentes desta orientação, insiste na distinção clássica entre as funções de legislar, julgar e executar[61]. Como já escrevemos noutros locais, essa opção parece pouco audaz, atendendo ao modo como os sistemas de governo modernos se organizam e produzem os seus *outputs*[62]. Parece-nos mais rica e apropriada uma classificação que distinga entre: (i) *função de decisão fundamental* (ou principal), subdividida em decisão constituinte, decisão legislativa fundamental e decisão política fundamental *stricto sensu*; (ii) *função de execução da decisão fundamental* (ou subordinada), subdividida em execução legislativa, execução política *stricto sensu*, execução administrativa e execução jurisdicional; e (iii) *função de controlo*[63].

---

[58]   WALDRON, ref. 52, p. 450 *et seq.*

[59]   Assim, cf. WALDRON, ref. 52, *passim*. Se muitas Constituições modernas continuam a insistir na ideia de separação de *poderes*, algumas falam de *funções* já há algum tempo, como as Constituições equatorianas de 1945 e 1946.

[60]   Jeremy Waldron enumera dez, mas nota que o exato número e modo de listagem são irrelevantes: "*[w]hat matters is that the governmental action has become articulated and many of the stages in that articulation correspond to rule of law requirements*". V. *Ibid.*, p. 458.

[61]   *Ibid.* Em boa verdade, essa distinção tradicional continua a seduzir autores e até Constituições antigas e recentes, como exemplificado no artigo 49.º da Constituição mexicana de 1917 (*"[el] Supremo Poder de la Federación se divide para su ejercicio en Legislativo, Ejecutivo y Judicial*), no artigo 113.º da Constituição colombiana de 1991 (*son Ramas del Poder Público, la legislativa, la ejecutiva, y la judicial*) e no artigo 4.º da Constituição da República Dominicana de 2015 (*"El gobierno de la Nación es esencialmente civil, republicano, democrático y representativo. Se divide en Poder Legislativo, Poder Ejecutivo y Poder Judicial*").

[62]   Além disso, ao longo do tempo, surgiram teorias sobre um quarto poder, em várias aceções. Cf. TUSHNET, Mark. *The new fourth branch: institutions for protecting constitutional democracy.* New York: Cambridge University Press, 2021.

[63]   V. CANAS, Vitalino. *Ciência política.* Coimbra: Almedina, 2022. p. 242. Sem embargo, a familiaridade da classificação clássica leva a que muitas vezes nós próprios cedamos à sua atração

O princípio da separação funcional de poderes impõe que as competências e procedimentos de decisão inerentes ao exercício de cada função do Estado (qualquer que seja a distinção e arrumação doutrinal das funções) estejam suficientemente identificadas e delimitadas. Nada obsta a que um órgão disponha de competências respeitantes a mais do que uma função. Se assim suceder, o exercício de cada função deve estar nitidamente recortado e não deve ser confundido. No caso português, o exercício da função legislativa e o exercício da função administrativa (usando os termos constitucionalmente consagrados nos artigos 198.º e 199.º da Constituição de 1976) do Governo deve estar nitidamente identificado quanto aos conteúdos, aos procedimentos e à forma. O princípio da separação funcional de poderes determina simplesmente que os poderes (ou competências) atinentes a cada função do Estado estejam sistemática e normativamente separados e delimitados, não obrigando a que cada função seja desempenhada por um e um só órgão.

O princípio da separação de poderes em sentido funcional distingue-se do *princípio da divisão do Poder político*. Este postula, primacialmente, a repartição das competências inerentes à conformação da decisão legislativa fundamental e à conformação da decisão política fundamental *stricto sensu* (bifurcações da decisão fundamental), bem como a execução da decisão fundamental, por mais de um órgão, ou seja, pressupõe-se a *separação de órgãos*[64]. Sem embargo, as exigências contemporâneas do exercício do Poder impõem que mesmo que haja separação de funções, separação de órgãos e divisão do Poder por estes, é forçoso que se observe o princípio do exercício interdependente do Poder, como a Constituição portuguesa determina (artigo 111.º, n.º 1). Pode mesmo dizer-se que nenhum sistema de governo — incluindo os que se pretendiam originalmente de separação rígida — funciona capazmente se não for observado o princípio do exercício interdependente do Poder.

O princípio da separação funcional de poderes é um princípio de distinção e delimitação *qualitativa* de funções; o da divisão do Poder político é um princípio *quantitativo ou gradativo*, ou seja, admite vários graus de materialização da repartição das competências pelos órgãos do Poder político.

A gradação do princípio da divisão do Poder político depende da articulação desse princípio com o princípio, de sentido contrário, da unidade do Poder político. Tal como o princípio da separação de poderes em sentido funcional, os princípios da unidade do Poder político e da divisão do Poder político são princípios *universais* da organização do Poder político. Como é inerente a todos os princípios, os princípios da unidade e da divisão do Poder político têm carácter *prima facie*. A circunstância de admitirem aplicações gradativas, pode levar a várias instanciações — aplicações *particulares* —

---

gravitacional (até porque ela continua a ser a referência conceptual de quase todos os textos constitucionais, o que a torna incontornável).

[64] Pode-se falar de um conceito mais vasto de divisão do Poder. Nas sociedades abertas e com maturidade democrática o Poder não está concentrado nos órgãos políticos, estando disseminado por vários segmentos e patamares, desde órgãos de controlo, a partidos (o jogo entre partidos do governo e partidos da oposição) e movimentos ou organismos sociais.

harmonizadoras. Pode haver situações de maior pendor ou prevalência de um, sem que isso implique a integral derrota do outro. Mesmo que o princípio da unidade de Poder tenha sido reconhecido com peso superior em determinado sistema de governo, isso não inviabiliza um doseamento que contemple uma componente significativa de divisão do Poder. Ou seja, pode haver um grau elevado de concentração de poderes de conformação e execução da decisão legislativa fundamental e conformação e execução da decisão política fundamental *stricto sensu* na esfera de um órgão — materializando um predomínio do princípio da unidade do Poder —, sem que isso obste a que outros órgãos detenham competências, ainda que mais limitadas, denotando uma condimentação harmonizadora entre o princípio da unidade do Poder político (prevalecente, no caso) com o princípio da divisão do Poder político. A única instância em que o princípio da divisão do Poder político é integralmente postergado ocorre quando o Poder político — ou as componentes mais decisivas inerentes à conformação e execução da decisão legislativa fundamental e conformação e execução da decisão política fundamental *stricto sensu* — é totalmente concentrado num único órgão, mormente num órgão unipessoal.

A prevalência absoluta ou praticamente absoluta do princípio da unidade do Poder é óbvia no ambiente das formas de governo *autocráticas*, que normalmente aplicam fórmulas de concentração de poderes num só órgão; mas ela também é tendencial nas formas de governo que, não sendo geralmente consideradas taxativamente autocráticas, padecem de falhas de funcionamento democrático.

Já quando o ambiente é de forma de governo *democrática,* torna-se impossível a prevalência absoluta, ou mesmo quase absoluta, do princípio da unidade do Poder político. Na verdade, não podem deixar de funcionar os próprios princípios e mecanismos da soberania popular e da democracia. Estes implicam que o exercício do poder constituinte seja, de algum modo, efetivamente imputado ao povo, e que parte do poder político derivado seja exercido pelo colégio eleitoral, formado pelo universo dos eleitores, competindo-lhe proceder periodicamente à decisão fundamental de escolha dos responsáveis pela conformação e execução das demais vertentes da decisão fundamental. Em democracia, pelo menos esses poderes não podem obedecer a um princípio de unidade do Poder político a favor de qualquer órgão deste mesmo Poder.

Defenderemos neste ensaio que a preponderância do princípio da unidade do Poder — com combinações variadas com o princípio da divisão do Poder — também se regista, hoje em dia, nos sistemas políticos com forma de governo democrática e separação de poderes em sentido funcional.

Desde logo, embora com tendência a perder relevo, persistem situações em que o princípio da unidade do Poder político se manifesta através do princípio constitucional da supremacia do parlamento. É o caso típico de alguns *sistemas parlamentares de assembleia,* historicamente ligados ao desenvolvimento constitucional francês e hoje ainda vigentes em alguns países europeus, embora já de forma muito mitigada pelo contexto político, crescentemente desfavorável ao predomínio parlamentar.

Por outro lado, exemplos recentes permitem concluir que o princípio da supremacia do parlamento pode decorrer da conjugação, eventualmente episódica, do quadro constitucional com circunstâncias específicas do momento: assim, devido a condições próprias do desenvolvimento constitucional e político, há sistemas de países da América Latina que funcionam — ou estão à beira de funcionar — como *sistemas presidenciais de assembleia*. Os sistemas parlamentares ou presidenciais de assembleia podem propiciar situações patogénicas quando o seu funcionamento se traduz, afinal, na incapacidade de tomar decisões consistentes de definição e execução da decisão fundamental com a oportunidade e a racionalidade que os tempos modernos exigem.

Outras manifestações da preponderância — mas sem prevalência absoluta — do princípio da unidade do Poder político consistem na entrega da responsabilidade suprema pela conformação e execução da decisão fundamental a um órgão unipessoal — presidente da república, primeiro-ministro, chanceler, presidente do governo — ou, mais raramente, a um órgão colegial restrito, do género diretório, como ocorre no sistema suíço.

Consequentemente, à luz do que antecede, é teoricamente sustentável e empiricamente praticável que um concreto sistema de governo se reja pelo princípio da unidade do Poder como *princípio prevalecente*, mantendo-se, todavia operante, *subordinadamente*, o princípio da divisão do Poder e respeitando-se o princípio da separação de poderes em sentido funcional.

O terceiro princípio a atender nesta constelação é o dos *freios e contrapesos* (ou *checks and balances*, na conhecida expressão anglo-saxónica). Este princípio traduz-se na atribuição a um órgão de poderes de fiscalização e, eventualmente, de condicionamento do exercício dos poderes próprios de outro órgão. Também a materialização deste princípio está sujeita a diferentes graus, conforme o instrumentário de freios e contrapesos seja mais ou menos extenso e variado.

3. O OBJETO DO ESTUDO: OS SISTEMAS DE PRESIDENTES GOVERNANTES, SUAS MODALIDADES E LIMITES

O segundo passo da delimitação do objeto de estudo visa esclarecer se abordaremos *todos os tipos de sistemas de governo* ou se nos centraremos apenas em *alguns*. Como se concluirá, a resposta é a segunda: só são focados os sistemas de governo que designamos de *sistemas de governo de presidentes governantes*. Importa saber em que consistem, em que categorias se desdobram, qual o seu lugar no mapa dos sistemas de governo e por que os privilegiamos neste trabalho.

3.1 A tendência geral da presidencialização do governo, incluindo nos sistemas parlamentares

Apesar de toda a crítica lançada sobre a simplificação que predomina em obras de direito constitucional comparado, de sistemas políticos comparados, instituições políticas comparadas, ciência política ou política comparada, ela persiste. Em termos gerais, contenta-se em insistir na distinção entre sistemas parlamentares e sistemas presidenciais (ultimamente com algumas concessões à autonomia do sistema semipresidencial).

Essa opção tem pelo menos quatro contraindicações.

Primeira, ela parece por vezes assentar na premissa de que só há *um* tipo de sistema parlamentar e *um* tipo de sistema presidencial. É claro que o conceito ideal de sistema parlamentar ou de sistema presidencial tem *últimos redutos, pedras de toque*, traços estruturais cuja ausência ou adulteração tem caráter excludente: no sistema presidencial os mandatos dos presidentes não dependem, nem no que toca à sua constituição, nem no que concerne à sua manutenção, da ação das câmaras parlamentares (salvo *impeachment*), e estas não podem ser dissolvidas por aqueles; nos sistemas parlamentares, os primeiros-ministros e os ministros ou são nomeados pelas câmaras ou nomeados de acordo com a sua vontade (ou, *rectius*, da maioria parlamentar), e podem ser demitidos por, ou dissolver ou fazer dissolver, pelo menos uma das câmaras[65]. Mas uma análise fina desvenda que, assegurados esses traços estruturais, há a possibilidade de variantes[66].

Segunda, não se preconiza o abandono das tradicionais delimitações entre sistemas de governo presidenciais, semipresidenciais e parlamentares ou quaisquer outros mais raros que a história político-constitucional tenha conhecido. Aceita-se sem grande reflexão ou inquietação intelectual a premissa de que os sistemas de governo respeitam quase sempre os arquétipos ideais ou clássicos de sistemas presidenciais, parlamentares e semipresidenciais. Sem embargo, fazer assentar qualquer construção ou tratamento científico na base da distinção entre apenas dois ou três tipos ideais (ou estereótipos) de sistemas constitucionais de governo — os tipos clássicos —, ignorando a multidão de soluções que as constituições e a prática institucional consagram, não é satisfatório.

Terceira, pode em grande parte afirmar-se que as principais afinidades entre sistemas de governo se prendem com a época ou a região em que foram desenhados e não com a fidelidade a um modelo idealmente concebido.

Quarta, a insistência numa clivagem forte entre sistemas parlamentares e presidenciais tende a desvalorizar aquilo que, cada vez mais, os tem aproximado: a *presidencialização* do executivo, traduzida na delegação da responsabilidade máxima e no derradeiro poder de conformação e execução da decisão fundamental num órgão unipessoal.

Embora, do ponto de vista estritamente constitucional, os sistemas parlamentares pareçam mais imunes ou menos propensos à operatividade do princípio universal da unidade do Poder político num órgão unipessoal, também não lhe escapam, como Walter Bagehot já observava ao aludir ao "segredo eficiente" do sistema parlamentar britânico[67].

---

[65]   Utiliza-se a síntese de Michel Troper, que, por estar espartilhada num prefácio de quatro páginas à obra, hoje clássica, de Richard Moulin, *Le presidentialisme et la classification des régimes politiques*, não poderia ser mais simples. V. MOULIN, Richard. *Le presidentialisme et la classification des régimes politiques*. Paris: LGDJ, 1978.

[66]   Como os estudos de Shugart e Carey começaram a demonstrar, particularmente do ponto de vista constitucional, v. SHUGART; CAREY, ref. 13.

[67]   Em 1867, observando o funcionamento do sistema partidário no Parlamento, Walter Bagehot concluiu que a quase completa fusão do poder legislativo com o poder executivo, com domínio pelo gabinete, era o *"efficient secret' of the English constitution"*, v. BAGEHOT, Walter. *The English Constitution*. Editado por Paul Smith. Cambridge: Cambridge University Press, 2001.

Se Hans Kelsen é o triunfador no que se refere à justiça constitucional, Carl Schmitt triunfou postumamente quanto à posição de uma figura presidencial no sistema político. Mesmo os sistemas concretos que não se desviam drasticamente do modelo parlamentar constitucionalmente instituído tendem a tolerar ou a alicerçar a posição dominante do primeiro-ministro, consumando um presidencialismo de primeiro-ministro[68]. Isso sucede com os que permanecem fiéis ao modelo de Westminster (Reino Unido, Austrália, Nova Zelândia, Canadá e outros), com os dos Estados-membros e candidatos da União Europeia que não adotam sistemas presidenciais ou semipresidenciais, e com outros, como Índia, Iraque, Israel, Jamaica, Japão, Lesoto, Malásia, Maurícias, Papua-Nova Guiné, Paquistão, Singapura, Tailândia, Trinidad e Tobago. Só não é assim em casos que constituem raras exceções a uma tendência.

Comparando as posições da Primeira-Ministra Margaret Thatcher (Reino Unido) e do Presidente Andrés Pérez (Venezuela), na perspetiva da *liderança*, se vantagem houver, é claramente da primeira que, aliás, é por muitos vista como um dos exemplos acabados de *presidencialização* do cargo de primeiro-ministro. Em outros casos de comparação entre Primeiros-Ministros e Presidentes, antigos e atuais, a dúvida sobre quem tem uma liderança mais *presidencializada* é insolúvel: Netanyahu (Israel) e Zelensky (Ucrânia); Orbán (Hungria) e Erdoğan (Turquia); Junichiro Koizumi (Japão) e Mandela (República da África do Sul); Mohammed Shia' Al Sudani (Iraque) e Tsai Ing-wen (Taiwan); Pedro Sánchez (Espanha) e Lula da Silva (Brasil); Modi (Índia) e Milei (Argentina); Keir Starmer (Reino Unido) e Yoon Suk-yeol (República da Coreia); Meloni (Itália) e Bukele (El Salvador).

Mesmo nas chamadas democracias consociativas, praticantes de sistemas parlamentares, a presidencialização do primeiro-ministro não está ausente[69]. Além disso, os mecanismos do chamado sistema parlamentar racionalizado, ao mesmo tempo que visam assegurar a estabilidade política e governativa — contendo o Poder parlamentar —, contribuem para o reforço da posição do primeiro-ministro. Isso tem sido abundantemente estudado a propósito da *Kanzlerdemokratie* (democracia de chanceler) alemã[70].

Mais recentemente, Jean-Claude Colliard adverte que o sistema de governo parlamentar é, na prática, por via da maioria parlamentar e dos partidos, um sistema de unidade de Poder, no qual o legislativo está estritamente subordinado ao executivo, exceto em algum caso excecional. V. COLLIARD, Jean-Claude. *Los regímenes parlamentarios contemporáneos*. Barcelona: Blume, 1981.

[68] Conforme a expressão de Adriano Moreira, v. MOREIRA, Adriano. O Regime: Presidencialismo do Primeiro-Ministro. *In:* COELHO, Mário Baptista (coord.). *Portugal: o sistema político e constitucional, 1974-1987*. Lisboa: Instituto de Ciências Sociais da Universidade, 1989. p. 31-38.

[69] FIERS, Stefaan; KROUWEL, André. The Low Countries: from 'prime minister' to 'president-minister'. *In:* POGUNTKE, Thomas; WEBB, Paul (ed.). *The presidentialization of politics: a Comparative study of modern democracies*. Oxford: Oxford University Press, 2005. p. 128-158.

[70] POGUNTKE, Thomas. A presidentializing party state? The Federal Republic of Germany. *In:* POGUNTKE, Thomas; WEBB, Paul (ed.). *The presidentialization of politics: a comparative study of modern democracies*. Oxford: Oxford University Press, 2005. p. 63-87.

O caso do Iraque[71]

A apreciação do caso do Iraque, além de permitir fugir dos exemplos mais estudados, mostra que, mesmo quando muitas variáveis institucionais e de contexto conspiram a favor de um primeiro-ministro débil e à mercê de inúmeras dinâmicas étnicas, religiosas e regionais, a centralidade da função, acompanhada por traços específicos de personalidade do titular do cargo, pode, ainda assim, traduzir-se na presidencialização do cargo.

Apesar de ser reiteradamente incluído no grupo dos Estados autoritários[72], de autocracias eleitorais[73] ou sem liberdade[74], o Iraque dispõe de uma Constituição, adotada em 2005 por referendo popular, que consagra os princípios básicos do constitucionalismo democrático. Por outro lado, realizam-se eleições regulares num ambiente de liberdade de competição e campanha razoáveis, tendo em conta os padrões da região. Os órgãos políticos mudam regularmente de composição, e os seus titulares são democraticamente legitimados.

O presidente da República e o primeiro-ministro obtêm a eleição ou investidura por meio de procedimentos parlamentares, respeitando no essencial os preceitos constitucionais aplicáveis, embora a realidade do Iraque, fortemente permeada pela relação nem sempre pacífica entre xiitas, sunitas e curdos (e algumas minorias menos representativas) e pela fragmentação partidária, obrigue a arranjos políticos adicionais para agilizar o cumprimento dos mecanismos constitucionais.

A Constituição consagra um sistema parlamentar, com algumas especificidades decorrentes da realidade sociológica.

A Câmara dos Representantes, única Câmara parlamentar em funcionamento — uma vez que o Conselho Federal, embora constitucionalmente previsto como um dos braços do legislativo, nunca saiu do papel por falta da lei instituidora —, é composta por um número de membros variável, à razão de um por 100.000 habitantes (artigo 49.º). É o único órgão que dispõe de poder legislativo (artigo 61.º), bem como o de regular a ratificação de convenções internacionais. Elege o presidente da República e demite-o por maioria absoluta em caso de incriminação por alguns crimes, decidida pelo Supremo Tribunal Federal; fiscaliza o governo e nomeia numerosos titulares de altos cargos, políticos, judiciais e militares; questiona o presidente da República, o primeiro-ministro e os ministros; retira a confiança a ministros individualmente considerados, por maioria absoluta (artigo 61.º, n.º 8) ou ao primeiro-ministro, pela mesma maioria,

71 Benefício de uma reunião com cerca de 30 membros da Câmara dos Representantes do Iraque, realizada a 24 de janeiro de 2024, presidida pelo Presidente do Parlamento, na qual se discutiram aspetos da Constituição que requerem revisão.

72 EIU – ECONOMIST INTELLIGENCE UNIT. *Democracy Index 2023: Global State of Democracy in 165 Countries*. Londres: Economist Intelligence Unit, 2023. Disponível em: https://pages.eiu.com/rs/753-RIQ-438/images/Democracy-Index-2023-Final-report.pdf. Acesso em: 9 jan. 2025.

73 V-DEM INSTITUTE. *Democracy Report 2024: Democracy Winning and Losing at the Ballot*. Gotemburgo: V-Dem Institute, 2024. Disponível em: https://v-dem.net/documents/49/v-dem_dr_2024_portuguese_lowres.pdf. Acesso em: 9 jan. 2025.

74 FREEDOM HOUSE. *Freedom in the World 2023: Iraq*. Disponível em: https://freedomhouse.org/country/iraq/freedom-world/2023. Acesso em: 9 jan. 2025.

respetivamente com a consequência da demissão individual ou do governo integralmente considerado; compete-lhe declarar os estados de guerra ou de emergência; aprova o orçamento, mediante proposta do conselho de ministros, podendo, todavia, introduzir ou recomendar alterações à proposta. A Câmara de Representantes pode autodissolver-se por decisão da maioria absoluta dos seus membros; pode também ser dissolvida pelo primeiro-ministro, a pedido de um terço dos seus membros, desde que o presidente da República consinta (artigo 64.º).

O artigo 66.º investe o presidente da República e o conselho de ministros no poder executivo.

O primeiro é eleito por quatro anos renováveis uma vez, pela Câmara dos Representantes, por dois terços na primeira volta, ou por maioria absoluta na segunda volta, realizada entre os dois candidatos mais votados na primeira, caso nenhum tenha logrado ser eleito nesta (artigo 70.º). O seu mandato coincide temporalmente, em qualquer circunstância, com o da Câmara dos Representantes, incluindo no caso de dissolução desta. Funcionando como símbolo da unidade do país e desempenhando funções sobretudo cerimoniais, como as de comandante-chefe das Forças Armadas (artigo 73.º, n.º 9), dispõe de alguns poderes relevantes, tal como o de apresentar propostas de lei, de propor ao parlamento que retire a confiança ao primeiro-ministro [artigo 61.º, n.º 8, alínea b), item 1] ou de autorizar a dissolução do parlamento pelo primeiro-ministro em certas circunstâncias. Cabe-lhe encarregar aquele que for designado pelo maior bloco da Câmara dos Representantes de formar o conselho de ministros, num prazo curto após a eleição presidencial (artigo 76.º). Todavia, esse prazo tem sido impossível de cumprir. O presidente da República vê a sua posição constitucional reforçada se o primeiro-ministro indigitado para formar o conselho de ministros não o conseguir fazer dentro de um certo prazo (artigo 76.º, n.º 3), uma vez que lhe cabe escolher outro primeiro-ministro para desempenhar essa tarefa. Não está previsto o poder de veto, embora compita ao presidente ratificar as leis do parlamento (artigo 73.º, n.º 3). Não é possível o veto de bolso, uma vez que a lei se considera ratificada após o transcurso de certo prazo.

O primeiro-ministro é investido na função de formar o conselho de ministros, como visto; deve apresentar a sua equipa ministerial à Câmara dos Representantes, bem como o programa de governo, devendo obter a aprovação destes por parte da maioria absoluta da Câmara (artigo 76.º, n.º 4). Se o voto de confiança não for obtido, o presidente nomeia outra personalidade para formar o conselho de ministros.

O primeiro-ministro é a autoridade executiva máxima, dirige o conselho de ministros e preside às suas reuniões, podendo demitir os ministros, mas apenas se autorizado pela Câmara dos Representantes. O conselho de ministros dispõe de iniciativa legislativa junto da Câmara dos Representantes e de poder regulamentar. Os ministérios, suas funções e especialização, são definidos por lei (artigo 86.º).

Embora se formem blocos partidários, móveis, o sistema está altamente fragmentado, com numerosas fações representativas das três principais componentes étnicas e religiosas. Há partidos importantes que, por opção própria, recusam assumir o seu lugar no Parlamento (como os *Sadristas*, que obtiveram o maior número de assentos em 2021) e outros que estão proibidos (como o Partido de Saddam Hussein, o Partido Socialista Árabe do Iraque *Ba'ath*). Isto conduz a que a nomeação de um primeiro-ministro e a formação de um conselho de ministros requeira uma negociação complexa. A procura de compromissos políticos pode atrasar significativamente a formação do governo. A escolha do Primeiro-Ministro Mohammed Shia' Al Sudani — no cargo desde outubro de 2022 —, necessitou de quase um ano de intenso diálogo entre as várias fações e partidos, acabando por formar-se uma solução de governo que envolve sete partidos.

Essas negociações levam, todavia, à formação de governos ditos de unidade nacional, baseados na distribuição dos mais altos cargos pelos três grupos centrais (presidente curdo, primeiro-ministro xiita e presidente do parlamento sunita) e na entrega dos cargos ministeriais segundo lógicas de negociação e equilíbrio não totalmente transparentes. O conselho de ministros assim formado reproduz, em parte, a composição parlamentar. A linha avançada da luta política, noutros sistemas parlamentares tipicamente protagonizada por governo e oposição parlamentares, desloca-se para o seio do conselho de ministros, assumindo outras formas de expressão.

A conjugação entre os inúmeros poderes constitucionais da Câmara dos Representantes e a circunstância de esta se projetar para dentro do executivo transporta um potencial de fragilização do primeiro-ministro, amarrado por esses poderes, pelos compromissos que assumiu para conseguir formar o conselho de ministros e pela necessidade de permanente concertação interna. Todavia, não é fatal que assim seja, como fica demonstrado pela primeira parte do mandato de Al Sudani que, alicerçado na sua capacidade de construir consensos e de dinamizar a ação política, adquiriu centralidade e predomínio na cena política. Por outro lado, o Primeiro-Ministro pode se beneficiar de uma cultura política fortemente amarrada a lideranças individuais fortes[75].

Mais recentemente, observa-se que pode suceder que sistemas parlamentares não se fiquem pela presidencialização do primeiro-ministro e vão mais além, assistindo à transformação do presidente simbólico em presidente governante. Na Sérvia, desde 2015, um sistema classificável como parlamentar, segundo os parâmetros convencionais, funciona como presidencial ou híbrido.

Todavia, o peculiar caso sérvio não parece destinado a replicar-se noutras latitudes. Nos sistemas parlamentares, a função dos presidentes da República (quando existem), é essencialmente cerimonial e/ou simbólica, representando a unidade nacional. Decerto que, episodicamente, são levados a desempenhar papéis cuja irrefutabilidade só a lógica e a força da ideia de 'presidente' justifica. O presidente nos sistemas parlamentares até pode ter um papel relevante no reforço da posição do primeiro-ministro perante

---

[75] Um estudo de 2022 do IDEA, *Assessing the Iraqi Constitution's Impact on State and Society*, concluiu que a grande maioria dos iraquianos do painel consultado gostaria que o sistema de governo passasse a presidencial. V. IDEA - INSTITUTE FOR DEMOCRACY AND ELECTORAL ASSISTANCE. *Assessing the Iraqi Constitution's Impact on State and Society*. Estocolmo: IDEA, 2022. p. 18.

o parlamento, quando exerce certos poderes. E pode assumir um papel central em circunstâncias específicas, como ocorre com os Presidentes de Itália e da Alemanha (e também, aliás, com outros chefes de Estado, como os Reis de Espanha e da Bélgica)[76]. Sem embargo, a expressão qualitativa e quantitativa dos momentos e poderes em que isso se manifesta não é de molde a dizer que se está também perante a limitação do Poder do primeiro-ministro.

A centralidade do primeiro-ministro resulta, em geral, dos poderes constitucionais. E, como já foi demonstrado, a tendência tem sido para o aumento destes[77]. Contudo, depende também de outros fatores, desde a tendência geral para a personalização da política e a personalidade do titular do cargo, até à globalização. Esta última leva à crescente internacionalização da política, ao aumento da complexidade do Estado, às transformações da comunicação de massas e fatores contingentes inabarcáveis que puxam inevitavelmente pelo protagonismo do chefe do governo[78]. O *Knesset* de Israel foi quem levou mais longe o objetivo de materializar constitucionalmente esta tendência de presidencialização do primeiro-ministro, consagrando a única coisa que, em termos formais, lhe falta: a legitimidade obtida pelo voto direto, ou seja, não mediada pelo parlamento nem por eleições parlamentares. O sistema de eleição do primeiro--ministro por sufrágio universal direto vigorou entre 1992 e 2001, momento em que se teve de admitir que as engenharias constitucionais imaginativas, por vezes, produzem resultados inversos aos visados.

> Há consenso de que o sistema não soçobrou por a ideia da eleição direta do primeiro--ministro ser absurda, mas porque (i) o sistema eleitoral inviabilizou o objetivo de reforçar a posição do primeiro-ministro, como era intenção original, e (ii) não foi suficientemente garantida a estabilidade do cargo de primeiro-ministro[79]. Os eleito-

---

[76]   V. TAJADURA TEJADA, Javier. Ensayo de una teoría de la jefatura del Estado parlamentario. *In*: TAJADURA TEJADA, Javier (dir.). La jefatura del Estado parlamentario en el siglo XXI. Sevilla: Athenica, 2022. p. 13-88. Em especial: p. 34 *et seq.* O chefe de Estado dos sistemas parlamentares — seja monarca ou republicano — exerce uma função simbólica integrativa, pessoal e material; uma função moderadora e de magistratura de influência, assente em papéis de consulta, de conselho e de estímulo; uma função arbitral, independente e neutral, de salvaguarda das instituições e de desbloqueio de impasses (como na Itália, na Bélgica ou na Alemanha); uma função de defensor da Constituição.

[77]   RAHAT, Gideon; KENIG, Ofer. *From party politics to personalized politics?*. Oxford: Oxford University Press, 2018. p. 143.

[78]   Um dos estudos de referência na sistematização destas causas é o de: WEBB, Paul; POGUNTKE, Thomas. The presidentialization of contemporary democratic politics: evidence, causes and consequences. *In*: POGUNTKE, Thomas; WEBB, Paul (eds.). *The presidentialization of politics: a comparative study of modern democracies*. Oxford: Oxford University Press, 2005. p. 336-356.

[79]   V. HAZAN, Reuven. The failure of presidential parliamentarism: constitutional versus structural presidentialization in Israel's parliamentary democracy. *In*: POGUNTKE, Thomas; WEBB, Paul (ed.). *The presidentialization of politics: a comparative study of modern democracies*. Oxford: Oxford University Press, 2005. p. 289–312; HAZAN, Reuven; KENIG, Ofer; RAHAT, Gideon. The political consequences of the introduction and the repeal of the direct elections for the

res dispunham da possibilidade de votar separadamente no candidato a primeiro-ministro e na lista de candidatos ao *Knesset*. Portanto, podiam votar estrategicamente no candidato a primeiro-ministro de um dos dois grandes partidos (Trabalhista e *Likud*), ao mesmo tempo que votavam nos partidos menores nas eleições para o parlamento. Estes não tinham pretensões de eleger um primeiro-ministro e, por norma, apenas ambicionavam obter peso parlamentar que lhes permitisse estar em boa posição para integrar uma coligação de governo. A manutenção do sistema eleitoral proporcional em círculo nacional único fez o resto no que toca à potenciação da pulverização partidária no parlamento, tornando a tarefa do primeiro-ministro de formação e manutenção de coligações estáveis extremamente complexa. A necessidade de um discurso centrista por parte dos candidatos a primeiro-ministro, por vezes desligado da linha programática dos seus partidos — *catch-all* de elevada magnitude —, e de um desempenho em conformidade quando no exercício do cargo, traduziu-se, além do mais, num desligamento entre os primeiros-ministros e os deputados dos seus próprios partidos. A isso acresciam as dificuldades de gestão e manutenção de coligações instáveis ou malcozidas, sempre sob o cutelo da censura parlamentar, cujo efeito demissório do primeiro-ministro se mantinha. Quando o *Likud* e o Partido Trabalhista começaram a concluir que o novo sistema levava ao seu declínio, a reforma foi revertida, em 2001, contra a vontade dos Partidos menores, que tinham dela se beneficiado. Com as eleições de 2003, o sistema parlamentar clássico regressou[80].

Pelo que antecede, os sistemas em que a responsabilidade máxima de governo cabe essencialmente a um primeiro-ministro, seja no contexto de sistemas parlamentares, de alguns semipresidenciais ou híbridos (sendo isso impossível, por definição, num sistema presidencial), não estão ausentes deste trabalho. Quando for oportuno, serão referidos. Todavia, não se versa sistematicamente sobre o que ocorre ao nível dos sistemas parlamentares, com as modalidades de gabinete, de assembleia e racionalizada. Tampouco se retorna ao tratamento das matrizes dos sistemas semipresidenciais, definidas de acordo com os equilíbrios que se estabeleçam entre dois ou três eixos do poder político, que versamos noutros trabalhos[81].

---

prime minister. *In:* ARIAN, Asher; SHAMIR, Michal (ed.). *The elections in Israel 2003*. New York: Transaction Publishers, 2005. p. 33–61; BOŻYK, Stanisław. The direct election of the prime minister in Israel's constitutional system (1992-2001). *Białostockie Studia Prawnicze*, v. 20, p. 53-68, 2016; SAMUELS; SHUGART, ref. 19, p. 179 *et seq.* Mais geral: ANDEWEG, Rudy B. Institutional reform in Dutch politics: elected prime minister, personalized PR and popular veto in comparative perspective. *ACTA Politica*, v. 32, n. 2, p. 227–257, 1997.

[80] SAMUELS; SHUGART, ref. 19, p. 189, sustentam que depois disso também os Partidos israelitas se parlamentarizaram novamente. Olhando, desde logo, para a relação entre Benjamin Netanyahu, Primeiro-Ministro entre 1996 e 1999, e, de novo, entre 2009 e 2021 e desde 2022 (atualmente, ao todo, com mais de 17 anos no cargo) e o *Likud*, não parece que ela tenha tido alterações substanciais entre 1996 e 2024. Antes, pelo contrário, a atuação presidencial dominante de Netanyahu reforçou-se, mesmo antes do ataque do Hamas de 7 de outubro de 2023.

[81] V. por último, CANAS, ref. 63, p. 302: há três modos de funcionamento do sistema, que correspondem a três matrizes: (i) presidencial-primomin**isterial-parlamentar, em que os três

3.2   Foco nos sistemas de presidentes governantes

A presidencialização dos sistemas de governo é o expoente máximo de um fenómeno geral de personalização da política[82]. Iremos concentrar-nos nos sistemas em que o fenómeno da presidencialização é mais proclive: aqueles que gravitam em torno de presidentes governantes, sustentados por um movimento de personalização e de *presidencialização da política*[83], em declinações de *neocesarismo republicano*[84] ou de *governo representativo simples* com tons democráticos[85].

Definimos sistemas de presidentes governantes como aqueles que, *através do particular doseamento entre os princípios da unidade e da divisão do Poder político, assentam na delegação, a um órgão presidencial, do papel primacial de conformação e execução da decisão fundamental, colocando-o na posição daquele de quem se espera que conduza o país (the one who leads the country)*.

A configuração mais comum é de um sistema de governo em que um órgão singular desempenha o grosso — mas não a totalidade — das funções de conformação e execução da decisão fundamental; outro, ocupando um lugar mais ou menos periférico, que exerce funções de controlo e condicionamento políticos do primeiro (controlo numa aceção ampla, que abrange a reserva de legislação em domínios eventualmente vastos, ainda que a agenda legislativa seja delineada e comandada pelo primeiro); e, eventualmente, outro, ou outros, a quem cabe o controlo independente e, desejavelmente, neutral do ponto de vista político (embora este desiderato seja apenas parcialmente alcançável), como o que se pede aos tribunais constitucionais.

Pretende-se aferir se os sistemas de presidentes governantes, além de antigos, persistentes e populares, são também eficazes; e quando o são, por que são, bem como quais os limites a que estão — ou podem estar — sujeitos. Uma questão crucial que se

---

órgãos estruturais do sistema se equilibram de forma estável e duradoura (situação ideal de semipresidencialismo); (ii) presidencial-primoministerial, em que o eixo do equilíbrio se situa na relação entre presidente e primeiro-ministro, com o parlamento essencialmente expectante; (iii) presidencial-parlamentar, em que o eixo do equilíbrio se situa na relação entre presidente e parlamento, com o primeiro-ministro e o governo relativamente lateralizados.

[82]   Sobre as várias dimensões da personalização centralizada da política, mormente devido à operatividade de causas institucionais, mediáticas, de transformação partidária e outras, v. por todos RAHAT; KENIG, ref. 77.

[83]   Conforme o sugestivo título do trabalho de POGUNTKE; WEBB, ref. 45.

[84]   SAGÜES, Néstor Pedro. *Elementos de derecho constitucional.* Tomo I. 3. ed. Buenos Aires: Astrea, 1999. p. 540, emprega a expressão 'César republicano' para ilustrar a hipertrofia do poder executivo na América Latina.

[85]   Como é conhecido, a categoria do sistema de governo representativo simples é aquela em que Jorge Miranda enfileira o cesarismo bonapartista, o sistema monocrático do Estado Novo português, governos militares da América Latina das décadas de 1960 e 1970 e sistemas africanos com características similares e outros sistemas de raiz autocrática. Sem pretender desviar o conceito do seu uso original, a ideia de um modelo de representação política tendencialmente concentrada num órgão unipessoal podia bem ser abrangida pela noção de *governo representativo simples democrático*.

coloca é qual a combinação de mecanismos e instrumentos de imputação de poder e responsabilidade, de controle e de *veto playing* que melhor se ajusta ao objetivo de atingir índices satisfatórios de governabilidade, estabilidade, eficácia, *fairness* e ética políticas.

3.3 A diversidade tipológica dos sistemas de presidentes governantes

O universo de sistemas de presidentes governantes pode ser desagregado em três categorias.

A *primeira categoria* integra os sistemas *presidenciais* instituídos na constituição e aplicados como tal, com maior ou menor latitude. Os critérios mais básicos para identificar um sistema presidencial puro (digamos), verdadeiras pedras de toque, são a separação entre presidente e parlamento — não sendo aquele destituível por este (a não ser em caso de *impeachment*), que não pode por ele ser dissolvido[86] — e a obtenção da legitimidade presidencial diretamente do voto popular. O sistema presidencial, na sua versão de referência (basicamente decalcada do sistema dos EUA), tem atributos adicionais; mas os aqui enunciados identificam o sistema presidencial clássico que é apenas um dos tipos de sistema presidencial (que designaremos de sistema presidencial de equilíbrio, pelos motivos que ficarão patentes quando for estudado o sistema dos EUA).

O escrupuloso cumprimento destes critérios básicos leva a excluir sistemas que, embora apresentem alta percentagem de proximidade com os sistemas presidenciais, não os cumprem: é o caso, por exemplo, de sistemas em que o presidente pode dissolver o parlamento, com a consequência de o seu próprio mandato ser igualmente interrompido, imediata ou mediatamente. Estes últimos sistemas inscrevem-se na *segunda categoria* dos sistemas de governo de presidentes governantes: a dos *sistemas constitucionalmente híbridos*, em que a principal função de governo é desempenhada por um órgão unipessoal com a designação de presidente da República ou equivalente, não cabendo, todavia, na estrita definição de sistema presidencial (nem parlamentar ou semipresidencial). Trata-se de uma categoria residual, cuja composição e tipificação precisas são complexas, uma vez que se caracteriza pela combinação variável de numerosos mecanismos inovatórios ou importados dos sistemas de governo clássicos.

Pode discutir-se se os sistemas semipresidenciais não deveriam ser também reduzidos à família dos sistemas de presidentes governantes. A questão coloca-se, sobretudo, no que toca aos sistemas que parte da doutrina denomina de *president-parliamentary* e não tanto em relação aos *premier-presidential* (Shugart; Carey). Aqueles definem-se por o primeiro-ministro responder simultaneamente perante presidente e parlamento, podendo ser demitido por qualquer um deles. Alguns casos mais conhecidos, como o da República de Weimar e o de Portugal, entre 1976 e 1982, mostram, de facto, que, em circunstâncias políticas determinadas, o sistema semipresidencial nessa configuração *pode* descair e funcionar como um sistema de presidente governante. O período que antecedeu e coincidiu com os chamados governos de iniciativa presidencial em

---

[86] Michel Troper, prefácio à obra, hoje clássica, de Richard Moulin, v. MOULIN, ref. 65.

Portugal (1978-1980), durante o primeiro mandato de Ramalho Eanes (1976-1981), é uma ilustração inequívoca e direta disso. Todavia, esse deslizamento não ocorre por estar na "natureza" do sistema semipresidencial, mesmo na modalidade de *president- -parliamentary*. Em princípio, mesmo nessa modalidade, a arquitetura constitucional sustenta uma prática institucional baseada numa distribuição triangular de poderes, em que o presidente desempenha uma função de árbitro e de moderação, e não de ativo governante. A migração do presidente para a função de presidente governante, nesse caso ou outro, consuma, por isso, uma mutação do sistema de governo, a ser considerada nos termos dos parágrafos seguintes, e não uma interpretação "*automática*" ou "*natural*" do sistema de governo semipresidencial[87].

O próximo grupo da família de presidentes governantes abre oportunidade para explicitar uma opção metódica que subjaz a este trabalho.

Conhece-se a querela, antiga, sobre se as instituições são variáveis *independentes* ou *dependentes* dos sistemas políticos. O institucionalismo primitivo não admitia cedências quanto ao peso determinante das instituições. Sob esse prisma, as instituições seriam uma variável intransigentemente independente. Outra perspetiva extrema, de sinal contrário, sustenta, em contrapartida, que as instituições são uma ilusão simbólica, cuja eficácia, funcionamento e subsistência depende de um sem-número de condições empíricas, designadamente sociais e económicas. Por seu turno, uma orientação institucionalista mais temperada admite que, num ambiente de ciência política, a perspetiva constitucional — sistema *constitucional* de governo — é o incontornável e determinante ponto de partida, porque as normas constitucionais são um fator determinante de certos comportamentos e desincentivador de comportamentos diferentes, mas não explica tudo: têm de ser também considerados muitos aspetos atinentes ao cambiante contexto político *lato sensu*, que se repercutem no modo como as instituições político- -constitucionais funcionam efetivamente.

As instituições importam muito; mas sua importância deve sofrer alguma relativização. Por isso, a resposta sobre qual dos princípios da unidade do Poder político ou da divisão do Poder político adquire primazia na organização política começa na constituição, podendo ou não ser confirmada ou reforçada pela prática institucional. Quando a própria constituição atribui, à cabeça, importantes poderes a um órgão unipessoal, como ocorre nos sistemas presidenciais, em muitos sistemas híbridos[88] e

---

[87]   Samuels e Shugart exprimem posição diversa, sustentando que, neste esquema institucional: "*presidents are both the dominant executive official as well as the dominant actor in the entire system*"; "*(…) this hybrid regime closely resemble pure presidentialism in terms of the president's authority over the cabinet*"; "*[i]n some cases, presidents in president-parliamentary systems possess even greater authority than their counterparts in pure presidential systems, because under certain conditions they can dissolve the assembly*". V. SAMUELS; SHUGART, ref. 19, p. 41.

[88]   Note-se, desde já, que não deve confundir-se *sistemas de governo híbridos*, conceito que explicaremos e usaremos profusamente, com *formas de governo* — ou, numa terminologia também usual, *regimes políticos* — híbridos, que também usamos, embora apenas lateralmente, na medida em que este trabalho se centra num certo tipo de sistemas de governo.

nos sistemas semipresidenciais, a intuição empírica sugere que facilmente a prática institucional inclinará a balança a favor da liderança unipessoal. A livre atuação dos automatismos intrínsecos à liderança unipessoal pode, inclusive, levar a que o sistema de governo (sistema *efetivamente* praticado) se afaste do sistema constitucional de governo, configurando-se uma mutação do sistema de governo ao nível do funcionamento.

O presente estudo não se confina à apreciação dos quadros constitucionais, dedicando atenção, também, à prática institucional. Esta pode acompanhar, acentuar ou atenuar os traços institucionais que fluem da constituição, mormente confirmando, fortalecendo ou enfraquecendo a posição e ação do presidente governante. Também aqui a constituição pode assumir, ou ser remetida, à natureza de constituição *prima facie*.

Regra geral, a prática institucional pode, em última análise, reconduzir-se ao quadro constitucional elasticamente interpretado. Todavia, pode ocorrer que a prática institucional se traduza na mutação do sistema de governo.

Sistemas *constitucionais* de governo parlamentares ou semipresidenciais podem ser superados ou corrigidos por uma prática institucional de presidente governante. O exemplo francês é o mais debatido: o sistema, semipresidencial na constituição, funciona quase sempre como sistema híbrido de forte pendor presidencial. Inversamente, sistemas de presidente governante — incluindo sistemas presidenciais — podem ser descaracterizados e superados por uma prática institucional que dilui a função do presidente governante, como ocorre nos sistemas presidenciais de assembleia. Embora se possa fazer referências ocasionais, com intuito delimitador, a estes últimos, interessam-nos sobretudo os primeiros, que constituem a *terceira categoria* dos sistemas de presidentes governantes: a dos *sistemas mutantes* para sistemas de presidentes governantes. Esta tem alicerces primariamente fácticos e não constitucionais. Os sistemas *mutantes* são um fenómeno essencialmente detetável, observável e explicável usando o óculo próprio da ciência política.

Em suma, são sistemas de presidentes governantes:

a.   Os sistemas presidenciais, instituídos pela constituição e desdobrados em várias modalidades;

b.   Os sistemas híbridos de presidentes governantes, conforme a constituição;

A estes aditamos, atendendo a um critério de prática institucional:

c.   Os sistemas resultantes da mutação de qualquer sistema, seja ou não de presidente governante, para (outro) sistema de presidente governante.

Na dissecação das três categorias, empregamos as ferramentas do direito constitucional comparado, da comparação de sistemas e da política e da ciência política. Todavia, as duas primeiras assentam, sobretudo, numa perspetiva de direito constitucional comparado, servindo as demais disciplinas como auxiliares que permitem compreender melhor o modo como funcionam. A terceira convoca, sobretudo, a visão empírica própria da política comparada e da ciência política, cumprindo o direito constitucional comparado a função do fornecimento do pano de fundo no qual se podem realçar os contrastes com a prática institucional.

4.   O UNIVERSO COMPARATIVO

O terceiro passo de delimitação do objeto de estudo é a seleção das experiências nacionais a serem estudadas. Os sistemas de presidentes governantes que integram o universo de estudo e de comparação obedecem a alguns critérios. São sistemas: (i) em que vigora o princípio democrático, dependendo o mandato para conduzir o país sempre de legitimidade democrática diretamente — ou equivalentemente — obtida do povo soberano; (ii) de separação de funções; (iii) subordinados predominantemente ao princípio da unidade do Poder e, pelo menos subsidiariamente, ao da divisão do Poder; e (iv) que incorporam mecanismos de limitação do poder, variáveis quer do ponto de vista das normas constitucionais, quer do ponto de vista dos mecanismos gerados pela dinâmica e cultura políticas.

Não se pretende identificar, nem tampouco estudar, todos os concretos sistemas de presidentes governantes que preenchem os critérios escolhidos. A listagem exaustiva desses sistemas de presidente governante enfrentaria a necessidade de resolver inevitáveis dúvidas em relação a casos de fronteira, além de toda a volatilidade a que este exercício está sujeito, afetado por variações que podem ocorrer de ano para ano. Se a consulta do presente texto for realizada depois de 2025, o panorama já não será, eventualmente, o mesmo.

> Essa volatilidade decorre, desde logo, da fluidez de critérios classificatórios, da dificuldade de aplicação dos critérios (pelos próprios autores que os adotam) e do caráter evolutivo dos sistemas. Olhando para o grupo dos sistemas presidenciais, o maior da classe de sistemas de presidentes governantes, tomemos dois contributos que, sem fazer a distinção entre sistemas de presidentes que governam e sistemas presidenciais — que alimenta em boa parte o presente trabalho — procuram uma visão 360° sobre todos os casos de sistemas de governo que cumprem um nível mínimo dos indicadores de democracia, separação de poderes (ou, mais corretamente, de funções) e divisão do Poder.
>
> À data em que publicaram (2010), David Samuels e Matthew Shugart [89] qualificaram de sistema presidencial 27 casos: Argentina, Benim, Bolívia, Brasil, Chile, Chipre, Colômbia, Costa Rica, Equador, El Salvador, EUA, Filipinas, Gana, Guatemala, Honduras, Indonésia, Madagáscar, Malawi, México, Nicarágua, Panamá, Paraguai, República da Coreia, República Dominicana, Uruguai, Venezuela e Zâmbia.
>
> Já Alan Siaroff [90], em 2013, registava a existência de 30 democracias (entre as quais 15 da América Latina e 10 de África) que preenchiam os critérios do sistema presidencial: Argentina, Benim, Bolívia, Brasil, Chile, Chipre (grego), Colômbia, Comoros, Costa do Marfim, Costa Rica, Equador, El Salvador, Estados Unidos, Filipinas, Gana, Guatemala, Honduras, Indonésia, Libéria, México, Níger, Nigéria, Palau, Panamá, Paraguai, República Dominicana, Senegal, Serra Leoa, Uruguai,

---

[89]   SAMUELS; SHUGART, ref. 19, p. 32-33.

[90]   SIAROFF, Alan. *Comparing political regimes: A thematic introduction to comparative politics*. 4. ed. Toronto: University of Toronto Press, 2022. p. 138 *et seq.*

Zâmbia. São óbvias várias discrepâncias. O padrão evolutivo fica patente quando se compara a 3.ª e a 4.ª edição (de 2021), do trabalho de Siaroff. Nesta, identificam-se apenas 25 democracias (13 da América Latina e 8 de África). Saíram Benim, Costa do Marfim, El Salvador, Filipinas, Guatemala, Honduras, Níger, Senegal e Serra Leoa. Entraram Burkina Faso, Gâmbia, Malawi, Maldivas e Seychelles. Na apreciação do autor, nada menos do que 14 países viram o seu estatuto alterado em menos de dez anos[91]. À presente data, algumas daquelas entradas e saídas seriam, porventura, revertidas e outras ocorreriam.

De nenhum dos elencos consta o Quénia, que outros autores consideram um *case study* de sistema presidencial[92].

Em contrapartida, consta a Gâmbia, não obstante a previsão constitucional de que o presidente pode ser destituído por voto de não confiança da Assembleia Nacional, conjugado com um referendo[93]. Falha o quarto critério de Siaroff: "*the president is elected for a fixed term of a specified number of years, as are legislators for their own fixed terms*"[94]. Algo idêntico se pode observar a propósito do Equador e da Zâmbia, que têm constitucionalmente previsto o sistema de morte cruzada ou equivalente.

Não se trata, naturalmente, de falta de atenção ou de cuidado, mas de dificuldade em manter consistência a propósito de *moving targets*, de que o presente trabalho também não estará isento.

O intuito principal deste ensaio é extrair, do exercício comparativo, elementos que permitam entender, com a maior precisão alcançável, em que bases constitucionais e da prática institucional os presidentes governantes assentam o seu poder e encontram os seus limites. Por isso, procuramos simplesmente um universo que seja suficientemente representativo das categorias antes mencionadas, das geografias, das dimensões e dos trajetos históricos. Opta-se, assim, por uma comparação com número médio de casos (*Medium-N comparison*).

Como frisado, focaremos nos sistemas políticos em que vigora a forma de governo democrática. É sabido que os critérios para definir democracia podem ser mais ou menos elásticos. Em função do grau de exigência, o universo de exemplares é maior ou menor. Por outro lado, sendo sempre critérios múltiplos e agregativos, casos concretos podem preencher alguns dos requisitos e não preencher outros. Por isso, pode gerar-se uma *escala* com vários graus de democracia ou vários graus de preenchimento dos critérios da democracia. Consequentemente, os autores e as organizações que pretendem *medir* a democracia e a liberdade em cada Estado criam tabelas e índices.

---

[91] SIAROFF, ref. 90, p. 132 *et seq.* Note-se, todavia, que alguns dos aditamentos, como Malawi e Maldivas, parecem resultar de mera retificação do elenco anterior.

[92] V. CHAISTY, Paul; CHEESEMAN, Nic; POWER, Timothy. *Coalitional presidentialism in comparative perspective: Minority presidents in multiparty systems*. Oxford: Oxford University Press, 2018. O Quénia é qualificado de *partly free* pela Freedom House (2023, 52/100), *hybrid regime* pela EIU (2023) e atinge +9 no Polity 5.

[93] Artigo 63.º, n.º 3 e 4. V. GÂMBIA, ref. 41.

[94] SIAROFF, ref. 90, p. 132 *et seq.*

Uma das mais conhecidas, *Democracy Index 2020*, índice baseado no *Polity 5 (2020)*, usa uma escala quantitativa de -10 a 10 para classificar as formas de governo[95]. Outra, da *Economist Intelligence Unit* (EIU), elenca democracias plenas, democracias com falhas, regimes híbridos e autoritários, baseada numa classificação de 0 a 100[96]. A da *Freedom House* avalia o grau de liberdade, distinguindo entre sistemas livres, parcialmente livres e não livres[97]. Por fim, o *V-Dem* (Universidade de Gothenburg) distingue variedades de democracia, assinalando numa escala métrica autocracia fechada, autocracia eleitoral, democracia eleitoral e democracia liberal, com indicação de tendência de subida, estabilidade ou descida[98]. Estas não são as únicas abordagens e tipologias[99]. E há também numerosas classificações de base doutrinal, distinguindo, por exemplo, democracias plenas, democracias eleitorais e autocracias semiabertas e fechadas[100].

Nenhuma metodologia ou critério escapa à acusação de subjetivismo e de preconceito *"liberalocentrista"*, alentada por óbvias discrepâncias. A escolha dos indicadores de democracia é inevitavelmente discutível, e contestáveis as fronteiras que resultam da sua aplicação. Este trabalho não tem por objeto contribuir para resolver esse problema, com arrumações alternativas, ou muito menos definir uma lista *rigorosa* de países que se podem considerar respeitadores da forma de governo democrática[101]. Por isso, serão usadas ferramentas já existentes e estabilizadas. Embora suscitem inevitáveis dúvidas sobre a metodologia e os critérios adotados, usaremos triangulações ou quadrangulações, variáveis conforme a necessidade (sobretudo em caso de dúvidas), entre o *Democracy*

---

[95]   POLITY 5. *Democracy Index* [dataset]. *Polity5 Project, Political Regime Characteristics and Transitions, 1800-2018 5.* Processed by Our World in Data, 2020. Disponível em: https://ourworldindata.org/grapher/democracy-index-polity. Acesso em: 29 jul. 2024. Combina informação sobre até que ponto um chefe do executivo, que enfrenta restrições institucionais abrangentes, é escolhido através de eleições abertas, multipartidárias e competitivas e a participação política é competitiva. Varia de −10 a 10 (plenamente democrático). Apesar de não disponibilizar uma informação totalmente atualizada, tem a vantagem de oferecer uma imagem gráfica instantânea sobre a evolução de cada país ao longo das últimas décadas, uma vez que contém dados desde 1776.

[96]   EIU, ref. 72.

[97]   FREEDOM HOUSE. *Freedom in the World 2023: Marking 50 Years in the Struggle for Democracy.* Disponível em: https://freedomhouse.org/sites/default/files/2023-03/FIW_World_2023_DigtalPDF.pdf. Acesso em: 9 jan. 2025.

[98]   V-DEM INSTITUTE, ref. 73.

[99]   Entre outras: IDEA - INSTITUTE FOR DEMOCRACY AND ELECTORAL ASSISTANCE. *The Global State of Democracy.* Disponível em: https://www.idea.int/gsod/2023/. Acesso em: 9 jan. 2025. Mede vários indicadores (representação política, direitos, participação, estado de direito), classificando os países de acordo com a performance alcançada em cada um deles: alta performance, média performance, baixa performance; BERTELMANN STIFTUNG. *BTI Transformation Index.* Disponível em: https://www.bti-project.org. Acesso em: 9 jan. 2025. Analisa processos de transformação democráticos e de criação de economia de mercado, identificando estratégias de sucesso.

[100] SIAROFF, ref. 90, p. 77 *et seq.*

[101] Esse objetivo é prosseguido, por exemplo, por Siaroff. V. *Ibid.*, p. 91.

Index 2020, baseado no *Polity 5* (2020), o *Democracy Index* da *Economist Intelligence Unit*[102], os relatórios do V-Dem[103] e os *country reports* da *Freedom House*[104]. Por vezes, atenderemos a propostas doutrinais, afastando-nos delas quando se verifique discrepância notória a propósito de algum caso concreto ou quando nos suscitarem reservas, decorrentes do nosso próprio conhecimento e avaliação[105]. Apenas os casos que, pela conjugação dos vários índices, se situem na fronteira serão assinalados ao longo do texto, com indicação, na primeira referência, da respetiva classificação.

Atentos à necessidade de evitar o eurocentrismo, "liberal-centrismo" ou ocidentocentrismo, de que os estudos de áreas disciplinares como o direito, a ciência política e a política comparada são, com cada vez mais frequência, acusados, a estratégia delimitadora aqui seguida será a de *dar o benefício da dúvida*: serão considerados sistemas que, *atualmente* — no momento em que se escreve —, apresentem indicadores mínimos de respeito pelos preceitos do funcionamento democrático, da separação funcional de poderes e da divisão do Poder. São liminarmente excluídos apenas os sistemas de Estados com valores negativos no *Polity 5,* e/ou classificados como autoritários pela *EIU,* autocracias fechadas pelo V-Dem, e/ou não livres pela *Freedom House.*

O núcleo selecionado de sistemas de presidentes governantes obedece às seguintes diretrizes:

(i) sistema presidencial de referência ou ideal (Estados Unidos da América);

(ii) sistemas de presidentes governantes atualmente vigentes nos países da região de primeira difusão do sistema presidencial, a América Latina; entre estes, os mais populosos ou mais estáveis numa perspetiva de médio e longo prazo (Argentina, Bolívia, Brasil, Chile, Colômbia, Costa Rica, Equador, Guatemala, México, Paraguai, Peru, República Dominicana, Suriname, Uruguai);

(iii) sistemas de presidentes governantes atualmente vigentes em alguns países populosos da Ásia (República da Coreia, Filipinas, Indonésia, Taiwan);

(iv) sistemas de presidentes governantes atualmente vigentes em alguns países africanos, segundo três critérios, isolados ou conjugados: população (África

---

[102] Índice de 2023 ou de 2024, consoante o último disponível no momento da consulta. Cf. EIU, ref.72.

[103] Relatório de 2024, em língua inglesa. V. V-DEM, ref. 73.

[104] Relatórios de 2023 ou 2024, consoante o último disponível no momento da consulta. V. FREEDOM HOUSE. *Countries and territories: freedom in the world scores.* Disponível em: https://freedomhouse.org/countries/freedom-world/scores. Acesso em: 9 jan. 2025.

[105] Só para assinalar duas discrepâncias notórias: a forma de governo de Angola é qualificada de híbrida (4,18), enquanto a de Moçambique é qualificada de autoritária (3,51), pelo EIU (*index* referente a 2023); o Polity 5, ao invés, atribui −2 (dois negativos) a Angola e +5 (cinco positivos) a Moçambique. O V-Dem coloca as duas exatamente no mesmo patamar (0,35 numa escala de 0 a 1: autocracias eleitorais). A Freedom House, *country report* de 2024, qualifica Angola de *not free* (28/100) e Moçambique de *partly free* (44/100). Mesmo que os dados tenham um ou dois anos de diferença, a situação nos dois países mantém-se estável há pelo menos uma década, pelo que a discrepância não se explica por esse motivo. V. FREEDOM HOUSE, ref.104.

do Sul, Gana, Malawi, Nigéria, Quénia, Zâmbia), língua oficial portuguesa (Angola, Moçambique[106]) e índices de estabilidade, considerando o padrão africano (Benim, Botswana, Gâmbia, Libéria, Namíbia)[107];

(v) sistemas de presidentes governantes de países europeus (Chipre, França, Sérvia, Turquia);

(vi) podem ser feitas referências esporádicas a outros países e sistemas, sem preocupação de análise sistemática. Um dos motivos pode ser a singularidade (Quiribati). Quando é importante agregar ao efeito exemplificativo um efeito estatístico, alarga-se ocasionalmente o universo de forma a abranger outros sistemas que não apenas os dos presidentes governantes.

Ocasionalmente, far-se-ão algumas referências a sistemas que, no passado, preencheram os critérios da forma de governo democrática com durabilidade e consistência, mas que, atualmente, já não os preenchem, como a Venezuela até aos primeiros anos da presidência de Hugo Chávez. A Rússia, até à primeira eleição de Vladimir Putin para a presidência da Federação (março de 2000) e ainda algum tempo depois, poderia figurar também como um caso a estudar. Todavia, tratou-se de uma experiência efémera que gradualmente se esfumou, pelo que as referências feitas ao longo do texto são esporádicas[108].

No grupo dos sistemas europeus, a Ucrânia seria um candidato natural, na medida em que preenche os critérios de base quanto à forma de governo[109] e funcionou, desde 1996, na maior parte do tempo, como sistema de presidente governante (muito acentuado depois do início da invasão pela Federação Russa, em fevereiro de 2022), não obstante a configuração semipresidencial constante da Constituição daquele ano. Todavia, a instabilidade política endémica, mesmo antes da guerra, constitui um argu-

---

[106] Não se inclui a Guiné Equatorial, classificada como *not free* pela Freedom House, *authoritarian* pelo EIU *index* e +4 pelo Polity 5. A Guiné-Bissau é consensualmente incluída no conjunto dos países semipresidenciais, embora com pendor (episodicamente, domínio) presidencial: v. KAFFT KOSTA, Emílio. *Sistemas de governo na lusofonia: zonas e relações de poder.* Lisboa: AAFDL, 2019. p. 281.

[107] A primeira aproximação às eleições em África beneficia, designadamente, da análise sumária do *Africa Center for Strategic Studies*, uma instituição académica do U.S. Department of Defense. V. AFRICA CENTER FOR STRATEGIC STUDIES. *2024 Elections in Africa: Key Contests to Watch.* Disponível em: https://africacenter.org/spotlight/2024-elections/. Acesso em: 9 jan. 2025.

[108] Até 2004, a Rússia foi considerada pela Freedom House como *partly free*. Em 2005, passou a *not free*. Uma cronologia sintética do deslizamento do sistema russo, desde 2000, para a gradual supressão da liberdade e da limitação do poder é oferecida por: FREEDOM HOUSE. *Russia: A Chronicle of Suppression.* Disponível em: https://freedomhouse.org/sites/default/files/Chronology_0.pdf. Acesso em: 9 jan. 2025.

[109] Segundo o índice do EIU, 5,06, a classificação é de democracia com falhas (2023); de acordo com o Polity 5, a pontuação é +4; já a Freedom House qualifica como *partly free*, com 49/100 (2024).

mento dissuasor. A inclusão da Ucrânia, quer na perspetiva institucional, quer na do funcionamento, obrigaria a frequentes reservas e sinalizações de exceções.

A Tunísia ingressou recentemente no grupo de Estados com sistemas de presidentes governantes, sendo referida ocasionalmente.

De um modo geral, os sistemas que compõem o universo comparativo correspondem a sistemas de governo de Estados. Sem embargo, há boas razões para dedicar também algumas linhas ao caso da Região Administrativa Especial de Macau, onde, apesar de não existir um presidente governante, está instituído um chefe do executivo com características presidenciais.

5. SEQUÊNCIA DOS PRÓXIMOS CAPÍTULOS

No capítulo II, versa-se sobre o significado do princípio universal da unidade do Poder, em contraposição com o princípio universal da divisão do Poder, e estuda-se o modo como se reflete na tendência atual de consagração de sistemas de presidentes governantes.

No capítulo III, estuda-se o modo como as várias modalidades de sistema presidencial definem o poder dos presidentes no sistema presidencial. No subcapítulo I, elabora-se detalhadamente sobre o poder do presidente dos Estados Unidos da América. No subcapítulo II, aprecia-se de que forma a expansão e consolidação do sistema presidencial fora dos EUA, particularmente na América Latina, alteraram o poder do presidente. No subcapítulo III, explora-se o fenómeno da fuga ao tipo ideal de sistema presidencial. Finalmente, no subcapítulo IV, elencam-se as modalidades de sistemas presidenciais extraídas dos desenvolvimentos apresentados nos subcapítulos anteriores.

No capítulo IV, debruçamo-nos sobre as tonalidades que pode assumir o poder dos presidentes nos sistemas híbridos de presidente governante.

No capítulo V, muda-se o foco, deixando a perspetiva estritamente constitucional dos capítulos II, III e IV para passar a observar o funcionamento dos sistemas de presidentes governantes, em função da repercussão do ambiente contextual. Nos subcapítulos I e II, serão apresentados e justificados os fenómenos que designamos de *basculação* sistémica e *mutação* sistémica.

No capítulo VI, aprecia-se a repercussão da presidencialização dos partidos na extensão do poder dos presidentes.

No capítulo VII, analisa-se de que modo o poder dos presidentes é ou pode ser limitado. No subcapítulo I, avalia-se a capacidade limitativa (ou não) decorrente da fragmentação e de outros aspetos da evolução dos sistemas partidários. No subcapítulo II, desenvolve-se o tema das coligações como veículo de limitação e circulação de poder. No subcapítulo III, apura-se se a modificação do conteúdo e da função de alguns mecanismos clássicos dos sistemas de presidentes governantes, como o *impeachment*, representa uma nova forma de limitação do poder presidencial nos sistemas de presidentes governantes.

O capítulo VIII é dedicado ao caso paradigmático do Brasil, exemplificativo e demonstrativo de muitas das teorias e tendências apresentadas nos capítulos anteriores.

6.   OBSERVAÇÕES CONCEPTUAIS E METODOLÓGICAS ADICIONAIS

Primeiro, há uma crescente consciência de que o estudo comparativo do direito constitucional e das constituições deve estar fortemente alicerçado em ciências que explicam os fenómenos políticos e sociais, designadamente na ciência política e na política comparada[110]. Este estudo assume-se na sua dimensão multidisciplinar e aceita, sem drama ou remorso científico, a diluição de fronteiras.

Segundo, o autor deste trabalho não tem uma vivência interna da esmagadora maioria dos ordenamentos jurídico-constitucionais abrangidos. Embora se tenha procurado socorrer de auxiliares doutrinários com vista à boa interpretação dos enunciados constitucionais relevantes, são inevitáveis equívocos, quer quanto à interpretação de alguns desses enunciados, quer quanto ao modo como são aplicados pelos agentes dos sistemas.

Terceiro, o recurso a categorias abstratas, como "governo", "executivo" e "legislativo", pode ocultar alguma complexidade na separação funcional de poderes. Já no modelo seminal de Filadélfia, o chamado executivo era mais do que um mero executor, como teremos ensejo de observar a propósito do sistema norte-americano. Hoje, nos EUA e noutros contextos, continua a falar-se de executivo (e legislativo). Por facilidade, também usamos o termo, mas com a prevenção de que se trata de uma designação imprópria, na medida em que não exprime adequadamente o facto de que, ao órgão dito "executivo", cabe importante fatia da decisão fundamental ou conformadora.

Quarto, mencionar-se-ão, repetidamente, poderes de órgãos, particularmente dos presidentes que governam. Não enveredamos por estratégicas metódicas que se limitam a responder à pergunta sobre se o poder existe ou não, retirando daí mecânicas consequências para a avaliação do sistema de governo, eventualmente assentes em modelos aritmético-quantitativos dos poderes, que são frequentemente enganadores. A dicotomia sim/não, tem/não tem, positivo/negativo, negligencia todo um mundo de nuances que podem ser decisivas. Por exemplo, a circunstância de o presidente dispor de veto sobre leis do parlamento pode repercutir-se, em vários graus, sobre o sistema de governo, a relação entre órgãos e a intensidade do poder presidencial, em função de numerosas variáveis do seu regime constitucional. Também não adotamos a orientação de conferir *pesos* aos poderes dos órgãos constitucionais com vista a medir o seu poder relativo. A *quantificação do Poder* pode ter valia heurística, mas não é inexpugnável do ponto de vista científico.

---

[110]   HIRSCHL, Ran. *Asuntos comparativos: el renacimiento del derecho constitucional comparado.* Bogotá: Universidad Externado de Colombia, 2019. p. 219.

Capítulo II

A UNIDADE DO PODER E O SEU REFLEXO NA CONSAGRAÇÃO DE SISTEMAS DE PRESIDENTES GOVERNANTES

1. A UNIDADE DO PODER COMO TENDÊNCIA

A primeira tese nuclear deste livro é a de que o princípio universal com maior tração ao nível global, atualmente, é o da unidade do Poder político, inclusive nos ambientes de formas de governo democráticas. A personalização da política radicaliza-se na sua máxima expressão, ou seja, na *presidencialização da política*[111]. Esta reflete-se em seis domínios[112]:

- (i)   Responsabilidade suprema pelo governo;
- (ii)   Relação, externa, entre o órgão unipessoal que governa e os demais órgãos do poder político e, interna, entre o órgão cimeiro do governo e as demais entidades integrantes desse governo;
- (iii)   Organização, ação e liderança dos partidos;
- (iv)   Relações internacionais;
- (v)   Comunicação pública;
- (vi)   Campanhas eleitorais.

Não se abordarão aqui todos os domínios onde há reflexos de presidencialização da política como sequela da prevalência do princípio da unidade do Poder. Cingir-nos-emos aos itens (i), (ii) e (iii), aqueles que mais diretamente impactam o sistema de governo.

O item (i) relaciona-se diretamente com a segunda tese nuclear deste livro, que defende que a responsabilidade suprema pelo governo do país tende a ser delegada,

---

[111]   POGUNTKE, Thomas; WEBB, Paul. The presidentialization of politics in democratic societies: a framework for analysis. *In*: POGUNTKE, Thomas; WEBB, Paul (ed.). *The presidentialization of politics: a comparative study of modern democracies*. Oxford: Oxford University Press, 2005. p. 1-25. Fala-se também, de um modo mais geral, em democracias de líderes: PAKULSKI, Jan; KÖRÖSÉNYI, András. *Toward leader democracy*. London: Anthem Press, 2012.

[112]   Poguntke e Webb mencionam três faces da presidencialização: executiva, partidária, eleitoral. No texto fazemos um afinamento dos domínios. V. POGUNTKE; WEBB, ref. 111, p. 5.

formal ou informalmente, a um órgão unipessoal de governo, *"the one who runs the country"*[113] (presidente, primeiro-ministro, chanceler ou equivalentes). Podemos designar, genericamente, essa tendência como *presidencialização dos sistemas de governo*. A identificação e empoderamento de *um* líder só são estatisticamente contrariados por alguns sistemas semipresidenciais, mormente quando presidente e primeiro-ministro disponham de, e exerçam efetivamente, poderes constitucionais que forçam ao equilíbrio dualista entre *dois órgãos unipessoais*, como sucedeu em Portugal entre 2022 e 2024 (XXIII Governo, com apoio de maioria no Parlamento).

Não sendo a única, a principal inclinação dentro dessa tendência de presidencialização dos sistemas de governo é a instituição de um presidente governante, simultaneamente chefe de Estado, titular do poder executivo e, quase sempre, comandante-chefe das Forças Armadas.

Procederemos à análise estática comparativa dos poderes dos presidentes governantes, incluindo os seus poderes no interior da estrutura governativa, bem como a análise da dinâmica relacional entre os presidentes governantes e os demais órgãos do Poder político.

Adicionalmente, na medida em que um dos fatores fundamentais dos sistemas de governo com tendência à unidade de Poder é o funcionamento de instâncias de limitação e controlo do Poder, dedicaremos um capítulo à hipótese de presidencialização dos partidos políticos, por forma a observar como é que esta, verificando-se, pode afetar a eficácia de uma adequada estrutura de freios e contrapesos.

Os domínios da presidencialização não são estanques e interagem uns com os outros. Por isso, não podem ser completamente ignorados, ainda que, por falta de espaço, seja-lhes dedicada atenção apenas episódica. A crescente autoridade de um *chief executive* dentro da estrutura de governo, com a diminuição do peso das instâncias colegiais (quando existam, v.g. gabinete, conselhos de ministros, colégio de ministros)[114] reforça a sua qualidade de *negotiator* máximo perante os demais órgãos e dentro de coligações de suporte ao governo (nas cada vez mais frequentes situações em que existem). As relações internacionais sempre foram área de quase inevitável e natural reserva dos órgãos executivos. O que há de novidade na atualidade é sua amplitude e volume: nunca foi tão abrangente e intensa a atividade política internacional, seja em organizações e órgãos internacionais, protagonistas centrais da negociação e da ação internacional (ONU, NATO, OCDE), em cimeiras (G7, G20), em instâncias supranacionais (União Europeia, CEDEAO, Mercosul e outras), ou em negociações bilaterais ou multilaterais. Essa atividade acentua a centralidade dos "líderes dos Estados", conferindo-lhes visibilidade, peso, capacidade de influência e acesso à informação que nenhuma outra

---

[113] Na simples fórmula de: SIAROFF, ref. 90, p. 132. É usada para os presidentes dos sistemas presidenciais, mas pode ser alargada, como propomos no texto.

[114] PETERS, Guy; RHODES, R. A. W.; WRIGHT, Vincent. Staffing the summit – the administration of the core executive: convergent trends and national specificities. *In*: PETERS, Guy; RHODES, R. A. W.; WRIGHT, Vincent (ed.). *Administering the summit, administration of the Core Executive in Developed Countries*. Houndmills: Macmillan, 2000. p. 3-22.

entidade pode alcançar. A globalização, na medida em que internacionalizou matérias que antes concerniam à política interna, reforçou o papel do executivo e colocou na periferia decisória o órgão legislativo e os órgãos judiciais[115].

Isso repercute tanto na relação com os demais órgãos como nas dimensões eleitoral ou comunicacional. Esta, desde a época da instalação da televisão como meio de comunicação de massas e, agora, com a expansão da comunicação digital direta, fomenta a personificação da política: quem tem mais possibilidade de participar desse jogo é quem possui mais poder de decisão e informação, seja no governo, na relação interorgânica, no partido, no concerto internacional e no apelo eleitoral. O círculo fecha-se com a repercussão de tudo isto no fomento da presidencialização do executivo e da liderança partidária.

Não é fácil determinar quando as tendências de presidencialização dos vários domínios passaram a uma velocidade mais elevada. Talvez a década de 1960, com a massificação da difusão televisiva, seja um bom marco[116].

Seja como for, a tentação dos sistemas políticos republicanos de consagração de presidentes governantes é antiga.

O *Instrument of Government*, aceite por Oliver Cromwell em dezembro de 1653, foi o efémero e rudimentar precursor das Constituições republicanas modernas americanas e francesas. Surgido no ambiente da guerra civil entre partidários do Parlamento, militarmente liderados por Cromwell, e realistas leais a Carlos II, já confiava o poder executivo a um *lord protector of the Commonwealth*[117] e a um *state council* composto por até 21 membros, a maior parte deles militares, nomeados vitaliciamente. A posição de *lord protector* estava moldada para a figura do todo-poderoso Cromwell.

O *Instrument of Government* não foi além de 1657, e o regime republicano do Protetorado extinguir-se-ia em 1659. Sendo um texto constitucional que dava cobertura a um governo ditatorial, nenhuma relação pode ser estabelecida com o constitucionalismo moderno. Todavia, capturando apenas a dimensão simbólica, é interessante notar que, na primeira e única lei constitucional escrita e republicana que o espaço político hoje ocupado pelo Reino Unido conheceu, adotada em nome do Parlamento (apesar da constante oposição de boa parte deste, quando convocado por Cromwell), pontificava um órgão singular, senhor de todo o poder.

---

[115] POSNER; VERMEULE, ref. 55, p. 174.

[116] É justamente a referência adotada por POGUNTKE; WEBB, ref. 111, p. 18.

[117] Logo, os primeiros dois dos 42 artigos deixavam clara a vontade de concentração: "*I. That the supreme legislative authority of the Commonwealth of England, Scotland, and Ireland, and the dominions thereunto belonging, shall be and reside in one person, and the people assembled in Parliament; the style of which person shall be the Lord Protector of the Commonwealth of England, Scotland, and Ireland.*
II. That the exercise of the chief magistracy and the administration of the government over the said countries and dominions, and the people thereof, shall be in the Lord Protector, assisted with a council, the number whereof shall not exceed twenty-one, nor be less than thirteen". V. CROMWELL, Oliver. *The Instrument of Government - Full Text*. Disponível em: https://www.olivercromwell.org/protectorate/protectorate_6.htm. Acesso em: 9 jan. 2025.

A proliferação e consolidação de sistemas que, na terminologia aqui adotada, se designam de presidente governante exigiu a atenuação da desconfiança republicana em relação à entrega de poder significativo (em certa medida, supremo) a um órgão unipessoal. As vantagens e os perigos de conferir poder significativo a um órgão unipessoal foram objeto de discussões acesas desde os primórdios das experiências constitucionais.

Encontramos ecos desse debate fundacional nos *Federalist Papers*. A linhagem do princípio universal da unidade de Poder como princípio prevalecente na organização política tem origens prestigiosas. Alexander Hamilton continua a ser uma das mais eloquentes referências da ideia de que um executivo vigoroso e enérgico não é apenas compatível com o espírito republicano, como é a primordial característica de um bom governo. E apenas um executivo subordinado ao princípio da unidade, ou seja, entregue a uma única pessoa, e não a uma pluralidade, pode ser vigoroso e enérgico:

> *That unity is conducive to energy will not be disputed. Decision, activity, secrecy, and despatch will generally characterize the proceedings of one man in a much more eminent degree than the proceedings of any greater number; and in proportion as the number is increased, these qualities will be diminished.*[118]

Simón Bolívar, muito influente e ativo no período das independências das colónias espanholas da América Latina — particularmente nas atuais Bolívia, Colômbia, Equador, Panamá e Venezuela —, não via outra forma de consolidar aquelas independências senão pela instituição de uma poderosa liderança de um órgão unipessoal, talvez vitalício, à imagem de um monarca.

No México, os constituintes de 1823-1824 travaram debate sobre as opções entre executivo unitário e colegial, tendo a primeira hipótese sido inicialmente rejeitada em nome da necessidade de evitar a tirania e a precipitação na tomada de decisões[119]. Em sentido inverso, alegou-se a morosidade de execução inerente a um governo de muitos e a necessidade de energia que só a concentração da decisão numa pessoa permitia.

Por outro lado, no Uruguai, desde o início do século XX e durante muito tempo, o sistema do *colegiado* exerceu atração para os muitos que queriam fugir à concentração de poderes presidenciais.

Na Europa, os exemplos mais impressionantes da força irresistível que pode ter o apelo à liderança individual são os dos Napoleões. A de Napoleão III é incontornável, tendo em conta a ampla base eleitoral que se formou para sustentar a sua ascensão imperial. A Constituição francesa revolucionária de 4 de novembro de 1848 consagrou o sistema presidencial, e Luís Bonaparte foi eleito Presidente em 10 de dezembro de 1848.

Nos anos seguintes, o seu nome, talento político, a impopularidade da assembleia, o apoio do exército, as divisões da direita monárquica e as imperfeições da Constituição, criaram condições para que um plebiscito (em 21 e 22 de novembro de 1852)

---

[118] *Federalist Papers*, n.º 70, publicado em março de 1788. V. HAMILTON, Alexander; MADISON, James; JAY, John. *The Federalist Papers*. New York: Signet Classics, 2003.

[119] CARPIZO, Jorge. *El presidencialismo mexicano*. 12. ed. México: Siglo Veintiuno, 1994. p. 47.

extinguisse a República e restaurasse o Império (II Império sob Napoleão III). Mais de 7,8 milhões de votos a favor representaram a mais formidável votação jamais vista em qualquer espaço político até ao momento[120], demonstrando a preferência pelo Poder individual máximo e concentrado.

Não são necessários mais exemplos para fazer patente a fratura, contínua, entre *eficácia* da ação e da decisão e preocupação em evitar a *tirania*.

Uma das razões que atualmente contribuem para o favor com que são vistos os órgãos executivos unipessoais, mormente os presidentes governantes, é a erosão da imagem dos parlamentos e dos partidos. Esta é transversal a quase todas as democracias — para não dizer todas —, explorada por populistas e, paradoxalmente, enfrentada por não populistas com o reforço dos palcos não parlamentares[121].

Nos tempos recentes, essa tendência acentua-se, seja por via dos arranjos institucionais, seja por via da prática institucional. Há muito que se regista e tolera o predomínio do executivo — que, na síntese lapidar de Posner e Vermeule, governa, sujeito a constrangimentos jurídicos débeis em tempos normais e inexistentes em tempos de crise[122] — sobre o legislativo, qualquer que seja o sistema de governo.

Há um efeito mimético instintivo das democracias que, agindo como as autocracias, reforçam e entregam uma parcela significativa do poder político a órgãos unipessoais[123]. Os parlamentos dispõem de instrumentos de controlo (tendencialmente em cada vez maior número), mas enfrentam obstáculos no seu manuseamento para efetivo controlo[124]. Esse deslizamento não desagrada ao cidadão comum, que quer os seus problemas

---

[120] Em 1848, com a II República havia sido restabelecido o sufrágio universal (ou semiuniversal, uma vez que restrito aos homens). O número de votantes excedeu, inclusive, os que participaram na eleição presidencial francesa de 1848. Para se ter uma noção comparativa, no voto popular das eleições presidenciais americanas de 1852 votaram pouco mais de três milhões de eleitores, enquanto nas eleições gerais britânicas do mesmo ano votaram cerca de 750.000 eleitores.

[121] Ver o elucidativo estudo em: ZOVATTO, Daniel; TOMMASOLI, Massimo. Introducción. El debate sobre la calidad de las democracias en América Latina: 35 años después del inicio de la Tercera Ola en la región. *In:* MORLINO, Leonardo (org.). *La calidad de las democracias en América Latina*. Estocolmo: IDEA Internacional, 2014, p. 16. No México, por exemplo, admite-se que a situação assumiu proporções enormes: cf. ZAMORA SAENZ, Itzkuauhtli. El Congreso en la opinión pública. *In:* MARTÍNEZ LÓPEZ, Cornelio; MIRÓN LINCE, Rosa María; ZEPEDA, Pedro José (coord.). *Transición y cambio en el congreso mexicano*. Ciudad de México: Instituto Belisario Domínguez, Senado de la República, 2020. p. 153-172.

[122] POSNER; VERMEULE, ref. 55, p. 4.

[123] Historicamente, o movimento tem avanços e recuos: por exemplo, entre 1945 a 1956, na América Latina, assistiu-se a uma tendência geral de limitação dos poderes presidenciais como forma de enfrentar o caudilhismo: v. CARPIZO, ref.119, p. 23. Contudo, o sentido mais constante é o referido no texto.

[124] Parece infundada a afirmação de Diego Valadés, de que os parlamentos contam hoje com mais poderes de controlo do executivo do que no passado. Ou, se contam, o grau de efetividade e de relevância não terá melhorado. V. VALADÉS, ref. 42, p. 33.

resolvidos, e tampouco incomoda as elites, apesar de diminuir o Poder a ser distribuído por elas[125]. Esse predomínio não mostra tendência para abrandar; pelo contrário.

Este trajeto não se processa sem encontrar resistências.

Valenzuela[126] e muitos outros, focando especialmente no caso latino-americano e reportando-se aos sistemas presidenciais, insistiram durante décadas na desvantagem da concentração de expetativas na figura presidencial. A literatura alinhada com essa preocupação invoca várias contraindicações. Quando os problemas se amontoam e se perpetuam, inclusive devido à paralisia governativa potenciada por terceiros, é o presidente — e não o seu partido ou bancada parlamentar — que é visto como o responsável principal. É a sua legitimidade que mais sofre.

Os membros dos partidos das cada vez mais inevitáveis coligações, incluindo o partido presidencial, desvinculam-se e começam a cuidar das próximas eleições, quando não do *impeachment* do presidente. A agitação popular, quando se radicaliza, concentra-se no pedido da cabeça do presidente. Perante um presidente impopular ou com baixos níveis de aprovação, os militares e as forças de segurança, embora não assumam atualmente, por norma, um papel tão ativo quanto no passado, toleram — ou até incentivam discretamente — certos movimentos civis insurrecionais.

As situações em que o epílogo de crises sociais, de segurança, políticas ou insurrecionais resulta no afastamento do presidente, seja por vontade própria ou forçadamente, sucedem-se com um ritmo cada vez maior[127]. Por isso, o mito de que os presidentes em sistemas presidenciais têm mandatos inexoravelmente fixos não condiz com a realidade.

Sem embargo, coloca-se a hipótese de a imputação individualizada da responsabilidade e o afastamento do presidente, mesmo num quadro jurídico duvidoso, ao invés de serem desvantagens de tal sistema de formatação do governo, serem vantagens: oferecendo o sistema um ponto focal para a catalisação das energias, libertam-se e arejam-se outras dimensões do sistema político.

Ou seja, persiste a dúvida sobre se os sistemas de presidentes governantes favorecem ou degradam as condições de *legitimação* no exercício do mandato democrático. Por um lado, admite-se que esses sistemas permitem uma mais direta e clara imputação da responsabilidade política, na medida em que, aos cidadãos, é mais fácil identificar o responsável supremo pelas decisões políticas fundamentais, aquele a quem devem castigar ou recompensar[128].

---

[125] POSNER; VERMEULE, ref. 55, p. 120.

[126] VALENZUELA, Arturo. Latin American presidencies interrupted. *Journal of Democracy*, v. 15, n. 4, p. 5-19, 2004. p. 12.

[127] VALENZUELA, ref. 126, p. 12. Porém, proferir a afirmação genérica de que os presidentes da América Latina são "extraordinariamente fracos" e que reinam mais do que governam parece desajustado. O consenso parece ser mais no sentido de que, a haver uma tendência, os presidentes são senhores de enorme poder, como sublinham ZOVATTO; TOMMASOLI, ref. 121, p. 17.

[128] Nessa linha, CHEIBUB; ELKINS; GINSBURG, ref. 48, p. 23.

Mas, por outro lado, nota-se que os sistemas presidenciais e semipresidenciais possibilitam um desvio entre as políticas prometidas e as políticas efetivamente praticadas maior do que nos sistemas parlamentares. Nos primeiros, as *policy switch* — que ocorrem quando a orientação apresentada na campanha eleitoral é substituída por outra divergente depois da obtenção do poder — verificam-se quatro vezes mais do que nos segundos[129]. *"Responsible party government is in fact less likely under systems with directly elected presidents"*[130]. Esta tese, reportada aos sistemas presidenciais, pode ser facilmente generalizada aos sistemas de presidentes governantes.

2.   CIDADÃOS SOLITÁRIOS *VERSUS* CIDADÃOS SOLIDÁRIOS

O robustecimento da posição de órgãos políticos unipessoais estriba-se em fundamentos sociológicos e em postulados normativos.

Todos os indicadores mostram que os índices de individualismo nas sociedades desenvolvidas tendem a crescer. Quase tudo nas sociedades modernas incentiva essa tendência. O grau de confiança no método da resposta coletiva para atingir objetivos coletivos ou até objetivos individuais que requerem resposta coletiva diminuiu drasticamente.

O clique no teclado ou no comando da televisão coloca à nossa disposição quase tudo o que, noutros tempos, implicava interação física. O desporto é um dos domínios da vida social que ainda requer trabalho de equipa (quando o requer...). Mas as dimensões da vida em que isso ocorre tendem a tornar-se cada vez mais raras.

Por vezes, ao individualismo junta-se a solidão — que, em certa medida, pode conduzir a um individualismo forçado — e o receio do desconhecido. Um individualista, solitário, receoso, desconfia das organizações, das instituições sem rosto, dos partidos, e propende a procurar na política *uma individualidade* em que, de alguma forma, se possa reencontrar, projetar; não um ente sem rosto, mas alguém, *uma pessoa* que possa compreender, apoiar, criticar ou afastar.

Na arena política, estes fenómenos, devidamente doseados e condimentados com outros fatores da vida moderna, favorecem a emergência e o sucesso de propostas populistas e de personalidades populistas. Os populistas valem-se deste cenário. Todavia, mesmo aqueles políticos que não enveredam pelos caminhos do populismo são beneficiários do *espírito* que faz crescer o populismo e que privilegia as lideranças individuais.

---

[129] Fazendo um balanço e exemplificando notórias *policy switch*, v. SAMUELS; SHUGART, ref. 19, p. 232 *et seq*. O tema não pode ser desenvolvido aqui, mas o conhecimento empírico leva a pensar que o que incentiva o *policy switch* é a força da realidade, que muda constantemente, sem possibilidade de antevisão ou controlo por parte das elites políticas; isso é independente do sistema constitucional, da prática institucional instalada, do sistema de partidos, da dinâmica intrapartidária ou das campanhas eleitorais.

[130] SAMUELS; SHUGART, ref. 19, p. 220-222.

3. DEMOCRACIA RESPONSIVA *VERSUS* DEMOCRACIA DEFENSIVA

Numa época em que se receia o retrocesso democrático, alguns recuperam os quadros da chamada democracia defensiva ou militante (*militant democracy*).

Karl Loewenstein (1891-1973) é geralmente apontado como o criador do conceito[131]. Ele frisava que

> the exaggerated formalism of the rule of law which under the enchantment of formal equality does not see fit to exclude from the game parties that deny the very existence of its rules[132].

O quadro teórico e conceptual de Loewenstein suscita uma controvérsia intemporal. Dos seus ensaios na *The American Political Science Review*, consta a proposta de *redefinição "transitória"* de democracia: *"the application of disciplined authority, by liberal-minded men, for the ultimate ends of liberal government: human dignity and freedom"*[133]. Conhecem-se as receitas da época:

- proibição da constituição de partidos extremistas (comunistas e fascistas);
- limitação de algumas liberdades, perseguição de manifestações de militarismo;
- tolerância de métodos antidemocráticos de contenção do extremismo, incluindo poderes quase ditatoriais do presidente;
- proibição de partidos, grupos ou movimentos subversivos;
- estabelecimento de inelegibilidades e de perdas de mandatos dos membros dessas organizações;
- confisco de propriedade de organizações e pessoas subversivas;
- limitações à liberdade de expressão e, inclusive, alguns entorses constitucionais (perpetrados pelas autoridades e convenientemente não submetidos ao Tribunal Constitucional);

---

[131] Da época, interessa um conjunto de escritos publicados na *The American Political Science Review*, v. LOEWENSTEIN, Karl: Autocracy versus democracy in contemporary Europe, I. *The American Political Science Review*, v. 29, n. 4, p. 571-593, 1935; Autocracy versus Democracy in Contemporary Europe, II. *The American Political Science Review*, v. 29, n. 5, p. 755-784, 1935; Militant democracy and fundamental rights I. *The American Political Science Review*, v. 31, p. 417-432, 1937; Militant democracy and fundamental rights II. *The American Political Science Review*, v. 31, p. 638-658, 1937. Loewenstein, de ascendência judaica e pensamento progressista, deslocou-se para os EUA depois da conquista do poder pelos nazis. Estes textos foram publicados depois da fixação do autor no continente americano. Cf. CLITEUR, Paul B.; RIJPKEMA, Bastiaan R. The foundations of militant democracy. *In:* ELLIAN, Afshin; MOLIER, Gelijn (ed.). *The state of exception and militant democracy in a time of terror*. Dordrecht: Republic of Letters Publishing, 2012. p. 227-272.

[132] LOEWENSTEIN, Karl. *Militant democracy and fundamental rights I. The American political science review*, v. 31, n. 3, p. 417-432, 1937. p. 424.

[133] LOEWENSTEIN, Karl. *Militant democracy and fundamental rights II. The American political science review*, v. 31, n. 4, p. 638-658, 1937. p. 658.

- proibição de posse de armas por militantes partidários, de exércitos, corpos militarizados, milícias ou brigadas de segurança dos partidos, de treino militar por pessoas não autorizadas, do uso de uniformes ou de qualquer traje que tenha parecenças militares.

A democracia militante permaneceu no léxico constitucional[134], sendo alimentada com particular empenho na Alemanha.

Olhando para aqueles mecanismos à luz do que sabemos hoje — que Karl Loewenstein, obviamente, não podia conhecer na década de 1930 —, eles têm problemas a vários níveis: (i) teoréticos; (ii) de eficácia; (iii) simbólicos; (iv) de adequação.

Do ponto de vista *teórico*, a compatibilidade da democracia militante com os parâmetros clássicos da teoria da democracia é difícil de admitir. Alguns dirão que essa compatibilidade não existe e que a democracia militante é a negação da democracia.

Avaliando a respetiva *eficácia*, aqueles mecanismos não impediram vários retrocessos democráticos — não os atenuaram sequer — e não estão hoje, em geral, a impedir a paulatina instalação da sensação de inverno democrático. Os mecanismos de democracia militante não tiveram relevância nem para a derrota do autoritarismo, nem para a vitória da democracia nas segundas e terceiras vagas de democratização[135], e tampouco parecem estar a produzir efeitos na atualidade.

---

[134] Cf. FOX, Gregory; NOLTE, Georg. Intolerant democracies. *Harvard International Law Journal*, v. 36, n. 1, p. 1-70, 1995; OTERO, Paulo. *A democracia totalitária*. Cascais: Princípia, 2001. p. 232 *et seq.*; SAJÓ, András (ed.). *Militant democracy*. Utrecht: Eleven International Publishing, 2004; SAJÓ, András. From militant democracy to the preventive state? *Cardozo Law Review*, v. 5, p. 2255–2294, 2006; PFERSMANN, Otto. Shaping militant democracy: legal limits to democratic stability. *In*: SAJÓ, András (ed.). *Militant Democracy*. Utrecht: Eleven International Publishing, 2004. p. 47-68; MACKLEM, Patrick. Militant Democracy, Legal Pluralism and the Paradox of Self-Determination. *International Journal of Constitutional Law*, v. 4, n. 3, p. 488–516, jul. 2006; TEITEL, R. Militant Democracy: Comparative Constitutional Perspectives. *Michigan Journal of International Law*, v. 29, n. 29, p. 49–70, 2007; CAPOCCIA, Giovanni. *Defending Democracy: Reactions to Extremism in Interwar Europe*. Baltimore: The Johns Hopkins University Press, 2007; CAPOCCIA, Giovanni. Militant Democracy: The Institutional Bases of Democratic Self--Preservation. *Annual Review of Law and Social Science*, v. 9, p. 207–226, 2013; THIEL, Markus (ed.). *The 'militant democracy' principle in modern democracies*. London; New York: Routledge, 2009; CLITEUR; RIJPKEMA, ref. 131; LANDAU, David. Abusive Constitutionalism. *UC Davis Law Review*, v. 147, p. 189-260, 2013; KIRSHNER, Alexander. *A Theory of Militant Democracy: The Ethics of Combatting Political Extremism*. New Haven: Yale University Press, 2014; FLÜMANN, Gereon. *Streitbare Demokratie in Deutschland und den Vereinigten Staaten: Der staatliche Umgang mit nichtgewalttätigem politischem Extremismus im Vergleich*. Wiesbaden: Springer, 2015; Svetlana. *Militant Democracy: Undemocratic Political Parties and Beyond*. London; New York: Routledge, 2015; MULLER, Jan-Werner. Protecting Popular Self-Government from the People? New Normative Perspectives on Militant Democracy. *Annual Review of Political Science*, v. 19, p. 249–265, 2016; COUTINHO, Luís Pereira. *Teoria dos Regimes Políticos*. Lisboa: AAFDL, 2022. p. 129 *et seq.*

[135] Por facilidade, recorremos ao artifício teórico das vagas da democratização e de retrocesso democrático, de HUNTINGTON, ref. 2, *passim*. Entre as ondas ou vagas de democratização,

Por outro lado, o discurso da democracia militante — pelo menos na versão *loewensteiniana* original — não tem condições para ser mobilizador do ponto de vista *simbólico e normativo*. Aquele discurso não apenas exige que se aceite que a democracia se defenda dos que a querem eliminar, dentro de limites *proporcionais, mas também que se admita a sua transformação, ainda que transitória, no seu contrário.*

Tolera-se o autoritarismo para garantir um futuro democrático.

Finalmente, os mecanismos da democracia militante não parecem *adequados* para combater as ameaças mais graves da atualidade. Estas não provêm de indivíduos, partidos ou movimentos que, deliberada e abertamente, anunciam a intenção de cancelar a democracia e substituí-la por outra coisa. As ameaças vêm de setores que, nominalmente, aceitam os processos democráticos, mas contestam a democracia representativa e procuram mostrar a sua alegada corrupção e ineficiência; disputam eleições com discursos adaptados ao sentimento de camadas importantes da população; atuam na legalidade e, geralmente, pacificamente, sem recorrer a práticas militarizadas; aproveitam as tecnologias de comunicação para operações massivas de manipulação e de difusão de factualidade alternativa, atingindo milhões de pessoas.

Estas são práticas substancialmente diferentes da ação do Partido Nazi, nas décadas de 1920 e 1930, que se militarizou e se prevaleceu dos mecanismos da Constituição de Weimar para ascender ao poder e destruir as instituições democráticas. Os novos céticos ou inimigos da democracia mantêm, mais ou menos nominalmente, as instituições democráticas, mas tornam-nas frágeis ou dóceis, para manter no poder um líder, um partido ou um grupo. Em alguns casos, transitam de democracia para *autocracias competitivas* ou *autocracias eleitorais*[136], como ocorreu na Rússia, na Venezuela, na Turquia e na Nicarágua. A oposição é reprimida, assediada, mas não é suprimida. Aqui e ali, pode até conquistar posições em eleições, mas o tabuleiro está inclinado pela aplicação de diversos artifícios: o *packing* de instituições de fiscalização, como o Tribunal Constitucional ou instituições judiciárias; a manietação de instituições que deveriam funcionar com independência, como o *ombudsman* ou o Ministério Público; o *bulliyng* sobre pessoas ligadas à oposição; o silenciamento de estruturas independentes de pensamento e ação, como universidades e ONGs; o controlo dos *media* e das redes sociais; o uso abusivo de recursos públicos.

Huntington identificou duas vagas de retrocesso democrático: a primeira, de 1922 até ao final da II Guerra, quando existiam apenas 12 democracias; a segunda, de 1960 a 1975. Quanto à terceira vaga da democratização, depois de Portugal, Grécia e Espanha, assinala-se (sem ser exaustivo): na América Latina, designadamente, a Argentina, Bolívia, Brasil, Equador, Peru e Uruguai (1979-1985) e Chile (1989), bem como Estados da América Central; na Ásia, Filipinas (1987), Coreia (1987), Taiwan (a partir de 1987, gradualmente, com eleição direta do presidente em 1996), Mongólia (1990), Tailândia (1992), Indonésia (1999), Bangladesh, Nepal, Paquistão. Na Europa, Bulgária, República Checa, Eslováquia, Hungria, Polónia, Roménia e, com a desagregação da União Soviética, mais alguns Estados que a integravam (1989-1991); em África, Benim (1991), África do Sul (1994), e Estados de língua portuguesa.

136 LANDAU, ref. 134, p. 199.

Os mais recentes expedientes de erosão democrática são promovidos por partidos ou indivíduos com retórica ambígua em relação à democracia — muitas vezes apenas apostados em que ela funcione garantidamente a seu favor —, e que estão longe de representar uma franja muito minoritária da população. Pelo contrário, é mais comum que beneficiem de forte apoio popular, porventura maioritário ou quase (os peronistas, entre as décadas de 1950 e 1960[137], ou Javier Milei, em 2023, na Argentina; Evo Morales, na Bolívia; Hugo Chávez e Nicolás Maduro, na Venezuela; Recep Erdoğan, na Turquia; Viktor Orbán, na Hungria; Nayib Bukele, em El Salvador). O seu banimento, mais do que proteger a democracia, poderia gerar sérios distúrbios no seu funcionamento[138].

Aliás, este último reparo suscita interrogação mais complexa, sobre os limites: quais as "linhas vermelhas" a traçar, no que toca a fundamentos jurídicos e a limitações políticas? É legítimo, na perspetiva da democracia militante, banir partidos que perfilhem ideologias antidemocráticas. Mas, e se forem partidos *separatistas*, que não rejeitam a democracia, mas sim a integração no Estado (como alguns partidos curdos, na Turquia)? Ou partidos antidemocráticos que obtêm o voto maioritário ou uma grande quantidade de votos dos eleitores (como o Partido do Bem-Estar, *Refah Partisi*, de orientação islâmica e defensor da aplicação da *sharia*, na década de 1990, na Turquia[139])?

Não existem receitas milagrosas, mas, para ensaiar pelo menos algumas pistas para reflexão, propõe-se um critério geral de caráter normativo: as democracias devem assumir uma atitude *responsiva*, e não *defensiva*. Devem persistir ou retomar, de forma positiva, aquilo em que foram ou são superiores.

Primeiro, devem conseguir mostrar que o modelo democrático é aquele que consegue satisfazer com maior qualidade a aspiração das pessoas à felicidade, à igualdade e ao bem-estar. Nas décadas de 1950 a 1990, isso foi possível. Hoje, é mais difícil. As democracias enfrentam a enorme competição de sistemas autoritários, como o chinês, os das monarquias do Golfo e outros, e de sistemas semidemocráticos, como o de Singapura ou da Malásia. Esses sistemas logram mostrar *performances* e capacidade de *delivery* superiores à maior parte das democracias. Deixou de ser possível falar da

---

137 A ambivalência do movimento peronista em relação à democracia apenas seria atenuada ou dissipada com Carlos Menem, Presidente entre 1989 e 1999.

138 LANDAU, ref. 134, p. 220.

139 O Partido foi dissolvido pelo Tribunal Constitucional turco, em 1998, com o fundamento de violação do princípio do laicismo do Estado turco. Em 2003, o Tribunal Europeu dos Direitos do Homem considerou o ato justificado face à Convenção Europeia dos Direitos do Homem, sublinhando, além do mais, que os Estados têm o direito de defender as instituições democráticas. Surgiu, em sua substituição, o Partido da Virtude, também banido, não obstante a sua forte implantação popular. Subsequentemente, em 2001, seria formado o Partido da Justiça e do Desenvolvimento (*Adalet ve Kalkınma Partisi, AK Parti*), liderado por Erdoğan, que se mantém dominante na política turca desde 2002, predomínio regularmente confirmado através das eleições. Os mecanismos da democracia militante só resultaram até certo ponto: implicaram a dissolução de dois partidos, mas não impediram que um terceiro, seu sucessor — porventura mais moderado —, adquirisse um persistente controlo das instituições e de muitos setores da sociedade.

exclusividade do binómio democracia/desenvolvimento. Hoje, outros modelos também têm resultados a mostrar.

Segundo, há que insistir na incontornabilidade da democracia representativa nos tempos modernos. É possível e desejável melhorar a relação entre eleitores e eleitos, alterando o sistema eleitoral. Podem-se multiplicar os mecanismos de democracia participativa. Podem ser otimizados os mecanismos de democracia eletrónica, desde que não se ceda à ilusão de que podem substituir a democracia representativa por uma democracia com debate igualitário, justo e com deliberação *online* permanentes.

Do ponto de vista da organização e do funcionamento das instituições políticas, a forma de governo democrática terá de demonstrar que é possível tomar decisões com a mesma eficácia, celeridade e coerência que se encontra nos regimes autoritários mais performantes.

É, porventura, aí que entronca a vantagem competitiva de sistemas de presidentes governantes.

É possível e previsível que a tendência das democracias para entregar o poder a um indivíduo se acentue no quadro atual de desenvolvimento político global. Na competição entre democracias e autocracias, as primeiras revelam fragilidades no que concerne à decisão política. As democracias são, de modo geral, mais lentas a decidir, o que constitui uma desvantagem competitiva importante, seja no domínio da definição de políticas públicas, das decisões com relevo geoestratégico, de investimento na defesa, de resposta a ameaças ou de apoio a aliados (veja-se o tempo que os EUA e a Europa tomam para qualquer progresso no apoio à Ucrânia, mesmo que os principais líderes defendam reiteradamente que é imperativo auxiliá-la). Nas autocracias, as decisões são tomadas prontamente, muitas vezes porque são produzidas por órgãos que concentram em si todo o poder de decisão e não respondem perante ninguém em termos imediatos que impeçam ou limitem a sua eficácia.

4.   CESARISMO DEMOCRÁTICO?

Não sendo consensual o conceito de cesarismo *clássico*, e admitindo muitas variações convencionais, parece razoavelmente seguro que se trata de um fenómeno que[140]:

(i)   incorpora simultaneamente elementos democráticos e ditatoriais, combinando liderança autocrática com legitimação democrática, normalmente plebiscitária, e neutralização de outras estruturas representativas, designadamente parlamentares;

(ii)   tem natureza essencialmente (pós) revolucionária;

---

[140]   Introduzir o conceito de cesarismo na discussão envolve, obviamente, o risco de entrar em areias movediças, uma vez que o alcance do conceito não é consensual. Para uma apresentação das raízes do conceito e a caracterização do cesarismo clássico, seguimos PRUTSCH, Markus. *Caesarism in the Post-Revolutionary Age*. London: Bloomsbury, 2020.

(iii)   é alimentado e impelido pela perceção de crise aguda e de exceção, real ou não, que exige a assunção do poder de forma não convencional.

O neocesarismo contemporâneo:

(i)   é legitimado democraticamente;
(ii)   assenta numa liderança política unipessoal, privilegia a relação direta do líder político máximo (*mandatário*, como se diz na linguagem clássica latino-americana[141]) com os eleitores, por vezes mediada por referendo ou plebiscito;
(iii)   desvaloriza ou lateraliza, tendencialmente, o parlamento;
(iv)   reage a situações de alegada crise da representação política e dos partidos, de fragmentação e de risco de ingovernabilidade, de alheamento da "classe política";
(v)   pode assentar, ou não, em discurso e postura populistas.

Indicadores persistentes mostram que, nas sociedades democráticas, a maior parte dos cidadãos continua a considerar a democracia como o pior regime, excetuando todos os demais. Todavia, há outros indicadores, igualmente persistentes, que revelam que significativas percentagens, ao mesmo tempo que não prescindem das instituições democráticas, mostram abertura para lideranças individuais fortes, que decidam sem o parlamento e sem o incómodo do escrutínio judicial. Por vezes, a fronteira entre democracia com lideranças fortes e autoritarismo é ténue e talvez até turva no espírito das pessoas[142]. São tendências que, à primeira vista, podem causar a sensação de contradição. Portugal não lhes escapa. Estudos realizados pouco antes da comemoração do cinquentenário de 25 de abril de 1974 mostram que, ao mesmo tempo em que os indicadores de apreço pela democracia portuguesa melhoraram nos últimos anos,

---

[141] Sobre o significado da noção de mandatário, como titular supremo de um mandato nacional, NOHLEN; GARRIDO, ref. 16, p. 40.

[142] As estatísticas sobre as percentagens de pessoas que, nos vários cantos do globo e com diferentes formas de governo, se pronunciam a favor de "líderes fortes" mostram sempre números inequívocos, que podem superar os 60% em países tão "insuspeitos" quanto aos valores democráticos como o Reino Unido, a Irlanda, a Bélgica, os EUA ou o Canadá. V., por exemplo: PERCEPTIONS on the need for strong, rule-breaking leaders worldwide. *Statista*, 2023. Disponível em: https://www.statista.com/statistics/932923/perceptions-need-strong--rule-breaking-leader-worldwide/. Acesso em: 9 jan. 2025; WHO likes authoritarianism, and how do they want to change their government? *Pew Research Center*, 2024. Disponível em: https://www.pewresearch.org/short-reads/2024/02/28/who-likes-authoritarianism-and-how--do-they-want-to-change-their-government/sr_24-02-28_authoritarianism_1/. Acesso em: 24 jul. 2024.

Para dar um exemplo, no segundo sítio (Pew Research Center), está disponível um estudo de fevereiro de 2024, intitulado *Who likes authoritarianism, and how do they want to change their government?*, que mostra um significativo apoio a soluções de líderes fortes em ambientes autoritários, mesmo em democracias consolidadas.

também há respondentes que preferiam que houvesse "um líder forte que não tivesse de se preocupar com o parlamento nem com eleições"[143].

A vitória de Donald Trump nas eleições presidenciais de 5 de novembro de 2024 foi mais convincente do que as sondagens e as análises políticas deixavam antever, e não está ainda devidamente escalpelizada. Por que conquistou a confiança de mais de 77 milhões de votos de um dos eleitorados mais sofisticados — mais do que em 2020, com 74,2 milhões, e em 2016, com 63 milhões —, tornando-se o republicano mais votado desde 2004? Porventura, a explicação reside num dos argumentos centrais deste livro: os eleitores americanos (como outros povos de democracias) aspiram à liderança. No passado, mas particularmente agora, com um mundo em turbilhão, procuram liderança que pareça robusta, tanto na economia quanto na política interna e externa. A maioria viu essa liderança em Trump e não acreditou que Harris estivesse à altura. Votaram em Trump, não obstante as patentes dificuldades e inconsistências do discurso. O punho erguido, enquanto era transportado após ter sido objeto de um atentado em Butler County, durante a campanha presidencial, não impressionou apenas a Pensilvânia.

A ambição de unir polos aparentemente opostos — democracia e liderança forte concentrada num indivíduo — provoca o retorno da "velha" tensão entre as legitimidades legal-racional e carismática *weberianas*. A equação descreve-se assim: o povo não prescinde da escolha do líder de acordo com o modo de legitimação legal-racional (ou seja, através dos mecanismos democráticos da constituição, superior expressão de legitimação legal-racional); mas, concomitantemente, é favorável a que esse líder exerça uma liderança personalizada, individual, que acrescente legitimidade carismática à democrática[144]. Presumivelmente, os cidadãos apreciam a possibilidade de saber que alguém está ao leme, podendo pedir-lhe responsabilidade[145]. O referendo brasileiro de 1993, que confirmou o sistema presidencial contra a hipótese parlamentar (e/ou o regresso da monarquia), mesmo com o apoio a esta de figuras ilustres e poderosas (incluindo o próprio presidente Itamar Franco), é uma eloquente demonstração da força atrativa da tradição, mas também do princípio universal da unidade do poder, se não

---

[143] V. a sondagem publicada pelo jornal português *Expresso*, edição de 19 de abril de 2024, coordenada pelo Instituto de Ciências Sociais da Universidade de Lisboa e pelo ISCTE-Instituto Universitário de Lisboa: 34% dos inquiridos pronunciaram-se a favor de um "líder forte", tal como referido no texto, enquanto 17% não concordam nem discordam. Comparando com o trabalho do *Pew Research Center* citado na nota anterior, Portugal está um pouco acima dos EUA e da maioria dos países europeus analisados. Sintomaticamente, um estudo sobre a opinião dos portugueses, de 2011, é também invocado por PRUTSCH, ref. 140, p. 2, para mostrar que, também no Ocidente, há Estados onde a maioria da opinião pública expressa apoio à ideia de uma liderança autoritária.

[144] Recorde-se a clássica definição weberiana de carisma: condição de um indivíduo, que o destaca das pessoas ordinárias, de estar provido de qualidades sobrenaturais ou sobre-humanas ou, pelo menos, de específicas qualidades ou poderes.

[145] Parece vão o voto de Zovatto e Tommasoli de que na América Latina se abandone o registo dos "homens necessários". V. ZOVATTO; TOMMASOLI, ref. 121, p. 18.

mesmo uma versão contemporânea da submissão voluntária perante a vontade de um só, que Étienne de La Boétie denunciou no século XVI.

Carlos Santiago Nino aludia, há uns anos, referindo-se ao hiperpresidencialismo da sua Argentina, à ideia do mandato presidencial como místico ou epopeico[146]. Essa ideia está, aparentemente, disseminada e internalizada, em ambientes institucionais distintos. Os titulares de cargos políticos unipessoais, que nunca deixaram de ser atrativos em regimes democráticos e não democráticos, veem a sua liderança e posição referencial crescer nos sistemas políticos.

A instalação de um cesarismo, alegadamente democrático, por ser instrumental à própria conceção de democracia, aparentemente vista com simpatia por sectores significativos — se não mesmo maioritários — dos cidadãos e por, talvez paradoxalmente, contribuir para o robustecimento da defesa da democracia, está, eventualmente, mais iminente do que há algumas décadas. Mas isso suscita a questão sobre se é tolerável, ou curial, aceitar a inevitabilidade de uma nova versão de cesarismo, desta vez enroupado em vestes democráticas ou de defesa da democracia[147]. A questão pode colocar-se assim: até que ponto o cesarismo, entendido numa versão que se adapta às condições contemporâneas (*neocesarismo*), é uma resposta legítima e meritória a alguns desafios que as democracias enfrentam na atualidade? É possível um *cesarismo democrático e republicano*, um cesarismo sujeito a mecanismos de controlo e limites democráticos?

5. O CONTRAPONTO: NECESSÁRIOS LIMITES À CONCENTRAÇÃO DE PODER NAS MÃOS DE UM ÓRGÃO UNIPESSOAL

Boa parte dos quesitos expostos no número anterior terão de aguardar os desenvolvimentos subsequentes do texto. Por agora, propõe-se o postulado de que a unidade de poder nas mãos de um titular de órgão unipessoal só pode ser legítima à luz de um discurso democrático se não for sinónimo ou antecâmara de autoritarismo, sendo, antes, sinónimo de arbitragem harmonizadora, de integração e de unificação coerente da vontade democrática, por meio da deliberação de um órgão unipessoal, institucionalmente rodeada e condicionada por mecanismos que procuram garantir a racionalidade e a validade da deliberação.

---

[146] NINO, ref. 15, p. 44. O termo hiperpresidencialismo terá sido cunhado pelo próprio Nino, mas o seu alcance não é totalmente uniforme de autor para autor. Cf. BOLONHA, Carlos; RANGEL, Henrique; CORRÊA, Flávio. Hiperpresidencialismo na América Latina. *Revista da Faculdade de Direito da Universidade Federal do Paraná*, v. 60, n. 2, p. 115-140, 2015; BASTOS JUNIOR, Ronaldo. *O Hiperpresidencialismo no Novo Constitucionalismo Latino-americano: uma análise dos seus efeitos no regime político equatoriano*. 2018. Tese (Doutorado em Direito) - Universidade Federal de Pernambuco, Programa de Pós-Graduação em Direito, Recife, 2018. Adiante usamos a noção de sistema de presidente dominante, que recobre o que alguns autores designam de hiperpresidencialismo.

[147] A questão não é, obviamente, nova nem recente. V., a título de exemplo, os receios de uma ditadura constitucional expressos por BONAVIDES, ref. 7, p. 393.

Consiga-se ou não afiançar a viabilidade teórica e normativa de um cesarismo democrático e republicano, é imperativo rejeitar algumas saliências de outros cesarismos, designadamente o bonapartista. Dois vetores são críticos: (i) a instrumentalização militar; (ii) o abuso do referendo ou do plebiscito.

Nada obsta a que os putativos novos césares, porventura alguns presidentes governantes, sejam comandantes supremos das Forças Armadas. Todavia, essa posição institucional deve ser exercida sem instrumentalização das mesmas. A hipótese de presidentes eleitos provenientes dos níveis mais elevados da estrutura militar, que prolonguem no Poder civil o Poder adquirido nos quartéis, parece indesejável pelo potencial de instrumentalização que isso envolve. Mas é também contraindicada a possibilidade de presidentes eleitos, através de mecanismos democráticos, vincarem a sua relação — e eventual instrumentalização ou reforço da autoridade — com as Forças Armadas. Uma construção que se pretenda sã e aceitável de cesarismo democrático e republicano nunca poderia passar por aí.

Um dos componentes identitários mais críticos do cesarismo clássico autoritário é o plebiscitarismo. De Gaulle, talvez o arquétipo mais evidente de um césar republicano e democrático da contemporaneidade, privilegiou-o na moldagem e imposição da sua função presidencial.

O que verificamos, particularmente na América Latina, é que, muitas vezes, a iniciativa constitucionalmente concedida e/ou faticamente imposta do referendo ou plebiscito cabe ao presidente, que também define a pergunta e o momento da consulta[148]. São essencialmente iniciativas *top-down* (Altman, 2011). Na região, desde a década de 1980, as reformas constitucionais que abrem às consultas populares, em nome do aprofundamento da democracia direta e/ou participativa e da superação das dificuldades da representação política, têm, em geral, contribuído para a fragilização da representação política e dos partidos políticos, além de reforçar o poder do presidente e a sua interlocução direta com os cidadãos, quando isso lhe interessa.

Há, decerto, casos em que o referendo se enquadra bem no funcionamento democrático, como no Brasil e no Uruguai (este, o país com maior tradição no uso de mecanismos de democracia direta e semidireta, onde o referendo é convocado pelo parlamento ou por iniciativa de cidadãos)[149]. Noutros casos, mesmo quando se fala de hiperpresidencialismo e o referendo pode ser convocado pelo Presidente, como na Argentina (embora apenas com efeitos consultivos), este só raramente o faz[150].

Mas, neste século, abundam episódios em que as consultas populares são instrumentais à agenda presidencial (designadamente na Venezuela, Equador, Bolívia, que

---

[148]   Dados podem ser consultados em: ALTMAN, David. *Direct Democracy Worldwide*. Cambridge: Cambridge University Press, 2011. Ver também: LISSIDINI, Alicia; WELP, Yanina; ZOVATTO, Daniel (coord.). *Democracia directa en Latinoamérica*. Buenos Aires: Prometeo, 2008.

[149]   Cfr. RISSOTTO, Rodolfo; ZOVATTO, Daniel. Direct Democracy in Uruguay. *In:* IDEA (ed.). *Direct Democracy: The International IDEA Handbook*. Estocolmo: International Institute for Democracy and Electoral Assistance, 2008.

[150]   Referendo de 1984 sobre tratado com o Chile a propósito de alguns territórios disputados.

lideram o grupo dos Estados em que se realizam mais plebiscitos)[151]. Sintomaticamente, Hugo Chávez promoveu um plebiscito para conseguir a consagração da possibilidade de reeleição indefinida para o cargo presidencial. Não teve sucesso em 2007; teve-o em fevereiro de 2009, com as sequelas sistémicas que ainda hoje se sentem.

Todavia, as "linhas vermelhas" à afirmação e exercício de um poder individual, mesmo que aceite e inevitável nas condições que referimos, não podem ficar por aí.

Uma linha de investigação aponta que, em algumas regiões, o reforço do poder presidencial é compensado por mecanismos de contrapoder, como a imposição de sistemas eleitorais que não facilitam maiorias do partido presidencial (ou de qualquer outro); a abertura a mecanismos de democracia direta ou semidireta fora do alcance do presidente; o reforço dos poderes de fiscalização do parlamento, designadamente com incidência nos gabinetes ministeriais; a introdução da possibilidade de *recall* do presidente; a maior independência e capacidade de fiscalização do poder judicial, *maxime* da justiça constitucional; a consolidação de processos de descentralização.

Um aspecto que se sublinha é que o reforço do poder presidencial convive com o robustecimento das facetas sociais e inclusivas de setores da população tradicionalmente excluídos (como os povos indígenas) e, mais geralmente, das cartas de direitos[152]. Ou seja, os poderes presidenciais crescem, mas os poderes dos cidadãos e de outras instituições também.

Ao longo deste livro, ressaltam-se exemplos de soluções constitucionais que materializam estes aspectos. Contudo, em alguns casos, verifica-se que o seu impacto real é modesto, seja devido à sua concreta expressão normativa, seja em função de variáveis contextuais, pelo que acabam relativizados perante o efetivo acréscimo do Poder de quem é investido inequivocamente do comando[153]. Com esse pano de fundo, dedicamos especial atenção ao novo panorama da generalização de sistemas de presidentes governantes de coligação (ou de coalizão) e avaliaremos a hipótese teórica de ele mitigar os riscos inerentes ao cesarismo democrático, na medida em que lhe introduz novos freios.

---

[151] V. NOHLEN; GARRIDO, ref. 16, p. 306 *et seq.*

[152] UPRIMNY, ref. 48.

[153] GARGARELLA, Roberto, *La sala de máquinas de la Constitución. Dos siglos de constitucionalismo en América Latina (1810-2010)*. Buenos Aires: Katz Editores, 2014. p. 288.

Capítulo III

O PODER DO PRESIDENTE NO SISTEMA PRESIDENCIAL
....

Subcapítulo I

O PODER DO PRESIDENTE DOS ESTADOS UNIDOS DA AMÉRICA
....

1. FORMAÇÃO DO SISTEMA DE GOVERNO

1.1 *Das colónias britânicas à atualidade*[154]

Para um observador apressado, o sistema norte-americano apresenta um registo de funcionamento notavelmente estável e uniforme, apesar de ter sido concebido há quase

---

[154] De entre a numerosa bibliografia disponível, escolhemos, como guia geral para a exposição sobre a formação e o desenvolvimento do sistema de governo norte-americano, os seguintes trabalhos. Clássicos: CORWIN, Edward. The Presidency in Perspective. *The Journal of Politics*, v. 11, n. 1, p. 7-13, 1949; CORWIN, Eduard S. *The Constitution and What It Means Today*. Revisão por Harol Chase e Craig Ducat. 13. ed. Princeton: Princeton University, 1978; VOLKOMER, Walter. *American Government*. New York: Appleton-Century-Crofts, 1972; FINER, Samuel. *Governo Comparado*. Brasília: Editora Universidade de Brasília, 1981. p. 175 *et seq.*; NEUSTADT, Richard. *Presidential Power: The Politics of Leadership*. New York; London: John Wiley & Sons, 1960; LEES, John. *The Political System of the United States*. London: Faber and Faber, 1969. Mais recentes: KELLY, Alfred; HARBISON, Winfred.; BELZ, Herman. *The American Constitution: Its Origins and Development*. 6. ed. New York: W.W. Norton & Company, Inc., 1983; CHUBB, John; PETERSON, Paul. (ed.). *The New Directions in American Politics*. Washington, DC: Brookings Institution Press, 1985; KING, Anthony (org.). *The New American Political System* (daqui para a frente, NAPS). 2. ed. Washington, DC: AEI Press, 1990; COHEN, Jeffrey; NICE, David. *The Presidency: classic and contemporary readings*. New York: McGraw-Hill, 2003; POSNER; VERMEULE, ref. 55; HAN, Lori Cox (ed.). *New Directions in the American Presidency*. New York: Routledge, 2018; BARDES, Barbara; SHELLEY, Mack; SCHMIDT, Steffen. *American Government and Politics Today: The Essentials*. 19. ed. Boston: Cengage Learning, 2019; MILKIS, Sidney; NELSON, Michael. *The American Presidency: Origins and Development, 1776–2021*. 9. ed. Washington, DC: CQ Press, 2022; SCHLOZMAN, Daniel; ROSENFELD, Sam. *The Hollow Parties: The Many Pasts and Disordered Present of American Party Politics*. Princeton: Princeton University Press, 2024. Aconselham-se ainda dois pioneiros: TOCQUEVILLE, Alexis de. *Democracia na América*. Publicado pela primeira vez em 1835. Tradução portuguesa. Lisboa: Estúdios Cor, [s.d.]; Cfr. HAMILTON; MADISON; JAY, ref. 118.

240 anos. Porém, é inegável que as características fundamentais já se encontravam em embrião na época dos *founding fathers* e que as características essenciais da presidência americana são hoje tão reconhecíveis quanto então[155]. Ao mesmo tempo, também é irrefutável que a configuração mais recente do sistema norte-americano é fruto de uma longa evolução. Este processo foi, por vezes, sinuoso, contraditório e permeável ao ambiente contextual. Importa aqui apresentar esta evolução em traços largos, sem negligenciar a dimensão constitucional, mas com especial atenção à *práxis* política.

O sistema norte-americano colheu a sua inspiração original nos padrões jurídicos e políticos da Inglaterra, na medida em que estes haviam enformado as instituições primitivas das colónias britânicas da América do Norte, seja por meio de práticas mais ou menos espontâneas, seja através das cartas da Coroa britânica que gravavam os princípios organizacionais de cada colónia, cujos vínculos com a potência colonizadora variavam: Maryland e Pensilvânia eram colónias sujeitas a um regime de propriedade; Rhode Island e Connecticut tinham um estatuto bastante independente, conhecendo uma organização razoavelmente democrática; Nova Iorque, Nova Jersey, Carolina do Norte, Carolina do Sul, Virgínia, Massachusetts, Geórgia e Maine eram colónias reais, isto é, sujeitas ao controlo direto da Coroa. Com maior ou menor autonomia face à Coroa, as colónias dispunham já, além de governadores, de assembleias representativas.

A ameaça dos povos indígenas e das colónias europeias vizinhas (sobretudo as da rival França) induziu a que os colonos, desde cedo, procurassem formas de cooperação inter-regional, sem, contudo, criarem laços fortes.

O afastamento dos, até então, leais colonos da sua mãe-pátria teve como causa mais próxima a imposição de tributos pelo Parlamento inglês (Câmara dos Comuns), o *Sugar Act* (1764) e o *Stamp Act* (1765). O primeiro era especificamente direcionado aos colonos americanos, enquanto o segundo lançava um imposto sobre todos os documentos. Os colonos não tinham representantes naquele Parlamento, pelo que a aprovação de impostos que os abrangessem infringia, no seu entender, o princípio basilar "*no taxation without representation*"[156].

O *Stamp Act* foi abolido logo em 1766, fruto da enorme resistência dos contribuintes, mas outros impostos se seguiram, marcados pelas mesmas propaladas invalidades. Além disso, a Inglaterra concedeu à Companhia das Índias o monopólio do comércio do chá com as Colónias, o que, apesar de ter permitido uma redução do preço do produto, foi exuberantemente rejeitado por estas. Mais leis, logo designadas de *Intorelable Acts* (entre as quais o *Quartering Act*, determinando que os colonos dessem abrigo nas suas casas a soldados ingleses), contribuíram para acentuar o gradual divórcio.

A sucessão de desagravos abriu terreno à reunião de 55 delegados de doze colónias inglesas da América do Norte — todas as da época, exceto a Geórgia — no *Carpenters' Hall*, em Filadélfia (Pensilvânia), durante o primeiro Congresso Continental (1774).

---

[155] COX HAN, Lori. Introduction. *In*: COX HAN, Lori (ed.). *New Directions in the American Presidency*. New York: Routledge, 2018. p. 1-28. p. 4.

[156] Em português: "nenhuma tributação sem representação".

Despido de qualquer autoridade, o Congresso contribuiu, no entanto, para o apareci-mento de um tímido sentimento de identidade nacional.

Em 18 de abril de 1775, tropas britânicas foram confrontadas e derrotadas em Lexington por milícias de colonos, deflagrando a guerra. O segundo Congresso Continental de Filadélfia (1775), agora com a participação de todas as treze colónias, foi obrigado a cuidar do financiamento e condução centralizada das operações de guerra, sem que fosse ainda claro um sentimento maioritário a favor da independência. No entanto, homens como Thomas Paine[157] foram determinantes para que, em 1776, a ideia de independência estivesse já bem encaminhada.

A declaração de independência, basicamente preparada por Thomas Jefferson, foi proclamada em 4 de julho de 1776, criando treze Estados independentes, da Inglaterra e entre si. Uma Constituição estabelecendo uma Confederação entre os Estados foi adotada, entrando em vigor apenas em 1781 (devido à relutância das elites políticas de Maryland). Entretanto, cada Estado redigiu a sua própria Constituição, entre 1776 e 1780. Entre elas, a de Massachusetts (1780), notável por ter sido ratificada pelo povo. Todas eram visivelmente influenciadas pelas ideias de Locke e Montesquieu.

A organização política dos novos Estados assentava sobretudo em assembleias, órgãos vetoriais do modelo independentista, e em um governador. Atendendo a que a acrimónia dos revolucionários americanos era essencialmente dirigida contra o Rei Jorge III, tomado como um tirano e responsável pelo afastamento entre os ingleses do continente americano e o resto do povo britânico, constituíram-se órgãos executivos débeis. A maior fatia dos poderes — inclusive os herdados dos antigos governadores reais — era confiada às assembleias.

Pode conjeturar-se se essa arquitetura constitucional foi impelida por uma leitura relativamente equivocada do sistema político britânico, do qual os colonos americanos pretendiam libertar-se. A Grã-Bretanha era já, na época, uma monarquia constitucional, com o monarca significativamente limitado pelo Parlamento, que decidia em certos domínios — incluindo o dos malfadados impostos — com autonomia. Mas também pode admitir-se que a situação do ex-colonizador era conhecida e se quis replicar o poder parlamentar.

Ao nível supraestadual, a Confederação criou um laço frágil e incipiente entre os Estados, que mantinham a sua independência política e prosseguiam em comum apenas aspetos muito circunscritos da política corrente[158]. As necessidades de superação das

---

157 Autor do livro-panfleto *Common Sense*, publicado seis meses antes da Declaração de Inde-pendência, com uma tiragem de 120.000 exemplares, o qual deu um ímpeto importante às ideias independentistas.

158 Nos *Articles of Confederation*, em vigor em 1781, após a ratificação pelos treze Estados, manti-nha-se o *Congress of the Confederation*, sucessor do *Continental Congress*. Era esse órgão que desempenhava os escassos poderes que os *Articles* concediam à Confederação. Não existia um órgão executivo. O Congresso era presidido por um presidente, mas o consenso é de que ele tinha funções de mera condução dos trabalhos, impedindo a sua comparação com o presidente que a Constituição de 1787 estabeleceria. Não obstante, alguns autores sugerem

dificuldades financeiras próprias de treze pequenos Estados no começo de vida independente, o imperativo de proteção contra ameaças externas provenientes de grandes potências e de combate à insurreição interna, para além dos interesses industriais e comerciais de entrada vantajosa no mercado mundial, tudo isso aliado à ambição de prestígio internacional, apontava na direção de uma forma mais robusta de união entre os treze Estados.

Parte das elites entendia que era necessário reforçar a capacidade conjunta dos treze Estados, embora sem sair do quadro da Confederação. O sentimento independentista dos povos de cada um deles não parecia permitir aspirar a mais. Nesse contexto, em maio de 1787, iniciou trabalhos em Filadélfia uma Convenção com 74 delegados eleitos pelas legislaturas estaduais. Participaram efetivamente apenas cinquenta e cinco (entre as quais a elite intelectual e económica composta por nomes como James Madison, George Washington, Benjamin Franklin e Alexander Hamilton). Muitos patriotas e personalidades prestigiadas se recusaram a participar, receosos da criação de um forte governo central que pudesse ameaçar as independências recentemente conquistadas.

E não sem razão. Era visível que uma corrente federalista pretendia ir além do mero robustecimento da Confederação, não colocando de parte, além do mais, a hipótese de um poder executivo reforçado, ainda que isso fosse receado por alguns como uma porta de entrada para novas tiranias, à imagem da que era imputada a Jorge III. Cedo se verificou que, embora o mandato da Convenção se cingisse à revisão dos artigos da Confederação, a maioria dos delegados pretendia uma nova Constituição. A proposta de um membro da delegação de Virgínia (muito ativa ao longo dos trabalhos), Edmund Randolph, lançou as bases da discussão do que seria a nova organização política.

É consensual que a organização política americana foi fortemente pautada pelo princípio *madisoniano* da separação e equilíbrio de poderes, concebido como meio de garantia da liberdade e antídoto para a tirania.

Numa versão inicial, a visão de Madison assentava na premissa de que, se a diversidade de interesses antagónicos ou díspares que se cruzam numa grande República tivesse expressão num órgão representativo, as decisões não poderiam ser fruto da imposição de interesses egoístas ou particulares e teriam de resultar da formação de grandes coligações de interesses. A ambição contraria a ambição. As coligações de interesses estariam em permanente reformulação, evitando uma coligação estável sempre dos mesmos, em detrimento de outros. Nessa expressão inicial, tal visão satisfar-se-ia com a instituição de um órgão parlamentar dominante (a *House*), adequadamente constituído ao modo do

---

que os Presidentes do Congresso da Confederação, particularmente John Hanson, o primeiro eleito após os *Articles* entrarem em vigor, foram os primeiros presidentes. V. UNITED STATES. *Articles of Confederation, 1781. In:* AVALON PROJECT, Lillian Goldman Law Library. New Haven: Yale Law School, 2008. Disponível em: https://avalon.law.yale.edu/18th_century/artconf.asp. Acesso em: 9 jan. 2025.

sistema parlamentar em formação na Inglaterra[159]. Os integrantes do executivo seriam escolhidos por tal órgão parlamentar.

A dinâmica própria da Convenção levaria a que essa primeira visão *madisoniana* fosse enriquecida com a introdução de *checks and balances* institucionais, conduzindo a que o domínio político da Câmara dos Representantes pudesse ser desafiado e equilibrado por outras instituições. Foi o resultado dessa dialética que ficou refletido no equilíbrio final do texto constitucional[160].

Após uma vigorosa discussão entre os Estados maiores (Virgínia, Massachusetts e Pensilvânia) e os de menor dimensão ou população, chegou-se a uma plataforma de compromisso: haveria um Congresso bicameral, onde uma das câmaras, o Senado, representaria os Estados, dando-lhes peso equivalente. A outra, a Câmara dos Representantes, seria composta por delegados de cada um dos Estados, de acordo com a respetiva população. Desse modo, assegurava-se que os Estados maiores não controlariam sozinhos o Congresso.

O perfil do poder executivo foi um dos aspetos mais polémicos e conflituais do Congresso. A discussão desembocou num esquema que permitiria que o executivo fosse separado e não dependente do legislativo. A definição desse esquema, porém, representou o maior desafio de engenharia institucional. A maioria dos federalistas tinha evoluído no sentido da aceitação de um executivo forte, desde que num contexto republicano; em contrapartida, outros, designadamente os antifederalistas, opunham-se a um executivo com esse perfil, recordando a imagem tirânica de Jorge III, que inspirara a Revolução[161]. Por todas estas razões, a definição da configuração do órgão executivo não podia simplesmente reproduzir instituições do sistema de governo britânico ou de outras conhecidas na época. Consequentemente, os *framers* inventaram a instituição presidencial[162].

No desenho final dessa instituição, sobreleva quer o caráter unipessoal, quer a independência em relação ao Congresso. Esta conseguir-se-ia através da eleição pelos eleitores. Havia, decerto, argumentos que colocavam em causa essa opção. A eleição pelo povo abriria facilmente as portas a demagogos e manipuladores das opiniões e, como já percetível na época, fabricaria um órgão forte e poderoso. Mas a eleição pelo Congresso também tinha contraindicações: além de ser um fator de concentração de poder no Congresso, era receada por alguns como um modo de encorajar a corrupção, pois faria depender o órgão executivo do comércio político naquele órgão. A solução

---

159 SAMUELS; SHUGART, ref. 19, p. 23, invocando o *Federalist Paper* n.º 10.

160 Tal como é expresso noutro *Federalist Paper*, o de número 51, v. SAMUELS; SHUGART, ref. 19, p. 23.

161 POSNER; VERMEULE, ref. 55, p. 183.

162 Robert Dahl admite que, se a Convenção de Filadélfia se tivesse realizado 30 anos mais tarde, os delegados provavelmente teriam optado por um sistema parlamentar, tendo em conta a profunda transformação que este estava a sofrer na Grã-Bretanha. V. DAHL, Robert A. *La democracia*. Barcelona: Ariel, 2022. p. 143.

de compromisso foi a eleição indireta, através de um colégio eleitoral composto por grandes eleitores:

> *men most capable of analyzing the qualities adapted to the station, and acting under circumstances favorable to deliberation, and to a judicious combination of all the reasons and inducements which were proper to govern their choice*[163].

A comparação entre o que se esperava dos grandes eleitores e o que eles viriam a ser mostra, obviamente, uma diferença abissal. Os grandes eleitores haveriam de ser escolhidos pelos Estados, de acordo com as regras por eles estabelecidas. Na falta de maioria absoluta a favor de um candidato, a eleição caberia à Câmara dos Representantes.

O projeto de Constituição deparou com resistência, até porque era notório que se tratava de uma nova Constituição e não de uma mera emenda da pré-existente. As reações de algumas Assembleias de Estados (Virgínia, Nova Iorque, Massachusetts) e de sectores da população, amplificadas pelo debate na imprensa escrita, indiciaram que as ratificações seriam difíceis. Mas, em junho de 1788, com a ratificação por New Hampshire, perfizeram-se, finalmente, as nove ratificações necessárias à sua entrada em vigor. Estados como a Virgínia e Nova Iorque, essenciais para a viabilidade e consistência da nova União, não o tinham feito ainda, mas acabariam por o fazer também nesse ano, por margens mínimas, seguidos pela Carolina do Norte (1789) e por Rhode Island (1790). A Constituição, de 17 de setembro de 1787, entrou em vigor a 1 de janeiro de 1789.

Estava assim arquitetado um sistema de governo que perdura. Mas, nem a Constituição, nem o funcionamento real do sistema permaneceram constantes ou imutáveis desde essa data.

Desde logo, as intenções fundadoras quanto à independência presidencial e ao equilíbrio que se pretendia entre Congresso e presidente seriam precocemente rompidas: depois da presidência de George Washington, o crivo da seleção de candidatos passou a ser realizado pelos grupos políticos partidários com assento no Congresso[164]. Os presidentes eram, na prática, comissários do Congresso. A situação só se alteraria quando, em 1832, Martin Van Buren — aliado de longa data do Presidente Andrew Jackson — desenvolveu o conceito de partido de massas no novo Partido dos Democratas Republicanos (gérmen do atual Partido Democrático) e lançou o sistema

---

[163] Ver o *Federalist Papers*, n.º 68. Para uma explicação da intenção de confiar ao colégio eleitoral o papel de *gatekeeper* e das suas insuficiências de raiz, v. LEVITSKY; ZIBLATT, ref. 46, p. 46 *et seq.*: os grandes eleitores rapidamente perderam a pretendida aura de notáveis locais capazes de uma deliberação livre e ponderada, para se transformarem em fiéis mandatários dos partidos e dos candidatos previamente selecionados pelos líderes.

[164] LEVINSON; PILDES, ref. 56, p. 10, assinalando que isto implicou que, durante boa parte dos primeiros 40 anos de vigência da Constituição, até à presidência de Andrew Jackson, houve uma efetiva fusão entre legislativo e executivo, liderada pelo Congresso. Jackson foi o primeiro presidente a contornar o Congresso, comunicando diretamente com o público, com a base de que o seu mandato representava o povo como um todo.

de nomeação presidencial por grandes convenções partidárias. A partir daí, alguns presidentes, alicerçados nos novos partidos de massas, puderam libertar-se do abraço do Congresso. A separação de poderes preconizada por Madison materializava-se finalmente, mas devido à evolução de um instrumento mal-amado pelos *founders*: os partidos políticos.

Outro acontecimento marcante na gradual formatação do sistema deu-se em 1803, por ocasião do caso *Marbury v. Madison*. O Supremo Tribunal, presidido por John Marshall, denegou provimento a uma pretensão de Marbury (indigitado juiz de uma remota instância judicial pelo anterior Presidente, John Adams) movida contra o Governo federal, representado para o efeito por James Madison, Secretário do executivo do recém-eleito Presidente (1801), o antifederalista Thomas Jefferson. O fundamento utilizado pelo Tribunal foi que a lei federal em que ela se baseava era inconstitucional. O princípio da *judicial review*, já ventilado em casos judiciais anteriores, instalava-se formalmente na cena política e constitucional dos EUA. Desde esse momento, todos os tribunais americanos apreciam a constitucionalidade das provisões legislativas aplicáveis aos casos colocados sob a sua jurisdição. Isto fá-los não apenas os guardiões da Constituição, mas também os seus intérpretes supremos e, para certos comentadores, até titulares de poder constituinte permanente[165]. No uso (ou abuso, segundo alguns) desse poder, o Supremo Tribunal transformou-se, aliás, num dos pilares do clube dos órgãos políticos americanos, fugindo à lógica típica da função jurisdicional para se aproximar da política.

Outro dos aspetos onde a evolução foi significativa concerne à posição, papel e relação mútua entre o presidente e o Congresso no sistema de governo. Essa evolução, em vez de tornar linear a relação entre os dois órgãos, veio complexificá-la e introduzir matizes que podem ser mais ou menos reverberadas em cada momento político.

Como vimos, na Convenção de Filadélfia houve divisões entre os que preconizavam um executivo forte, capaz de resistir às pressões do legislativo e dos Estados, e os que pretendiam um executivo fraco, mais ou menos dependente do Parlamento, mero executante das suas leis e incapaz de constituir uma ameaça à autonomia dos Estados federados. No desenho constitucional, o pendor foi para a segunda opção.

Todavia, a tendência de formatação do poder presidencial em termos mais enérgicos do que a que poderia resultar dos trabalhos da Convenção[166] teve algumas manifestações nos primeiros tempos de consolidação das instituições. A autoridade e o

---

[165] Daí a expressão muito citada de Woodrow Wilson: o Supremo Tribunal seria uma "espécie de Convenção constitucional em sessão permanente". Citação em: CORWIN, Eduard. *The Constitution and What It Means Today*. Revisão por Harold Chase e Craig Ducat. 13. ed. Princeton: Princeton University, 1978. p. 5, Tradução nossa.

[166] Clinton Rossiter, disse-o com uma síntese elucidativa: "A Presidência tem no essencial os traços de 1789, mas o quadro foi ampliado cem vezes", v. ROSSITER, Clinton. *The American Presidency*. New York: Harcourt, Brace & World, 1960. p. 81.

prestígio de alguns dos primeiros Presidentes (Washington, Jefferson, Jackson[167]) e o seu papel nuclear na moldagem das novas estruturas constitucionais e na consolidação do Estado[168] colocaram-nos em posição de liderança superior à projetada na Constituição (embora inferior à que viria a ser assumida no século XX, designadamente a partir de F. D. Roosevelt).

Depois disso, acontecimentos de excecional importância na vida dos EUA obrigaram à amplificação dos poderes do presidente, à custa quer do Congresso, quer dos estados[169]. Entre eles, destaca-se a Guerra da Secessão (1861-1865), que justificou uma espécie de ditadura constitucional de Lincoln[170], formalizada em 15 de abril de 1861, com a extensão dos poderes executivos para além dos limites constitucionalmente estabelecidos.

A normalização institucional que se sucederia à guerra — particularmente após o Compromisso de 1877[171] — não significaria um cancelamento completo dos poderes, entretanto, utilizados pelo presidente. Todavia, a maioria dos demais presidentes do século XIX fizeram, em regra, uma leitura *madisoniana* da posição presidencial, e o Congresso pôde desempenhar o papel de primeiro ramo do governo.

Depois disso, quer o desenvolvimento económico e social, quer os acontecimentos da história americana e mundial, contribuiriam para reforçar o pendor presidencial, acelerado pela ação individual de alguns Presidentes, como Theodore Roosevelt ou Woodrow Wilson, e pela indulgência do Congresso. Não sendo exaustivo: a I Guerra Mundial; a Grande Depressão (1929-1941), com os programas do *New Deal*, desenhados para corrigir os mecanismos do mercado através da intervenção federal liderada pelo

---

[167] Os dois últimos anteciparam, além do mais, a "presidência retórica", um dos traços caracterizadores da moderna presidência, configurada no século XX. Veja, em geral, sobre o tema: TULIS, Jeffrey. *The rhetorical presidency*. Princeton: Princeton University Press, 1987; ELLIS, Richard (ed.). *Speaking to the people: the rhetorical presidency in historical perspective*. Amherst: University of Massachusetts Press, 1998.

[168] V., sobre o tema, GREENSTEIN, Fred. *Inventing the job of president: leadership style from George Washington to Andrew Jackson*. Princeton: Princeton University Press, 2009.

[169] A ampliação do poder federal perante o poder dos estados é uma tendência geralmente notada: cfr. ELAZAR, Daniel. *American federalism: a view from the states*. New York: Harper & Row, 1984.

[170] KELLY; HARBISON; BELZ, ref. 154, p. 300.

[171] Sobre o compromisso de 1877 v. por exemplo, a leitura de LEVITSKY; ZIBLATT, ref. 46, p. 109 *et seq*, 153 e 177, respeitante ao processo que se sucedeu ao fim da Guerra Civil e ao *Reconstruction Act* de 1867. Este, conjugado com a 15.ª emenda, levou a que a população negra, agora na posse do direito de voto, se tornasse maioritária no eleitorado dos Estados do Sul, condenando ao desaparecimento ou irrelevância o Partido Democrático. Todavia, em 1877, republicanos e democratas chegaram a um entendimento que permitiu a eleição presidencial do republicano Rutherford B. Hayes e normalizou a relação entre os dois partidos, estabelecendo as bases de relacionamento que permaneceriam no século que se seguiria. O ambiente de conflito permanente, movido pela vontade de eliminar o outro, que havia predominado durante as primeiras décadas da vida independente dos EUA, ficava para trás (e só ressurgiria episodicamente, como no período do macartismo).

Presidente Franklin Roosevelt; a época da *New Frontier*, lançada por John Kennedy e prosseguida por Lyndon Johnson, empenhada com a introdução de mais radicais e eficazes mecanismos de igualdade na sociedade americana, no plano jurídico, económico e social, que teve a sua coroação no *Civil Rights Act* de 1964 e no *Voting Rights Act* de 1965; e a Guerra ao Terror, que se seguiu ao ataque às Torres Gémeas, em Nova Iorque, em 11 de setembro de 2001.

1.2 A vulgarização do governo dividido

Entre vários fenómenos das últimas décadas, merece destaque, pelo seu impacto significativo, a multiplicação de períodos de governo dividido[172]. O comportamento dos eleitores americanos tem conduzido — com maior expressão desde a década de 1950 — à criação de maiorias presidenciais e maiorias no Congresso de sinais diferentes (governo dividido), obrigando o presidente a negociar com membros do Congresso de partido distinto do seu.

A observação das estatísticas sobre os resultados e a composição das Câmaras do Congresso revela que, desde o 82.º Congresso (1951, Truman) até ao 118.º Congresso (Biden, com termo em 2025), houve coincidência entre a maioria presidencial e as maiorias nas duas Câmaras em 15 biénios — em sua maioria, sincronizados com os primeiros dois anos do mandato presidencial — e descoincidência, no respeitante a pelo menos uma das Câmaras em 22 biénios[173]. Isto contrasta com o que ocorreu na segunda metade do século XIX e na primeira do século XX. Nesta última, contrasta até significativamente, uma vez que ocorreram 21 situações de governo unificado e apenas 4 de governo dividido[174]. A circunstância de as eleições para presidente coincidirem temporalmente com as eleições para a Câmara dos Representantes e para um terço dos lugares do Senado pode contribuir para a coincidência de maiorias. Em contrapartida, as chamadas *midterm elections* — eleições a meio do mandato presidencial para a Câmara dos Representantes e para um terço do Senado —, podem ter tendência inversa[175]. Nas eleições de novembro de 2022, a meio do mandato de Joe Biden, o Partido Democrático

---

[172] Governo dividido é um conceito cunhado no ambiente do sistema norte-americano. Aí o "governo" compõe-se de "executivo" e "legislativo", que são separados. Quando o "executivo" e a maioria do "legislativo" representam coligações de voto ou maiorias político-partidárias de quadrantes diferentes, o governo está *dividido*. Nesta aceção, é uma modalidade exclusiva dos sistemas de presidentes governantes, não devendo confundir-se com o *executivo dividido*, que é uma modalidade exclusiva do sistema semipresidencial, caracterizada pelo presidente e o primeiro-ministro — gabinete — terem bases eleitorais dissonantes (levando à chamada *coabitação*). V. por todos, FIORINA, Morris. *Divided government*. New York: Macmillan, 1992.

[173] Um deles qualificado no quadro estatístico como simultaneamente dividido/unificado.

[174] Consultar estatísticas em: UNITED STATES HOUSE OF REPRESENTATIVES. *Party government*. Disponível em: https://history.house.gov/Institution/Presidents-Coinciding/Party-Government/. Acesso em: 9 jan. 2025.

[175] Sobre a "nacionalização" das eleições para o Congresso, traduzida na sua crescente transformação em referendos à atuação presidencial, v., por exemplo, JACOBSON, Gary. Barack Obama and the nationalization of electoral politics in 2012. *Electoral Studies*, v. 40, p. 471-481, 2015.

perdeu a maioria na Câmara dos Representantes, mantendo a maioria no Senado com o apoio de independentes (48 Senadores do Partido Democrático e 3 independentes).

As eleições de 2024, porém, não trouxeram governo dividido. Antes pelo contrário, parecem ter criado uma situação de governo unitário com invulgar concentração de Poder. Donald Trump enfrentou a situação de ser o primeiro Presidente condenado por crimes. Praticou um discurso por muitos considerado entre o deselegante (ou até grosseiro) e o inverosímil. Atacou, em geral, os *media*, incluindo os mais influentes canais e jornais (possivelmente mais em público do que em privado, na relação com eles), que não lhe deram descanso, e o *deep state*. Todavia, Donald Trump obteve a vitória nas eleições presidenciais de 5 de novembro de 2024, arrastando consigo o Partido Republicano. Embora não se possa considerar uma surpresa, tratou-se de um triunfo mais robusto do que as sondagens e as análises políticas previam. Trump ganhou no voto popular, com cerca de 2,5 milhões de votos a mais do que Kamala Harris. Conquistou seis dos sete estados considerados empatados (*swing*, oscilantes) e manteve o sétimo. O Partido Republicano conquistou maioria no Senado, com 53 senadores[176], e manteve-a na Câmara dos Representantes, com pelo menos 218 representantes[177]. Trump controla um dócil Partido Republicano, talvez mais dócil às mãos de um Presidente do que alguma vez foi. Boa parte dos juízes da *Supreme Court* são conservadores, alguns escolhidos por Trump no primeiro mandato. A parceria com bilionários norte-americanos, alguns com controlo direto dos mais poderosos instrumentos da comunicação moderna, é mais uma peça. Para obter este poder imenso, reuniu uma coligação de votantes que muitos considerariam, à partida, improvável. Conseguiu mais votos de mulheres, de jovens, de etnias (hispânicas, asiáticas, muçulmanas), de afro-americanos e de judeus do que se julgava ao seu alcance.

Não é possível prognosticar se esta situação de unidade — talvez até concentração — do Poder, triunfantemente mostrada através da assinatura de dezenas de *executive orders* perante as câmaras das televisões, nos primeiros dias do mandato, em janeiro de 2025, será apenas por um período transitório ou se é mais uma peça comprovativa da tese central deste livro: a tendência das democracias para a crescente concentração do Poder nas mãos de uma pessoa que prometa liderança forte, mesmo quando muitos defeitos possam ser assacados à sua prática e consistência políticas e pessoais.

1.3   Crescente relevância da diferença entre governo dividido e unitário

Mostramos adiante que as premissas atinentes ao sistema de partidos e aos partidos que o constituem têm fortes implicações na configuração e funcionamento do sistema político. Uma das tendências atuais dos sistemas de partidos, a sua presidencialização — que opera dialeticamente como causa e como efeito da presidencialização dos sistemas políticos —, tem óbvia expressão no sistema dos EUA. Já a fragmentação, outra das

---

[176]   Sendo também de realçar que é possível que a maioria republicana se esforce por erradicar de vez a clássica tática do *filibuster* no Senado (inexistente na Câmara dos Representantes).

[177]   No momento em que se escreveu havia alguns mandatos vagos.

tendências universais atuais dos sistemas de partidos, não se manifesta formalmente nos EUA, embora se possam encontrar, ao longo da história, expressões de evolução e dispersão ideológicas, internas a cada um dos dois Partidos, que são um sucedâneo tipicamente americano do fenômeno, que noutros Estados se expressa através da referida fragmentação. A matéria será estudada no capítulo sobre a fragmentação dos sistemas partidários, de modo a permitir um melhor contraste entre o trajeto e a situação atual do sistema de partidos americano e o dos sistemas de outros países.

Por agora, para efeitos do presente capítulo, importa apenas antecipar que a situação atual dos Partidos do sistema bipartidário americano é a de Partidos ideologicamente coesos e crescentemente polarizados. Os membros do Partido Republicano são conservadores. Ultrapassadas as diferenças entre democratas do norte e do sul, os membros do Partido Democrático são liberais. Os republicanos não albergam uma ala liberal. Os democratas deixaram de ter uma ala conservadora. Por outro lado, a coesão ideológica dos Partidos tem evoluído para um estádio de polarização político-ideológica, sem precedentes no ambiente político norte-americano. Os dois Partidos deslizam para linhas ideológicas cada vez mais inconciliáveis. Os moderados de ambos — no passado encarregados de estabelecer as habituais "pontes" — são mais raros e veem a sua posição desvitalizada. Por isso se fala de naufrágio do centro moderado. Os impasses no diálogo político, a proliferação de iniciativas de *impeachment* pela Câmara dos Representantes (depois de Bill Clinton, em 1999, Donald Trump, em 2019, chegou a vez de Joe Biden, em dezembro de 2023), o incentivo (ainda que pelo silêncio) do assalto ao Capitólio em 6 de janeiro de 2021, sucessivas decisões de tribunais de proibição da inscrição do (então) presumível candidato do Partido Republicano nos boletins de voto das eleições presidenciais de 2024, nos termos da 14.ª emenda, campanhas eleitorais crispadas (e com tentativas de eliminação física), são apenas sintomas extremados de um funcionamento que por vezes parece tender a transpor a fronteira da luta democrática entre adversários políticos para passar a combate entre inimigos[178].

Do ponto de vista da organização interna, os partidos reforçaram-se, com reflexos no controlo do Congresso e dos seus membros e, indiretamente, na relação com o presidente. Os Partidos melhoraram a capacidade de captar fundos, organizar campanhas, promover publicidade e apoiar os candidatos. Reformas promovidas sucessivamente pelos dois Partidos no final do século XX (entre outras, atenuação do critério da senioridade na escolha dos presidentes de comissão e dos respetivos poderes, criação de subcomissões) melhoraram a posição das lideranças partidárias no Congresso e diminuíram o poder com pretensões suprapartidárias, algo que tradicionalmente escapava aos Partidos. As lideranças partidárias ganharam maior ascendente sobre os membros do Congresso, seniores e juniores, cujos destinos políticos dependem em boa parte da adesão e lealdade à linha do partido[179].

---

[178] Existe uma linha de pensamento que aponta o dedo à própria Constituição, acusando-a de permitir que os EUA sejam um país antidemocrático, porventura ingovernável, e de alentar os radicalismos e extremismos: LEVINSON, Sanford. *Our undemocratic constitution: where the constitution goes wrong (and how we the people can correct it)*. Oxford: Oxford University Press, 2006.

[179] LEVINSON; PILDES, ref. 56, p. 25.

Sem embargo, o predomínio desta dinâmica não elimina outra, incentivada pelo sistema eleitoral maioritário e pelas condições tecnológicas da política americana. Alguns membros do Congresso podem optar por projetos pessoais, investindo na independência e capacidade negocial individuais, subalternizando os partidos. A relação individual entre congressistas e eleitores, a quem pedem votos e financiamento, em certas circunstâncias, pode passar ao lado dos partidos. Quer a "nacionalização" das eleições para as Câmaras do Congresso, quer a audiência a nível nacional (e internacional) dos Representantes e, mais até, dos Senadores (porque são menos numerosos e têm mandato mais longo, entre outros fatores), algo alcançado por intermédio da comunicação de massas, abriu-lhes horizontes mais vastos no que toca à carreira política. Os congressistas mostram, em tempo real, os desempenhos nas poderosas comissões e subcomissões, transmitidos pela televisão e outros meios de comunicação de massas, sobretudo nas redes sociais, e enveredam por iniciativas e opções pessoais que lhes granjeiem notoriedade e aprovação.

Desde a década de 60, muitos dos candidatos à presidência com possibilidade de sucesso saem das Câmaras, sobretudo do Senado (Kennedy, Lyndon Johnson, Nixon, Obama, Biden, Kamala Harris), mas também da Câmara de Representantes (Ford, G. W. Bush). Sem abandonar totalmente a perspetiva localista — a *constituency* que os elegeu — que essencialmente os movia no passado, não deixam o palco da política nacional exclusivamente ao presidente, cientes dos resultados que isso poderá proporcionar por ocasião de futuras candidaturas que ultrapassem o âmbito do estado federado por onde foram eleitos[180].

Esta conjugação de circunstâncias, uma tendencialmente dominante, a outra apenas acessível a algumas figuras mais salientes (pela senioridade, notoriedade, telegenia, domínio das redes sociais, etc.), tem repercussões distintas — e novas — conforme o governo seja dividido ou unido. As diferenças entre as duas situações são mais vincadas do que no passado[181].

Relembre-se que historicamente, independentemente do caso — de governo dividido ou unido —, sempre o Presidente tinha de sensibilizar e persuadir os congressistas, fossem as maiorias da Câmara de Representantes e do Senado afetas ao seu partido ou não. Em momentos fundamentais, por norma, o acordo bipartidário acabava por superar eventuais impasses e bloqueios interinstitucionais. A homogeneidade social e política americana (pelo menos quando medida pelos padrões europeus) e dos atores políticos que a espelham funcionou, durante muito tempo, como antídoto para o bloqueio. Tal homogeneidade tem expressão na continuidade entre as várias presidências[182].

---

[180] Sobre estas tendências, pode consultar-se: JONES, Charles. The separated presidency: making it work in contemporary politics. *In:* KING, Anthony (org.). *The new American political system*. 2. ed. Washington, DC: AEI Press, 1990. p. 1-28; POLSBY, Nelson. Political change and the character of the contemporary Congress. *In:* KING, Anthony (org.). *The new American political system*. 2. ed. Washington, DC: AEI Press, 1990. p. 29-46.

[181] LEVINSON; PILDES, ref. 56, p. 26.

[182] Como observam POSNER; VERMEULE, ref. 55, p. 121, Nixon respeitou os programas da *Great Society*; Carter desenvolveu políticas desregulatórias antes de Reagan e este manteve o

Nas últimas décadas, a homogeneidade, embora não tenha desaparecido nos seus traços cruciais[183], não tem evitado a polarização partidária.

Em caso de governo dividido — como visto, hipótese frequente nos últimos tempos —, a coesão ideológica e o controlo pelas lideranças partidárias permitem que a ideia de separação de poderes de Madison triunfe, mas na forma (totalmente inesperada para ele e para os *framers*) de separação entre partido do presidente e partido maioritário no Congresso. Porém, o naufrágio do centro moderado agrava o risco de bloqueio institucional. A segunda dinâmica, que designamos de projeto pessoal dos congressistas, cria alguma margem para que o presidente possa montar coligações ocasionais a*cross party lines* em relação a assuntos que se articulem com interesses específicos decorrentes das *constituencies* de cada membro do Congresso. Todavia, isso será menos frequente e menos tolerado pelos partidos do que no passado.

Ao invés, o governo unido, com partido coeso e organizado em torno do presidente, viabiliza o que na ciência política ficou conhecido por *responsive party government*: o governo que, por ter presidente e maioria no Congresso, não tem fundamento para se eximir de responder integralmente pelas ações e omissões políticas. Mas o princípio da separação de poderes *madisoniano* sai comprometido se não houver fórmulas compensatórias que atenuem a concentração do Poder[184].

2. SISTEMA CONSTITUCIONAL DE GOVERNO

O sistema constitucional de governo, simples nos fundamentos, é consideravelmente complexo no funcionamento, devido à coexistência de três órgãos federais com capacidade para exercer a função que, *grosso modo*, denominamos de definição e execução da decisão fundamental: o presidente da União, o Congresso, bicameral, e os tribunais federais, com destaque dentro destes para o Supremo Tribunal. Enquadrada pelo sistema federal, mas limitando-o, existe também uma complexa malha de órgãos dos estados da União.

2.1 *Presidente*

O presidente é o chefe de Estado, chefe do executivo, comandante das Forças Armadas. Nas suas faltas, é substituído pelo vice-presidente, eleito em conjunto com

---

crescimento da despesa pública; a partir de certa altura, Clinton desenvolveu uma política conservadora; a atitude de Bush e Obama perante a crise financeira foi a mesma; Trump não reverteu o *Affordable Care Act* (conhecido por *Obamacare*); Biden não alterou o protecionismo comercial de Trump; e assim por diante.

[183] E não deixa de ter um papel importante na cultura política americana e na estabilidade do sistema político. POSNER; VERMEULE, ref. 55, p. 200, sustentam que a explicação para a ausência de preocupação em relação à possibilidade de os EUA conhecerem uma ditadura não seria o quadro institucional, mas a riqueza da sociedade americana, bem como a igualdade, homogeneidade e educação.

[184] LEVINSON; PILDES, ref. 56, p. 55 *et seq.*, adiantam algumas propostas.

o presidente e cuja influência varia de acordo com numerosos fatores (personalidade, relação pessoal com o presidente, oportunidade, peso no partido, peso eleitoral próprio, domínio de certas áreas da política, etc.)[185].

O mandato presidencial tem a duração de quatro anos, menor que o dos senadores, mas mais extenso que o dos representantes. Comparando com órgãos presidenciais de outros sistemas, trata-se de um período relativamente exíguo. Mas não parece que isso tenha provocado qualquer constrangimento sério no ritmo presidencial na execução de agendas governamentais. Na versão inicial, a Constituição não estabelecia limitação ao número de mandatos presidenciais, mas uma convenção iniciada com George Washington e continuada pelos seus imediatos sucessores reduzia a possibilidade de reeleição a apenas uma. Franklin Delano Roosevelt foi o único que não cumpriu tal convenção, tendo sido eleito quatro vezes e exercido funções entre 1933 e 1945. A seguir, a 22.ª emenda constitucional (1951) limitou o número de mandatos presidenciais a dois, formalizando a antiga convenção constitucional.

Não há responsabilidade política do presidente (ou dos secretários) perante o Congresso. Mas pode ser desencadeada responsabilidade criminal, como veremos.

Quanto às competências presidenciais, os preceitos constitucionais são lacónicos. De pouco servem para elucidar sobre a verdadeira dimensão do poder atualmente exercido por cada indivíduo revestido da função de presidente dos Estados Unidos da América. Diferentemente do que ocorre com o Congresso, a propósito do qual os constituintes de Filadélfia procuraram introduzir alguma delimitação precisa de limites, conforme a visão *madisoniana* de que o Congresso seria o eixo do sistema, os poderes presidenciais denotam grande abertura. Guiados pelos objetivos do equilíbrio dos poderes, da limitação do poder da União e dos estados e da proteção da esfera individual dos cidadãos, os pais da Constituição americana conceberam uma cuidadosa malha de freios e contrapesos. Todavia, desenharam uma Constituição cheia de silêncios ou de espaços por preencher, por onde entra uma impressiva margem de manobra do presidente.

2.1.1   Poder executivo

O traço mais distintivo, realmente estruturante, de um sistema presidencial é a entrega do poder executivo ao presidente. Nos EUA, isso está refletido no artigo II, secção 1, cláusula 1, da Constituição: *"The executive Power shall be vested in a President of the United States of America"*[186].

---

[185] São conhecidas situações em que, por força das circunstâncias, o vice-presidente assumiu um papel muito relevante, mais ou menos visível, como ocorreu com Dick Cheney no combate ao terrorismo após o 11 de setembro.

[186] V. UNITED STATES. [Constituição (1787)]. *Constitution of the United States of America*. Washington, DC: National Archives and Records Administration, 2025. Disponível em: https://www.archives. gov/founding-docs/constitution-transcript. Acesso em: 9 jan. 2025.

O laconismo deste e dos demais preceitos sobre o poder executivo deu azo a interpretações discrepantes sobre o seu significado e repercussão, designadamente no que toca à relação com o Congresso. Como se viu, os *founding fathers* visaram um compromisso quanto a essa relação: atribuição ao Congresso do poder principal, o legislativo, e a posição de eixo do sistema político; atribuição ao presidente do poder executivo (separado), ou seja, de execução das deliberações do Congresso.

O esquema padecia, porém, de uma certa ambiguidade. Por isso, não existia obstáculo normativo a que a célebre frase de Hamilton nos Federalist Papers, n.º 70: "*energy in the executive is a leading character in the definition of good government*", que prometia uma posição de presidente liderante do (bom) governo, fosse um dia concretizada. Em contrapartida, também nada obstava a que prevalecesse a perspetiva de outro *founding father* não menos eminente, Madison, de um presidente como segundo braço do governo, *check* do poder congressional, mas subordinado, apenas com os limitados poderes enumerados na Constituição e o papel de executor das leis do Congresso[187].

O que significa, então, em termos práticos, dizer que o "*executive Power shall be vested in a President*" (artigo II, secção I, cláusula 1, da Constituição)? O modo como aquelas duas visões, *hamiltoniana e madisoniana*, se materializariam, se harmonizariam e se revezariam, com maior ou menor prevalência circunstancial de cada uma, variou ao longo dos tempos.

Instrumental em relação à materialização de uma ou outra das visões foi a dimensão e configuração do *executive branch*. Entre a Independência e a Guerra Civil este era exíguo: poucos departamentos com nível de gabinete (ou nível ministerial, para usar uma expressão mais europeia), poucos funcionários, essencialmente contratados de acordo com o chamado *spoil* system (contraposto ao *merit system*), ou seja, como recompensa por serviços prestados ao partido ou à fação dominante. Neste contexto, o Congresso seria essencialmente tolerante e pouco interveniente, tendo poucas razões para isso. Depois da Guerra Civil, a criação de departamentos com nível de gabinete continuaria, e o *executive branch* seria sucessivamente aumentado devido às crescentes demandas endereçadas à Administração, decorrentes de necessidades do desenvolvimento económico e social, bem como das acrescidas responsabilidades dos EUA no domínio internacional.

O *New Deal* exponenciou essa tendência, que persiste hoje. A estrutura federal do Estado desmultiplicou-se. Embora o presidente seja um órgão unipessoal, investido constitucionalmente da posição cimeira do exercício do poder executivo, foi-se institucionalizando uma estrutura de suporte que aumentou significativamente a sua

---

[187] Hamilton é o autor dos *papers* que se referem ao executivo, nomeadamente o de número 70, pelo que as divergências com Madison, o principal autor dos *Federalist Papers*, ainda não são evidentes nestes. Em 1793-1794, na querela literária entre *Helvidius* (Madison) e *Pacificus* (Hamilton) transpareceria que Madison tinha claramente uma visão mais limitada do que a de Hamilton sobre os poderes presidenciais. V. mais desenvolvidamente, FARRAR-MYERS, Victoria. Presidents and the Constitution. *In:* COX HAN, Lori (ed.). *New directions in the American presidency*. New York: Routledge, 2018. p. 19 *et seq.*

capacidade operativa. Referimo-nos não apenas aos secretários e os seus colaboradores, aos departamentos administrativos e agências especializadas, mais ou menos autónomas, mas também ao crescente conjunto de conselheiros, especialistas, analistas, assessores e outros colaboradores diretos do presidente. Na primeira linha situam-se os secretários, nomeados pelo presidente, após consentimento do Senado, como veremos abaixo. Em contrapartida, o presidente pode demiti-los livremente sem intervenção do Senado. Em nenhum caso é possível a equipa executiva integrar congressistas no ativo. Os secretários são escolhidos em função de critérios de confiança política e não dispõem de poderes próprios, já que toda a autoridade executiva está investida no presidente. Os secretários aconselham e preparam as decisões presidenciais no que toca aos departamentos com nível de gabinete (ministerial). Atualmente, existem quinze departamentos com nível de gabinete, o último dos quais é *Homeland Security*[188], criado pelo Congresso em 2002[189].

Fora do nível de gabinete, existem centenas de agências, ditas independentes[190]. Há casos de criação por decisão da Administração e outros por leis do Congresso, que, em muitas situações, visam subtrair algum setor ao domínio presidencial. A complexidade atual do *executive branch*[191] suscita problemas de coerência da gestão política e das políticas e problemas gestionários. Diz-se, aliás, que a luta dos presidentes para controlar, direta ou indiretamente, o poder executivo é um *"leap into the dark"* (um salto para o escuro)[192]. Donald Trump verbera repetidamente o *deep state*.

O presidente controla, direta ou indiretamente, cerca de 3000 nomeações políticas para lugares de topo. Parte dessas nomeações reportam-se a lugares integrados em departamentos com nível de gabinete ou a agências independentes sujeitas à aquiescência

---

[188] Mantém-se a designação no original, por a especificidade dificultar uma tradução fidedigna.

[189] Departamentos com nível de gabinete e datas da sua criação pelo Congresso: Estado (1789), Tesouro (1789), Interior (1849), Justiça (1870), Agricultura (1889), Comércio (1903), Trabalho (1913) Defesa (1947), Saúde e Serviços Humanos (1953), Habitação e Desenvolvimento Urbano (1965), Transportes (1966), Energia (1977), Educação (1979), Assuntos dos Veteranos (1989), *Homeland Security* (2002). Inicialmente o Presidente George W. Bush não pretendia atribuir a este o nível de gabinete ministerial, mas foi conduzido a isso na articulação com o Congresso.

[190] Independentes significa, aqui, que não estão integradas nos departamentos tradicionais do gabinete: assim, DICKINSON, Matthew. Presidents, the White House, and the Executive Branch. *In:* HAN, Lori Cox (ed.). *New directions in the American presidency.* New York: Routledge, 2011. p. 136- 165. p. 194.

[191] Que se pode constatar pela consulta do PLUM Book, v. U.S. GOVERNMENT PUBLISHING OFFICE. *United States government policy and supporting positions (Plum Book).* Washington, DC: U.S. Government Publishing Office, 2020. Disponível em: https://www.govinfo.gov/collection/plum-book?path=/gpo/United%20States%20Government%20Policy%20and%20Supporting%20Positions%20(Plum%20Book)/2020/GPO-PLUMBOOK-2020. Acesso em: 9 jan. 2025.

[192] HECLO, Hugh. *A government of strangers.* Washington, DC: Brookings, 1977, *apud* DICKINSON, Matthew. Presidents, the White House, and the Executive Branch. *In:* HAN, Lori Cox (ed.). *New directions in the American presidency.* New York: Routledge, 2018. p. 202.

do Senado[193]; outra parte, mais numerosa, não envolve a autorização do Senado[194]. É expetável a procura de um equilíbrio que satisfaça a necessidade de capacidade técnica e de confiança, mas também as diferentes sensibilidades e fações internas partidárias e as expetativas regionais e pessoais, designadamente de quem apoiou — eventualmente até financeiramente — a candidatura. Por isso, alguns consideram este esquema de nomeações políticas uma versão moderna do *spoil system* do século XIX[195].

Um dos instrumentos fundamentais do exercício do poder executivo, cuja importância tem crescido ao longo dos tempos, é o *Executive Office of the President*, estabelecido durante a Administração de F. D. Roosevelt, mormente a *White House Office* (WHO)[196]. A sua composição escapa largamente ao controlo do Congresso, uma vez que os respetivos membros não estão sujeitos à aquiescência do Senado, e o Congresso sempre tem sido pouco interveniente nos aspetos respeitantes à WHO[197]. A única forma de influenciar a composição, de algum modo, é através do exercício do poder orçamental, uma vez que o orçamento da WHO depende da sua aprovação. A dimensão da WHO, que atinge várias centenas de colaboradores diretos do presidente (com Nixon, atingiu quase 600)[198], dá nota de quão fundo pode ir na gestão das políticas públicas.

As funções da WHO são o apoio administrativo ao presidente, os contactos com agentes políticos salientes e com grupos, e a preparação e implementação de políticas[199]. Figura cimeira é o *chief of staff*, posição criada por Eisenhower e, desde então, quase sempre mantida. Recentemente, os observadores notam a "moda" de nomeação de *czars* (*White House czars*)[200], encarregados da missão de coordenar uma área de políticas públicas, frequentemente uma que tenha ganho proeminência[201]. A esse círculo mais restrito e em contacto próximo com o presidente cabe o grosso da análise e previsão políticas, avaliação das opções, aconselhamento do presidente, negociação das iniciativas legislativas com os membros do Congresso, contactos com os grupos de interesses ou de pressão (embora a Casa Branca seja, por tradição, mais avessa a essa influência que o Capitólio), iniciativas externas, gestão da comunicação. Por essa via condicionam significativamente o conteúdo das decisões presidenciais, particularmente nos aspetos que aparentem ser técnicos, mas também nas alternativas de raiz política. Em boa verdade, esta estrutura de apoio e de preparação das decisões agiganta, em muitos domínios, a capacidade de liderança presidencial, definida como a capacidade de fazer

---

[193] Cerca de 500 a 600, identificadas pelo código PAS: DICKINSON, ref. 190, p. 200.

[194] *Ibid.*, p. 201.

[195] *Ibid.*, p. 202.

[196] V. JOHNSON, Richard Tanner. *Managing the White House: an intimate study of the presidency.* New York: Harper & Row, 1974.

[197] DICKINSON, ref. 190, p. 196 e 197.

[198] Ver a composição em U.S. GOVERNMENT PUBLISHING OFFICE, ref. 191.

[199] DICKINSON, ref. 190, p. 198.

[200] Sobre o tema, VAUGHN, Justin; VILLALOBOS, José. *Czars in the White House: the rise of policy czars as presidential management tools.* Ann Arbor: University of Michigan Press, 2015.

[201] DICKINSON, ref. 190, p. 199.

a diferença, dirigindo ou facilitando, mas também é, sub-repticiamente, beneficiária última do alargamento dos poderes da presidência.

Este panorama favorece a proposta *hamiltoniana* de um presidente forte, institucionalmente enérgico e eficaz.

Porém, sempre esteve — e continua a estar — latente a dimensão *madisoniana*.

Primeiro, a nomeação dos principais colaboradores do presidente no exercício do poder executivo, os secretários, e de centenas de dirigentes de topo de organismos do poder executivo, está sujeita ao conselho e consentimento do Senado (*Advice and Consent of the Senate*). O consentimento do Senado, particularmente em relação aos secretários, é, formalmente, um constrangimento, embora, na esmagadora maioria dos casos, o presidente obtenha a aceitação das nomeações, mesmo quando a maioria do Senado lhe é adversa. Sem embargo, houve rejeições formais em várias ocasiões. Desde 1989, sempre que o presidente depara com dificuldades, opta pela retirada da nomeação.

Segundo, a criação de departamentos elevados ao nível de gabinete depende de lei do Congresso. Por outro lado, como dito, há numerosos exemplos de agências criadas pelo Congresso, por exemplo, em alturas de governo dividido, com o objetivo de furtá--las ao controlo do presidente[202].

Terceiro, tentativas, como a da Administração de F.D. Roosevelt (1936-7), de reforçar a capacidade gestionária do presidente e de reorganizar o *executive branch*, com vista a colocar tudo sob os departamentos do gabinete e sob controlo presidencial, bem como de obter do Congresso autoridade continuada para reorganizar o executivo, encontraram e encontram forte resistência do Congresso. Na verdade, o presidente, apesar de titular do poder executivo, está muito longe de possuir liberdade para estruturar a organização do executivo, se excluirmos a WHO.

Quarto, não obstante o espírito anti-intervencionista que pauta o contexto político americano, regista-se o inexorável crescimento da Administração e a sua complexificação, bem como o acentuar do escrutínio público e da pressão de grupos de agenda. Isso trouxe crescentes constrangimentos à efetiva condução do executivo pelo presidente e à coerência na preparação e execução das políticas, que, muito frequentemente, parecem fugir ao controlo presidencial. Não é necessário ir mais longe do que a própria WHO para encontrar exemplos de notórias fugas à liderança presidencial[203].

---

[202] DICKINSON, ref. 190, p. 195. Intenção normalmente infrutífera, diga-se: assim, POSNER; VERMEULE, ref. 55, p. 206.

[203] Um dos episódios mais polémicos e com mais consequências foi o da ação de Oliver North, conselheiro nacional de segurança, no caso da venda de armas ao Irão para obter a libertação dos reféns e do uso do dinheiro para apoiar os Contras da Nicarágua. A atuação de Oliver North terá ocorrido sem o conhecimento de Reagan (e contra o seu próprio discurso público) e contra deliberações do Congresso. Expondo episódios que mostram a dificuldade do presidente em gerir a própria WHO, muitas vezes pejada de pessoas que o acompanharam na campanha e que não têm perfil para o exercício de funções executivas de topo, que, no limite, provocam remodelações profundas de peças vitais do *staff* (Clinton, Trump), v. DICKINSON, ref. 190, p. 199.

Quinto, multiplicam-se os exemplos de *outsourcing* de políticas públicas, confiadas a agências independentes e até a agentes privados.

Em suma, aquilo que a Constituição não esclarece é densificado pela prática política. Nesta, as dimensões *hamiltoniana e madisoniana* conjugam-se e harmonizam-se na relação concreta entre presidente e Congresso. Em certos domínios e contextos políticos predomina uma; noutros, prevalece a outra. O cômputo geral, a imagem impressionista, é a de um sistema presidencial que, neste domínio, propende ao equilíbrio, não obstante a aparência de poder que promana do presidente, gerador de descomunais expetativas quanto à capacidade de liderar[204].

2.1.2 Os poderes de caráter normativo

Os *founders* foram avarentos na entrega de poderes não exclusivamente executivos ao presidente. Mesmo precursores da doutrina do executivo robusto não deixaram de pedir cautelas, como ficou patente quando Hamilton[205] avisou que o poder constitucional de *"Pardons for Offenses against the United States, except in Cases of Impeachment"*[206], se mal utilizado, potencia uma indevida e intensa interferência no âmbito judicial

A Constituição não atribui poderes legislativos ao presidente. Por outro lado, do artigo I, secção 1, é extraída a doutrina da não delegação (*nondelegation doctrine*), nos termos da qual o Congresso está impedido de ceder poder legislativo a outras entidades, mormente o presidente. Também o simples poder de iniciativa legislativa está vedado a este. A preparação do Orçamento é da sua competência desde 1921[207], mas o poder orçamental pertence ao Congresso que, aliás, o usa com bastante latitude, obrigando a complexas negociações. Conformemente, não era suposto que os presidentes, particularmente e ao longo do século XIX, tivessem ou promovessem "uma agenda legislativa". Entendia-se que isso era seara do Congresso[208].

Na Constituição, em rigor, os únicos poderes presidenciais distantemente ou proximamente relacionados com o exercício do poder legislativo pelo Congresso são (i) a mensagem anual sobre o estado da União e (ii) o veto. O regime constitucional da declaração de emergência — que, noutros ordenamentos, franqueia o poder legislativo

---

[204] É conhecido o tema do *expectations gap*, principal responsável pelas quedas de popularidade e de aprovação presidencial. Sobre o assunto, ver o clássico: NEUSTADT, Richard. *Presidential power and the modern presidents: the politics of leadership from Roosevelt to Reagan*. New York: Free Press, 1990.

[205] Consultar o *Federalist Papers* de número 74, em: HAMILTON; MADISON; JAY, ref. 118.

[206] Secção 2 do Artigo II. LEVITSKY; ZIBLATT, ref. 46, p. 158., notam que o poder é tão amplo, que permite que o presidente se perdoe a ele próprio (exceto, claro está, no *impeachment*).

[207] *Budget and Accounting Act*, de 1921, v. UNITED STATES. U.S General Accounting Office. *The Budget and Accounting Act*. Washington, DC: GAO, 1966. Disponível em: https://www.gao.gov/products/d03855. Acesso em: 9 jan. 2025.

[208] VAUGHN, Justin. Presidents and Leadership. *In*: HAN, Lori Cox (ed.). *New directions in the American presidency*. New York: Routledge, 2018. p. 255.

ao presidente — entrega os poderes principais ao Congresso, a quem compete conferir poderes para emitir medidas de emergência[209].

Estes e outros aspetos concernentes às competências presidenciais (ou ausência delas) resultam de enunciados normativos altamente indeterminados. Os Presidentes (de ambos os Partidos) não se coibiram de usar isso para acrescentar Poder à sua posição, em detrimento do Congresso e dos estados federados. O imenso poder que o presidente dos EUA acumulou ao longo de mais de dois séculos, particularmente na fase moderna, resultou da conversão ou contorno de algumas das limitações que decorrem da Constituição. Vejamos alguns pontos salientes.

Na mensagem anual sobre o estado da União, o presidente pode "*recommend such Measures as he shall judge necessary and expedient*"[210]. A importância desta mensagem aumentou, ao longo dos tempos, assumindo centralidade como instrumento de definição de prioridades de agenda legislativa. É uma forma de colmatar a falta do poder formal de iniciativa legislativa. Outra é o recurso à informalidade: um dos modos de o presidente promover uma agenda legislativa é o convite ou solicitação a congressistas, interessados em razão da matéria, do conteúdo ou da incidência na sua *constituency*, ou mais próximos ou fiéis, a tomarem eles próprios a iniciativa de depositar na respetiva Câmara um projeto preparado pelo executivo.[211]

Por outro lado, todo e qualquer *bill* aprovado pelo Congresso deve ser enviado, antes de ser publicado, ao presidente, que dispõe de dez dias para decidir se o assina, devolve ou não faz nada. No primeiro e no terceiro caso, o diploma ficará perfeito logo a seguir, exceto caso se trate de um dos chamados vetos de bolso[212]. No segundo, o Congresso poderá ultrapassar o veto por maioria de dois terços dos membros presentes e votantes de cada uma das Câmaras[213]. Num contexto em que não se pretendia um presidente

---

[209] Essa, nota-se, uma das importantes diferenças entre o sistema presidencial norte-americano e os seus congéneres do sul, como aponta Gabriel L. Negretto, ao salientar a importância desse poder como uma via para o presidente impor a sua vontade. V. NEGRETTO, Gabriel L. La reforma del presidencialismo en América Latina hacia un modelo híbrido. *Revista Uruguaya de Ciencia Política*, v. 27, n. 1, p. 131-151, 2018. p. 144.

[210] Secção 3 do Artigo II da Constituição, v. UNITED STATES, ref. 186.

[211] Sobre a prática de propor uma agenda legislativa, v., entre muitos, WAYNE, Stephen. *The legislative presidency*. New York: Harper & Row, 1978; COHEN, Jeffrey. *The president's legislative policy agenda, 1789-2002*. New York: Cambridge University Press, 2012.

[212] O veto de bolso (*pocket veto*) decorre da aplicação do artigo I, secção 7, da Constituição, que estabelece o seguinte: "*If any Bill shall not be returned by the President within ten days (Sundays excepted) after it shall have been presented to him, the same shall be a Law, in like manner as if he had signed it, unless the Congress by their Adjournment prevent its return, in which case it shall not be a Law*". V. UNITED STATES, ref. 186.
Se o Congresso enviar ao presidente projetos (*bills*) já nos últimos dez dias de funcionamento e se o Presidente não assinar, nem devolver no prazo de que dispõe, o projeto não se poderá tornar lei e caducará, porque o Congresso não está reunido.

[213] Em *Missouri Pacific Ry. Co. v. Kansas*, o Supremo Tribunal Federal esclareceu que "[t]*he provision of the Constitution requiring a vote of two-thirds of each house to pass a bill over a veto (Art. I, 7, cl. 2), means two thirds of a quorum of each house (i.e., of a majority of its members, Art. I, § 5), not*

forte, e muito menos capaz de enfrentar a vontade legislativa do Congresso, o poder de veto podia ser interpretado como um simples veto por inconstitucionalidade e não como instrumento para o presidente exprimir objeções políticas sobre uma lei do Congresso e, eventualmente, sobrepor-se à vontade legislativa deste[214]. Essa interpretação não foi a que prevaleceu, mas o modo como o mecanismo do veto foi usado inicialmente, bem como as reações do Congresso a esse uso, mostram a sua plausibilidade.

Na verdade, nas primeiras décadas de vigência da Constituição o veto foi escassamente exercido e circunscreveu-se a situações de alegada inconstitucionalidade. Até Andrew Jackson iniciar a revolução no uso do veto, este tinha sido usado apenas oito vezes, sete das quais por Madison. Mesmo Jackson usou, inicialmente, argumentos de constitucionalidade e só nos vetos mais tardios invocou desacordos políticos[215]. John Tyler (1841-1845) vetou uma proposta de introdução de tarifas, chegando a iniciar-se um processo de *impeachment* contra ele por causa disso. Só Andrew Johnson (1865-1869), quase um século depois da Constituição, usaria, sem restrições, o poder de veto como instrumento de afirmação política, num ambiente de acentuado antagonismo com o Congresso[216]. Depois, o exercício do veto, por um lado, e a invocação de objeções políticas como fundamento, por outro, tornaram-se vulgares. Grover Cleveland (1885–1889 e 1893–1897) exerceu-o 414 vezes no seu primeiro mandato, incluindo 110 de bolso. Aquele que maior uso fez dele foi o Presidente F. D. Roosevelt: 635 vezes em doze anos, dos quais 263 de bolso. Nota-se, todavia, um decréscimo ao longo das últimas décadas[217]. A partir de Kennedy, o recurso ao veto foi moderado, nunca ultrapassando as dezenas. Os quatro últimos Presidentes (G. W. Bush, Obama, Trump e Biden) andaram sempre em torno da dezena ou dúzia, sem exercício do veto de bolso, que foi usado, pela última vez, por Clinton (uma vez).

---

two-thirds of all the members of the body". Estando reunido o quórum necessário da maioria dos membros, são necessários dois terços dos votantes. V. USA. *Missouri Pacific Ry. Co. vs. Kansas.* 248 U.S. 276 (1919). Missouri Pacific Railway Company vs. Kansas. Disponível em: https://supreme.justia.com/cases/federal/us/248/276/. Acesso em: 9 jan. 2025.

[214] POSNER; VERMEULE, ref. 55, p. 184.

[215] O veto mais retumbante, um dos mais conhecidos da história política americana, foi o que Andrew Jackson apôs sobre a lei que renovava os estatutos do *Second Bank of the United States*, em 1832.

[216] Johnson (democrata) foi eleito vice-presidente quando Lincoln (republicano) ganhou a sua segunda eleição presidencial, em 1864, sob a sigla do *Union Party*, que associava republicanos e alguns democratas. Acedeu à presidência depois do assassinato de Lincoln, em 1865. Depois disso, vetou várias propostas legislativas da maioria republicana no Congresso que pretendiam anular a ação de Estados do Sul que punham em causa direitos dos escravos libertados depois da Guerra. Aprofundando-se o antagonismo entre os dois ramos do Governo, Presidente e Congresso, Johnson foi objeto de um processo de *impeachment* pela Câmara de Representantes, que só não seria aprovada pelo Senado por margem mínima. Em 1868, Johnson acabaria por não ser nomeado pelo Partido Democrático para reeleição.

[217] Para consultar as tabelas oficiais ver: UNITED STATES SENATE. *Vetoes by president.* Disponível em: https://www.senate.gov/legislative/vetoes/vetoCounts.htm. Acesso em: 9 jan. 2025.

É muito rara a constelação de forças parlamentares capaz de superar o veto presidencial. O número de vezes de superação deste veto, num século de mandatos presidenciais, ultrapassou em duas ocasiões a dezena (Ford e Truman), mas a média anda em torno de uma ou duas vezes, podendo ser nenhuma[218]. Isso demonstra bem a importância desta manifestação do *"pouvoir d'empecher"* e revela que será muito difícil ao Congresso exercer unilateralmente os poderes legislativos em toda a sua extensão se não aceitar a negociação com o presidente e não cultivar o consenso nas linhas fundamentais de política legislativa.

A doutrina da não delegação é geralmente considerada *underenforced* (insuficientemente implementada). Em situações de governo unido, o Congresso é generoso, não decidindo nada e deixando o presidente agir, ou conferindo-lhe ampla discricionariedade através de leis pouco densas ou muito amplas, que aquele regulamenta e executa com assinalável latitude. Logo a seguir ao atentado às Torres Gémeas, em 2001, o Congresso autorizou o Presidente a tomar as medidas que entendesse e depois apagou-se durante algum tempo. Por vezes, a autocontenção ou abertura ocorre mesmo em situações de governo dividido. Mas, nestas, a tendência mais vincada é para leis mais espessas, para estabelecer mecanismos de controlo da execução mais apertados e/ou para delegar em agências que não estejam sob a dependência do presidente. Os tribunais tendem a ser deferentes com o uso que o presidente faz da assim delegada autoridade[219].

Nem sempre com delimitação precisa em relação ao (proibido) uso de autoridade delegada pelo Congresso, existe um manancial de instrumentos, ditos de *presidência unilateral,* por serem manejados pelo presidente sem qualquer envolvimento do Congresso — ordens executivas, proclamações, diretivas de segurança nacional, acordos executivos[220]. Os presidentes — com ou sem governo dividido — usam-nos profusa e latamente, em momentos e circunstâncias diversificadas e preferencialmente quando, por qualquer motivo, é previsível que não serão revertidas pelo Congresso (por exemplo, no início do mandato, confiando no efeito "lua de mel" ou nos 100 últimos dias). F. D. Roosevelt produziu quase 4000 *executive orders* durante os seus mandatos[221].

---

[218] No momento em que se escreve, as estatísticas mostram que, de 2594 vetos exercidos desde 1789, apenas 112 foram superados, representando pouco mais de 4%: UNITED STATES SENATE, ref. 217.

[219] V., em geral, LEVINSON; PILDES, ref. 56, p. 34 *et seq.*

[220] V. COOPER, Phillip. *By order of the president: the use and abuse of executive direct action.* Lawrence: University Press of Kansas, 2002; HOWELL, William. *Power without persuasion: the politics of direct presidential action.* Princeton: Princeton University Press, 2003; FINE, Jeffrey; WARBER, Adam. Circumventing adversity: executive orders and divided government. *Presidential Studies Quarterly,* v. 42, n. 2, p. 256-274, 2012; RUDALEVIGE, Andrew. Executive orders and presidential unilateralism. *Presidential Studies Quarterly,* v. 42, n. 1, p. 138-160, 2012; BOLTON, Alexander; THROWER, Sharece. Legislative capacity and executive unilateralism. *American Journal of Political Science,* v. 60, n. 3, p. 649-663, 2016.

[221] Estatísticas em: AMERICAN PRESIDENCY PROJECT. *Executive orders: statistics.* Disponível em: https://www.presidency.ucsb.edu/statistics/data/executive-orders#eotable. Acesso em: 9 jan. 2025.

Alude-se, normalmente, à necessidade de as ordens executivas se fundarem numa lei previamente existente, mas também se nota que a verificação desse fundamento, por vezes, é remota. Maioritariamente, passam sem reparo, mas, não raro, são acusadas de desempenhar uma função materialmente legislativa sem intervenção do Congresso, constituindo, portanto, uma usurpação de poderes legislativos[222], com a enorme vantagem (na perspetiva presidencial) de produzirem efeitos rápidos e imediatos[223]. Sendo passíveis de apreciação judicial, são, por vezes, declaradas inválidas, como ocorreu com a ordem executiva de Donald Trump que visou impedir a entrada nos EUA de pessoas provenientes de certos países maioritariamente muçulmanos.

A ação unilateral não pode ser considerada uma excentricidade do sistema americano. Os tempos atuais exigem do executivo medidas que supõem mais do que a capacidade de mover vontades e iniciativas de terceiros ou os vulgares poderes administrativos. Quando não possuem poder legislativo, seja ordinário ou excecional, os presidentes procuram, pelo menos, mecanismos de partilha da definição de agenda e de legislação. E quando isso não é suficientemente satisfatório, assumem poderes legislativos dissimulados no exercício de outras competências, aproveitando as mencionadas ambiguidades constitucionais ou omissões do Congresso.

O regime constitucional da declaração de emergência e os poderes do Congresso foram repetidamente ignorados por Presidentes, a começar, famosamente, por Lincoln. Nem mesmo a adoção pelo Congresso do *National Emergencies Act*, em 1976, susteve o uso irregular de poderes de emergência pelo presidente[224].

Tudo somado, no que toca à relação entre o Presidente e o Congresso quanto ao exercício da função legislativa, a prática não é linear nem estática. Depende das circunstâncias e das condições concretas do momento. Os analistas tanto concluem que o presidente lidera e o Congresso segue, porque, embora este possa bloquear iniciativas daquele, é o presidente que estabelece a agenda[225], como notam uma tendência pendular, caracterizada por a essência do poder de ditar a agenda e o resultado legislativo transitar regularmente de um para o outro, salientando que os dois ramos do poder político têm sempre de colaborar, na medida em que um nada pode fazer sem o concurso do outro[226].

---

[222] COOPER, ref. 220; LEVITSKY; ZIBLATT, ref. 46, p. 157; ROTTINGHAUS, Brandon. Presidents and Congress. *In:* COX HAN, Lori (ed.). *New directions in the American presidency.* New York: Routledge, 2018. p. 131 *et seq.* Note-se a discrepância entre a posição do Senador Barack Obama, que, também como constitucionalista, votou contra a medida de George W. Bush de intervenção no Iraque, e a posição do Presidente Barack Obama, que adotou uma medida de intervenção na Líbia sem autorização do Congresso.

[223] Que o Congresso muito provavelmente não reverte, mesmo quando o Presidente cai na situação de *lame duck,* no final de mandato: FARRAR-MYERS, ref. 187, p. 29.

[224] Ver a indicação de vários casos recentes em: PROTECT DEMOCRACY. *Presidential emergency powers explained.* Disponível em: https://protectdemocracy.org/work/presidential-emergency-powers-explained/. Acesso em: 9 jan. 2025.

[225] POSNER; VERMEULE, ref. 55, p. 206.

[226] ROTTINGHAUS, ref. 222, p. 138.

2.1.3   Em especial: política internacional

O entrelaçamento entre os poderes constitucionais do presidente e do Congresso, no que toca à política externa, é um dos indicadores mais eloquentes de que a Constituição pretendeu a ação de um poder executivo apertadamente dependente de ação ou de fiscalização do segundo. Embora o presidente seja o comandante das Forças Armadas, cabe ao Congresso declarar guerra e autorizar o envolvimento daquelas em operações no exterior; a dotação das Forças Armadas está sujeita ao poder orçamental do Congresso; o presidente negoceia tratados, mas estes têm de ser ratificados por dois terços do Senado (embora essa circunstância tenha sido muitas vezes torneada pela prática dos *executive agreements*, que consuetudinariamente não carecem de semelhante autorização); os embaixadores são nomeados pelo presidente, mas isso depende de aquiescência do Senado.

Porém, os pais da Constituição tiveram apenas em conta os aspetos clássicos de uma política externa e de defesa de um país comum, independentemente do seu poder ou dimensão: ter Forças Armadas, admitir a possibilidade de guerra, negociar e aprovar tratados, constituir embaixadas. Estavam longe de adivinhar o desenvolvimento que os EUA viriam a sofrer internamente; e tampouco poderiam prever que, em pouco mais de 150 anos, os EUA deixariam de ser um Estado periférico, simplesmente preocupado em garantir a defesa das fronteiras e a neutralidade em relação a conflitos entre potências europeias, para se tornarem, primeiro, uma das superpotências e, depois, *a superpotência*, com responsabilidades descomunais ao nível externo. Se o laconismo quanto aos poderes presidenciais na ordem interna pode ser interpretado pelas instituições como convite tácito a que assumam o privilégio de dirigir a política doméstica, esse convite é ainda mais veemente quanto à ordem externa[227]. A instituição presidente, comandante das Forças Armadas, chefe do executivo, figura para quem os cidadãos olham quando é necessária liderança unificada e coerente, é, obviamente, a que tem melhores condições para tal. Por isso, mesmo que o sistema se descreva como de *partilha* de poderes entre Congresso e presidente, essa partilha não se reconduz ao desenho original, de um Congresso dominante e de um presidente executor, como Madison, na qualidade de "Helvidius", advogou. No entanto, trata-se de um presidente liderante sob a fiscalização, umas vezes ativa, outras passivamente aquiescente, do Congresso.

Todos os momentos salientes da definição ou afirmação da visão externa dos EUA foram moldados sob a liderança presidencial, começando logo pelos primeiros Presidentes: a *Neutrality Proclamation* de Washington (1793), face ao conflito anglo-francês; a doutrina de Monroe (1823), definindo limites à intervenção europeia nas Américas; a guerra com Espanha (1898); o corolário de Theodore Roosevelt à doutrina de Monroe (1904), que alargou as possibilidades de intervenção dos EUA ao nível global; a decisão de entrada na I Guerra, por Wilson (1917); a reconstrução da ordem internacional, sob a batuta americana, já como superpotência, depois da II Guerra; a *containment doctrine* (1947), sobre o enfrentamento da expansão do comunismo; a intervenção na

---

[227]   LEVITSKY; ZIBLATT, ref. 46, p. 156.

Guerra da Coreia (1950) e no Vietnam (1964); a crise dos mísseis de Cuba (1962); a Guerra do Golfo (1991); a Guerra ao Terror, depois de 11 de setembro de 2001, com as subsequentes intervenções no Iraque e no Afeganistão[228].

O Congresso mostra, episodicamente, vontade de recuperar o posicionamento que a Constituição indiciou, contrabalançando a liderança presidencial. Exemplos salientes foram: a recusa do Senado de ratificação do tratado que criou a Liga das Nações; a aprovação da *War Power Resolution* (1973), no pináculo do envolvimento americano no Vietnam; a recusa de dar cobertura às intenções de Obama de intervenção na Síria; a recusa de autorização da ratificação de convenções internacionais negociadas pelo presidente[229]. Todavia, esses arremedos raramente têm um impacto decisivo ou perene na política externa americana, ou na liderança presidencial. Desde a II Guerra, o Congresso prefere deixar que o Presidente lidere o país rumo à guerra[230].

Os atos divergentes do Congresso são uma reação instintiva à noção de inevitabilidade da liderança presidencial (que, com a Guerra Fria, tomou a expressão de *imperial presidency*, no dizer de Arthur Schlesinger[231]), que, em alguns casos, chega a assentar em interpretações da Constituição consideradas duvidosas, senão claramente inconstitucionais, como nos casos de intervenção militar no exterior sem autorização do Congresso (Coreia, Vietnam, Líbia em 2011). Porém, na maior parte dos casos, o Congresso nada mais escolhe fazer do que transigir, designadamente quando há consenso bipartidário e ele próprio, assim como os cidadãos, espera que o presidente assuma a liderança, como ocorreu após o ataque às Torres Gémeas e ao Pentágono, em 11 de setembro de 2001.

Esta quase incondicionada — ou apenas timidamente condicionada — possibilidade de decidir sobre a atuação das forças militares mais poderosas do globo, sustentadas pelo maior orçamento militar e pelos mais avançados equipamentos e tecnologia, torna o presidente americano imensamente poderoso na ordem internacional[232].

---

[228] V. desenvolvidamente BOSE, Meena (ed.). *President or king? Evaluating the expansion of executive power from Abraham Lincoln to George W. Bush*. New York: Nova Science, 2012; BOSE, Meena. Presidents and Foreign Policy. *In:* COX HAN, Lori (ed.). *New directions in the American presidency*. New York: Routledge, 2018. p. 232 *et seq.*, com muita bibliografia.

[229] O que já ocorreu em várias ocasiões. A mais notável e com maior impacto na história universal foi a recusa da ratificação do Tratado de Versalhes, que criou a Sociedade das Nações, grande projeto do Presidente Wilson, ficando os EUA impedidos de nela participar e, virtualmente, condenando-a ao fracasso. Outros casos relevantes, ver: *a Convenção do Direito do Mar* (1960), e a Proibição de Testes Nucleares (1999). V. UNITED STATES SENATE. *Rejected treaties*. Disponível em: https://www.senate.gov/legislative/RejectedTreaties.htm. Acesso em: 9 jan. 2025.

[230] LEVINSON; PILDES, ref. 56, p. 39.

[231] SCHLESINGER JR., Arthur. *The imperial presidency*. Boston: Houghton Mifflin, 1973. A expressão era dirigida à Administração Nixon. Mas antes desta, já havia exemplos, falando-se também de supremacia presidencial no tempo de F. D. Roosevelt.

[232] Nota-se, aliás, um paradoxo: a proteção rigorosa dos cidadãos americanos face à possibilidade de uso arbitrário das competências presidenciais coexiste com a circunstância de que cidadãos de outras nações não se beneficiam da mesma garantia.

É neste domínio que a relação entre presidente e Congresso parece mais desequilibrada e mais afastada da noção de "instituições separadas, com partilha de poderes e predomínio do Congresso" que os *founding fathers* preconizavam.

2.1.4   *Excurso: as fases da instituição presidencial na ótica da prática institucional*

As linhas de força desenvolvidas nas secções que antecedem e as suas repercussões na prática institucional costumam ser organizadas pelos autores americanos em três fases: presidência tradicional; presidência moderna; presidência pós-moderna. A presidência tradicional, entre o final do século XVIII e o virar do século XIX para o XX, caracterizou-se por desempenhos presidenciais contidos e por poderes presidenciais modestos face um Congresso dominante (com exceções, como as de Washington, 1789-1797; Jefferson, 1801-1809; Jackson, 1829-1837; ou Lincoln, 1861-1865).

A presidência moderna, com crescimento do papel da presidência americana na política interna e externa, devido ao crescimento exponencial da máquina administrativa e do papel dos EUA na política mundial, iniciou-se[233] com Theodore Roosevelt (1901-1909) e Woodrow Wilson (1913-1921) e alcançou o pico com Franklin Delano Roosevelt (1933-1945). Nesta fase, a narrativa da liderança presidencial instalou-se, o presidente superou o Congresso como instituição política liderante delegada, e o quadro organizativo de apoio redimensionou-se à altura das crescentes responsabilidades presidenciais. Alguns acrescentam a presidência pós-moderna, após a renúncia de Nixon e o colapso no Vietnam[234], condicionada pela discrepância entre as enormes responsabilidades presidenciais e a insuficiência de recursos e meios, convivendo com frequentes situações de governo dividido e com crescentes fraturas ideológicas entre os dois partidos, conducentes a impasses e dificuldades de cooperação e de obtenção de resultados.

2.2   *Congresso*

O Congresso, compõe-se de duas Câmaras, o Senado e a Câmara dos Representantes. O primeiro é presidido pelo vice-presidente dos EUA, sem direito de voto a não ser em caso de empate nas votações. A segunda é presidida por um *speaker* por ela eleito, segundo na linha da sucessão em caso de falta do presidente, que pode assumir papel de relevo na projeção exterior da Câmara de Representantes, como sucedeu com a democrata Nancy Pelosi (2007-2011 e 2019-2023). O Congresso não pode ser dissolvido pelo presidente.

O Senado é a Câmara de repercussão dos interesses estaduais: é composto por cem membros, equivalendo a dois por cada um dos cinquenta estados da União. Inicialmente,

---

[233] As fronteiras entre as várias fases não são, porém, suficientemente estanques para evitar a controvérsia sobre quem foi o "primeiro Presidente moderno". V. o debate em NICHOLS, David. *The myth of the modern presidency.* University Park: Pennsylvania State University Press, 2010.

[234] Cfr., desde logo, BARILLEAUX, Ryan. *The post-modern presidency: the office after Ronald Reagan.* New York: Praeger, 1988.

os senadores eram eleitos pelos órgãos legislativos estaduais. Desde 1913 (17.ª Emenda Constitucional), cada senador é eleito no respetivo estado por sufrágio universal, em sistema maioritário uninominal, e cumpre um mandato de seis anos, renovável sem limites. A cada dois anos realizam-se eleições para cerca de um terço dos lugares.

A Câmara dos Representantes representa o conjunto do povo da União. Compõem-na 435 membros[235] eleitos por sufrágio universal segundo o sistema maioritário, uninominal a uma volta, com base em *congressional districts* e conforme o número de habitantes de cada estado; o seu mandato é de dois anos, o que significa uma renovação eleitoral no meio do mandato presidencial.

No campo das competências há que distinguir as que têm de ser exercidas concomitantemente ou paralelamente pelas duas Câmaras (concomitantes ou paralelas) e as que pertencem só a uma delas (próprias). Neste segundo caso ainda teremos de distinguir consoante os efeitos finais do exercício das competências de uma das câmaras se produzam independentemente do exercício de uma competência pela outra ou não.

No grupo das competências concomitantes ou paralelas incluem-se os poderes: constituinte derivado; desde a 25.ª Emenda (1967), de confirmar o vice-presidente, quando este tenha sido nomeado pelo presidente para suprir a falta de vice-presidente; de iniciativa legislativa; de aprovação de *bills* (projetos ou propostas de lei); de consentir a ratificação de acordos de comércio; de realizar inquéritos à atuação de setores do governo através de comissões, permanentes ou eventuais.

O poder de iniciativa legislativa compete exclusivamente aos membros do Congresso, mesmo que haja algumas propostas legislativas que a tradição, lei ou convenção manda que sejam introduzidas a pedido do presidente, como a proposta de lei orçamental federal. Mesmo nestes casos, a proposta inicial está sujeita a sofrer alterações significativas.

Cada uma das Câmaras dispõe de um número de comissões e subcomissões especializadas, que se pode alterar em cada composição do Congresso. Cada subcomissão tem poder para aceitar, reformular, emendar ou rejeitar o *bill*. É nestes órgãos do Congresso que o processo legislativo se inicia, e sem a sua aceitação a proposta legislativa não adquire viabilidade. Se não for rejeitada, é enviada para o plenário da comissão, que dispõe de poderes idênticos. Se for aprovada pela comissão, segue para o Plenário da Câmara e do Senado, sendo agendada — se o chegar a ser — de acordo com as prioridades fixadas pela liderança do partido maioritário. A aprovação de *bills* depende do voto favorável da maioria de cada uma das Câmaras[236]. Saliente-se que, se na Câmara o tempo de que cada representante dispõe para participar no debate é limitado e fixado, no Senado não existe nenhum limite temporal às intervenções de

---

[235] Compõem-na também seis membros sem direito a voto, em representação do District *of Columbia*, de Porto Rico, e de quatro Territórios: American Samoa, Guam, as Virgin Islands americanas, e a Commonwealth of Northern Mariana Islands.

[236] Para uma síntese do processo legislativo, v. THE WHITE HOUSE. *The legislative branch*. Disponível em: https://www.whitehouse.gov/about-the-white-house/our-government/the-legislative-branch/. Acesso em: 9 jan. 2025.

senadores e respetivo âmbito, o que dá azo ao chamado *filibusterismo* (que só pode ser contrariado por uma maioria de 60%)[237].

Entre os poderes não concomitantes ou paralelos, mas atribuídos a cada uma das Câmaras com vista a um resultado final para que ambas têm de concorrer através do exercício de um poder próprio, contam-se os poderes concernentes ao *impeachment* do presidente, vice-presidente e todos os funcionários federais. À Câmara dos Representantes cabe a iniciativa do processo, por maioria, e ao Senado a decisão final, por dois terços dos seus membros[238].

---

[237] A tática do *filibuster* remonta à primeira sessão dessa Câmara do Congresso, em 1789. Historicamente, as regras internas do Senado não traçam limites à duração dos debates sobre nomeações e aos processos legislativos que aí ocorrem. Isso possibilita que membros do partido minoritário da ocasião, ou senadores isolados, impeçam votações, realizando intervenções repetidas e intermináveis. Segundo informações do próprio Senado, o recorde do mais longo discurso individual pertencia até há pouco a Strom Thurmond, Senador da Carolina do Sul, que falou 24 horas e 18 minutos contra a aprovação do *Civil Rights Act* de 1957. V. UNITED STATES SENATE. *About filibusters and cloture - Historical overview*. Disponível em: https://www.senate.gov/about/powers-procedures/filibusters-cloture/overview.htm. Acesso em: 9 jan. 2025. Em 1 de abril de 2025, o Senador democrata de New Jersey Cory Booker bateu esse recorde com uma intervenção de 25 horas e 6 minutos contra a administração Trump.

Ainda que porventura exasperante para as maiorias do Senado, este é um dos mecanismos que durante muito tempo contribuíram para a manutenção do *status quo*, mesmo quando uma maioria absoluta de senadores (e, porventura, o presidente, embora não forçosamente) pretendiam mudá-lo. Todavia, o *filibuster* tem sofrido sucessivas limitações, em resposta a abusos. Em 1917, os senadores permitiram que o Senado pudesse invocar *cloture*, limitando o debate, através de uma votação de dois terços dos membros, desse modo obrigando ao encerramento da discussão e habilitando à votação. Todavia, esse limiar revelou-se difícil de alcançar. Nas décadas seguintes, apenas foi atingido cinco vezes.

Propostas sobre direitos civis levaram anos para serem adotadas devido à prática do *filibuster* por senadores (republicanos e democratas) conservadores. Em 1975, o Senado reduziu o número de votos requeridos para a *cloture* de dois terços para três quintos (60 votos). Depois de 2010, o *filibuster* foi mais cerceado no que toca a deliberações sobre nomeações, mas mantém-se prática corrente quanto a processos legislativos. A crescente radicalização e intolerância das fações mais extremadas dos dois partidos tem levado a sucessivos cortes nas possibilidades de preservação de políticas vindas de anteriores administrações ou de obstaculização a nomeações. Na campanha presidencial de 2024, Kamala Harris anunciou que, se fosse eleita, promoveria novas limitações ao *filibuster*. É possível que Trump vá por esse caminho, com vista a cortar qualquer veleidade ao Partido Democrata de impedir a reversão de medidas da administração democrata ou de se opor à agenda presidencial.

[238] Até agora, o mecanismo foi pouco utilizado. No total, teve consequências quatro vezes, sempre em relação a juízes federais. Como se referiu antes, em 1868, o Presidente Andrew Johnson viu a sua destituição evitada por falta de apenas um voto no Senado. O Presidente Nixon evitou a destituição em consequência do processo de *impeachment*, por ocasião do caso Watergate, demitindo-se em 9 de agosto de 1974, quando ficou claro que o Senado atingiria a maioria necessária para sua destituição. Cfr. KELLY; HARBISON; BELZ, ref. 154, p. 682 *et seq.*; LEVITSKY; ZIBLATT, ref. 46, p. 177.

Por outro lado, a iniciativa das leis sobre impostos cabe exclusivamente à Câmara dos Representantes, embora o Senado possa propor emendas, tal como sucede com outras propostas legislativas.

Existem poderes atribuídos a cada uma das Câmaras sem que haja necessidade da intervenção da outra para que o respetivo exercício produza efeitos. No caso da Câmara dos Representantes, destaca-se o poder de eleger o presidente quando não seja obtida a maioria absoluta entre os grandes eleitores a favor de um candidato. No caso do Senado, os poderes de: aprovar, por maioria de dois terços, convenções internacionais negociadas pelo presidente; autorizar, por maioria, a nomeação de numerosos funcionários e de agentes do judiciário.

O último poder é um dos que *prima facie* se reveste de maior sensibilidade: dar "*advice and consent*" ao presidente para a nomeação de secretários, juízes do Supremo Tribunal, embaixadores e outros titulares de cargos públicos de relevo[239]. Se o Senado tomasse à letra a fórmula constitucional, muito aberta, poderia usar o poder de forma a paralisar a ação presidencial ou, pelo menos, dificultá-la significativamente, uma vez que a falta de *consent* implica que o presidente se veja impedido de assegurar a colaboração de pessoas da sua confiança. Não se pode dizer que o exercício do poder foi sempre um simples *pro forma*, uma vez que, como se notou antes, há alguns (poucos, na ordem das unidades) exemplos de recusas de consentimento a nomeações de secretários e alguns (mais numerosos) exemplos de recusas de nomeações de juízes. Sem embargo, pode admitir-se, como imagem geral, que o Senado usou habitualmente o poder com parcimónia ou *forbearance* (Levitsky e Ziblatt)[240]. Pode mesmo falar-se numa "presunção de confirmação"[241]. O Senado, em geral, pratica uma atitude de deferência, em linha com o já defendido pelos *founding fathers* (Hamilton)[242]. Contudo, os observadores notam que o Congresso tende a adotar uma postura cada vez mais interventiva e atenta no que toca às nomeações presidenciais (o que se reflete no aumento do tempo de decisão e, concomitantemente, na demora do preenchimento das equipas presidenciais), até porque muitos congressistas têm especial interesse e recomendações a fazer em relação a certas posições, sendo certo que desen-

---

[239] Artigo II, secção 2, da Constituição, v. UNITED STATES, ref. 186.

[240] No que toca a juízes do Supremo Tribunal, algumas estatísticas: desde 1793 até abril de 2023, contando já com a nomeação efetuada pelo Presidente Joe Biden, os presidentes submeteram 165 nomeações de juízes ao Senado. Dessas, apenas 128 foram confirmadas, o que mostra que a intervenção deste não é um *pro forma*. Um dos rejeitados pelo Senado foi Robert Bork, em 1987, reconhecido como um dos mais influentes defensores das teses originalistas. Para mais informações, v. UNITED STATES SENATE. *Supreme Court nominations: present-1789*. Disponível em: https://www.senate.gov/legislative/nominations/SupremeCourtNominations1789present.htm. Acesso em: 9 jan. 2025.

[241] ROTTINGHAUS, ref. 222, p. 123.

[242] *Federalist Papers*, 76: "*The sole and undivided responsibility of one man will naturally beget a livelier sense of duty and a more exact regard to reputation. He will, on this account, feel himself under stronger obligations, and more interested to investigate with care the qualities requisite to the stations to be filled, and to prefer with impartiality the persons who may have the fairest pretensions to them. He will have FEWER personal attachments to gratify, than a body of men who may each be supposed to have an equal number; and will be so much the less liable to be misled by the sentiments of friendship and of affection*", v. HAMILTON; MADISON; JAY, ref. 118.

volvem um papel no período prévio às nomeações (de difícil contabilização, porém)[243]. A crescente intervenção assume particular visibilidade no que toca à nomeação de juízes do Supremo Tribunal (como se verificou, por exemplo, com juízes nomeados por George W. Bush), registando-se a inovação, do ponto de vista histórico, de não serem consideradas nomeações realizadas por presidentes em final de mandato[244]. Atualmente o célebre *Chief Justice* Marshall não teria a possibilidade de chegar à *Supreme Court*.

Como nota histórica, registe-se que chegou a vigorar e a ser profusamente usado o chamado *veto legislativo*, declarado inconstitucional pelo Supremo Tribunal em 1983[245].

Como sucede com todos os parlamentos democráticos, o Congresso desempenha um papel central e quotidiano de fiscalização do executivo (*oversight of the executive branch*), sobretudo por meio de audiências públicas nas comissões do Senado e da Câmara dos Representantes. Uma instituição específica da organização parlamentar americana é a *Government Accountability Office (GAO)*, criada em 1921, um organismo de investigação sobre todas as matérias respeitantes ao governo. Avulta o poder, já mencionado, de realizar inquéritos à atuação de setores do governo através de comissões, permanentes ou eventuais, poder que abrange o próprio presidente, como ficou esclarecido em 1974 pelo Supremo Tribunal no âmbito do caso *Watergate*. É de notar que não estão previstos na Constituição. Porém, são entendidos como auxiliares à função legislativa do Congresso e são realizados praticamente desde o início da sua vigência[246], sendo atualmente um dos mais poderosos meios de fiscalização que o Congresso pode usar.

2.3 Supremo Tribunal

É composto por nove juízes nomeados vitaliciamente pelo presidente da União, com o assentimento do Senado, um dos quais exerce o cargo de presidente (*Chief Justice*). É

---

[243] ROTTINGHAUS, ref. 222, p. 125.

[244] V. LEVITSKY; ZIBLATT, ref. 46, p. 178.

[245] V. *INS v. Chadha*, 462 U.S. 919, 1983. O veto legislativo era o mecanismo através do qual o Congresso, por decisão de uma das câmaras, por maioria simples e através de resolução não assinada pelo presidente, podia revogar normas ou outros atos de uma agência administrativa, designadamente praticados ao abrigo de delegação de poderes daquele. V. USA. *INS vs. Chadha*. 462 U.S. 919 (1983). INS vs. Chadha. Disponível em: https://supreme.justia.com/cases/federal/us/462/919/. Acesso em: 9 jan. 2025.

[246] V. a posição da *Supreme Court* no caso: USA. *McGrain vs. Daugherty*, 273 U.S. 135 (1927). McGrain vs. Daugherty. Disponível em: https://supreme.justia.com/cases/federal/us/273/135/. Acesso em: 9 jan. 2025. O Tribunal recorda que o poder de nomear um select *committee* com vista a realizar um inquérito e tomar todas as medidas para o concretizar foi afirmado e exercido pela Câmara dos Representantes em 1792. Madison era, nessa época, membro da Câmara e votou a favor juntamente com outros *framers*, também membros. V. também USA. *Sinclair vs. United States*, 279 U.S. 263 (1929). Sinclair vs. United States. Disponível em: https://supreme.justia.com/cases/federal/us/279/263/. Acesso em: 9 jan. 2025. O Senado constituiu a sua primeira comissão de inquérito em 1859: consulte-se a página UNITED STATES SENATE. *Investigations: overview*. Disponível em: https://www.senate.gov/about/powers-procedures/investigations/overview.htm. Acesso em: 9 jan. 2025.

a última instância de resolução de conflitos de competências entre a União e os estados federados, e entre estes. Fiscaliza incidentalmente a constitucionalidade de normas jurídicas, qualquer que seja a sua fonte. Esta competência permite-lhe desempenhar o estatuto de derradeiro guardião da Constituição e de fiscalizador do presidente e do Congresso, bem como dos outros órgãos, federais e estaduais.

Noutros sistemas de governo, não seriam considerados os tribunais, incluindo os que ocupam a cúpula do sistema judicial. No contexto do sistema dos EUA, são obrigatórias algumas referências ao *Supreme Court*, cúpula do sistema judicial americano, embora se possa admitir que ele desempenha normalmente um papel marginal[247]. Na verdade, embora a expressão *governo de juízes* seja empregue em alguma literatura quando se pretende caracterizar o sistema de governo norte-americano, particularmente em épocas de maior ativismo judicial, tal expressão é exagerada. Numa perspetiva histórica, o Supremo Tribunal tem sido mais um fator de equilíbrio do sistema do que de desequilíbrio a seu favor ou a favor de outra instituição.

Mas é certo que desenvolve um indesmentível papel político[248], refletido em modos de raciocínio mais próximos da avaliação política do que do puro juízo lógico-dedutivo judicial, umas vezes mais liberal (no sentido americano, de esquerda), outras mais conservador, como nos últimos anos. A análise das atitudes dos membros daquele tribunal demonstra que, muitas vezes, os impressionam as previsões dos benefícios imediatos e diretos que a política incorporada em certa lei e as políticas alternativas envolvem[249].

A relevância política incentiva académicos e políticos norte-americanos a determinar a trajetória ou programa político seguido pelo Tribunal em cada período. Por isso se diz, por exemplo, que o Tribunal na época em que Earl Warren era seu Presidente (*Warren Court*, 1953-1969) procurou servir o valor da igualdade e dos direitos civis, encorajando e desenvolvendo políticas nesse sentido, confluentemente, aliás, com a política contemporânea de Kennedy e de Johnson. O Tribunal presidido por Warren Burger (*Burger Court*, 1969-1986) continuou essa política, contribuindo para assegurar a promoção de políticas liberais (ou de esquerda) por um período superior a trinta anos. Mais recentemente, as nomeações republicanas produziram uma evolução conservadora, sendo particularmente relevantes as nomeações de Reagan (quatro)[250] e de Trump (três),

---

[247] POSNER; VERMEULE, ref. 55, p. 207.

[248] A literatura é extensa. Por todos, considerando o Supremo Tribunal como uma instituição política, DAHL, Robert A. Decision-Making in a Democracy: The Supreme Court as a National Policy-Maker. *Journal of Public Law*, v. 6, n. 2, p. 279-295, 1957; SHAPIRO, Martin. *Courts: a comparative and political analyses*. Chicago: The University of Chicago Press, 1981; MCCLOSKEY, Robert. *The American Supreme Court*. 6. ed. Chicago: University of Chicago Press, 2016; ROSEN, Jeffrey. *The most democratic branch: how the courts serve America*. Oxford: Oxford University Press, 2006.

[249] Neste mesmo sentido, v. SHAPIRO, Martin. *Freedom of Speech: The Supreme Court and Judicial Review*. Englewood Cliffs: Prentice-Hall, 1966. p. 84.

[250] Ronald Reagan destaca-se também nas estatísticas no que toca à nomeação de juízes de circuito (*circuit judges*). Note-se, todavia, que as generalizações podem por vezes esconder nuances importantes: um dos juízes nomeados por aquele (em 1981) foi Sandra Day O'Connor, apoiante do direito ao aborto.

a que acrescem as nomeações dos dois Presidentes Bush (dois cada um). Os Presidentes democratas Clinton, Obama e Biden fizeram cinco nomeações. Daí a observação de alguns setores de que sucessivas Administrações republicanas têm procurado executar o seu programa político através do Supremo Tribunal, dada a persistência de maiorias desfavoráveis no Congresso.

Tudo isto leva a que o Supremo Tribunal cimente a sua posição de membro do clube de órgãos a quem cabe a responsabilidade da decisão fundamental e respetiva execução. Naturalmente, o debate sobre a legitimidade da intervenção nos canais de decisão política de um órgão não tributário do princípio representativo e não sujeito a escrutínio popular regular é periodicamente reavivado, mantendo sempre um tom alto[251].

3. FEDERALISMO

A delineação dos traços essenciais do sistema de governo prescinde da referência à existência ou não de federalismo[252]: as formas de organização do Estado não são vulgarmente consideradas no campo dos sistemas de governo. Essa opção seria comprometedora de uma leitura correta e panorâmica do sistema presidencial norte--americano: o reflexo do federalismo ao nível da organização política constitui um vetor cujo menosprezo inviabiliza a compreensão do espírito daquele modelo.

Considerando que, hoje em dia, as matérias mais importantes, como os assuntos externos, defesa, economia, finanças e mesmo muitos dos programas sociais, pertencem à esfera federal, e que matérias como as atinentes aos transportes e ensino são deixadas aos estados federados, alguém disse, há várias décadas, que "no seu país de origem, o federalismo tem estado sempre na defensiva e encontra-se hoje em completo retrocesso"[253]. Mas esta visão é contrariada por quem observa que o "desenvolvimento do federalismo americano não tem sido uma estrada de uma só via na direção de um controlo mais centralizado sobre as despesas e a política pública"[254].

---

[251] Sobre o tema sugere-se a consulta do clássico: ELY, John. *Democracy and distrust: a theory of judicial review*. Cambridge: Harvard University Press, 1980. O autor contesta, basicamente, a adequação aos padrões do princípio representativo de uma adjudicação ao Supremo Tribunal do poder de escolher quais os valores fundamentais que deverão enformar a legislação emitida com o intuito de preencher espaços vazios detetados em algumas normas constitucionais, substituindo-se, nisso, ao legislador legitimado pelo voto popular maioritário.

[252] Sobre o federalismo em geral e americano em especial, v. FRIEDRICH, Carl. *Trends of federalism in theory and practice*. New York: Praeger, 1968; LEACH, Richard. *American federalism*. New York: W. W. Norton & Co Inc, 1970; LOEWENSTEIN, Karl. *Teoría de la constitución*, Barcelona: Ariel, 1986. 353 *et seq*.; BEER, Samuel. *To make a nation: the rediscovery of American federalism*. Cambridge: Harvard University Press, 1993; LACROIX, Alison. *The ideological origins of American federalism*. Cambridge: Harvard University Press, 2011.

[253] LOEWENSTEIN, ref. 252, p. 360.

[254] NATHAN, Richard. Federalism - The great composition. *In*: KING, Anthony (org.). *The new American political system*. 2. ed. Washington, DC: AEI Press, 1990. p. 231-261. p. 261.

A controvérsia revela, pelo menos, alguma hesitação na avaliação das relações entre a organização federal e os órgãos estaduais, resultante, porventura, de uma certa falta de linearidade nos padrões desse relacionamento, que tanto se traduzirão em desenvolvimentos centralistas como em reações estadualistas entrecruzadas. Uma coisa parece clara: sabida que é a grande resistência registada aquando da ratificação, pelos treze estados fundadores, da Constituição federal à solução que fazia desaparecer a sua independência, eles ficariam certamente desiludidos com a reduzida capacidade limitadora do poder federal revelada pela organização estadual.

4. EM ESPECIAL: A LONGA MARCHA ELEITORAL ATÉ À PRESIDÊNCIA DA UNIÃO

4.1 As pré-candidaturas e as candidaturas à nomeação presidencial

Chegar à presidência envolve um longo trajeto de vida e de carreira. Aqui focam-se dimensões respeitantes aos momentos que antecedem a eleição presidencial[255]: (i) as pré-candidaturas; (ii) o foco na figura do candidato; (iii) o método de escolha dos delegados às convenções partidárias de nomeação de candidatos presidenciais.

4.1.1 As matrizes do relacionamento entre candidatos e partidos

Também no que concerne a essas três dimensões, registaram-se alterações importantes ao longo da história política, pautadas pela evolução da relação entre os protocandidatos e candidatos e os partidos. Essa relação arruma-se em três matrizes, duas de formação mais antiga e uma recente:

(i) os candidatos são uma "criação" das lideranças partidárias, que os patrocinam com vista a melhor servir interesses partidários, locais, clientelares ou pessoais, bem como os equilíbrios vários que estes impõem;

(ii) os candidatos resultam de um equilíbrio de vontades e protagonismo entre Partido e candidatos;

(iii) os candidatos instrumentalizam os Partidos.

A *primeira matriz* cobre o maior número de candidatos a um primeiro mandato até à década de 1960. Corresponde ao tempo das *smoke-filled rooms*[256], com relevo logo nas pré-candidaturas. Os pré-candidatos com possibilidade de nomeação eram escolhidos

---

[255] Sobre o tema, em geral, ADKINS, Randall. *The evolution of political parties, campaigns and elections: landmark documents, 1787-2008*. Washington, DC: CQ Press, 2008; ADKINS, Randall. *Presidential Campaigns and Elections*. In: COX HAN, Lori (ed.). *New directions in the American presidency*. New York: Routledge, 2018. p. 31-58.

[256] Expressão que invoca uma reunião que terá ocorrido no Hotel Blackstone, em Chicago, em 1920, que concluiu pela designação do Senador republicano Warren Harding como candidato presidencial.

por grupos herméticos de individualidades pertencentes às elites partidárias, longe dos olhos e da decisão do comum dos militantes e dos cidadãos ordinários, correspondendo ao ponto de equilíbrio entre fações internas, podendo não ser do agrado total de nenhuma. Isto podia cifrar-se no lançamento de vários candidatos, representantes de várias sensibilidades regionais, várias fações, várias agendas e clientelas, gerando situações de *brokered conventions*, ou seja, convenções partidárias nacionais em que não há um candidato que obtenha a nomeação na primeira ronda de votações. Ficando os delegados libertos do vínculo a uma candidatura, realizam-se complexas negociações de transferência de votos, mais uma vez nos *smoke-filled rooms*. F. D. Roosevelt necessitou de várias rondas de voto antes de ser nomeado candidato pelo Partido Democrático, em 1932; o mesmo sucedeu com o *outsider* Dwight Eisenhower em 1952, na sua nomeação pelo Partido Republicano. Desde a década de 1950, não há *brokered conventions*. Poderia ter ocorrido em 2024, quando Joe Biden desistiu da corrida após eleitos os delegados à Convenção do Partido Democrático em Chicago. A veloz unidade do Partido em torno da candidatura da vice-Presidente Kamala Harris evitou-o.

É certo que a circunstância de os chefes partidários (*bosses*) exercerem um forte controlo na seleção do pré-candidato e candidato e no apoio e eleição do presidente, não significa forçosamente que este seja forçado ou opte por manter, durante o exercício e na preparação para um novo mandato, o cordão umbilical com o partido, ou, pelo menos, um cordão umbilical de sentido único, *bottom-up*. A intensidade da relação entre presidente e partido, assim como o grau de relevância que aquele reconhece a este, dependem muito de quanto o presidente necessita do partido para a prossecução da sua agenda (e ambição futura) política e, inversamente, de quanto o partido necessita do presidente ou está disposto a aceitar (ou procurar) a liderança presidencial, real ou simbólica, a partir da Casa Branca[257].

É transversal a todos os presidentes a ambição de moldar o Partido à sua estratégia, agenda e linhas programáticas. Desde a *Gilded Age* (últimas décadas do século XIX), os presidentes assumem invariavelmente o controlo dos comités nacionais dos respetivos partidos. Todavia, varia a profundidade a que chegam, uma vez que é inevitável uma dinâmica de adaptação mútua entre presidente e partido. Não é só o presidente que molda o Partido, é também este que obriga o presidente a acomodar-se. Essa dinâmica não se alterou depois do início da progressiva polarização partidária, como se pode constatar pela *décalage* entre o discurso inicial de Presidentes como George W. Bush e Barack Obama, em função da resistência do Partido[258].

A *segunda matriz* caracteriza-se por o papel das lideranças partidárias diminuir de peso, aumentando, em contrapartida, o peso próprio do candidato, devido às condições específicas de uma candidatura presidencial a partir das décadas de 1960-70. A relação entre Partido e candidatos deixa de estar exclusivamente dependente, no estádio inicial,

257 AZARI, Julia. Presidents and Political Parties. *In:* COX HAN, Lori (ed.). *New directions in the American presidency*. New York: Routledge, 2018. p. 60.

258 *Ibid.*, p. 69 *et seq.*

de decisões dos *bosses*, para tornar-se resultante de um encontro simbiótico e mais ou menos equilibrado de interesses entre Partido e candidato.

A *terceira matriz* é de formação mais recente e ainda não cessou de agitar as placas tectónicas do sistema. Consiste na instrumentalização dos Partidos por alguns candidatos ao sabor de interesses políticos próprios. Estas duas últimas matrizes ficam patentes na exposição que se segue.

4.1.2   As pré-candidaturas

A fase das pré-candidaturas tem significado político, sobretudo quando o partido não tenha já um candidato "natural", como, por exemplo, o presidente incumbente com possibilidade de reeleição. Neste caso, é possível que, quer os líderes partidários, quer os potenciais eleitores do candidato natural desse partido, se desinteressem — ou ajam de forma dissuasória — em relação a candidaturas que ameacem enfraquecer a candidatura do incumbente. A inclinação de líderes e eleitores será para investir no trabalho político de reeleição; presumivelmente, o candidato "rebelde" terá dificuldade em captar audiência e apoios, designadamente financeiros e políticos. Por isso, não é expectável real competição ou desafio por outros candidatos oriundos do mesmo partido. A exceção mais notável foi a candidatura de Ted Kennedy, em 1980, contra o incumbente Jimmy Carter, que aquele, aliás, manteve até à Convenção Democrática de Nova Iorque[259].

Na matriz de relação partido/pré-candidatos que tem prevalecido nas últimas décadas, estes não se submetem à lógica da inclusão/exclusão unilateralmente decidida por lideranças e elites partidárias. Os que alimentam expetativa mais ou menos remota de serem nomeados pelo seu partido como candidatos à eleição presidencial avançam por si próprios. Por norma, não deixa de haver tentativas de recolha de apoios das lideranças e das principais figuras, bem como de organizações e setores tradicionalmente apoiantes do Partido, falando-se, aliás, de uma *invisible primary*[260]. Nesta, o pré-candidato procura fomentar a perceção de que corresponde ao *mainstream* ideológico e programático que interessa à coligação de sensibilidades que se cruzam na *constituency* do partido[261]. Logo, nesse ponto, podem comprometer as suas possibilidades de captar o apoio do eleitorado mais vasto; todavia, determinante é o esforço de exposição perante o público

---

[259] Ted Kennedy conseguiu vitória em alguns estados, alavancado por dúvidas sobre a capacidade de liderança de Carter, na sequência do episódio dos reféns na Embaixada americana em Teerão. Todavia, Carter foi nomeado para a recandidatura, na convenção de Nova Iorque, em agosto de 1980. Em uma situação rara, Ted Kennedy manteve a sua candidatura até à convenção, só concedendo a derrota nessa ocasião.

[260] V. COHEN, Marty *et al. The party decides: presidential nominations before and after reform*. Chicago: University of Chicago Press, 2008.

[261] AZARI, ref. 257, p. 67. Do lado republicano, grupos de interesse e organizações conservadoras dos setores social, económico, securitário e religioso; do lado democrata, grupos do mundo laboral, das minorias étnicas e sexuais, e promotores de agendas liberais, como o aborto, o casamento entre pessoas do mesmo sexo, etc. Sem embargo, as *constituencies* dos Partidos tendem a tornar-se cada vez mais complexas e inabarcáveis numa fórmula simples.

e de captação de financiamentos, pois é daí que vem a viabilidade de uma candidatura. No fim, apenas alguns pré-candidatos terão adquirido notoriedade e hipóteses suficientes para serem encarados com seriedade nas fases posteriores. Normalmente, esse momento de pré-seleção elimina grande parte dos putativos candidatos, deixando para a fase mais formalizada um número reduzido. Mas nem sempre: em 2016, nada menos do que 17 candidatos foram até bastante longe no processo de nomeação pelo Partido Republicano, o mais promissor ou plausível dos quais não era Trump.

4.1.3   O foco das campanhas na figura do candidato

Em 1960, John Kennedy conseguiu a nomeação democrática em detrimento de um conjunto mais cotado de candidatos democratas, contornando as lideranças e figuras cimeiras do Partido Democrático. Peça vital do seu trajeto para a nomeação foi a vitória nas eleições primárias da Virgínia Ocidental, um Estado maioritariamente protestante e, consequentemente, teoricamente difícil para um católico. O trajeto seguido pela candidatura de Kennedy parece ser o momento de viragem que marca o início do predomínio da segunda matriz. Isso porque, na década de 1970, já era evidente que, mais do que o apoio das lideranças, a caminhada triunfante para a presidência dependia da *performance* dos candidatos. É sobre os ombros destes que recaem os encargos do porta a porta eleitoral personalizado e da definição de um discurso ajustado a cada um dos segmentos que constituem a *constituency* estimada do partido, que propiciam o sucesso da maratona que constitui, primeiro, o processo de nomeação partidária e, depois, a campanha eleitoral para a eleição dos membros do colégio eleitoral presidencial. Isso não significa a irrelevância do apoio do Partido e das suas figuras cimeiras. Quanto mais firme e convicto é o seu apoio a um candidato, mais provável é que esse candidato seja nomeado e, depois, eleito. Sem embargo, é evidente que é o sucesso dos candidatos na relação com os eleitores que, entre outros ganhos, lhes permite obter o apoio das lideranças, e não o inverso[262].

A deslocação da centralidade do partido para o candidato levou a vários fenómenos: este assume, com grande autonomia, a condução do processo de recolha de fundos; define a estratégia e o discurso eleitorais; organiza a sua própria máquina de campanha em cada Estado, auxiliado por pessoas da sua confiança — que podem ser filiados no Partido ou não, sendo cada vez mais profissionais que disponibilizam os seus serviços fora do quadro partidário —, muitos dos quais são recompensados com uma fatia do poder pós-eleitoral.

A partir da década de 1980, muitos candidatos/Presidentes engrossam esta matriz. Vários fatores contribuem para isso: as alterações do método de nomeação dos candidatos

---

[262]   V. KERNELL, Samuel. *Going public: new strategies of presidential leadership*. 4. ed. Washington, DC: CQ Press, 2007. Mais recentemente, destaca-se que mais do que um *going public* com um discurso generalista, de âmbito nacional, os atores públicos são persuadidos a dirigir a sua mensagem a públicos diversos, localizados, através de canais mediáticos fragmentados. O *going public* geral seria complementado ou substituído por um *going public local*. Cfr. COHEN, Jeffrey. *Going local: presidential leadership in the post-broadcast age*. New York: Cambridge University Press, 2010.

de cada partido, introduzidas a partir do final da década de 1960 (Relatório McGovern--Fraser); a chegada de *outsiders* ou desalinhados (ou, pelo menos, autoproclamados *outsiders*[263]); e as mudanças das tecnologias de comunicação.

Estas últimas têm um impacto incomensurável. As novas condições tecnológicas da informação e a multiplicação de meios informativos, com a multiplicação dos canais noticiosos de cabo e das redes sociais via *internet*, dos grupos *WhatsApp*, dos *bloggers,* não só permitem que os media influenciem a definição da orientação política dos Partidos, mas também que os candidatos e eleitos reforcem a autonomia em relação aos partidos. Na configuração atual, cada vez mais extremada, os *media* — tendo, aparentemente, maior acutilância e eficácia os de linha conservadora[264] — e as redes sociais exercem significativa influência na definição da agenda política, das prioridades e das tendências e, em última análise, na polarização e fragmentação[265]. Por outro lado, criam um ambiente propício a uma *relação direta* entre os candidatos e os eleitores, secundarizando a importância dos partidos, líderes e militantes partidários.

Foi a má performance de Joe Biden num debate televisivo com Trump, visto por centenas de milhões de pessoas, marcada por dificuldades de articulação de respostas que se tornaram virais, mostradas à exaustão e escalpelizadas por milhares de *opinion makers*, que tirou o primeiro da corrida para a reeleição.

Mas o exemplo mais eloquente é o de Donald Trump, inaugurador da terceira matriz. Se funcionassem as matrizes mais antigas de relacionamento entre candidatos e Partido, Trump não teria possivelmente chegado sequer ao estádio de pré-candidato com certificado de credibilidade. Não sendo um típico *insider* do Partido Republicano (navegou, aliás, em tempos não muito recuados, pelas águas do Partido Democrático), em 2016 começou por ser considerado pelas principais figuras daquele um candidato pouco credível. Todavia, o seu talento comunicacional e a maestria na gestão da relação com os *media* clássicos — com quem mantém uma, talvez encenada, tensa relação pública — e das redes sociais alavancou-o gradualmente à posição de candidato republicano com mais sucesso desde 2004. Depois de uma desconfiança inicial de muitas figuras do *Grand Old Party*, este rendeu-se sem condições, permitindo a sua instrumentalização. As reações do Partido aos incidentes do Capitólio de 6 de janeiro de 2021 foram de quase absoluto e generalizado branqueamento da responsabilidade e cobertura do ainda Presidente. Depois disso, o Partido deixou de ter plataforma política conhecida que não a ditada oralmente por Trump nas suas comunicações públicas em grandes eventos de massas ou sentado na Sala Oval à frente de jornalistas muitas vezes aparentemente alinhada pelos seus interesses políticos e talvez pessoais. Trump foi o

---

[263] Notando a propensão dos candidatos não incumbentes de se apresentarem como renovadores ou reformadores, anti-Washington, anti-*establishment,* sem receio de enfrentar interesses instalados, v. AZARI, ref. 257, p. 61.

[264] O caso que vem imediatamente ao espírito é o do canal televisivo *Fox News.* Mais informações em SCHLOZMAN; ROSENFELD, ref. 154, p. 229 *et seq.*

[265] Assim, AZARI, ref. 257, p. 73. Em geral, v. SUNSTEIN, Cass. *Republic: divided democracy in the age of social media.* Princeton: Princeton University Press, 2017.

primeiro candidato que, não sendo produto de uma carreira partidária e política, nem um *outsider* cooptado pelo Partido para disputar eleições (como Eisenhower, em 1952), se impôs ao Partido pelo qual se candidatou. Nunca um Partido esteve tão dependente da personalidade e errância de um candidato/Presidente como o Partido Republicano após o *hostile takeover* (na colorida expressão de Jared Kushner, divulgada publicamente) de Trump. Trata-se do primeiro exemplo claro da terceira matriz.

O objeto deste trabalho não é inspirado por ele. Mas este caso é a ilustração de uma das possíveis — porém, não inevitáveis — tendências dos sistemas de governo das democracias nos nossos dias: o Poder delegado a um órgão unipessoal, que molda e controla o seu Partido sem obstáculos, dialoga com o público sem intermediação e age sem filtros nem limites táticos ou discursivos.

4.1.4   *A reforma do método de escolha dos delegados às convenções partidárias*

Entre 1796 e 1824, os candidatos a presidente e vice-presidente de cada partido eram escolhidos por *caucus* (reuniões plenárias) dos membros dos partidos no Congresso. Os incidentes relacionados com a preterição de Andrew Jackson na eleição presidencial de 1824 produziram ondas de choque que se repercutiram, não apenas na reestruturação do sistema partidário, mas também no próprio método de seleção dos candidatos de cada partido. O método mais comum de escolha de candidatos passou a ser, real ou nominalmente, a realização de *caucus* estaduais, normalmente controlados pelas lideranças partidárias. No início do século XX, surgem as primárias, em um número reduzido de estados (1912, Dakota do Norte). No entanto, até ao fim da década de 1960, estas eram uma exceção, primeiro, devido à vontade dos líderes partidários de manterem o controlo sobre o processo de eleição e, segundo, porque os próprios candidatos procuravam geralmente furtar-se a elas.

> *Caucus* são reuniões privativas locais — equivalentes, em Portugal e na Europa, aos congressos, convenções, plenários e outras assembleias deliberativas — organizadas pelos próprios partidos, normalmente em edifícios públicos, onde se procede à votação dos delegados, identificados como apoiantes de cada candidato e, eventualmente, se debatem e tomam outras decisões partidárias. Por exemplo, no *Iowa*, notado por realizar o primeiro *caucus* partidário, realizam-se mais de 1600 reuniões onde as pessoas votam presencialmente (ou, excecionalmente, por correio).
> *Primárias* são atos eleitorais organizados pelos estados e pelos governos locais, em que participa um conjunto amplo de pessoas que expressam a sua opção sobre candidaturas através de voto secreto.

No emblemático ano de 1968, ocorreu uma alteração crucial respeitante ao processo de escolha dos delegados às convenções que nomeiam os candidatos de cada partido.

A alteração foi precipitada por acontecimentos não planeados nem previsíveis: a recusa do Presidente Johnson em se recandidatar e o assassinato de Robert Kennedy. A teimosia da liderança do Partido Democrático em impor, à maneira clássica, a candidatura de Hubert Humphrey na Convenção Nacional de Chicago, suscitou protestos. Estes protestos, misturados com a contestação à Guerra do Vietnam e outros temas da agenda política, assumiram feição veemente no próprio local da convenção e provocaram uma reação desproporcionada da polícia no exterior do local da convenção. Isso teve o efeito de fazer acentuar a pressão pública e intrapartidária de alterações significativas no método de eleição de delegados, por forma a reduzir a influência das lideranças partidárias e a deslocar poder para os cidadãos, tornando-o mais transparente e inclusivo. Na sequência dos trabalhos da Comissão McGovern-Fraser (criada em 1969 pelo *Democratic National Committee*[266]), até à década de 1980, não apenas o Partido Democrático, mas também o Republicano, introduziriam reformas significativas: por um lado, a vinculatividade dos resultados, sejam de *caucus* ou de primárias; por outro, a tendencial opção por primárias. Considerando que os delegados escolhidos por eleição estão vinculados a uma candidatura presidencial, votar neles é o mesmo que votar num candidato presidencial.

Embora não se possa asseverar que a situação é totalmente estável (Nevada mudou de primárias para *caucus* em 2008), o método dos *caucus* é cada vez mais raro[267].

Cada Partido dispõe de alguma liberdade para regular os métodos de eleição de delegados às convenções de designação do seu candidato presidencial. Isso pode traduzir-se em diferenças entre os Partidos (por exemplo, os democratas tendem a aplicar o sistema proporcional[268], enquanto os republicanos optam pelo maioritário, mas a situação não é estável) e de estado para estado[269]. As primárias têm diferentes tipos, sendo a distinção principal entre *primárias abertas* e *primárias fechadas*. Nas abertas pode votar qualquer eleitor, independentemente de estar registado como filiado ou votante do partido que escolhe o respetivo candidato; nas fechadas só votam eleitores registados no partido que escolhe o candidato. Concomitantemente, há sistemas mistos, parcialmente abertos, parcialmente fechados.

As datas (dos *caucus* e das primárias) são fixadas pelas autoridades públicas competentes, uma vez que o momento em que se realizam pode ter influência significativa sobre aspetos táticos e estratégicos de cada candidatura. Por norma, o *caucus* do Iowa

---

[266] Órgão nacional do Partido Democrático, com funções de apoio a candidaturas e de organização de eventos nacionais do Partido, sem autoridade política em relação aos eleitos.

[267] Nas eleições de 2020, podemos usar como referência as primárias e *caucus* realizados pelo Partido Democrático (sendo candidato do Partido Republicano o incumbente Donald Trump). Foram realizados *caucus* no Iowa (3 de fevereiro), no Nevada (22 de fevereiro), na Dakota do Norte (10 de março) e no Wyoming (17 de abril). As primeiras primárias realizaram-se, como habitualmente, no New Hampshire (11 de fevereiro) e na Carolina do Sul (29 de fevereiro). Na super terça-feira (3 de março), realizaram-se 15 primárias (incluindo numa região que não é estado). A última primária, no Connecticut, decorreu em 11 de agosto.

[268] O que não quer dizer que quem tem mais votos ao nível nacional ganha. Em 2008 H. Clinton teve mais votos que Obama, mas foi Obama quem conquistou mais delegados, sobretudo por melhor organização da sua campanha nos *caucus*: ADKINS, Randall. Presidential Campaigns and Elections. *In*: COX HAN, Lori (ed.). *New directions in the American presidency*. New York: Routledge, 2018. p. 31-58. p. 41.

[269] *Ibid.*, p. 34 e 35.

realiza-se entre meados de janeiro e início de fevereiro do ano eleitoral e as primeiras primárias realizam-se no New Hampshire, logo a seguir[270]. Determinante costuma ser a chamada *Super Tuesday* (normalmente em março), inicialmente lançada por estados do Sul, momento em que muitas primárias se realizam em vários estados (14, em 2020, mas pode variar), ficando habitualmente clarificados os candidatos com melhores hipóteses de ganhar a nomeação na convenção nacional respetiva.

A realização de *caucus* e primárias possibilita que alguns milhões de eleitores participem na nomeação dos candidatos a presidente que cada partido irá apresentar.

A generalização das primárias, em particular, induziu a que os delegados possam ter pouco que ver com as estruturas do partido, variando isso de acordo com o tipo de primária praticado. As primárias mitigam o peso das estruturas partidárias permanentes nas convenções nacionais do partido onde é tomada a decisão final, não obstante o uso dos superdelegados e dos delegados não vinculados, o último resquício do controlo partidário. Todavia, são criticadas por facilitarem ou estimularem a escolha de candidatos mais radicais ou mais ideologicamente marcados do que o eleitor-padrão dos partidos, por minorias atuantes, em detrimento de candidatos moderados, normalmente menos apelativos, num momento precoce do processo eleitoral. Por outro lado, arriscam ser fator de desgaste dos candidatos, mesmo antes do momento em que se submetem ao veredicto decisivo do eleitorado. As primárias obrigam a uma aguerrida campanha dentro dos muros do próprio partido. Duas ou várias das mais prestigiadas individualidades de cada partido digladiam-se perante as câmaras da televisão, nos jornais e nas redes sociais durante meses. O objetivo é expor os defeitos

---

[270] O *caucus* do Iowa é especialmente importante, embora não seja decisivo. Sendo o primeiro a realizar-se, em fevereiro do ano eleitoral, podem logo ali ficar definidas tendências e chances, para todo o processo, de candidatos à nomeação, apesar de ser um estado com pouco mais do que 3 milhões de habitantes. O mesmo se aplica às primárias de New Hampshire, realizadas poucos dias depois. A comprovação de correlação — embora não necessariamente de relação causa-efeito — entre a vitória no Iowa e no New Hampshire, ou num deles (ou, pelo menos, um bom resultado) e a nomeação, leva a que esses estados assumam uma desproporcionada importância no cálculo eleitoral dos candidatos à nomeação. Isso suscita várias polémicas. Por um lado, a tal importância estão associados benefícios económicos diretos para os estados, visitas dos candidatos, gastos em publicidade eleitoral e atenção desproporcionada dos candidatos e dos *media*. Por outro lado, os dois estados não são fielmente representativos dos EUA, atendendo quer à percentagem de população negra e latina, quer aos rendimentos, que são, ali, superiores à média nacional. O Iowa, por exemplo, tem um número de brancos, idosos e pessoas ocupadas na agricultura muito superior à média nacional. Por outro lado, ainda, gera-se um sentimento de irrelevância ou de menor importância dos que só realizam os respetivos processos eletivos no final do percurso, com os candidatos já favoritos ou vencedores a realizar um mero exercício de consolidação ou de antecipação da campanha contra o candidato opositor do outro Partido. O fenómeno da discrepante importância dos *caucus* e primárias desses estados leva a várias dinâmicas, como a tentativa de outros estados anteciparem os seus processos e de mudarem calendários eleitorais (Nevada e Carolina do Sul, fizeram-no com sucesso), realizando os *caucus* ou primárias cada vez mais cedo e deixando um intervalo para a convenção nacional cada vez mais prolongado. Cfr. ADKINS, ref. 268, p. 36 *et seq.*

do oponente, muitas vezes recorrendo a acusações de ordem pessoal, campanhas de desinformação e descrédito. Nem sempre os candidatos *outspoken* logram ganhar um *élan* vitorioso com isso, mas há riscos e ficam mossas. Por outro lado, os militantes e ativistas, que se empenharam nas candidaturas internas perdedoras desinteressar--se-ão em número significativo da campanha do candidato do seu partido e poderão até descair para o candidato de outro partido. Algumas pesquisas demonstraram que no início das campanhas eleitorais para a eleição dos grandes eleitores presidenciais, a popularidade dos candidatos de cada um dos partidos decresce de ano para ano, particularmente quando não se apresentam para reeleição e quando as primárias do seu partido foram mais renhidas ou equilibradas.

É nomeado candidato presidencial aquele que obtiver acima de 50% dos votos dos delegados da convenção nacional do partido. Se nenhum candidato obtiver essa maioria, procede-se a sucessivas rondas até ela ser atingida. O candidato presidencial finalmente nomeado designa o candidato a vice-presidente que o acompanha no *ticket* a submeter ao eleitorado e que, uma vez eleito, o substitui nas ausências e impedimentos, incluindo no caso de *impeachment*.

> Na sua versão mais recente, as convenções realizam-se numa cidade da União em julho ou agosto do ano da eleição. O número de delegados eleitos, distribuídos pelos estados de acordo com o número de habitantes, sofre pequenas variações de ano para ano: a convenção do Partido Democrático teve 3.979 em 2020 e 3949 em 2024; a convenção do Partido Republicano teve 2441 em 2020 e 2325 em 2024. Além destes, em cada convenção participam, e votam com maiores ou menores limitações, os chamados *superdelegates* (no Partido Democrático, cerca de 775 em 2020, integrando dirigentes partidários, membros do Congresso, governadores, etc.) ou *unbound delegates* (no Partido Republicano, cerca de três por estado: 110 em 2020 e 104 em 2024)[271]. O estatuto de uns e outros é diferente: os delegados eleitos estão vinculados a votar especificamente no candidato em nome do qual se submeteram a votação (pelo menos nas votações iniciais). Ao invés, os *superdelegados* ou *não vinculados,* quando autorizados a votar (por exemplo, só numa eventual segunda ronda de votação ou quando é seguro que um candidato recebe a nomeação à primeira volta, como sucedeu no caso da nomeação da Kamala Harris, em 2024), são livres de o fazer em qualquer candidato à nomeação.

---

[271] O Partido Democrático, inicialmente mais radical na abertura e por isso mais afetado que o Republicano, adotou na década de 1980 regras garantidoras de que uma percentagem dos delegados à Convenção exprimisse a opinião do aparelho partidário ou dos militantes mais ativos, compensando a redução de peso das estruturas partidárias decorrente da generalização de primárias. O tema tem sido controverso. Ao longo dos tempos os superdelegados tiveram pouco impacto, mas não foram irrelevantes. Obama (2008) e Clinton (2016) só puderam chegar à Convenção do Partido Democrático com a certeza da nomeação devido ao apoio de superdelegados: assim, ADKINS, ref. 268, p. 35 e 54. Cfr. BRAMS, Steven. *The presidential election game*. New Haven: Yale University Press, 1978.

4.2 Sistema eleitoral e escolhas eleitorais

4.2.1 Da República aristocrática à democracia

Como todos os modelos idealizados pelos primeiros liberais, o modelo norte-
-americano assentava numa conceção elitista ou aristocrática do poder. Não obstante a
adesão constituinte ao princípio eletivo, a participação na escolha de titulares de muitos
dos cargos políticos do topo só gradualmente foi sendo franqueada a largos sectores da
comunidade americana. Aderiu-se à república, mas afastou-se a democracia.

A república propugnada pelos *founding fathers* era uma república aristocrática. A
noção de democracia que conheciam — a única ensinada na época — era a de Atenas,
a democracia direta das assembleias de cidadãos. Oriundos de uma certa elite política,
intelectual e económica (sobretudo rural e esclavagista), a ideia de democracia direta
não lhes parecia nem desejável — na medida em que corresponderia ao governo pelas
classes mais desprovidas e incapazes —, nem adaptável aos desafios de um novo e enorme Estado. Pretendiam, sim, moldar alguma coisa que se distinguisse da monarquia,
de que haviam se libertado, e que superasse os seus malefícios; por isso, a ênfase é no
republicanismo e na eletividade e rotação dos titulares dos órgãos. Não é por acaso que
os mandatos dos membros da Câmara dos Representantes são de apenas dois anos (e
em algumas ex-colónias, antes da Constituição de 1787, 6 meses, um ano, etc.), solução
rara no mundo, e que o mandato presidencial é de quatro. Pretendia-se evitar qualquer
risco de que a corruptibilidade latente dos órgãos políticos fosse incentivada e facilitada
por mandatos longos. Só com a chamada democracia *jacksoniana* (Andrew Jackson,
7.º presidente, 1829-1837) o termo democracia começou a ser empregue, sobretudo
por algumas frações que procuravam afirmar a sua identidade através da fixação desse
objetivo, embora essa não fosse praticada em termos reais.

Nas primeiras décadas, com fortes variações de estado para estado, a tendência
mais vincada era para a reserva do direito de sufrágio a indivíduos adultos, do sexo
masculino, de raça branca, que fossem contribuintes ou proprietários. Na época do
Presidente Jackson e na década seguinte, o sucessivo alargamento do sufrágio levou
a que se ficasse cada vez mais próximo, na maioria dos estados, de todos os cidadãos
masculinos, brancos e adultos poderem votar. Todavia, quando Lincoln proferiu o
célebre discurso em Gettysburg, durante a Guerra Civil (1863), aludindo ao "governo
do povo, pelo povo e para o povo", expressão que muitos consideram uma síntese do
princípio democrático, este estava ainda longe de ser cumprido.

O grande passo seria o acesso ao direito de voto pelos cidadãos de raça negra. A
vitória da União na Guerra Civil permitiu que isso assumisse expressão constitucional,
através da 14.ª emenda à Constituição, ratificada em 1868, e, sobretudo, da 15.ª emenda, de
1870, inibidora da restrição do direito de voto por motivos rácicos. Nos anos imediatos, os
eleitores negros tornaram-se maioritários em muitos estados do Sul, condenando o Partido
Democrático ao desaparecimento ou à irrelevância. No entanto, com a normalização das
relações entre republicanos e democratas depois de 1877, deu-se o abandono do Sul pelas
tropas federais e os vencedores da Guerra Civil passaram a uma atitude de tolerância perante
os esforços dos políticos do Sul de reverter os efeitos do alargamento do sufrágio aos negros.

Alterações às regras eleitorais, com uso do *gerrymandering*, introdução de taxas para o exercício do voto, boletins complexos e outros expedientes que dificultavam o voto sobretudo dos negros, levaram a que, em breves anos, poucos tivessem realmente acesso aos mecanismos da decisão democrática (leis de Jim Crow). Desse modo, o Partido Democrático, conservador e representativo dos interesses dos antigos esclavagistas, tornou-se praticamente partido único nos estados do Sul. Isso levou a uma homogeneidade social e política artificial, formada na base da exclusão *de facto de* um amplo setor da população, impossibilitada de participar nos mecanismos da democracia. As barreiras de facto ao voto dos negros reerguiam-se e permaneceriam por muitas décadas. Só na década de 1960 (*Civil Rights Act*, 1964; *Voting Rights Act*, 1965) isso sofreria uma mudança decisiva, sendo eliminada parte substancial dessas barreiras e propiciando-se que o número de cidadãos negros registados para votar subisse de 5% em 1940, para mais perto dos 100%, na atualidade.

Outro campo em que só gradualmente o princípio democrático foi ganhando terreno foi o do voto feminino. O Wyoming, em 1869, foi o primeiro estado a conceder o direito de voto às mulheres, no que foi seguido por muitos estados. Contudo, só em 1920 foi ratificada a 19.ª emenda à Constituição, que proibia a restrição do direito com base no sexo. Pode, portanto, dizer-se que, *juridicamente,* existe sufrágio plenamente universal a partir de 1920.

4.2.2   Atual: processo de eleição do presidente

O processo de eleição do presidente (e do vice-presidente), a cada quatro anos, é especialmente distintivo, merecendo exposição mais pormenorizada. Focaremos especificamente: (i) a eleição dos membros do colégio eleitoral presidencial; (ii) a eleição do presidente e do vice-presidente.

4.2.2.1   A eleição dos membros do colégio eleitoral presidencial

Formalmente, a eleição do presidente e do vice-presidente continua a ser uma eleição indireta, realizada por um colégio eleitoral. No entanto, o modo como as coisas se processam leva a que a eleição se possa considerar como realmente direta. Aí reside uma das especificidades do sistema americano desta eleição.

Na campanha eleitoral para a eleição dos membros do colégio eleitoral participam os candidatos apresentados pelos principais partidos — escolhidos nas respetivas convenções —, outros candidatos conotados com eles que se apresentem também ao eleitorado, embora sem o seu apoio oficial e candidatos de outros partidos, bem como não filiados. A participação dos partidos tem sido desigual a partir do momento em que os candidatos, sem desdenhar embora o apoio financeiro e logístico do partido, preferiram criar as suas próprias equipas de candidatura compostas pelas suas pessoas de confiança.

A eleição dos membros do colégio eleitoral realiza-se na primeira terça-feira seguinte à primeira segunda-feira de novembro do ano anterior ao ano em que termina o mandato presidencial. Em cada estado, é eleito um número de eleitores presidenciais, perfazendo um total de 538[272].

A escolha dos eleitores presidenciais, por se reger pelas regras que cada estado define, começou a ser feita de forma desencontrada: umas vezes eram as legislaturas estaduais; outras uma conjugação do voto das legislaturas e do povo; outros eram escolhidos pelas legislaturas de entre listas votadas pelo povo; outras ainda era só o povo por sufrágio direto, etc.

Hoje os grandes eleitores são escolhidos por sufrágio universal e direto. Em regra, a eleição é feita a uma só volta, em sufrágio de lista completa, por maioria simples. Quem a conseguir, obtém todos os eleitores do respetivo estado, independentemente do número em causa (mesmo nos maiores estados, Califórnia e Texas, com 54 e 40, o vencedor fica com *todos* os eleitores em disputa).

Há apenas algumas exceções a este sistema, no Nebraska e no Maine, que empregam o *Congressional District Method*[273].

4.2.2.2   A eleição do presidente e do vice-presidente

O mandato dos eleitores presidenciais é imperativo (embora não haja sanções para os que votem em candidato diferente do indicado pelo voto popular). Por isso, por norma, logo após a terça-feira da eleição já se sabe quem será o próximo presidente. A votação dos eleitores presidenciais, na primeira segunda-feira depois da segunda quarta-feira de dezembro, reveste-se de um carácter quase ritual.

Isso só não é assim se nenhum dos candidatos obtiver a maioria absoluta (270) dos votos do colégio eleitoral na contagem verificada pelas duas Câmaras do Congresso a 6 de janeiro. Nessa circunstância, a Câmara de Representantes escolherá o presidente

---

[272]   Número equivalente à soma do número de representantes (435), de senadores (100) e dos eleitos pelo Distrito de Colúmbia ou Washington, D.C. (3). O número de representantes de cada estado depende da população, o que implica que possa haver variações se essa população crescer ou decrescer. Por exemplo, a população do Texas cresceu entre 2010 e 2020 cerca de 4 milhões de pessoas. Isso leva a que o número de eleitores no colégio eleitoral subisse de 38 em 2020 para 40 em 2024, acompanhando o aumento do número de eleitos por esse estado para a Câmara dos Representantes.

[273]   Usado no Maine, desde 1972, e no Nebraska, desde 1996, este método, que se afasta do sistema maioritário (*winner-take-all*), tem sido apontado por alguns como um dos modos possíveis de evitar, ou atenuar, algumas distorções na eleição presidencial. Os estados são divididos em circunscrições coincidentes com as das eleições para a Câmara dos Representantes (*congressional districts*). Cada uma elege um eleitor através do sistema maioritário. A par disso, o estado globalmente considerado também funciona como circunscrição eleitoral, elegendo dois eleitores, igualmente de acordo com o método maioritário. Isto permite que os eleitores correspondentes ao estado possam ser distribuídos por mais do que um candidato presidencial. Por exemplo, no Nebraska, em 2008, John McCain ganhou quatro votos, mas Obama também conseguiu um num *congressional district*; no Maine, em 2016 Hillary Clinton obteve três votos eleitorais e Donald Trump obteve um, num dos *congressional districts*.

de entre os cinco mais votados, como sucedeu em 1824, quando a Câmara elegeu John Quincy Adams, candidato que obtivera o segundo número mais elevado de votos de eleitores (84, contra os 99 de Andrew Jackson).

A posse ocorre no dia 20 de janeiro.

4.2.3   *Conclusão parcial*

A forma de escolha do presidente dos EUA é complexa e morosa. Muitos a acham anacrónica e obsoleta, consideradas as condições tecnológicas atuais. Sendo formalmente um sistema indireto, impõe etapas inúteis no processo eleitoral. Além disso, pode provocar distorções nos resultados finais dificilmente conciliáveis com o melhor espírito democrático. Desde logo, porque dá um peso desproporcionalmente superior aos estados e aos eleitores de estados com menos eleitores (como o Alasca e outros estados que têm 3 eleitores, equivalentes a dois senadores e um representante). Por outro lado, o sistema maioritário de lista pode resultar em que, mediante certa conjugação de resultados, um candidato com menos votos populares ganhe as eleições: em cinco ocasiões o Presidente eleito teve menor percentagem do voto popular do que o seu principal opositor: Adams (1824), Hayes (1876), Harrison (1888), G. W. Bush (2000) e Trump (2016). Aliás, em situação extrema, pode até ocorrer que seja eleito um candidato com menos votos populares e *com menos eleitores presidenciais* (como no caso de John Quincy Adams)[274].

Mesmo assim, seria arriscado vaticinar a sua substituição a breve trecho, ponderado o peso da tradição e do conservadorismo institucional, que continua a ser a âncora fundamental de todo o sistema americano[275].

Os analistas políticos têm-se revelado preocupados com as oscilações da participação eleitoral, com tendência para o decréscimo da percentagem de votantes em relação aos eleitores inscritos. Todavia, em eleições muito polarizadas pela personalidade dos candidatos ou pela sua posição sobre alguns temas, a participação eleitoral sofre acréscimos sensíveis[276].

---

[274]   Com um olhar crítico, v. LEVINSON, ref. 178.

[275]   Foram numerosas as tentativas de abolir o sistema do colégio eleitoral, substituindo-o por um sistema de eleição direta, pelo menos desde 1949, altura em que o Senado chegou a adotar uma proposta de emenda constitucional do Senador Norris movida por semelhante intuito. Cfr. CORWIN, ref. 165, p. 151. Desde aí muitas outras tentativas têm sido ensaiadas, sem êxito.

[276]   Para os números recorde das eleições presidenciais de 2020, consulte-se UNITED STATES CENSUS BUREAU. *Record high turnout in 2020 general election.* Disponível em: https://www.census.gov/library/stories/2021/04/record-high-turnout-in-2020-general-election.html. Acesso em: 9 jan. 2025.

5. AMBIENTE CONTEXTUAL QUE CONDICIONA A PRÁTICA INSTITUCIONAL

5.1 *A permeabilidade do sistema político americano às condições tecnológicas da informação*

F. D. Roosevelt só tinha à sua disposição a radiofonia, que usou com eficácia. O primeiro debate televisivo entre candidatos presidenciais, em 1960 (Kennedy-Nixon), replicado em 1976 (Gerald Ford-Jimmy Carter), mostrou o potencial da televisão como palco para ganhar eleições. Os gigantescos investimentos em publicidade paga televisiva continuam a comprovar essa perceção. Mais recentemente, a *internet* e as redes sociais agigantam o efeito, incluindo para o levantamento de financiamentos para a campanha[277]. O uso do *Twitter* (agora *X*) por Donald Trump ao longo dos anos ficou documentado à exaustão. Os presidentes (e os candidatos presidenciais) adaptam-se rapidamente aos desenvolvimentos tecnológicos e deles tiram rendimento máximo. É uma das explicações do sucesso. O diálogo direto com o público através dos meios de comunicação é fundamental: Trump forçou o Partido Republicano a apresentá-lo como candidato, mesmo sem qualquer tipo de carreira política ou partidária e contra a vontade (ou, pelo menos, contando apenas com a vontade contrafeita) de um sem-número das individualidades mais representativas do republicanismo. Trump utilizou a sua maestria para lidar com os *media* e o *X* (que frequentava muito antes de ser candidato e, depois, Presidente) para se impor ao Partido Republicano, contra todos os vaticínios iniciais.

É inelutável o impacto do desenvolvimento tecnológico e da proliferação de meios informativos nos partidos e nos políticos eleitos. Os *media* exercem significativa influência na definição da agenda política, das prioridades e das tendências e, em última análise, na produção de tendências polarizadoras[278]. Por vezes, isso traduz-se num bloqueio que os próprios políticos, feitos pela sociedade da informação, se vêm obrigados a contornar: G. W. Bush procurou fazê-lo (sem sucesso) através de um périplo por 60 cidades, para promover a sua reforma da segurança social, realizando reuniões cara a cara com cidadãos.

A massificação da informação processou-se originariamente por via do modo como as grandes *networks* (cadeias de televisão) americanas operam. Obrigadas a ultrapassar a concorrência num mercado sobrelotado, a informação tem de ser direta, dinâmica, sintética e, sobretudo, atrativa. Algumas privilegiam mais o conflito de personalidades do que o debate de ideias ou a ação dos partidos, que são entidades sem rosto,

---

[277] A *internet* passou a ser um instrumento das campanhas eleitorais por volta de 1992. O *YouTube* (2005), o *Twitter* (2006), o *Facebook* (criado em 2004, de acesso geral desde 2006), alargaram substancialmente os horizontes de campanhas políticas, permitindo não apenas o contacto direto e não filtrado dos candidatos com cidadãos, mas a aferição do impacto e da aceitação dessas mensagens através de *likes* e outros sinais reativos. O número de seguidores tornou-se um barómetro de popularidade que nenhum candidato com aspirações desvaloriza.

[278] Assim, AZARI, ref. 257, p. 73.

demasiado abstratas para aparecerem no ecrã. Mais recentemente, esse panorama foi complementado e exponenciado pelo elevado grau de penetração e diversificação das redes sociais, particularmente nos escalões etários mais jovens, cultoras de discursos e mensagens diretas, simplificadas (frequentemente simplistas), agressivas (quando não a raiarem o insulto), sobre temas precisos.

O resultado é o relevo alcançado por individualidades que cultivam a controvérsia e procuram a notoriedade, em prejuízo das organizações. Além disso, a função de filtragem de candidatos aos cargos, dantes desempenhada quase integralmente pelos partidos e agremiações políticas, é hoje invadida pelos *media* e pelas redes sociais. São eles que determinam quem tem visibilidade. A seleção é feita segundo critérios que têm pouco que ver com a valia do programa político defendido pela pessoa que aparece no *ecrã*, mas com a atitude, o modo de estar, a telegenia, o *soundbite*, a rapidez de reação, a espetacularidade. Mas é uma seleção imensamente eficaz, uma vez que altíssima percentagem dos eleitores descobre quem é "importante" na política nacional através dos 15 a 30 minutos diários de noticiário, dos 25 minutos dos debates televisivos ou dos *talk shows*, dos *reality shows*, dos *tweets*, dos perfis. A notoriedade de Donald Trump, que o levou à presidência em 2016 e 2024, foi, afinal, apenas a mais recente e eloquente expressão dessa tendência.

Por outro lado, criam um ambiente propício a uma *relação direta* entre os candidatos e os eleitores, secundarizando a importância dos partidos, líderes e militantes partidários. Mas o declínio da influência dos partidos e a ação dos *media* parece ter suscitado consequências cuja importância ainda não pode ser medida com segurança. Sendo visível que a notoriedade mediática se atinge através do conflito ostensivo, artificial ou não, e do discurso alternativo, a política americana evoluiu para padrões menos consensuais que no passado. Os acordos e as plataformas comuns parecem mais distantes. O radicalismo sempre esteve presente na vida política americana, mas sempre foi periférico ao debate político central. Hoje, parece adquirir centralidade.

5.2   *Uma instituição americana: os* lobbies

Sintomaticamente, mesmo a atividade de *lobbying*, tão omnipresente na cultura política norte-americana, é obrigada a adaptar-se.

A cultura política norte-americana não considera a existência de grupos de interesse prejudicial ao interesse comum. O que os *founding fathers* consideravam indesejável e pernicioso era a persistente captura do poder por um ou vários grupos, em detrimento e sem possibilidade de participação dos demais, em termos de equilíbrio. Quase todos os americanos pertencem a um grupo de interesses institucionalizado; muitos, a vários. O pluralismo endémico da sociedade norte-americana (teorizado por Robert Dahl em sua obra *Who Governs? Democracy and Power in the American City*, publicada em 1961) favorece a distribuição do poder e o jogo próprio de múltiplos (grupos de) interesses em competição. Na versão mais favorável, o livre jogo dos grupos de interesse, numa situação de igualdade de armas, conduz a uma situação de equilíbrio virtuoso e de repartição justa dos recursos. O fenómeno dos grupos de pressão (*lobbies*, na expressão imputada a Samuel Finer, 1955, embora haja notícia do uso pelo Presidente U. Grant e por políticos ingleses de séculos anteriores), é uma face visível desta conceção original (grupos afins, que por vezes se confundem: *grassroots*, *caucus* de senadores e representantes, *think tanks, political action committees* ou PAC)[279].

Ignorados noutras latitudes ou olhados com desconfiança noutros Estados, neles por vezes até confundidos ou identificados com interesses e métodos ilegítimos, na América do Norte têm existência pública, autorizada e institucionalizada (parcialmente, desde, pelo menos, 1876, através de deliberação da Câmara dos Representantes e, a nível federal, por legislação vária, a partir de meados do século XX).

A par dos *inside lobbyists*, que são funcionários da organização titular do interesse a promover, há empresas que oferecem os seus serviços por meio de canais comerciais ostensivos — *outside lobbyists*. Com grande incremento a partir da década de 1990, registados aos milhares, particularmente em Washington, centro do poder federal, mobilizando milhares de milhões de dólares (seguramente, considerados bem gastos), procuram convencer os órgãos políticos, os partidos políticos e a própria opinião pública (*lobby* indireto) da validade dos seus pontos de vista. Os mais poderosos, ativos e influentes, são os do famoso complexo industrial militar, os do *oil and gas*, os financeiros, os do setor tecnológico, os da saúde e os de vários domínios industriais, comerciais e agrícolas. A eficácia dos *lobbies* tem, todavia, levado muitos outros interesses a converter-se, incluindo os de grupos de cidadãos que simplesmente promovem causas de interesse público.

Também os grupos de pressão se têm confrontado com a atomização da política americana, que os obriga a adaptar-se a uma maior independência dos eleitos e a dispersão dos centros de decisão. Hoje em dia não basta já convencer o presidente de uma comissão decisiva da Câmara de Representantes do mérito de um projeto legislativo. Muito mais pessoas têm de ser persuadidas, entre lideranças partidárias, representantes e senadores, membros do *staff*, colaboradores pessoais dos congressistas, assessores das comissões, etc. Pode suceder que seja difícil saber quem tem de ser convencido e do quê. Por isso, as situações de *revolving door* (contratação de ex-senadores, representantes, funcionários, que conhecem bem as pessoas e os processos, por entidades de *lobbying*) são frequentes.

---

[279] Sobre grupos de interesse ou de pressão, pode consultar-se, por todos, BAUMGARTNER, Frank; LEECH, Beth. *Basic interests: the importance of groups in politics and in political science.* Princeton: Princeton University Press, 1998; KEY, V. O. *Politics, parties and pressure groups.* New York: Thomas Y. Crowell Company, 1958; LEHMAN, Kay; TIERNEY, John T. *Organized interests and American democracy.* New York: Harper & Row, 1986; McFARLAND, Andrew. *Common cause: lobbying in the public interest.* Chatham: Chatham House Publishers, 1984; BERRY, Jeffrey. *The interest group society.* 2. ed. New York: Harper Collins, 1989; WOODSTOCK THEOLOGICAL CENTER. *The ethics of lobbying: organized interests, political power, and the common good.* Washington, DC: Georgetown University Press, 2002; GRANT, Thomas (org.). *Lobbying, government relations and campaign finance worldwide.* Oxford: Oceana Publications, 2005; BAUMGARTNER, Frank *et al. Lobbying and policy change: who wins, who loses, and why.* Chicago: University of Chicago Press, 2009; HOLYOKE, Thomas. *The ethical lobbyist: reforming Washington's influence industry.* Washington, DC: Georgetown University Press, 2015; FINNER, ref. 154, p. 208 *et seq.*

6. O CERNE DO SISTEMA DE GOVERNO: A RELAÇÃO DINÂMICA ENTRE PRESIDENTE E CONGRESSO

Multiplicando-se as ocasiões de governo dividido, potenciadas por eleições que ocorrem a meio do mandato presidencial (*midterm elections*), em momento de quebra dos índices de popularidade do incumbente, como vimos ocorrer mais repetidamente nas últimas décadas, o efeito desagregador, de radicalização dos partidos pilares do sistema americano, pode prenunciar maior cadência de situações de bloqueio interinstitucional.

No passado, a aclamada proximidade ideológica entre esses partidos, permitiu a criação de plataformas, consensos e concertações interinstitucionais e bipartidárias, o que permitiu aproximar o caso americano das chamadas democracias parlamentares consociativas europeias[280]. Aparentemente, esses tempos, propícios à negociação de acordos estruturais, interpartidários, a médio ou longo prazo, ficaram para trás. Possivelmente, os inconvenientes do bloqueio mútuo, da acentuação do conflito, da inadequação da legislação fruto de negociações e compromissos, do aumento dos custos das medidas, do triunfo da retórica populista, das ameaças de *impeachment,* do impedimento de o presidente cumprir o programa para que foi eleito e da dificuldade de imputação de responsabilidade pelo insucesso (défice de *accountability*), serão mais frequentes.

Fez-se menção às divergências dos *fundadores* sobre a posição relativa entre o executivo (presidente) e o legislativo (Congresso). Dessas divergências decorrem dois modelos de relacionamento: o *madisoniano* e o *hamiltoniano*. A alternância entre estes dois modelos, em numerosas versões e combinações, sempre aplicados com maleabilidade e alternando de acordo com o contexto político, foi um dos traços que permite explicar não apenas a durabilidade de um sistema de governo com mais de dois séculos, mas também a capacidade de *delivery* do governo.

No passado, não era inexorável a correlação entre governo dividido, ou seja, de coabitação entre o presidente e uma ou duas Câmaras do Congresso com maiorias do partido adverso (ou com maiorias de congressistas adversos), e o modelo *madisoniano*. Tampouco o era a correlação entre governo unificado, ou seja, de coexistência do presidente com maiorias do mesmo partido nas duas Câmaras do Congresso (o que alguns designam por *second-best of Westminster*, possibilitando o *responsive party government*), e o modelo *hamiltoniano*. Desde logo, porque o contexto permitiu que, até recentemente, a aritmética pudesse ser contrariada ou corrigida pelo comportamento dos protagonistas, presidenciais e congressistas. Ronald Reagan, Presidente republicano (1981-1989), conseguiu persuadir cerca de duas dezenas de representantes democratas oriundos dos estados do Sul (*Reagan democrats*) a viabilizar componentes do seu programa.

No presente contexto, abundantemente analisado nas secções anteriores, afigura-se que, em situações de *governo dividido,* o presidente é forçado a cingir-se a uma versão adaptada do *modelo madisoniano*, em que pode ter de se submeter ao Congresso em muitos domínios. Nas atuais condições de polarização partidária, a alternativa é o bloqueio. Todavia, merece observação contínua saber até que ponto o Congresso se

---

[280]   NOHLEN; GARRIDO, ref. 16, p. 67.

prevalece do poder legislativo exclusivo que a Constituição lhe confere, se continua a ser tolerante com o uso de instrumentos paralegislativos unilaterais pelo Presidente (com reiterada contestação, que se pode tornar obstaculizante), se usa poderes que lhe podem dar maior controlo sobre agências do executivo, se acentua os crescentes sinais de usar o seu poder orçamental sem atender à vontade presidencial, mesmo no tocante à política externa; se o Senado continua a apertar o seu escrutínio das nomeações presidenciais e se assume maior protagonismo na política externa (em 2013, o Congresso recusou autorizar o Presidente Obama a realizar uma operação militar na Síria, caso sem precedentes, mas que passa a constituir precedente).

Em casos de *governo unificado*, o presidente pode inspirar-se numa versão reforçada do *modelo hamiltoniano*, com forte liderança presidencial e instrumentalização das maiorias no Congresso. Donald Trump, beneficiando de maiorias nas duas Câmaras, manifestamente enveredou por esse caminho no primeiro mandato (2017-2021), embora não sem resistências. O segundo mandato (2025-...), que, segundo os indicadores mais salientes, lhe traz Poder reforçado, acentua a interrogação sobre se a crescente polarização partidária e a aversão ao consenso não arriscam transformar o sistema presidencial equilibrado em um *sistema presidencial de presidente dominante*, apoiado por um partido e congressistas fiéis, reféns da popularidade e do favor presidencial e beneficiário de alguma indulgência do Supremo Tribunal, maioritariamente composto por juízes conservadores.

7. CONCLUSÃO

A instituição presidencial é laconicamente tratada na Constituição. Os redatores de Filadélfia, divididos sobre a figura, chegaram a um equilíbrio que apontava para um presidente (ou "executivo") fraco, cercado por mecanismos limitativos, subordinado ao Congresso. Por isso, transparece da versão literal da Constituição um contexto normativo fundamentalmente hostil à liderança presidencial[281].

Todavia, existe consenso em que a parcimónia constitucional na definição dos poderes presidenciais deixou um amplo vazio suscetível de preenchimento conforme a estrutura política e económica o determine, os atores políticos saibam e queiram assumir liderança, e o contexto permita ou exija. Esse espaço foi gradualmente preenchido com uma densificação interpretativa das normas constitucionais favoráveis ao reforço da posição presidencial (v.g. veto, poderes normativos, defesa e política externa, poderes de emergência). Por via disso, na interpretação dominante da Constituição, o sistema presidencial americano é tomado como um sistema de separação e equilíbrio entre presidente e Congresso e não de predomínio de um desses órgãos. Por isso, o usaremos nos capítulos subsequentes não apenas como *tipo ideal*, mas também como referência dos sistemas presidenciais com equilíbrio.

Todavia, se os vazios constitucionais puderam consentir essa interpretação de equilíbrio institucional, também legitimam *práticas institucionais* de predomínio pre-

---

281 VAUGHN, ref. 208, p.261.

sidencial, mais ou menos episódico, mais ou menos prolongado, em função do *contexto* e da *capacidade de liderança* dos titulares do cargo.

O contexto é conhecido: os EUA tornaram-se gradualmente a potência política, militar e económica que são hoje. Isso obrigou a um crescimento incessante e imparável do *executive branch,* no que toca ao aparelho administrativo, aos recursos humanos e materiais comprometidos, e às políticas públicas. A braços com responsabilidades externas e internas, Woodrow Wilson e F. D. Roosevelt deram corpo ao sentido moderno de presidência, que se viria a tornar imperial com a Guerra Fria. Gradualmente, instalaram-se expetativas de que o presidente assumisse a liderança da Nação americana e cumprisse o *American dream.*

Liderança é a capacidade de fazer a diferença, dentro do certo contexto. Depende de características pessoais de quem está investido no cargo: empatia, talento comunicativo, capacidade organizativa, habilidade política, visão, capacidade cognitiva, inteligência emocional[282]. Depende, também, de variáveis de contexto: existência ou não de governo unificado; se se trata do primeiro ou do segundo mandato; se é ano de eleições presidenciais e se o presidente conta candidatar-se; se é ano de eleições intermédias; quão dependentes da *performance* presidencial estão as perspetivas eleitorais dos membros do Congresso[283]. Muitas outras variáveis devem ser consideradas se se pretender um quadro completo.

O contexto e as características de liderança de alguns Presidentes "fortes" — *hamiltonianos* — levaram à sucessão de períodos de predomínio presidencial, muito além do que os *founding fathers* podiam adivinhar ou aceitar. Embora os Presidentes "fortes" (como Washington, Jackson, Lincoln, Theodore Roosevelt, Wilson, F. D. Roosevelt, Nixon, Reagan e Trump) sejam habitualmente seguidos de Presidentes "fracos" ou *madisonianos*[284], os adquiridos da posição presidencial ficam[285].

É certo, todavia, que a Constituição não foi avara na especificação de limites ao poder presidencial. O presidente está investido do poder executivo, mas o Congresso dispõe formalmente de vastos *checks and balances* que limitam (ou podem limitar, assim o Congresso os exerça) o exercício daquele poder. A prática presidencial impôs o veto como instrumento negativo, unilateral, de promoção, imposição ou condicionamento da agenda legislativa. Porém, o Congresso pode, a qualquer momento, impor a última palavra, ainda que com união de esforços bipartidários.

---

[282] Cfr. GREENSTEIN, Fred. *The presidential difference: leadership style from FDR to Barack Obama.* 3. ed. Princeton: Princeton University Press, 2009.

[283] VAUGHN, ref. 208, p. 260.

[284] O que é um presidente forte e quem pertence ao clube é, obviamente, propício a intermináveis e inconclusivos debates. POSNER; VERMEULE, ref. 55, p. 184 e 185, sustentam que um presidente forte é habitualmente seguido por um ou vários presidentes fracos.

[285] Ainda que não seja raro que o Congresso, em períodos de presidentes fracos, procure recuperar terreno, eventualmente através de legislação reversora. Os esforços são quase sempre infrutíferos.

O presidente exerce, na prática, um poder quase reservado na política externa e de defesa[286]; o Congresso pode, a qualquer momento, abandonar a propensão para a passividade e usar mecanismos de que dispõe para se impor[287]. Por isso, podia um autor escrever há várias décadas (1972) que, em diferentes épocas "da nossa história, um ou outro dos órgãos foi mais influente, mas nenhum deles dominou consistentemente o Governo dos Estados Unidos"[288]. Ou, numa imagem mais recente, podemos acompanhar Posner e Vermeule: a tendência de reforço dos poderes e da posição do presidente no sistema de governo pode ser representada com um gráfico similar ao que mostra a evolução histórica do PIB ou das cotações em bolsa, com tendência normalmente crescente, embora com intervalos de zonas planas[289].

Dadas as suas características de órgão singular, a sua forte legitimidade eleitoral e as suas competências, o presidente funciona como motor da decisão política, sendo, por isso, geralmente tomado como o líder da Nação americana e, consequentemente, o líder mais poderoso do globo. No entanto, os *checks and balances* de que dispõem o Congresso e o Supremo Tribunal, juntamente com a possibilidade de delinear e impor um programa político próprio em certos contextos, obrigam, amiúde, o Presidente a apostar na negociação e na persuasão com vista a alcançar plataformas de entendimento e condições políticas de execução da sua agenda, com as matizações circunstancialmente impostas[290]. Em alguns casos, isso supõe cedências em relação a pretensões provenientes de setores do Congresso.

Nas últimas décadas, o reforço da coesão ideológica e organizativa dos partidos e a pronunciada tendência para a polarização levam a que, nas situações de governo dividido, as conhecidas cooptações de membros do partido oposto pelo presidente se tornem menos frequentes e viáveis. Isso leva a que o processo legislativo não seja, necessariamente, *de sentido único*, acabando por cobrir não apenas a agenda presidencial, mas também outras agendas. E, por vezes, não chega a bom termo, sendo isso, de certa forma, também uma manifestação de equilíbrio, embora um equilíbrio de soma zero — no sentido de que ninguém ganha — e não o equilíbrio *madisoniano*.

---

[286] O que alimentava a clássica a construção de Aaron Wildavsky dos dois presidentes: *"The United States has one president, but it has two presidencies; one presidency is for domestic affairs, and the other is concerned with defense and foreign policy"*, v. WILDAVSKY, Aaron. The two presidencies. *Trans-Action*, v. 4, p. 7-14, 1966. Refutando essa tese, embora reconhecendo a posição liderante do presidente no domínio da defesa e política externa, como *"first mover"*, v. ROTTINGHAUS, ref. 222, p. 138.

[287] Recordem-se episódios históricos em que o Congresso assumiu maior poder e protagonismo: o pós-I Guerra, com a recusa da ratificação da Liga das Nações; o período da Guerra Fria; a Guerra do Vietnam: cfr. ROTTINGHAUS, ref. 222, p. 127.

[288] VOLKOMER, ref. 154, p. 386.

[289] POSNER; VERMEULE, ref. 55, p. 184.

[290] Tal permite a autores clássicos como NEUSTADT, ref. 154, p. 33, defender que a Constituição americana de 1787 não criou um governo com poderes separados, mas sim um governo com instituições separadas que partilham o poder.

Ao invés, as mesmas tendências do sistema partidário conduzem a que, em situações de governo unido, a separação de poderes na visão de Madison — ou a divisão do Poder, na aceção inicialmente apresentada — seja mais ilusória do que alguma vez foi.

Subcapítulo II

O PODER DO PRESIDENTE NA EXPANSÃO E CONSOLIDAÇÃO DO SISTEMA PRESIDENCIAL, PARTICULARMENTE NA AMÉRICA LATINA

1. A EXPANSÃO DO SISTEMA PRESIDENCIAL, EM GERAL

O primeiro movimento de expansão do sistema presidencial verificou-se na América Latina, pelo que é estudado com desenvolvimento. Mas os demais continentes, a começar pela Europa, não ficaram alheios.

Na Europa avulta a Constituição francesa de 4 de novembro de 1848, fruto da revolução ocorrida no mesmo ano. O sistema presidencial, ali acolhido, não copiava integralmente o americano, mas tinha similitudes. Um parlamento com câmara única de 750 deputados eleitos por sufrágio universal (ainda não praticado nos EUA à época), convivia com um presidente, também eleito por sufrágio universal, com mandato de quatro anos (como nos EUA), mas sem possibilidade de reeleição. O presidente não podia dissolver o parlamento, nomeava e demitia livremente os ministros, e tinha poder de iniciativa legislativa (inexistente nos EUA). Nada de preciso resultava sobre a responsabilidade do executivo perante o parlamento.

O Príncipe-Presidente Luís Bonaparte foi eleito em 10 de dezembro de 1848. Porém, um plebiscito realizado em 21 e 22 de novembro de 1852 formalizou a extinção da República e a restauração do Império sob Napoleão III[291]. Dir-se-á que a experiência francesa e o seu desenlace vacinaram o continente europeu — e, à cabeça, a França — em relação à importação e consagração formal do modelo ideal de sistema presidencial ou, mais latamente, de presidente governante. Casos como o dos últimos anos da República de Weimar, antes da sua capitulação perante o nazismo, o de França da V República, o de Chipre ou o da Polónia, num curto período da presidência de Wałęsa, são fruto de *basculações* ou de *mutações* do sistema de governo constitucionalmente consagrado.

---

[291] Mais pormenores em: CHEVALLIER, Jean-Jacques. *Histoire des institutions et des régimes politiques de la France de 1789 à 1958*. 9. ed. Paris: Éditions Armand Colin, 2001. p. 231 *et seq.*

Em África, quer o hábito ancestral de obediência à autoridade tradicional[292], quer a propensão de as ditaduras militares, quando promovem transições alegadamente democráticas, escolherem sistemas de presidentes governantes, quer ainda a circunstância de sistemas de partido único reproduzirem tendencialmente, em situação de transição para o multipartidarismo, uma estrutura presidencializada similar à normalmente existente naquele partido único, conduziu quase sempre a sistemas de presidentes governantes, mesmo em situações em que os índices democráticos atingem os limiares mínimos. Trata-se, afinal, de uma expressão do *big man rule*, que se diz endémica na região. Os sistemas parlamentares são, em número reduzido, a maior parte implantada em antigas possessões britânicas; mas, mesmo aqui, nem todos resistiram. E os sistemas semipresidenciais, escolha tradicional de antigas colónias francesas e portuguesas, também não abundam ou têm dificuldade em subsistir, como mostram experiências recentes na Guiné-Bissau, no Senegal ou na Tunísia[293].

Caso da Guiné-Bissau
Na Guiné-Bissau tem-se assistido, em todo o período de vigência da Constituição de 1984, a sucessivos momentos de tensão entre presidente da República e primeiro-ministro, com tendência para a presidencialização do sistema. O episódio mais recente desembocou na dissolução da Assembleia Nacional, em dezembro de 2023, pelo Presidente Umaro Sissoco Embaló, e instalação de um governo de iniciativa presidencial, que permanece em janeiro de 2025.

Caso do Senegal
O Senegal é considerado um sistema estável e com razoáveis índices de vivência democrática[294]. A Constituição de 2001[295] consagra um sistema semipresidencial, com

---

[292] Por baixo desta consideração genérica de obediência escondem-se, no entanto, muitas realidades. O fenómeno da autoridade tradicional está longe de ser uniforme, mesmo em países de menor dimensão. Na Guiné-Bissau, com cerca de dois milhões de habitantes e pouco mais de 36.000 km², várias etnias (Balanta, Fula, Mancanha, Manjaco, Mandinga, Papel) seguem sistemas de liderança e organização diferentes, uns verticais e hierarquizados (Fula, Manjaco, por exemplo) outros horizontais (Balanta), uns basicamente hereditários, outros com intervenção de processos de consensualização sobre os titulares (chefes de tabanca, régulos, conselhos de anciãos, etc.). Mas parece que o princípio geral do *chefe* é o que em média melhor caracteriza a autoridade tradicional. Na Guiné-Bissau isso tem óbvia expressão nas persistentes tendências para um dos órgãos de governo unipessoais, presidente da República ou primeiro-ministro, reivindicar para si a exclusividade do Poder, recusando a sua partilha com o outro titular. Sobre o poder tradicional (com foco especial em Angola), v. VALERIANO, João. *A institucionalização do poder tradicional em Angola*. Coimbra: Almedina, 2020.

[293] A relação entre os sistemas de governo dos países colonizadores e os sistemas de governo adotados pelos novos Estados independentes é, por exemplo, estudada por: BERNHARD, Michäel; REENOCK, Christopher; NORDSTROM, Timothy. The legacy of Western overseas colonialism on democratic survival. *International Studies Quarterly*, v. 48, n. 1, p. 225-250, mar. 2004.

[294] EIU, 5,48, democracia com falhas, 2023; Polity 5, +7; Freedom House, partly free, 67/100, 2023.

[295] Usa-se o texto consolidado pelo Conselho Constitucional, v. SENEGAL. [Constituição (2010)]. *La constitution*. Dacar: Conselho de Governo, 2010. Disponível em: https://conseilconstitutionnel.sn/la-constitution/. Acesso em: 28 mar. 2024.

primeiro-ministro duplamente responsável perante o presidente e a Assembleia Nacional (artigo 53.º). Todavia, em maio de 2019, o cargo de primeiro-ministro foi abolido pelo Presidente, pelo que o sistema, com presidente investido na posição de chefe de Estado e de governo, eleito diretamente para mandatos de cinco anos, seria qualificável como de presidente governante. O cargo de primeiro-ministro foi reintroduzido em dezembro de 2021. Em setembro de 2022, após as eleições legislativas ganhas pelo campo presidencial, o Presidente Macky Sall nomeou Amadou Ba como Primeiro-Ministro.

As pretensões de Macky Sall a candidatar-se a um terceiro mandato foram sustidas, designadamente pelo Conselho Constitucional, que desempenhou um papel fundamental na imposição da realização de eleições antes da data do fim do mandato de Macky Sall, em abril de 2024. Em março de 2024 foi eleito Bassirou Diomaye Faye, que nomeou Ousmane Sonko como Primeiro-Ministro. Oposicionistas do Presidente, ambos haviam saído da prisão poucos dias antes do escrutínio. O futuro dirá se o formato semipresidencial constitucionalmente previsto se recompõe.

Caso da Tunísia
Depois da Revolução de Jasmim, em 2011, a Constituição de 2014 estabeleceu um sistema semipresidencial. Todavia, o sistema não chegou, verdadeiramente, a impor-se. Em setembro de 2021, num ambiente conflitual com a maioria da Assembleia dos Representantes do Povo, o Presidente Kaïs Saïed suspendeu-a e demitiu o Governo. Em 25 de julho de 2022 foi realizado um referendo que, com participação na ordem dos 30%, aprovou a nova Constituição de 2022. Esta consagra um sistema híbrido de presidente governante, com parlamento bicameral e um governo cuja investidura não requer a confiança do parlamento e só pode ser demitido por uma moção de censura adotada por dois terços dos membros das duas Câmaras, em sessão conjunta. Em 6 de outubro de 2024 realizaram-se eleições presidenciais, as primeiras depois da nova Constituição. Vários candidatos, designadamente os principais opositores de Kaïs Saïed, foram impedidos pelo órgão de administração eleitoral de se submeter ao voto. A maioria dos Partidos boicotou as eleições. Saïed obteve 90,69% dos votos, com uma participação eleitoral de 28,8%.

O novo sistema de governo tunisino foi instalado há pouco tempo; posto isto, ainda não é possível concluir se, de facto, ele preenche os indicadores mínimos de respeito pelos preceitos do funcionamento democrático, da separação funcional de poderes e da divisão do Poder exigíveis[296].

Na Ásia, a influência americana fez-se sentir fortemente após a II Guerra. Particularmente, nos sistemas de grandes Repúblicas como a Indonésia, as Filipinas, a Re-

---

[296] EIU, 5,51, democracia com falhas; Polity 5, sem dados recentes; Freedom House, partly free, 51/100, 2023.

pública da Coreia, Taiwan e outros[297], todos eles constitucional ou realmente sistemas de presidentes governantes.

Um contributo relevante para a expansão resultou da desagregação da União Soviética. Nas quinze novas ordens constitucionais construídas, os caminhos foram diferenciados. Algumas optaram por sistemas parlamentares (Estónia, Letónia), outras semipresidenciais (Lituânia, Moldávia até 2001, Ucrânia e outros), mas a maioria, sobretudo na região euroasiática, inclinou-se para sistemas presidenciais (ou em alguns casos, presidencialistas). E, nem sempre, os quadros constitucionais conseguiram resistir à força da realidade constitucional[298]. A própria Federação Russa oscilou entre um sistema nominalmente semipresidencial e realmente de presidencialismo de presidente ou de primeiro-ministro (consoante o lugar ocupado por Putin).

2.   EM PARTICULAR, A EXPANSÃO DA AMÉRICA LATINA

Logo, desde o início do século XIX, registou-se o primeiro movimento de expansão do sistema de governo presidencial[299]. Quase todos os países latino-americanos que não mantiveram a forma de governo monárquica depois das independências e adotaram regimes republicanos, tomaram o sistema norte-americano como referência, muito por falta de alternativa (embora a Constituição de Cádis de 1812 e as experiências inglesa

---

[297]   Mesmo no Japão, onde MacArthur consentiu a continuação da figura do Imperador como *"the symbol of the State and of the unity of the People"*. O desenho da função do primeiro-ministro na Constituição de 1946 não fugiu ao perfil presidencial. V. JAPÃO. [Constituição (1946)]. *The Constitution of Japan*. Tóquio: National Archives of Japan, 1946. Disponível em: https://japan. kantei.go.jp/constitution_and_government_of_japan/constitution_e.html. Acesso em: 28 mar. 2024.

[298]   Cfr. HALE, Henry. Formal constitutions in informal politics: institutions and democratization in post-Soviet Eurasia. *World Politics*, v. 63, n. 4, p. 581-617, out. 2011.

[299]   BOAS, Taylor. *Presidential campaigns in Latin America: electoral strategies and success contagion*. New York: Cambridge University Press, 2016; BATTLE, Margarita. *Sistemas de partidos multinivel en contextos unitarios en América Latina: los casos de Ecuador, Perú, Bolivia y Colombia (1978-2011)*. 2012. Tese (Doutorado em Procesos Políticos Contemporáneos) – Universidad de Salamanca, Salamanca, 2012; ALBALA, Adrián. Presidencialismo y coaliciones de gobierno en América Latina: un análisis del papel de las instituciones. *Revista de Ciencia Política*, v. 36, n. 2, p. 459-479, 2016; ALCÁNTARA SAEZ, Manuel. *Sistemas políticos de América Latina*. 2. ed. Madrid: Tecnos, 1999; ALEMÁN, Eduardo; TSEBELIS, George. *Legislative institutions and lawmaking in Latin America*. Oxford: Oxford University Press, 2016; ALEMÁN, Eduardo; SCHWARTZ, Thomas. Presidential vetoes in Latin American constitutions. *Journal of Theoretical Politics*, v. 18, n. 1, p. 98-120, 2006; LLANOS, Mariana; MARSTEINTREDET, Leiv (ed.). *Presidential breakdowns in Latin America: causes and outcomes of executive instability in developing democracies*. New York: Palgrave MacMillan, 2010; AMES, Barry. *The deadlock of democracy in Brazil*. Ann Arbor: University of Michigan Press, 2001; LANZARO, Jorge (ed.). *Presidencialismo y parlamentarismo: América Latina y Europa Meridional*. Madrid: Centro de Estudios Políticos y Constitucionales, 2012; AMORIM NETO, Octavio. *Presidencialismo e governabilidade nas Américas*. Rio de Janeiro: FGV Editora, 2006; GARGARELLA, ref. 153; SAMUELS; SHUGART, ref. 19; NOHLEN; GARRIDO, ref. 16; ALCANTARA; BLONDEL; THIEBAULT, ref. 16; ALTMAN, ref. 19.

e francesa tenham exercido também, aqui e ali, alguma influência)[300]. Verificou-se, porém, a situação paradoxal de, tomando-o como referência, logo se afastarem dele. Outras influências e outros contextos assim o ditaram[301]. Surgiram embriões de várias modalidades de sistemas presidenciais: sistemas que preservam o núcleo basilar dos elementos constitutivos de um sistema presidencial, tal como assentes pelo sistema de referência, mas se divorciam dele em alguns aspetos.

As independências na América Latina deram lugar a mais de cem Constituições até ao final do século XIX, por vezes em vertiginosa sucessão. O pensamento constitucional que as enformava não era unitário, oscilando entre duas correntes principais e uma menos forte: a liberal, inspirada nos ventos vindos de França e, mais pronunciadamente, dos EUA, defensora dos ideais do liberalismo, da autonomia individual, da separação de poderes e de divisão do Poder; a conservadora, defensora de poder executivo forte e centralizado, menos preocupada com a liberdade e aberta à influência religiosa[302]; a corrente radical democrática, cuja referência intelectual pode ver-se em Rousseau.

Partindo dessa perspetiva, é na segunda corrente que se pode filiar o pensamento de Simón Bolívar (1783-1830)[303], influente e prevalecente em parte dos desenvolvimentos constitucionais dos novos Estados republicanos. Bolívar não renegava totalmente os constitucionalismos americano e europeus; mas estava claramente mais próximo dos modelos das Constituições napoleónicas de 1799, 1802 e 1804[304]. Frisava a necessidade de adaptar os quadros constitucionais republicanos à realidade política e social pós-independências, preconizando um

---

[300] Como nota Jean Blondel, na página 56, quando os Estados latino-americanos acederam à independência no século XIX, não havia outros modelos de referência, v. BLONDEL, Jean. The character of the 'government' in Latin American presidential republics. In: ALCÁNTARA, Manuel; BLONDEL, Jean; THIÉBAULT, Jean-Louis (ed.). Presidents and democracy in Latin America. New York; London: Routledge, 2018. p. 55-71.
Cfr. PIZA ROCAFORT, Rodolfo. Influencia de la Constitución de los Estados Unidos en las Constituciones de Europa y de América Latina. Revista de la Facultad de Derecho de la Universidad Complutense, n. l5, p. 667-687, 1989; CHEIBUB, ref. 19, p. 151, recorda que a opção pelo sistema presidencial foi precedida por alguma experimentação, designadamente em torno de formas de monarquia eletiva ou hereditária; CHEIBUB; ELKINS; GINSBURG, ref. 48, p. 4.

[301] Outras influências, designadamente constitucionais, como a Constituição de Cádiz de 1812. Por exemplo, o instituto da referenda dos secretários de Estado e da informação destes ao Congresso, que ainda hoje vigora na Constituição mexicana de 1917, vem daí.

[302] Assim, HIRSCHL, ref. 110, p. 170. Sobre o constitucionalismo latino-americano inicial, v. GARGARELLA, ref. 153. (Podendo, todavia, apontar-se algumas deficiências metodológicas, designadamente a assunção do hiperpresidencialismo como um traço geral e indistinto dos sistemas latino-americanos e a associação mecânica do sistema presidencial aos défices de participação política e de respeito dos direitos fundamentais).

[303] Bolívar foi presidente da Venezuela em dois períodos: 1813 a 1814 e em 1819. Foi presidente da Grã-Colômbia (que abrangia os territórios da atual Colômbia, Equador, Panamá e Venezuela) entre 1819 e 1830. Também exerceu a presidência da Bolívia, em 1825, e do Peru, entre 1824 e 1827 (países que não se integraram à Grã-Colômbia).

[304] GARGARELLA, ref. 153, p. 34.

reforço do executivo central, nas mãos do presidente, uma debilitação ou recusa do federalismo e a atribuição do direito de voto apenas a grupos selecionados[305]. A Constituição venezuelana, de 1811, materializou a primeira corrente, gerando condições para um sistema político (com um executivo tricéfalo) fraco e incapaz de consolidar a transição entre o domínio colonial e o novo poder político independente. Duramente criticada por Bolívar, rapidamente entrou em colapso, sendo substituída pela de 1819 (Congresso de Angostura). No Peru, a Constituição de 1823 estava animada pela inequívoca vontade de limitar o poder executivo e de atribuir predomínio ao parlamento. No entanto, a opção logo foi retificada em 1828[306].

A generalidade das Constituições que se seguiram a esta primeira vaga, particularmente depois da aproximação/fusão entre as linhas conservadoras e liberais, em meados do século XIX, pressionadas pelos movimentos democráticos, na Europa e na América Latina, seria menos recetiva aos ideais da liberdade pessoal, da participação alargada, da limitação do executivo e da descentralização do poder[307]. Embora os órgãos colegiais (*cabildos* locais, congressos) tenham antecedido os presidentes (não considerando o Brasil), seriam estes — muitas vezes investidos em, ou confundidos com funções militares — que viriam a sobressair em nome da consolidação das independências e das instituições, da integridade do território do Estado e, sobretudo, para assegurar o domínio de uma elite substituta das oligarquias coloniais[308].

Muitas das Constituições que se seguiram à primeira vaga constitucional pós--independências, desenhadas no âmbito da fusão conservadora/liberal, expandiram os poderes do presidente em relação aos demais órgãos, propiciando que o executivo predominasse sobre o legislativo, em moldes que poderiam pulverizar a própria ideia liberal de separação de poderes[309]. Os controlos horizontais escasseavam, mas também os verticais, por ausência de verdadeiro federalismo, mesmo em Estados nominalmente federais, como a Argentina, a Venezuela ou o México[310].

---

[305] Cfr. NEVES, Rômulo. *Cultura política e elementos de análise da política venezuelana*. Brasília: Fundação Alexandre de Gusmão, 2010. p. 119. Para uma síntese da influência de Simón Bolívar no pensamento constitucional pós-colonial na América Latina, HIRSCHL, ref. 110, p. 171 *et seq.*; GARGARELLA, ref. 153.

[306] Outros exemplos de Constituições recetivas a uma visão liberal — influenciadas pela Constituição de Cádiz, de 1812 —, por vezes com contributos radicais, com impacto na moderação do Poder: Argentina, 1826; Chile, 1828; México, 1824; Uruguai, 1830. Cfr. GARGARELLA, ref. 153, p. 42.

[307] Para uma revisão breve, v. NEVES, ref. 305; GARGARELLA, ref. 153, p. 65 *et seq.*

[308] NOHLEN; GARRIDO, ref. 16, p. 40 *et seq.*

[309] CARPIZO, ref. 119, p. 17. Com várias expressões: GARGARELLA, ref. 153, p. 34, elenca o modelo teocrático do Equador, autoritário e isolacionista do Paraguai, imperial do Brasil, de supremo poder conservador do México.

[310] NOHLEN; GARRIDO, ref. 16, p. 41, 46 *et seq.*

Em termos reais, as Repúblicas não seguiram caminhos materialmente diferentes da Monarquia, como mostra a comparação com o que até então se passava no Brasil Imperial sob a Carta Constitucional de 1824[311].

A história mostra que a adoção de um *sistema presidencial* com *presidente forte* não foi uma mera consequência temporária de imperativos instigados pelos momentos iniciais das independências. Ainda que episodicamente desafiado (no Chile, no Uruguai, no Brasil), com maior ou menor acentuação dessas características, o sistema presidencial adaptou-se a fenómenos distintos e, às vezes, antagónicos: instabilidade das primeiras décadas das independências; advento das ideias liberais ao longo do século XIX; queda do Império brasileiro (numa ocasião histórica em que a opção pelo sistema presidencial não tinha de ser tão instintiva como no período das independências); democratização (real ou nominal), decorrente do alargamento do sufrágio, entre o final do século XIX e o século XX; regimes autoritários em vários países na primeira metade do século XX; (re)democratização do pós-II Guerra Mundial; e, de novo, regimes autoritários nas décadas de 1960 e 1970. Bem, pode dizer-se que o sistema de presidente governante, na modalidade de sistema presidencial, criou raízes na América Latina e resistiu a tudo.

Resistiu, inclusive, aos regressos à família democrática, no contexto da chamada terceira vaga[312] (entre 1978 e 1994[313]). A tendência foi de retorno ao passado, ou seja, de retomada dos sistemas vigentes antes do interregno autoritário-militar-burocrático, quase sempre sistemas presidenciais, embora com grandes doses de hibridização. O resultado disso é a quase inexistência de dois sistemas iguais na região. Mais raramente, consagraram-se sistemas que, no papel, se podem qualificar de híbridos ou semi-presidenciais, embora sem nunca conseguirem, verdadeiramente, se impor ao nível da prática institucional. Além disso, resistiu às crises sociais do final do século XX e início do século XXI, derivadas da aplicação das políticas do consenso de Washington. Aliás, o reforço do Poder presidencial foi, em muitos casos, a resposta encontrada para enfrentar tais políticas[314].

Sem embargo, a generalizada confirmação de sistemas presidenciais enfrentou resistências, ao nível do debate público e doutrinal, no período da redemocratização ocorrida a partir do final da década de 1970. Enunciamos no início os termos essenciais do debate, lançado por Juan Linz, Arturo Valenzuela e outros, que salientaram as virtudes do sistema parlamentar e vincaram os efeitos perniciosos do sistema presidencial ou presidencialismo no continente. Porém, sem embargo de alguns

---

[311] O caso brasileiro poderia ter tido réplicas em toda a América Latina, caso tivesse vingado na região de língua espanhola o espírito dos primeiros impulsos independentistas. Próximo disso, ficou o esforço de Bolívar. Em 1819, na Venezuela, propôs a criação de uma presidência vitalícia, à imagem da monarquia. Em 1828, autoproclamou-se presidente vitalício, a pretexto de manter a Grã-Colômbia unida.

[312] HUNTINGTON, ref. 2, p. 22.

[313] Cfr. *supra*, Capítulo I, Introdução.

[314] GARGARELLA, ref. 153, p. 277.

retrocessos democráticos e convulsões cíclicas, e ainda que persistam fenómenos — transversais a quase toda a América Latina — como o caudilhismo, clientelismo ou patrimonialismo e personalismo[315], a democracia, com mais ou menos falhas, instalou-se e logrou consolidar-se na maior parte dos países da região, ao abrigo de uma opção essencialmente presidencial.

Algumas Constituições adornam o sistema presidencial com mecanismos consagrados nos sistemas parlamentares e semipresidenciais; em alguns casos, desenvolveram-se consistentes práticas de consociativismo, tradicionalmente associadas a estes dois sistemas. E é certo que, do ponto de vista estritamente jurídico-institucional, Constituições como a uruguaia, a equatoriana ou a peruana dão guarida a presidentes governantes cujos estatutos suscitam dificuldades de filiação dentro do quadro presidencial. Sem embargo, a propensão natural, mesmo nos casos de fronteira, é para o figurino presidencial perseverar. A histórica resiliência do sistema presidencial ficou, mais uma vez, comprovada[316].

Na verdade, alguns dos receios de Linz, Valenzuela e outros, alinhados pelo mesmo diapasão, não se concretizaram, tiveram rara expressão ou foram superados por soluções institucionais ou pela prática política. O conflito de legitimidades e o risco de bloqueio recíproco, decorrente de uma oposição maioritária e disciplinada — ou, pior, desorganizada — no parlamento, não se pode considerar regra.

O recurso a instrumentos atípicos ou *ad hoc*, ou o desvio do uso de alguns mecanismos, como o *impeachment*, para a destituição presidencial, tem contraindicações por inconsistência sistémica, mas, em muitos casos, tem servido de válvula de escape que obsta à permanência de um presidente desgastado e sem apoio político durante o período remanescente de um mandato fixo. Hochstetler frisava, em 2008, que o *impeachment* (e a "queda" de presidentes, em geral) na América Latina tinha dado, sempre, lugar a novos presidentes civis e não a experiências ou derivas autoritárias[317]. Esse apontamento continua a ser verdade, o que reforça a ideia de que o *impeachment* serve mais para *salvar* ou *sanear* o sistema do que para o *subverter*.

A responsabilização política do presidente através de eleições não é sempre impossível, podendo, pelo menos, realizar-se por ocasião da candidatura a um segundo

---

[315] Assim, por exemplo, ALCÁNTARA, Manuel. Politics in Latin America in the past third of a century (1975-2015). *In:* ALCÁNTARA, Manuel; BLONDEL, Jean; THIÉBAULT, Jean-Louis (ed.). *Presidents and democracy in Latin America*. New York; London: Routledge, 2018. p. 5-22; THIÉBAULT, Jean-Louis. Presidential leadership in Latin America. *In:* ALCÁNTARA, Manuel; BLONDEL, Jean; THIÉBAULT, Jean-Louis (ed.). *Presidents and democracy in Latin America*. New York; London: Routledge, 2018. p. 24.

[316] SHUGART; CAREY, ref. 13, p. 3, sublinham que historicamente nenhum sistema presidencial se transformou em parlamentar, havendo, todavia, exemplos da hipótese inversa. Cfr., porém, a Constituição chilena entre 1891 e 1925, em que vigorou o impropriamente chamado período parlamentar, na medida em que os ministros (mas não o chefe do governo) podiam ser objeto de censura pelo parlamento.

[317] HOCHSTETLER, Kathryn. Repensando el presidencialismo: desafíos y caídas presidenciales en el Cono Sur. *América Latina Hoy*, v. 49, p. 51-72, 2008. p. 54.

mandato, cuja habilitação (ao invés do que ocorria no final do século XX) ganha crescente expressão nos sistemas de presidentes que governam, incluindo os presidenciais. O enfraquecimento da oposição e a tendência para partidos débeis é desigual de Estado para Estado. A proximidade entre as Forças Armadas e o presidente, e o eventual perigo de instrumentalização daquelas, ou, pelo contrário, a sua desafetação em relação a presidentes impopulares ou antagónicos, não tem sido, em geral, uma ameaça à democracia[318]. A hipótese de candidatos extrapartidários, "independentes", estranhos ao sistema, "antipolíticos" ou sem passado político, com os alegados eventuais inconvenientes[319], está sempre latente, dadas as condições favoráveis que são geradas pela endémica incapacidade dos partidos do sistema de representarem as aspirações de mudanças económicas e sociais de parcelas volumosas da população; mas é o traço que afeta, transversalmente, as democracias modernas e não apenas as da América Latina ou de outras regiões. E é hoje claro que as coligações de partidos com assento parlamentar para suporte ao governo, exigidas por situações de governo dividido, se tornaram regra em muitos países de presidentes que governam — sejam juridicamente presidenciais ou híbridos, ou faticamente mutantes[320]. Na verdade, elas instalaram-se no dia a dia da política interna, com resiliência e boa durabilidade (mesmo em casos de mais extrema fragmentação, como o do Brasil ou do Chile), e com prémio eleitoral à capacidade dos presidentes de construí-las[321].

Na América Latina, as elites locais veem-se, persistentemente, confrontadas com as equações derivadas da ausência de homogeneidade social, regional, étnica, económica, religiosa e outras, e a braços com situações de pobreza, desigualdade e dependência[322] que questionam regularmente a eficácia, a representatividade e, em última análise, a legitimidade do sistema político. Perante isso, não encontram me-

---

[318] O que não quer dizer que estejam totalmente ausentes do espaço político, como mostra a sustentação do governo venezuelano, a discreta indicação da porta de saída a Morales e o pronunciamento mais recente contra Luis Arce, na Bolívia, ou a assistência aos governos do Brasil, do Chile, do Equador ou do Peru, quando há problemas de ordem pública mais graves.

[319] Para reapreciações recentes, v. THIÉBAULT, ref. 315, p. 26; COELHO, André Luiz. *Por que caem os presidentes? Contestação e permanência na América Latina.* Rio de Janeiro: Mórula Editorial, 2022. p. 46 *et seq.*

[320] CHAISTYI; CHEESEMAN; POWER, ref. 92, 214, *passim*, notam que a proporção de presidentes (e primeiros-ministros) cujos partidos não dispõem de apoio maioritário no parlamento é de quase dois terços nos anos 2000. Preferimos a expressão *presidentes de governos divididos* à de *presidentes minoritários*. Esta assenta melhor nas situações em que o presidente não é apoiado eleitoralmente por maioria absoluta dos eleitores ou, eventualmente, nem sequer foi apoiado pela maioria simples dos eleitores, tendo, todavia, beneficiado de eleição parlamentar.

[321] THIÉBAULT, ref. 315, p. 31.

[322] Partindo embora de uma visão marxista, deve realçar-se a importância universal do trabalho seminal: CARDOSO, Fernando Henrique; FALETTO, Enzo. *Dependencia y desarrollo en América Latina: ensayo de interpretación sociológica.* Lima: Instituto de Estudios Peruanos, 1967. Mais recentemente, o desenvolvimento de linhas paralelas traduziu-se na teoria dos sistemas-mundo, v. WALLERSTEIN, Immanuel. *World-systems analysis: an introduction.* Durham: Duke University Press, 2004.

lhor resposta institucional do que manter a conjugação entre o sistema de governo presidencial e as eleições parlamentares com representação proporcional. Daí a sua longa persistência, de séculos, não obstante os desafios à governabilidade que, quase em todas as latitudes, esta combinação suscita, mormente pela excessiva fragmentação partidária.

A erosão dos sistemas partidários, o descrédito da representação política e dos partidos, a fragmentação, a polarização e a volatilidade, são problemas agudos dos sistemas políticos democráticos, transversais a todos os sistemas de governo. Haverá casos com singularidade própria. Mas, em termos gerais, pode admitir-se que nenhum daqueles problemas é causado ou tampouco agravado por opções referentes aos sistemas de governo: a opção por qualquer destes não tem efeitos automáticos, seja de intensificação ou de mitigação daqueles problemas. Todos aqueles fenómenos, que se têm acentuado nas últimas décadas, tanto são registados em sistemas presidenciais, como semipresidenciais, parlamentares ou híbridos. Há polarização (embora sem fragmentação partidária) nos EUA, como há polarização (com fragmentação) na Holanda. Há fragmentação (com alguma polarização) no Brasil, no Peru, no México, em Espanha[323]. Há laivos ou manifestações intensas de polarização em ambiente de sistemas eleitorais essencialmente maioritários e essencialmente proporcionais.

Algo similar se observa quando se avaliam as condições de estabilidade e governabilidade. Um sistema presidencial pode ser tão instável e incapaz de gerar soluções de governabilidade como o sistema parlamentar de assembleia da I República em Portugal, da República Italiana ou da III e IV Repúblicas em França; e sistemas híbridos ou semipresidenciais, podem ser tão instáveis como eles (sirvam aqui os casos de França da V República, desde 2022, dramatizado em 2024, e da Bulgária em 2024). O sistema híbrido do Equador, entre 1996 e a eleição de Rafael Correa, em 2006, gerou seis Presidentes; o semipresidencial Peru conheceu seis Presidentes desde a eleição de Pedro Pablo Kuczynski, em 2016, até ao ano de 2024.

O debate sobre qual o mais virtuoso sistema constitucional de governo esmoreceu, mas não desapareceu; em ocasiões, até recrudesce. Mas relevam alguns dados novos em relação aos das últimas décadas do século passado.

Primeiro, a "candidatura" semipresidencial adquiriu peso (designadamente, no Brasil, no México e no Chile), alimentado por sólidas experiências e aplicações em várias zonas do globo (mas não na América Latina, mesmo nos países que conhecem Constituições nominalmente semipresidenciais, como o Peru).

No momento atual, o panorama regional é chamado a adaptar-se a fenómenos nunca vistos, como a generalização da tendência de fragmentação e polarização partidárias (antes fenómeno isolado, quase circunscrito ao Brasil anterior a 1964 e ao Chile

---

[323] Estudámos 55 atos eleitorais realizados em 37 países e na União Europeia entre o final de 2023 e o início de 2025, concluindo por uma tendência global generalizada para a fragmentação: V. CANAS, Vitalino. O estado das democracias: o que dizem 55 eleições em 37 países e na União Europeia? *Polis*, n.º 9 (II série), p. 9-24, 2025.

de 1973), as dificuldades da democracia representativa e as transformações tecnológicas da comunicação.

Como se assinalou, em todos os ciclos antes enumerados — independências, liberalismo, democratização entre o final do século XIX e o século XX, autoritarismo, (re) democratização do pós-II Guerra Mundial, de novo autoritarismo nas décadas de 1960 e 1970 e, por fim, a (re)democratização — o quadro constitucional norte-americano não foi seguido à letra, nem no desenho institucional do sistema de governo, nem na estrutura federal.

Atualmente, tendem a aprofundar-se as diferenças. Alguns autores notam até um padrão comum à América Latina, que não se encontra noutras regiões, o que lhes permite afirmar que a geografia também conta. Esse padrão passaria, à cabeça, por os sistemas presidenciais latino-americanos atribuírem aos presidentes importantes poderes legislativos, designadamente no domínio orçamental, bem como poderes referentes à declaração e execução dos estados de exceção ou emergência[324]. Pode acrescentar-se a generalizada ausência de controlo parlamentar sobre as nomeações de ministros e outros altos funcionários administrativos. Mas há outras diferenças, particularmente no que toca: (i) à inter-relação e equilíbrio entre os órgãos políticos; (ii) à possibilidade de reeleição; (iii) à estrutura do executivo; (iv) à possibilidade de remoção do presidente; (v) à relação com o poder judicial. Mesmo que não se registassem importantes diferenças ao nível da prática institucional — e registam-se —, só estas diferenças constitucionais já justificariam que se afaste a ideia da existência de *um* sistema presidencial com características uniformes e se proceda à definição de uma *tipologia dos sistemas presidenciais*, mantendo embora a espinha dorsal comum do modelo presidencial[325].

Subcapítulo III

A FUGA AO TIPO IDEAL DE SISTEMA PRESIDENCIAL

1. AS TENDÊNCIAS

Periodicamente, as elites políticas e intelectuais de um corpo político enfrentam a necessidade de alcançar ou de repor equilíbrios entre (i) o objetivo de um executivo forte

---

[324] CHEIBUB; ELKINS; GINSBURG, ref. 48, p. 24-25.

[325] Afastando-se a ideia de que os sistemas presidenciais da América Latina são sistemas presidenciais *imperfeitos* ou funcionam de forma *imperfeita*, como está referido em: NOVAIS, ref. 12, p. 207.

e bem alicerçado, (ii) que possa desenvolver uma linha coerente de política, escolhida entre as várias alternativas, (iii) que integre as sensibilidades que pontificam no universo político e social e (iv) que esteja rodeado de mecanismos de controlo e limites. Essa nunca acabada busca do equilíbrio institucional ótimo mostra algumas regularidades.

Primeiro, a dinâmica dos sistemas presidenciais e dos sistemas parlamentares — particularmente dos tributários do chamado sistema de Westminster e dos que incorporam esquemas de racionalização —, na sua vasta pluralidade, é, hoje, mais confluente do que há algumas décadas[326]. Fala-se de presidencialização do sistema parlamentar e, mais recentemente, de parlamentarização do sistema presidencial[327].

Segundo, acentuam-se as tendências universais e progressivas de *hibridização*[328], seja por via de correções e arranjos institucionais hibridizantes, seja por ajustamentos na prática institucional precipitados pelo ambiente contextual[329]. Tal fenómeno regista-se particularmente em Estados que sofreram transições ou alterações políticas e constitucionais bruscas e recentes e procuram conjugar "o melhor dos vários mundos" para exorcizar os males apontados a cada modelo ou adaptar-se a realidades nacionais; causam situações de fronteira, cinzentas, dúbias. As alterações hibridizantes umas vezes traduzem-se no robustecimento, outras no enfraquecimento da posição presidencial.

---

[326] Essa tendencial confluência é mais vincada nos sistemas de coalizão (utilizamos esta expressão quando nos referimos ao Brasil) consolidados e maduros, como o brasileiro, mas também se deteta noutros sistemas. Por exemplo, pode afirmar-se que ao mesmo tempo que a *colegialidade* do funcionamento do gabinete dos sistemas parlamentares — ou governo ou conselho de ministros — diminui, com deslocamento do poder de decisão para outras instâncias, designadamente o primeiro-ministro, alguns indicadores de *colegialidade* e de *parlamentaridade* tendem a instalar-se em sistemas presidenciais (que não o norte-americano), porventura por influência da tradição europeia. Não apenas naqueles casos em que está constitucionalmente prevista a existência de um órgão colegial, mas também naqueles em que não está, registam-se práticas de reuniões regulares dos ministros/secretários, coordenação por um deles ou por outra entidade, correspondência entre a composição do governo e os partidos da coligação, etc. Explorando o tema, embora com amostra não totalmente representativa, v. BLONDEL, ref. 300.

[327] V. VALADÉS, ref. 42. Como se verá, o que designa por parlamentarização consiste na inserção em sistemas qualificados como presidenciais de mecanismos que normalmente existem em sistemas parlamentares (e, na verdade, também semipresidenciais, como as perguntas ao governo, interpelações, participação dos ministros em debates, debate do programa de governo, moções de confiança e de censura, poder de dissolução do parlamento. Como veremos, esses e outros mecanismos, independentemente da sua fonte, são fatores de hibridização e não necessariamente de parlamentarização. Um sistema presidencial em que os ministros possam simplesmente participar nas sessões do parlamento, intervindo (como no Brasil, artigo 50.º, §1), absorve uma nota de hibridismo, mas não fica parlamentarizado só por isso. NEGRETTO, ref. 209, p. 145, fala, de maneira mais refinada, de *introdução de instituições parlamentares*.

[328] E não apenas do sistema presidencial, embora a tendência se tenha gerado, sobretudo, ao nível da hibridização construída sobre a base do sistema presidencial.

[329] A noção de contexto tem várias aceções, podendo até se falar de vários contextos. NOHLEN; GARRIDO, ref. 16, p. 318 *et seq.*, aludem a contexto conceitual, político e institucional, histórico, económico, social, sociocultural (cultura democrática ou ausência, atitude confrontacional, polarização, fervor militante, níveis de desconfiança nas instituições, nos políticos, nas eleições).

Terceiro, tornou-se comum que cada novo processo constituinte ou de revisão constitucional, em vez de aderir mecanicamente, *mutatis mutandis,* a modelos estabelecidos, ensaie novas fórmulas de desenho institucional. Em alguns casos, esse processo gera sistemas que, em rigor, não se podem reconduzir ao modelo presidencial, como em Angola ou no Equador (que apresentaremos no local próprio). Outras vezes, o processo de hibridização não é tão profundo ou imaginativo que saia dos tipos clássicos dos sistemas de governo, implicando apenas novas modalidades ou ramificações deles. Por ora, interessam-nos especificamente as modalidades de sistemas presidenciais.

2. TIPOLOGIAS

Para estabelecer uma tipologia das modalidades de sistemas presidenciais, os alicerces são, antes do mais, fornecidos pelas normas constitucionais. A perspetiva constitucional é, no essencial, a que resulta da estrita interpretação da constituição, usando os métodos próprios da hermenêutica jurídica.

Todavia, mesmo permanecendo nesse domínio, a interpretação e a aplicação de mecanismos constitucionais podem ser desviadas da sua intenção original se a expressão literal dos preceitos for suficientemente elástica, vaga ou indeterminada para uma interpretação evolutiva ou extensiva ou se a realidade constitucional o impuser[330]. Exemplo do primeiro caso é o recurso ao *impeachment* quando as normas que o regulam são ambíguas, indeterminadas ou vagas, permitindo interpretações discrepantes. Veja-se, a propósito, o artigo 225.º da Constituição do Paraguai, que determina que o presidente e outros titulares de altos cargos "podrán ser sometidos a juicio político *por mal desempeño de sus funciones,* por delitos cometidos en el ejercicio de sus cargos o por delitos comunes"[331] (grifo nosso). Exemplos do segundo caso são as situações em que as normas constitucionais são claras quanto à ilegitimidade de usar o *impeachment* para responsabilização política do presidente por mau desempenho das suas funções, mas, mesmo assim, o mecanismo é desencadeado com o fito de sancionar esse mau desempenho.

Em sucessivas secções, percorreremos algumas opções cuja adoção é suscetível de ter repercussão na modalidade de sistema presidencial:

(i) Modo de eleição do presidente, duração e renovabilidade do mandato presidencial;

(ii) Poderes presidenciais;

---

[330] Sobre a abertura da interpretação constitucional à realidade contextual v., por exemplo, NOVAIS, ref. 12, p. 156 *et seq.*

[331] "Poderão ser submetidos a juízo político pelo mau desempenho das suas funções e por delitos cometidos no exercício dos seus cargos ou por delitos comuns" (tradução nossa). V. PARAGUAI. [Constituição (1992)]. *Constitución de la República del Paraguay.* Asunción: Convención Nacional Constituyente, 1992. Disponível em: https://siteal.iiep.unesco.org/sites/default/files/sit_accion_files/constitucion_de_la_republica_del_paraguay.pdf. Acesso em: 28 mar. 2024.

(iii)   Simplicidade ou complexidade do executivo;
(iv)   Estrutura unicameral ou bicameral do parlamento;
(v)   Sistema eleitoral do parlamento.

2.1   Modo de eleição do presidente, duração e renovabilidade do mandato presidencial

2.1.1   Eleição presidencial

Ainda antes do ato eleitoral propriamente dito — e do sistema eleitoral praticado — é crescentemente relevante o modo como os candidatos presidenciais são selecionados. Umas vezes fruto de arranjos estatutários internos aos partidos, outras da lei ordinária e até de normas constitucionais, as eleições primárias para designação de *candidatos* presidenciais têm vindo a generalizar-se em vários Estados (Argentina, Chile, Colômbia, República da Coreia, Costa Rica, México, Paraguai, Taiwan, Uruguai e outros). A seleção através de eleições primárias com ampla participação popular tem repercussão diferente de uma mera deliberação da elite que compõe os órgãos partidários, como veremos no capítulo sobre a presidencialização dos partidos[332]. Pode reforçar a independência do presidente em relação às lideranças partidárias e a sua legitimidade decorrente de uma escolha mais alargada do que a efetuada por elites partidárias circunscritas. Mas uma contenda demasiado polarizada e apertada também pode transmitir uma imagem de candidato de fação, incapaz de unir os próprios votantes habituais do partido.

O modo base da eleição presidencial é a eleição por sufrágio universal ou por um colégio de grandes eleitores escolhidos por sufrágio universal, especificamente constituído para eleger o presidente (como nos EUA e na Argentina, até 1994).

Um dos desvios ao modelo base é a adoção do método da eleição parlamentar do presidente e não por voto direto popular. Muitos dos exemplos são memória histórica. A Constituição do México de 1824 estabelecia um sistema de eleição indireta, pelas legislaturas de cada estado. No Chile, pela Constituição de 1925 (artigos 63.º e 64.º), se nenhum candidato obtivesse mais de metade dos votos válidos, caberia às duas câmaras do Congresso, reunidas em conjunto, escolher entre os dois candidatos com mais elevadas maiorias relativas. Todavia, nas três situações em que isso ocorreu entre 1932 e 1970, o Congresso escolheu o candidato com mais votos, incluindo no caso de Allende, em 1970 (embora tenha havido pressões para que assim não fosse). A Constituição do Uruguai de 1930 fazia o presidente ser eleito pela Assembleia Geral, órgão composto pelos membros das duas câmaras do parlamento, onde pontificavam os caudilhos ou seus *testas de ferro*. Na Constituição brasileira de 1934, disposições transitórias permitiram a eleição indireta de Getúlio Vargas[333]. Na Bolívia, até 2009, a Constituição estabelecia

---

[332]   *Infra*, capítulo VI.

[333]   E atualmente, o artigo 81.º, §1º, da Constituição de 1988, prevê a eleição pelo Congresso Nacional caso os cargos de presidente e vice-presidente vaguem nos dois últimos anos do mandato em curso. Esse também é o caso no Chile. V. BRASIL [Constituição (1988)]. *Constituição da República Federativa do Brasil de 1988*. Brasília, DF: Senado Federal, 1988. Disponível em: https://www.planalto.gov.br/ccivil_03/constituicao/constituicao.htm. Acesso em: 9 jan. 2025.

que, se nenhum dos candidatos obtivesse maioria na votação popular, competiria ao Congresso escolher entre os três (ou dois) mais votados. Durante várias décadas, quase todos os presidentes bolivianos foram eleitos segundo tal método[334].

Ainda atual é o caso do Suriname, onde o presidente e o vice-presidente são eleitos por voto de dois terços dos membros da Assembleia Nacional ou por maioria simples da Assembleia Popular (órgão com composição mais numerosa do que aquela). Mas, como se verá, trata-se de um sistema constitucionalmente híbrido, embora funcionando como presidencial, com presidente reforçado.

A fórmula constitucional da eleição do presidente pelo parlamento não compromete, por si só, a qualificação do sistema como presidencial, na medida em que não afeta os atributos básicos deste. Sendo inexistentes os exemplos atuais, não é possível retirar conclusões definitivas sobre a possibilidade de a sua operação poder inclinar o sistema para qualquer tipo específico de sistema presidencial. Mas é certo que os casos da Bolívia e do Chile mostraram um claro pendor de enfraquecimento da posição presidencial.

Na esmagadora maioria dos casos, os presidentes dos sistemas presidenciais — e, mais geralmente, dos sistemas de presidentes governantes, pode-se adiantar — são eleitos por sufrágio universal direto. Os sistemas de eleição são basicamente três: por maioria relativa, por maioria relativa desde que atingido um limiar — percentual ou de outra natureza — e por maioria absoluta.

Perguntados sobre qual proporciona melhores condições de *legitimidade*, de *eficácia* e, por extensão, de *robustez* do mandato presidencial, é plausível que a intuição dos estudantes de ciência política apontasse para os sistemas de maioria absoluta. Em contrapartida, o sistema de maioria relativa geraria menor legitimidade, menor eficácia e perfis mais débeis do mandato presidencial. Pode-se invocar a História política a favor dessa intuição apriorística: Allende (Chile) foi eleito com 36%, ao abrigo de um sistema de maioria simples, o que constitui uma das explicações possíveis para a sua debilidade política. Todavia, há exemplos de sinal contrário: Rodrigo Duterte (Filipinas) foi eleito em 2016 com 39% e exerceu um mandato musculado.

A tendência mais recente tem sido a de fugir ao sistema de maioria relativa, o mais seguido nas décadas de 1950 e 1960[335], eventualmente devido à referida intuição apriorística sobre a sua menor virtualidade legitimadora, mas também por algumas dinâmicas dos sistemas partidários o terem incentivado[336]. No mesmo período, registou-se também a revisão de várias constituições de modo a permitir a recandidatura e a

---

[334] V. o desenvolvimento *infra*.

[335] NEGRETTO, ref. 209, p. 136.

[336] Por exemplo, o aumento do número de partidos com ambições ao "primeiro prémio" do sistema exerce pressão no sentido de adotar sistemas com duas voltas. V. PAYNE, Mark; ALLAMAND ZAVALA, Andrés. Sistemas de elección presidencial y gobernabilidad democrática. *In:* PAYNE, Mark; ZOVATTO, Daniel; MATEO DÍAZ, Mercedes (org.). *La política importa: democracia y desarrollo en América Latina*. Washington, D.C.: Banco Interamericano de Desarrollo / Instituto Internacional para la Democracia y la Asistencia Electoral, 2006, p. 19-40. Disponível em: https://www.idea.int/sites/default/files/publications/la-politica-importa-democracia-y--desarrollo-en-america-latina.pdf. Acesso em: 10 out. 2024.

reeleição por, pelo menos, uma vez, a ponto de a imposição de um único mandato ter deixado de ser a regra[337]. O tema será objeto da secção seguinte.

Não obstante a perda do predomínio, o sistema de maioria relativa continua a averbar um número significativo de casos: Filipinas, Honduras, México, Nigéria, Paraguai, República da Coreia, Taiwan, (e outros não abrangidos pelo presente estudo, entre os quais, Venezuela, Nicarágua, Panamá). Mas, em alguns casos, estabeleceu-se um limiar mínimo que, se não atingido por nenhum candidato, obriga a uma segunda volta. Por exemplo: 40% na Costa Rica; 40% ou 45%, consoante a distância para o segundo candidato mais votado, na Argentina; 40% e uma diferença de pelo menos 10% para o segundo colocado, no Equador e na Bolívia.

O sistema mais comum é o da eleição por maioria absoluta, com necessidade de segunda volta se nenhum candidato obtiver 50%, mais um voto (*ballotage*)[338]: Brasil, Chile, Chipre, Colômbia, El Salvador, Gana, Indonésia, Malawi, Peru, República Dominicana, Uruguai e outros.

A intuição de superior *legitimidade*, *eficácia* e *robustez* do mandato presidencial, em caso de sistemas de maioria absoluta, é irrefutável quando o candidato ganhador consegue a eleição à primeira volta. Nessas circunstâncias, quanto mais robusta for a maioria, mais verdadeira será essa afirmação.

Porém, não pode dizer-se, *a priori,* que o sistema de eleição presidencial por maioria relativa é *sempre*, além de menos legitimador, menos eficaz que o de maioria absoluta. Há consenso, baseado em dados empíricos, de que os sistemas de maioria absoluta incentivam, em geral — mas não sempre —, resultados menos robustos na primeira volta do que os sistemas de maioria relativa e contribuem, mais do que os sistemas de maioria relativa, para a fragmentação partidária. Em princípio (derrogável), os sistemas de maioria relativa: (i) encorajam a diminuição do número de candidatos presidenciais (e, potencialmente, de partidos concorrentes em eleições parlamentares simultâneas), na medida em que incentivam mais a coligações pré-eleitorais[339] e à concentração de votos nos candidatos com possibilidade de triunfar; (ii) favorecem a formação de maiorias no parlamento[340]; e (iii) favorecem a governabilidade[341]. Ou seja, os intuitivamente esperados ganhos dos sistemas de maioria absoluta em comparação com os sistemas

---

[337] A possibilidade de reeleição presidencial tornou-se um fenómeno largamente difundido na América Latina, conjeturando-se que isso tenha conduzido a uma vantagem excessiva dos incumbentes, como se pode retirar da circunstância de conseguirem a reeleição numa taxa superior ao que sucede noutras latitudes: THIÉBAULT, ref. 315, p. 132.

[338] Para a América Latina, v. ALCÁNTARA, ref. 315, p. 9. Todavia, apontam-se contraindicações: cfr. PAYNE; ALLAMAND ZAVALA, ref. 336, p. 36.

[339] Quando o sistema não está de tal forma polarizado que impeça coligações: PAYNE; ALLAMAND ZAVALA, ref. 336, p. 24.

[340] NEGRETTO, ref. 209, p. 135 (acrescentando, porém, que isso é assim sobretudo se as eleições presidenciais e parlamentares forem na mesma altura).

[341] PAYNE; ALLAMAND ZAVALA, ref. 336.

de maioria relativa — especialmente em termos de legitimidade e, por extensão, de eficácia — podem não se verificar[342].

Assim, o efeito bipolarizador, que qualquer eleição presidencial tendencialmente desencadeia, parece acentuar-se quando aquela requer apenas maioria relativa. Isso conduz a que não se exclua a hipótese de algum candidato obter mais de 50%, apesar de não ser necessário. Esta teoria tem algumas décadas[343] e continua a ser alimentada por casos recentes. Por exemplo, em sistemas de maioria relativa, foram eleitos com percentagens acima dos 50% os Presidentes: Raúl Cubas Grau, no Paraguai, em 1998[344]; Park Geun-hye, na República da Coreia, em 2012[345]; Xiomara Castro, nas Honduras, em 2021; Obrador e Sheinbaum, no México, em 2018 e 2024; todos os de Taiwan, desde 1996, exceto Chen Shui-bian em 2000 e Lai Ching-te, em 2024; Bongbong Marcos, nas Filipinas, em 2022. Acrescem os numerosos exemplos em que a percentagem ficou perto dos 50% (entre outros, vários na República da Coreia, desde 2002; no Paraguai, Cartes em 2013, Benítez em 2018 e Peña em 2023). Também é verdade que encontramos muitos casos em que a percentagem não ultrapassou o limiar dos 30% a 40% (como, por exemplo, quase todas as eleições nas Filipinas desde 1998). Uma tendência assinalável é a de que os segundos classificados ficam, em média, em torno dos 25% a 35%.

Estes indicadores empíricos demonstram que o sistema de maioria relativa: (i) não impede a eleição de candidatos fortemente legitimados por maiorias absolutas, atingindo o mesmo efeito que os sistemas de maioria absoluta; e (ii) é mais dissuasório da dispersão de candidatos e votos, incentivando a bipolarização em torno de duas grandes alternativas presidenciais com possibilidades de êxito (e, eventualmente, partidárias).

E mesmo os casos em que os presidentes são eleitos com apenas maioria relativa dos votos não permitem formular uma teoria geral sobre o caráter do mandato presidencial.

Duterte (Filipinas, 2016-2022) tendo beneficiado do sistema de partidos e de características da sua personalidade para exercer um mandato extremamente assertivo, de Presidente dominante.

Possivelmente, Santiago Peña (Paraguai) não terá o mesmo destino. Foi eleito com cerca de 43% dos votos em 30 de abril de 2023, enquanto, no mesmo dia, o seu Partido Colorado obteve maioria na Câmara dos Deputados e no Senado. Mas isso não torna seguro que o mandato presidencial siga o padrão de Presidente reforçado ou dominante.

---

[342] PAYNE; ALLAMAND ZAVALA, ref. 336, p. 36, notam que num número significativo de casos o vencedor da primeira volta não foi eleito presidente na segunda. Na maioria desses casos, os Presidentes mantiveram relações altamente conflituais com o poder legislativo — talvez devido a um juízo equivocado sobre o poder adveniente de uma eleição por maioria absoluta —, com concomitante falta de efetividade das suas políticas e foram objeto de processos de *impeachment*.

[343] NOHLEN; GARRIDO, ref. 16, p. 97.

[344] Caso único, desde então.

[345] Porém, caso único desde 1987.

Por um lado, não se pode antecipar se o Partido Colorado se manterá unido no Congresso e não incorrerá na tradicional tendência para prosseguir agenda política própria, não necessariamente coincidente com a do presidente. Por outro lado, Santiago Peña obteve a nomeação nas primárias do Partido através de votação muito apertada, o que diminui a sua força interna e o obriga a cuidar quotidianamente de todos os equilíbrios e reivindicações que surgem no interior do Partido.

Peña Nieto (México, 2012-2018) obteve em 2012 uma votação de 38% na eleição presidencial, não conseguindo o seu Partido, o PRI, maioria no Congresso. Isso não obstou a que desfrutasse de índices de aceitação elevados durante o primeiro triénio e conseguisse fazer acordos com outros Partidos em torno de uma agenda reformista. Mas acabaria por sair como o Presidente com pior avaliação pública desde a década de 1990 e com dificuldades em implementar a sua agenda política. Em boa medida, isso terá decorrido de vários fatores que afetaram drasticamente a sua ação política no segundo triénio do mandato, e não da base eleitoral modesta ou pouco legitimadora de que partiu.

No Malawi, alguns Presidentes foram eleitos com relativamente baixas percentagens: em 2004, Bingu Wa Mutharika venceu com 35,8%; em 2009, conseguiu a reeleição com 66%; em 2014, Peter Mutharika, ganhou com 36,4%. Assiste-se a situações de impasse, decorrentes sobretudo da fragmentação partidária e da ausência de tradição de coligações e não de uma fraqueza endémica presidencial resultante da reduzida base eleitoral. Apesar desta, o Presidente é inequivocamente o elo mais forte do sistema político.

Na Nigéria, Bola Tinubu foi eleito com 36,61% dos votos, em 2023, não dispondo o seu partido, *All Progressives Congress*, maioria na Câmara baixa do Parlamento (*House of Representatives*). Com 71 anos, e vários cargos políticos anteriores, a sua longa história política propicia-lhe o estatuto de homem forte do sistema político.

Do que se disse, conclui-se que o sistema eleitoral de maioria relativa (e a eleição com maioria relativa), *por si só*, não gera um padrão uniforme, nem permite antecipar nada de conclusivo sobre se dificulta mandatos presidenciais robustos. É possível que se o único fator eventualmente desvantajoso for uma base eleitoral modesta, ele seja diluído pela força intrínseca do cargo unipessoal e por características que alimentam essa força, como carisma — conceito misterioso, mas muito difundido —, perseverança, credibilidade, talento político, bem como capacidade de comunicação direta com os eleitores (e talvez até sorte[346]) do presidente. Uma eventual base eleitoral modesta do presidente só se torna crítica se o funcionamento do sistema de partidos ou circunstâncias da política

---

[346] O fator sorte em política é, obviamente, um tema insuscetível de elaboração científica. A sua existência não é objetivamente demonstrável, pelo que é sobretudo objeto de crença, eventualmente influenciada pela postura ideológica. No domínio social, os setores conservadores atribuem-lhe menos relevo como fator destacável do sucesso, e tendem a considerar que a sorte se "constrói", se "procura" ou se "conquista", em resultado das características, opções e ações individuais de cada um; os mais progressistas aceitam-na mais facilmente e tendem a admitir que a "má sorte" possa ser um fator destacável de insucesso fundamentante da

corrente, como dificuldades económicas, mau relacionamento com os militares ou com setores sociais poderosos ou escândalos, vierem agravar as desvantagens decorrentes de uma base popular periclitante.

A maior contraindicação (segundo certa perspetiva) do sistema eleitoral de maioria relativa é não ser tão propenso quanto os demais a habilitar eleições de candidatos mais próximos do centro do eixo esquerda-direita. Pode até proporcionar vitórias a candidatos que são perdedores de Condorcet, isto é, que seriam vencidos por todos os demais em contendas eleitorais a dois, como as geradas pela segunda volta de um sistema de maioria absoluta[347].

Salvo esta última, as conclusões sobre o sistema de maioria relativa sem limiar percentual mínimo podem tornar-se extensivas ao sistema de maioria relativa com limiar percentual mínimo[348].

Um fator que pode contribuir para o reforço da posição central do presidente num sistema político, em certas latitudes e contextos, é um sistema eleitoral que incentive — ou obrigue — os candidatos e os presidentes a assentarem as suas eleições em coligações que articulem vários universos eleitorais definidos por traços sociais, religiosos, político-ideológicos, geográficos e étnicos. Na Nigéria, só consegue a eleição o candidato que obtiver a maioria dos votos, desde que atinja pelo menos um quarto dos votos em cada um de pelo menos dois terços dos estados da federação e do território capital de Abuja. Na Indonésia, ganha, à primeira volta, o candidato presidencial que obtiver 50% dos votos, desde que alcance pelo menos 20% dos votos em mais do que metade das províncias do país. Visa-se que o presidente seja, tanto quanto possível, um efetivo catalisador de integração e unidade em países com fortes clivagens, condição que só ele pode personificar.

2.1.2 Duração e renovabilidade do mandato presidencial

Nesta matéria, é interessante considerar um panorama estatisticamente mais vasto do que o que se cinge aos presidentes governantes (isto é, incluindo estes, mas também, por exemplo, presidentes de sistemas semipresidenciais). Colocaremos entre parênteses, para o efeito, os critérios que elegemos para definir o universo de estudo, e aligeiraremos a exigência de credenciais democráticas de todos os Estados incluídos na amostragem (sendo manifesto que alguns podem ser considerados autocracias reais ou em trânsito). Cruzando a questão da renovabilidade dos mandatos e a sua duração, encontramos várias respostas (da mais rígida para a mais permissiva)[349]:

---

necessidade de apoio coletivo, através de medidas mitigadoras das suas consequências. No domínio político, a criação de espaço para a sorte como variável é ainda mais problemática.

347 Assim, NOHLEN; GARRIDO, ref. 16, p. 99.

348 Coincidentes. Aliás, esta modalidade tende a realçar as dimensões de legitimidade e eficácia dos sistemas de maioria relativa. V. *Ibid.*, p. 97.

349 O tema da duração e renovabilidade dos mandatos está em permanente rotação em muitos sistemas constitucionais. Pode acontecer que na data da publicação alguns dos casos abaixo

a) Um único mandato, com impossibilidade de reeleição:
  a. Com mandato de quatro anos: Guatemala, Colômbia (de novo, depois de 2015);
  b. Com mandato de cinco anos: Paraguai, República da Coreia;
  c. Com mandato de seis anos: México, Mongólia, Filipinas;

b) Um único mandato, com possibilidade de reeleição após completados dois mandatos intermédios por outro titular:
  a. Com mandato de quatro anos: Costa Rica;
  b. Com mandato de cinco anos: Panamá;

c) Um único mandato, com possibilidade de reeleição apenas após completado um mandato intermédio por outro titular:
  a. Com mandato de quatro anos: Chile;
  b. Com mandato de cinco anos: El Salvador, Peru, Uruguai;

d) Possibilidade de dois mandatos sucessivos:
  a. Com mandato de quatro anos: Equador, Estados Unidos da América, Gana, Nigéria, Palau, República Dominicana, Taiwan;
  b. Com mandato de quatro anos, podendo ser novamente eleito após pelo menos um mandato intermédio por outro titular: Argentina, Brasil;
  c. Com mandato de cinco anos: Argélia, Angola, Benim, Bolívia, Bulgária, Burkina Faso, Cazaquistão, Chéquia, Chipre, Comores, Costa do Marfim, Croácia, Eslováquia, Eslovénia, França, Indonésia, Lituânia, Macedônia do Norte, Madagascar, Malaui, Maldivas, Mali, Montenegro, Namíbia, Níger, Polônia, Quênia, República Centro-Africana, República Democrática do Congo, Roménia, Ruanda, Senegal, Seychelles, Serra Leoa, Sérvia, Sri Lanka, Tanzânia, Timor-Leste, Tunísia, Turquia, Ucrânia, Uzbequistão, Zâmbia e Zimbábue;
  d. Com mandato de cinco anos, podendo ser novamente eleito após pelo menos um mandato intermédio por outro titular: Cabo Verde, Guiné-Bissau, Moçambique, Portugal, São Tomé e Príncipe;
  e. Com mandato de seis anos: Áustria, Egipto, Etiópia, Finlândia, Libéria;
  f. Com mandato de sete anos: Burundi, Gabão[350], Guiné Equatorial, Irlanda;

e) Possibilidade de três mandatos sucessivos:
  a. Com mandato de quatro anos: Quiribati;

---

mencionados tenham sido objeto de revisão. Acresce que a interpretação dos artigos pertinentes das Constituições pode ser controvertida, como se verá a propósito da reeleição de Nayib Bukele (El Salvador), em 2024.

[350] De acordo com a nova Constituição votada em novembro de 2024, na sequência do golpe de Estado militar de 2023.

f) Inexistência de limites à renovação dos mandatos presidenciais
   a. Com mandato de quatro anos: Islândia;
   b. Com mandato de cinco anos: Djibouti, Gâmbia, Maurícias, Nicarágua, Uganda;
   c. Com mandato de seis anos: Singapura;
   d. Com mandatos de sete anos, Azerbaijão, Camarões, Venezuela.

2.1.2.1 Duração do mandato presidencial

Donald Trump chegou a dizer que achava a eleição para a vida uma boa ideia... Todavia, não há exemplos — a não ser os históricos ou tirânicos, como o de Alexandre Pétion, que, em 1816, se proclamou presidente vitalício do Haiti, o da Constituição bolivariana de 1826 da Bolívia, que criou o cargo de presidente vitalício, ou o de Francisco Macías Nguema, que se proclamou Presidente para toda a vida da Guiné Equatorial, em 1972 — desse modelo de eleição, negação do princípio republicano.

Olhando para o panorama apresentado, as balizas situam-se entre os quatro e os sete anos de mandato. Um mandato curto é suscetível de consolidar menos a posição presidencial do que um mandato longo. Um mandato de quatro anos — particularmente se for acompanhado pela impossibilidade de reeleição, como na Guatemala ou na Colômbia —, inculca uma vincada noção de precariedade, com as fases de *honeymoon* e de *lame duck* separadas por pouco tempo. Isso não promete presidentes dominantes. Teoricamente, essa seria a solução que maiores barreiras colocaria aos perigos de um cesarismo não republicano e democrático. Mas, pela sua radicalidade, também pode ter desvantagens que são discutidas, de seguida, quando se introduz no debate o tema da renovabilidade.

2.1.2.2 Renovabilidade do mandato presidencial

O debate sobre a limitação do número máximo de mandatos presidenciais (ou, mais latamente, dos titulares de órgãos executivos) é um dos clássicos e históricos da política constitucional e da ciência política. Deflagrou logo com a primeira Constituição em sentido moderno, a Constituição americana de 1787, atravessou toda a história constitucional de vários Estados da América Latina[351] e continua a emergir periodicamente em alguns, como o Paraguai. De facto, permanece latente em quase todos aqueles onde a Constituição contemple eleição presidencial por voto direto (ou materialmente direto, ainda que formalmente indireto), como ocorre tipicamente com os sistemas constitucionais de presidente governante. Mas também tem expressão nos sistemas semipresidenciais (e, de forma atípica, em alguns sistemas parlamentares que contemplam eleição presidencial direta). Não o encontramos a propósito de primeiros-

---

[351] NOHLEN; GARRIDO, ref. 16, p. 80 *et seq.*

-ministros de sistemas parlamentares, porque, normalmente, não há limitação jurídica do número de mandatos.

Nos EUA, o tema pairou durante muitos anos, mas está resolvido há algumas décadas, restando saber se a indicação de Donald Trump da possibilidade de se candidatar a um terceiro mandato, em 2028, reabrindo o debate, é séria.

Embora o assunto tenha sido demoradamente discutido na Convenção de Filadélfia, a versão inicial da Constituição americana de 1787 não continha limites à reeleição presidencial. Aí residia mais uma inovação do republicanismo norte-americano, uma vez que as Repúblicas clássicas, mormente a romana, estabeleceram limites máximos para a permanência e/ou renovação de mandatos[352]. E hoje é consensual que o princípio republicano o exige.

O debate perdurou e teve sucessivos episódios ao longo dos tempos. Logo em 1803, o Congresso debateu proposta para limitar a possibilidade de eleição a dois mandatos sucessivos de quatro anos. Em 1808, regressou ao Congresso a ideia de alterar a duração do mandato presidencial, conhecendo-se propostas de limitação a um único mandato de quatro, cinco, seis, sete e oito anos, que não singraram. Em 1824 e 1826, o Senado chegou a aprovar propostas para a limitação a dois mandatos, mas esbarraram na oposição da Câmara dos Representantes.

Embora persistente e recorrente, a querela tinha, em todo o caso, sido apaziguada pela circunstância de o primeiro Presidente, George Washington, ter iniciado a convenção constitucional do cumprimento de apenas dois mandatos, ao não se recandidatar a um terceiro mandato de quatro anos. A convenção ganhou força quando Thomas Jefferson tornou claro que não se recandidataria a um terceiro mandato: o mesmo ocorreu com os presidentes subsequentes.

Todavia, tratava-se de uma convenção, por natureza não escrita e, consequentemente, suscetível de ser contestada ou desrespeitada. Assim poderia ter ocorrido com o Presidente Ulysses S. Grant, na década de 1870, após ter sido reeleito em 1872. Depois de algumas movimentações nesse sentido, o próprio Grant afastaria a hipótese de recandidatura em 1876, presumivelmente contrafeito, uma vez que procurou obter a nomeação do seu partido para a eleição de 1880. Não conseguiu, em parte devido à oposição de muitos republicanos à ideia de terceiro mandato.

Até 1946, mais de duzentas propostas foram depositadas no Congresso com vista a regular o mandato presidencial, infrutiferamente, continuando a valer, portanto, apenas a convenção constitucional. Porventura, essa seria a situação que persistiria ainda hoje, caso a referida convenção não tivesse sido quebrada por Franklin Delano Roosevelt, eleito para quatro mandatos, o primeiro iniciado em março de 1933 e o quarto iniciado em janeiro de 1945, poucos meses antes de falecer, em 12 de abril de 1945. Certamente, podiam ser invocadas situações excecionais: o Presidente americano viu-se a braços com a Grande Depressão e, logo a seguir, com a II Guerra. Mas não deixou de constituir um desvio a quase 150 anos de prática constitucional.

---

[352] BLONDEL, ref. 300, p. 56, invocando o caso dos cônsules.

O Partido Republicano ganhou em 1946, pela primeira vez em quase duas décadas, a maioria das duas Câmaras do Congresso e colocou no topo da agenda a limitação constitucional dos mandatos presidenciais. Nessa ocasião, ressurgiu a histórica divergência sobre se deveria adotar-se o limite de dois mandatos de quatro anos ou de um único mandato de seis anos. Prevaleceu a primeira opção. Em 1947, a 22.ª Emenda (vista por muitos como uma simples retaliação contra a sucessiva reeleição do Presidente democrata Roosevelt) foi adotada no Congresso, tendo sido ratificada em 1951. Nela pode ler-se que:

> *No person shall be elected to the office of the President more than twice, and no person who has held the office of President, or acted as President, for more than two years of a term to which some other person was elected President shall be elected to the office of President more than once.*

Desde essa data, o presidente americano pode exercer o cargo por um máximo de 10 anos (2+4+4), se as circunstâncias o permitirem. Esta situação poderia ter ocorrido com Lyndon Johnson, que assumiu e exerceu o cargo sem eleição durante 14 meses, após o assassinato de John Kennedy em novembro de 1963. Johnson foi eleito em 1964 e poderia ter obtido um novo mandato em 1968, caso tivesse se recandidatado.

A 22.ª Emenda não encerrou a discussão em torno do tema. No decurso das últimas décadas, vários Presidentes expressaram a preferência (ou insinuaram a disponibilidade) para um terceiro mandato (Reagan, Clinton, Obama, Trump). Reagan foi, porventura, o mais vocal, expressando, desinibidamente, a opinião de que impedir a eleição para um terceiro mandato é uma interferência nos direitos democráticos do povo americano. E propostas de reversão da 22.ª Emenda têm sido periodicamente apresentadas, embora sem sucesso. O Representante republicano Vander Jagt apresentou um projeto de revogação, em 1986, considerando-a um insulto à inteligência e à capacidade de escolha dos americanos. O veterano e atual líder da bancada republicana no Senado, Mitch McConnell, propôs, em 1995, a revogação da Emenda, considerando-a uma limitação à oportunidade de os eleitores escolherem o Presidente. Mas também do lado do Partido Democrático houve iniciativas, como as dos Representantes Steny Hoyer (1995) e José Serrano (a partir de 1997).

Do reporte histórico não parece resultar uma querela ideológica entre republicanos, focados na limitação dos mandatos, e democratas, movidos pela ideia de assegurar a máxima abertura quanto às opções oferecidas aos eleitores. Muito menos se pode associar uma eventual posição mais amiga do princípio republicano e uma eventual posição mais amiga do princípio democrático aos partidos com as siglas respetivas. É certo que o principal impulso para a 22.ª Emenda veio da maioria republicana do Congresso de 1946. Mas também é facto histórico que a primeira pressão para superar a convenção do limite de dois mandatos veio dos apoiantes do republicano Ulysses Grant. E, depois da ratificação daquela, o mais notório campeão do terceiro mandato foi o Presidente republicano Ronald Reagan. Acresce que as propostas de revogação da 22.ª Emenda tiveram proveniência repartida entre congressistas republicanos e democratas.

A solução da limitação a dois mandatos vigorou e foi respeitada, com uma única exceção, durante mais de duzentos anos, por efeito de convenção ou de norma constitucional. Corresponde, manifestamente, ao compromisso que rejeita duas soluções, eventualmente minoritárias: a da possibilidade de reeleição ilimitada e a do mandato único, com várias alternativas de duração. Esse compromisso só foi desrespeitado ou contestado em situações de extrema gravidade social, ou quando interesses políticos de Presidentes incumbentes o colocaram em causa.

O regime constitucional do exercício de um único mandato, durante muito tempo vigente em boa parte (quase todos) dos sistemas presidenciais latino-americanos e asiáticos, era um dos aspetos distintivos em relação ao modelo presidencial de base, particularmente quando a impossibilidade de renovação era acompanhada por durações reduzidas do mandato. Essa diferenciação está, porém, a sofrer um processo de diluição, à medida que em vários países da América Latina se passou a consentir a reeleição. Todavia, não terminou. Há Estados onde a limitação se mantém (Guatemala, Colômbia, Paraguai, República da Coreia, México, Filipinas) e a questão volta a bater à porta periodicamente. Também há casos em que a possibilidade de reeleição foi consagrada, mas foi revertida (Colômbia). Noutros, não foi revertida, embora seja colocada em causa. No Brasil, a revisão constitucional que, em 1997, introduziu a possibilidade de dois mandatos presidenciais consecutivos de quatro anos[353] não pôs termo ao debate, que ressurge ciclicamente[354]. Noutros Estados, Presidentes incumbentes tentam forçar o quadro constitucional para poderem aumentar o número de mandatos possíveis.

Na América Latina, tal como em África, mesmo nos Estados onde existem padrões mínimos de regularidade constitucional, são frequentes as tentativas de alterar os quadros constitucionais com vista a consentir recandidaturas e reeleições originalmente vedadas, seguindo a via inaugurada por Menem (Argentina), Fernando Henrique Cardoso (Brasil) e Fujimori (Peru). Alguns casos podem até encontrar alguma justificação nos princípios democrático e da responsabilidade política, *maxime* quando a Constituição prevê um único mandato com duração curta. Outros casos são manifestações de constitucionalismo abusivo.

As questões da duração do mandato presidencial e da possibilidade de renovação não são irrelevantes para a aferição da relevância e magnitude do poder presidencial. Por isso, não são questões de somenos. Uma equilibrada solução sobre este tema é vital para limitar os perigos de deslize para um cesarismo não democrático e não republicano.

---

[353] V. BRASIL. *Emenda Constitucional nº 16, de 4 de junho de 1997*. Dá nova redação ao parágrafo 5º do artigo 14, ao caput do artigo 28, ao inciso II do artigo 29, ao caput do artigo 77 e ao artigo 82 da Constituição Federal. Brasília, DF: Diário Oficial da União, 5 jun. 1997. Disponível em: https://legislacao.presidencia.gov.br/atos/?tipo=EMC&numero=16&ano=1997&ato=c4 fg3Z65kMJpWT82a. Acesso em: 14 jan. 2025.

[354] No momento em que se escreve estes parágrafos, está em curso no Senado do Brasil a tramitação de uma Emenda Constitucional com vista à limitação de mandatos e de reeleições, incluindo a do presidente, sendo um dos seus maiores defensores o Presidente do Senado até final de 2024, Rodrigo Pacheco (PSD-MG).

Descartando-se, em geral, a possibilidade de escorar qualquer solução em argumentos dogmáticos, como a existência de um direito à reeleição[355] ou um limite intransponível republicano a essa mesma reeleição, as vantagens e as desvantagens de soluções mais extremas, de taxativa proibição da reeleição em qualquer circunstância ou, ao invés, de grande permissividade, têm de ser sopesadas.

Um setor importante da literatura (Lijphart, Sartori, Nohlen e Garrido, Thiébault) realça as vantagens da possibilidade de recandidatura e reeleição de titulares de órgãos executivos presidenciais, desde que respeite limites (mandatos curtos ou uma única reeleição imediata, por exemplo). Argumentos principais: não coarta tanto as escolhas democráticas como o sistema que impede reeleições; cria incentivos ao incumbente para um bom desempenho do (primeiro) mandato, uma vez que terá de responder perante o eleitorado na campanha para reeleição; concede mais tempo para reformas económicas e sociais consistentes, que, por norma, têm horizontes de longo prazo; contribui vantajosamente para a estabilidade democrática, pois permite a continuidade política por mais tempo; encoraja a consolidação de coligações; contribui para a maior institucionalização de partidos políticos e coligações.

> O que significa *institucionalização* dos partidos políticos merece diferentes leituras. Institucionalização tem, aqui, o seguinte significado: (i) o partido concorre regularmente aos principais atos eleitorais; (ii) dispõe de uma organização interna estável e uma estrutura dirigente conhecida pelos seus militantes, que funciona em permanência, regida por regras ou estatutos partidários, que são respeitadas e observadas na escolha dos dirigentes, aos vários níveis; (iii) mantém uma designação que é facilmente identificada, com uma história e uma prática política, mais ou menos linear e persistente; (iv) mantém presença em pelo menos alguns meios sociais. O sistema de partidos institucionalizado é essencialmente composto por partidos institucionalizados — os *mesmos* partidos, ao longo dos tempos, durante um período prolongado e apenas com reajustamentos decorrentes da dinâmica política evolutiva.

Um presidente que exerce um mandato não renovável, mesmo após um intervalo, de quatro anos (Guatemala e Colômbia), tem, teoricamente, uma posição perante o parlamento e o seu próprio partido (ou maioria) menos robusta que outros, se todo o resto for igual. A desvantagem presumivelmente mitiga-se se o mandato for de cinco (Paraguai, República da Coreia) ou de seis anos (México, Filipinas).

Contra a reeleição e a favor de um único mandato, aduz-se que a reeleição incentiva os presidentes a forçar artificialmente os ciclos económicos, de modo a facilitar a reeleição. Também reforça as tendências oligárquicas e caudilhistas, típicas da América Latina, reduz as energias criativas do governo, inibe o surgimento de novas lideranças, leva ao aumento dos custos das coligações, e expõe o sistema ao desgaste ou fadiga

---

[355] Constitui referência o estudo efetuado pela Comissão de Veneza, v. COMISSÃO DE VENEZA. *Draft rcn. Part I – Presidents. Study No. 908/2017.* 2018. Disponível em: https://tinyurl.com/y56hvzyr. Acesso em: 9 jan. 2025.

natural do presidente no segundo mandato[356]. Contra a limitação de mandatos, ao contrário, opõe-se o argumento de que isso afeta seriamente a relação entre eleitos e eleitores, impedindo que as eleições possam operar como mecanismo de responsabilização dos incumbentes[357].

Sem embargo do debate sobre vantagens e desvantagens, há consenso de que a permissão de sucessivas ou até de um número ilimitado de reeleições é indesejável. Essa opção tende a favorecer a perpetuação no poder e o exercício despótico, clientelista e/ou corrupto desse poder, propiciando o cesarismo antidemocrático e antirrepublicano.

Importa, portanto, procurar um compromisso harmonizador entre dois princípios parcialmente colidentes: o *princípio republicano*, que sustenta a limitação de mandatos; e o *princípio democrático,* que, tendencialmente[358], aponta para a máxima extensão do universo de pessoas com o direito de se submeter ao veredicto eleitoral, desejavelmente sem exclusão de ninguém simplesmente pelo funcionamento de mecanismos jurídicos especiais ou excecionais. Estes dois princípios, na sua pureza, podem conduzir a soluções extremadas, como quando a imposição de um único mandato com duração relativamente curta (quatro anos) é acompanhada pela proibição de reeleição, inclusive depois de um intervalo razoável, como ocorre na Guatemala e na Colômbia. Outra possibilidade seria quando a ausência de limites à reeleição é conjugada com mandatos de duração extensa, como os sete anos de duração dos mandatos no Azerbaijão, Camarões e Venezuela.

Olhando para o panorama comparado (ver acima), observa-se que o grupo mais numeroso é o dos sistemas que permitem dois mandatos sucessivos, com durações que variam entre quatro e sete anos. Dentro dele, o subgrupo mais representado é o dos sistemas que permitem dois mandatos sucessivos de cinco anos (onde Portugal se inscreve). Neste subgrupo, destaca-se também a variante da possibilidade de recandidatura após o transcurso do período correspondente a um mandato completo por outro titular. A permissão de dois mandatos consecutivos, com duração relativamente limitada (quatro, cinco anos) e com eventual possibilidade de nova eleição apenas após um intervalo razoável, parece constituir o ponto geométrico de equilíbrio entre a ausência de qualquer limitação à reeleição e a imposição de um único mandato.

---

[356] ABRANCHES, Sérgio. *Presidencialismo de coalizão: Raízes e evolução do modelo político brasil*eiro. São Paulo: Companhia das Letras, 2018. p. 342-343.

[357] CHEIBUB, ref. 19, p. 167, propondo, em alternativa, outros instrumentos para evitar que o presidente incumbente se aproveite da (pequena, segundo o autor) vantagem de estar a exercer o cargo: regulamentação estrita do financiamento da campanha e da distribuição equitativa dos fundos públicos entre os candidatos, acesso livre aos *media,* reforço das agências que fiscalizam as campanhas.

[358] Tendencialmente, porque há também argumentos democráticos que sustentam as limitações: a possibilidade de sucessivas reeleições de incumbentes, quando se trate de certos cargos — como, em Portugal, os presidentes das câmaras municipais —, pode facilitar a perpetuação e a diminuição das possibilidades de alternância democrática.

3. PODERES PRESIDENCIAIS

No que toca à alocação de poderes presidenciais, o sistema presidencial pode ser animado por linhas de força diferentes da intenção de equilíbrio que preside à Constituição norte-americana. Isso pode traduzir-se no reforço, calibragem ou debilitação daqueles poderes. Por exemplo, uma hipótese de reforço é a diminuição dos constrangimentos às nomeações presidenciais através da redução do universo subjetivo e da relevância jurídica do crivo parlamentar. As hipóteses de debilitação são a possibilidade de a superação do veto presidencial requerer apenas maioria relativa ou absoluta dos membros do parlamento votantes ou a obrigação constitucional de a maior parte dos poderes do executivo serem exercidos conjuntamente entre o presidente e o ministro especificamente responsável em razão da matéria.

Relevam alguns institutos que implicam extensão dos poderes presidenciais, omissos na Constituição americana. Entre eles destacam-se:

(i)   iniciativa de revisão constitucional;

(ii)   poder de produção de atos normativos/legislativos, permanente, sem delegação formal do parlamento, com efeitos imediatos (ou quase), mas dependentes de ratificação/confirmação parlamentar, sob pena de cessação de vigência, ou passíveis de revogação ou alteração pelo Parlamento, dentro de um prazo específico;

(iii)   poder legislativo em situações de estado de exceção;

(iv)   poder legislativo delegado recebido do parlamento;

(v)   iniciativa legislativa concorrencial no parlamento;

(vi)   iniciativa legislativa exclusiva no parlamento em certos domínios (orçamental, fiscal, organização administrativa, etc.);

(vii)   poder de convocação extraordinária do parlamento, para discussão exclusiva de matérias fixadas no ato de convocação;

(viii) poder de fixação da agenda do parlamento;

(ix)   fixação potestativa de processo de urgência em relação a iniciativas legislativas, desencadeando a obrigação de deliberação parlamentar num prazo apertado (um ou dois meses, por exemplo) e, eventualmente, bloqueando a agenda parlamentar enquanto não houver deliberação, podendo estar cominada presunção de aprovação tácita se transcorrer o prazo sem aprovação expressa;

(x)   proibição de alterações parlamentares às propostas presidenciais, como a vedação de emendas que agravem impacto financeiro;

(xi)   poder de propor emendas em qualquer fase do processo legislativo parlamentar;

(xii)   poder de veto apenas sobre segmentos ou partes do ato vetado;

(xiii) poder de iniciativa do referendo ou do plebiscito (constitucional ou ordinário);

(xiv) poder de definir — ou condicionar — a duração da sessão legislativa, encurtando-a ou estendendo-a, através da antecipação do fim ou do início da sessão legislativa, ou da prorrogação do seu termo;

(xv) limites ao poder do parlamento de introduzir emendas em propostas presidenciais.

4. ESTRUTURA INTERNA DO EXECUTIVO

Os executivos podem ter estrutura *simples (unitária)* ou *complexa*. Os executivos com *estrutura simples* (unitária) consistem num único órgão, seja ele composto por uma única pessoa — órgão unipessoal —, como sucede com o órgão presidencial, ou por duas ou mais pessoas, funcionando ou não colegialmente, como ocorre no sistema diretorial. Já os executivos com *estrutura complexa* são compostos por dois ou mais órgãos. Neste caso, são possíveis várias combinações: mormente, podem ser dois ou mais órgãos unipessoais ou dois ou mais órgãos pluripessoais[359] ou um órgão unipessoal e outro composto por dois ou mais membros (como ocorre nos sistemas parlamentares e semipresidenciais) e assim por diante.

Todas as hipóteses são teoricamente possíveis. Mas, em relação a algumas, ou não se conhecem exemplos, ou os que se conhecem são produtos históricos ou singulares (como o executivo tricéfalo da Constituição venezuelana de 1811 e o executivo dual uruguaio da década de 1920) ou transitórios (como o executivo com estrutura simples colegial que, no Quiribati, substitui o presidente até às eleições, quando este é demitido)

No sistema de referência dos EUA, o poder executivo tem estrutura simples, estando exclusivamente investido num órgão constitucional de titularidade *unipessoal:* o presidente, que o exerce monocraticamente. A estrutura simples ou unitária não é comprometida nem pela existência de um ou vários vice-presidentes, nem pela de secretários ou ministros, independentemente do relevo constitucional ou político que tenham.

Excurso: o vice-presidente

Embora na sua origem norte-americana o cargo de vice-presidente tenha sido inicialmente visto como supérfluo e vazio (incluindo por alguns que o exerceram), na maior parte dos sistemas de presidentes governantes, mormente presidenciais, o presidente tem a companhia institucional de um ou mais vice-presidentes (Angola, Argentina, Bolívia, Brasil, Colômbia, Costa Rica, Chipre, Gâmbia, Indonésia,

---

[359] Pela singularidade, refere-se ao caso da Constituição de 1995 da Bósnia e Herzegovina. Devido à necessidade de assegurar a unidade nacional e a coexistência das três principais comunidades (bósnios, croatas e sérvios), foi instituída uma presidência coletiva, composta por três membros, que exercem rotativamente a função de chefe do Estado. Trata-se de um sistema atípico e complexo, que não pode ser qualificado como presidencial, na medida em que está também previsto um conselho de ministros presidido por um primeiro-ministro, nomeado pela presidência e sujeito a aprovação pela Câmara dos Representantes, que pode ser obrigado a demitir-se caso a Assembleia Parlamentar aprove um voto de não confiança.

Malawi, Nigéria, Paraguai, Uruguai, e vários outros[360]). O vice-presidente pode ser eleito juntamente com o presidente, num esquema de candidatura conjunta (*double ticket*), como é comum; em candidaturas separadas (Filipinas); ser escolhido e designado pelo presidente (Quiribati); ou exercer o cargo por inerência de outras funções.

Em alguns casos, o vice-presidente desempenha a função de presidente da câmara alta (por exemplo, EUA, Argentina, Uruguai), podendo, nessa condição, chegar a ter papel decisivo em votações críticas, como ocorreu na Argentina, em junho de 2024, quando a Vice-presidente Victoria Villarruel exerceu voto de qualidade para garantir a aprovação pelo Senado do primeiro grande pacote legislativo disruptivo de Milei, numa situação em que, à partida, os seus apoiantes eram minoritários.

Por norma, o vice-presidente substitui o presidente nas suas faltas ou impedimentos duradouros (a exceção é no Chipre, onde, apesar de estar previsto um vice-presidente, o presidente é substituído pelo presidente do parlamento, por forma a garantir que a presidência está *sempre* assegurada por um cipriota grego). Além disso, pode praticar atos em posição subordinada em relação ao presidente ou por sua incumbência (veja, a título de exemplo, o artigo 202.º da Constituição colombiana), ou desempenha funções que não se inserem no poder executivo. Por regra, as constituições concentram as funções executivas no presidente. Funções próprias do vice-presidente, a existirem, terão caráter honorífico ou não executivo (com a exceção do Chipre, mais uma vez).

O cargo de vice-presidente cumpre uma função principal: propiciar uma solução expedita — e, porventura, com legitimação eleitoral direta e eventual confiança presidencial — e não inesperada ou *ad hoc*, quando o presidente tenha de ser substituído.

Este quadro de referência não evita que o presidente e o vice-presidente possam entrar em choque, eventualmente com sérias repercussões políticas, como sucedeu frequentemente, no Brasil, no Equador e em outros países como o Paraguai, particularmente quando a iminência de *impeachment* ou a impopularidade do presidente azedou as relações políticas entre os dois.

A sucessão de um presidente por um vice-presidente pode enfrentar obstáculos sérios quando presidente e vice-presidente são eleitos em candidaturas separadas ou distintas, porventura rivais (como ocorria no Brasil, ao abrigo da Constituição de 1946 e ocorre atualmente nas Filipinas), o que é raro. O caso com consequências mais graves ocorreu em 1961, quando João Goulart ascendeu à presidência do Brasil após a renúncia de Jânio Quadros, gerando uma sequência de acontecimentos que desembocariam no golpe militar de março/abril de 1964 e na ditadura (1964-1985).

Na maior parte dos sistemas de presidentes governantes, mormente presidenciais, o presidente tem a colaboração de secretários ou ministros de Estado. Embora possam ter alto perfil político e significativa visibilidade, são meros assistentes, conselheiros ou

---

[360] Casos mais notórios de ausência são os do Chile e do México (aqui tendo existido e desaparecido em várias ocasiões).

colaboradores do presidente. No caso dos EUA, não são sequer explicitamente referidos na Constituição. Essa é, todavia, uma solução pouco vista. Na maior parte das constituições latino-americanas, asiáticas e africanas, contempla-se o apoio ao exercício da função presidencial por ministros ou similares. Em alguns casos, prevê-se mesmo um gabinete ou conselho de ministros, presidido ou não por um deles.

Esta não é, porém, a única, nem a mais relevante, alteração em relação ao modelo de referência. São ainda relevantes as variações respeitantes:

(i) A se o presidente escolhe, nomeia e demite livremente os secretários ou ministros sem obrigatoriedade de fazer intervir outro órgão na nomeação, designadamente o parlamento;

(ii) À forma e efeito da intervenção do órgão parlamentar, se este tiver competência nesse âmbito: simples audição prévia com consequências políticas, autorização, ratificação, anuência expressa ou tácita com efeitos jurídicos;

(iii) A quem tem a competência para intervir nas nomeações, caso se trate de um parlamento bicameral, as duas câmaras ou apenas uma delas;

(iv) A se o presidente tem liberdade na definição do número e âmbito das pastas ministeriais, bem como na atribuição das funções de cada secretário ou ministro, ou se isso está pré-fixado na constituição ou na lei;

(v) A se funciona um conselho de ministros ou gabinete ministerial;

(vi) A se, existindo um conselho de ministros ou gabinete ministerial, tal existência resulta da simples vontade e opção discricionária presidenciais ou decorre de normas constitucionais ou infraconstitucionais;

(vii) A quem convoca o conselho de ministros, se existir, com que regularidade, quem define a agenda e quem a ele preside: presidente, vice-presidente, primeiro-ministro, um ministro por delegação presidencial ou outra entidade;

(viii) A quais as funções do conselho de ministros, importando, nomeadamente, se tem funções propositivas ou deliberativas próprias;

(ix) À detenção de poderes próprios, pelo primeiro-ministro e pelos ministros ou secretários, diretamente conferidos pela constituição e qual o grau de autonomia que gozam no seu exercício;

(x) A se os atos do presidente (normalmente, os praticados na condição de chefe do executivo) estão sujeitos a referenda ou assinatura dos secretários ou ministros;

(xi) A se está previsto o instituto da moção de censura a ministros ou secretários, com ou sem consequências na sua permanência na equipa ministerial.

Também nesta vertente da estrutura do executivo, praticamente nenhuma outra constituição replica fielmente o esquema constitucional americano. O vizinho México, por exemplo, só recentemente passou a conhecer o mecanismo da audição pelo parlamento de secretários, por ocasião da sua nomeação presidencial; mas isso ainda ocorre com apenas alguns.

Seria inviável elencar todas as possíveis combinações das variáveis enunciadas. A propósito dos casos concretos que estudaremos haverá oportunidade de observar algumas das soluções adotadas e o seu impacto sistémico. Pode, todavia, afirmar-se, em síntese, que, mesmo havendo alterações, designadamente para dar maior saliência e protagonismo aos secretários e ministros de Estado — mormente na *interface* com o parlamento e na administração dos departamentos ministeriais — e até a um órgão colegial, em regra, não se chega a atribuir-lhes autonomia suficiente para se falar de executivo complexo. Por exemplo, o artigo 193.º da Constituição da Venezuela de 1961 — por muitos considerada a mais parlamentar das constituições presidenciais — estatuía que os ministros eram "órgãos diretos do Presidente da República" e, reunidos, integravam o conselho de ministros, presidido pelo presidente ou por quem ele designasse. Acrescentava o preceito que as decisões tomadas pelo conselho de ministros seriam inválidas se não confirmadas pelo presidente. Nenhuma autonomia decisória possuía, por conseguinte. Por isso, caberia na categoria dos sistemas de executivo simples. *Mutatis mutandis*, isso é o que se verifica na generalidade dos sistemas de presidentes governantes, embora haja exemplos que ficam na fronteira, como o da Constituição boliviana de 1967, alterada em 1994. Esta estabelecia que o presidente exercia o poder executivo conjuntamente com os ministros de Estado (artigo 85.º), que todos os seus decretos e decisões teriam de ser referendadas pelo ministro correspondente, sob pena de invalidade (artigo 102.º) e que algumas das suas decisões só podiam ser tomadas com o assentimento do conselho de ministros (artigo 111.º, n.º 1 e 2).

Para que o executivo abandone o grupo de sistemas de executivo simples com órgão unipessoal — a categoria mais comum — e passe à categoria de executivo complexo, é necessário que a constituição contemple um segundo órgão — tipicamente, colegial — com poderes executivos próprios, autonomizados em relação aos poderes do órgão unipessoal presidencial. Não basta que o órgão unipessoal presidencial seja assistido por um gabinete ou conjunto de ministros, secretários ou chefes de departamentos executivos, e que estes sejam considerados membros do "executivo" em sentido lato. Deverão coexistir dois órgãos: um órgão unipessoal, presidente, chefe de Estado, que, tal como no sistema presidencial de executivo simples, assume a liderança política do executivo; e um gabinete ministerial, eventualmente liderado por um ministro-chefe ou primeiro--ministro, com autonomia e competências próprias, que delibera colegialmente[361].

Sem embargo, há soluções institucionais de executivo complexo que prescindem da própria existência de um primeiro-ministro. Parece ser esse o caso da Constituição da Costa Rica de 1949: esta contempla um conselho de governo que, não obstante ser presidido pelo presidente, exerce várias competências próprias, como solicitar a declaração de certas situações de emergência, nomear pessoal diplomático, etc. (artigo 147.º). O mesmo ocorre com a Constituição de 1960 do Chipre, de modo mais notável, como veremos.

---

[361] Recuperando uma designação proposta por José Afonso da Silva, aquando dos trabalhos que antecederam a Constituição brasileira de 1988, poderia falar-se de *presidencialismo de gabinete*.

Numa perspetiva de divisão do Poder — ainda que, no essencial, interna ao executivo — e de freios e contrapesos — mais uma vez, internos ao executivo —, a alteração da estrutura interna do executivo para uma versão complexa, com pelo menos dois órgãos (podendo dizer-se *dual*), afastar-se-ia significativamente do modelo básico norte-americano e poderia ter um relevante impacto na posição do órgão unipessoal presidencial. Por outro lado, deve ter-se em conta que existe uma fronteira que separa os sistemas presidenciais de outros tipos de sistemas, designadamente alguns híbridos. Só permanece no campo dos sistemas presidenciais aquele onde a *subsistência* do segundo órgão executivo, apesar de autonomia formal de decisão, depender exclusivamente do presidente. Se puder ser objeto de moções de censura com efeitos demissionários, sai do âmbito da categoria de sistema presidencial.

Havendo executivo complexo, o foco não pode ser apenas o presidente, devendo considerar-se o *executivo inteiramente*: antecipando aqui uma classificação que se fará a propósito dos sistemas presidenciais, que é extensível aos demais sistemas de presidente governante, é adequado falar-se, então, de sistema de equilíbrio entre *executivo* e *legislativo* (em vez de entre presidente e legislativo) e de *executivo* reforçado ou débil (em vez de presidente).

Não abundam sistemas que reúnam as características de executivo complexo na constituição e as reafirmem na prática, mesmo numa perspetiva diacrónica.

Pela sua singularidade, merece destaque uma solução quase *laboratorial* experimentada no Uruguai, vertida na Constituição de 1918. Esta consagrou um sistema de executivo complexo, dual, com um órgão unipessoal e um órgão colegial (sistema poliárquico ou de executivo bicéfalo, na expressão de alguns[362]), ambos eleitos por sufrágio direto e secreto: o unipessoal, o presidente da República, com mandato de quatro anos; o colegial, parlamentarizado (devido à presença dos dois partidos rivais, o Partido *Colorado*, com as suas principais fações, e o habitualmente minoritário Partido *Blanco*), e o Conselho Nacional de Administração (CNA), cujos membros tinham mandatos de dois anos. Os dois partilhavam as funções de governo e a iniciativa legislativa. Os registos reportam a propensão para o conflito, divisão e bloqueio. Em 1933, um autogolpe do Presidente Gabriel Terra recolocou o poder nas mãos presidenciais.

A estrutura aparentemente complexa pode não se refletir no funcionamento prático. A leitura das Constituições da República da Coreia, de Taiwan ou de Moçambique, por exemplo, aponta para a consagração de um executivo complexo, com presidente da República, um gabinete e um primeiro-ministro (sendo, aliás, os casos de Taiwan e de Moçambique classificados por alguns como semipresidenciais, ao menos sob o prisma de suas Constituições), mas isso não se traduz no efetivo exercício dividido do poder executivo, apagando-se o primeiro-ministro, que está, na realidade, sob a liderança do presidente, como veremos no momento próprio.

---

[362] CHASQUETTI, Daniel. Tres experimentos constitucionales. El complejo proceso de diseño del Poder Ejecutivo en el Uruguay. *Revista Uruguaya de Ciencia Política*, v. 27, n. 1, p. 41-64, 2018, especialmente a p. 50.

5.   ESTRUTURA UNICAMERAL OU BICAMERAL DO PARLAMENTO

A maioria dos parlamentos são unicamerais[363]. E as décadas mais recentes mostram ser mais provável a abolição de segundas câmaras (ou câmaras altas, na terminologia corrente, exceto nos Países Baixos) do que a sua criação de raiz.

Tomando o universo de países de presidentes governantes que usamos como referência, os números equilibram-se: são unicamerais os parlamentos de Angola, Benim, Botswana, República da Coreia, Costa Rica, Chipre, Equador, El Salvador, Gana, Guatemala, Honduras, Malawi, Moçambique, Peru, Quiribati, Suriname e Turquia (17); são bicamerais os da África do Sul, Argentina, Bolívia, Brasil, Chile, Colômbia, EUA, Filipinas, Indonésia, Libéria, México, Namíbia, Nigéria, Paraguai, Quénia, República Dominicana, Uruguai (17). Não há correlação entre sistema de presidente governante e sistema bicameral ou unicameral[364].

Por outro lado, há correlação empírica entre bicameralismo e federalismo, uma vez que, quando este é a forma de Estado adotada, há invariavelmente bicameralismo (Argentina, Brasil, EUA, México, Nigéria)[365]. Mas não é uma relação biunívoca total, pois pode haver bicameralismo sem federalismo (África do Sul, Bolívia, Chile, Colômbia, Filipinas, Indonésia, Libéria, Namíbia, Paraguai, Quénia, República Dominicana, Uruguai).

Também há uma relação empírica entre a estrutura do parlamento e a dimensão e população do país, bem como a diversidade regional. Os países de maior dimensão territorial e populacional e diversidade regional tendem a ter parlamentos bicamerais.

O bicameralismo pode ser simétrico ou assimétrico[366]. É simétrico quando as câmaras têm poderes similares em importância, ou moderadamente desiguais, e legitimidade democrática equivalente. É assimétrico, quando forem altamente desiguais nesses aspetos[367]. Entre as duas categorias pode figurar uma extensa zona de penumbra onde podem cair numerosos casos concretos.

Por outro lado, o bicameralismo pode ser congruente ou incongruente, consoante a composição político-partidária das duas câmaras coincida (como, por norma, no Chile e no Uruguai) ou não (designadamente, derivada da sobrerrepresentação de certos eleitorados).

---

[363]   Consultar a base de dados da Inter-Parliamentary Union, v. INTER-PARLIAMENTARY UNION. *Compare data on parliaments.* Disponível em: https://data.ipu.org/compare/. Acesso em: 9 jan. 2025. V., em geral, TSEBELIS, George; MONEY, Jeannette. *Bicameralism.* Cambridge: Cambridge University Press, 1997; LIJPHART, Arend. *Patterns of democracy: government forms and performance in thirty-six countries.* New Haven: Yale University Press, 1999. p. 200-215; SIAROFF, ref. 90, p. 142. Com dados atualizados, v. COMISSÃO DE VENEZA. *Relatório da Comissão de Veneza de 2024.* Disponível em: https://www.venice.coe.int/webforms/documents/default.aspx?pdffile=CDL-AD(2024)007-e. Acesso em: 9 jan. 2025.

[364]   No mesmo sentido, referindo-se a sistemas presidenciais, SIAROFF, ref. 90, p. 147.

[365]   Elencamos no texto apenas exemplos de sistemas de presidentes governantes, mas pode generalizar-se. A única dúvida, do ponto de vista constitucional, é o caso alemão, devido ao modo como o *Bundesrat* é tratado na Constituição.

[366]   Recorremos a designações de LIJPHART, ref. 364, p. 200 *et seq.*

[367]   *Ibid.,* p. 206.

A conjugação dos níveis de (as)simetria e de (in)congruência determina se o bicameralismo é forte ou fraco. O bicameralismo simétrico e incongruente tende a ser um bicameralismo forte. O bicameralismo assimétrico e congruente tende a ser fraco. Repete-se: há várias categorias intermédias[368] e nem sempre é fácil recenseá-las.

O bicameralismo pode existir, no essencial, por uma de duas razões (não excludentes entre si): representação de interesses subnacionais; moderação (através de uma "segunda opinião" de senadores) da ação da câmara baixa. A moderação, limitação ou, ao invés, reforço do poder presidencial, não é, por norma, um objetivo do bicameralismo. A questão está em saber se, não obstante esse não ser um objetivo da arquitetura bicameral, pode resultar como *efeito secundário*. Trata-se de matéria pouco estudada e resistente à produção de teorias gerais. A profusão de variáveis a considerar (raízes históricas, poderes constitucionais, composição, legitimidade, contexto, grau de congruência) gera um número de modalidades de bicameralismo praticamente inabarcáveis. Deixaremos aqui aquilo que parecem ser alguns princípios razoáveis de argumentação.

Primeiro: a simples existência de uma segunda câmara, mesmo em casos de bicameralismo fraco, é um fator de divisão do Poder[369] que afeta, portanto, mais ou menos, o próprio exercício do poder presidencial. Nesta medida, mesmo que a diferença possa ser irrisória, um parlamento unicameral é menos potencialmente constrangedor do Poder presidencial do que um parlamento bicameral.

Segundo: um parlamento bicameral com simetria dos poderes e da legitimidade complexifica a gestão de coligações[370].

Terceiro: quanto mais forte for o bicameralismo — maior grau de simetria dos poderes e da legitimidade e menor congruência —, maiores constrangimentos poderão advir para o exercício dos poderes presidenciais. Um bicameralismo forte, presumivelmente, exigirá um maior dispêndio de recursos de articulação política por parte do presidente. Um bicameralismo fraco suscita dinâmica inversa.

Quarto: quanto mais forte for o bicameralismo, mais remotas (ou menos intensas) são as possibilidades de controlo da agenda e dos conteúdos legislativos pelo presidente, acentuando-se a hipótese de o resultado final ser mais distante do ponto ideal visado por ele.

Quinto: uma câmara alta, seja pela origem histórica e cultura próprias, seja pela composição (por vezes, os membros estão inclusive sujeitos a um limiar mínimo de idade), seja pela finalidade a que se destina (moderação, expressão de interesses que

---

[368] LIJPHART, ref. 364, p. 205 *et seq.*

[369] *Ibid.,* p. 212.

[370] Sobre a repercussão do bicameralismo na vida das coligações, v. ALBALA, Adrián. Coalition presidentialism in bicameral congresses: how does the control of a bicameral majority affect coalition survival? *Brazilian Political Science Review*, v. 11, n. 2, p. 1-27, 2017. O autor nota que um parlamento bilateral implica duas rondas de negociações para encontrar um suporte parlamentar do executivo e não apenas uma, o que aumenta a incerteza quanto ao sucesso, na medida em que o controlo de uma das câmaras pode não ser suficiente.

podem divergir do interesse mais geral), é tendencialmente mais conservadora. Isto implica que é potencialmente melhor aliada de um presidente conservador ou favorável à manutenção, ou restauração de um *status quo* conservador, podendo constituir-se como um obstáculo sério a um presidente inovador e reformista.

Sexto: as câmaras altas estão tendencialmente sujeitas a processos de renovação parcial da sua composição (ao invés do que ocorre nas câmaras baixas, com exceção da Argentina) em atos eleitorais que coincidem ou não com a eleição presidencial. Daí decorre que, embora a relação entre o presidente e os membros da câmara alta, individualmente considerados, possa ser mais estável, devido à tendencial maior duração do mandato, essa relação pode ser mais bruscamente interrompida em caso de não reeleição do membro da câmara em certo momento do mandato presidencial. Isso pode baralhar seriamente eventuais equilíbrios antecedentes.

Sétimo: mesmo com bicameralismo forte, pode ocorrer que, em certos domínios, os poderes da câmara alta sejam menos fortes do que os da câmara baixa. Essa discrepância pode ocorrer no que toca aos poderes legislativos (designadamente quando a câmara baixa tem poderes exclusivos ou mais intensos em certas matérias, como as orçamentais e fiscais) e ocorre quase sempre no que toca à investidura e responsabilização política de membros do gabinete (quando esta esteja prevista, o que, no domínio dos sistemas de presidentes que governam, consiste mais exceção do que regra, e, mesmo assim, apenas nos sistemas híbridos, ao invés do que ocorre nos sistemas parlamentares)[371]. Estas assimetrias podem, sem embargo, ser mitigadas ou compensadas por competências exclusivas da câmara alta, como, por exemplo, o *vetting* de nomeações presidenciais.

Oitavo: as situações de *incongruência* entre a composição das duas câmaras, traduzida em diferentes inclinações maioritárias, são mais propensas à geração de bloqueios e impasses entre elas — com eventuais reflexos no desenrolar da agenda presidencial — do que as de *congruência*. Isso tanto pode ser favorável como desfavorável ao presidente, consoante a maioria da câmara alta seja-lhe afeta ou desafeta. Sendo desfavorável, a gravidade do bloqueio varia consoante o bicameralismo seja mais ou menos forte. Sendo favorável, o benefício aumenta ou diminui do mesmo modo.

Estes são apenas princípios de argumentação razoável, que podem ser desafiados e revertidos em concreto. Há fatores que podem jogar a favor do presidente,

---

[371] Nos sistemas parlamentares e semipresidenciais a eventualidade de a câmara alta não ter intervenção na investidura e responsabilização política do gabinete, com efeitos demissórios, é praticamente regra. A assimetria entre os poderes das duas câmaras de parlamento bicameral, com predomínio da câmara baixa, é comum. A câmara alta não tem por norma competências quanto à investidura, responsabilização e demissão do Governo porque isso poderia tornar muito complexa, se não inviável, a formação de governos e a garantia da sua durabilidade (o que não significa que não exerça de todo qualquer influência, como lembra o texto: DRUCKMAN, James; MARTIN, Lanny; THIES, Michael. Influence without confidence: upper chambers and government formation. *Legislative Studies Quarterly*, v. 30, n. 4, p. 529-548, 2005. Casos como o italiano são excecionais (os artigos 93.º e 94.º da Constituição exigem a aprovação nas duas Câmaras).

permitindo-lhe, até, retirar benefícios do bicameralismo. A segunda câmara é quase sempre menos numerosa que a primeira (a Câmara dos Lordes do Reino Unido é exceção, mas esse não é um caso de sistema de presidente que governa). Os seus membros têm, habitualmente, maior estabilidade de mandato, por este ter duração mais longa (mas nem sempre, como na Bolívia e na Colômbia). Por outro lado, seja quando são eleitos diretamente, indiretamente (por colégios), nomeados ou inerentes, são tendencialmente mais independentes, menos alinhados por disciplinas partidárias ou, pelo menos (mormente quando representam interesses regionais), menos alinhados por disciplinas partidárias com cariz nacional. Todos ou alguns destes fatores propiciam que o presidente estabeleça mais facilmente articulações individuais, mais duradouras e em bases mais independentes ou desvinculadas com membros da câmara alta. Nessa base pode, inclusive, concitar apoios e encontrar aliados mais fiéis na interação com a câmara alta, particularmente em ambiente de bicameralismo forte. Mas, para isso, são necessárias conjugações de circunstâncias que podem não ocorrer.

Em suma, este é um espeto da arquitetura institucional que, numa impressão geral, se pode considerar potencialmente limitador ou mitigador do Poder presidencial. Mas não é possível presumir que seja sempre assim, nem que não possa, até, ocorrer que ele jogue a favor do presidente governante.

6. SISTEMA ELEITORAL DO PARLAMENTO (E REPERCUSSÕES NO SISTEMA PARTIDÁRIO)

O modo como os sistemas eleitorais — conjugados com outras variáveis relevantes — se repercutem ao nível do sistema partidário e, indiretamente, do sistema de governo, é consabidamente diferenciado.

A grande dicotomia costuma ser traçada entre sistemas maioritários e proporcionais, havendo também casos (crescentemente numerosos) de sistemas mistos. Mas, mesmo dentro dessas tipologias, pode haver diferenças significativas.

O sistema eleitoral para as duas câmaras do Congresso dos EUA é essencialmente maioritário, com círculos uninominais maioritários a uma volta, embora, no caso da Câmara dos Representantes, haja alguns (poucos) estados que praticam sistema diferente. O sistema maioritário é adotado em muitos outros sistemas fora da América Latina, em alguns casos com modelo próximo dos EUA, como no Gana e no Malawi, onde os membros dos parlamentos unicamerais são igualmente eleitos em círculos uninominais por maioria simples. Noutros casos, pode haver alguma correção, como na República da Coreia ou Taiwan. Na República da Coreia a eleição para a Assembleia Nacional é realizada de acordo com um sistema misto, em que a esmagadora maioria (253) dos membros daquela são eleitos em círculos uninominais por maioria, sendo apenas os restantes (47) eleitos proporcionalmente num círculo nacional único em listas fechadas. Em Taiwan, o sistema eleitoral para o *Yuan* legislativo assenta na eleição de 73 deputados (em 113) em círculos uninominais por maioria relativa, sendo 34 eleitos através de sistema proporcional (e 6 reservados aos povos indígenas).

Ao invés, na América Latina, predominam os sistemas de representação proporcional nas eleições parlamentares[372]. Sistemas maioritários, sejam uninominais ou com círculos binominais (como no Chile, até 2015-2017), tendem a ser uma raridade.

Decerto que o sistema eleitoral anda vulgarmente associado à formatação do sistema de governo. Todavia, não produz efeitos automáticos e sempre iguais. Veja-se o que se passa em países que praticam sistemas maioritários: nos EUA, República da Coreia, Gana, Guiana, Quiribati, entre outros, o sistema tem sido historicamente — e mantém-se — bipartidário (embora no Quiribati, o sistema seja escassamente estruturado). Em Taiwan, também, mas há sinais de surgimento de terceiros partidos. No Chile, enquanto se praticou o sistema com círculos binominais, competiram dois grandes blocos estáveis. Mas, no Malawi, diversamente, desde a transição democrática, na década de 1990, há maior tendência para a fragmentação e até para o fenómeno dos membros independentes, sempre em grande número no parlamento, ambos os fenómenos explicados pelo fator regional. Em contrapartida, se os casos do Brasil e do Chile (a partir de 2017) são demonstrações eloquentes da associação entre sistema proporcional e fragmentação, também é verdade que, noutros Estados com sistemas eleitorais proporcionais, como o Paraguai, a Argentina e o Uruguai, persistem ou persistiram durante muito tempo sistemas tecnicamente bipartidários (ainda que apenas nominalmente, como se verá adiante).

Subcapítulo IV

AS MODALIDADES DE SISTEMAS PRESIDENCIAIS

1.   ELENCO DAS MODALIDADES DE SISTEMAS PRESIDENCIAIS

O sistema dos EUA assenta na harmonização dos princípios universais da unidade e da divisão do Poder. O resultado dessa combinação é um sistema de separação que alguns designam de *rígido*, mas que aqui preferimos designar de *equilíbrio*[373]. Ele constitui o ponto de partida para o recorte de outras modalidades de sistemas presidenciais, resultantes da alteração do perfil de distribuição constitucional de competências entre executivo e legislativo e do relacionamento entre eles, em relação ao modelo base.

---

[372]   Praticados em 14 dos 18 países observados por: NOHLEN; GARRIDO, ref. 16, p. 287 e 288.

[373]   Deve dizer-se pretendido equilíbrio, porque, como vimos, no plano da prática institucional este equilíbrio se desfaz com frequência, particularmente nos períodos de "presidência imperial".

Uma vez que o sistema norte-americano não é o único da classe de sistema presidencial de equilíbrio, focaremos em outros exemplares que demonstram que, mesmo dentro dela, os mecanismos que visam o objetivo do equilíbrio podem ser dispostos e articulados de variadas maneiras.

A manutenção ou alteração do perfil de distribuição constitucional de competências entre os órgãos executivo e legislativo e do equilíbrio entre eles, em relação ao modelo base de (pretendido) equilíbrio presidente/parlamento, que flui da Constituição americana, com mobilização de soluções constitucionais analisadas no subcapítulo anterior, pode gerar vários tipos de sistemas presidenciais. Recorre-se à seguinte tipologia:

(i)   De equilíbrio;
(ii)   De presidente reforçado;
(iii)   De presidente débil.

Esta tipologia atende ao quadro constitucional ou sistema *constitucional* de governo. Nessa medida, assenta em atributos com expectável estabilidade. Todavia, esta pode ser perturbada por interpretações evolutivas e oscilantes das normas pertinentes. A falta de clareza de uma norma sobre a repartição de competências pode ter repercussões significativas no sistema de governo, particularmente no seu funcionamento.

A multiplicidade de opções constitucionais alternativas e das combinações possíveis poderia sustentar uma tipologia mais ramificada do que a proposta acima. Além disso, seria teoricamente recomendável introduzir subtipos. A opção por evitar a proliferação de tipos determina que se tenha de admitir que cada sistema concreto agrupado dentro de um tipo possa não satisfazer todos os critérios ou não os satisfazer todos da mesma maneira, ou, ainda, preencher alguns que não são específicos do tipo em causa. A estanquidade dos tipos não é absoluta. O objetivo da *redução da complexidade* força à adoção de critérios difusos e com significativa latitude. Isso permite potenciais sobreposições e dificulta a classificação inequívoca de casos que tanto podem balançar entre diferentes tipos de sistema presidencial, como transpor a fronteira do sistema presidencial, caindo noutros sistemas clássicos ou híbridos.

2.   SISTEMAS PRESIDENCIAIS DE EQUILÍBRIO

Dentro do grupo dos sistemas presidenciais com equilíbrio de poderes, há alguns que visam alcançar equilíbrio institucional adotando uma arquitetura organizativa similar à norte-americana. Outros, mantendo o intuito do equilíbrio, optam por uma arquitetura diferente em alguns pontos relevantes.

Um dos veículos do equilíbrio, que a Constituição norte-americana consagra e outras prosseguiram, respeitante ao aspecto crítico de *agenda setting* no exercício da função legislativa, é a atribuição ao presidente do poder (negativo) de veto, só superável por dois terços dos membros presentes e votantes ou de todos os membros do parlamento ou outras maiorias qualificadas (Filipinas, México, República da Coreia, República Dominicana). Tal poder confere-lhe um papel central na moldagem do conteúdo da legislação, na medida em que pode forçar à concertação para atingir um ponto ideal que se aproxime do seu e proporciona-lhe um instrumento eficaz de construção de coligações ocasionais ou duradouras.

Há mecanismos jurídicos que não existem no modelo de referência americano, mas que podem, quando conjugados com outros, contribuir para um resultado global de equilíbrio. Por exemplo, a iniciativa legislativa (México), algumas cedências ao dualismo executivo (República da Coreia) ou a vigência de normas restritivas do poder do parlamento de aumentar a despesa ou diminuir o montante das receitas (Filipinas). Outro mecanismo que permite o estabelecimento de equilíbrios na fixação e execução de uma agenda legislativa é a possibilidade de o presidente declarar ou determinar procedimentos prioritários e céleres para a apreciação de certas iniciativas (Paraguai).

Inscrevem-se neste grupo, no continente americano, os sistemas do México, do Paraguai e da República Dominicana. No sudeste asiático, são exemplos o sistema das Filipinas e o da República da Coreia[374]. Em África, os do Gana, do Malawi e da Nigéria[375].

A razão por que estes casos figuram aqui decorre de serem sistemas de equilíbrio do ponto de vista constitucional. Todavia, vários deles são ilustrativos do fenómeno da basculação sistémica, que estudaremos adiante. Sendo sistemas de equilíbrio, podem ocasionalmente funcionar como sistemas de presidente reforçado (ou até dominante) ou de presidente débil. A par dos mecanismos constitucionais, antecipam-se desde já indicações desenvolvidas sobre a prática institucional do México, da República da Coreia e do Malawi, todos bons exemplos de sistemas sujeitos a significativos movimentos de basculação sistémica (à semelhança, aliás, dos EUA).

O caso do México[376]
Ao abrigo da Constituição de 1917, o sistema funcionou durante muito tempo como de presidente dominante, como se expõe adiante. Todavia, na estrita ponderação das normas constitucionais, ele é de equilíbrio.

---

[374] Pelo seu simbolismo, na medida em que é o último Estado independente (1994), podia-se referir ao microestado insular de Palau, situado na Oceânia, com sistema muito próximo do americano. Nas últimas eleições presidenciais, em 2024, votaram cerca de 10.000 eleitores.

[375] E também o da Libéria, que, no entanto, não integra o universo deste estudo.

[376] Sobre o sistema mexicano, v. CALDERÓN, José Maria. *Génesis del presidencialismo en México*. México: El Caballito, 1972; VEGA VERA, David Manuel. *El presidencialismo mexicano en la modernidad: estudio sociológico y constitucional*. México: Editorial Porrúa, 1989; HERNÁNDEZ CHÁVEZ, Alicia (coord.). *Presidencialismo y sistema político: México y los Estados Unidos*. México: Colegio de México, 1994; PIÑÓN, Francisco. *Presidencialismo: estructura de poder en crisis*. México: Plaza y Valdés Editores, 1995; MENDOZA BERRUETO, Eliseo. *El presidencialismo mexicano: génesis de un sistema imperfecto*. México: El Colegio de la Frontera Norte, FCE, 1996; WELDON, Jeffrey. The logic of presidencialismo in Mexico. *In*: MAINWARING, Scott; SHUGART, Matthew (ed.). *Presidentialism and democracy in Latin America*. Cambridge: Cambridge University Press, 1997, p. 225-258; MARVÁN LABORDE, Ignacio. *Y después del presidencialismo? Reflexiones para la formación de un nuevo régimen (Con una cierta mirada)*. México: Oceano, 1997; MARVÁN LABORDE, Ignacio. *Cómo hicieron la Constitución de 1917*. México: Secretaría de Cultura, Fondo de Cultura Económica-Centro de Investigación y Docencia Económicas, 2017; Krause, Enrique. *La presidencia imperial. Ascenso y caída del sistema político mexicano (1940-1996)*. México: Tusquets, 1997; MENDOZA BERRUETO, Eliseo. *El presidencialismo mexicano: una tradición ante la reforma del Estado*. México: Fondo de Cultura Económica, 1998; TORQUEMADA GONZÁLEZ, David. *Caracterización del presidencialismo mexicano: análisis histórico, orientaciones futuras e implicaciones hacia la administración pública*. 2005. Tese (Licenciatura) – Instituto de Ciencias

Na Constituição encontram-se traços que podem ser vagas reminiscências de mecanismos do parlamentarismo, porventura inspiradas na Constituição de Cádis, de 1812, que teve alguma influência no constitucionalismo mexicano. Assim sucede com a referenda pelos secretários de estado de atos do presidente (artigo 92.º), discutindo-se se tem caráter meramente certificativo ou se constitui, ao modo dos sistemas parlamentares, uma assunção de responsabilidade pelo referendante[377]. Na mesma linha, há outros arranjos institucionais, como a nomeação pelo Congresso de presidente interino ou substituto na falta do presidente (artigo 84.º) e a obrigação dos secretários de Estado de informarem o Congresso sobre os assuntos abrangidos pelas respetivas pastas (artigo 93.º).

Não obstante, uma simples leitura da Constituição — apesar de já profusamente modificada[378] — denuncia uma forte inspiração na Constituição norte-americana. A arquitetura institucional é formalmente semelhante, sem prejuízo de algumas diferenças. Do ponto de vista estritamente constitucional, existem poucas divergências quanto à qualificação de sistema presidencial puro, no sentido de sistema presidencial ao modo do americano[379]. O artigo 49.º consagra uma das mais claras versões de uma separação rígida de poderes:

Sociales y Humanidades, UAEH, Pachuca, 2005; SOLARES, Ignacio. *El Jefe Máximo*. México: Alfaguara, 2011; VARELA MARTÍNEZ, C. El desequilibrio de poderes en México: relaciones Executivo-Legislativo. *In:* MARTÍNEZ RODRÍGUEZ, Antonia; PARRA BARBOSA, José Francisco (ed.). *El Estado postransicional en México: un análisis sobre los cambios políticos y sus efectos en actores e instituciones*. Madrid: Fundación Ortega e Gasset, 2010; SERVÍN AGUILLÓN, Gerardo. Presidencialismo y gobernalismo en México. *Revista Misión Jurídica*, v. 13, n. 19, p. 188-203, 2020; VALADÉS, ref. 42; CARPIZO, ref. 119.

[377] Sobre a discussão, assumindo a primeira posição, tendo em conta que os secretários são livremente nomeados e demitidos pelo presidente, v. CARPIZO, ref. 119, p. 35.

[378] No México alude-se a um poder constituinte permanente: v. NERIA GOVEA, Miguel. El poder constituyente permanente en México y el problema de los límites de la reforma constitucional. *Estudios Constitucionales*, ano 16, n. 1, p. 67-98, 2018. O texto assinala que os 136 artigos da Constituição mexicana foram reformados 693 vezes.

[379] Os problemas de governabilidade que se instalaram após o final do século XX, com dificuldades interinstitucionais que estudaremos ulteriormente, levaram a que a partir dos anos 2000 se começasse a falar do esgotamento do sistema presidencial (v. CAMACHO, Manuel. México: presidencialismo agotado. *El País*, [s.l.], 9 dez. 2004). Uma das hipóteses para a dissipação dessa situação, apontada por alguns sectores, seria a adoção de um sistema semipresidencial (ou o que se supõe ser um sistema semipresidencial) ou de um sistema presidencial racionalizado: v., por exemplo, VALADÉS, Diego. *El gobierno de gabinete*. México: UNAM, Instituto de Investigaciones Jurídicas, 2003, propondo a criação de um gabinete coordenado por um chefe de gabinete sobre o qual incidam as pressões, em vez de estas serem projetadas sobre o presidente, deixando a este apenas um papel de moderação e de garantia da estabilidade republicana. Mais recentemente, v. CARRASCO BRIHUEGA, Daniel. El semi-presidencialismo francés v.s. el presidencialismo mexicano. *Tecsistecatl*, n. 13, dez. 2012. Disponível em: http://www.eumed.net/rev/tecsistecatl/n13/semi-presidencialismo-frances-presidencialismo--mexicano.html. Acesso em: 9 jan. 2025.

[el] Supremo Poder de la Federación se divide para su ejercicio en Legislativo, Ejecutivo y Judicial. No podrán reunirse dos o más de estos Poderes en una sola persona o corporación, ni depositarse el Legislativo.[380]

É inequívoco que o poder executivo cabe a um órgão singular, o presidente (artigo 80.º), eleito diretamente, por maioria relativa, por seis anos, sem possibilidade de reeleição. Aconselham-no, no exercício dessas funções, secretários que, como visto, têm competência para a referenda de atos seus. Originariamente, as nomeações dos secretários não careciam de aquiescência do Senado ou da Câmara dos Deputados, diferentemente do que ocorre nos EUA e ao invés do que ocorria com outros altos funcionários. Hoje, a Constituição estabelece um sistema complexo e diferenciado. A regra geral consta do artigo 89.º, II: o presidente nomeia e remove livremente os secretários, exceto quando a Constituição dispuser de outro modo. Assim sucede com o secretário da *Hacienda* (ministro das Finanças), que carece de ratificação (e não prévia aprovação ou autorização) pela Câmara dos Deputados, e com o secretário das Relações Exteriores, que tem de ser ratificado pelo Senado[381].

Existe gabinete, mas em boa medida é uma instituição extraconstitucional, uma vez que não está regulada na Constituição, nem em norma secundária. Tem composição variável, integrando-o os principais colaboradores do presidente, que o apoiam nos assuntos que este lhes submeta, com ou sem regularidade[382].

Em conformidade com a conceção constitucional da separação de poderes, o presidente exerce poder legislativo apenas excecionalmente (suspensão de direitos, artigo 29.º; salubridade, artigo 73.º, XVI; e pouco mais[383]). Isso conduz a que recorra a outros instrumentos de controlo ou dinamização da agenda legislativa: a iniciativa de leis e decretos (artigo 71.º)[384], iniciativa essa exclusiva.

Antes da Constituição de 1917, nem sempre o presidente dispunha de direito de veto. Nesta, está previsto, na modalidade total e parcial (artigo 72.º, C), mas o controlo da agenda legislativa por outros meios eficazes retira-lhe impacto, sendo por isso pouco usado[385]. O projeto de lei vetado pode ser confirmado por dois terços do número total dos deputados presentes em cada uma das duas Câmaras[386]. Não é consentido o veto de bolso, ou seja, a possibilidade de o diploma

---

[380] MÉXICO. [Constituição (1917)]. *Constitución Política de los Estados Unidos Mexicanos*. Ciudad de México: Cámara de Diputados, 1917. Disponível em: https://www.diputados.gob.mx/LeyesBiblio/pdf/CPEUM.pdf. Acesso em: 14 jan. 2025.

[381] O artigo 74.º, III, exceciona, porém, as situações de governo de coligação, remetendo para o artigo 76.º, II. Este estabelece uma inédita diferenciação entre as situações em que o presidente forme governo de coligação e as outras. V. *Idem*.

[382] CARPIZO, ref. 119, p. 76.

[383] *Ibid.* p. 105 *et seq*, alude ainda às competências em matéria dos tratados internacionais, económica e regulamentar.

[384] Que não chega a ser uma diferença real, tendo em conta os expedientes a que o presidente americano lança mão para exercer, indiretamente, a iniciativa legislativa.

[385] CARPIZO, ref. 119, p. 89.

[386] A disposição constitucional é ambígua, mas esta é a interpretação dominante: v. *Ibid*.

parlamentar ficar num limbo legislativo devido à ausência de um prazo para a promulgação, expressa ou automática[387].

O presidente pode convocar sessões extraordinárias do Congresso, com o acordo da *Comisión Permanente* daquele (artigo 89.º, XI). Não é um poder potestativo, mas um mero poder de iniciativa sujeito a aprovação. Não dispõe do poder de dissolução do Congresso.

O Congresso, dividido em Câmara dos Representantes e Câmara dos Senadores, exerce o poder legislativo. A Câmara dos Deputados, renovável a cada três anos, é composta por 500 deputados: 300 eleitos em distritos uninominais; 200 eleitos segundo o princípio da representação proporcional, por listas regionais em circunscrições plurinominais. O Senado, renovável a cada seis anos, é composto por 128 membros: 32 são eleitos proporcionalmente numa única circunscrição plurinominal nacional. Os demais 96 são eleitos por votação maioritária relativa, com representação do principal partido minoritário: dos três correspondentes a cada entidade federativa, dois cabem ao partido mais votado e o terceiro é atribuído ao partido minoritário mais votado.

Merece referência especial a circunstância de o México, apesar de ser um dos países latino-americanos desconhecedor, até ao momento, de coligações formais de governo, ter sido um dos primeiros a reconhecer a sua importância crescente nos sistemas de governo da região, atribuindo-lhes tratamento constitucional. Desde 2014, o artigo 89.º, XVII, permite ao presidente:

> *En cualquier momento, optar por un gobierno de coalición con uno o varios de los partidos políticos representados en el Congreso de la Unión. El gobierno de coalición se regulará por el convenio y el programa respectivos, los cuales deberán ser aprobados por mayoría de los miembros presentes de la Cámara de Senadores. El convenio establecerá las causas de la disolución del gobierno de coalición*[388].

Este preceito atribui um papel relevante à Câmara dos Senadores na aprovação do programa de governo da coligação; mas, sobretudo, cria a base para que esta possa assentar em estruturas transparentes que definam as regras do jogo, colmatando aquilo que é, manifestamente, um especto negativo noutros países, como o Brasil[389].

Não obstante a Constituição apontar para o equilíbrio de poderes, na verdade, a prática institucional teve mais do que uma fase, ainda que sem que se tenham registado alterações constitucionais profundas. Durante décadas, foi caso típico de sistema de presidente dominante, antes de passar para equilíbrio — por vezes, equilíbrio de bloqueio —, e de descair, de novo, para sistema de presidente dominante. Adiante, quando for feito o estudo dos sistemas de presidente

---

[387] CARPIZO, ref. 119, p. 91.

[388] ESCAMILLA CADENA, Alberto. Gobierno de coalición y ratificación del gabinete presidencial. *In:* GONZÁLEZ, Flavia Freidenberg; ESCAMILLA, Alberto (coords.). *El nuevo sistema político-electoral mexicano en 2015*. México: UAM-Iztapalapa, 2015. p. 255-266.

[389] Não obstante a possibilidade de coligações estarem mencionadas no artigo 17.º, § 1.º da Constituição brasileira, v. BRASIL, ref. 333.

dominante, será versado o período histórico em que isso se verificou, até ao final do século passado. Mas já neste século fica bem patente que a prática institucional pode oscilar[390].

No último quartel do século XX, coincidindo com os mandatos de Carlos Salinas de Gortari (1988-1994) e Ernesto Zedillo Ponce de León (1994-2000), a conjugação entre fatores económicos — pressão derivada do esgotamento do modelo de substituição das importações, que cavou problemas económicos e convocou uma classe tecnocrática para o exercício do poder —, sociais, reformistas e políticos, induziu a significativas mudanças no panorama político global e do sistema partidário[391]. Registou-se uma gradual transição, particularmente a partir do segundo triénio do mandato de Ernesto Zedillo, não especificamente incidente na alteração do papel da instituição presidencial no sistema, mas que se traduziu na atenuação do poder constitucional e extraconstitucional do presidente: o sistema de governo "despresidencializou-se", embora não se tenha transformado, de todo, em sistema de presidente débil ou algo parecido[392]. A diminuição da força do clientelismo e do corporativismo trazida pela maior maturidade do sistema político contribuiu para a atenuação do pendor de presidente dominante. Mas isso não resultou, propriamente, de uma reforma do sistema presidencial, com intervenção específica no quadro constitucional que o sustenta.

Movimentos sociais — com destaque para o movimento estudantil de 1968 — enfrentaram ostensivamente o domínio presidencial. Foram promovidas reformas de instituições e organismos eleitorais, judiciais e regulatórios, reduzindo ou eliminando o poder presidencial. Sucederam-se, ao longo daquelas duas décadas, acontecimentos políticos impactantes: a eleição do candidato único, oficialista, José López Portillo, em 1976; a alteração dos resultados eleitorais para garantir a manutenção da cadeira presidencial pelo PRI, em 1988; e o assassinato do candidato do PRI, em 1994.

A par disto, reformas eleitorais repercutiram-se em alterações estruturais importantes no sistema de partidos e na composição parlamentar[393]. A reforma

---

[390] Para uma sinopse das etapas da formação do sistema presidencial no México, marcadas por estilos pessoais e tendências institucionais, v. VALADÉS, ref. 380, p. 77 *et seq.*

[391] ESCAMILLA CADENA, Alberto. Las transformaciones del presidencialismo en el marco de la reforma del Estado en México. *Polis*, v. 5, n. 2, p. 13-47, 2009; ESCAMILLA CADENA, Alberto; CUNA PÉREZ, Enrique. *El presidencialismo mexicano. ¿Qué ha cambiado?* Ciudad de México: Universidad Autónoma Metropolitana, 2014.

[392] ESCAMILLA CADENA, ref. 392, p. 15. Beneficiamos, em parte, da síntese oferecida pelo autor.

[393] Sustentando que as reformas eleitorais no México foram o elemento decisivo da mudança da forma de governo, do funcionamento do sistema presidencial e do retorno da Constituição à sua função de limite do poder, v. NOHLEN; GARRIDO, ref. 16, p. 286. Sobre as várias reformas com impacto eleitoral, v. MALASSIS OTÁLORA, Janine. Un cambio de paradigma para la reforma electoral. Reflexiones a partir de la justicia electoral. *In:* MARTÍNEZ LÓPEZ, Cornelio; MIRÓN LINCE, Rosa María; ZEPEDA, Pedro José (coord.). *Transición y cambio en el Congreso Mexicano*. México: Instituto Belisario Domínguez, Senado de la República, 2020. p. 353-365; ZEPEDA, Pedro José. Estrategias presidenciales de negociación frente al Congreso. *In:* MARTÍNEZ LÓPEZ, Cornelio; MIRÓN LINCE, Rosa María; ZEPEDA, Pedro José (coord.). *Transición y cambio en el Congreso Mexicano*. México: Instituto Belisario Domínguez, Senado de la República, 2020. p. 73-94.

eleitoral de 1977 permitiu o aumento significativo do número de partidos e da percentagem de deputados da oposição na Câmara dos Deputados[394]. Em 1988, o PRI perdeu a maioria qualificada (e poderia ter perdido a maioria simples[395]). Na década de 1990, foram dados os derradeiros passos para a plena pluralização e autonomização do Congresso em relação ao poder executivo. Em 1993, a Constituição foi reformada para, entre outros aspetos, impedir que qualquer Partido — nas circunstâncias habituais, o PRI — pudesse ter, por si só, maioria para rever a Constituição (ou seja, mais de 315 deputados). Em 1996, foi alterada a forma de eleição dos senadores e autonomizado o Instituto Federal Eleitoral que saiu da alçada presidencial (bem como o Tribunal Eleitoral).

Em consequência, na eleição intermédia de 1997 para a Câmara dos Deputados, o PRI perdeu a maioria absoluta (continuando com maioria no Senado)[396], ocorrendo, pela primeira vez, a situação de governo dividido[397].

É por esta época que o antigo sistema de "hereditariedade republicana" sofre alterações: a partir de Zedillo, não é inexorável a possibilidade *extraconstitucional* de de o presidente incumbente designar o seu sucessor[398], embora não tenha desaparecido por completo a vontade, como ficou demonstrado pelo papel ativo desempenhado por Vicente Fox (PAN), em 2006, para inviabilizar a candidatura de Andrés Manuel López Obrador (então, PRD).

A progressiva erosão do domínio do PRI, desde a década de 1980, consumou-se, ao nível presidencial, com a vitória, em 2000, de um candidato não pertencente ao oficialismo, Vicente Fox, com apoio do PAN, derrotando o PRI pela primeira vez após sete décadas de ininterrupto domínio monopartidário. Esta data é consensualmente identificada como o termo do "velho" sistema presidencial e o início de um novo[399].

A partir daí, passou a vigorar um sistema de alternância e de menor governabilidade. No tocante ao sistema partidário, evoluiu-se para uma situação de maior repartição dos assentos parlamentares pelos três partidos capazes de obter votações substanciais (o PRI, o PAN e o PRD) e a ausência de maiorias presidenciais claras no Congresso. Embora se notem tendências para a fragmentação e alguma polarização, até hoje não parecem ser tão pronunciadas como em alguns outros países, da América Latina e não só[400].

---

[394] ZEPEDA, ref. 394, p. 76.

[395] *Ibid.*, p. 77.

[396] E perdeu, também, a eleição direta do governo do Distrito Federal (para o PRD), quebrando o ciclo de escolhas pelo presidente. Na eleição parlamentar, a *Alianza por el Cambio* (PAN e ecologistas) obteve 42% dos votos, o PRI 36% e o PRD 16%.

[397] V. LUJAMBIO, Alonso. *Adiós a la excepcionalidad: régimen presidencial y gobierno dividido en México. In:* LANZARO, Jorge. (coord.). *Tipos de presidencialismo y coaliciones políticas en América Latina*. Buenos Aires, 2001. p. 251-282.

[398] ESCAMILLA CADENA, ref. 392, p. 29, 40.

[399] *Ibid.*, p. 17.

[400] Na Câmara dos Deputados havia quatro partidos na legislatura de 1976; entre 2015 e 2014, o número oscila entre sete e nove. O panorama é idêntico no Senado, tendo passado de 3 para oito ou nove. Nas LXIV e LXV legislaturas (2018-2021 e 2021 e 2024, respetivamente), no Senado estavam representados oito partidos. Mapa completo em: ZEPEDA, ref. 394, p. 80.

Historicamente, o PAN (centro-direita), habitualmente segunda força, propendia a cooperar com o PRI desde a década de 1980. O PRD (esquerda), por norma o mais minoritário dos três, não cooperava com nenhum dos outros[401]. O PRI agia como partido dominante, uma vez que, mesmo sem maioria, foi, até 2018, o partido com maior representação parlamentar (particularmente de 1997 a 2006 e de 2009 a 2018)[402]. A tendência era para potenciar o seu controlo da agenda legislativa, estivesse ele no governo ou na oposição. Aqui e ali ocorriam momentos cooperativos, como por ocasião do Pacto por México (2012-2014), mas eram episódicos.

Desde 1997 até 2018, o Congresso beneficiou-se da autonomia de participação na definição e execução de uma agenda legislativa como nunca tivera. Todavia, exceto no intervalo entre 2012 e 2014, coincidente com o referido *Pacto por México*, os Presidentes persistiram no comportamento do passado, de definição unilateral da agenda política e de tratamento do Congresso como mera caixa de ressonância, instrumental à materialização daquela agenda, para cuja definição não contribuía. Não podemos afirmar que se gerou um radical cenário de paralisia ou bloqueio legislativo. As estatísticas mostram que até houve crescimento do número de iniciativas apresentadas e aprovadas, incluindo com origem presidencial. Porém, entre elas não se encontravam as que corporizavam reformas estruturais ou as que eram vitais para o projeto de governo do Presidente[403].

O Presidente Ernesto Zedillo não conseguiu impor as suas reformas fiscal e energética[404]. Com Vicente Fox (2000-2006), os bloqueios e a confrontação entre os dois órgãos acentuaram-se, tendo sido rejeitadas reformas como a fiscal, energética e laboral[405]. Os incentivos à cooperação mostraram-se insuficientes, porventura instigados por alguma propensão polarizadora do Presidente[406]. Felipe Calderón (2006-2012) não só teve uma relação tensa com o PRD, que o acusava de ter chegado ao poder em virtude de uma fraude, como também teve uma relação tensa

---

[401] Cfr. VALENCIA ESCAMILLA, Laura. Institucionalización en el Congreso Federal: transición y cambio. *In:* MARTÍNEZ LÓPEZ, Cornelio; MIRÓN LINCE, Rosa María; ZEPEDA, Pedro José (coords.). *Transición y cambio en el Congreso Mexicano.* México: Instituto Belisario Domínguez, Senado de la República, 2020. p. 23-53. Como se adianta no texto, o acordo em 2023 dos três partidos em apoiar Xóchitl Gálvez, no contexto da coligação *Fuerza y Corazón por México*, para enfrentar em junho de 2024 a candidata da coligação do MORENA com outros partidos, Claudia Sheinbaum, é um indicador importante de evolução do sistema partidário.

[402] O que se traduziu, na prática, por uma continuidade de controlo "contundente" da agenda legislativa pelo PRI em qualquer das circunstâncias, com oposição efetiva quando não está no poder: assim, VALENCIA ESCAMILLA, ref. 402, p. 28.

[403] ZEPEDA, ref. 394, p. 92.

[404] ESCAMILLA CADENA, ref. 392, p. 40.

[405] Toledo e Meyenberg Leycegui notam que a relação entre presidente e Congresso se degradou de tal modo, que o primeiro enviou por escrito o discurso de 2006, habitualmente feito oralmente, sobre o estado da Nação. V. TOLEDO, Ricardo Espinoza; MEYENBERG LEYCEGUI, Yolanda. Ejecutivo y Legislativo: del multipartidismo al predominio de Morena. *In:* MARTÍNEZ LÓPEZ, Cornelio; MIRÓN LINCE, Rosa María; ZEPEDA, Pedro José (coord.). *Transición y cambio en el Congreso Mexicano.* México: Instituto Belisario Domínguez, Senado de la República, 2020. p. 53-72. Especialmente p. 58.

[406] Conforme insinuado em: ESCAMILLA CADENA, ref. 392, p. 44.

com o próprio PAN, seu partido. Foi forçado a aceitar boa parte da agenda e do controlo do PRI, com transferência de poder, mas não conseguiu obter sucesso para algumas das reformas em que mais se empenhou. Os traços essenciais do relacionamento interinstitucional, todavia, sofreram variações, com diferenças mais visíveis entre o primeiro e o segundo triénio presidencial, sempre divididos pelas eleições intermédias[407].

Visto isto, os observadores apontam dois cenários justapostos ou alternantes: *paralisia governamental*, quando o PRI se encontra na oposição e o segundo partido (PAN) é o Partido do presidente, com especial incidência nos segundos triénios dos mandatos de Vicente Fox (2000-2006) e de Felipe Calderón (2006-2012); *disfuncionalidade legislativa,* quando, na ausência de coligações estáveis e duradouras, nem o governo nem a maioria conseguem viabilizar mais do que medidas de alcance reduzido e particular, como nos primeiros triénios de Vicente Fox e de Felipe Calderón e no segundo triénio de Enrique Peña Nieto, do PRI (2015-2018)[408]. A ausência de transparência e de regras claras permite a prática da distribuição de recursos e de cargos públicos em contrapartida de apoios, ocasionais ou não[409].

Os doze anos de governos de Presidentes do PAN foram sucedidos pelo regresso ao poder do PRI, através de Enrique Peña Nieto (2012-2018). Procurando fazer o contraste com os seus antecessores, em nome da necessidade de um poder forte e eficaz no enfrentamento dos problemas da desigualdade e do insuficiente cumprimento dos direitos sociais, propôs aos Partidos um *Pacto por México*, para garantir a sua cooperação no órgão legislativo e retomar o controlo centralizado da agenda legislativa. O *Pacto* cumpriu a sua função durante 20 meses, proporcionando a aprovação de reformas com participação dos três principais Partidos[410],

---

[407] Manifestação de um princípio de maior complexidade das relações entre executivo e legislativo quando as eleições não são coincidentes no tempo, que se observa em geral, os segundos triénios presidenciais são tendencialmente mais atribulados, particularmente com governo dividido. A eleição intermédia para a Câmara dos Deputados, coincidente com o meio do mandato presidencial, traz normalmente perdas eleitorais ao partido do presidente — presumivelmente incapaz de cumprir plenamente os seus compromissos eleitorais, por falta de suporte parlamentar — e ganhos aos demais partidos, o que coloca em causa quaisquer compromissos prévios, assumidos noutro contexto. No segundo triénio o presidente começa a contagem decrescente do seu período e os partidos — incluindo o seu — começam a preparar-se para o próximo ciclo, desinvestindo do atual, reagrupando-se, evitando a associação a um presidente eventualmente em declínio de poder.

[408] VALENCIA ESCAMILLA, ref. 402, p. 33.

[409] TOLEDO; MEYENBERG LEYCEGUI, ref. 406, p. 69.

[410] O *Pacto de México* pode ser visto como a expressão de uma coligação legislativa (e não de governo) entre os três principais partidos em torno de um programa de reformas comum. Até à quebra do acordo político, constituiu o intervalo de uma prática de relacionamento em que o Congresso é solicitado pelo presidente apenas como instrumento de concretização do programa presidencial, concebido sem a colaboração daquele: v. ZEPEDA, ref. 394, p. 84.

mas foi desmobilizado pelo desvanecimento do consenso, atraso dos resultados e problemas conjunturais que atingiram o Presidente e o PRI[411]

Capitalizando largamente o descontentamento com o ciclo anterior e com o sistema partidário tradicional, bem como a desilusão dos eleitores com o *Pacto por México,* na eleição presidencial de 2018 saiu vitorioso Andrés Manuel López Obrador (também conhecido por AMLO), que havia sido derrotado nas duas eleições anteriores (sempre alegando viciação eleitoral). Tratou-se do primeiro Presidente do México com uma base programática assumidamente de esquerda (crítica do neoliberalismo e não signatário daquele *Pacto*). Refletindo a alta rejeição do Presidente Enrique Peña Nieto, que saiu assoberbado por escândalos de corrupção e falhas de políticas públicas, o PRI sofreu uma derrota contundente, passando de primeiro para quinto partido na Câmara dos Deputados, não ficando sequer perto das condições propícias ao habitual controlo da agenda legislativa. Pela primeira vez, após o início da transição democrática, a coligação *Juntos Haremos Historia*, liderada pelo Partido do Presidente, *Movimiento de Regeneración Nacional* (MORENA, Partido emergente, constituído em 2014 em resultado de cisão do PRD), coeso e disciplinado, controlava ambas as câmaras do Congresso (e até a maioria das legislaturas estaduais): em 2018, obteve a maioria no Senado (contando com aliados[412]) e a maioria na Câmara dos Deputados. Fechou-se um ciclo de mais de 20 anos de governos de minoria e colocou-se entre parênteses o sistema partidário tradicional.

Os mexicanos, porventura saturados por governos divididos, por partidos históricos desgastados e décadas de impasse, polarização e conflito, e talvez confiantes na consolidação dos novos quadros competitivos e de *checks and balances* instituídos a partir do final do século XX, escolheram voltar a um sistema presidencial revitalizado. Isso significava ter um presidente forte e capaz de governar sem a necessidade de negociações casuísticas ou coligações pós-eleitorais para executar os compromissos assumidos perante os eleitores, sendo também, por isso, o único responsável em caso de insucesso. Entre governabilidade e concertação democrática, escolheram a eficácia governativa.

Nas eleições para a Câmara dos Deputados de 2021, o Morena, o *Partido del Trabajo* (PT) e o *Partido Verde Ecologista de México* (PVEM), formaram uma nova aliança, *Juntos Hacemos Historia*, que assegurou a maioria parlamentar, com 281 lugares. E dessa vez formou-se também uma aliança entre os três Partidos classicamente rivais, PRI, PAN e PRD, *Va por México*, que obteve 196 lugares. As coligações pré-eleitorais (alianças) assentavam arraiais no México, contra a tradição.

Nas eleições presidenciais de 2 de junho de 2024, Claudia Sheinbaum, do Morena, obteve quase 60% dos votos, tornando-se a primeira presidente feminina em 200 anos de história. Nas eleições para o Congresso de 2024, *Sigamos Haciendo*

---

[411] ZEPEDA, ref. 394, p. 93. Fracassos no combate à corrupção, escândalos relacionados com a aquisição de um imóvel pela mulher de Peña Nieto, atuação de governadores ligados ao PRI, aumento da violência, desaparecimento de estudantes, aumentos dos preços dos combustíveis, foram os fatores mais salientes que levaram a que Peña Nieto tenha atingido níveis de rejeição recorde desde a década de 1990.

[412] 188 deputados do Morena, 67 do PT e 56 do PES.

Historia, sucessora da *Juntos*, reforçou a sua maioria na Câmara dos Deputados, com 373 deputados, enquanto a *Fuerza y Corazón por México*, sucessora de *Va por México*, conseguiu apenas 102. No Senado, a relação é de 82 para o *Sigamos* e 40 para o *Fuerza*.

O caso do Paraguai[413]

A Constituição de 1992 estatui que o presidente representa o Estado, é o chefe do executivo, dirige a administração e é comandante-chefe das Forças Armadas. É eleito diretamente, por maioria relativa, para um mandato de 5 anos (artigo 229.º), em simultâneo com as câmaras do Congresso. Está impedida a reeleição, inclusive para vice-presidente. Porém, a questão da reeleição está permanentemente em aberto, uma vez que, ao longo da vigência da Constituição, houve várias tentativas perpetradas por incumbentes, bem como propostas de vários setores, de suprimir as normas que a proíbem. A última ocorreu em 2016, promovida pelo Presidente Cartes, tendo suscitado uma grave crise política.

O presidente não goza de foro especial ou de imunidade prevista expressamente na Constituição, o que leva alguns autores a sustentar a aplicação, por analogia, do que está previsto para os ministros do poder executivo. A par de outros titulares de cargos políticos e judiciais, pode ser objeto de *juicio político* (artigo 225.ª). Comparando com o *impeachment* de outros sistemas, há uma particularidade a destacar, decorrente da descrição da conduta que pode ser censurada: "*mal desempeño de sus funciones, (...) delitos cometidos en el ejercicio de sus cargos o (...) delitos comunes*"[414]. Ou seja, não se trata apenas de um mecanismo de remoção de um presidente comitente de delitos, mas também de um mecanismo de censura por mau desempenho das funções. Esse traço equivale à incorporação no sistema paraguaio de um mecanismo identificador do sistema parlamentar, hibridizando-o.

No âmbito da função executiva, prevê-se a existência de ministros, em número e com as funções fixadas por lei, escapando, por conseguinte, o número e o conteúdo das competências ao livre-arbítrio e poder organizativo do presidente, embora sejam nomeados e demitidos livremente por este. Os ministros dirigem e gerem os negócios públicos nas áreas da respetiva competência material, sob direção do presidente. Reúnem-se em conselho de ministros, órgão essencialmente consultivo do presidente, mediante convocação deste, servindo para a coordenação das tarefas executivas e para o impulso das políticas. Podem

---

[413] MENDONÇA, Daniel. *Democracia vulnerable: un estudio sobre el sistema político paraguayo.* Asunción: Intercontinental Editora, 2010; SONDROL, Paul. Paraguay: challenges in democratic consolidation. *In:* KLINE, Harvey; WIARDA, Howard (ed.). *Latin American politics and development.* Boulder: Westview Press, 2011. p. 325-344; CANO RADIL, Bernardino. Constitución de 1992 y la interacción Ejecutivo/Congreso: obstáculos jurídicos culturales para fortalecer la gobernabilidad democrática de la República del Paraguay. *In:* DALLA-CORTE CABALLERO, Gabriela (dir.). *Estado, nación e historia en el bicentenario de la independencia del Paraguay.* Asunción: Intercontinental Editora, 2012. p. 213-239.

[414] PARAGUAI. ref. 331.

ser destinatários de notificações e interpelações das Câmaras do Congresso, decididas por metade mais um dos membros. A resposta é obrigatória (artigo 193.º). Se não for dada ou for considerada insatisfatória pelos legisladores, o ministro em falta pode ser objeto de um voto de censura das duas Câmaras, que podem recomendar ao presidente a sua remoção do cargo. Todavia, a aprovação da moção de censura e da recomendação carece de dois terços de todos os membros das duas Câmaras (artigo 194.ª), tornando o mecanismo bastante inacessível (não obstante as condições de funcionamento do sistema, que serão referidas *infra*).

O vice-presidente não tem simplesmente o estatuto de substituto do presidente, nas suas faltas. É eleito em conjunto com o presidente, com igual duração de mandato. Representa o presidente, por incumbência deste, participa nas deliberações do conselho de ministros e coordena as relações entre o poder executivo e o poder legislativo (artigo 239.º).

Quanto à participação no exercício do poder legislativo, o presidente dispõe de um importante conjunto de instrumentos, designadamente, poderes de: (i) apresentar projetos de lei ao Congresso, que podem ser acompanhados por pedido de apreciação urgente (artigo 210.º e 238.º, n.º 12); (ii) iniciativa exclusiva sobre matéria orçamental, competindo-lhe apresentar o projeto de orçamento geral da Nação (artigo 238.º, n.º14); (iii) convocar sessões extraordinárias do Congresso, fixando a respetiva agenda (238.º, n.º11); (iv) produzir decretos, sujeitos a referenda do ministro do ramo (artigo 238º, n.º5); (v) veto, total e parcial, sobre projetos de lei (artigos 208.º, 209.ª, 238.º, n.º 4).

Saliente-se a hipótese de veto parcial, que contribui para qualificar a posição do presidente; em contrapartida, quer no veto total, quer no parcial, o Congresso pode superá-lo por maioria absoluta dos seus membros, o que coloca o presidente numa posição de fragilidade perante maiorias adversas. Esta questão pode parecer ilusória, tendo em conta o aparente predomínio quase absoluto do Partido *Colorado* no período democrático (presentemente, talvez com tendência menos pronunciada), mas a circunstância de este ser realmente uma coligação de fações que, por vezes, se digladiam vivamente, torna-a relevante.

Não obstante a Constituição estabelecer que o poder legislativo é exercido pelo Congresso (artigo 182.º) e, apesar da aparente fragilidade no exercício do veto, o presidente tem uma inegável dose de influência na agenda legislativa.

O Congresso é composto por duas Câmaras, de Deputados (80) e de Senadores (45), eleitos para mandatos de cinco anos. Além do poder legislativo, o Congresso dispõe dos poderes de controlo do executivo mencionados, bem como poderes importantes quanto à nomeação de titulares de cargos públicos e até quanto à promoção de militares de altas patentes.

O sistema constitucional tem a óbvia intenção de atingir um equilíbrio interorgânico. Todavia, não o faz através de uma arquitetura institucional igual à dos EUA, divergindo em domínios relevantes, designadamente: duração do mandato presidencial e impossibilidade de reeleição para um segundo mandato; eleição simultânea do presidente e dos membros do órgão legislativo; iniciativa legislativa presidencial, em alguns domínios exclusiva; veto total e parcial, em ambos os casos superável por maioria absoluta das Câmaras; amplitude dos fundamentos para *impeachment*; e previsão constitucional de ministros do governo e de um conselho de ministros.

Pode discutir-se se é ainda um sistema qualificável como presidencial ou se os aspetos de *hibridização* que ele denota podem sustentar uma prática institucional que conduza a que ele deva ser subtraído do grupo presidencial. Essa dúvida leva a que tenhamos de regressar ao sistema do Paraguai no subcapítulo dedicado à mutação sistémica.

Caso da República Dominicana

A Constituição de 2015 confia o poder executivo ao presidente da República, chefe de Estado e de governo (artigo 122.º). É eleito para um mandato de quatro anos, renovável por uma vez (desde 2015), por maioria absoluta, em uma ou duas voltas. Possui, entre outros, poderes de: (i) iniciativa legislativa e do orçamento do Estado, neste caso exclusiva [artigo 96.º; 93.º, n.º 2, alínea a)]; (ii) veto de leis, superado por uma maioria de dois terços dos membros presentes de cada uma das câmaras do Congresso (artigo 102.º); (iii) livre nomeação e destituição de ministros e vice-ministros [artigo 128.º, n.º 2, alínea a)]; (iv) nomeação de embaixadores, mediante autorização do Senado [artigo 128.º, n.º 3, alínea a)]; convocação extraordinária das Câmaras (artigo 89.º).

O conselho de ministros, presidido pelo presidente da República e composto, ademais, pelo vice-presidente, pelos ministros e vice-ministros (artigo 137.º), desempenha as funções de órgão de "*coordinación de los asuntos generales de gobierno*" (artigo 137.º). Os ministérios e as respetivas atribuições são definidos por lei (artigo 134.º e 136.º).

O poder legislativo cabe unicamente ao Congresso, composto por Senado e Câmara dos Deputados (artigo 76.º). O primeiro é composto por 32 senadores, eleitos em círculos uninominais, por maioria. O segundo é integrado por 190 deputados, eleitos proporcionalmente. As competências são simétricas. O Congresso tem o poder de examinar os atos do executivo, podendo convidar os ministros e vice-ministros a oferecer informações, sob pena de sanção penal se não as prestarem (artigo 94.º). Pode também interpelar ministros e vice-ministros, votar votos de censura, por dois terços e recomendar ao presidente a respetiva destituição. O presidente não está constitucionalmente obrigado a seguir a recomendação. O Congresso também tem poder sobre o processo de *impeachment*, mediante acusação da Câmara dos Deputados, por três quartos dos deputados (artigo 83.º, n.º 1) e decisão do Senado por dois terços (artigo 80.º, n.º 1).

Nos índices internacionais, a República Dominicana surge normalmente com tendência estável[415]. Tem tido uma situação de governo unitário. Em 2020, Luis Abinader, do Partido Revolucionário Moderno (PRM), venceu as eleições presidenciais, na segunda volta, quebrando uma longa permanência no poder

---

[415] Freedom House, parcialmente livre; V-Dem, democracia eleitoral, com tendência de subida; EIU, democracia com falhas (61.º lugar); IDEA, *mid-performing democracy*, com tendência de subida.

do *Partido de la Liberación Dominicana* (PLD). A coligação de vários partidos liderada pelo PRM dispõe de maioria nas duas Câmaras.

Caso da República da Coreia[416]

Situada numa zona do globo sem tradições democráticas, a democracia chegou relativamente tarde à República da Coreia, no início da terceira vaga de democratizações. Apesar de figurar, reiteradamente, entre as democracias liberais sólidas após a transição em 1987[417], os exatos contornos do sistema de governo só são decifráveis e compreensíveis se as relações efetivas dos vários órgãos do poder político forem lidas como sequelas — em ambiente democrático — de traços de cultura política secular, algumas reiteradas no período autoritário. O caso coreano é um daqueles em que a história e a cultura política, impercetivelmente enraizadas, contam bastante.

Entre 1910 e 1945, a Coreia esteve sob domínio colonial japonês. Após o final da II Guerra, com a libertação, a Coreia viu instalar-se dois sistemas políticos, a sul e a norte do paralelo 38º, por acordo entre americanos e soviéticos.

A sul, a República da Coreia conheceu, até 1987, um sistema político com várias fases de iliberalismo e autoritarismo. Devido à vital necessidade de suporte americano, houve persistentemente uma aparência de funcionamento de mecanismos democráticos. Mesmo em momentos de autoritarismo mais acentuado, foram sempre conhecidas figuras da oposição[418], apesar da ausência de democracia liberal plena.

Entre 1945 e 1960, que se pode classificar como período de democracia iliberal (primeira República), pontificou a longa liderança de Syngman Rhee, fortemente anticomunista e pró-americana, consentida — quando não encorajada — pela administração militar americana. Já se sentia a persistente fratura entre conservadores e liberais, que atravessa desde então a política coreana, como pano de fundo. A Constituição de 1948 consagrou um sistema de governo que conjugava traços característicos do sistema americano, com soluções oriundas de outros sistemas, como a estrutura unicameral do parlamento e a eleição do presidente por este.

---

[416] Algumas referências bibliográficas: DIAMOND, Larry; KIM, Byung-Kook (ed.). *Consolidating democracy in South Korea.* Boulder: Lynne Rienner Publishers, 2000; LEE, Namhee. *The making of Minjung:* democracy and the politics of representation in South Korea. Ithaca: Cornell University Press, 2007; THE KOREA HERALD - THE KOREAN POLITICAL SCIENCE ASSOCIATION (ed.). *Political change in Korea.* P'aju-si: Jimmondang, 2008; TUDOR, Daniel. *Korea: the impossible country.* North Clarendon: Tuttle Publishing, 2018; MOBRAND, Erik. *Top-down democracy in South Korea.* Seattle: University of Washington Press, 2019; NILSSON-WRIGHT, John. Contested Politics in South Korea. Democratic Evolution, National Identity and Political Partisanship. *RIIA,* 2022. Disponível em: https://www.chathamhouse.org/sites/default/files/2022-07/2022-07--28-contested-politics-south-korea-nilsson-wright.pdf. Acesso em: 9 jan. 2025.

[417] No *Democracy Index* 2023, da EIU, a República da Coreia figura em 22.º lugar das *full democracies.* No *Democracy Report* 2024 do V-Dem Institute, consta como *liberal democracy* com tendência negativa.

[418] TUDOR, ref. 417, p. 84.

Tendo sido eleito membro do parlamento em eleições supervisionadas pela ONU, em maio de 1948, Syngman Rhee foi eleito pela Assembleia Nacional primeiro presidente da República da Coreia. Mentor do Partido Liberal, seguiu paradoxalmente uma linha politicamente iliberal, marcada pela perseguição e neutralização de adversários políticos. Sintomaticamente, o seu adversário nas eleições presidenciais de 1956, Cho Bong-am, do Partido Progressista, seria executado sob a acusação de espionagem a favor da Coreia do Norte.

Após sucessivas reeleições, com enquadramento constitucional periclitante, Syngman Rhee foi reeleito em 1956 e, pela terceira vez, em 1960, depois de ter sido controversamente removida a disposição constitucional que impedia a reeleição. Foi forçado a demitir-se poucos meses depois da eleição pela Revolução de Abril, como é conhecida, desencadeada por massivas manifestações estudantis brutalmente reprimidas. O povo coreano e a sua tradição de revolta e protesto forçaram, mais uma vez, uma mudança política de relevo. Todavia, a tradição de forte liderança presidencial que sobressaiu nos primórdios da República da Coreia não acompanhou Syngman Rhee em seu exílio no Havaí. Ela marcou e marca, como veremos, o desenvolvimento do sistema de governo nos períodos subsequentes.

Seguiu-se um brevíssimo período de ilusão de instauração de uma democracia liberal plena (segunda República). A revisão constitucional de 1960 ensaiou a implantação de um sistema constitucional de governo parlamentar, com um presidente simbólico eleito pelo parlamento bicameral e um gabinete presidido por um primeiro-ministro, instituição sem tradição. O Governo do Partido Democrático, constituído ao abrigo do novo quadro constitucional, esbarrou com a ausência de cultura democrática, até então nunca verdadeiramente praticada no país, de um sistema partidário sólido (a começar pelo próprio partido do governo) e dificuldades económicas sérias (a República da Coreia tinha, na altura, uma situação económica mais frágil do que a Coreia do Norte). Além disso, uma cultura ancestral de adesão aos postulados do confucionismo dificultava a transição para uma democracia plena. Conhece-se a popularidade, em certos Estados asiáticos — Singapura e Malásia, por exemplo —, da teoria de que os valores do confucionismo são o âmago da genuína tradição asiática que, em última análise, leva a considerar a democracia uma importação do Ocidente que tem de sofrer harmonização com aquela, não podendo ser transplantada acriticamente. Na Coreia, a influência do confucionismo na sociedade e no funcionamento do sistema político é um dos traços a reter.

Regressaria o autoritarismo de diáfana fachada democrática. Em maio de 1961, deu-se o golpe que levou o militar Park Chung-hee ao poder, a que se seguiu uma nova revisão constitucional (1962) que carimbou a terceira República e o retorno do sistema presidencial (ou, mais rigorosamente, presidencialista). Não obstante, permaneceram nominalmente heranças do ensaio de regime parlamentar, como o gabinete de ministros e o primeiro-ministro. Entre a subida ao poder, em 1961, e o seu assassinato, em 1979, Park Chung-hee confirmou a inclinação autoritária e repressiva, com cobertura militar, embora permeada por uma forte aposta no desenvolvimento económico e na constituição das conhecidas *chaebols* (conglomerados de base familiar que alavancaram o modelo económico sul-coreano), que suscitou o crescimento — traduzido no que ficou conhecido como o "milagre do Rio Han" — e granjeou o apoio da classe média emergente. O Presidente Park Chung-hee continua a gozar, por isso, de um indelével prestígio em setores da sociedade coreana, não obstante o seu perfil autoritário e repressivo.

Naquele período foram introduzidas restrições à liberdade política e aos incipientes mecanismos democráticos, por meio de revisões da Constituição de 1948, que acentuaram o pendor concentracionário nas mãos do presidente, não obstante a manutenção nominal de partidos políticos (incluindo o seu Partido Democrático Republicano) e de oposição, que pretendiam assegurar uma certa fachada democrática.

Nas eleições presidenciais de 1971, em que concorria a um terceiro mandato, Park Chung-hee foi forçado a enfrentar Kim Dae-jung, candidato escolhido pela oposição, que obteve uma significativa percentagem dos votos. Nesta época, assume igualmente protagonismo, na oposição, Kim Young-sam. Ambos viriam a ter um papel central no processo de democratização, exercendo funções presidenciais depois de 1993.

A capacidade da oposição de criar crescentes dificuldades ao regime, não obstante todos os meios de controlo e repressão políticos a que este recorria, gerou uma resposta. Em 1972, foi adotada a revisão constitucional, conhecida por Constituição *Yushin* (da quarta República), que introduziu mais fortes limitações à atividade política e à oposição. Uma das alterações foi a referente à eleição presidencial, que passou a ser de novo indireta, como fora na primeira eleição de Syngman Rhee. Não pode deixar de se notar o paralelo com o que ocorrera em Portugal, alguns anos antes, quando o regime autoritário, encurralado por uma campanha presidencial do candidato da oposição, Humberto Delgado, também fora lesto em alterar a forma direta de eleição do presidente, instituindo a eleição indireta. Expressão visível do reforço do autoritarismo depois de 1972 foi a neutralização ou afastamento político de dois dos principais rostos da oposição, Kim Dae-jung e Kim Young-sam.

O assassinato do Presidente Park Chung-hee pelo Diretor do Serviço de Inteligência, em 1979, por motivos não totalmente apurados, já num contexto de dificuldades perante a oposição política e popular, não trouxe a democracia. Em dezembro de 1979, mais um golpe militar colocaria Chun Doo-hwan no poder, prolongando o regime autoritário, eventualmente com um cunho mais autoritário e repressivo do que o antecessor, tornado evidente pela forte repressão contra manifestações no Sul do país, que terão causado centenas ou milhares de vítimas. Chun Doo-hwan foi eleito indiretamente em 1980 conforme as regras em vigor, e, de novo, em 1981, após a Constituição ter sido revista para consagrar um mandato de sete anos não renováveis.

Em 1987, mais uma vez, o povo coreano se manifestou, movendo forte contestação e protesto popular contra o governo de Chun Doo-hwan. O desenvolvimento económico gerara e consolidara uma classe média urbana, educada, politicamente adulta e informada sobre transições democráticas que varriam outras zonas do globo, reivindicativa de liberdade[419]. Uma das sequelas foi a 10.ª revisão da

---

[419] Apontam-se outros fatores, como o papel de confissões religiosas católicas e protestantes na liderança da oposição ao poder instituído: HUNTINGTON, ref. 2, p. 74. Todavia, a real influência é difícil de medir.

Constituição de 1948 (doravante, Constituição de 1987, da sexta República), que repôs a eleição direta do presidente e o mandato único de cinco anos. Porém, muitos resquícios dos períodos anteriores de autoritarismo e iliberalismo político, limitadores de plena vivência democrática, de oposição livre e de pluralismo, permaneceriam e só seriam gradualmente mitigados ou eliminados durante os anos subsequentes.

Chun Doo-hwan foi substituído, via eleição sob o novo regime, por Roh Tae--woo, também ele um antigo militar, mas descrente do regime militar. A postura reformista do novo presidente traduziu-se em compromissos com as forças da oposição e no início do processo de liberalização política e de democratização.

Aponta-se a eleição do liberal Roh Moo-hyun em 2002, e o subsequente mandato, como um momento de viragem, fundador da atual fase. Demarcando-se das visões conservadoras que prevaleceram nas primeiras décadas da República da Coreia, mas também de presidentes liberais que foram seus antecessores (Kim Dae-jung e Kim Young-sam), Roh Moo-hyun colocou no centro da agenda política o incremento de mecanismos de democracia participativa, o acréscimo da transparência e do pluralismo, em detrimento da circularidade e da opacidade das elites instaladas em ambos os lados do espetro partidário.

As elites ripostaram: em 2004, Roh Moo-hyun foi objeto de um processo de *impeachment*, tendo as suas funções sido suspensas por decisão parlamentar em 12 de março de 2004. O cargo passou a ser exercido pelo Primeiro-Ministro Goh Kun. Tal como começava a registar-se por essa altura na América Latina, o *impeachment* teve, essencialmente, fundamentos políticos, sendo a principal alegação a promoção, pelo presidente, de um novo partido, desvitalizando o que o havia apoiado na eleição presidencial, Partido Democrático do Milénio. Ao invés do que sucederia mais tarde, em 2016, com a Presidente Park Geun-hye (eleita em 2013), quando manifestações populares forçaram o *impeachment*, em 2004 tiveram o efeito contrário. O Tribunal Constitucional, em decisão invulgar ao nível do direito e da política comparada — especialmente por ter apreciado questões materiais e não apenas processuais[420] —, anularia a decisão de *impeachment* em 14 de maio de 2004. O Presidente retomaria funções.

Conforme a Constituição de 1987, que alicerçou a transição democrática do país, o poder executivo é encabeçado pelo presidente da República (artigo 66.º, n.º 4), que é também comandante-chefe das Forças Armadas, eleito diretamente através de um sistema maioritário a uma volta, com um mandato de cinco anos, não renovável[421]. O presidente tem poder de iniciativa legislativa, além de poderes

---

[420] Desde os *founding fathers* da Constituição americana, com o notório exemplo de Alexander Hamilton no n.º 65 dos *Federalist Papers*, que se entende que os tribunais não devem ter interferência nos processos de *impeachment*. O caso coreano constitui caso único. Sobre o tema, v. LEE, Young-jae. Law, politics, and impeachment: the impeachment of Roh Moo-hyun from a comparative constitutional perspective. *The American Journal of Comparative Law*, v. 53, n. 2, p. 403-432, 2005.

[421] Como na maioria dos sistemas de mandato único não renovável, também o da Coreia não tem estado isento de tentativas de incumbentes de mudar o sistema. Em 2007, o Presidente Roh Moo-hyun propôs uma emenda constitucional no sentido de o mandato presidencial ser

extraordinários em situações de exceção, sendo as medidas adotadas sujeitas a confirmação pelo parlamento. Dispõe de poder de veto de leis, cuja superação requer maiorias qualificadas da Assembleia Nacional. No entanto, não possui poder de dissolução do parlamento.

O presidente é assistido no exercício das suas funções por um primeiro-ministro, órgão constitucional autónomo, por ele nomeado, mas que deve obter subsequente aprovação da Assembleia Nacional (artigo 86.º, n.º 1). O primeiro-ministro não tem de ser membro desta, sendo normalmente um funcionário mais do que um político. Formalmente, não chefia o gabinete (Conselho de Estado), uma vez que isso cabe ao presidente; funciona como vice-presidente do gabinete (artigo 88.º, n.3º), assiste o presidente e coordena os ministros (membros do Conselho de Estado, artigo 86.º, n.º 2), sendo o primeiro na ordem de sucessão do presidente em caso de falta ou impedimento deste. Tem o poder de recomendar a nomeação ou a demissão de membros do gabinete ao presidente da República. Desempenha uma função equivalente a um porta-voz do presidente junto do Parlamento, com vista à tramitação e aprovação de legislação[422]. Numa solução híbrida, inspirada nos sistemas parlamentares, os ministros que sejam membros da Assembleia Nacional podem manter o seu lugar, conservando todas as prerrogativas, incluindo o direito de voto.

O poder legislativo está cometido à Assembleia Nacional, unicameral, composta por 300 Deputados eleitos para mandatos de quatro anos. Destes, 253 são eleitos em circunscrições uninominais, enquanto 47 o são através do sistema de representação proporcional[423].

A Constituição de 1987 procurou reforçar a posição do parlamento em relação ao perfil que vigorara nas quase quatro décadas anteriores. Isso teve expressão nas competências orçamentais, no poder de aprovação do primeiro-ministro (no âmbito de um mecanismo equivalente ao do sistema americano, de aprovações pelo Senado de altos responsáveis nomeados pelo presidente) e nos mecanismos de controlo do governo.

É certo que o parlamento continua a não ter poder de demissão do presidente (exceto *impeachment*), do primeiro-ministro ou dos ministros. Estes dependem

---

reduzido para quatro anos, sendo renovável uma vez. Sendo tema extremamente sensível na República da Coreia, por motivos históricos (duas revisões constitucionais para permitir a reeleição de Syngman Rhee; revisões constitucionais para permitirem o terceiro e o quarto mandato de 4 anos de Park Chung-hee), e por muitos entenderem que a institucionalização da democracia está umbilicalmente ligada à limitação dos mandatos presidenciais a um único de cinco anos, em 1987, a proposta não avançou por falta de viabilidade de atingir os dois terços necessários a uma revisão constitucional. Cfr. a propósito a discussão por: SEO, Hyun-Jin. Controversy over presidential term. *In:* THE KOREA HERALD - THE KOREAN POLITICAL SCIENCE ASSOCIATION (ed.). *Political change in Korea.* P'aju-si: Jimmondang, 2008. p. 221 *et seq.*

[422] SIAROFF, ref. 90, p. 139, exprime a ideia designando-o de *house leader*.

[423] O sistema eleitoral pode produzir significativas distorções. Nas eleições de abril de 2024, o terceiro partido mais votado obteve apenas 12 mandatos, com pouco menos de 2% em comparação com o segundo mais votado que, mercê a sua concentração regional de voto, conseguiu quase 15 vezes mais deputados.

exclusivamente da escolha e da confiança política do presidente, que os nomeia e demite livremente (uma vicissitude frequente). Entretanto, pode recomendar a demissão de ministros, embora sem força vinculante para o presidente (artigo 63.º). Sem embargo, quando solicitados, o primeiro-ministro e os ministros devem assistir às reuniões da Assembleia Nacional e responder a perguntas (artigo 62.º, n.º 2). Por outro lado, esta pode abrir processo de *impeachment* contra o presidente e o primeiro-ministro caso violem a Constituição e outras leis no exercício das suas funções (artigo 65.º)[424]. Os requisitos para a iniciativa e a aprovação do *impeachment* presidencial são mais agravados que os respeitantes aos demais titulares de órgãos.

Embora não lhe tenha sido deliberadamente reservado um papel político, o Tribunal Constitucional, criado em 1987 e em funcionamento desde 1988, desempenhou desde o início um reconhecido papel de amortecimento das ondas de choque da transição constitucional e de estabilização. Por vezes, funcionou como árbitro de conflitos políticos de primeira ordem, como no caso do *impeachment* de 2004, inclusive a instâncias de agentes políticos incapazes de os resolver pelos próprios meios[425].

A arquitetura institucional de 1987 assenta na justaposição de soluções constitucionais adotadas em momentos diversos e em função de filosofias sistémicas díspares. Evidentemente, a intenção da democratização passava por maior equilíbrio entre o presidente e o parlamento e pela superação do conceito de *presidente imperial* (também conhecido noutras latitudes) que predomina historicamente[426].

Todavia, os fatores específicos estruturais do sistema político coreano, mencionados anteriormente, conjuraram para que os resultados fossem mais modestos do que as — pelo menos aparentes — intenções. Prevalece a tendência, comum aos vários períodos antes descritos, de centralidade indisputada da função presidencial[427]. Essa apreciação não é beliscada nem pela existência de um gabinete e de um primeiro-ministro, nem por um parlamento com mais poderes do que em épocas anteriores. O presidente coreano continua a ser um dos mais poderosos do globo, embora isso não obste a que, em circunstâncias excecionais, como em 2004 e 2024, no limite o sistema funcione episodicamente como sistema presidencial de assembleia.

A existência de dois órgãos autónomos no domínio do executivo tem um alcance sistémico distinto do que sucede com o caso francês, podendo o caso coreano ser tomado como exemplo de executivo dualista *fictício*, onde o presidente não partilha efetivamente o poder executivo com o gabinete. O primeiro-ministro

424 Como mencionado, o mais recente caso de *impeachment* — e único com sucesso — ocorreu em relação à Presidente Park Geun-hye, em 2016.

425 Cfr. CHA, Dong-wook. The Constitutional Court: political or legal? In: THE KOREA HERAL - THE KOREAN POLITICAL SCIENCE ASSOCIATION (ed.). *Political change in Korea*. Pʻaju-si: Jimmondang, 2008. p. 296 *et seq.*

426 JIN, Young-jae. The strengths and weaknesses of government system in Korea. In: THE KOREA HERALD - THE KOREAN POLITICAL SCIENCE ASSOCIATION (ed.). *Political change in Korea*. Pʻaju-si: Jimmondang, 2008. p. 212.

427 *Ibid.*, p. 213.

tende a desempenhar um papel quase colateral, de mero assistente do presidente, embora possa ocorrer que algum atribua maior relevo ao primeiro-ministro no plano das políticas económicas e sociais, como ocorreu com o Presidente Roh Moo-hyun. Os ministros têm uma autonomia reduzida e funcionam mais como correias de transmissão das intenções presidenciais junto aos membros do partido do governo do que como repercutores dos interesses destes[428]. Mas o primeiro--ministro pode desempenhar o papel útil de bode expiatório de insucessos do presidente da República ou do partido que o apoia[429].

Quanto à correlação de forças e ao posicionamento relativo entre presidente e parlamento, além do reforço das competências deste, outros fatores poderiam ser decisivos para contrabalançar o poder presidencial. A circunstância de o presidente obter o seu mandato através de uma maioria simples, que pode corresponder a uma percentagem escassa[430], e de estar amarrado ao exercício de um único mandato de cinco anos, pode ou não ter implicações, como vimos anteriormente. Mais decisiva pode ser a circunstância de os mandatos presidencial e parlamentar terem durações diferentes e de as eleições não se realizarem simultaneamente. Isso leva a que, sendo as eleições parlamentares um teste normalmente difícil para o partido presidencial, desde 1987, seja muito frequente a situação de governo dividido que, por si só, é geralmente um indicador de dificuldades na prossecução de uma agenda política.

No caso coreano, isso é adensado por pelo menos dois fatores críticos.

O primeiro prende-se com o sistema partidário. Este é composto por partidos de quadros, *catch-all* (embora com pretensões a partidos de massas), com fortes bases regionais. Não obstante a volatilidade organizativa e a maleabilidade ideológica (mas sem concessões ao comunismo ou a orientações de esquerda radical), são constantes dois grandes quadrantes: um conservador e um liberal[431], sendo difícil

---

[428]   JIN, Young-jae. The strengths and weaknesses of government system in Korea. In: THE KOREA HERALD - THE KOREAN POLITICAL SCIENCE ASSOCIATION (ed.). *Political change in Korea.* P`aju-si: Jimmondang, 2008.

[429]   Em 2024, após as eleições legislativas de 10 de abril, em que o Partido Democrático consolidou a sua posição, com maioria próxima dos 3/5 da Assembleia Nacional e o Partido do Poder do Povo, do Presidente Yoon Suk-yeol, perdeu mandatos, agravando a sua situação muito minoritária, o Primeiro-Ministro Han Duk-soo apresentou de imediato a demissão, bem como o líder do Partido, Han Dong-hoon, assumindo a principal responsabilidade da derrota.

[430]   Deve notar-se, porém, que a exigência de (apenas) maioria relativa não leva forçosamente à dispersão de votos e à eleição de candidatos com votações reduzidas. Nas eleições de março de 2022, o candidato vencedor, Yoon Suk-yeol, apresentado pelo Partido do Poder do Povo (conservador), obteve 48,56%, enquanto o segundo candidato mais votado, Lee Jae-myung, do Partido Democrático (liberal), conseguiu 47,83%, numa das eleições mais disputadas da história. Outros 12 candidatos obtiveram votações inexpressivas, incluindo o do Partido da Justiça. As eleições de maio de 2017 não tiveram um resultado tão bipolarizado, uma vez que o presidente eleito Moon Jae-in obteve cerca de 41%, tendo havido mais dois candidatos com votações expressivas.

[431]   O segundo, por vezes também identificado como progressista. Cfr., porém, SHINN, Henry. Long road ahead for progressives in Korea. *In:* THE KOREA HERALD - THE KOREAN POLITICAL SCIENCE ASSOCIATION (ed.). *Political change in Korea.* P`aju-si: Jimmondang, 2008. p. 118 *et seq.*

enquadrá-los no eixo direita/esquerda[432]. Pelas condições próprias do sistema político, o funcionamento interno e a prestação em órgãos políticos parlamentares estão sujeitos a uma férrea disciplina[433]. Todavia, o sistema de partidos é pouco institucionalizado. Para isso contribuem vários fatores:

(i) ausência de *durabilidade e estabilidade prolongadas* da estrutura de quadros político-partidários profissionais. Como é norma dos sistemas presidenciais, todos ou alguns dos partidos de maior implantação ficam significativamente *presidencializados*. Obrigam-se a nortear boa parte da sua ação política para a conquista do cargo presidencial pelo seu candidato. Depois, quando o cargo é alcançado, buscam garantir o sucesso no seu exercício, disso dependendo novos proventos eleitorais aos vários níveis, mormente a própria eleição ou reeleição de outros titulares de cargos políticos puxados pela "onda" presidencial. Como líder direto ou indireto do partido, o presidente pratica as ações necessárias para assegurar que as lideranças e os titulares de cargos relevantes, designadamente parlamentares, lhe sejam fiéis e atuem de acordo com os seus desígnios e interesses políticos. Ora, a circunstância de o presidente cumprir um único mandato de cinco anos leva a que as equipas de cada presidente tenham um prazo de vista limitado, incluindo os "fiéis" que triunfam em cada eleição parlamentar. Não só os membros do governo estão sujeitos a uma rotatividade elevada, como os próprios membros do parlamento o estão, na medida em que sofrem a rotatividade rápida das lideranças e do próprio presidente[434];

(ii) ausência de matrizes ideológicas unificadoras firmes;

---

[432] JIN, ref. 427, p. 217. Todas as qualificações com conotações vagamente ideológicas, bem como a aplicação dos rótulos direita/centro/esquerda, são enganadoras e dizem mais do que a realidade. O duopólio partidário tradicional é pautado sobretudo por rivalidades regionais. São duas linhas partidárias rivais que vão sofrendo metamorfoses sucessivas e repentinas, fruto de cisões e fusões, realinhamentos, alianças, alterações de siglas, etc. No momento em que se escreve, nominalmente os dois partidos dominantes são: o Partido Democrático, formado em 2014 e o Partido do Poder do Povo, em 2020. Todavia, estes partidos dão continuidade a duas linhagens que rivalizaram entre si ao longo de décadas do período democrático e até pré-democrático. O Partido Democrático (de Moon Jae-in, Presidente entre 2017 e 2022), que obteve maioria absoluta na eleição da Assembleia Nacional de abril de 2020 (21.º legislatura), é um partido que, não obstante as origens conservadoras, sustenta uma visão favorável à economia social de mercado, à proteção social e a agendas mais progressivas e abertas na perspetiva da sociedade coreana, inclusive quanto às relações com a Coreia do Norte. O Partido do Poder do Povo, do Presidente Yoon Suk-yeol (eleito em 2022), minoritário no Parlamento desde 2020, tem maior ligação aos grandes grupos económicos de origem familiar (*chaebols*) e posição mais irredutível em assuntos de política externa e no que diz respeito às relações com a Coreia do Norte. Há também pequenos partidos: o mais representado no Parlamento, desde 2020, é o da Justiça (fundado em 2012), de centro-esquerda, social-democrata, com 6 deputados em 300.

[433] YOON, Jong-bin. Causes and consequences of deadlock in the Assembly. *In:* THE KOREA HERALD; THE KOREAN POLITICAL SCIENCE ASSOCIATION (ed.). *Political change in Korea.* Pʻaju-si: Jimmondang, 2008. p. 261.

[434] Cfr. a demonstração desta rotatividade, manifestada através dos expressivos números de membros do parlamento que, em todas as legislaturas, fazem o seu primeiro e único mandato em: YOO, Seung-ik. Long road to representation in the Assembly. *In:* THE KOREA HERALD; THE

(iii)   predomínio da visão instrumental dos partidos, a serviço de interesses de lideranças, de elites ou de fações, em detrimento de uma visão de representação de interesses coletivos[435];

(iv)   escolha dos candidatos dos principais partidos aos vários órgãos através de primárias muito alargadas e não por decisão dos órgãos, com a consequente diluição da influência da hierarquia interna, conjugada com a aplicação de um sistema *first-past-the-post* para a eleição da maior parte dos deputados[436];

(v)   condicionamento da organização partidária pelas filiações regionais das suas lideranças e membros, frequentemente guiadas por interesses localistas desagregadores e não por uma visão nacional agregadora[437];

KOREAN POLITICAL SCIENCE ASSOCIATION (ed.). *Political change in Korea*. Pʻaju-si: Jimmondang, 2008. p. 255-275.

[435] O que não obsta a que os partidos recorram ou beneficiem frequentemente de apelos a participação massiva dos cidadãos na vida política, particularmente em momentos de crise ou rutura: LEE, Dong-yoon. The dynamics of party politics in Korea. *In:* THE KOREA HERALD; THE KOREAN POLITICAL SCIENCE ASSOCIATION (ed.). *Political change in Korea*. Pʻaju-si: Jimmondang. 2008. p. 86.

[436] O primeiro partido a lançar eleições primárias para escolha do candidato presidencial foi o Novo Partido Democrático do Milénio, em 2002.

[437] O persistente duopólio partidário — facilitado pela aplicação do sistema eleitoral uninominal de maioria simples na eleição da esmagadora maioria dos deputados — assenta em bases regionais, particularmente na rivalidade regional mais cavada, entre Cholla ou Jeolla (as transliterações variam de autor para autor), no sudoeste, e Kyongsang ou Gyeongsang, no sudeste. A clivagem tem origens ancestrais. Historicamente, Paekje (atual Cholla ou Jeolla) e Shilla (atual Kyongsang ou Gyeongsang) lutaram pelo domínio da Península. Shilla triunfou e unificou a Coreia (660-668). Mais recentemente, Jeolla adquiriu a aura de centro da oposição política e de protesto. O sentimento de injustiça e de tratamento não igualitário por parte do governo central, a maior parte das vezes assegurado por políticos provenientes de outras regiões, designadamente Gyeongsang, leva a que os eleitores de Jeolla favoreçam massivamente os candidatos oriundos da região, por vezes atribuindo-lhes mais de 90% dos votos. Muitos dos líderes políticos da história recente são provenientes de Gyeongsang. Isso inclui alguns Presidentes do período militar e iliberal, como Park Chung-hee e Chun Doo-hwan. O primeiro Presidente da região de Jeolla foi Kim Dae-jung (1998-2003). Alegadamente, esse predomínio político leva a que o investimento em Gyeongsang, bem como o acesso a cargos públicos por cidadãos dessa região, seja desproporcionado em relação às demais, incluindo Jeolla. O processo de industrialização promovido por Park Chung-Hee beneficiou Gyeongsang, que se tornou o coração económico do país, enquanto Jeolla manteve uma estrutura económica com forte componente agrícola. Nominalmente, o partido mais representativo de Jeolla é "liberal", no sentido norte-americano; o de Gyeongsang é "conservador". Todavia, a noção de conservador e de liberal, como exposto no texto, não denota uma fratura ideológica real. À medida que a democracia se robustece, a literatura vai expressando a expetativa de que as divisões regionais esmoreçam e que as divisões políticas circulem mais em torno das opções das políticas públicas, com sentido nacional, e na economia. Todavia, esse parece ser um processo lento, com avanços e recuos, como mostra o mapa que se reporta ao resultado das eleições presidenciais de 2022, que é elucidativo da clara expressão regional dos votos em cada um dos candidatos.

(vi)   volatilidade e forte tendência para a permanente reformulação da composição do sistema partidário, materializada através de sucessivas cisões, fusões, extinções, alterações de designação, alinhamentos e focos, subordinados a conveniências políticas de momento de individualidades, elites ou fações (*election parties, migratory bird parties, personage parties*[438]).

O segundo fator decorre de não haver uma tradição ou vocação consociativa, ou consensual, dos partidos políticos. Os quadrantes rivais do espectro político-partidário têm posições irreconciliáveis sobre vertentes cruciais de política interna e, vincadamente, de política externa, como a relação com a Coreia do Norte, os EUA, a China e o Japão, a posição a tomar na confrontação EUA-China, ou o envolvimento nas questões de política mundial[439].

Ao nível parlamentar, a incipiente institucionalização e a constante ausência de pontes de convergência entre os partidos em questões essenciais (ou até sobre questões aparentemente simples, como a liderança e composição de órgãos do parlamento, incluindo as comissões permanentes) leva a que a negociação interpartidária, mormente a promovida pelo presidente com vista ao estabelecimento de plataformas que assegurem a aprovação de medidas legislativas, seja complexa. Isso assume contornos críticos nas situações de governo dividido, designadamente governo dividido maioritário (ou seja, governo no qual o principal partido da oposição tem maioria no parlamento).

Todavia, a perceção é que, por norma, esses fatores não afetam mais do que ocasional e episodicamente o ascendente presidencial, desde logo na política externa. Vários fatores contribuem para tal.

Por um lado, algum défice de imagem pública do parlamento, que persiste no contexto democrático[440]. Dado o lastro histórico, a instituição parlamentar tem mais dificuldades em se impor como pilar central da democracia do que a insti-

---

Embora nas regiões do norte as votações sejam equilibradas (como é norma), no sul há clara expressão regional dos votos em cada um dos candidatos.

Sobre o reflexo da rivalidade e da forte representação nas instituições de decisão política das regiões de Gyeongsang e Honam/Jeolla, v. KIM, Man-heum. Regionalism still holds sway. *In*: THE KOREA HERALD - THE KOREAN POLITICAL SCIENCE ASSOCIATION (ed.). *Political change in Korea*. P'aju-si: Jimmondang, 2008. p. 100 *et seq*; YOO, S., ref. 435, p. 251; KIM, Nadejda. *Regionalism and political institutions in South Korea: towards democratic consolidation*. 2009. Dissertação (Mestrado em Estudos Asiáticos) – Centre for East and South-East Asian Studies, Lunds Universitet, Lund, 2009.

[438]   Designações propostas por LEE, D., ref. 436, p. 86.

[439]   Essas fraturas foram mais uma vez altamente expostas depois da eleição do Presidente Yoon Suk-yeol, e da clara opção deste por uma aproximação ao Japão, às posições ocidentais a propósito da guerra na Ucrânia e pelos EUA em detrimento da China. Cfr. o texto: PARK, Jinwan. South Korea's deepening political divide is mapping onto its foreign policy. *The Diplomat*, jul. 2023. Disponível em: https://thediplomat.com. Acesso em: 9 jan. 2025.

[440]   Alguns indicadores em: YOON, J., ref. 434, p. 257 *et seq*.

tuição presidencial. É certo que o parlamento da democracia abandonou a sua utilidade meramente carimbante e passou a desempenhar o papel de legislador central, como é estatisticamente verificável[441], aprovando um número significativo de iniciativas dos seus próprios membros (ainda que algumas possam ser patrocinadas pelo presidente ou mais simbólicas do que relevantes), emendando frequentemente iniciativas do executivo, e abandonando a posição de órgão irrelevante e com inexpressiva capacidade de iniciativa que o período iliberal reservou-lhe. Todavia, a inclinação confrontacional do debate parlamentar, que em algumas ocasiões atinge o nível de violência física, e a circunstância de frequentemente se atingirem situações de impasse que conduzem a que a produtividade legislativa seja modesta, não ajuda a melhorar a perceção que os cidadãos têm da instituição parlamentar.

Neste contexto, as situações de bloqueio no processo legislativo, particularmente quando dificultem a prossecução da agenda presidencial, podem inclusive repercutir-se mais negativamente na imagem do parlamento do que na imagem e popularidade do presidente, o que pode alavancar a legitimidade para o uso pelo presidente do instituto dos decretos executivos que lhe faculta, na realidade, a possibilidade de uma extensa intervenção legislativa à revelia do parlamento. Todavia, em última análise, isso depende da apreciação pública das posições relativas.

A cultura ancestral — sem paralelo na cultura de raiz europeia — assente nos princípios do confucionismo, com os vários postulados de hierarquização social e política, adotada pelas duas grandes correntes da política coreana, conservadores e liberais, é uma *driving force* determinante do sistema coreano, na medida em que privilegia uma liderança forte, personalizada e indiscutível. Acresce que a República da Coreia é um país sob ameaça existencial permanente, agitado por clivagens sobre opções estratégicas de política externa e por indeléveis identidades — e rivalidades — regionais, cuja integração e harmonização requer uma robusta referência personalizada ao nível mais elevado da decisão e do Estado.

Tudo isso justifica o persistente ascendente presidencial, não obstante todo o conjunto de freios e contrapesos institucionais que, noutras circunstâncias, implicariam o enfraquecimento da posição do presidente. Sem embargo, o sistema político coreano é, simultaneamente, um dos que mais eloquentemente demonstra que, no Estado de Direito, é possível que mesmo um sistema ferreamente centrado na instituição presidencial encontre e desencadeie respostas para excessos e abusos de poder.

Desde a sua posse, em 2022, o Presidente Yoon Suk-yeol enfrentou uma forte oposição da maioria da Assembleia Nacional, de cerca de 60% dos legisladores, eleitos para a 21.ª legislatura, iniciada em 2020. Como se observou, neste cená-

---

[441] PARK, Chan-wook. Changing patterns of lawmaking in Korea. *In:* THE KOREA HERALD - THE KOREAN POLITICAL SCIENCE ASSOCIATION (ed.). *Political change in Korea.* Pʻaju-si: Jimmondang, 2008. p. 240 *et seq.;* YOON, J., ref. 434, p. 261 (mostrando, todavia, que apesar de os membros do parlamento apresentarem muito mais projetos do que o governo, a sua percentagem de sucesso é bem menor).

rio, as situações de bloqueio são frequentes. Em janeiro de 2024, só 29,2% das propostas submetidas pelo Presidente haviam sido aprovadas, muito abaixo dos 61,4% do anterior executivo presidencial[442]. As eleições parlamentares de 10 de abril de 2024 aprofundaram a divisão[443]. Tendo em conta a polarização do debate entre os dois tradicionais partidos rivais, ainda se tornou mais provável o cenário de equilíbrio através do impasse. Noutros contextos, o destino do Presidente pouco mais promissor seria, do que arrastar-se ao longo dos três anos restantes do mandato. Na República da Coreia isso não é forçoso, mas a reação presidencial apanhou quase toda a gente desprevenida.

Em 3 de dezembro de 2024, o Presidente Yoon Suk-yeol, através de uma inesperada intervenção televisiva ao fim da noite, anunciou que decidira decretar a lei marcial, devido à alegada atuação pró-comunista e colaboracionista com o regime da República Democrática da Coreia, por parte do Partido Democrático, principal Partido da oposição. Isto implicava que as Forças Armadas assumissem o controlo. Seria a primeira vez que tal ocorreria desde a década de 1970, ainda sob a ditadura.

A atuação dos militares, a quem a lei marcial daria ampla margem de manobra, foi ambivalente. Contingentes militares fortemente armados e apoiados por meios aéreos formaram cordões para impedir os membros da Assembleia Nacional de entrar no edifício, gerando situações tensas de corpo a corpo, e levando a que muitos deputados tivessem de subir muros e quebrar janelas para poderem aceder e exercer as suas funções. No entanto, chefes militares divulgariam ulteriormente a informação de que se recusaram a acatar ordens presidenciais diretas para entrar no Parlamento e retirar os deputados aí presentes.

Isso permitiu que, altas horas da madrugada, em 4 de dezembro, a Assembleia Nacional revogasse a decretação da lei marcial, por 190 votos, incluindo de deputados do Partido do Presidente. Criticado pelo seu próprio Partido, acossado por manifestações populares, Yoon Suk-yeol anunciou que acataria a deliberação parlamentar. O ministro da Defesa demitiu-se, pediu desculpa e foi detido poucos dias depois; já na prisão, procurou pôr termo à vida.

Nos dias seguintes, o Partido Democrático e outros Partidos menores depositaram uma moção para a destituição presidencial, cuja votação requeria uma maioria de dois terços, ou seja, a aprovação também de alguns deputados do Partido do Povo. Numa primeira votação, em 8 de dezembro, a moção não obteve maioria, ficando a poucos deputados de distância. Num ambiente de

---

442 Números citados em: CENTER FOR STRATEGIC AND INTERNATIONAL STUDIES (CSIS). *South Korea's 2024 general election: results and implications.* Disponível em: https://www.csis.org. Acesso em: 9 jan. 2025.

443 O Partido Democrático (oposição), obteve 175 lugares (26.70%); o Partido do Poder do Povo (governo), 108 (36.67%). A bem-dizer, o terceiro Partido mais votado, o novo Partido da Reconstrução da Coreia (*Rebuilding Korea Party*), centro-esquerda, obteve apenas 12 lugares, mas a sua percentagem eleitoral aproximou-se muito da dos dois tradicionais: 24.25%. Além da distorção, com o terceiro partido a ficar a pouco mais de 2% daquele que obteve quase 15 vezes mais mandatos, também pode haver um indicador de que o tradicional sistema bipartidário está em transição. V. *Ibid.*

enormes manifestações populares e estudos de opinião mostrando que 70% dos inquiridos defendiam a destituição do Presidente, o Partido deste oscilou. A expetativa de que o próprio se demitisse, alentada pelo Partido, esbarrou diante da sua irredutibilidade.

No dia 14 de dezembro, uma nova moção com vista ao *impeachment* foi aprovada por 204 membros do Parlamento, quatro mais do que o necessário, ou seja, contando com o apoio de alguns membros do Partido do Presidente. 85 legisladores votaram contra. Nos termos constitucionais, o Presidente foi imediatamente suspenso do cargo, assumindo funções o Primeiro-Ministro Han Duck-soo (que, curiosamente, já servira como tal numa administração do Partido Democrático), ficando a aguardar que o Tribunal Constitucional, também por dois terços, decidisse em definitivo sobre o *impeachment*.

Em 27 de dezembro, também o Presidente em exercício, Han Duck-soo, foi objeto de decisão de *impeachment*, votada por 192 dos 300 deputados, ou seja, presumivelmente apenas pelos deputados dos partidos da oposição[444]. O ministro das Finanças, Choi Sang-mok, substituiu Han como Presidente em exercício. O Tribunal Constitucional teria também de se pronunciar, aprovando ou rejeitando o *impeachment*.

Trata-se de mais um exemplo demonstrativo de duas coisas: primeiro, nem um dos presidentes mais poderosos do mundo democrático está imune ao *impeachment*; segundo, o sucesso parlamentar do *impeachment*, mais do que condicionado pelo quadro e pelos requisitos jurídicos (mesmo que estes pareçam inequivocamente preenchidos), depende de algumas circunstâncias contextuais essenciais: atuação abusiva do presidente, suspeitas de ligações a casos de corrupção ou eticamente censuráveis, consequente pronunciada impopularidade, divórcio de parte relevante do próprio partido do presidente. O *impeachment* relâmpago de dezembro de 2024 vem reforçar a ideia de que esse instituto é a válvula de escape que muitos temeram não existir nos sistemas presidenciais em situações de grave impasse político e de abusos de poder.

Caso das Filipinas

Depois da independência dos EUA, em 1946, o sistema presidencial funcionou regularmente, em termos democráticos, até 1972, altura em que Ferdinand Marcos (presidente de 1965 a 1986) instaurou uma ditadura apoiada pelos militares. Em 1983, foi assassinado Benigno "Ninoy" Aquino, figura destacada da oposição. Isso e o acumular de episódios da corrupção generalizada e de brutalidade do regime, desencadeou um movimento que levaria à deposição de Marcos e à reinstauração da democracia. Em 1986, a lei marcial foi revogada, retornando às instituições anteriores a 1972. Corazón "Cory" Aquino exerceria a função presidencial na fase inicial da democracia (1986 – 1992), período em que foi adotada a nova Constituição de 1987.

Pela Constituição de 1987, o desenho institucional não se afasta muito do norte-americano, sem embargo de discrepâncias importantes, como a tocante à eleição

---

[444] Foi entendimento da Assembleia que nesse caso bastava maioria absoluta.

do presidente e do vice-presidente (eleitos separadamente para um mandato de 6 anos por sufrágio direto à pluralidade dos votos), à não reelegibilidade absoluta do presidente (nem no período do mandato imediato, nem em qualquer outro momento) e ao sistema eleitoral para as duas Câmaras do Congresso.

O presidente é o chefe de Estado e do executivo, nomeia os chefes dos departamentos executivos (secretários, presidentes de agências administrativas, etc.), após audição de uma *Commission on Appointments*, composta paritariamente por membros das duas Câmaras do Congresso. Não dispõe de iniciativa legislativa, exceto no que toca às *"basis of the general appropriations bill, a budget of expenditures and sources of financing, including receipts from existing and proposed revenue measures"* (artigo VII, secção 22). Exerce direito de veto, apenas superável pelo voto de dois terços dos membros de cada uma das câmaras.

Desde 1992, data da eleição do Presidente Fidel Ramos (1992 – 1998), que se realizam regularmente eleições, consideradas no essencial aceitáveis do ponto de vista democrático, e da transferência pacífica do poder, mais uma vez demonstrada em 2022 pelo fim do mandato de Rodrigo Duterte e pela posse do seu sucessor, Ferdinand Romualdez Marcos Jr. ("Bongbong" Marcos). Ao interregno coincidente com o mandato de Duterte aludiremos adiante.

Em maio de 2022, "Bongbong" Marcos (filho de Ferdinand Marcos) foi eleito Presidente com a maior percentagem já vista numa eleição presidencial (58,77%, 31.629.783 votos), tomando posse em 30 de junho de 2022. Conotado com uma linha conservadora, baseou a campanha eleitoral na continuidade da política de Duterte, derrotando a anterior vice-Presidente, Maria Leonor "Leni" Robredo, do *Liberal Party*, geralmente vista como progressista e ativista democrática. O vice--presidente é eleito em eleição separada. Sara Duterte, filha de Rodrigo Duterte, candidata no mesmo *ticket* que Marcos, foi eleita vice-Presidente com 61%, na mesma data.

O caso do Gana

A Constituição de 1992 estabelece um sistema de separação e equilíbrio institucional entre presidente e parlamento, embora a periódica obtenção de maiorias nos (atuais) 275 lugares do parlamento por parte de um dos dois partidos dominantes — *National Democratic Congress* (NDC), ligado ao antigo ditador, Jerry John Rawlings, e *New Patriotic Party* (NPP) — seja suscetível de sustentar mandatos presidenciais potentes[445].

Não deixa de ter, porém, diferenças significativas no que concerne ao sistema presidencial de referência, como a eleição do presidente por maioria absoluta, com a possibilidade de realização de segunda volta, se nenhum candidato obtiver aquela maioria. Diferente é, também, o regime de constituição do gabinete,

---

[445] Assim, neste século, nas eleições, realizadas simultaneamente com as presidenciais, de: 2000, NPP 100 lugares em 200; 2004, NPP 128 lugares em 230; 2008, NDC 116 lugares em 230; 2012, NDC 148 lugares em 275; 2016, NPP 169 lugares em 275. Nas eleições de 2020, o NPP e o NDC obtiveram ambos 137 mandatos. O lugar remanescente foi obtido por um independente que acordou com o NPP o seu apoio, pelo que este tem maioria no parlamento.

composto e presidido pelo presidente e pelo vice-presidente e ministros de Estado (artigos 71.º e 76.º). A nomeação destes tem de ser previamente aprovada pelo parlamento e a maioria deve ser proveniente desse mesmo parlamento (78). As individualidades indicadas pelo presidente estão sujeitas a um processo de *vetting*, mas é rara a não aprovação, mesmo em casos em que o *vetting* desvenda situações irregulares. Os ministros de Estado são livremente demitidos pelo presidente, podendo ser objeto de votos de censura aprovados por dois terços dos membros do parlamento (artigo 82.º). Na sequência de um voto de censura, se o ministro não apresentar a demissão, o presidente pode revogar a sua nomeação (não havendo, todavia, obrigatoriedade).

Num país em que as eleições presidenciais produzem resultados próximos, é frequente que o resultado anunciado seja contestado judicialmente pelo(s) candidato(s) perdedor(es), cabendo a decisão ao Supremo Tribunal (artigo 64.º). O Gana tem um dos melhores registos de África no que toca ao funcionamento regular das instituições[446], com eleições multipartidárias, nos prazos, desde 1992, alternância de poder entre candidatos presidenciais e maiorias parlamentares dos dois partidos referidos, o NDC e o NPP, cada qual com quatro vitórias em eleições presidenciais. Trata-se, consequentemente, de um dos poucos sistemas partidários que mantêm estrutura bipartidária, com alguma polarização étnica e regional[447], obviamente potenciado pelo sistema eleitoral consagrado para as eleições parlamentares, maioritário em círculos uninominais. Numerosos Partidos foram formados ao longo de três décadas, mas sem conseguir quebrar o duopólio dos dois maiores.

Em 2024, o Presidente Akufo-Addo (2017-2025), a concluir o seu segundo mandato de quatro anos, não pôde candidatar-se. O Gana é um dos casos em que a escolha dos candidatos presidenciais se realiza através do sistema de primárias dos Partidos. O antigo Presidente John Mahama, foi o candidato do NDC, na oposição, ganhando à primeira volta. O candidato do Partido do Governo (NPP), derrotado, foi o antigo vice-Presidente, Mahamudu Bawumia.

Caso do Malawi

A Constituição de 1994 atribui ao presidente as funções de chefe de Estado e de governo e de comandante das Forças Armadas. É eleito por sufrágio direto, com sistema maioritário. Na decisão de 2020, que anulou a eleição presidencial de 2019, mencionada adiante, o *High Court* clarificou que o termo "maioria", constante da Constituição, significa, na eleição presidencial, 50% mais um, dos votos válidos, contrariando a visão, até aí sempre prevalecente, de que bastaria uma maioria relativa

O primeiro vice-presidente é eleito em conjunto com o presidente, na mesma lista. Este pode nomear um segundo vice-presidente, que não pode ser do partido

---

[446] Livre, de acordo com a Freedom House (80/100); democracia com falhas, EIU (6.30); Polity 5, +8.

[447] O NPP tem melhores resultados nas regiões Akan (Ashanti, Central, Brong Anafo, regiões do Leste e do Oeste); o NDC nas regiões não Akan (Volta, Northern, Grande Accra).

do presidente. O primeiro vice-presidente substitui o presidente, terminando o mandato no caso de falta deste (morte, renúncia, *impeachment*). O mandato tem a duração de 5 anos, realizando-se eleições em princípio em simultâneo com as legislativas. O presidente é reelegível uma vez.

Um aspeto de hibridização é a indicação de que, formalmente, o presidente, como chefe de Estado, integra o Parlamento, ao lado da Assembleia Nacional (artigo 49.º, n.º 1). É uma nota de hibridismo que recorda o caso inglês, em que o monarca é parte do Parlamento.

O presidente nomeia e demite membros do Gabinete, que o assistem no exercício da função executiva. Podem ser provenientes do parlamento ou não. Inexiste poder de dissolução da Assembleia Nacional. Dispõe de poder de iniciativa legislativa, através dos Ministros. Pode receber delegações para a produção de *subsidiary legislation*. Todavia, o

> *Parliament shall not have the power to delegate any legislative powers which would substantially and significantly affect the fundamental rights and freedoms recognized by this Constitution* (artigo 58.º, n.º 2).

Dispõe de poder de veto, superável através de votação maioritária da Assembleia Nacional.

Quanto ao legislativo, funciona uma única Câmara, a Assembleia Nacional, com 193 lugares (229 a partir de 2025). O Senado foi abolido em 2001, alegadamente com vista a fortalecer o poder do executivo[448].

Mais do que o figurino institucional, que não apresenta grandes novidades nem mais aspetos distintivos do que os assinalados, é interessante observar o que se tem passado no plano do contexto. Desde a abertura ao multipartidarismo, que o Malawi assiste a fenómenos que ocorrem noutras latitudes, designadamente na América Latina.

A partir de 1993 encetou-se um processo de transição democrática, marcada pelo referendo em que os cidadãos decidiram substituir o sistema de partido único do *Malawi Congress Party* (MCP) pelo multipartidarismo. O regime do Presidente Hastings Banda (primeiro e único Presidente entre 1964 e 1994) caiu em definitivo em 1994. Nessa altura, surgiu o *United Democratic Front* (UDF), cujo candidato presidencial, Bakili Muluzi, derrotou Banda nas primeiras eleições multipartidárias, realizadas nesse ano.

Não obstante reiteradas acusações de irregularidades nas eleições e corrupção elevada, o Malawi tem feito progressos no sentido da institucionalização da forma de governo democrática. Sem embargo, o caminho a percorrer ainda é longo[449]. O sistema presidencial constitucionalmente consagrado é um sistema de equilíbrio, mas no plano do funcionamento há domínio do executivo. Este domínio,

---

448 LEMBANI, Samson. Alliances, coalitions and the weakening of the party system of Malawi. *Journal of African Elections*, v. 13, n. 1, p. 115-149, 2014. p. 123.

449 A Freedom House classifica como *partly free*; o V-Dem como democracia eleitoral, com tendência estável; o BTI Transformation Index 2024, como *defective democracy*.

em boa parte, assenta no férreo controlo a que o presidente submete o respetivo partido, qualquer que seja, bem como na capacidade de encorajar defecções de deputados de outros partidos, em ambos os casos através do manejamento dos recursos financeiros que estão apenas ao dispor do presidente[450].

O desequilíbrio é de algum modo atenuado — mas não eliminado — por uma judicatura largamente independente (embora a braços com escassez de recursos, designadamente financeiros[451]) e sem autocontenção na fiscalização da constitucionalidade. Essa independência teve eloquente expressão em 2020, quando o *High Court*, funcionando como Tribunal Constitucional, considerou irregulares e anulou o resultado das eleições presidenciais de maio de 2019, que haviam dado curta vantagem ao candidato incumbente, Peter Mutharika. Trata-se de decisão inédita e histórica do poder judicial no Malawi ou a nível comparado[452].

O sistema eleitoral maioritário a uma volta na eleição presidencial tem levado a que alguns Presidentes sejam eleitos com percentagens modestas: em 2004, Bingu Wa Mutharika (inicialmente do UDF e depois do novo *Democratic Progressive Party*, DPP[453]) saiu vitorioso com 35,8%; em 2009, foi reeleito com 66%; em 2014, o irmão mais novo de Bingu Wa Mutharika, Peter Mutharika, do DPP, ganhou com 36,4%; em 2020, após a anulação pelo *High Court* da eleição presidencial em que Peter Mutharika obtivera 38,6%, a repetição da eleição deu vitória ao oposicionista Lazarus Chakwera, do *Malawi Congress Party* (o Partido do regime de partido único de Banda, ausente do poder durante 25 anos e reavivado, sob a liderança de Chakwera, durante a presidência de Peter Mutharika), com 58,57%.

Por outro lado, o sistema proporcional para a Assembleia Nacional propicia representação parlamentar a um número significativo de partidos. Em 2004, oito Partidos obtiveram deputados. Nas eleições seguintes (2009, 2014, 2019), seis. A estes números acrescem os numerosos independentes que andam em torno de 25% dos lugares da Assembleia. Nenhum dos principais partidos na última década, o DPP dos Mutharika e o renovado MCP, obtém maioria absoluta na Assembleia Nacional. Aliás, normalmente não fazem melhor do que 20% ou 30%. A outrora poderosa *United Democratic Front* (UDF), maioritária depois de 1994 e quase toda a primeira década de 2000, fica-se agora por percentagens abaixo dos 10%. Ainda maiores dificuldades enfrenta outro histórico partido da luta pelo multipartidarismo, o AFORD.

A fragmentação é menor do que noutros casos estudados neste livro, mas existe, tal como a volatilidade eleitoral. Essa circunstância é, particularmente, relevante, pois, em geral, o Malawi sofre da aversão a coligações, caso similar a outros paí-

---

450 LEMBANI, ref. 449, p. 124.
451 V. a análise do BTI Transformation Index, v. BERTELSMANN STIFTUNG. *BTI 2024 Malawi Country Report*. Gütersloh: Bertelsmann Stiftung, 2024. Disponível em: https://bti-project.org. Acesso em: 9 jan. 2025.
452 O *Supreme Court of Appeal* manteve a decisão do *High Court*.
453 Em 2005, Mutharika entrou em rota de colisão com ex-Presidente Muluzi, que permanecera como presidente do UDF. Mutharika demitiu-se do UDF e formou o *Democratic Progressive Party* (DPP), levando atrás muitos deputados do UDF (alegadamente à custa de benefícios económicos). O DPP tornar-se-ia, desde então, um dos dois principais partidos.

ses africanos[454]. A única manifestação constitucional de incentivo à colaboração interpartidária consta do artigo 85.º da Constituição, na medida em que permite que o presidente nomeie um segundo vice-presidente, devendo este provir de um partido diferente[455]. O panorama político, polarizado e fragmentado por divisões étnicas e regionais (Norte, Centro, Sul), mais do que ideológicas, cria condições propícias para aquela aversão. As coligações que se formam são por regra pontuais e instáveis, como a do UDF/AFORD, que sustentou o governo em 1995-1996[456].

Por isso, por norma, os governos têm apenas apoio minoritário no Parlamento, como ocorreu após as eleições de 1994, 1999, 2004 e 2014. A exceção foi o período de 2009 a 2012, enquanto Bingu Wa Mutharika esteve vivo[457]. O primeiro governo de Bingu Wa Mutharika (2004-2009), dividido e sem coligação, é geralmente considerado o exemplo mais agudo do paradigma, com os seus impasses e paralisia parlamentar[458]. A superação destes, nessa altura, foi feita com interferências do executivo no funcionamento da Assembleia, como o atraso na abertura da sessão legislativa ou a imposição do fim da sessão legislativa (*prorogation*)[459], com recurso ao sistema judicial e com o aproveitamento da fraca estruturação dos Partidos políticos.

Mesmo na situação de governo dividido, as coligações formais não são procuradas. Em geral, a cooptação ou transferência de deputados de alguns partidos da oposição para obter o seu apoio ao governo (*floor crossing*) funciona como substituto de coligações formais[460]. O aliciamento de alguns dos muitos independentes é uma forma de tentar compor maiorias *ad hoc*. O funcionamento de esquemas informais, não ostensivos nem reconhecidos, resultantes de ligações étnicas, regionais e outras também tem influência.

O panorama do Malawi não se afasta do de alguns países latino-americanos. Porventura, são requeridas soluções e ações concretas diferentes; mas é possível que, para a criação de condições de governabilidade, mantendo-se os quadros institucional e partidário, seja vital a progressiva instituição de uma cultura de coligações estáveis e coerentes. Estas, como mostramos noutras partes deste livro, são um limite e, por vezes, um forte constrangimento do executivo. Mas também são sustentáculos daquela governabilidade e podem reforçar a legitimidade democrática[461], mesmo que diluam o grau de *responsividade* do governo. E, no caso

---

[454] LEMBANI, ref. 449, p. 119 *et seq.*

[455] *Ibid.*, p. 137.

[456] *Ibid.*

[457] Bingu Wa Mutharika morreu em 2012. Foi substituído pela vice-Presidente, Joyce Banda (fundadora em 2011 do *People's Party*, PP). Nessa ocasião, o DPP passou para a oposição e o governo de Banda ingressou na condição de minoritário.

[458] V. FREEDOM HOUSE. *Freedom in the World 2009: Malawi*. Disponível em: https://www.refworld.org/reference/annualreport/freehou/2009/en/68938 Acesso em: jun. 2024. A penalização pelos impasses viria a ser sofrida pelos partidos da oposição que viram o Partido do Presidente, DPP, alcançar uma rara maioria absoluta de 114 lugares em 2009.

[459] Assim, BERTELSMANN STIFTUNG, ref. 452.

[460] LEMBANI, ref. 449, p. 120.

[461] *Ibid.*

do Malawi, devido à base étnica e regional dos partidos, são um fator de coesão nacional. As eleições de 2025, com aplicação do sistema eleitoral desenhado pela decisão judicial antes referida, representarão um novo teste.

Registe-se que, em 2019-2020, ocorreu o primeiro grande sucesso de uma coligação mais estruturada, encorajada pela decisão do *High Court* no sentido de ser necessária uma maioria absoluta para a eleição do presidente. Nesta ocasião, o atual Presidente foi eleito na base de um acordo entre vários Partidos, a *Tonse Alliance*, liderada pelo *Malawi Congress Party* e incluindo o *United Transformation Movement*, criado por Saulos Chilima em 2018. A coligação assegurou, além disso, uma magra maioria parlamentar. Todavia, a coligação viveu desde cedo momentos de sobressalto, designadamente em 2022, quando o Presidente suprimiu todas as delegações de poder que fizera a favor do vice-Presidente Saulos Chilima, do segundo partido da coligação[462].

Caso da Nigéria[463]

Vigora a Constituição de 1999.

A Nigéria é um dos poucos Estados federais de África (composto por 36 estados federados). O presidente da Federação é chefe de Estado, chefe do executivo e comandante-chefe das Forças Armadas (artigo 130.º, n.º 2).

O sistema de eleição é complexo, comportando até a inédita possibilidade de três voltas (sistema de duas voltas, adaptado). Para ser eleito presidente, o candidato necessita de preencher o duplo requisito de obter a maioria dos votos, e pelo menos um quarto dos votos em cada um de pelo menos dois terços dos estados da federação e do território capital de Abuja (artigo 134.º, n.º 1 e 2), com a possibilidade de realização de segunda volta ou até de terceira se esta última condição não for preenchida (artigo 134.º, n.º 3, 4 e 5). A Nigéria, país mais populoso de África, com fortes clivagens políticas, religiosas, étnicas, tribais e geográficas, fornece um dos exemplos de referência de sistema eleitoral para a eleição presidencial que visa garantir que o presidente seja, tanto quanto possível, um efetivo catalisador de integração e unidade.

O presidente cumpre mandato de quatro anos (artigo 135.º, n.º 2), renovável uma única vez [artigo 137.º, n.º 1, alínea b)]. O vice-Presidente é uma personalidade do mesmo partido, indicada aquando da candidatura a presidente, sendo eleito se o candidato a presidente que o indicar for eleito (artigo 142.º, n.º 1). Presidente ou vice-presidente podem ser sujeitos a *impeachment* (artigo 143.º): se forem acusados de conduta ilícita grave e a Assembleia Nacional (Senado e Câmara dos

---

[462] Numa altura em que os índices de aprovação do Presidente afundavam, derivado da perceção pública de que um dos principais compromissos eleitorais, o combate à corrupção, não estava a ser cumprido, Chilima foi preso e acusado de envolvimento em casos de corrupção (2022). O Presidente retirou-lhe todos os poderes delegados, que depois lhe entregaria de novo. Em maio de 2024, Chilima foi absolvido das acusações. Poucos dias depois faleceria num acidente de aviação.

[463] A que Polity 5 atribui +7; a Freedom House, qualifica como parcialmente livre, V-Dem de autocracia eleitoral e o EIU de regime híbrido.

Representantes) aprovar a remoção por dois terços dos seus membros. Também podem ser removidos por incapacidade.

O presidente define quais são os ministros da Federação. As nomeações destes competem-lhe, sendo precedidas de confirmação pelo Senado (artigo 147.º, n.º 2). Se for membro de alguma das Câmaras da Assembleia Nacional, o ministro tem de renunciar ao mandato. Os ministros e o vice-presidente assumem a responsabilidade pela administração de departamentos do governo, de acordo com o que o presidente decidir (artigo 148.º, n.º 1). Este convoca reuniões regulares com eles, com vista à definição de orientações gerais do governo, à coordenação e a receber aconselhamento.

O poder legislativo cabe à Assembleia Nacional, composta pelo Senado (três senadores por estado, mais um de Abuja, a capital da Federação, perfazendo 109) e pela Câmara dos Representantes (360 membros). Mandatos de quatro anos.

O presidente pode exercer o veto, superável por uma maioria de dois terços de cada uma das Câmaras da Assembleia Nacional (artigo 58.º, n.º 5). Pode assistir a reuniões conjuntas ou separadas das Câmaras, abordando questões do interesse do governo (artigo 67.º, n.º 1). O presidente tem iniciativa orçamental (artigo 81.º). Eleições para presidente e Câmaras não têm forçosamente de ocorrer em simultâneo.

Do ponto de vista constitucional, o sistema nigeriano não se afasta do modelo de *equilíbrio* do sistema presidencial de referência.

Já do ponto de vista do funcionamento das instituições, apesar dos progressos registados desde 1999 pelos vários indicadores de funcionamento democrático e liberdade, persistem notícias de alguma fragilidade institucional, refletida nos atos eleitorais. O sistema partidário é parcialmente institucionalizado e estruturado, não estando imune a defecções e transferências de eleitos de um partido para outro. A vitória de Muhammadu Buhari, do *All Progressives Congress* (APC) nas eleições presidenciais de 2015, suplantando o incumbente Goodluck Jonathan, constituiu a primeira substituição pacífica e democrática de um presidente em função. A eleição presidencial de 2019 resultou na reeleição de Muhammadu Buhari (53% dos votos), tendo o APC obtido a maioria dos lugares na Câmara dos Representantes e no Senado. Atiku Abubakar, do *People's Democratic Party* (PDP), ficou em segundo lugar (39%), embora não reconhecendo a derrota, alegando irregularidades. A legislatura de 2019-2023 mostrou, como expetável, uma maioria e um Parlamento alinhado e subordinado à liderança presidencial, contrastando com o choque entre legislativo e executivo da anterior legislatura.

O Presidente Buhari não pôde recandidatar-se em 2023. Realizaram-se primárias dos partidos para escolha dos candidatos presidenciais. Em 25 de fevereiro de 2023 foi eleito Bola Tinubu do APC (36,61% dos votos), derrotando Atiku Abubakar (29,7%), de novo candidato pelo PDP, e outros candidatos. A participação eleitoral ficou-se pelos 29%. A regularidade das eleições foi mais uma vez contestada pelos candidatos derrotados que, todavia, aceitaram a decisão do Supremo Tribunal sobre o assunto. Nas eleições para o Senado e Câmara dos Representantes, realizadas na mesma data, dois aspetos ressaltam: o APC perdeu a maioria (176 representantes, sendo necessários 181) e nota-se uma tendência para a fragmentação, com oito partidos com representação parlamentar, sendo os dois principais, mais seis.

3.   SISTEMA DE PRESIDENTE REFORÇADO

O presente tipo caracteriza-se pelo reforço *qualitativo* de poderes relativamente ao sistema de referência. Adicionam-se aos poderes presidenciais, integrantes do modelo norte-americano, outros que nele não têm formalmente (isto é, constitucionalmente) lugar[464].

Isolada ou conjuntamente:

(i)   Poderes de iniciativa e de proposta de revisão constitucional;

(ii)   poderes atinentes à atividade legislativa;

(iii)   poder de convocação do referendo por iniciativa própria, designadamente sobre matérias constitucionais;

(iv)   poder de definição do elenco dos secretários ou ministros, bem como da sua nomeação e demissão, sem intervenção parlamentar;

(v)   poderes exclusivos de nomeação e demissão de titulares de outros cargos políticos e de altos funcionários, sem filtro ou intervenção de outros órgãos, designadamente parlamentares;

(vi)   poderes de nomeação de titulares de órgãos judiciais, nomeadamente dos tribunais superiores;

(vii)   poderes de declaração de situações de exceção, com eventual suspensão de direitos constitucionais;

(viii) poder de veto absoluto e outras modalidades de veto não contempladas no sistema de referência;

(ix)   poder de suscitar a fiscalização da constitucionalidade, mormente junto de tribunais constitucionais, de atos legislativos do parlamento.

O peso de cada um destes poderes é desigual. Pela sua importância, avulta a possibilidade de desenhar ou imprimir um rumo para a constituição. Quase todas as revisões com forte impacto estrutural ou até novas constituições da América Latina resultaram de impulso presidencial expresso de diferentes modos. Destaca-se também o acervo de poderes atinentes à atividade legislativa. No sistema presidencial equilibrado, desde a sua conceção pelos pais fundadores, é vital para o equilíbrio, a ausência de poder legislativo e, porventura, até de iniciativa legislativa do presidente. Em contrapartida, no sistema de presidente reforçado, além da relevante participação no poder legislativo através do exercício do poder *negativo* de veto presidencial por discordância política, é decisivo que ao presidente sejam atribuídas faculdades de participação no *exercício positivo* da função legislativa. Isso, de um modo geral, foi possível a partir do primeiro quartel do século XX nos sistemas presidenciais latino-americanos (sendo isso um importante

---

[464] *Formalmente*, porque, como se verificou, o presidente norte-americano tem desenvolvido um amplo arsenal de instrumentos unilaterais que em muitos casos permitem contornar a ausência de poderes legislativos e de iniciativa legislativa *formais*.

fator distintivo do modelo ideal norte-americano)[465]. Nem sempre isso é, por si só, um indicador de presidente reforçado, até porque pode haver fatores de atenuação do poder presidencial a outros níveis; mas sem essa atribuição não há presidente reforçado.

Isso pode materializar-se, mormente, através do efeito, isolado ou conjugado, de:

(i)   exercício de poderes de iniciativa legislativa, porventura exclusiva em certos domínios, eventualmente conjugado com a dificultação da inserção de alterações ao projeto presidencial no decurso do processo legislativo no parlamento;

(ii)   produção de atos normativos/legislativos, sem delegação formal do parlamento, com efeitos imediatos (ou quase) dependentes de ratificação parlamentar, sob pena de cessação de vigência, ou passíveis de revogação ou alteração pelo parlamento, eventualmente dentro de um prazo;

(iii)   exercício de poderes legislativos em situações de emergência;

(iv)   exercício de poderes legislativos delegados pelo parlamento, em situações de normalidade ou só de emergência;

(v)   obtenção de urgência para iniciativas a que atribua prioridade;

(vi)   convocação extraordinária do parlamento para discussão exclusiva de matérias fixadas no ato de convocação;

(vii)   fixação da agenda do parlamento;

(viii)   exercício de poderes de indulto ou perdão genéricos.

Nem sempre se dá o devido relevo a essa matéria (e também nós não a desenvolvemos), mas a extensão dos poderes presidenciais de negociação de convenções internacionais e de vinculação do Estado pode ter repercussão significativa. A vinculação internacional do Estado, particularmente a instrumentos multilaterais — que hoje em dia abarcam quase todos os domínios materiais e comprimem a soberania do Estado —, é uma forma de cristalização de compromissos e políticas muito mais resistente à mudança, do que qualquer política pública adotada por simples deliberação doméstica. A renegociação de convenções multilaterais é praticamente impossível por simples vontade de um Estado ou de um grupo circunscrito de Estados, pelo que um compromisso assumido por um presidente governante, com mais ou menos liberdade, é um compromisso que seguramente vai muito além da duração do seu mandato.

A atribuição de poderes legislativos (em sentido lato, abrangendo as faculdades acima elencadas) ao presidente, incluindo de produção de atos normativos/legislativos com efeitos imediatos, ou quase, dependentes de aprovação parlamentar ou não, é um traço endémico dos sistemas latino-americanos (mas existe noutros sistemas, como no Benim[466]), presidenciais, semipresidenciais ou híbridos.

---

[465]   NEGRETTO, ref. 209, p. 141. O autor indica que, em 2014, apenas a Costa Rica, a Nicarágua e a República Dominicana não outorgavam aos presidentes faculdades significativas de introduzir alterações legislativas ao *status quo*. Veja também: CHEIBUB; ELKINS; GINSBURG, ref. 48.

[466]   Embora do ponto vista formal, pelo artigo 102, as autorizações ao governo para legislar estejam rodeadas de cautelas: (i) período limitado de tempo; (ii) atribuição por maioria de dois

Não se conforma com o princípio organizativo típico de um sistema presidencial — embora se possa compatibilizar com sistemas híbridos de presidentes governantes — a atribuição ao presidente de um poder legislativo *próprio*, concorrencial com o parlamento, ainda que mais ou menos circunscrito. Já a produção de *decretos* com força de lei previstos como instrumento *excecional* pode ou não beliscar o arquétipo, consoante o regime que se lhes aplique e as circunstâncias em que sejam produzidos. Tal depende da maior ou menor extensão (temporal, material, circunstancial) com que são habilitados pela norma constitucional e dos poderes que são conferidos ao parlamento face à sua produção, bem como da latitude com que o presidente os possa usar tendo em conta o contexto político.

Os decretos com força de lei são um instrumento poderoso de reforço presidencial, mesmo que não usado de forma tão profusa quanto na Argentina ou no Brasil. Numa situação de governo dividido, o uso do poder legislativo excecional pode cumprir várias funções, dependendo das circunstâncias. Por exemplo, se a Constituição não exigir a ratificação ou um voto positivo parlamentar sobre o decreto presidencial, a existência de um parlamento fracionado e sem possibilidade de atingir maiorias positivas ou tão pouco negativas pode proporcionar que o presidente legisle à margem do parlamento, aproximando a legislação do ponto ideal, confiando que não se forme maioria que inviabilize a vigência do seu decreto. Mas mesmo que seja possível a formação de uma maioria adversa ao decreto presidencial, forçando o presidente a negociar e a fazer cedências, a produção de um decreto condiciona a atuação das forças parlamentares e pode levá-las a transigir com um ponto ideal mais próximo da vontade do presidente do que se tivesse sido formalmente depositada uma iniciativa legislativa no parlamento. Já um presidente que detenha maioria no parlamento pode usá-los quase ilimitadamente, podendo eventualmente ir além do espírito da constituição, assumindo desse modo uma função reforçada de motor legislativo.

Os poderes presidenciais referentes a um dos mais importantes instrumentos de governação, a elaboração e aprovação do regime orçamental e, particularmente, da lei orçamental propriamente dita, dão também uma indicação consistente sobre quão reforçado (ou não) é o poder presidencial. É plausível dizer que se o presidente detiver nesse campo poderes ténues, só poderá considerar-se reforçado se isso fosse compensado por fortes poderes noutros domínios, mas é difícil conceber tal cenário. O debilitamento presidencial nesse campo será, em princípio, um indiciador de outra modalidade de sistema presidencial. Configura indubitavelmente a situação de presidente reforçado: (i) poder exclusivo presidencial de iniciativa da proposta orçamental; (ii) poder de emenda parlamentar limitado (por exemplo, proibição de emendas parlamentares de aumento da despesa ou de diminuição da receita sem acordo presidencial ou proibição de alteração da despesa em certos setores das políticas públicas e do funcionamento administrativo) ou até inexistente; (iii) poder de execução da proposta orçamental tal como apresentada pelo presidente se não houver aprovação do orçamento.

---

terços dos membros da Assembleia Nacional; (iii) parecer prévio do Tribunal Constitucional antes da aprovação pelo Conselho de Ministros.

No limite extremo oposto, que configuram situações em que é inequívoco que o presidente não se pode considerar constitucionalmente reforçado, estão os casos em que não possui iniciativa orçamental. O projeto orçamental pode ser alterado sem limitações e a ausência de aprovação do orçamento provoca perturbações sérias no funcionamento da administração (como é o caso típico dos EUA).

Em pontos intermédios estão situações que ainda se podem considerar de presidente reforçado se forem consagradas determinadas soluções que salvaguardem a posição presidencial. Por exemplo, se em vez de execução da proposta presidencial estiver prevista a aplicação do orçamento anterior por duodécimos, isso não belisca forçosamente a natureza reforçada dos poderes presidenciais, particularmente se aquele orçamento já tiver resultado de proposta sua e o parlamento estiver muito limitado no seu poder de alteração. Já se (i) e (iii) se verificarem, mas houver dúvidas sobre se (ii) salvaguarda suficientemente a posição presidencial, a qualificação como presidente reforçado requer uma análise mais fina[467]. Por exemplo, no Brasil, os recentes desenvolvimentos a propósito das emendas obrigatórias, que se traduzem em ampla discricionariedade parlamentar na alocação de verbas consideráveis[468], podem colocar em causa o (normalmente reconhecido) estatuto de presidente reforçado do presidente brasileiro.

Além da participação *positiva* no exercício da função legislativa, o reforço do papel do presidente pode passar por alguns aspetos do regime do veto. Este é, primariamente, um instrumento *negativo*, que não se traduz em primeira linha na conformação positiva do ordenamento jurídico, mas na obstaculização da mudança (independentemente do seu sentido). Todavia, o veto pode também ter o efeito *secundário* de incentivar o parlamento a aproximar-se do ponto ideal do presidente na matéria em causa, seja cautelarmente, antes mesmo do veto, seja sucessivamente, depois do veto. Há exemplos em que a própria Constituição define uma espécie de *roadmap* que visa incentivar a negociação entre presidente e parlamento: a já revogada constituição venezuelana de 1961 instituía um intrincado esquema de *vai e vem* que criava vários momentos propiciadores da concertação, embora com a possibilidade de o parlamento, em última instância, impor a sua vontade por maioria simples.

Grosso modo, o regime de referência é o de que o presidente tem poder de veto sobre todas as matérias, podendo este ser superado por dois terços dos membros presentes e votantes do parlamento. Mantendo-se incólume esse patamar mínimo, há reforço do poder presidencial se (i) em todos ou alguns domínios materiais a maioria de superação do veto aumenta (para dois terços de todos os membros do parlamento ou 3/4 ou 4/5, por exemplo) ou não é de todo possível a superação, (ii) é possível o veto parcial seletivo, incidindo sobre segmentos específicos de um diploma e deixando o

---

[467] A necessidade desta análise fina torna grelhas como a proposta por CHEIBUB, ref. 19, p. 104, falíveis, não obstante poderem ser fiáveis em geral. Por exemplo, dizer que a presidente domina o processo orçamental sempre que o parlamento está limitado na sua capacidade de alterar a proposta orçamental presidencial, como resulta da referida grelha, pode revelar-se erróneo se a limitação dos poderes for residual ou muito circunscrita no âmbito de aplicação.

[468] V. *infra*, capítulo VIII.

remanescente intocado; (iii) se estabelece um prazo mínimo relativamente prolongado antes do qual o parlamento não pode votar a confirmação; (iv) atribui ao presidente a prerrogativa de propor emendas ou texto alternativo; (v) é consentido o veto de bolso (ou seja, o presidente não exerce formalmente o veto nem o promulga, e a constituição não presume a promulgação, nem confere a outro órgão o poder de promulgar[469]).

Pelo potencial de articulação interorgânica que pode desencadear, merece especial atenção o veto parcial. Essa faculdade existe em vários ordenamentos, entre os quais: (i) Argentina, superável por maioria de dois terços dos membros presentes de cada uma das duas Câmaras (artigo 83.º); (ii) México, superável por maioria de dois terços dos votantes em cada uma das Câmaras (artigo 72.º, C); (iii) Chile, superável por dois terços dos membros presentes das duas Câmaras (artigo 73.º); (iv) Quénia, com superação por maioria de dois terços da Assembleia Nacional, e do Senado quando a proposta requerer a aprovação deste (artigo 115.º, n.º 4); (v) Brasil, embora acompanhado pelo fator de enfraquecimento presidencial de bastar maioria absoluta dos membros do Congresso em reunião conjunta para a rejeição do veto (artigo 66.º, § 1.º e 4.º); (vi) Colômbia, também mitigado pela possibilidade de confirmação das normas vetadas por metade mais um dos membros de cada uma das Câmaras (artigo 167.º, § 2.º, exceto quando motivado por inconstitucionalidade); (vii) El Salvador, embora a sua superação pela Assembleia Legislativa requeira apenas metade mais um dos deputados eleitos, ao invés do veto total, cuja superação necessita de dois terços (artigos 137.º e 123.º); (viii) Benim, com superação por maioria absoluta dos membros da Assembleia Nacional (artigo 57.º).

O veto parcial, particularmente quando a sua superação requer uma maioria agravada, constitui uma poderosa ferramenta de manipulação normativa e, concomitantemente, de reforço da posição presidencial. No caso de iniciativas próprias (ou de leis respeitantes a decretos com força de lei, produzidos no exercício de poder presidencial legislativo excecional), o presidente pode tentar suprimir — ou, quando permitido, emendar — alterações que tenham sido introduzidas no decurso do processo parlamentar e que entenda adulteradoras do sentido e da extensão iniciais. Em quaisquer projetos, de iniciativa própria ou de terceiros, pode obstar a disposições que impliquem aumentos não aceitáveis de despesa ou simplesmente se destinem a favorecer ou dotar de recursos certos legisladores, grupos ou partidos através de *logrolling* (troca de apoios recíprocos para acesso ao que os autores influenciados pela terminologia anglo-saxónica identificam com a expressão, algo deselegante, de *pork barrel*) ou pode encarreirar o conteúdo do projeto para aquilo que é o seu ponto ideal, eventualmente diferente do ponto ideal do legislador mediano que integra a maioria de aprovação.

O impacto do veto parcial pode variar consoante o órgão legislativo só possa superar o veto globalmente considerado, ou possa escolher, entre o que foi objeto de veto

---

[469] O veto de bolso é possível nos EUA, mas em condições muito específicas, na medida em que só pode ocorrer num período limitado da legislatura. O veto de bolso a que se alude no texto, a ser consentido, é exercitável a todo o tempo e resulta da mera inação presidencial sem que a constituição preveja mecanismos de superação dessa inação. Mecanismo especialmente cuidado para evitar o veto de bolso é o previsto no artigo 66.º da Constituição brasileira.

parcial, o que confirma ou não (como no Brasil). Neste segundo caso, o veto acentua a sua dimensão de veículo de *trade-off* entre os dois órgãos.

Por norma, o veto parcial consuma-se através da formulação de objeções parcelares do presidente, de forma negativa [como na Constituição do Quénia, artigo 115.º, n.º 1, alínea b)]. Mais raro é que o presidente seja investido de um verdadeiro poder positivo de iniciativa legislativa, formulando e propondo formalmente alterações ao projeto parlamentar (veto *modificativo*)[470].

Os veículos de intervenção do presidente no exercício da função legislativa podem revestir-se de alguma atipicidade. Por exemplo, na Indonésia o poder legislativo cabe ao *Dewan Perwakilan Rakyat* (DPR, ou Câmara dos Representantes, primeira Câmara do Parlamento), mas a Constituição de 1945 determina que cada proposta de lei seja discutida entre a DPR e o presidente, por forma a atingir uma posição conjunta. Na falta de acordo, não pode ser proposta de novo durante a legislatura; se for alcançado um acordo entre os dois órgãos, o presidente deve promulgá-la como lei (artigo 20.º). Por isso, o sistema da Indonésia é um dos poucos sistemas de presidentes que governam onde o presidente não tem, do ponto de vista constitucional, poder de veto (assim como no Suriname).

Não classificamos o sistema equatoriano como presidencial, mas como híbrido de presidente governante. Porém, serve também de exemplo de fórmulas atípicas reforçadoras do poder presidencial a previsão de que, se a Assembleia Nacional não aprovar, rejeitar ou modificar um projeto de lei urgente sobre matéria económica no prazo constitucionalmente previsto, o presidente pode promulgar um decreto-lei com o seu conteúdo, podendo a Assembleia modificá-lo ou revogá-lo subsequentemente, em qualquer altura (artigo 140.º).

Linz, Mainwaring e outros chegaram a defender que um presidente reforçado quanto aos poderes legislativos e quanto ao veto têm menos propensão a trabalhar com o parlamento e concertar posições com os partidos. Isto poderia conduzir a impasses pronunciados e, em última análise, causar o colapso do sistema democrático. Por isso, seria aconselhável uma configuração que não passasse pelo reforço dos poderes presidenciais. O ponto é cabalmente rebatido por Cheibub[471].

Percorreremos alguns casos de sistema presidencial de presidente reforçado: Argentina e Chile (deixando outro exemplo, o do Brasil, para capítulo próprio). Tal como em alguns casos estudados na rubrica anterior (sistemas de equilíbrio), também neste número é útil adiantar desde já indicações sobre a prática institucional, uma vez que esta, num caso — Argentina —, acentua os traços constitucionais e, noutro — Chile —, os dilui.

---

[470] Há um exemplo no artigo 94.º da Constituição da Ucrânia de 1996: o presidente pode devolver a lei ao *Verkhovna Rada* (Parlamento) com propostas de emenda para ponderação daquele. Se as emendas não forem aceites, o veto só pode ser superado por dois terços dos membros. Todavia, do ponto de vista constitucional, aquela Constituição não estabelece um sistema de presidente governante.

[471] CHEIBUB, ref. 19, p. 109 *et seq.*

O caso da Argentina

Para compreender o sistema político — e, dentro dele, o atual sistema constitucional de governo — importa ter presentes alguns dados históricos, aqui enunciados esquematicamente, que, de modo geral, ilustram a instabilidade endémica[472]. No século XX, registaram-se seis golpes de Estado e mais de 50 tentativas de golpe. Não obstante, durante muito tempo foi alegadamente um dos países mais prósperos do mundo.

Em maio de 1810, a revolução de maio proclamou a independência, só formalizada, todavia, em 9 de julho de 1816. Sucederam-se décadas de instabilidade política e social, a que a Constituição de 1853 (em vigor) pretendeu pôr cobro. Uma das aspirações era, compreensivelmente, instituir um sistema com executivo forte. Juan Bautista Alberdi, um dos pais da Constituição, deixara o mote em 1852[473]: pretendia-se um sistema republicano na forma, mas quase monárquico na substância. A qualificação unânime do sistema de governo argentino como hiperpresidencialista[474] tem sólidas raízes históricas. Não obstante, até à eleição de Hipólito Yrigoyen (1916-1922 e 1928-1930), todos os Presidentes foram eleitos de forma indireta.

Marcante do sistema foi a ascensão e exercício do Poder por Juan Domingo Perón, populista e admirador do fascismo. Perón adquiriu notoriedade depois do terramoto de San Juan (1944) e da reconstrução, ou seja, já depois do colapso daquele movimento na Europa e tornou-se figura tutelar durante décadas. Em 1946, foi eleito Presidente da República. Em 1951, foi reeleito, tornando-se o primeiro caso de Presidente incumbente a sê-lo, num cenário de grande polarização política e social. O bombardeio da Praça de Maio pela Força Aérea, em 1955, que provocou a morte de centenas de pessoas, foi o episódio mais dramático da fratura. Perón exilou-se em 1955 (Panamá, Paraguai), regressando e vencendo as eleições de 1973. Faleceu em 1974. María Estela de Perón, sua mulher, ascendeu à presidência. Foi deposta em 1976, por um golpe de Estado, desta vez triunfante, protagonizado pelos militares, liderados por uma Junta, composta por Jorge Videla (que viria a ser Presidente) e outros militares. A ditadura findou, após a eleição de Raúl Alfonsín em setembro de 1983 e a dissolução da Junta Militar, em dezembro desse ano.

Alfonsín renunciou ao cargo em maio de 1989, com inflação elevadíssima e falhanço do austral, pontuados por treze greves gerais, promovidas por sindicatos peronistas.

Foi com esse pano de fundo que, entre o final da década de 1980 e início da década de 1990, sob a égide de duas figuras tutelares dos dois partidos dominantes, Alfonsín (*Unión Cívica Radical* (UCR) e Menem (Partido Justicialista),

---

[472] HERNÁNDEZ, Antonio María. Presidencialismo y federalismo en Argentina. *Anales: Academia Nacional de Derecho y Ciencias Sociales de Córdoba*, v. 47, p. 67-106, 2008.; ROMERO, Luis Alberto. *Breve Historia Contemporánea de la Argentina 1916-2016*. 4. ed. Buenos Aires: Fondo de Cultura Económica, 2017.

[473] V. ALBERDI, Juan Bautista. *Bases y Puntos de Partida para la Organización Política de la República Argentina*. Incluye prólogo de Matías Farías. Buenos Aires: Biblioteca del Congreso de la Nación, 2017.

[474] Sobre o conceito v., em geral, ROSE-ACKERMAN, Susan; DESIERTO, Diane A.; VOLOSIN, Natalia. Hyper-presidentialism: separation of powers without checks and balances in Argentina and the Philippines. *Berkeley Journal of International Law*, v. 29, n. 1, p. 246-333, 2011.

foi debatida e aprovada uma reforma na Constituição que pretendia atenuar o hiperpresidencialismo[475]. A conjugação entre o interesse de Menem em obter a possibilidade de reeleição, não prevista na Constituição, e a tradicional tendência dos Radicais para o parlamentarismo, favoreceu esse objetivo, materializado no *Pacto de Olivos*[476].

Com as consequentes alterações constitucionais de 1994, por um lado, passou a permitir-se a reeleição para um segundo mandato presidencial, diminuindo-se a duração para quatro anos. Por outro lado, introduziram-se alterações de cariz parlamentarizante (como a possibilidade de moções de censura) e limitou-se o poder presidencial.

Assim, foi instituída a figura constitucional de *chefe de gabinete de ministros*, nomeado pelo presidente e duplamente responsável perante ele e perante o parlamento. Não está prevista uma forma de investidura parlamentar, mas há mecanismos de controlo da atividade governativa e de responsabilização, como a obrigação de o chefe de gabinete de ministros comparecer e reportar regularmente ao parlamento e a possibilidade da sua demissão, por via de uma moção de censura. Esta exige um processo de duas etapas: pedido de interpelação para apreciação de moção de censura e votação de moção de censura, ambas requerendo a maioria absoluta dos membros de cada uma das Câmaras (artigo 101.º). Só está sujeito a moção de censura o chefe de gabinete e não ministros individualmente considerados, o que coloca apenas a opção da solução mais maximalista.

Além disso, regulou-se o recurso pelo presidente aos decretos de necessidade e urgência (DNU), dando-lhes um cunho inequivocamente excecional e obrigando o chefe de gabinete a submetê-los num prazo curto ao parlamento. Os DNU haviam sido instituídos por Alfonsín, depois de 1983, sem base constitucional, e validados pelo Supremo Tribunal em 1990. Em 1994, foram expressamente constitucionalizados. O artigo 99.º, n.º 3, da Constituição frisa que

> [e]l Poder Ejecutivo no podrá en ningún caso bajo pena de nulidad absoluta e insanable, emitir disposiciones de carácter legislativo", mas acrescenta que "podrá dictar decretos por razones de necesidad y urgência", em certas circunstâncias[477].

---

[475] Nesse contexto, o Presidente Alfonsín criou por decreto, em 1985, o *Consejo para la Consolidación de la Democracia*, entidade consultiva coordenada por Carlos Santiago Nino, composta por representantes dos partidos, da sociedade civil e personalidades de relevo. Num dos seus relatórios, de 1988, foi proposta a mudança do sistema de governo para sistema semipresidencial. O Conselho seria extinto em 1989, antes da posse de Carlos Menem, e a proposta não singraria. Para uma discussão, SABATER, Javier. Presidencialismo y relaciones ejecutivo-legislativo en la Argentina (1983-2007). *Colección*, n. 21, p. 177-212, 2011; em geral, v. NOHLEN; GARRIDO, ref. 16, p. 279 *et seq.*

[476] Falando, todavia, de ampliação dos poderes constitucionais, v. COELHO, ref. 319.

[477] Artigo 99.º, n.º 3: "*Solamente cuando circunstancias excepcionales hicieran imposible seguir los trámites ordinarios previstos por esta Constitución para la sanción de las leyes, y no se trate de normas que regulen materia penal, tributaria, electoral o el régimen de los partidos políticos, podrá dictar decretos por razones de necesidad y urgencia, los que serán decididos en acuerdo general de ministros que deberán refrendarlos, conjuntamente con el jefe de gabinete de ministros*".

Os decretos de necessidade e urgência não podem incidir sobre questões fiscais, eleitorais, penais e de regime dos partidos políticos. Porém, o empenho constitucional mitigatório e a subsequente Lei 26.122[478], que regulamentou aqueles decretos, não obstaram a que continuassem a ser um poderoso instrumento do presidente, sendo um fator crucial para que se continue a inscrever o sistema argentino no grupo dos sistemas de presidente reforçado[479]. É a ele que cabe avaliar, em primeira instância, se se verificam razões de necessidade e urgência. Os DNU entram imediatamente em vigor. O Congresso pode revogá-los, mas não lhes introduzir alterações. A revogação de DNU requer um voto por maioria absoluta das duas câmaras do Congresso. Se apenas uma delas votar essa revogação, não atingindo a outra a maioria requerida ou não fazendo nada, o decreto subsiste. Por conseguinte, o presidente só tem de garantir que uma Câmara não vota expressamente pela revogação. Se ambas as câmaras votarem pela revogação, o presidente está obrigado a promulgar o ato revogatório. Todavia, nunca, desde 1983, as duas Câmaras puseram-se de acordo em relação à derrogação de um DNU, pelo que nenhum foi revogado pelo Congresso. O único obstáculo tem vindo — não muito frequentemente — dos tribunais, no contexto do controlo judicial difuso da constitucionalidade[480].

A expetativa de que este modelo hibridizado, com alguns laivos de parlamentarização ou de semipresidencialização, atenuasse o hiperpresidencialismo foi gorada. A profusão de obstáculos à aprovação de moções de censura levou a que não tenham sido aprovadas moções de censura desde então. Os controlos

---

Num caso de 2021, o Supremo Tribunal densificou os critérios: *"Para que el Presidente de la Nación pueda ejercer legítimamente las excepcionales facultades legislativas que, en principio, le son ajenas, es necesaria la concurrencia de alguna de estas 2 circunstancias: que sea imposible dictar la ley mediante el trámite ordinario previsto por la Constitución, vale decir, que las cámaras del Congreso no puedan reunirse por circunstancias de fuerza mayor que lo impidan, como ocurriría en el caso de acciones bélicas o desastres naturales que impidiesen su reunión o el traslado de los legisladores a la Capital Federal [ou] que la situación que requiere solución legislativa sea de una urgencia tal que deba ser solucionada inmediatamente, en un plazo incompatible con el que demanda el trámite normal de las leyes".* V. ARGENTINA. [Constituição (1995)]. *Constitución de la Nación Argentina.* Buenos aires: Camara de Diputados, 1995. Disponível em: https://siteal.iiep.unesco.org/sites/default/files/sit_accion_files/constitucion_nacional_0.pdf. Acesso em: 14 jan. 2025.

[478] De julho de 2006.

[479] NEGRETTO, Gabriel. Government capacities and policy making by decree in Latin America: the cases of Brazil and Argentina. *Comparative Political Studies*, v. 37, n. 5, p. 531-562, 2004. p. 551 *et seq*. Todavia, o autor escreve antes da emissão da Lei 26.122, pelo que descreve o mecanismo a uma luz ainda mais favorável para o presidente do que a que apresentamos no texto, referindo o poder de veto presidencial em relação a atos de revogação ou alteração dos decretos, apenas superável por dois terços.

[480] Em janeiro de 2024 um Tribunal suspendeu cautelarmente algumas medidas de Direito Laboral contidas no Decreto de necessidade e urgência publicado pelo Presidente Milei em dezembro de 2023, logo a seguir à tomada de posse presidencial. Os fundamentos foram a inconstitucionalidade, designadamente por ser duvidoso o preenchimento do requisito da urgência e necessidade. V. CÁMARA del Trabajo frena el DNU de Milei. *Página 12*, 4 jan. 2024. Disponível em: https://www.pagina12.com.ar/700754-camara-del-trabajo-frena-el-dnu-de--milei. Acesso em: 9 jan. 2025.

horizontais mantiveram-se praticamente inoperantes. O recurso sistemático à figura dos decretos de necessidade e urgência, com frequente incumprimento dos prazos de submissão ao parlamento, persistiu[481].

O chefe de gabinete de ministros, nomeado pelo presidente e sempre do partido deste, funciona mais como biombo à exposição política do presidente do que como o fusível a remover em situações de insolúvel tensão política entre executivo e legislativo. Ele e os ministros podem até funcionar como instrumento de diluição de dissensões internas à própria base governativa. Foi o que ocorreu depois das legislativas de 2021 e da condenação de Cristina Kirchner a alguns anos de prisão. Os ministros funcionaram como uma espécie de *proxies* através dos quais os líderes de facção (na época, o Presidente peronista centrista Alberto Fernández e a vice--Presidente de centro-esquerda Cristina Kirchner) aliviaram as tensões, sem terem de as assumir direta e ostensivamente (permitindo-lhes até permanecer na mesma frente eleitoral, rebatizada *Unión por la Patria*, com vista às eleições de 2023).

A resiliência *hiperpresidencial* é, em parte, assegurada pelo sistema de partidos que, *grosso modo,* persistiu até há poucos anos. Sem embargo da existência de outros Partidos, até ao virar do século XXI o sistema partidário girou essencialmente em torno do Partido Justicialista (PJ, peronista) e da *Unión Cívica Radical* (UCR), com maior predomínio daquele[482].

A relativa estabilidade do sistema partidário, até há pouco, contrastava com alguma instabilidade ao nível da instituição presidencial. A experiência argentina parece ser um dos exemplos mais flagrantes de uma das caraterísticas do sistema presidencial: quanto mais poder o presidente tem, mais exposto está ao desgaste da insatisfação e da agitação popular. Desde a revisão constitucional de 1994, que permitiu a reeleição presidencial para um segundo mandato de quatro anos, apenas Menem (que a promoveu) e Cristina Kirchner (2007-2015) conseguiram essa reeleição. Fernando de La Rúa foi forçado a renunciar em dezembro de 2001, ao fim de dois anos de mandato. Depois verificou-se talvez a mais rápida sucessão de presidentes de que há memória: Ramón Puerta, do Partido Justicialista (dois dias), Adolfo Saá, do Partido Justicialista (sete dias), Eduardo Camaño, do Partido Justicialista (três dias) e Eduardo Duhalde, do Partido Justicialista (142 dias). Néstor Kirchner (2003-2007) e os dois últimos presidentes, entre 2015 e 2023 (Mauricio Macri e Alberto Fernández), não se recandidataram ou não foram reeleitos. Hiperpresidencialismo e liderança presidencial podem, portanto, significar maior pressão sobre o presidente, que não tem como escapar a ser visto como o máximo responsável, a quem se pedem contas.

A eleição do candidato de ultradireita, Javier Milei, na segunda volta, em 19 de novembro de 2023, com 56% dos votos[483], beneficiando do apoio massivo da direita

---

[481] Contando-se por várias centenas desde 1994. V. os números até o segundo mandato de Cristina Kirchner em: ALFONSÍN, Marcelo Alberto; SCHNITMANN, Ariela. Semipresidencialismo e Hiperpresidencialismo na Reforma Constitucional de 1994 na Argentina. *Resenha Eleitoral*, v. 20, n. 1, p. 39–74, 2016.

[482] A tendência fragmentária que se regista na última década será estudada mais abaixo.

[483] Javier Milei obtivera o primeiro lugar nas primárias obrigatórias (PASO) de 13 de agosto de 2023 com quase 32%, percentagem superior aos das alianças governistas (liderada pelos

clássica — sinalizado pelo apoio do ex-presidente Mauricio Macri e da candidata derrotada na primeira volta, Patricia Bullrich —, que preferiu a ultradireita ao centro-esquerda, mas com apoio partidário no Parlamento muito escasso, constitui uma radical alteração do panorama político.

No quadro institucional e contextual argentinos, este é o cenário em que a clássica governação por decreto do presidente pode assumir novos contornos. Sempre os Presidentes argentinos tendem a agir decisionisticamente, à revelia do Parlamento, designadamente legislando através de DNU, instrumento poderoso de predomínio legislativo. Embora tenham sido lançados por Alfonsín, foi Menem quem neles viu uma enorme utilidade política: produziu mais de 250 nos dez anos de presidência (1989-1999)[484], com vista a desenvolver o seu programa neoliberal, contraditório com os compromissos eleitorais e com a própria linha tradicional peronista (embora com transigência do Parlamento).

Apesar de governos de minoria não serem raros em sistemas de presidentes governantes e de isso não significar necessariamente turbulência ou distúrbio político[485], a pilotagem de uma situação de governo dividido minoritário por um Presidente com o perfil colérico, impulsivo, decisionista e confrontacional como o de Milei, sendo novidade absoluta, constitui um teste importante para o sistema de governo argentino. Passará o conceito de sistema presidencial de coalizão a valer também ali? As primeiras indicações não são conclusivas.

A escassa representação do seu Partido nas duas Câmaras do Congresso não dissuadiu — pelo contrário, terá encorajado — Milei de proceder exatamente do mesmo modo que os seus antecessores. No final de dezembro de 2023, poucas semanas após tomar posse, lançou, através de DNU, todas as medidas anunciadas no discurso de posse: medidas de relevo e impacto desigual, como a privatização de empresas públicas, a permissão de realizar contratos em dólares, o fim dos aumentos controlados nos contratos de arrendamento e dos preços tabelados nos seguros de saúde privados, de diminuição dos direitos dos trabalhadores ou "modificação do Estado".

Ao fim de cem dias de governo, em março de 2024, o panorama era desanimador para as intenções presidenciais: o Senado rejeitara o DNU[486]; algumas medidas foram anuladas pelos tribunais; a Câmara dos Deputados rejeitou, além disso, uma proposta de delegação de competências legislativas durante o período de dita emergência. Ao fim de seis meses depois da posse, nenhuma medida legislativa

---

justicialistas) e da oposição. Na primeira volta de eleição, em 22 de outubro de 2023, Massa (peronista), que ficara em terceiro nas PASO, passou em primeiro, com 36,7% (9.645.98 votos); Milei obteve 30% (7 884 336) e Bullrich, de direita, ficou em terceiro lugar, com cerca de 24%.

[484] NEGRETTO, ref. 480, p. 554.

[485] CHEIBUB, ref. 19, p. 119.

[486] Disparando em todas as direções, após a rejeição do DNU pelo Senado, Milei logo adiantou que se a Câmara dos Deputados também rejeitasse o DNU, voltaria a promulgá-lo, separado em várias partes: *"Los decretos los podemos separar en siete partes si no pasa por la Cámara de Diputados. Vamos a reinsistir, nosotros no vamos a bajar los brazos. Tenemos muy claro a dónde queremos ir",* v. JAVIER Milei: el rechazo al DNU de los orkos no puede esperarse más. *Ámbito,* 17 mar. 2024. Disponível em: https://www.ambito.com/politica/javier-milei-el-rechazo-al-dnu--de-los-orkos-no-puede-esperarse-mas-quecosasdeorkos-n5966677 Acesso em: 9 jan. 2025.

proposta pelo Presidente fora aprovada no Congresso. Todavia, em junho de 2024, o Presidente obteve o seu primeiro sucesso legislativo, com a aprovação da *Ley de Bases y Puntos de Partida para la Libertad de los Argentinos* (*Ley* 27.742), na sequência de uma proposta de lei apresentada em dezembro de 2023, considerada vital para o desempenho do seu programa de drástica liberalização (durante votação no Senado, obteve 36 votos a favor e 36 contra, desempate pelo exercício de voto da vice-Presidente, Victoria Villarruel). Face aos legisladores de Partidos da oposição, Milei clamou vitória, não obstante as grandes cedências que teve de fazer: tantas foram as supressões de medidas que a versão final da lei contou com cerca de 200 artigos.[487]

Em setembro de 2024, Milei apresentou pessoalmente a proposta de orçamento. Tratou-se de mais um sinal de centralidade presidencial do *indirizzo* político, uma vez que o habitual é que tal seja assegurado por um dos ministros, na sua função de amortecedores do embate contra os presidentes. Na apresentação, assumiu o objetivo do défice zero e ameaçou exercer o direito de veto em relação a qualquer veleidade dos partidos da oposição de promoverem despesa sem o seu beneplácito.

Nessa ocasião, os estudos de opinião mostravam um declínio do índice de aprovação de Milei. Todavia, esse índice voltaria a subir. Em dezembro de 2024, no final do primeiro ano de mandato, era dos mais altos desde o início. Por essa altura, tornou-se certo que a Câmara dos Deputados, confirmando a tendência que vem de 1983, não revogaria o DNU de finais de 2023. E, em março de 2025, o DNU adotado pelo Presidente para dar sequência a novo acordo com o FMI foi ratificado pela Câmara dos Deputados. A natureza hiperpresidencial do sistema, alentada pela Constituição e, até aqui, pela prática institucional, mostra-se capaz de resistir mesmo em circunstâncias aparentemente desfavoráveis e nunca vistas.

O caso do Chile

A Constituição chilena de 1980[488] é exemplo, quase único, demonstrativo de que uma Constituição laboriosamente desenhada para servir a vontade de um ditador,

---

[487] Para uma descrição pormenorizada, v. MILEI a las puertas de su primer triunfo legislativo tras aprobación de la Ley Bases en el Senado. *France 24*, 13 jun. 2024. Disponível em: https://www.france24.com/es/am%C3%A9rica-latina/20240613-milei-a-las-puertas-de-su-primer-triunfo--legislativo-tras-aprobaci%C3%B3n-de-la-ley-bases-en-el-senado. Acesso em: 9 jan. 2025.

[488] V., em geral, SAVELIS, Peter. *The president and Congress in postauthoritarian Chile: institutional constraints to democratic consolidation*. University Park: Penn State University Press, 2000; SAVELIS, Peter. Exaggerated presidentialism and moderate presidents: executive-legislative relations in Chile. *In*: MORGENSTERN, Scott; NACIF, Benito (ed.). *Legislative politics in Latin America*. Cambridge: Cambridge University Press, 2002. p. 79-113; LANZARO, Jorge. Democracia presidencial y alternativas pluralistas. *In*: CHERESKY, Isidoro; POUSADELA, Inês (comp.). *Política e instituciones en las nuevas democracias latinoamericanas*. Buenos Aires: Paidós, 2001. p. 188-231; PINHEIRO, Flávio. Chile: um país em movimento. *In*: SOARES, Maria Regina; COUTINHO, Marcelo (org.). *A agenda sul-americana: mudanças e desafios no início do século XXI*. Brasília: FUNAG, 2007. p. 137-174; OPPENHEIM, Lois. *Politics in Chile: democracy, authoritarianism, and the search for development*. New York: Routledge, 2018; DÁVILA AVENDAÑO, Mireya. *Presidencialismo a la chilena: coaliciones y cooperación política, 1990–2018*. Santiago:

pode também presidir a uma forma de governo democrática[489]. Foi plebiscitada em setembro de 1980 para formalizar a ditadura de Pinochet. Com as emendas constitucionais introduzidas depois da reinstauração da democracia, os aspetos mais salientes do domínio presidencial foram burlados, mas o sistema permanece, do ponto de vista constitucional, como de presidente reforçado. Por isso, o estudamos aqui, não obstante tenha funcionado nas últimas décadas, depois da redemocratização, quase sempre como um sistema de equilíbrio ou até de presidente débil.

A redemocratização (na sequência do referendo de 1988 e iniciada com a eleição de Patricio Aylwin, em 1989) foi pautada por uma combinação de vetores e variáveis singulares. Os militares (e o próprio Pinochet, que continuou a desempenhar o cargo de comandante das Forças Armadas, até 1998, ano em que foi detido no Reino Unido, e de senador vitalício, até 2002) mantiveram influência, capacidade de pressão (como o *boinazo* de 1993) e poderes que lhes permitiam condicionar o poder presidencial durante mais de uma década após 1989[490]. O regime político continuou a ser estruturado por uma Constituição que, além de definir uma arquitetura institucional originariamente moldada segundo os interesses do ditador e das elites que o sustentavam, contemplando uma figura presidencial reforçada, patrocina um sistema económico regido pelos princípios do neoliberalismo, alheado de preocupações sociais.

Todavia, a Constituição ainda vigente, eufemisticamente dita de democracia protegida, consagra muitas das competências e mecanismos indiciadores de presidente

---

Editorial Universitaria, 2020; SOMMA, Nicolás. Chilean democracy, past and present. *Latin American Research Review*, v. 57, n. 2, p. 490-503, 2022; GARGARELLA, ref. 153, p. 270 *et seq.*

[489] E, possivelmente, continuará a presidir durante bastante tempo. A questão da reforma constitucional permaneceu na agenda depois de 2005, sendo múltiplos os aspetos de revisão que os vários setores do meio político e social chileno suscitaram: cfr., por exemplo, DÍAZ DE VALDÉS J., José Manuel. La reforma constitucional del año 2005: contexto, impacto y tópicos pendientes. *Revista Actualidad Jurídica*, n. 20, p. 35-69, jul. 2009. p. 50. Em 2021, na sequência de compromisso eleitoral do atual Presidente, Gabriel Boric, de esquerda, foi eleita uma Convenção Constitucional com vista a preparar o projeto de uma nova Constituição que "atenuasse" o sistema presidencial e introduzisse uma dimensão social, ausente da Constituição de 1980. O projeto preparado pela Convenção, considerado muito à esquerda, foi rejeitado em referendo, por cerca de 62% dos votantes, em setembro de 2022. Logo após, um novo projeto de Constituição foi preparado por outra Convenção. Desta feita, o sentido mais vincado situava-se à direita. De novo, o referendo, realizado em 17 de dezembro de 2023, produziu um resultado negativo, com 56% dos votantes a pronunciar-se desfavoravelmente. É curioso um dado quantitativo: em menos de 200 referendos sobre um texto constitucional, ocorridos desde 1789 ao nível global, poucos resultaram numa rejeição, tendo sido os chilenos responsáveis pelo "não" pela 12.ª e 13.ª vez, no prazo de menos de dois anos [v. alguns dados quantitativos sobre referendos constitucionais em: ELKINS, Zachary; HUDSON, Alex. The constitutional referendum in historical perspective. *In*: LANDAU, David; LERNER, Hanna (ed.). *Comparative constitution making*. Cheltenham: Edward Elgar Publishing, 2019. p. 142-164.

[490] A própria composição do Senado refletia resquícios da época da ditadura militar, uma vez que dos 48 membros apenas 38 eram eleitos por voto popular, sendo os restantes nomeados (em alguns casos, com intervenção militar) ou inerentes.

reforçado acima elencados[491]. A importante reforma constitucional de 2005, promulgada por Ricardo Lagos, negociada entre as duas coligações que governaram o Chile até recentemente, *Concertación* e *Alianza*[492], constituiu, para alguns, a última peça da transição democrática[493]. Porém, não beliscou significativamente os poderes do presidente[494], assinalando-se que este continuou a ser *"cabeza del Ejecutivo y además el "gran legislador"*[495]. Nem mesmo a compreensível vontade de muitos se afastarem de um perfil presidencial que pudesse assemelhar-se à imagem do ditador levou a uma redução significativa e insofismável dos poderes presidenciais na Constituição.

Assim, o presidente dispõe de poderes consideráveis: emissão de decretos delegados com força de lei; iniciativa legislativa exclusiva em amplos domínios; poder de convocação de plebiscitos; poder de veto só superável por dois terços das duas Câmaras do Congresso; expressivos poderes no contexto da vinculação internacional. Poderá hesitar-se sobre a exata classificação do sistema presidencial chileno sob o prisma estritamente constitucional. Muitos autores reputam-no como *hiperpresidencial*. Sem embargo, após 2005, o *"Presidente muy robustecido"* da Constituição chilena terá passado a ser um presidente mais controlado, por o Congresso, por exemplo, poder interpelar ministros ou intervir mais fortemente na declaração

---

[491] Tenha-se em conta, todavia, que parte daquilo que leva a caracterizar o sistema presidencial chileno como sistema de presidente *reforçado*, a iniciativa exclusiva presidencial e a proteção das ideias matrizes de um projeto de lei, resultaram da reforma constitucional de 1970 e não da Constituição de 1980: v. FERMANDOIS VÖHRINGER, Arturo; GARCÍA, José Francisco. Origen del presidencialismo chileno: reforma constitucional de 1970, ideas matrices e iniciativa legislativa exclusiva presidencial. *Revista Chilena de Derecho*, v. 36, n. 2, p. 281-311, 2009. p. 282.

[492] Sobre tais coligações, v. *infra*, capítulo VII, subcapítulo I, 4.

[493] Lei 20.050: foi extinta a figura do senador vitalício; foram diminuídos os poderes diretos ou indiretos das estruturas militares (fixando a competência do presidente para destituir e nomear o comandante-em-chefe das Forças Armadas, diminuindo as competências do Cosena e impondo a sua subordinação direta ao presidente da República); reformou-se e fortaleceu-se o Tribunal Constitucional, que viu a sua jurisdição e independência aumentadas; foi suprimida a menção ao sistema eleitoral binominal (embora sem substituição imediata por outro sistema, designadamente o proporcional, como pretendia a *Concertación*, ficando isso para a lei; apenas em 2015, com a Lei n° 20.840, se substituiu o sistema eleitoral binominal por um proporcional); diminui-se a duração do mandato presidencial para 4 anos. Cfr. NOGUEIRA ALCALÁ, Humberto (coord.). *La Constitución reformada de 2005*. Santiago do Chile: Librotecnia, 2005; PFEFFER URQUIAGA, Emilio. *Reformas constitucionales 2005*. Santiago do Chile: Editorial Jurídica de Chile, 2005; DÍAZ DE VALDÉS, ref. 490.

[494] As opiniões sobre o que efetivamente ocorreu no tocante à posição do presidente no sistema e à eventual evolução deste, são muito discrepantes. Como nota DÍAZ DE VALDÉS, ref. 490, p. 36, tanto se escreveu que a figura presidencial se viu diminuída, com reforço do Congresso e degradação daquela, como que tanto foi reforçado o presidente quanto o Congresso, obtendo-se maior equilíbrio entre os dois, como até se vaticinou um futuro sistema semipresidencial ou, ao contrário, se assinalou a acentuação *"del neopresidencialismo autoritario"*, devido à transferência de poder das Forças Armadas para o Presidente.

[495] DÍAZ DE VALDÉS, ref. 490, p. 59: o labor parlamentar é reduzido a uma quase insignificância. O autor critica, em particular, o controlo "absoluto" da agenda parlamentar, através do uso do processo de urgência e a excessiva amplitude do poder exclusivo de iniciativa legislativa.

do estado de exceção[496]. Por outro lado, os regulamentos e decretos do presidente estão sujeitos a assinatura do ministro de Estado respetivo (artigo 35.º, primeiro parágrafo) e certos outros atos (como a realização, em situações excecionais, de despesas não autorizadas por lei), estão sujeitos a assinatura de todos os ministros (artigo 32.º, n.º 20). Esta exigência pode parecer meramente simbólica, em certos contextos (que não quando os ministros são nomeados numa lógica de quotas multipartidárias), mas não deixa de ser um constrangimento. Por isso, optamos pela qualificação de presidente reforçado, não obstante reconhecermos que a hesitação demonstra a fluidez de fronteiras entre as categorias propostas.

Não obstante, a impossibilidade de adotar uma nova Constituição ou até alterações radicais à Constituição de 1980, levou a que se processasse a morigeração prática da função presidencial. Fator essencial para isso foi a formação de gabinetes estáveis, baseados na disciplina e na gestão política equilibrada das coligações estruturadas criadas depois de 1988[497]. Embora com variações de Presidente para Presidente (sendo, por exemplo, salientes o estilo mais assertivo e unilateral de Eduardo Frei[498] ou menos respeitador do predomínio partidário na composição do gabinete, de Sebastián Piñera I), os equilíbrios foram mantidos através de um princípio geral de partilha e distribuição de poder dentro dos pilares das coligações. O presidente, por norma, goza de ampla liberdade de definir a composição do gabinete, mas é respeitada, em geral, a ideia de proporcionalidade na distribuição das pastas ministeriais e de subsecretário entre os parceiros da coligação, sem monopolização por nenhum partido (designadamente daquele de que provém o presidente, invariavelmente minoritário no Parlamento) e com recurso frequente a figuras oriundas dos setores da tecnocracia.

A literatura sublinha o caráter excecional do caso chileno, em vários domínios: os presidentes chilenos, pelo menos até 2013, não exerceram verdadeiramente o papel de *formateurs* das coligações de governo, uma vez que estas persistiram durante décadas, como coligações pré-eleitorais altamente estruturadas com fortes conotação e vínculo programáticos, *grosso modo,* mantendo a mesma composição. As coligações de governo replicavam a coligação pré-eleitoral vencedora da eleição presidencial, com composição *gamsoniana* do governo, repartindo-se as posições de ministro e subsecretário de cada ministério por partidos diferentes e sustentando aquelas ordeiramente as posições presidenciais que, por seu turno, seguiam a linha programática da coligação[499]. Mesmo depois do declínio das coligações clássicas, depois de se começarem a sentir os efeitos das alterações do sistema eleitoral, o sistema chileno não perdeu a maioria das suas caraterísticas,

---

496 DÍAZ DE VALDÉS, ref. 490, p. 39.

497 Cfr. *infra*, Capítulo VII, subcapítulo I.

498 Presidente entre 1994 e 2000. A sua presidência foi a demonstração de que mesmo num contexto de concertação é possível haver ameaças de rutura devido à ação presidencial. Um dos aspetos que criou celeuma foi a instituição de um *petit comité* formado por colaboradores próximos dentro do governo. Além disso, demitiu unilateralmente ministros de partidos diferentes do seu, ostracizou ou secundarizou outros.

499 Sublinhando a natureza excecional do caso chileno, CHAISTY; CHEESEMAN; POWER, ref. 92, p. 140, *passim*; NOHLEN; GARRIDO, ref. 16, p. 170.

que se mantém, em certa medida, excecionais, embora com maior proximidade da situação atualmente mais vulgar, particularmente na América Latina.

Recentemente, a morigeração prática do poder presidencial multiplicou os sinais. Em 2019, um surto de agitação social pôs a nu a fragilidade de alguns equilíbrios e problemas sociais não resolvidos, decorrentes da desigualdade, da insatisfação com algumas sequelas de políticas ultraliberais, do estatuto dos povos indígenas, de discrepâncias regionais, etc. Isto teve um enorme impacto no segundo mandato de Sebastián Piñera (2018-2022), que foi o alvo principal dos protestos populares e objeto de alegações de má conduta que reduziram o seu espaço de manobra e forçaram uma *parlamentarização* do sistema. Até 2021, o sistema chileno havia estado imune à tentação do uso do *impeachment* como instrumento de censura política, que se manifesta numa lista crescente de países da América Latina. Desde então, juntou o seu nome a essa lista[500].

Desde março de 2022, ocupa a presidência Gabriel Boric. Em 2011-2012, enquanto estudante de Direito, desempenhou funções de Presidente da Federação de Estudantes da Universidade do Chile. Menos de dez anos depois, foi eleito Presidente, derrotando na segunda volta o ultradireitista José Antonio Kast, que havia ficado em primeiro lugar na primeira volta. Mais jovem Presidente de sempre no Chile, considerado o Presidente mais à esquerda desde Allende, a ascensão de Boric é uma manifestação clara da volatilidade que está no título deste livro, mas também da vontade de procurar novos protagonistas, *outsiders*, que rompam com os modelos clássicos, empurrados pelas redes sociais e pelas novas tecnologias de comunicação. Foi visto como a guarda avançada de uma nova geração a quem é pedido que enfrente os problemas que os políticos que asseguraram a redemocratização não conseguiram (ou não quiseram) resolver e que imponha um novo estilo menos tecnoburocrático e mais próximo das populações. À medida que o mandato de Boric se aproxima do fim, os índices de aprovação estão muito longe da votação que obteve em 2022. Se pudesse recandidatar-se já no próximo ciclo, teria eventualmente dificuldade. Trata-se de mais um indicador da propensão dos eleitorados para se apartarem dos governos e da volatilidade política.

Porém, os novos dados da política que alavancaram a sua eleição são os mesmos que obstam a uma maioria clara de um Partido ou coligação coesa no Parlamento e muito menos a sua continuidade[501]. A figura presidencial, sustentada na forte

---

[500] A cinco dias das eleições gerais de 2021, após ter sido aprovado pela Câmara dos Deputados, com 78 votos (em 155), o Senado rejeitou o *impeachment* de Sebastián Piñera, não sendo atingidos os 29 votos necessários (em 43 membros em exercício), de acordo com o artigo 53.º, n.º 1, § 3, da Constituição, para lhe cassar o mandato. Estavam nominalmente em causa supostas irregularidades na venda de um projeto de mineração nas Ilhas Virgens Britânicas. Todavia, como sucede na maioria dos casos de *impeachment*, a contestação popular ao Presidente (que tinha níveis de aprovação na ordem dos 5%) e as suas dificuldades políticas em relação à maioria dos membros do Parlamento, foram seguramente as reais molas propulsoras.

[501] O Presidente tem o apoio não de uma, mas de duas coligações: a *Apruebo Dignidad*, que integra a *Frente Amplio*, com apenas 37 dos 155 deputados e cinco senadores; parte do *Nuevo Pacto Social* (ex-*Nueva Mayoria*), correspondente ao Socialismo Democrático, uma vez que os democratas cristãos não quiseram integrar a coligação pós-eleitoral de suporte governativo. A este governo de dois blocos ou coligações agregam-se os comunistas. Mas mesmo assim, Boric não chega sequer perto de uma maioria.

legitimidade conquistada nas urnas (quase 56% dos votos), é inevitavelmente a principal instância com possibilidades de agregação, face a um sistema partidário quase ingerível. Todavia, o passado político recente tem perseguido Boric. Nos primeiros dois anos de governo, o Presidente enfrentou a sistemática obstrução dos partidos da direita, que "devolvem" o estilo de oposição que os partidos da sua coligação minoritária (como *Frente Amplio*) tinham movido a Piñera. Os poderes reforçados que a Constituição lhe atribui não são suficientes para superar integralmente essa nova situação num país habituado a ser governado na base de uma coligação coesa (o que ficou patente com o insucesso do compromisso de promover a aprovação de uma nova Constituição). A necessidade de negociação e estruturação de coligações alargadas, num contexto — novo — de sistema partidário fragmentado, que outros países da região conhecem há algum tempo, passou a ser um elemento, eventualmente estrutural, do sistema de governo chileno.

Do ponto de vista constitucional, o sistema é de presidente reforçado. Porém, olhando para a prática institucional, bascula entre o sistema presidencial equilibrado e presidente débil. Mas agora isso se deve à imposição da relação entre Presidente e Parlamento, decorrente da situação de governo dividido, e não por opção deliberada de uma coligação estável e rotinada, baseada na partilha de poder entre os seus membros, como ocorreu a seguir da redemocratização.

4.   PRESIDENTE DÉBIL

Nesta secção aludimos aos sistemas presidenciais em que o presidente se encontra, do ponto de vista constitucional, numa posição *qualitativamente* enfraquecida, comparativamente com o modelo de referência. É uma modalidade que requer uma conjugação de mecanismos constitucionais, na medida em que não há um que especificamente seja suficiente para produzir esse efeito. Entre eles:

(i)   em primeira linha, mecanismos que se prendam com a relação do presidente com o parlamento;

(ii)   estabelecimento de mecanismos de autorização de nomeações presidenciais especialmente rigorosos (mais que os que se desenrolam no Senado dos EUA ou equivalentes);

(iii) estabelecimento de durações curtas para os mandatos presidenciais — quatro, cinco anos;

(iv)   proibição de reeleição no período do mandato seguinte ou proibição de reeleição em qualquer momento (particularmente, se o mesmo não estiver estabelecido para os membros do parlamento);

(v)   fixação da organização do gabinete e/ou do número e competências dos ministros por ato parlamentar;

(vi)   mecanismos respeitantes a outras componentes da estrutura do executivo (por exemplo, se este é complexo ou se, sendo simples, o presidente vê a sua ação de alguma forma condicionada pela ação obrigatória de colaboradores);

(vii) especial ativismo do poder judicial no controlo da constitucionalidade;

(viii) estatuto reforçado do poder militar;

(ix) modo como alguns institutos constitucionais, como o *impeachment*, são regulados, interpretados e aplicados.

Na relação com o parlamento, tal como mediada por mecanismos jurídicos, a debilidade pode ocorrer com maior premência quando o poder de intervenção no exercício do poder legislativo sofre constrangimentos superiores aos do modelo de referência (já de si elevados). Isso pode resultar da conjugação de várias dimensões do regime constitucional que, cada uma por si, não serão decisivas, mas que em acumulação se traduzem na debilitação do estatuto presidencial. Uma é a eventualidade de o veto presidencial de legislação adotada pelo parlamento ser menos potente do que o modelo de referência. Trata-se, portanto, do sinal inverso ao registado no tipo reforçado. Pode ocorrer que: (i) não esteja consagrado o veto (situação rara e que, quando ocorre, como na Indonésia, é compensada por outros mecanismos); e/ou (ii) só possa incidir sobre áreas delimitadas; e/ou (iii) esteja impedido o veto de bolso; e/ou (iv) a superação do veto possa ser efetuada por maiorias menos exigentes que dois terços dos votantes (por exemplo, três quintos dos votantes, maioria absoluta dos membros, maioria absoluta dos presentes, maioria simples dos membros, etc.). Ainda no plano legislativo — ou, mais rigorosamente, do processo legislativo —, enfraquece a posição presidencial a estruturação do processo legislativo que facilite emendas a iniciativas legislativas presidenciais, designadamente aquelas em que o presidente tenha competência exclusiva, como as iniciativas de leis fiscais e orçamentais.

O estabelecimento de mecanismos de condicionamento parlamentar a nomeações presidenciais, particularmente dos ministros de Estado ou secretários que compõem um gabinete ou que assistem individualmente o presidente, pode estar rodeado de maior ou menor lastro institucional e formalismo. Num extremo, situam-se situações em que a equipa ministerial definida pelo presidente está obrigada a apresentar-se coletivamente no parlamento e a obter um voto positivo de aceitação. No extremo oposto situa-se o caso em que cada ministro ou secretário se apresenta individualmente a um comité ou comissão parlamentar e a confirmação da respetiva nomeação depende simplesmente da ausência de um voto expresso de não confirmação/conformidade. A tendência geral que se induz da prática institucional dos sistemas, mesmo daqueles enquadrados por um regime constitucional mais apertado, é a deferência parlamentar e inexistência de dificuldades sérias para o presidente obter a validação das nomeações das pessoas que escolhe para o acompanharem no exercício do poder executivo (embora aqui e ali haja notícia de constrangimentos relevantes, normalmente associados a pessoas concretas e não por sistema). É expectável que quanto mais exigente for o procedimento parlamentar mais o presidente tem de moldar as suas escolhas ao que antecipe ser o grau de resistência que estas enfrentarão, podendo ser forçado a cedência e a *trade-off*.

A duração curta e a impossibilidade de renovação dos mandatos colocam o presidente, por norma, em situação de desvantagem em relação aos membros do parlamento, que terão perspetivas de permanências nos cargos mais longas (a não ser nos casos excecionais em que os segundos estejam sujeitos às mesmas limitações, como ocorre na Costa Rica e ocorreu no México até 2014-2018). Isso explica, em parte, por que nas últimas décadas, particularmente onde até há pouco a proibição de reeleição era a regra

— América Latina — se vem assistindo a um movimento nos sistemas de presidentes governantes no sentido de rever as constituições de modo a permitir pelo menos uma recandidatura e uma reeleição (Argentina, Bolívia, Brasil, Colômbia transitoriamente, Equador, Nicarágua, Peru, República Dominicana, Venezuela) [502]. Na região, isso parece traduzir-se numa vantagem para o incumbente recandidato[503].

A fixação por ato parlamentar de aspetos da composição do elenco de ministros — número, denominações, hierarquia, como na Constituição colombiana — e até a delimitação das delegações de poderes que o presidente pode efetuar, pode ser um espartilho relevante para a ação deste. Mas é mais formal do que material e pode ser facilmente contornado por arranjos internos do presidente com os ministros que escolhe.

Pode traduzir-se em enfraquecimento da posição presidencial (embora possa não conduzir a uma situação de presidente débil, na aceção deste número) a circunstância de o executivo ter estrutura complexa, existindo outro órgão a par do presidente; ou se alguns dos atos presidenciais — normalmente os praticados na condição de chefe do executivo, sendo livres os praticados como chefe de Estado — estiverem condicionados por um comportamento necessário do gabinete ou de membros do gabinete (proposta; audição; referenda/assinatura dos ministros, como na Colômbia, no Chile[504] ou no Benim[505]; decisão em reunião geral de ministros, que devem aprovar juntamente com o chefe do gabinete de ministros, como sucede com os decretos de necessidade e urgência na Argentina[506]; exercício de algumas competências conjuntamente pelo presidente e

---

[502] Normalmente as revisões são ativamente promovidas pelos incumbentes, no interesse próprio e não para benefício alheio. Na Argentina, Menem promoveu a alteração constitucional em 1994, no curso do primeiro mandato, de seis anos, conseguindo a reeleição para novo mandato (agora de 4 anos) depois disso, em 1995; no Brasil, Fernando Henrique Cardoso patrocinou a supermaioria que votou a alteração constitucional que permitiu a sua reeleição em 1998 (v. caso do Brasil, *infra*); no Peru, vigora o mandato único de cinco anos, renovável após um interregno, mas Fujimori chegou a obter, em 2000, um terceiro mandato, não permitido pela Constituição, ao abrigo de uma interpretação duvidosa, rejeitada pelo Tribunal Constitucional antes de os juízes serem substituídos (v. caso do Peru, *infra*); na Colômbia, Uribe obteve uma alteração constitucional que lhe permitiu a reeleição em 2006. A partir de 2008 advogou uma nova emenda constitucional, para possibilitar um terceiro mandato, tendo sido agendado um plebiscito para o efeito, mas esbarrou com a oposição do Tribunal Constitucional, que o Presidente acatou (v. caso da Colômbia, *infra*). Saliente-se que a Constituição colombiana distingue entre referendo e plebiscito.

[503] Como se pode retirar da circunstância de conseguirem a reeleição numa taxa superior ao que sucede noutras latitudes: THIÉBAULT, ref. 315, p. 34; SIAROFF, ref. 90, p. 132.

[504] Artigos 32.º, 20.º e 35.º, da Constituição de 1980. V. CHILE [Constituição (1980)]. *Constitución Política de la República de Chile de 1980*. Santiago: Ministerio Secretaría General de la Presidencia, 1980. Disponível em: https://siteal.iiep.unesco.org/pt/bdnp/181/constitucion-politica--republica-chile. Acesso em: 9 jan. 2025.

[505] Artigo 54.º da Constituição de 1990. V. BENIM [Constituição (1990)]. *Constitution de la Republique du Bénin de 1990*. Porto-Novo: Le Haut Conseil de la Republique, 1990. Disponível em: https://cdn.accf-francophonie.org/2019/03/benin-constitution-1990.pdf. Acesso em: 9 jan. 2025.

[506] Artigo 99.º, n.º3, da Constituição de 1853. V. ARGENTINA [Constituição (1853)]. *Constitución de la Confederación Argentina de 1853*. Buenos Aires: Biblioteca del Congreso de la Nación, 1853. Disponível em: https://bcn.gob.ar/uploads/constituciondelaconfederacionargentina1853.pdf. Acesso em: 9 jan. 2025.

por um ministro, como na Costa Rica[507] e no Uruguai[508]). Trata-se, todavia, de um enfraquecimento que começa por operar no plano interno do executivo e só indiretamente na relação entre o presidente e parlamento e que muitas vezes é nominal.

Em ordenamentos constitucionais que confiram uma robusta posição de controlo da constitucionalidade a instituições judiciais (tribunais constitucionais, supremos tribunais), seja de atos normativos, seja de atos com implicações políticas, o protagonismo judicial pode ser um fator de enfraquecimento da posição presidencial. O tema será ilustrado com recurso ao caso brasileiro.

Sobretudo em sistemas em transição, as hierarquias militares podem impor autonomia de decisão perante o Poder civil, mesmo quando o chefe de Estado está investido do estatuto de comandante das Forças Armadas. Essa pretensão de um Estado dentro do Estado pode, facilmente, deslizar para a de tutela militar do Poder civil democrático, incluindo o presidencial.

Sobre o modo como alguns institutos constitucionais, como o *impeachment*, são regulados, interpretados e aplicados, falaremos adiante, em subcapítulo autónomo.

No elenco de fatores potencialmente debilitadores não constam a eleição indireta do presidente ou em que haja alguma forma de mediação do voto popular nem a eleição direta, mas por maioria relativa[509]. Na verdade, a consideração desses aspetos requer alguma matização.

A eleição indireta, quando realizada por um colégio eleitoral composto por pessoas escolhidas por sufrágio universal específica e unicamente para essa eleição, como nos EUA, afeta muito residualmente a posição ou legitimidade presidencial. Já a eleição indireta por um órgão que exerce a título principal outras funções, seja em primeira instância (como no Suriname) ou em segunda instância (como no Brasil, na Constituição de 1891[510], no Chile, na Constituição de 1925[511] ou na Bolívia, até 2009), põe a legitimidade democrática do presidente num plano inferior à dos membros do parlamento. Mas, atendendo aos casos mais paradigmáticos, não parece que se possa afirmar que se repercute necessariamente na relação de poder entre os dois órgãos.

---

[507] Artigo 140.º da Constituição de 1949. V. COSTA RICA [Constituição (1949)]. *Constitución Política de la República de Costa Rica de 1949*. San José: Tribunal Supremo de Elecciones, 1949. Disponível em: https://www.tse.go.cr/pdf/normativa/constitucion.pdf. Acesso em: 9 jan. 2025.

[508] Artigo 168.º, n.º 25, da Constituição de 1967. V. URUGUAY [Constituição (1967)]. *Constitución de la República Oriental del Uruguay de 1967*. Montevidéu: Asamblea General Constituyente y Legislativa del Estado, 1967. Disponível em: https://www2.camara.leg.br/atividade-legislativa/comissoes/comissoes-mistas/cpcms/publicacoeseeventos/livros.html/uruguai.html. Acesso em: 9 jan. 2025.

[509] Embora isso não seja forçoso, como ficou patente anteriormente.

[510] Artigo 47.º, § 2.º. V. BRASIL [Constituição (1891)]. *Constituição da República dos Estados Unidos do Brazil*. 1891. Rio de Janeiro: Diário do Congresso Nacional. Disponível em: https://www2.camara.leg.br/legin/fed/consti/1824-1899/constituicao-35081-24-fevereiro-1891-532699-publicacaooriginal-15017-pl.html. Acesso em: 9 jan. 2025.

[511] Artigo 64.º. V. CHILE [Constituição (1925)]. *Constitución Política de la República de Chile de 1925*. Santiago: Ministerio del Interior, 1925. Disponível em: https://www.camara.cl/camara/doc/archivo_historico/c_1925.pdf. Acesso em: 9 jan. 2025.

Expôs-se anteriormente que a aplicação de sistemas eleitorais que apenas exigem maioria simples para uma eleição não tem forçosamente o efeito de debilitação do estatuto constitucional e político do presidente, particularmente quando este obtém maioria absoluta ou fica perto; mas também quando é eleito por maioria relativa modesta. Registando-se debilidade, ela decorrerá provavelmente de fatores adicionais — que, aliás, podem fragilizar a posição presidencial, qualquer que seja o sistema eleitoral — como a configuração do sistema de partidos ou acontecimentos da política corrente.

Esta é uma modalidade de sistema presidencial que se pode dizer menos adotada do que as duas anteriores. Exemplificamos de seguida com quatro casos, dois dos quais já não vigentes: Bolívia (Constituição de 1967), Colômbia (Constituição de 1991), Costa Rica (Constituição de 1949) e Venezuela (Constituição de 1961).

À semelhança do que observou a propósito de sistemas de equilíbrio e de presidente reforçado, também a compreensão constitucional dos casos tratados de seguida beneficia com o conhecimento do modo como as constituições têm sido interpretadas e aplicadas, adaptando-se à realidade constitucional. A propósito da Costa Rica, por exemplo, tendo em conta alguns fatores — designadamente o executivo composto e a previsão da responsabilização política do presidente e dos membros do governo — pode questionar-se se não deve ser incluído nos sistemas híbridos. Mantendo-se o seu alistamento nos sistemas presidenciais, coloca-se a dúvida sobre se cabe nos sistemas de equilíbrio ou débeis. O modo como a prática institucional se tem desenrolado concorre para incluir o caso no elenco dos sistemas de presidente débil.

O caso da Bolívia

A Constituição de 1967 do Estado Plurinacional da Bolívia teve uma aplicação oscilante, presidindo inicialmente a uma sucessão de governos militares e civis. Em 1982 processou-se a transição democrática, tendo a Constituição sofrido alterações significativas em 1994.

O presidente exercia o poder executivo conjuntamente com os ministros de Estado (artigo 85.º) e desempenhava, por inerência, o cargo de capitão-general das Forças Armadas. Era eleito por cinco anos, sendo o mandato improrrogável e apenas podendo haver recandidatura passados cinco anos do fim do mandato anterior (artigo 87.º). Não podia ausentar-se do país sem autorização do Congresso (artigo 95.º). Dispunha de iniciativa legislativa, desde que o projeto fosse defendido pelo ministro competente em razão da matéria (artigo 71.º, n.º 1), de iniciativa exclusiva quanto aos instrumentos orçamentais (artigo 96.º, n.º 7) e estava sujeito ao dever de prestação de informações ao Congresso bicameral (artigo 96.º, n.º 11). Todos os seus decretos e decisões tinham de ser referendadas pelo ministro correspondente, sob pena de invalidade (artigo 102.º). Algumas das suas decisões só podiam ser tomadas com o assentimento do Conselho de Ministros, como é o caso da declaração do estado de sítio, carecendo também de autorização ou ratificação parlamentar (artigo 111.º, n.º 1 e 2). Dispunha de direito de veto, superável por dois terços dos membros presentes do Congresso (artigo 77.º, n.º1 e 2).

O número e atribuições dos ministros eram fixadas por lei (artigo 99.º). Eram livremente nomeados e removidos por decreto presidencial (artigo 99.º).

Os ministros respondiam com o presidente pelos seus atos de administração e solidariamente no âmbito do Conselho de Gabinete. As câmaras do Congresso podiam pedir informações, interpelar os ministros e proceder a investigações parlamentares (artigo 70.º, n.º 1 e 2). Podiam votar a censura dos seus atos por maioria absoluta dos presentes (artigo 70.º, n.º 2.º). A censura podia suscitar a demissão do ministro, mas apenas se isso fosse aceite pelo Presidente.

O Tribunal Constitucional estava munido de um conjunto significativo de competências (artigos 120.º e 121.º).

Decisiva para a debilitação da posição presidencial era a forma da eleição do presidente. Se nenhum candidato obtivesse a maioria absoluta na eleição por sufrágio direto, o presidente era eleito pelo Congresso de entre os três (ou dois, a partir de certo momento) candidatos mais votados.

Desde a transição democrática, até à desestruturação do sistema tradicional de partidos (início do século XXI), nenhum candidato presidencial obteve votação popular suficiente para a maioria absoluta. Assim sucedeu em 1985, 1989, 1993, 1997 e 2002. Na medida em que não havia incentivos para alianças pré-eleitorais (as eleições presidenciais realizam-se junto com as legislativas, pelo que só nesse momento os partidos podiam apurar o futuro peso negocial na eleição presidencial no parlamento), a eleição do presidente resultava de negociações pós-eleitorais entre os principais partidos ou blocos do Congresso, na base dos pesos eleitorais gerados pela aplicação do princípio da representação proporcional. Não havia vinculação à ordenação dos candidatos saída da votação popular, o que levou frequentemente à eleição de segundos e terceiros mais votados pelos eleitores, de acordo com entendimentos de ocasião entre os blocos que até 2002 alternaram no poder, um em torno do Movimento de Esquerda Revolucionária (MIR) e da Ação Democrática Nacionalista (ADN, ligado ao ex-Ditador Hugo Banzer), outro em torno do Movimento Nacionalista Revolucionário (MNR). Falava-se de democracia pactuada[512]. O sistema oscilou entre períodos de sistema presidencial de presidente débil e de sistema presidencial de assembleia (sendo, por isso, também mencionado no local dedicado a esse tema)[513].

À imagem de arranjo constitucional que consentia ou fomentava partilhas de poder pouco transparentes entre elites e partidos, de forma alheia à expressão direta da vontade popular, juntou-se a dúvida sobre a capacidade de encontrar solução para os graves conflitos sociais, regionais e étnicos e de garantir a estabilidade. O colapso abriu caminho a Evo Morales, eleito em dezembro de 2005 — o quinto presidente desde o início da década —, segundo o sistema vigente, obtendo uma rara maioria absoluta.

---

[512] COELHO, ref. 319, p. 138.

[513] Apontando para o caráter híbrido do sistema boliviano, v. GAMARRA, Eduardo. Hybrid presidentialism and democratization: the case of Bolivia. *In:* MAINWARING, Scott; SHUGART, Matthew (ed.). *Presidentialism and democracy in Latin America.* New York: Cambridge University Press, 1997. p. 363-393.

Caso da Colômbia

A Constituição colombiana de 1991 constitui um caso de Constituição de presidente débil, mas que já serviu de pano de fundo normativo de prática institucional de sistema presidencial de presidente dominante. Adiante, ilustraremos isso com referências aos mandatos presidenciais de Álvaro Uribe (2002-2010).

Conforme a Constituição, o presidente, chefe de Estado, chefe do Governo e autoridade administrativa suprema (artigo 115.º), bem como comandante-chefe das Forças Armadas (artigo 169.º), é eleito por quatro anos, através do sistema maioritário, a duas voltas, para um único mandato. O Presidente Uribe promoveu uma revisão constitucional (2004) que permitia a reeleição por uma vez. Porém, com fundamento no equilíbrio de poderes, a Constituição foi de novo alterada em 2015 por forma a proibir a eleição como presidente da República de cidadão que a qualquer título haja exercido a presidência (abrindo-se uma exceção para o vice-presidente, em certas circunstâncias). Por isso, atualmente, quem for eleito uma vez não pode sê-lo mais no futuro (artigo 197.º).

Existe um vice-presidente, também eleito por voto popular e da mesma maneira, no mesmo dia (artigo 202.º).

O presidente integra o governo nacional, junto com os ministros do gabinete (e os diretores dos departamentos administrativos), que agem sob a sua direção (artigo 208.º) e são por ele livremente nomeados e demitidos (artigo 189.º). Todavia, o número, designação e ordem de precedência dos ministros são definidos por lei (artigo 206.º). Os ministros atuam como porta-vozes do governo junto do Congresso, apresentam propostas em nome do governo e participam nos debates.

Todos os atos do presidente, exceto os de nomeação ou demissão de ministros, têm de ser assinados por ministro ou diretor administrativo competentes em razão da matéria, que se tornam responsáveis por eles (artigo 115.º).

O Congresso é bicameral, composto pelo Senado e pela Câmara dos Representantes (artigo 114.º), cujos membros são eleitos por quatro anos (artigo 132.º).

Cada uma das Câmaras pode convocar ministros (artigo 135.º) e pode votar moções de censura contra eles, caso não compareçam ou por motivos relacionados com as suas funções. A aprovação de uma moção de censura por metade e mais um dos membros da câmara em que for apresentada, implica a demissão do visado (artigo 135.º, n.º 9). Anote-se a solução invulgar de cada uma das Câmaras poder adotar moções de censura e, por si só, provocar a demissão de membros do governo, o que pode intensificar os indutores de instabilidade e até conflitos políticos entre as duas Câmaras.

Vejamos alguns traços relevantes quanto aos poderes do executivo, umas vezes imputados abstratamente ao governo, outras ao presidente.

O governo tem poder de iniciativa legislativa (artigo 154.º), em alguns casos exclusiva (orçamento, 200). O presidente pode solicitar urgência para a tramitação de propostas de lei (artigo 163.º). Em contrapartida, não dispõe de possibilidade constitucionalmente prevista de produzir atos legislativos, salvo os decretos legislativos emitidos nas situações de estado de exceção (artigo 213.º). Em período de normalidade constitucional, pode apenas solicitar expressamente ao Congresso faculdades extraordinárias para expedir, num período de tempo limitado (seis meses), normas com força de lei, quando houver vantagem ou necessidade pública (artigo 150.º), exceto em alguns domínios reservados, sendo necessário para tanto maioria absoluta de cada uma das câmaras. O Congresso pode modificar a todo o tempo os decretos-leis presidenciais produzidos ao abrigo dessas autorizações (artigo 150.º). O governo pode devolver às câmaras projetos de lei nestas aprovados, com fundamento em objeções totais ou parciais; se cada uma daquelas, após reconsideração, aprovar o projeto de lei por metade mais um dos seus membros, o presidente é obrigado a sancioná-lo, exceto se as objeções tiverem como fundamento inconstitucionalidade, caso em que há lugar a apreciação pelo Tribunal Constitucional, sendo vinculativa a decisão deste sobre a exequibilidade (artigo 167.º). Se o presidente não sancionar o projeto, devendo fazê-lo, nos termos constitucionais, é substituído no ato da sanção pelo presidente do Congresso (artigo 168.º). É vedado o chamado veto de bolso (artigo 166.º).

Registam-se alguns fatores de possível debilitação da posição presidencial. Designadamente: (i) mandato curto; (ii) não reelegibilidade, imediata ou no futuro; (iii) os atos do presidente têm de ser assinados por outros membros do governo, sob pena de ineficácia; (iv) possibilidade de ministros e outros altos funcionários podem ser objeto de moção de censura com eficácia destitutiva; (v) ausência de poderes legislativos extraordinários atribuídos diretamente pela constituição; (vi) o veto do governo pode ser superado por maioria absoluta das duas câmaras e se o presidente não promulgar, o presidente do Congresso substitui-o na promulgação (artigo 168.º); e (vii) a definição do número de ministros cabe a lei do Congresso e não ao presidente, discricionariamente.

A imagem global que se extrai destas normas constitucionais é a de um Presidente com mandato curto, de quatro anos, o mais curto dos sistemas presidenciais, não renovável (tão drástico, só na Guatemala), que pode não ter tempo nem modo de definir e executar uma agenda legislativa própria, uma vez que não dispõe de poder legislativo próprio, inclusive de exercício provisório, e está provido de uma capacidade de veto limitada, superável por uma maioria absoluta e sem veto de bolso, ao invés do que sabemos ocorrer, por exemplo, nos EUA (embora com importância residual, hoje em dia). Em situações em que o partido ou coligação presidencial não disponha de maioria ou em que o Presidente tenha dificuldade em construir e/ou manter uma coligação governativa pós-eleitoral (como sucede desde 2022, com Gustavo Petro, com remodelações ministeriais e sucessivas alterações dos partidos que se declaram apoiantes do Governo, opositores ou independentes), a possibilidade de definição e de execução de uma agenda política que não prescinda de lei pode ser exígua. Sem embargo, em situações limite o presidente não está totalmente desprovido de instrumentos. Por exemplo, prevê-se a aprovação da proposta orçamental por decreto executivo, caso o Congresso não aprove nem rejeite a proposta governamental (artigo 348.º). Desde a adoção da Constituição, em 1991, o recurso a este instrumento nunca tinha ocorrido. No final de 2024, Gustavo Petro recorreu ao mecanismo para superar o impasse com o parlamento e aprovar o orçamento para 2025. Nos sistemas de presidentes governantes, não é incomum que os presidentes façam das fraquezas suas forças. Tal como na Constituição boliviana de 1967, mesmo o desenho do Ministério está limitado pelos parâmetros definidos pelo parlamento, excluindo-se, assim, um instrumento que tem mostrado utilidade noutros Estados (Brasil, por exemplo) quando se trata de viabilizar coligações pluripartidárias fragmentadas. Em situações em que desfrute de uma maioria de suporte parlamentar isso não constituirá constrangimento de maior; já não assim no caso contrário.

O caso da Venezuela (1961)

A Constituição de 1961 contemplava soluções, em muitos casos semelhantes às bolivianas e colombianas acabadas de analisar, que *juridicamente* debilitavam a posição presidencial, particularmente no plano legislativo, quando o presidente fosse confrontado com uma situação de governo dividido.

O presidente era eleito por maioria relativa.

Quanto ao veto presidencial, em última instância, no desenlace de um processo que poderia comportar vários episódios e fases[514], podia ser anulado por uma maioria simples das Câmaras do Parlamento em reunião conjunta, embora em caso de objeções de constitucionalidade o presidente pudesse solicitar a fiscalização preventiva pelo Supremo Tribunal (artigo 173.º). Havendo recusa indevida de promulgação, esta podia ser efetuada pelo presidente do Congresso.

Existiam ministros e um conselho de ministros, presidido pelo presidente ou por um ministro por ele designado. O número de ministros, a organização dos ministérios, competências e organização do conselho de ministros, eram definidos por lei orgânica do parlamento (artigo 193.º).

Tendo em conta o regime constitucional, falava-se de *sistema presidencial atenuado*, de inclinação parlamentarista ou de sujeição parlamentar[515]. Porém, como assinalaremos adiante, a prática constitucional enquadrada pela Constituição de 1961 não tinha de ser forçosamente de presidente débil ou de sistema de inclinação parlamentarista. Num contexto de sistema partidário com dois partidos sólidos, disciplinados, centristas, quando o partido do presidente dispunha de maioria no Congresso (o que era a regra), a debilidade dos poderes presidenciais não tinha consequências e a tendência normal era para o funcionamento de um sistema presidencial *entre equilibrado e reforçado*[516].

---

[514] Vale a pena recordar o intrincado processamento definido pelo artigo 173.º da Constituição de 1961: "El Presidente de la República promulgará la ley dentro de los diez días siguientes a aquel en que la haya recibido, pero dentro de ese lapso podrá, con acuerdo del Consejo de Ministros, *pedir al Congreso su reconsideración*, mediante exposición razonada, a fin de que modifique algunas de sus disposiciones o levante la sanción a toda la ley o a parte de ella. Las Cámaras en sesión conjunta decidirán acerca de los puntos planteados por el Presidente de la República y podrán dar a las disposiciones objetadas y a las que tengan conexión con ellas una nueva redacción. Cuando la decisión se hubiese adoptado por las *dos terceras partes de los presentes*, el Presidente de la República procederá a la promulgación de la ley dentro de los cinco días siguientes a su recibo, sin poder formular nuevas observaciones. Cuando la decisión se hubiere tomado por *simple mayoría*, el Presidente de la República podrá optar entre promulgar la ley o devolverla al Congreso dentro del mismo plazo de cinco días para una nueva y última reconsideración. La decisión de las Cámaras en sesión conjunta *será definitiva, aun por simple mayoría*, y la promulgación de la ley deberá hacerse dentro de los cinco días siguientes a su recibo" (ênfase aditada). V. VENEZUELA [Constituição (1961)]. *Constitución de la República de Venezuela de 1961*. Caracas: El Congreso de la República de Venezuela. 1961. Disponível em: http://americo.usal.es/oir/legislatina/normasyreglamentos/constituciones/Venezuela1961.pdf. Acesso em: 9 jan. 2025.

[515] Cfr. BREWER CARÍAS, Allan. *Instituciones políticas y constitucionales*. Tomo II. Caracas: Editorial Jurídica Venezolana, 1985. p. 176; NOHLEN; GARRIDO, ref. 16, p. 129.

[516] Cfr. CRISP, Brian. Presidential behavior in a system with strong parties: Venezuela, 1958-1995. *In:* MAINWARING, Scott; SHUGART, Matthew (ed.). *Presidentialism and democracy in Latin America*. Cambridge: Cambridge University Press, 1997. p. 160-198; COPPEDGE, Michael. *Strong parties and lame ducks: presidential partyarchy and factionalism in Venezuela*. Stanford: Stanford University Press, 1994, p. 334 *et seq.*

O caso da Costa Rica

No panorama latino-americano, a história constitucional da Costa Rica é das mais estáveis[517-518]. Contribui para essa estabilidade que a Costa Rica não tenha sido palco de golpes de Estado, nem ditaduras militares, desde meados do século passado, ao invés de quase todos os países da região. Mantém mais de 70 anos de eleições regulares, sem destituição de presidentes (desde logo, por golpe militar, o que seria, aliás, impossível, uma vez que não existem Forças Armadas). A Constituição de mais extensa vigência, de 1871, esteve em vigor, com alguns interregnos, até 1949. A de 1949 tem estado ininterruptamente em vigor desde então, embora tenha sofrido inúmeras alterações pontuais.

Os constituintes de 1949 trabalharam no essencial na base da Constituição de 1871. Mas no tocante ao sistema de governo uma das correntes políticas principais da Assembleia Constituinte — social-democrata — preconizava a instalação de um sistema que os autores classificam, em geral, de semiparlamentar. A maioria da Assembleia não comungava, todavia, dessa intenção, embora aceitasse a necessidade de atribuir maior peso e poder ao órgão legislativo[519], tradicionalmente dependente do poder executivo exercido por um presidente dominante. Isso levou a um compromisso constitucional algo esdrúxulo, nos termos do qual, embora o presidente não perca o papel de centro gravitacional do executivo — e do sistema

---

[517] Sobre a formação da democracia na Costa Rica, v. YASHAR, Deborah (org.). *Demanding democracy: reform and reaction in Costa Rica and Guatemala, 1870's–1950's*. Stanford: Stanford University Press, 1997.

[518] V. LEHOUCQ, Fabrice Edouard. Costa Rica: paradise in doubt. *Journal of Democracy*, v. 16, n. 3, p. 140-154, 2005; CUITIÑO BURONE, Carlos. Sistema de partidos en Costa Rica en el periodo 1986-2018: del bipartidismo al multipartidismo. *Revista de Derecho Electoral*, n. 32, p. 117-133, 2021; ALFARO, Ronald; ALPÍZAR, Felipe. (ed.). *Elecciones 2018 en Costa Rica: retrato de una democracia amenazada*. San José: CONARE-PEN, 2020; CASCANTE MATAMOROS, María José. Los cambios en el sistema de partidos costarricense: viejos y nuevos actores en la competencia electoral. *In:* FREIDENBERG, Flavia. (ed.). *Los sistemas de partidos en América Latina 1978-2015. México, América Central y República Dominicana (tomo 1)*. México: UNAM, 2015. p. 79-110; PIGNATARO, Adrián. Lealtad y castigo: comportamiento electoral en Costa Rica. *Revista Uruguaya de Ciencia Política*, v. 26, n. 2, p. 7-25, 2017; SÁNCHEZ, Ilka. Costa Rica: nuevos actores y transformación del paisaje político. *In:* ALCÁNTARA, Manuel. *et al.* (ed.). *Elecciones y partidos en América Latina en el cambio de ciclo*. Madrid: Centro de Investigaciones Sociológicas, 2018. p. 161-176; GÓMEZ-CAMPOS, Steffan; VILLARREAL, Evelyn. Costa Rica: la derrota prematura de un gobierno dividido. *Revista de Ciencia Política*, v. 33, n. 1, p. 117-134, 2013.
A Costa Rica é identificada nos índices, a par do Uruguai, como uma das mais robustas e estáveis democracias da América Latina: cfr. o *Democracy Index 2024* da EIU. Isso não significa que esteja imune a situações de crise social ou a casos graves de corrupção, bem como a casos de querelas constitucionais ao mais alto nível. Por exemplo, o Presidente Rafael Calderón (1990-1994), além de enfrentar forte contestação popular, seria preso alguns anos depois de ter terminado o seu mandato, acusado de corrupção; o Presidente Miguel Ángel Rodriguez (1998-2002), foi também preso após terminar o mandato, acusado de corrupção.

[519] Sobre a posição do parlamento, v. MUÑOZ QUESADA, Hugo Alfonso. *La Asamblea Legislativa en el sistema constitucional costarricense*. San José: PRODEL, 1997.

de governo —, vê o seu poder enfraquecido em relação ao figurino presidencial clássico, designadamente pela hibridização promovida com a introdução de mecanismos inspirados no sistema parlamentar.

O presidente, chefe de Estado e de governo, é eleito por quatro anos, não sendo reelegível enquanto não tiverem transcorrido oito anos de qualquer lapso de tempo em que tenha exercido funções presidenciais (artigo 132º, n.º 1). É eleito simultaneamente com o vice-presidente, na mesma lista, por uma maioria de votos que exceda os 40% dos votos válidos. Se nenhuma das candidaturas alcançar tal percentagem, realiza-se uma segunda volta a que concorrem os dois candidatos mais votados (artigo 138.º).

Entre os poderes próprios, contam-se o de representar a Costa Rica, exercer o poder supremo da força pública e dirigir anualmente uma mensagem ao parlamento onde propõe as medidas de governo (artigo 139.º). Em fórmula incomum em sistemas presidenciais e certamente importada do modelo parlamentar, consagra-se a possibilidade de responsabilidade individual do presidente pelos seus atos no

> *uso que hiciere de aquellas atribuciones que (...) le corresponden en forma exclusiva"* e conjunta com os ministros a *"respecto al ejercicio de las atribuciones* [outorgadas] *a ambos.* (artigos 148.º e 149.º).

Esta possibilidade de responsabilidade conjunta — que também encontramos na Constituição boliviana de 1967, como se viu — prende-se com uma novidade em relação à Constituição de 1871: a existência de um *Consejo de Gobierno* formado pelo presidente da República, que lhe preside, e por ministros (artigo 147.º) por ele nomeados e removidos livremente [artigo 139.º, n.º 1)].

As competências do *Consejo de Gobierno* são mais pormenorizadas e vastamente enunciadas do que é timbre dos sistemas presidenciais. Entre elas: (i) assessorar o presidente na tomada de decisões sobre políticas públicas e outros assuntos de governo; (ii) coordenar e dar seguimento às políticas públicas; (iii) aprovar os projetos de lei que o executivo submete à Assembleia Legislativa; (iv) aprovar os decretos executivos do presidente; (v) aprovar os regulamentos autónomos de organização e funcionamento dos ministérios; (vi) proceder a nomeações de instituições descentralizadas; (vii) autorizar a contratação de empréstimos.

Apesar de terem a sua subsistência como ministros dependente (exclusivamente, como se verá) da livre vontade presidencial[520], consagra-se a obrigação constitucional de o grosso dos poderes do executivo serem exercidos conjuntamente entre o presidente e o respetivo ministro do governo (artigo 140.º). Além da iniciativa legislativa, é também o caso do direito de veto sobre projetos legislativos (exceto o projeto que aprove o *Presupuesto Ordinario de la República*, artigo 125.º, conforme o artigo 140.º, n.º 5).

Por seu turno, a Assembleia Legislativa é composta por 57 membros, que cumprem mandato de quatro anos, não renováveis sucessivamente (artigos 106.º e

---

[520] Uma saída que na Costa Rica, como noutros países, o presidente usa, com o fim de diminuir a pressão social, é a demissão de ministros.

107.º). Ela exerce o poder exclusivo de aprovar leis [artigo 121.º, n.º 1)], e, numa das principais concessões ao figurino parlamentar mais usual, tem o poder de interpelar ministros e de aprovar votos de censura, por dois terços dos membros presentes *"cuando a juicio de la Asamblea fueren culpables de actos inconstitucionales o ilegales, o de errores graves"* [artigo 121.º, n.º 24)].

Exercido o veto, se as razões invocadas não forem de natureza constitucional, a Assembleia Legislativa só possui a alternativa de o superar por dois terços dos seus membros ou introduzir as modificações necessárias para contemplar as observações do executivo. A circunstância de o veto ter de ser exercido em conjunto com o ministro respetivo não é uma real limitação, dada a dependência política dos ministros em relação ao presidente. Por outro lado, não constitui limitação à margem de manobra presidencial a circunstância de terem de ser obrigatoriamente submetidas à Secção (Sala) Constitucional da *Corte Suprema de Justicia*, que decide definitivamente (artigo 128.º), questões de constitucionalidade que eventualmente motivem o veto presidencial, se a Assembleia não aceitar as razões do presidente. Já constitui limite significativo a ausência de veto quanto às leis orçamentais.

Acresce que o presidente — ou, mais latamente, o executivo composto — pode convocar extraordinariamente a Assembleia Legislativa para se debruçar sobre as matérias especificamente definidas no decreto presidencial de convocação (artigo 118.º).

Aplicando os critérios inicialmente avançados para identificar presidentes débeis, pode discutir-se se o sistema da Costa Rica cai efetivamente nessa categoria, ou se a qualificação que melhor o retrata é a de sistema de equilíbrio. Para confirmação da primeira qualificação pesa a previsão constitucional de responsabilidade — necessariamente política — do presidente e dos ministros, por ele nomeados, perante o parlamento. Mesmo não existindo mecanismo para a efetivação de tal responsabilidade — sendo, portanto, inconsequente a eventual responsabilização — e que da aprovação de moções de censura contra membros do poder executivo não decorra nenhum efeito jurídico, tendo valor meramente político[521], não pode deixar de se considerar isso *um fator de debilidade* do presidente e do executivo, do ponto de vista constitucional. A esse acrescem outros, como a curta duração e a impossibilidade de renovação imediata do mandato presidencial.

No plano da prática institucional, a derrocada do tradicional sistema bipartidário (sociais-democratas e democratas-cristãos), a partir de 2002, e o aprofundamento da tendência fragmentária, com episódios de governo dividido, leva a que os traços de debilidade presidencial e de parlamentarização do sistema se acentuem, "desempatando" a ambiguidade constitucional a favor da qualificação como sistema de presidente débil.

---

[521] V. MUÑOZ QUESADA, Hugo Alfonso. El régimen presidencial costarricense. *Revista de Ciencias Jurídicas*, n. 24, p. 273-287, 1974.

Capítulo IV

O PODER DOS PRESIDENTES NOS SISTEMAS HÍBRIDOS DE PRESIDENTE GOVERNANTE

1. A CRIATIVIDADE CONSTITUCIONAL: O FENÓMENO GLOBAL DO HIBRIDISMO

Passada em revista a primeira categoria de sistemas de presidentes governantes, os sistemas presidenciais, passa-se à segunda categoria: a dos sistemas híbridos com presidentes governantes, ou seja, *os sistemas híbridos que, especificamente, entregam a condução da política do Estado a um presidente.*

As constituições oscilam entre o universalismo e o particularismo.

Decerto que padrões organizativos criados na Europa e nos Estados Unidos da América servem de referência universal para o movimento constitucional, percebida ou não, voluntariamente aceite ou não. Contudo, as perceções da identidade própria e da especificidade incitam à condimentação dos moldes alegadamente universais com as narrativas locais. Isso instiga a exercícios de engenharia constitucional que, mantendo a estrutura fundamental daqueles modelos, definem variantes à arquitetura institucional de referência, cursando "vias originais" para o exercício do poder democrático.

Novas constituições e revisões constitucionais são hoje menos previsíveis do que nos períodos do liberalismo, do pós-II Guerra ou até das descolonizações africanas e asiáticas, no que toca à organização política. Admitir que os quadros universais clássicos são suficientemente elásticos para, sem adulteração, acomodarem o produto da *imaginação* constitucional podia ser plausível, por exemplo, em 1978[522]. Hoje, é, pelo menos, arriscado. Aí radica, de forma geral, o fenómeno do *hibridismo* no desenho dos sistemas de governo.

A observação empírica mostra que a procura incessante de um *fine-tuning* do sistema de governo leva a avanços e recuos do desenho dos poderes presidenciais e da

---

[522] Ano da obra de referência de Jean-Claude Colliard, v. COLLIARD, ref. 67, p. 27. O autor pôde aplicar critérios universais a vinte sistemas parlamentares de 19 países da Europa, da América do Norte (Canadá), da Ásia (Japão), do Médio Oriente (Israel) e a Austrália e a Nova Zelândia. Mesmo assim, a necessidade de parâmetros impecavelmente universais obrigou a deixar de fora a Índia, porque, apesar do real funcionamento parlamentar, tinha a originalidade de ser um país em desenvolvimento.

relação entre presidente e parlamento, embora se possa dizer, com alguma certeza, que a tendência é para o gradual reforço da delegação de Poder no presidente, nomeadamente por meio do incremento das faculdades de gestão da agenda legislativa[523].

Nos sistemas híbridos objeto deste capítulo, o fenómeno de hibridização — que se observa em quase todos os sistemas de governo concretos — *traduz-se no facto de o sistema de governo em causa não responder aos critérios definidores dos sistemas clássicos.*

Para os recortar, recordem-se as diretrizes organizativas elementares dos sistemas de governo mais praticados:

(i)   o sistema parlamentar assenta em dois órgãos com poder político efetivo e legitimidade equivalente: um governo, chefiado por um primeiro-ministro, e um parlamento, sendo o primeiro politicamente responsável perante o segundo. Um terceiro órgão, unipessoal, eletivo ou hereditário, desempenha funções pouco mais do que protocolares, não dispondo de poder político efetivo;

(ii)   o sistema semipresidencial assenta em três órgãos com poder político efetivo, com legitimidade eleitoral, *grosso modo,* equivalente: um presidente, com um conjunto de poderes de natureza variável, um governo e um órgão parlamentar, sendo o segundo responsável sempre perante o terceiro e, eventualmente, também perante o primeiro;

(iii)   o sistema presidencial assenta em dois órgãos com poder político efetivo e legitimidade eleitoral equivalente: um presidente, que tem a seu cargo o poder executivo, e um parlamento, não estando o mandato de nenhum deles dependente de decisões políticas do outro.

E se, embora o presidente não responda politicamente perante o parlamento, estiverem previstos mecanismos de responsabilização política do gabinete ministerial, coletivamente considerado, do primeiro-ministro ou chefe de gabinete, se existir, ou de ministros e secretários de Estado, individualmente considerados, que assistam o presidente no exercício das suas competências? Note-se que a previsão da possibilidade de censura política a estes, através de votos de censura ou associada a interpelações, é vulgar na América Latina, como se viu em casos apresentados anteriormente[524].

A questão da responsabilidade política do gabinete, do primeiro-ministro ou dos ministros, individualmente considerados, perante o parlamento[525] é *também* uma

---

[523]   NEGRETTO, ref. 209, procura evidenciar que não é verdade que, na América Latina, se tenha caminhado invariavelmente no sentido do hiperpresidencialismo nas últimas décadas e que há exemplos de reformas que visam reforçar o poder parlamentar (e judicial) de controlo do presidente. Cfr., todavia, GARGARELLA, ref. 153.

[524]   Ver o estudo pormenorizado de VALADÉS, ref. 42, p. 70 *et seq.*

[525]   Não consideramos os casos em que o próprio presidente preside ao gabinete. Quando assim é, normalmente está isento da responsabilização política. Se não estiver, aplica-se o que se escreve no texto.

das linhas de fronteira entre o sistema presidencial e os sistemas de outra natureza (híbridos, parlamentares, semipresidenciais).

Pode admitir-se que, quando a expressão da censura parlamentar em relação ao gabinete, ao primeiro-ministro ou a ministros individualmente visados, por meio de votos de censura, de não confiança ou outros equivalentes, não envolve a consequência direta da demissão *pela simples ação* do parlamento (como na Costa Rica, El Salvador[526], Panamá[527] e Paraguai), o mecanismo ainda se compagina com a arquitetura institucional tipicamente associada a um tipo ideal presidencial.

Ao invés, se a censura parlamentar incide sobre *todo o* gabinete, em bloco, estando em causa a atuação globalmente considerada da equipa escolhida pelo presidente e as políticas por ela desenvolvidas (em nome do presidente, porque, de outro modo, não haveria sequer possibilidade de se considerar que se está perante um sistema presidencial) e essa censura implicar, diferida ou imediatamente, a demissão coletiva do gabinete (artigo 164.º e seguintes da Constituição de Cuba de 1940; artigo 102.º, n.º 1, da Constituição da África do Sul, de 1996; artigo 132.º da Constituição do Peru, de 1993; artigo 148.º da Constituição do Uruguai, de 1967), é seguro que tal não se coaduna com o figurino típico do sistema presidencial. Aí, manifesta-se uma expressão clara de responsabilização política do gabinete (e até, indiretamente, do presidente ou do executivo), própria de sistemas parlamentares, semipresidenciais e alguns híbridos. O mesmo se pode dizer quando a censura tem o efeito de decapitar o gabinete, incidindo sobre o seu chefe (Argentina, artigo 101.º).

Todavia, entre essas hipóteses extremas, há regimes intermédios que suscitam dúvidas sobre de que lado da divisória presidencial/outros sistemas se situam. Se a censura parlamentar tiver a consequência, diferida ou imediata, da demissão de ministros individualmente visados (artigo 39.º da Constituição da Namíbia, de 1990; artigo 167.º da Constituição da Guatemala, de 1985; artigo 135.º, n.º 9, da Constituição da Colômbia, de 1991; artigo 132.º da Constituição do Peru, de 1993; artigo 148.º da Constituição do Uruguai, de 1967; artigo 138.º, n.º 4, da Constituição da Nicarágua, de 1987), o que dizer? Pode alegar-se que, se o tipo ideal de sistema presidencial admite que o parlamento obste à nomeação de colaboradores do presidente, como nos EUA, nas Filipinas e em outros sistemas constitucionais, desse modo controlando e moldando as escolhas presidenciais, por igualdade de razões comporta a possibilidade de o mesmo parlamento impedir a sua continuação no exercício de funções.

Teríamos, assim, como que um jogo de compensações. Nos sistemas presidenciais, escasseiam os casos de intervenção do parlamento nas nomeações de membros

---

[526] A não ser quando esteja em causa a não comparência de ministros, aquando de interpelações do Parlamento.

[527] Todavia, o artigo 161.º, n.º 7, da Constituição do Panamá, de 1972, remete para a lei a possibilidade de estabelecimento de "sanções apropriadas". V. PANAMÁ [Constituição (1972)]. *Constitución Política de la República de Panamá de 1972.* Cidade do Panamá: Asamblea Nacional de Representantes de Corregimientos, 1972. Disponível em: https://www.constituteproject.org/constitution/Panama_2004.pdf. Acesso em: 9 jan. 2025.

do gabinete[528]; isso é compensado por um controlo *a posteriori*, através das interpelações e moções de censura.

Coloca-se uma questão semelhante a propósito de alguns temas atinentes à relação *interna* entre o presidente e um eventual segundo órgão do executivo ou membros dele. Importa atentar a alguns mecanismos que podem funcionar, ou não, como reais *veto powers* (ou seja, não meramente nominais, como é comum) do conselho de ministros ou dos ministros em relação à ação do presidente. Por exemplo: obrigação de exercício conjunto de poderes; exercício de poderes através do conselho de ministros (como a competência exclusiva do conselho de ministros para a emissão de decretos autorizados pelo parlamento[529]); exigência de assinatura, de referenda ministerial, de proposta ou de pronúncia em relação a atos do presidente[530]; acordo do conselho de ministros para o exercício do veto[531].

Pode ocorrer que o denominado executivo, globalmente considerado, esteja em equilíbrio, predomine ou beneficie de uma posição reforçada em relação ao parlamento, mas o presidente tenha uma posição internamente enfraquecida no chamado executivo, em termos que podem, inclusive, pôr em causa a natureza presidencial do sistema. Todavia, quando o presidente conserva irrestrito poder de decisão sobre a composição da equipa ou colégio de ministros ou secretários, aqueles poderes ministeriais tendem a ser meramente nominais, não afetando a natureza presidencial do sistema.

> Dúvidas podem colocar-se, sem embargo, em certos ambientes contextuais. Por exemplo, quando o presidente está amarrado ou refém de ministros especialmente poderosos e sustentados pelo público e/ou pelo partido ou coligação que suportam o presidente.
>
> Quando ocorre uma situação de governo presidencial com coligação[532], as circunstâncias políticas podem induzir a que um gabinete que espelhe os equilíbrios e os compromissos atingidos através de tal coligação adquira ou reforce identidade e peso próprios. É corrente o oferecimento aos parceiros da coligação de postos de topo na administração, como o de vice-presidente, quando exista e resulte de escolha ou nomeação presidencial, ou de ministros ou secretários. Os ministros ou secretários podem ser, do ponto de vista constitucional, considerados meros colaboradores sob a dependência do *chief executive*; mas, para garantir a estabilidade, durabilidade e coesão da coligação, o presidente pode ser forçado a tolerar que aqueles desenvolvam agenda própria nos departamentos governamentais

---

[528] NEGRETTO, ref. 209, p. 139 (mostrando, todavia, que a intervenção do parlamento tem crescido quanto a outros órgãos, como os judiciais).

[529] Artigo 102.º da Constituição do Benim, de 1990. V. BENIM, ref. 506.

[530] Por exemplo, artigos 32.º, 20.º e 35.º, da Constituição do Chile; artigos 140.º e 146.º da Constituição da Costa Rica; artigo 115.º da Constituição da Colômbia; artigo 92.º da Constituição do México; artigo 238.º, n.º 5, da Constituição do Paraguai.

[531] Artigo 173.º da Constituição da Venezuela, de 1961; artigo 178.º da Constituição da Guatemala, de 1985.

[532] Objeto de desenvolvimento a seguir, no Capítulo VII, subcapítulo II.

sob a sua dependência e/ou aceitar, inclusive, um efetivo *droit de regard* formal (através dos mecanismos constitucionais mencionados nas linhas anteriores) ou informal em relação a específicos atos presidenciais e matérias. Esta dinâmica do funcionamento institucional não afeta a natureza constitucional presidencial do sistema.

O sistema clássico não vê modificada a sua natureza jurídica se alguns critérios básicos mencionados sofrerem ajustamentos e não transfigurações ou adulterações. Ajustamentos são, hoje em dia, quase incontornáveis em todos os sistemas concretos. Não deixa de ser presidencial se o presidente, reservada para si a titularidade do poder executivo, o exercer com a assistência ou por intermédio de ministros ou mesmo de um gabinete, porventura, liderado por um primeiro-ministro, desde que, neste caso, a constituição não lhes confie poderes executivos próprios, mas apenas a função de assistir o presidente no exercício dos seus poderes.

Não deixa de ser presidencial se o presidente for uma das componentes do Parlamento, como na Zâmbia ou no Malawi[533], ou se puder nomear um vice-presidente que tenha de provir de outro partido, como no Malawi. Pelo contrário, não deixa de ser parlamentar o sistema em que o chefe de Estado (monarca ou presidente) vê a constituição entregar-lhe poderes que adquirem, episodicamente, muito relevo, como no Iraque.

Os sistemas híbridos de presidentes governantes também podem, teoricamente, subdividir-se em várias modalidades do perfil presidencial, tal como delineado na constituição: reforçado, equilibrado e débil.

Por outro lado, a classe dos sistemas híbridos de presidentes que governam é heterogénea. Essa é uma particularidade que os torna resistentes a serem reduzidos e agrupados de acordo com traços tipológicos comuns. Embora se possam encontrar múltiplas instanciações de uma mesma estrutura constitucional, também existem casos únicos. Por este motivo, são uma categoria residual[534]. Todavia, trata-se de uma categoria residual dentro do leque mais vasto de sistemas de presidentes governantes.

Sobre a base constitucional de um presidente a quem é atribuída a responsabilidade pela chefia do Estado e do governo (e, como é habitual, das Forças Armadas), o hibridismo manifesta-se na previsão isolada ou conjugada de alguns mecanismos, entre os quais:

---

[533]   Resquício do sistema parlamentar de gabinete que os britânicos legaram às suas ex-colónias aquando da independência, que por vezes subsiste mesmo quando se implantam ulteriormente sistemas de presidentes governantes.

[534]   A aversão a categorias residuais heterogéneas leva alguns autores a um exercício de acomodação artificial de certos sistemas concretos dentro das categorias clássicas, o que transporta a heterogeneidade para dentro dessas categorias. Em: CHEIBUB, ref. 19, p. 35., por exemplo, o autor classifica o sistema suíço como presidencial, atendendo a que o executivo, uma vez eleito pelo parlamento, tem um mandato fixo, e considera parlamentares os sistemas da África do Sul, do Quiribati e das Ilhas Marshall, devido à circunstância de o presidente não ser eleito diretamente.

(i)   os membros do gabinete — ou o gabinete globalmente considerado — são nomeados pelo presidente e respondem politicamente perante ele e o parlamento, podendo aquele demiti-los livremente e este removê-los através da votação de censura ou de não confiança[535] (por vezes, com a consequência automática da dissolução parlamentar). Diz-se, nessas circunstâncias, que vigora o mecanismo de dupla responsabilidade política. Este mecanismo também se encontra numa modalidade de sistema semipresidencial. A diferença decisiva é que, nesse caso, o presidente não desempenha funções de chefe *de governo*;

(ii) o presidente pode dissolver o parlamento por opção própria, mais ou menos livre, mormente sem carecer de referenda ministerial, à semelhança do que se verifica na maior parte dos sistemas semipresidenciais;

(iii) ocorrida a dissolução do número anterior, o mandato do presidente também é colocado em causa. A forma como estes arranjos institucionais se conjugam — se se conjugarem — ou materializam pode sofrer variações importantes, o que torna difícil falar de uma categoria suficientemente consistente.

Em Angola, o presidente dispõe do poder de dissolução da Assembleia Nacional, ligado à sua autodemissão.

No Botswana, o parlamento pode votar moções de não confiança no governo, por maioria dos membros, que geram a automática dissolução do parlamento e a realização de eleições. Por outro lado, o presidente pode dissolver o parlamento a qualquer momento. A dissolução do parlamento, em qualquer dos casos, determina a realização da eleição presidencial logo que o parlamento esteja de novo constituído.

No Equador, vigora o mecanismo conhecido por "morte cruzada". Em dadas circunstâncias, o presidente pode dissolver o Congresso durante os três primeiros anos do mandato e por uma só vez, podendo recandidatar-se; em sete dias, a Comissão Eleitoral convoca eleições legislativas e presidenciais para o tempo restante dos respetivos mandatos (existe também a hipótese inversa, com iniciativa da Assembleia Nacional).

Na Guiana, uma vez que o presidente é o candidato previamente apoiado pelo partido mais votado nas eleições parlamentares, se houver dissolução do parlamento como consequência automática da demissão do governo, provocada por uma moção de desconfiança aprovada pelo parlamento, ou se a dissolução ocorrer por decisão presidencial, também o mandato presidencial é afetado.

Em Moçambique, o presidente dispõe, por um lado, do poder de dissolução da Assembleia da República, embora não completamente livre; por outro lado, está

---

[535] Aqui não se incluem regimes como o da Costa Rica, onde a Constituição prevê a responsabilidade do presidente ou dos ministros e do presidente (artigos 148 e 149), mas não consagra mecanismos para a efetivação de tal responsabilidade, sendo, portanto, a eventual responsabilização inconsequente. Entende-se que o parlamento tem a possibilidade de expedir moções de censura contra membros do poder executivo, mas delas não decorre nenhum efeito jurídico, tendo valor meramente político. Isso não contende com a natureza presidencial do sistema. V. MUÑOZ QUESADA, ref. 522; MUÑOZ QUESADA, ref. 520.

consignada a responsabilidade do conselho de ministros perante a Assembleia da República, dispondo esta de poder mediato de demissão, uma vez que, sendo rejeitado duas vezes sucessivas o programa de governo, os membros deste, exceto o presidente, têm de ser demitidos pelo presidente.

Na Namíbia, está consagrado o poder de dissolução da Assembleia Nacional pelo presidente, mediante aconselhamento (*advice*) do gabinete, se o governo for incapaz de governar efetivamente, com a consequência da realização de eleições parlamentares e presidenciais.

No Quiribati, se o Parlamento aprovar moções de não confiança em relação ao presidente, provoca a demissão de ambos. Por outro lado, o próprio presidente pode associar um voto ou moção de confiança a um assunto submetido ao Parlamento. Se for rejeitada, verifica-se também a demissão presidencial. Todavia, nessas circunstâncias, o Parlamento é automaticamente dissolvido, realizando-se eleições parlamentares.

Na Turquia, a convocação de eleições antecipadas para a Grande Assembleia Nacional pelo presidente implica a realização de eleições simultâneas para ambos os órgãos.

Na Zâmbia, o presidente pode dissolver o Parlamento, reunidos certos pressupostos e mediante decisão favorável do Tribunal Constitucional, com a consequência da realização de eleições gerais, para a presidência e para a Assembleia Nacional.

A hibridização pode resultar da consagração de outros mecanismos menos comuns ou menos impactantes, combinada com aqueles ou não. Entre outros: obrigação de todos ou da maior parte dos membros do governo provirem do parlamento, como nos sistemas parlamentares (África do Sul, Namíbia, Zâmbia); atribuição de competências privativas ao conselho de ministros, como nos sistemas parlamentares e semipresidenciais (Uruguai)[536]; possibilidade de o parlamento revogar decisões do presidente (Namíbia) ou de provocar a demissão do presidente através de uma moção de não confiança (África do Sul), não enquadráveis em nenhum sistema típico; regime atípico de eleição do presidente (Angola).

No plano jurídico, estas e outras soluções afastam os sistemas em causa do grupo dos sistemas presidenciais. Na verdade, são inconciliáveis com princípios básicos destes, designadamente quando se verifica a circunstância de os titulares do órgão presidencial e/ou parlamentar não disporem de mandatos com duração fixa e inalterável por ato de algum deles.

A latitude deste grupo de sistemas híbridos permite a inclusão de alguns espécimes históricos dificilmente reconduzíveis às tipologias mais correntes, mesmo quando se faz uma leitura atualista. O *sistema de chanceler*, praticado na Alemanha imperial sob a chamada Constituição de Bismarck (1871), devido à sua singularidade, não se encaixa facilmente em nenhum dos tipos habitualmente propostos e pode ser considerado um sistema híbrido com presidente (o chanceler) governante *avant la lettre* (ou seja, antes de a Constituição de Weimar ter criado, efetivamente, a posição de presidente da República).

---

[536] Tenha-se em conta que mecanismos hibridizantes, como este, podem estar previstos em Constituições que, apesar deles, continuam a poder ser colocadas no grupo das Constituições presidenciais, como a da Costa Rica.

2. CASOS DE SISTEMAS HÍBRIDOS DE PRESIDENTES GOVERNANTES

Destacamos quinze casos: África do Sul, Angola, Botswana, Chipre, Equador, Gâmbia, Guatemala, Guiana, Moçambique, Namíbia, Quiribati, Suriname, Turquia, Uruguai e Zâmbia. Faz-se, adicionalmente, alusão a um caso que, não sendo referente a uma realidade estadual, tem uma autonomia constitucional muito significativa, inclusive no que toca ao sistema próprio de governo: a Região Administrativa Especial de Macau (RAEM).

O número significativo de casos — que seria seguramente ampliado se o universo selecionado para este ensaio fosse mais extenso — mostra bem a crescente inclinação não apenas para sistemas de presidentes governantes, mas para sistemas *híbridos* de presidentes governantes que, em particular, apostam em soluções que permitem superar impasses políticos, se ocorrerem. Os sistemas que, vistos sob o ângulo da constituição, são híbridos de presidentes governantes não são imunes às possibilidades de basculação e mutação sistémica, em função da prática institucional. Por isso, alguns referidos nesta rubrica vão ser também convocados nos números referentes a cada um desses fenómenos.

(i) *Caso da África do Sul*

Conforme a Constituição de 1996: o presidente, chefe de Estado e chefe do executivo (artigo 83.º), é eleito pela Assembleia Nacional (uma das duas câmaras do parlamento, composta por 400 membros), na primeira sessão depois de eleições parlamentares ou de vacatura do cargo, de entre os membros daquela (o próprio Nelson Mandela foi eleito assim); o presidente, uma vez eleito, renuncia ao mandato de membro da AN; o presidente exerce o poder executivo com os outros membros do gabinete, vice-presidente e ministros (artigo 85.º), livremente nomeados e demitidos por ele, devendo ser membros da Assembleia Nacional, com exceção de dois (artigo 91.º); a Assembleia Nacional pode remover o presidente por dois terços dos seus membros, sob pressupostos que vão muito além do tradicional *impeachment* (artigo 88.º); os membros do gabinete são responsáveis coletiva e individualmente perante a Assembleia Nacional (artigo 92.º, n.º2), que pode aprovar moções de não confiança em relação a eles (artigo 102º); a moção de não confiança dos membros do gabinete, exceto o presidente, por maioria dos membros da Assembleia, obriga aquele a remodelar o gabinete (artigo 102º, n.º 1); se a moção de não confiança abranger o presidente, este tem de se demitir, arrastando os demais membros do gabinete (artigo 102.º, n.º2); o presidente está obrigado a dissolver a Assembleia Nacional se esta assim decidir por maioria dos seus membros e tiverem transcorrido três anos do início da legislatura (artigo 50.º), com a consequência de o mandato presidencial também cessar com as eleições.

(ii) *Caso de Angola*

Pela Constituição de 2010[537], o presidente da República é o Chefe de Estado, o titular do poder executivo e o (real) comandante-em-chefe das Forças Armadas.

---

[537] Revista em 2021. V., em geral, GOUVEIA, Jorge Bacelar. Sistemas constitucionais africanos de língua portuguesa: a caminho de um paradigma. *Themis: Revista de direito*, n. Extra 1, p. 119-141, 2006; MIRANDA, Jorge. A Constituição de Angola de 2010. *O Direito*, ano 142, v. I, p.

É eleito por sufrágio direto (artigo 108.º), para um mandato de cinco anos (artigo 113.º), sendo o cabeça de lista do partido ou coligação mais votado no círculo nacional em eleições gerais, o que lhe confere a inequívoca condição de chefe do partido ou coligação mais votados e obriga os eleitores que queiram votar no candidato presidencial — que é identificado como tal no boletim de voto — a votar no partido cuja lista lidera (artigo 109.º). Pode exercer um número máximo de dois mandatos (artigo 113.º, n.º 2), não podendo voltar a ser reeleito depois de perfazer esse número. O vice-presidente é o segundo nome da mesma lista (por imposição do Tribunal Constitucional[538]).

No exercício do poder executivo, é auxiliado pelo vice-presidente, por ministros de Estado e ministros. Note-se que, desde 2010, não está constitucionalmente prevista a previamente existente figura do primeiro-ministro e que todos os demais membros do executivo/governo são meros órgãos auxiliares que coadjuvam o presidente. Como veremos adiante, há que aditar a esta previsão constitucional a existência fática de uma espécie de segundo gabinete ministerial (integrado pelos designados ministros de Estado, ou "ministros do Palácio", e outros).

As competências presidenciais espraiam-se pelos artigos 118.º a 125.º. Destacam-se os poderes de: (i) definir e dirigir a execução da política externa e representar externamente o Estado angolano; (ii) enviar mensagem anual à Assembleia Nacional, enunciando as políticas preconizadas e outras mensagens; (iii) convocação de eleições; (iv) nomeação livre de ministros e secretários, de acordo com a orgânica e a composição por ele próprio definida; (v) convocação, presidência e definição da agenda do conselho de ministros; (vi) nomeação dos mais altos titulares de cargos públicos, incluindo juízes dos tribunais superiores e procurador-geral da República, bem como os órgãos de administração judiciária, governador do Banco de Angola, governadores e vice-governadores, embaixadores, chefes militares e da polícia; (vii) iniciativa e convocação do referendo; (viii) declaração do estado de sítio e do estado de emergência, quase incondicionadamente; (ix) apresentação da proposta de orçamento geral do Estado ao parlamento; (x) produzir atos legislativos mediante autorização concedida pela Assembleia Nacional; (xi) apresentação de propostas de lei à Assembleia Nacional; (xii) suscitar junto do Tribunal Constitucional a fiscalização preventiva e sucessiva da constitucionalidade; (xiii) editar decretos legislativos presidenciais provisórios sobre certas matérias, com força de lei, vigentes por um prazo de 60 dias, que devem, porém, ser submetidos de imediato à Assembleia, a qual os pode revogar; (xiv) veto

---

9-38, 2010; MACHADO, Jónatas. *Direito constitucional angolano*. Coimbra: Coimbra Editora, 2011; THOMASHAUSEN, André. O desenvolvimento, contexto e apreço da Constituição de Angola de 2010. *In:* SOUSA, Marcelo *et al.* (coord). *Estudos em Homenagem ao Prof. Doutor Jorge Miranda*. v. I. Coimbra: Coimbra Editora, 2012. p. 323-348; FEIJÓ, Carlos Maria (coord.). *Constituição da República de Angola: enquadramento dogmático – a nossa visão*. v. III, Coimbra: Almedina, 2015; ARAÚJO, Raúl Vasques. *O Presidente da República no sistema político de Angola, 1975-2010*. Coimbra: Almedina, 2017; DAVID, Sofia. *Os chefes de Estado em Moçambique e Angola: um estudo comparado*. Lisboa: CEJ, 2018; KAFFT KOSTA, ref. 106; PACATOLO, Carlos. *O domínio decrescente do MPLA no sistema partidário de Angola (2008-2022)*. Lisboa: UCP Editora, 2024.

[538] Acórdão n.º 111/2010, de 30 de janeiro.

das leis da Assembleia Nacional, com qualquer fundamento (razões políticas, de consciência, técnicas), apenas superável por dois terços dos deputados; (xv) iniciativa da revisão constitucional. Muitas outras competências poderiam ser mencionadas, mas não se pretende chegar à exaustão.

A Constituição proclama que a Assembleia Nacional exerce o poder legislativo do Estado (artigos 141.º e 147.º). Observando os instrumentos formais confiados ao presidente para a produção de atos com força de lei, é possível que, em circunstâncias de governo dividido (nunca até aqui ocorridas), o controlo da agenda legislativa por parte daquele se pudesse revelar problemático.

A nota de maior hibridização é a que decorre do modo incomum (embora filiado na noção geral de "morte cruzada", que encontramos noutros ordenamentos, designadamente na vizinhança de Angola) como está previsto o poder de dissolução da Assembleia Nacional (artigo 128.º). Este está incindivelmente ligado à autodemissão do presidente da República, que pode ocorrer em caso de perturbação grave ou crise insanável na relação com a Assembleia Nacional. Não se trata, por conseguinte, de um poder incondicionado ou livre; mas a avaliação dos pressupostos da autodemissão cabe ao presidente. Ocorrendo esta, a Assembleia Nacional é dissolvida, realizando-se eleições gerais. O presidente que se demitir de forma voluntária pode recandidatar-se, exceto se estiver já a cumprir o segundo mandato [artigo 110.º, n.º 2, alínea d)][539].

Em contrapartida, não está prevista qualquer fórmula de responsabilização ou responsabilidade política do presidente (ou tão pouco dos outros membros do governo) perante o parlamento, nem sequer de *impeachment* ao modo dos sistemas presidenciais. Sem embargo, há a possibilidade de a Assembleia Nacional iniciar, por maioria de dois terços dos deputados em efetividade de funções, processo de destituição pela prática de crimes (alguns dos quais envolvem uma censura muito próximo da censura política, como os de violação da Constituição ou de atentado contra o regular funcionamento das instituições, estando, aliás, sob a alçada do Tribunal Constitucional), cabendo ao Tribunal Supremo ou ao Tribunal Constitucional, consoante os casos, conhecer e julgar (artigo 129.º).

Apesar de estar constitucionalmente consagrado o princípio universal da separação e da interdependência dos poderes, a materialização do princípio da divisão do Poder não vai além do mínimo, com prevalência clara do princípio da unidade, que coloca o sistema na fronteira da concentração: o sistema constitucional de governo é consensualmente qualificado como de presidencial ou hiperpresidencial, dada a significativa alocação de poderes ao presidente. Em boa verdade, melhor será caracterizá-lo como sistema *híbrido* do ponto de vista constitucional, uma vez que incorpora soluções que são estranhas ao arquétipo presidencial.

(iii)   *Caso do Botswana*

Pela Constituição de 1966 do Botswana, o presidente, chefe de Estado e chefe de Governo, com mandato de cinco anos, renovável uma vez, é eleito pela Assembleia

---

[539] THOMASHAUSEN, ref. 538, p. 128, considera este mecanismo uma arma da Assembleia no jogo de forças, mas a ideia parece pouco fundamentada.

Nacional após o termo do mandato do anterior ou da realização de eleições para o parlamento; o poder legislativo cabe ao parlamento.

Existe um *cabinet*, integrado pelo presidente (que o preside), o vice-presidente e os ministros, o qual exerce poderes de aconselhamento ao presidente, ficando para este o poder executivo [artigo 47.º, n.º 1)].

O parlamento pode votar moções de não confiança no governo por maioria dos membros (artigo 92.º); a votação da não confiança gera a automática dissolução do parlamento e a realização de eleições (artigo 92.º). Por outro lado, o presidente pode dissolver o parlamento a qualquer momento (artigo 91.º); a dissolução do parlamento, em qualquer caso, determina a realização da eleição presidencial logo que o parlamento esteja de novo constituído.

(iv) *Caso de Chipre*

Em 1960, as específicas condições de Chipre, dividido em comunidades grega e turca (e algumas minorias, como arménios, maronitas, etc.), motivaram a elaboração de uma Constituição extremamente complexa, que pretende dividir e distribuir o Poder entre duas comunidades.

O sistema consagrado na Constituição (na sua configuração original, praticado durante pouco tempo) é de executivo complexo, com três órgãos: dois órgãos unipessoais, o presidente e o vice-presidente; e um órgão colegial, o conselho de ministros.

As figuras de presidente e de vice-presidente correspondem aos mandatários separadamente eleitos por sufrágio universal e direto, maioritário, a uma ou duas voltas, pelas duas comunidades cipriotas, respetivamente grega e turca, dispondo cada um de poderes praticamente simétricos, quanto a nomeações, veto, definição de agenda política, etc.

O conselho de ministros é um órgão autónomo, composto originalmente por dez ministros, sete dos quais nomeados e demitidos livremente pelo presidente e os demais pelo vice-presidente. É convocado e presidido pelo presidente (sem direito de voto) e dispõe de poderes executivos próprios, abrangendo todos aqueles que a Constituição não reserva especificamente ao presidente e ao vice-presidente (artigo 54.º). Os ministros dirigem os ministérios que lhes cabem e podem exercer outros poderes, como o de iniciativa legislativa, que não estão atribuídos ao presidente e ao vice-presidente. A autonomia decisória do conselho de ministros implica, aliás, que o presidente e o vice-presidente disponham de poder de veto absoluto e final sobre decisões daquele que incidam sobre assuntos externos, defesa e segurança. Trata-se do mesmo direito de veto que o presidente e o vice--presidente exercem quanto a leis e outros atos da Câmara dos Representantes sobre as mesmas matérias. Sobre as demais, o veto não é absoluto.

A Câmara dos Representantes (*Vouli ton Antiprosópon*) tem atualmente oitenta assentos, dos quais vinte e quatro são destinados à comunidade turca, que não os tem ocupado desde 1964. A Câmara dos Representantes não pode ser dissolvida pelo presidente — ou pelo vice-presidente —, mas pode autodissolver-se por decisão da maioria absoluta dos seus membros (artigo 67.º).

O desenho do executivo obedeceu a especificações próprias. Por um lado, havia que criar condições para um executivo que favorecesse a unidade do Estado numa comunidade etnicamente dividida. A melhor forma de assegurar a unidade do Estado é favorecer a unidade da decisão política, e esta é bem assegurada por um sistema presidencial, pelo que se compreende a procura de uma adaptação deste modelo às necessidades cipriotas. Essa adaptação impôs um sistema com dois órgãos com características presidenciais: um presidente e um vice-presidente com estatutos quase equiparados[540]. Todavia, havia também que garantir que as decisões do executivo espelhassem a *proporção* das duas comunidades, grega e turca. Por isso, foi instituído um conselho de ministros com dez membros (atualmente onze), cabendo sete aos cipriotas gregos e três aos turcos, exatamente a proporção da presença das duas comunidades. Nessa lógica, o poder executivo não podia ser integralmente confiado aos (efetivamente) dois chefes de Estado. Uma significativa fatia do poder executivo — talvez a mais importante — teria de caber a este órgão colegial, mecânica e proporcionalmente representativo das duas comunidades, sob a vigilância daqueles.

Tendo isso em conta, há boas razões para discutir se o modelo da Constituição de 1960 é efetivamente qualificável como presidencial, com a separação e interdependência de poderes típicas, embora singular no direito constitucional comparado,[541] como parece ser consensualmente assumido, ou se é um sistema híbrido de presidente(s) governante(s), como aqui sugerimos.

(v)   *Caso do Equador*

A história constitucional (e política) do Equador é das mais agitadas da América Latina[542]. As modificações introduzidas pela Constituição de 2008 (a 23.ª do país), promovidas por Rafael Correa (algumas já tentadas pelo seu antecessor, Alfredo Palacio, de quem aquele havia sido Ministro da Economia durante alguns meses), foram mais uma tentativa de enfrentar a instabilidade endémica do sistema político.

O presidente recebeu uma importante arma de condicionamento da Assembleia Nacional: o mecanismo constitucional conhecido por *morte cruzada*. Este mecanismo visa, nominalmente, criar condições para superar impasses, frequentes no país. Em termos breves, consiste na faculdade atribuída ao presidente de dissolver o parlamento, com a consequente realização de eleições para o parlamento e também presidenciais (artigo 148.º)[543].

---

[540] No chamado plano Guterres, o bicefalismo é substituído por uma presidência rotativa, o que descomplexifica o sistema.

[541] Com alguma proximidade, no que toca à instituição presidencial, pode-se mencionar o já referido caso do sistema de governo da Constituição de 1995 da Bósnia-Herzegovina.

[542] Veja-se, em geral, a obra coletiva INSTITUTO DE LA DEMOCRACIA; CONSEJO NACIONAL ELECTORAL (CNE). *Antología de la democracia ecuatoriana: 1979-2020*. Quito: Instituto de la Democracia y Consejo Nacional Electoral, 2020.

[543] Artigo 148.º da Constituição de 2008 "La Presidenta o Presidente de la República podrá disolver la Asamblea Nacional cuando, a su juicio, ésta se hubiera arrogado funciones que no le competan constitucionalmente, previo dictamen favorable de la Corte Constitucional; o si de forma reiterada e injustificada obstruye la ejecución del Plan *Nacional de Desarrollo, o por grave crisis política y conmoción interna. Esta facultad podrá ser ejercida por una sola vez en los tres primeros años de su mandato. En un plazo máximo de siete días después de la publi-*

Acresce a possibilidade, se consentida pelo Tribunal Constitucional, de o presidente *"expedir decretos-leyes de urgencia económica, que podrán ser aprobados o derogados por el órgano legislativo"* enquanto não estiver constituída nova Assembleia (artigo 148.º).

Inversamente, a Assembleia Nacional pode recorrer à morte cruzada, por maioria de dois terços dos membros, em caso de usurpação de poderes pelo presidente, de crise política ou agitação social (artigo 130.º). As condições em que o poder pode ser exercido fazem pensar que o seu uso é mais fácil para o presidente do que para o parlamento.

Além da morte cruzada do artigo 130.º, o artigo 129.º prevê o clássico enjuicia-miento *político (impeachment)* por vários delitos especificamente delimitados. No mesmo preceito, estabelece-se que, para *"proceder a la censura y destitución"*, é requerido o voto favorável de dois terços dos membros da *Asamblea Nacional*.

A circunstância de, em ambos os artigos, ser usada a expressão "destituição", de, a propósito do *enjuiciamiento político*, se empregar a expressão censura (normal-mente não empregue nem praticada quando se trata de um juízo de um órgão sobre outro com a mesma legitimidade democrática direta) e de as maiorias re-queridas serem as mesmas, denota clara aceitação da diluição das fronteiras entre *enjuiciamiento político* e vulgar juízo de censura política com efeitos destitutivos. Essa perceção é confirmada pelo artigo 131.º, respeitante aos ministros e outros titulares de altos cargos, onde nem sequer se procede à distinção dos institutos.

O reforço dos poderes presidenciais, através de novas fórmulas estranhas ao sistema presidencial clássico, acentuar-se-ia significativamente com a revisão constitucional de 2015. Esta, entre outros aspetos relevantes, alterou o artigo 144.º da Constituição, permitindo a reeleição ilimitada do presidente. A conjugação da morte cruzada, por decisão presidencial, com a possibilidade de perpetuação no cargo de presidente, mediante sucessivos mandatos de quatro anos, permitiria que aquele pudesse escolher o momento de realizar eleições parlamentares e presidenciais dentro de uma certa moldura temporal, aproveitando momentos de popularidade e aprovação para se perpetuar e conseguir votações favoráveis para o seu partido na Assembleia Nacional.

Esta opção contribuiria para que a revisão constitucional de 2015 fosse esvaziada. Logo após aquela, várias ações públicas de fiscalização da constitucionalidade entraram no Tribunal Constitucional, todas admitidas. O Tribunal produziria a sua sentença em 18 de agosto de 2018, declarando a inconstitucionalidade de várias emendas constitucionais. Todavia, sobre a que introduzira as reeleições ilimitadas do presidente, não teve de se pronunciar. Um referendo realizado em outubro de 2017, convocado pelo sucessor de Correa na presidência, produziu um resultado inequívoco de rejeição dessa emenda (64,2%), derrogando-a.

Os comentadores, particularmente com referência ao período *correista*, osci-lavam na classificação do sistema de governo constitucionalmente desenhado:

---

cación del decreto de disolución, el Consejo Nacional Electoral convocará para una misma fecha a elecciones legislativas y presidenciales para el resto de los respectivos períodos". V. EQUADOR. [Constituição (2008)]. *Constitución de la Republica del Ecuador*. Quito: Assembleia Constituinte, 2008. Disponível em: https://siteal.iiep.unesco.org/sites/default/files/sit_accion_files/consti-tucion_de_la_republica_del_ecuador.pdf. Acesso em: 14 jan. 2025.

hiperpresidencialista, híbrido, presidencialista plebiscitário. Na verdade, quer do ponto de vista constitucional, quer do ponto de vista da prática institucional, o sistema equatoriano só muito forçadamente poderia ser inscrito no quadro dos sistemas presidenciais.

A primeira aplicação do dispositivo constitucional da morte cruzada mostrou que se trata de um potencial *game changer* do sistema de governo. Em maio de 2023, o Presidente Guillermo Lasso foi objeto de um processo de *impeachment*. Nesse mesmo mês, antes da conclusão desse processo, Lasso dissolveu a Assembleia Nacional, desencadeando o mecanismo e provocando eleições gerais.

Essa primeira aplicação mostrou que, mesmo que os índices de popularidade presidencial não sejam exuberantes (como ocorria com Lasso, que, por isso, entendeu não ter condições para se recandidatar em agosto de 2023 e tirar todos os benefícios do mecanismo), é um potente instrumento nas mãos dos presidentes. A Assembleia Nacional e os seus membros sabem que pende sobre eles um cutelo, manejado pelo presidente, que o pode usar mediante condições não muito apertadas (uma vez, nos primeiros três anos do mandato; se forem invocados certos fundamentos, é necessário parecer favorável do Tribunal Constitucional).

Nesse contexto, é plausível que os 137 membros da Assembleia Nacional, integrem real ou nominalmente a base do governo — eventualmente em coligações fantasma — ou a oposição, se sintam menos tentados a atos que ponham em causa a permanência do presidente ou aspetos centrais do seu programa. Mesmo que o contexto e a cultura política equatorianas mantenham a sua configuração clássica, este novo dado institucional pode contribuir para diminuir a instabilidade e os impasses decorrentes de governo dividido e de sistema partidário extremamente fracionado, dificultador da montagem e da gestão de coligações estáveis na Assembleia Nacional.

O que se seguiu à morte cruzada de 2023 realçou mais duas peculiaridades do sistema equatoriano: o mandato presidencial do Presidente eleito logo após — no caso, Daniel Noboa, da Ação Democrática Nacional — tem apenas a duração necessária para terminar o tempo do mandato anterior, interrompido pela morte cruzada. Por isso, realizaram-se de novo eleições em fevereiro de 2025. Durante a campanha eleitoral, havendo recandidatura do presidente, este deve suspender o seu mandato, ficando em funções o vice-presidente (no caso, Verónica Abad).

O mandato do Presidente Daniel Noboa constitui um *case study* importante, tendo em conta que a sua ADN é muito minoritária na Assembleia, com menos de 10% dos deputados. Isto, num contexto social e de segurança que, tudo indica, mantém traços endémicos: o período do mandato do Presidente Noboa caracterizou-se por forte agitação, atingindo um estádio pré-insurrecional imposto por grupos criminosos ligados ao narcotráfico, o que levou a que este decretasse o estado de emergência e recorresse às Forças Armadas, algo não raro no país.

Na configuração do sistema partidário equatoriano, os deputados não costumam mostrar interesse em ficar ligados a um presidente fraco, nem em criar condições para que ele se torne forte ou para que surja um forte[544]. Esse constrangimento só

---

[544] VALENZUELA, ref. 126, p. 13. Esta é uma regra potencialmente extensível aplicável a todos os sistemas e não apenas ao presidencial, note-se.

se ultrapassa se o presidente conseguir criar um sistema de incentivos políticos atrativos, o que poucos Presidentes conseguiram no passado recente. Não existindo a possibilidade de morte cruzada, esta seria uma situação propícia a uma destituição presidencial a qualquer momento, de acordo com os interesses conjugados dos partidos adversos ao Presidente. Interessa saber até que ponto uma simples alteração *do quadro institucional* no funcionamento do sistema de governo, a morte cruzada, tem o condão de mitigar as dificuldades de relacionamento interinstitucional em situação de governo muito minoritário e a braços com um ambiente social explosivo.

As faculdades, constitucionalmente previstas e já exercidas, de cada um dos órgãos políticos do sistema — presidente e parlamento —, porém, unilateralmente ou não cooperativamente, de pôr termo ao mandato do outro, seja através do *impeachment* (ou de algo de resultados equivalentes, mas constitucionalmente indefinido), seja através da morte cruzada, induzem a que o sistema de governo equatoriano se qualifique, *quer do ponto de vista constitucional, quer do ponto de vista da prática institucional*, como um sistema híbrido que combina mecanismos típicos de vários sistemas.

(vi)   *Caso da Gâmbia*

A Gâmbia obteve a independência em 18 de fevereiro de 1965, adotando como forma de governo a monarquia constitucional no âmbito da *British Commonwealth*. Tornou-se República em 24 de abril de 1970. Em 1982, realizaram-se as primeiras eleições presidenciais. Entre 1965 e 1994, pode qualificar-se a Gâmbia como democracia multipartidária, com eleições regulares, sendo, portanto, uma das mais antigas do continente. Porém, em 1994, esse caminho foi interrompido por um golpe de Estado que depôs o governo de Dawda Kairaba Jawara. O chefe militar do golpe, Yahya A. J. J Jammeh, passou a exercer a função de Chefe de Estado. Depois de um período denominado de transição, foi realizado um referendo em 8 de agosto de 1996, que aprovou a Constituição. Eleições presidenciais e parlamentares seguir-se-lhe-iam, em 1996 e 1997[545].

Conforme a Constituição de 1996 (revista), o presidente é o chefe de Estado, chefe de governo e comandante-chefe das Forças Armadas, com mandato de cinco anos (artigo 63.º, n.º 1). O presidente pode ser removido do seu cargo se for aprovada uma moção de não confiança por dois terços dos membros da Assembleia Nacional e se tal moção for aprovada em referendo a ser realizado no prazo de 30 dias (artigo 63.º, n.º 3 e n.º 4), mecanismo que se aproxima muito da lógica do *recall*, de que se falará adiante.

O vice-presidente é nomeado pelo presidente, atuando como principal assistente do presidente no exercício das suas funções (artigo 70.º).

Os ministros, em número definido pelo presidente, são nomeados e demitidos por este. Os ministros não podem ser membros da Assembleia Nacional. O presidente, o vice-presidente e os ministros compõem o gabinete, responsável por aconselhar

---

[545]   Dados recolhidos em agosto de 2024 de: INDEPENDENT ELECTORAL COMMISSION OF THE GAMBIA. *History*. Disponível em: https://iec.gm/about-iec/history/. Acesso em: 23 ago. 2024. Mais extensamente, HUGHES, Arnold; PERFECT, David. *A Political History of The Gambia, 1816–1994*. Rochester: University of Rochester Press, 2006.

o presidente no que toca às políticas de governo (artigo 73.º). Concomitantemente, o vice-presidente e os ministros são coletivamente responsáveis perante a Assembleia Nacional por qualquer parecer dado ao presidente no gabinete. Vigora, assim, a dupla responsabilidade perante o presidente e a Assembleia Nacional (artigo 74.º). A responsabilidade perante a Assembleia traduz-se em que esta pode aprovar um voto de censura contra um ministro ou o vice-presidente por resolução apoiada por dois terços dos seus membros, com alguns fundamentos especificados (artigo 75.º). Da Constituição, não parece resultar menção expressa à demissão do membro do gabinete na sequência da moção.

O presidente participa, pelo menos uma vez por ano, numa sessão da Assembleia para reportar sobre "*the condition of The Gambia, the policies of the Government and the administration of the State*". Além disso, a própria Assembleia pode solicitar que o presidente participe em sessões específicas com vista a debater a "*matter of national importance*" (artigo 77.º).

(vii)   *Caso da Guatemala*

De acordo com a Constituição de 1985, o presidente é o chefe de Estado, exerce as funções de organismo executivo e é comandante-geral do Exército (artigo 182.º). É eleito por sufrágio universal, por maioria absoluta dos votos, com eventual realização de segunda volta. Cumpre um mandato de 4 anos, improrrogáveis e sem possibilidade de reeleição (187). O escrúpulo de impedir a permanência no cargo por mais tempo do que um período extremamente limitado se nota também na proibição de reeleição de quem tenha exercido o cargo de presidente por mais de dois anos, em substituição.

Entre os poderes presidenciais contam-se os de: (i) nomeação e demissão dos ministros de Estado, que podem provir do Congresso, se forem autorizados, suspendendo-se os respetivos mandatos [artigo 183.º, alínea s)]; (ii) iniciativa legislativa (artigo 174.º); (iii) iniciativa exclusiva do projeto de orçamento de Estado [artigos 171.º, 183.º, alínea j)]; (iv) publicação das disposições necessárias em caso de emergência grave [artigo 183.º, alínea f)]; convocar sessões extraordinárias do Congresso [artigo 183.º, alínea l)]; exercer o direito de veto em relação a decretos a serem promulgados como lei, não cabendo veto parcial nem veto de bolso e podendo o Congresso rejeitar o veto por dois terços dos seus membros. Se o presidente não promulgar depois da rejeição do veto, o Congresso substitui-se a ele na promulgação (artigos 178.º, 179.º).

O presidente da República é coadjuvado por um vice-presidente, eleito na mesma candidatura, nos mesmos termos, que o substitui e participa, com direito a voto nas deliberações do conselho de ministros (artigos 190.º, 191.º).

A nota mais vincada de hibridismo é a que resulta da estrutura, competências e responsabilidade do conselho de ministros e dos ministros.

O conselho de ministros é composto pelo presidente, que o convoca e a ele preside — salvo substituição pelo vice-presidente —, pelo vice-presidente e pelos ministros. É um órgão deliberativo que aprecia e vota em sessão sobre as matérias que o presidente lhe submeta. Por exemplo, para o exercício do direito de veto, o presidente tem de obter o assentimento do conselho de ministros (artigo 178.º).

Cada ministro é responsável por um dos ministérios, sendo estes e as respetivas atribuições definidos por lei do Congresso (artigo 193.º). O presidente atua sempre com os ministros, separadamente ou em conselho de ministros (artigo 182.º). Nomeadamente, compete aos ministros referendar os decretos, acordos e regulamentos emanados pelo presidente que se relacionem com a pasta ministerial, só assim adquirindo aqueles atos validade (artigo 193.º). Os ministros estão sujeitos a mecanismos de responsabilidade solidária (salvo se votarem contra as medidas adotadas em conselho de ministros, artigo 195.º) e política.

O Congresso é unicameral, composto por 158 deputados eleitos para mandatos de quatro anos, sendo 29 desses deputados eleitos num círculo nacional e os demais nos 22 círculos eleitorais do país, por representação proporcional. Exerce o poder legislativo e fiscaliza a atividade dos ministros, entre outros poderes.

A Constituição prevê a possibilidade de interpelações aos ministros, que não se podem escusar a responder (artigos 166.º e 167.º), e também o acionamento de mecanismos de responsabilidade que, em última análise, se podem traduzir na demissão daqueles. O mecanismo é atípico. Se for emitido um voto de falta de confiança a um ministro (ou a um grupo de ministros, até ao máximo de quatro), por maioria absoluta do total dos deputados, o ministro é obrigado a apresentar a demissão. O presidente pode aceitar o pedido de demissão ou submeter o caso ao conselho de ministros, que pode deliberar sobre um recurso para o Congresso. Se, na sequência do recurso, o Congresso ratificar a falta de confiança por uma maioria de dois terços do número total de deputados, o ministro é removido do cargo (artigo 167.º).

O caso da Guatemala é um caso de fronteira, em que apenas diferenças de tom, difíceis de objetivar, levam a retirá-lo do grupo dos sistemas presidenciais. É versado neste capítulo sob reserva. Não seria indefensável colocá-lo a par do colombiano ou do costa-riquenho, que qualificamos de sistemas presidenciais de presidente débil. Vimos a possibilidade de demissão de ministros por ação direta do Congresso, podendo a ação presidencial apenas dificultar — ou tornar mais exigente a maioria necessária —, mas não impedir a remoção de ministros, por ele livremente nomeados. Todavia, as possibilidades de o Congresso chegar a este resultado são extremamente difíceis de alcançar. Por outro lado, como defendemos anteriormente, a faculdade de o parlamento demitir um ou vários ministros — mas não de o fazer em relação ao gabinete globalmente considerado — não prejudica o caráter presidencial do sistema. Já a vinculação tão apertada dos atos presidenciais à vontade dos ministros, agindo individualmente ou colegialmente, em conselho de ministros, bem como o papel e competências do conselho de ministros, atendendo à literalidade constitucional, parecem ir além do que o modelo central do sistema presidencial comporta.

Também do ponto de vista da prática institucional, um juízo válido para as diferentes épocas é desaconselhável. Apesar de se considerar que os processos eleitorais decorrem dentro dos padrões mínimos exigíveis[546], a instabilidade e

---

[546] Embora com tendência ao declínio, devido aos últimos desenvolvimentos retratados de seguida: *Democracy report* do V-Dem, democracia eleitoral com tendência negativa; Freedom House, parcialmente livre; EIU 2024, regime híbrido.

incerteza políticas não permitem fazer um juízo preciso sobre o funcionamento das instituições, designadamente sobre o grau da sua concordância com o quadro constitucional e de eventual ascendente presidencial[547]. O último ano comprova a volatilidade política e de alguma debilidade institucional. Os meses que antecederam e que se seguiram a agosto de 2023 — data da eleição do candidato do *Movimento Semilla*, de centro-esquerda, Bernardo Arévalo (que obteve 58% dos votos na segunda volta) — foram de tentativas por setores ligados ao anterior presidente, o conservador Alejandro Giammattei, de inviabilizar candidaturas oposicionistas, questionar o reconhecimento da validade dos resultados e até a posse do novo presidente, em 15 de janeiro de 2024. O Congresso, muito fracionado e dominado pela oposição[548], colocou obstáculos a que os deputados do *Movimento Semilla* tomassem posse em 2024. A Procuradora da República acionou vários mecanismos contra o Presidente, perante a censura de muitos atores internacionais (UE, EUA).

(viii) *Caso da Guiana*

A Constituição de 1980 (revista ulteriormente) estabelece um intrincado sistema de governo, com traços inovadores que o tornam um caso singular e justificam algum desenvolvimento, não obstante a reduzida expressão populacional[549]. Realçamos apenas alguns.

O presidente é o chefe de Estado, autoridade executiva suprema e comandante em chefe das Forças Armadas (artigo 89.º). É eleito por sufrágio universal e direto[550] para um mandato de cinco anos, renovável uma única vez (artigo 89.º). As candidaturas à eleição presidencial são inseparáveis das listas para a eleição proporcional de 40 membros (em um total de 65) da Assembleia Nacional (artigo 160.º): cada partido proponente de listas inscreve nelas o seu candidato à eleição presidencial. Por isso, os eleitores, ao votarem numa lista para a eleição dos deputados, estão a votar, simultaneamente, num candidato presidencial, caso o partido proponente o tenha apresentado. Será eleito o candidato presidencial que integrar a lista partidária mais votada ou o candidato único, se só tiver havido um candidato (artigo 177.º).

O presidente nomeia o vice-presidente (artigo 102.º), o primeiro-ministro — que, mantendo o mandato parlamentar ao modo dos sistemas parlamentares, lhe dá assistência e age como líder dos assuntos do governo na Assembleia Nacional (artigo 101.º) — e os ministros. Está previsto um *cabinet*, presidido pelo presi-

---

[547] Comparando a Costa Rica e a Guatemala, sugerindo que até meados do século XX os dois países tiveram desenvolvimentos políticos similares e procurando compreender as razões dos contrastes atuais, v. YASHAR, ref. 518.

[548] No Congresso, com 160 lugares, o *Movimiento Semilla* obteve 23 assentos; o UNE 28; o Vamos, do anterior presidente Alejandro Giammattei, 39; o Partido Cabal, 18. Os restantes 52 lugares ficaram repartidos por treze partidos. O sistema partidário caracteriza-se por alta volatilidade e deficiente estruturação, com frequente surgimento e desaparecimento de partidos.

[549] A Guiana é duas vezes e meia maior que Portugal em área terrestre, mas tem apenas cerca de 800.000 habitantes.

[550] Esta indicação é, todavia, discutida, tendo em conta o sistema de eleição, referido a seguir.

dente, composto pelo vice-presidente, pelo primeiro-ministro e por ministros. O *cabinet* auxilia e aconselha o presidente na atividade governativa. Os ministros, na sua maioria, devem ser membros do Parlamento. No entanto, são permitidos alguns ministros "tecnocratas", não eleitos, que podem participar nos trabalhos parlamentares, mas sem direito a voto. O *cabinet* é coletivamente responsável perante o Parlamento (artigo 106.º, n.º 2). Esta responsabilidade traduz-se, designadamente, na obrigação de se demitir (incluindo o presidente) se a Assembleia rejeitar, por maioria dos seus membros, um voto de confiança (artigo 106.º, n.º 6) ou aprovar um voto de não confiança. O presidente pode, em contrapartida, dissolver livremente o parlamento a qualquer momento (artigo 70.º, n.º 2), com a consequente realização de eleições, também para presidente.

O presidente pode, ainda, ser removido do seu cargo por incapacidade (artigo 179.º) ou por violação da Constituição ou prática de atos ilícitos graves (artigo 180.º). No primeiro caso, funciona um atípico mecanismo em que só intervêm os deputados eleitos pela mesma lista do presidente, o primeiro-ministro e o chanceler (figura com funções judiciais). A remoção não decorre de uma decisão da Assembleia, mas dos colegas de lista do presidente, mediante promoção do primeiro-ministro. No segundo caso, trata-se de uma situação de *impeachment*, com processo iniciado por, pelo menos, metade dos membros da Assembleia, averiguação das alegações por um tribunal *ad hoc* e votação final por dois terços dos membros da Assembleia.

O presidente dispõe do poder de veto, que só pode ser superado por maioria de dois terços dos membros da Assembleia (artigo 170.º, n.º 4).

Muito singular é a institucionalização do líder da oposição, que é eleito por votação formal processada nos termos constitucionais[551].

O sistema de partidos é bipartidário, entre o *People's Progressive Party/Civic* (PPP/C) e o *People's National Congress* (PNC), e as coligações por eles articuladas. Ambos assentam em base sobretudo étnica. O PPP/C e os seus presidentes governaram de 1992 a 2015. Até 2011, e depois de 2015 até à atualidade, o presidente e o respetivo Partido detiveram habitualmente a maioria dos 65 lugares do Parlamento, usufruindo das condições necessárias para desenvolver o seu programa sem necessidade de colaboração de terceiros.

Entre 2011 e 2015, pela primeira vez um dos Partidos não obteve maioria absoluta. O PPP/C, Partido do Presidente, foi confrontado pela circunstância de *A Partnership for National Unity* (APNU, coligação do PNC com partidos menores) e a *Alliance for Change* (AFC) disporem em conjunto da maioria dos 65 deputados. Noutros sistemas políticos, isso incentivaria a formação de uma coligação de governo. Todavia, a vida política do país é acentuadamente bipolarizada e

---

[551] Vale a pena reproduzir o preceito (artigo 184.º da Constituição de 1980): *"The Leader of the Opposition shall be elected by and from among the non-governmental members of the National Assembly at a meeting held under the chairmanship of the Speaker of the National Assembly, who shall not have the right to vote."*, v. GUIANA. [Constituição (1980)]. *Constitution of the Co-operative Republic of Guyana.* Georgetown: The Parliament of Guyana, 1980. Disponível em: https://pdba.georgetown.edu/Constitutions/Guyana/guyana96.html. Acesso em: 14 jan. 2025.

reiteradamente perturbada pela confrontação entre os dois principais Partidos ou blocos (o partido que perde eleições alega frequentemente irregularidades e fraudes, contestando o resultado e atrasando a sua confirmação). Nem sempre as eleições ocorrem nas datas previsíveis. Entre 2011 e 2015, teve de funcionar, então, o primeiro governo minoritário desde a independência.

A situação entre 2011 e 2015 é um dos exemplos que ainda poderiam ser invocados pelos seguidores da tese *linziana* (adaptada e generalizada para todos os sistemas de presidentes governantes) da tendência para o bloqueio e impasse, que só pode ser resolvido por meios extremos. Perante as dificuldades do governo e a possibilidade de aprovação de um voto de não confiança pela oposição maioritária, que levaria necessariamente à dissolução e eleições antecipadas, o Presidente Donald Ramotar (PPP/C) pôs fim à sessão legislativa em novembro de 2014, ao abrigo do artigo 70.º, n.º 1, da Constituição. Não ficando a situação de confrontação política apaziguada, dissolveu o Parlamento e convocou eleições em janeiro de 2015. Vitoriosa, a oposicionista APNU-AFC, liderada pelo Presidente David Granger, governou de 2015 a 2020, novamente com maioria. O PPP/C recuperou o poder em 2020, depois de uma recontagem de votos monitorizada pela comunidade internacional, dispondo de 33 dos 65 lugares. Como é usual, o incumbente Presidente David Granger recusou-se a aceitar a vitória do PPP/C, do atual Presidente Mohamed Irfaan Ali.

Por todas as singularidades apontadas, o sistema da Guiana é, sob o prisma estritamente constitucional, um sistema híbrido, uma vez que não se ajusta a nenhum dos sistemas clássicos, seja o chamado sistema de Westminster, que o Reino Unido deixou em algumas das suas colónias, seja o presidencial, predominante na região. Durante a maior parte do tempo, coincidente com maiorias parlamentares do partido do presidente (1995-2011; 2015 até o presente), a prática institucional é típica de sistema presidencial, podendo considerar-se, nessa perspetiva, um sistema *mutante*, de híbrido para presidencial. Todavia, a situação, incomum, de governo dividido (2011-2015), reconduz o funcionamento do sistema à sua natureza híbrida, traduzida, designadamente, na possibilidade: (i) de o governo ser levado à demissão por uma moção de desconfiança aprovada pela maioria dos membros do Parlamento, com a consequência da dissolução e de eleições antecipadas que também afetam o mandato presidencial, uma vez que as eleições parlamentares envolvem automaticamente a eleição presidencial; ou (ii) de o presidente dissolver o parlamento, com as mesmas consequências.

Em qualquer caso, o centro em torno do qual gravita todo o sistema é o presidente, que dispõe, em regra, das mais poderosas chaves institucionais e políticas. Trata-se, inequivocamente, de um sistema de presidente governante.

(ix) *Caso de Moçambique*

Pela Constituição de 2004[552], o presidente da República é chefe de Estado e chefe do governo, bem como comandante-chefe das forças de defesa e segurança

---

[552] A Constituição de 2004, no que toca aos contornos do sistema de governo, preservou as linhas da Constituição de 1990. V. CANAS, Vitalino. O sistema de governo moçambicano na Constituição de 1990. *Revista Luso-Africana de Direito*, v. 1, p. 167-178, 1997.

(artigo 145.º). É eleito por sufrágio universal e direto, por maioria absoluta dos votos expressos, a uma ou duas voltas (artigo 147.º), para um mandato de cinco anos, podendo ser reeleito uma vez e recandidatar-se novamente, transcorridos cinco anos do fim do segundo mandato (artigo 146.º, n.º 4 e n.º 5). Não está previsto o *impeachment*. A destituição do presidente ocorre somente em caso de condenação pelo Supremo Tribunal por crimes praticados no exercício das funções presidenciais. Na sua falta e impedimentos, é substituído pelo Presidente da Assembleia da República.

Entre as respetivas competências, contam-se: (i) decidir sobre a convocação do referendo, mediante iniciativa de terceiros; (ii) convocar eleições; (iii) nomear, exonerar e demitir livremente o primeiro-ministro e os demais membros do governo; (iv) dissolver a Assembleia da República quando esta rejeite o programa do governo; (v) demitir os restantes membros do governo caso o seu programa seja rejeitado pela segunda vez pela Assembleia da República; (vi) proceder a no-meações de titulares de altos cargos públicos, judiciais, administrativos, incluindo governadores provinciais, do Banco de Moçambique e militares; (vii) desempenhar as funções inerentes ao comando das forças de defesa e segurança; (viii) vetar leis, podendo o veto ser superado por dois terços da Assembleia da República. Acresce que o presidente da República dispõe do poder de propor alterações à Constituição e de iniciativa legislativa [artigo 182.º, n.º 1, d)], mas não de poder legislativo próprio (embora possa produzir alguns atos normativos, nos termos do artigo 158.º). O conselho de ministros pode obter autorizações legislativas e produzir decretos-leis no seu uso [artigos 180.º e 203.º, n.º 1, alínea d)].

O presidente da República é assistido e aconselhado pelo primeiro-ministro (artigo 204.º, n.º 1). O estatuto constitucional deste, bem como do conselho de ministros, reveste-se de alguma singularidade em termos de direito constitucio-nal comparado. Os demais membros do governo são nomeados pelo presidente, sendo previamente aconselhado pelo primeiro-ministro [artigo 204.º, n.º 2, alínea b)]. O primeiro-ministro e os ministros compõem o conselho de ministros, que é presidido, por norma, pelo presidente da República (artigo 200.º, n.º 1), salvo nos casos previstos no artigo 204.º, n.º 2, alínea g), em que a presidência cabe ao primeiro-ministro. As relações do governo com a Assembleia da República são asseguradas pelo primeiro-ministro, assistido por membros do governo (artigo 205.º). Pelo artigo 206.º, o conselho de ministros responde perante o presidente da República e perante a Assembleia da República pela política externa e interna (parecendo algo incoerente a responsabilidade de *todo* o conselho de ministros, uma vez que este também integra o próprio presidente da República, artigo 200.º, n.º 1). Não está prevista qualquer forma de a Assembleia da República retirar consequências da responsabilidade do conselho de ministros, uma vez que não se prevê a possibilidade de moções de censura ou de não confiança.

Tal como o de Angola, o sistema de Moçambique é de sentido único a favor do presidente, que tem entre as suas competências a dissolução do parlamento unicameral, embora em circunstâncias delimitadas. A grande diferença reside na autonomização da figura do primeiro-ministro e do conselho de ministros, bem como nas competências destes de intermediação entre o parlamento e o executivo. Todavia, a autonomia perante o presidente é inexistente: são meros órgãos auxiliares, de apoio e aconselhamento, não representando qualquer limite à ação presidencial.

Registam-se algumas soluções que se podem considerar sobremaneira atípicas. Atente-se no que se passa com o programa de governo: é elaborado pelo presidente da República, assistido pelo primeiro-ministro [artigo 204.º, n.º 2, alínea a)], sendo submetido à Assembleia da República, que sobre ele delibera, podendo rejeitá-lo. A rejeição do programa de governo é fundamento para a dissolução daquela pelo presidente (artigo 187.º). Todavia, se não for dissolvida e houver uma segunda rejeição do programa de governo, o presidente demite os restantes membros do Governo [artigo 158.º, alínea f)], sendo essa competência, aparentemente, de exercício obrigatório. A sanção para o insucesso na obtenção da aprovação parlamentar do programa de governo, que é elaborado pelo presidente, é a demissão obrigatória do primeiro-ministro e demais membros do governo.

(ix)   *Caso da Namíbia*

Na Constituição de 1990, nada de específico há a reportar sobre o modo de eleição direta do presidente, a dupla qualidade de chefe de Estado e de chefe do governo, a possibilidade de *impeachment* ou a ausência de poder legislativo próprio. Por outro lado, também não há novidades de relevo no que toca ao gabinete e sua composição, que inclui um primeiro-ministro e ministros, todos nomeados pelo presidente e escolhidos de entre os membros da Assembleia Nacional. O que se destaca é a consagração da responsabilidade do primeiro-ministro e ministros perante a Assembleia Nacional (artigo 41.º), a possibilidade de esta rever, reverter ou corrigir decisões do presidente por maioria de dois terços (artigo 39.º) e de votar moções de não confiança de ministros, isso desencadeia a obrigação do presidente de fazer cessar os respetivos mandatos. Está também consagrado o poder de dissolução da Assembleia Nacional pelo presidente, mediante parecer do Gabinete, se o governo for incapaz de governar efetivamente, com a consequência da realização de eleições parlamentares e presidenciais (artigo 57.º).

(x)   *Caso do Quiribati*

Outro sistema com altos índices de hibridização é o do microestado do Quiribati, sob a Constituição de 1979, revista posteriormente[553]. O Presidente (*Beretitenti*), chefe de Estado e chefe de governo (artigo 30.º, n.º 2)[554], tem um mandato de quatro anos, podendo exercer um máximo de três mandatos (artigo 34.º, n.º 5). As candidaturas à eleição presidencial são definidas pelo Parlamento (*Maneaba*) no momento inicial da legislatura, logo após as eleições parlamentares. O Parlamento escolhe três ou quatro candidatos, entre os seus membros, que se submetem, subsequentemente, à eleição por sufrágio direto dos eleitores (artigo 32.º, n.ºs 2 e 3), sendo o presidente eleito por maioria absoluta, com a realização de segunda volta, se necessário. O presidente não deixa de ser membro do parlamento após a eleição [artigos 33.º, n.º 2, alínea d) e 53.º, n.º 2].

---

[553]   A Freedom House atribui ao país altos indicadores de liberdade e democracia.

[554]   O Quiribati não tem Forças Armadas, sendo a defesa assegurada pela Austrália e nova Zelândia ao abrigo de tratos informais.

O presidente é apoiado por um Gabinete, composto pelo vice-presidente, por ele nomeado, e por membros por ele designados (no máximo de onze ministros), escolhidos de entre os membros do parlamento (artigo 41.º, n.º 1), continuando a sê-lo. Desempenham as funções que o presidente lhes confiar. As reuniões do gabinete são convocadas pelo presidente e por ele presididas, quando possível; pronunciam-se sobre as matérias que ele definir.

O presidente não dispõe de poder legislativo, e o poder de veto sobre projetos aprovados no parlamento é limitado, pois se circunscreve ao veto por dúvidas de constitucionalidade (artigo 66.º, n.º 3). Se o parlamento insistir na aprovação do projeto, apesar do veto presidencial, a questão é submetida ao *High Court*, que aprecia preventivamente a constitucionalidade. Se a decisão do *High Court* for no sentido da não inconstitucionalidade, o presidente é obrigado a promulgar. Caso a decisão seja a inversa, o projeto retorna ao parlamento (artigo 66.º, n.º 6).

O Parlamento é composto por 45 membros (desde 2016), funcionando ainda de acordo com o chamado modelo de *Westminster*, ou seja, com dois grandes partidos a liderarem coligações (*Tobwaan Kiribati Party*, TKP e *Kiribati Moa Party*, KMP)[555]. A componente de maior hibridismo, com incorporação de elementos provenientes do sistema parlamentar, reside na possibilidade de o Parlamento aprovar moções de não confiança em relação ao presidente e ao governo, por maioria absoluta dos seus membros, provocando a demissão deles [artigo 33.º, n.º 2, alínea b)]. Por outro lado, o próprio presidente pode associar um voto ou moção de confiança a um assunto submetido ao Parlamento. Se for rejeitada por maioria absoluta dos membros deste, verifica-se também a demissão presidencial [artigo 33.º, n.º 2, alínea c)]. O presidente pode ainda ser destituído pelo Parlamento em caso de incapacidade física ou mental (artigo 34.º, n.º 1). Todavia, naquelas circunstâncias [do artigo 33.º, n.º 2, alínea b) e alínea c)], o Parlamento é automaticamente dissolvido, realizando-se eleições parlamentares (artigo 78.º, n.ºs 1 e 2). Se o presidente for demitido por um voto de não confiança ou pela rejeição de um voto de confiança associado à deliberação parlamentar sobre uma matéria, é substituído até às eleições gerais pelo Conselho de Estado, órgão colegial composto por três pessoas: o presidente da *Public Service Commission*, que atua como presidente do órgão, o *chief justice* e o *speaker* do parlamento (artigo 49.º, n.º 2). Trata-se de um caso atípico de exercício das funções de chefe de Estado e de governo por um órgão colegial.

A Constituição denota uma preocupação central em que o mandato presidencial coincida, no essencial, com o período da legislatura.

(xi)   *Caso do Suriname*
Independente da Holanda desde 1975, o Suriname é atravessado por crises recorrentes, persistindo uma nada discreta influência dos militares, apesar

---

[555]   Atualmente, cada uma das coligações detém 22 lugares no Parlamento: v. FREEDOM HOUSE. *Freedom in the World 2022: Kiribati*. Disponível em: https://freedomhouse.org/country/kiribati/freedom-world/2022. Acesso em: 9 jan. 2025.

de os observadores internacionais admitirem, em geral, um funcionamento democrático regular[556].

De 1980 a 1987, o país esteve sob uma ditadura militar, personificada por Desi Bouterse. Após a reinstalação da democracia, este manteve uma presença regular na vida política, incluindo o exercício do cargo de presidente eleito. Todavia, o passado perseguiu-o: em 2019, foi condenado a 20 anos de prisão pelo homicídio de vários oposicionistas naquele período.

O presidente é o chefe de Estado, chefe do executivo e presidente do Conselho de Estado (artigo 90.º). Pela Constituição de 1987, o presidente e o vice-presidente são eleitos por voto de dois terços dos membros da Assembleia Nacional, composta por 51 membros (artigo 83.º, n.º 3). A eleição dos dois processa-se normalmente em simultâneo, podendo, todavia, pertencer a partidos diferentes por acordo entre eles, já que não é habitual que um, por si só, consiga a maioria necessária. Se esta não for obtida em duas voltas, cabe à Assembleia Popular, composta pelos membros da Assembleia Nacional e pelos membros dos conselhos distritais e locais, proceder à eleição, por maioria simples [artigo 181.º, n.º 2, alínea b) e n.º 3]. O artigo 90.º, n.º 2, estabelece que o presidente é *"answerable to the National Assembly"*. Porém, não há mecanismos para o responsabilizar politicamente ou impor a sua remoção do cargo.

O vice-presidente, que responde perante o presidente, preside ao conselho de ministros (116.º, n.º 1), exercendo, na verdade, funções equivalentes às de primeiro-ministro. Os membros do conselho de ministros são nomeados pelo presidente, tendo em conta os resultados eleitorais [artigo 110.º, alínea a)]. O presidente tem também competência para demitir livremente ministros [artigo 110.º, alínea e)], mas não para dissolver o parlamento. Atendendo a que o governo responde perante a Assembleia Nacional (*"the Government is answerable to the National Assembly"*, artigo 116.º, n.º 2), temos, do ponto de vista constitucional, um caso de aparente dupla responsabilidade política. Todavia, o sistema partidário, baseado em partidos de forte base étnica, como o *Progressive Reform Party*, o *National Democratic Party* (de Desi Bouterse) e o *General Liberation and Development Party* (de Ronnie Brunswijk), e figuras tutelares, rivais de décadas, gera coligações de suporte ao governo mais ou menos estáveis. Por isso, a questão da responsabilidade política perante o parlamento, com a possibilidade de queda do governo, não se coloca. Na prática, resta a responsabilidade apenas perante o presidente.

A classificação do sistema de governo do Suriname, do ponto de vista constitucional, não é linear, sendo manifestas as componentes hibridizadoras, designadamente a eleição do presidente por voto do parlamento — ou de uma assembleia mais alargada —, a tendencial autonomização de um segundo órgão executivo e a dupla responsabilidade política do conselho de ministros. Todavia, não obstante o desenho singular, sobressai que os poderes presidenciais são inequivocamente os de um presidente de sistema presidencial tendencialmente reforçado e que o presidente não tem poder de dissolução do parlamento, nem este tem instrumentos para demitir o presidente, pelo que a inclusão na presente rubrica é feita sob reserva.

---

[556] Cfr. FREEDOM HOUSE. *Freedom in the World 2023: Suriname*. Disponível em: https://freedomhouse.org/country/suriname/freedom-world/2023. Acesso em: 9 jan. 2025; EIU, *flawed democracy*.

(xii)   *Caso da Turquia*

A forma de governo da Turquia, tal como presente nas últimas décadas, é amplamente qualificada como de democracia limitada, iliberal, híbrida, com falhas[557]. Todavia, a Turquia é membro da NATO (que impõe como condição de entrada a democracia política e liberal e presume a sua prática pelos aliados) e possui o estatuto de candidata à União Europeia. No limite, considera-se que deve ser aqui considerada[558].

É determinante o modo como o Presidente Erdoğan interpreta os seus poderes e exerce domínio sobre os aspetos centrais do governo, instrumentalizando o seu Partido da Justiça e Desenvolvimento (AKP, na sigla turca), do qual não está obrigado a deixar de ser o líder, contra o que foi norma até 2017[559]. O predomínio presidencial já era acentuado, mas intensificou-se depois da tentativa de golpe de Estado de julho de 2016.

A Turquia é também mencionada quando se apresentam exemplos de constitucionalismo abusivo. Sobressai a forma como foi manejado o poder de revisão constitucional, em 2017, sufragada por um referendo realizado sob estado de emergência e com resultado contestado por entidades nacionais e internacionais. Em 16 de abril de 2017, um referendo (51,4% de votos a favor do "sim") aprovou a revisão da Constituição, acordada entre o AKP e o Partido do Movimento Nacionalista (MHP, extrema-direita, ultranacionalista), aproveitando a mudança de orientação da liderança deste último e a subida da taxa de aceitação do reforço da posição presidencial, depois do mencionado golpe[560]. Em termos gerais, o poder presidencial foi reforçado. A literatura relevante assinala que o sistema parlamentar (ou semipresidencial "à francesa", com forte pendor presidencial, a partir de 2014, data da primeira eleição por sufrágio universal direto de Erdoğan para Presidente), longamente praticado, foi substituído por um sistema presidencial[561]. Esta qualificação não é, todavia, incontroversa, se tivermos em conta alguns mecanismos inovatórios que a Constituição passou a contemplar.

---

[557] Leitura dos índices: EIU - *Democracy Index 2023*, regime híbrido; V-Dem Institute *Democracy Report 2024*, autocracia eleitoral; FREEDOM HOUSE *Country Report* 2023, *not free*.

[558] Acresce que permanecem mecanismos democráticos que mostram, pelo menos, a possibilidade de colocar em cheque o domínio presidencial, como se demonstrou pelas eleições locais de 31 de março de 2024, nas quais o Partido de Erdoğan foi derrotado nas principais cidades (entre as quais Istambul, Ankara e Izmir).

[559] Estima-se que a inclinação iliberal se acentua na segunda metade da década de 2010, v. KIRIŞCI, Kemal; TOYGÜR, İlke. Turkey's new presidential system and a changing West: implications for Turkish foreign policy and Turkey-West relations. *Turkey Project Policy Paper*, n. 5, p. 1-17, 2019. p. 4 *et seq*. Disponível em: https://www.brookings.edu/wp-content/uploads/2019/01/20190111_turkey_presidential_system.pdf. Acesso em: 9 jan. 2024.

[560] MAKOVSKY, Alan. Erdoğan's proposal for an empowered presidency. *Center for American Progress*, p.1-27, 2017. Disponível em: https://www.americanprogress.org/wp-content/uploads/sites/2/2017/03/TurkeyProposedPresidential-report.pdf. Acesso em: 9 jan. 2025.

[561] Por exemplo, Alan Makovsky fala de uma alteração dramática, devido ao seu radicalismo, v. MAKOVSKY, ref. 561.

Tendo sido extinto o cargo de primeiro-ministro e o conselho de ministros pela revisão de 2017, todos os poderes que lhes cabiam migraram para o presidente. Este passou a acumular as funções de chefe de Estado e de titular do poder executivo. Entre as suas funções, está também a de assegurar o funcionamento harmonioso dos órgãos do Estado (artigo 104.º), o que o eleva a uma posição de supervisor do sistema de governo, algo mais do que um poder moderador.

É eleito por cinco anos, por sufrágio direto e universal, por maioria absoluta, a uma ou, se necessário, a duas voltas. Pode cumprir, no máximo, dois mandatos (não se especificando se sucessivos ou também interpolados (artigo 101.º).

Assinale-se um aspeto em que a Constituição é especialmente cuidadosa: a eleição presidencial deve ocorrer na mesma data que a eleição para a Grande Assembleia Nacional (GAN). Isto só tem uma exceção: quando falta o presidente, por qualquer motivo, designadamente por destituição pelo Supremo Tribunal Criminal, na sequência de investigação parlamentar e indiciação por dois terços dos deputados (artigo 105.º), e faltar mais de um ano para as eleições parlamentares. Neste caso, é eleito um novo presidente, mas o seu mandato limita-se ao período restante até às eleições. A cautela em garantir que as eleições parlamentares e presidenciais andam sempre a par (sustentada, eventualmente, na convicção de que desse modo se obtém mais facilmente maiorias presidenciais e parlamentares coincidentes), reflete-se inclusive no mecanismo de dupla morte cruzada.

Entre os vários poderes presidenciais, contam-se os de: exercer o cargo de comandante-chefe das Forças Armadas, em nome da GAN (artigo 104.º)[562]; dirigir-se à GAN (artigo 104.º); nomear e demitir vice-presidentes e ministros (artigo 104.º), responsáveis perante ele, definindo livremente quantos e quais as funções desempenhadas; produzir decretos com força de lei, fora das áreas reservadas à lei ou já reguladas por lei, sujeitos a derrogação, caso sobrevenha lei sobre a mesma matéria (artigo 104.º); convocar sessões extraordinárias da GAN (artigo 89.º); exercer poder regulamentar (artigo 104.º); propor o orçamento geral (artigo 161.º); declarar o estado de emergência, se aprovado pela GAN (artigo 119.º); nomear vários membros dos órgãos de governo das magistraturas e do Tribunal Constitucional, poder fortemente reforçado, sem intervenção parlamentar[563]; submeter leis de revisão constitucional a referendo (artigo 104.º); iniciar a fiscalização da constitucionalidade (artigo 104.º); exercer o poder de veto, total ou parcial (artigo 89.º).

A GAN é hoje composta por 600 membros, eleitos por cinco anos. Dispõe do poder legislativo e orçamental (artigo 87.º). A iniciativa da lei cabe aos deputados, exceto no que toca ao orçamento. O executivo só tem poder de iniciativa quanto a este último, dependendo de deputados da base governativa para outras iniciativas legislativas. Entre muitos poderes, contam-se os de investigação parlamentar em

---

[562] A revisão de 2017 reforçou, ainda, a subordinação dos militares ao poder civil: MAKOVSKY, ref. 561, p. 11 e 12.

[563] Salientando a enorme predominância do presidente no que toca à nomeação de pessoas da estrutura judicial, incluindo o Tribunal Constitucional, em que nomeia livremente doze dos quinze juízes, v. MAKOVSKY, ref. 561, p. 9. Esta situação culmina uma evolução iniciada em 2010, de redução da autocentralidade do sistema judicial, último reduto do *kemalismo*.

relação ao vice-presidente e ministros, o que pode resultar na sua destituição pelo Supremo Tribunal Criminal. Quanto aos poderes referentes à política externa e à defesa nacional, o GAN conserva alguns essenciais: declarar a guerra, ratificar tratados internacionais, autorizar o uso de forças no exterior e a estadia de forças estrangeiras no território nacional. Todavia, a eliminação da figura do primeiro--ministro e a instituição de um ministro dos Negócios Estrangeiros sob a direção presidencial conduz a que o presidente assuma o principal protagonismo nas decisões e relações externas.

Fazendo uma leitura estritamente constitucional, no quadro de sistema presiden-cial, poderia considerar-se que a Constituição procurou estabelecer um sistema presidencial *equilibrado*[564], com *separação*[565] e *interdependência* que, no plano da prática institucional, tanto pode permitir o pendor presidencial (como existe na atualidade), como o pendor parlamentar ou o equilíbrio.

O princípio de equilíbrio é materializado, desde logo, no contexto dos poderes presidenciais e parlamentares quanto a assuntos externos e de defesa, mas também pelo desenho dos poderes do presidente no campo legislativo. Não tem, em geral, poder de iniciativa, mas cabe-lhe a iniciativa orçamental. Dispõe de competência para produzir decretos com força de lei, mas apenas quando não há reserva de lei ou lei prévia. Por outro lado, dispõe de poder de veto, total ou parcial — permi-tindo a manipulação do conteúdo da lei —, mas esse veto é superável por maioria absoluta. Isto implica que, em situações de governo dividido, atendendo a que os partidos são disciplinados, o presidente pode ter dificuldade em impor unilate-ralmente as suas orientações de política legislativa. Mas, com governo unitário, pode facilmente assumir o papel de legislador primordial, produzindo decretos que o parlamento não revoga ou emenda sem o seu assentimento.

A interdependência não é tão acentuada como nos EUA no que toca à nomeação de titulares de altos cargos (vice-presidentes, ministros e outros), bem como de ór-gãos do campo das magistraturas, que não carecem da autorização do parlamento.

Se nenhum outro dado constitucional houvesse, o sistema turco caberia bem no molde presidencial. Todavia, a revisão de 2017 introduziu um mecanismo singular, que pode ser designado de *dupla morte cruzada*. Por um lado, a GAN pode decidir antecipar as eleições para um momento anterior ao final do mandato de cinco anos, por 3/5 dos membros, arrastando com essa decisão o mandato presidencial, uma vez que, nessa circunstância, terá de ser antecipada também a eleição presidencial; se o presidente já estiver no segundo mandato, não fica, no entanto, inibido de se candidatar (artigo 116.º). Por outro lado, simetricamente, pode o presidente antecipar a eleição presidencial, arrastando a parlamentar (artigo 116.º). A opção pode ser tomada a qualquer momento.

O desencadeamento deste mecanismo pela GAN em situação de governo unido, ou mesmo dividido (como em 2015, antes da revisão), é altamente improvável. Por norma, os deputados não quererão colocar em causa o seu mandato, e a maioria exigida (3/5) é difícil. Só em situações extremas se pode imaginar um cenário

---

[564] Tenha-se em conta que boa parte das avaliações conclui, antes, por um presidente reforçado. Assim, v. *Ibid.*

[565] Admitindo que a separação entre legislativo e executivo foi reforçada, v. *Ibid.*, p. 13.

propiciador desta opção. Já do lado do presidente, o mecanismo pode ser útil para superar situações de impasse ou para provocar eleições em ocasião que lhe seja especialmente propícia para efeitos de obtenção de um segundo mandato, embora isso tenha o efeito de reduzir a duração do primeiro. Todavia, a coexistência será sempre mais atraente do que a rutura[566].

Como quer que seja, trata-se de um mecanismo não enquadrável no quadro conceptual de sistema presidencial. Este tem como pilar central a circunstância de o órgão executivo e o órgão legislativo terem um mandato com duração fixa e permanência não dependente de uma decisão *política* do outro órgão.

Também o sistema turco se tornou, do ponto de vista constitucional, um sistema híbrido de presidente governante que, sob a presidência de Erdoğan, descaiu para um sistema híbrido de presidente governante *dominante*.

(xiii) *Caso do Uruguai*

Se França é o laboratório europeu de sistemas de governo, o Uruguai pode ser considerado o laboratório latino-americano de sistemas de governo, tantas e tão variadas já foram as experiências realizadas[567]. Isso justifica um percurso mais prolongado pela história constitucional e política.

Entre as experiências, sobressai o sistema de *colegiado*, originalmente defendido pelo *colorado* José Batlle y Ordóñez (figura tutelar da história política do país, Presidente em 1903-1907 e 1911-1915) e aplicado entre 1952 e 1967, uma das

---

[566] MAKOVSKY, ref. 561, p. 18.

[567] Que suscitam interesse, além do mais, por o Uruguai alcançar presentemente os mais elevados índices de liberdade e bom governo. V. o relatório de 2022 em: FREEDOM HOUSE. *Freedom in the World 2009: Uruguay* Disponível em: https://freedomhouse.org/country/uruguay/freedom-world/2022. Acesso em: 9 jan. 2025. Alguma bibliografia: DEMICHELI, Alberto. *El Poder Ejecutivo. Génesis y transformaciones.* Buenos Aires: Depalma, 1950; PÉREZ ANTÓN, Romeo. El parlamentarismo en la tradición constitucional uruguaya. *Cuadernos del CLAEH*, v. 14, n. 49, p. 107-133, 1989; GROS ESPIELL, Héctor; ARTEAGA, Juan José. *Esquema de la evolución constitucional del Uruguay.* Montevideo: Fundación de Cultura Universitaria, 1991; GONZÁLEZ, Luiz. *Estructuras políticas y democracia en Uruguay.* Montevideo: FCU-ICP, 1993; PIVEL DEVOTO, Juan. *Historia de los partidos políticos en Uruguay.* Montevideo: Cámara de Representantes, 1994; CASSINELLI MUÑOZ, Horacio. *Derecho Público.* Montevideo: Fundación de Cultura Universitaria, 1999; CHASQUETTI, Daniel. Compartiendo el Gobierno: Multipartidismo y Coaliciones en Uruguay 1971-1997. *Revista Uruguaya de Ciencia Política*, v. 10, p. 25-45, 1999; ALTMAN, D. Cambios en las percepciones ideológicas de lemas y fracciones políticas: un mapa del sistema de partidos uruguayo (1986-1997). *Cuadernos del CLAEH*, v. 85, p. 89-110, 2002; ALTMAN, David; BUQUET, Daniel; LUNA, Juan Pablo. *Constitutional reforms and political turnover in Uruguay: winning a battle, losing the war.* Montevideo: ICP/UDELAR, 2011; GUTIÉRREZ, Pablo. Estabilidad presidencial y democracia en Uruguay: una mirada a tres momentos. *Revista Divergencia* n. 1, p. 55-72, 2012; LANZARO, Jorge. El centro presidencial en Uruguay: 2005-2015. *Revista Uruguaya de Ciencia Política*, v. 25, p. 121-142, 2016; GROS ESPIELL, Héctor. Uruguay: ¿Presidencialismo o Parlamentarismo? *Cuestiones Constitucionales: Revista Mexicana de Derecho Constitucional*, v. 1, n. 7, p. 88-108, 2002; GROS ESPIELL, Héctor. El Ejecutivo colegiado en el Uruguay. *Revista de Estudios Políticos*, n. 133, p. 157-172, 1964.V. também a apreciação de SHUGART; CAREY, ref. 13, p. 97 *et seq*.

inovações institucionais mais audazes experimentadas na América Latina[568]. Mas essa não é a única originalidade que interessa ao direito constitucional comparado, merecendo também relevo o sistema de executivo bicéfalo da Constituição de 1918 e o singular regime de coparticipação obrigatória dos dois grandes partidos no elenco ministerial, instituído em 1934 e suprimido em 1942.

A Constituição de 1930 instaurou um típico sistema presidencial, embora enfraquecido pela excessiva dependência de *caudilhos* locais (quando o presidente não era, ele próprio, um forte *caudilho* nacional), uma vez que o presidente era eleito pela Assembleia Geral, órgão composto pelos membros das duas Câmaras do parlamento, onde pontificavam os *caudilhos* ou seus testas de ferro.

Os dois principais partidos históricos, o Colorado e o Partido Nacional, são filhos da guerra civil iniciada em 1836. Essa guerra civil, uma das várias que se sucederiam (invariavelmente começadas pelo Partido Nacional, desavindo com a costumeira liderança do Partido Colorado), culminou com o lançamento daquilo que ficaria indelevelmente gravado na cultura político-institucional uruguaia: a *coparticipação*, decorrente, na altura, de pacto não escrito entre os dois partidos (1872)[569]. A coparticipação significava que o partido minoritário teria sempre garantido uma quota mínima dos principais lugares de relevância política (autoridades locais, senadores, deputados). Foi ignorada em certas épocas por presidentes colorados, mas sempre reposta, uma vez que se revelava a única forma de assegurar a convivência pacífica entre os dois partidos e as suas diferentes fações. No virar do século acentuara-se a insatisfação em relação ao sistema presidencial em setores políticos e intelectuais, suscitando a busca de alternativas que permitissem escapar à concentração de poderes num presidente e ao risco de instabilidade política resultante da excessiva dependência das inclinações pessoais de quem ocupasse o cargo e da sua relação com os *caudilhos* locais.

Em 1903, foi eleito Presidente o *colorado* José Batlle y Ordóñez, que alimentou uma longa batalha pela substituição do órgão presidencial por um executivo colegiado, composto por nove membros. Durante anos, colegialistas (parte do Partido Colorado, fiel a Battle) e anticolegialistas (outra fação colorada e Partido Nacional) esgrimiram argumentos. O principal apontado pelos primeiros era o impedimento da concentração de poderes num só indivíduo. A falta de acordo entre as duas correntes sobre o colegialismo, levou a que os dois partidos se entendessem (embora a querela sobre o colegialismo permanecesse nas décadas vindouras) no sentido de a Constituição de 1918 consagrar o primeiro grande contributo uruguaio para o elenco de modelos atípicos de sistemas de governo: o sistema poliárquico ou de executivo bicéfalo[570]. Este assentava em dois órgãos executivos, ambos eleitos por sufrágio direto e secreto, um singular, o presidente, e outro colegial, parlamentarizado (devido à presença dos dois partidos e das principais fações do Partido Colorado), o Conselho Nacional de Administração (CNA). Os dois partilhavam as funções de governo e a iniciativa legislativa. A circunstância de os mandatos do presidente, dos membros do CNA, dos deputados

---

[568]   CHASQUETTI, ref. 363, p. 43.
[569]   *Idem*, p.46
[570]   CHASQUETTI, ref. 363, p. 50; GARGARELLA, ref. 153, p. 186 *et seq.*

e dos senadores, terem durações diferenciadas e de as eleições não coincidirem, levou a frequentes situações de governo dividido.

Registaram-se instanciações quase permanentes de coparticipação, pagando-se, todavia, o preço da fragmentação e da conflitualidade. Isso beneficiou, sobretudo, o Partido Nacional, que, embora tendencialmente minoritário no CNA e nunca detendo a presidência da República, tendia a ter uma influência e um *share* nos proventos do poder superior à sua representatividade[571]. O sistema oscilou, além disso, entre presidentes rendidos à liderança do CNA e impasses decorrentes da resistência deste órgão a lideranças presidenciais fortes.

A insatisfação com o sistema, no fundo mal-amado por colegialistas e anticolegialistas, criou o ambiente propício ao autogolpe perpetrado pelo Presidente Gabriel Terra, em 1933, em nome da necessidade de superar o impasse a que tinha chegado a tentativa de reforma constitucional. Um plebiscito aprovou o novo texto constitucional, em 1934, contornando as normas aplicáveis à revisão constitucional. O pendor para a inclusão de uma dimensão colegial no executivo não desapareceria. Seria simplesmente objeto de uma reconversão que, mais uma vez, suscitou uma solução institucional singular. O sistema de poder executivo *duplex*[572] contemplava — mantinha — o Presidente da República, como órgão executivo singular, mas fazia-o acompanhar por um conselho de ministros, por ele chefiado, composto pelo titular de cada uma das pastas ministeriais. A permanência de um órgão colegial, embora não autónomo em relação à direção presidencial, permitia a operacionalização do tradicional modelo de coparticipação, desta feita entre os apoiantes do golpe de 1933, que assim asseguravam uma base institucional para a partilha de poder. Embora fossem nomeados e demitidos pelo presidente, este tinha de respeitar a repartição previamente definida entre membros da maioria e da minoria. O princípio da coparticipação era também materializado através da composição paritária do Senado. O presidente saía reforçado, incluindo na iniciativa legislativa. Todavia, em certa medida, o mesmo ocorria com o parlamento, uma vez que era consagrado um mecanismo importado dos sistemas parlamentares: o poder de aprovação da censura a ministros.

O "golpe bom" de 1942, e o texto constitucional aprovado na ocasião, não poriam cobro ao modelo de executivo *duplex*, mas abririam a modificações importantes, designadamente a diretiva de que o presidente designasse ministros consonantes com a maioria do parlamento. Porém, não se exigia qualquer forma de investidura parlamentar, designadamente um voto de confiança. O sistema, apesar do esforço de normalização democrática, continuaria a ter opositores, designadamente do Partido Nacional.

No final da década de 1940, gerou-se uma conjugação de circunstâncias que levariam finalmente à consagração constitucional da arquitetura preconizada desde o início do século pelos *battlistas*. A eleição de Andrés Martínez Trueba, em 1950, e a brusca mudança de opinião de Luis Alberto de Herrera, figura histórica do Partido Nacional — que sempre se opusera ao sistema *colegiado* —, derivada da perceção de que apenas um sistema colegial lhe permitiria voltar ao executivo,

---

[571] CHASQUETTI, ref. 363, p. 52.
[572] *Idem*, p. 54.

ainda que em termos minoritários, enfrentar a hegemonia colorada e satisfazer as suas próprias clientelas[573], permitiram selar o acordo em 1951, vertido na Constituição de 1952.

Consequentemente, entre 1952 e 1967, foi aplicada uma variante do sistema diretorial, o sistema de *poder executivo colegiado*. Este gravitava em torno do Conselho Nacional de Governo, órgão colegial de nove membros, diretamente eleitos por quatro anos. O Conselho exercia as funções de chefe de Estado e de poder executivo. Dos nove membros, seis seriam do partido mais votado e três do segundo mais votado. A presidência, com funções meramente administrativas, era rotativa, exercida sucessivamente, por períodos anuais, por cada um dos quatro primeiros da lista mais votada. O Conselho tinha mandato fixo, não era politicamente responsável perante o parlamento. Os seus membros apenas poderiam ser destituídos por *impeachment*. Deliberava por maioria simples. Diferentemente do sistema suíço, estava prevista a nomeação de nove ministros pelo Conselho, que podiam ser todos do mesmo partido e ser demitidos pelo CNG. Os ministros eram, esses sim, responsáveis perante o parlamento, podendo qualquer uma das câmaras os remover através de moções de censura. O CNG tinha poder de veto, total ou parcial, sobre a legislação.

O sistema, pela sua singularidade e por corresponder a um antigo projeto do *battlismo*, merece referência, mas teve uma vigência efémera e sempre sobressaltada por tentativas de o substituir. Mais uma vez, a fragmentação partidária dentro do CNG (tal como dentro do próprio Parlamento), resultante da persistente luta entre partidos e fações dos partidos[574], parlamentarizou o seu funcionamento e multiplicou os *veto players*, retardando e tirando consistência e eficácia às suas decisões. Além disso, o órgão colegial não cumpria o objetivo da concertação entre as principais forças.

Em meados da década de 1960, num ambiente de crise económica a requerer um governo eficaz, gerou-se um amplo consenso para nova reforma constitucional. Porém, o texto constitucional de 1967 (revisto em várias ocasiões, por último em 2004, sem alteração do fundo) não optou por outra experiência inovatória, mas por um regresso à fórmula de 1934 quanto à estrutura do executivo, com reforço do poder institucional do órgão presidencial.

O presidente é eleito por cinco anos, por maioria absoluta a duas voltas, não sendo reelegível nos cinco anos imediatos ao termo do mandato. Cabe-lhe o poder executivo, embora *"actuando con el Ministro o Ministros respectivos, o con el Consejo de Ministros"* (artigo 149.º)[575]. O conselho de ministros é presidido pelo próprio presidente, sendo composto por ministros em número e com atribuições e competências fixadas por lei, mas que o presidente pode alterar. Conforme a fórmula introduzida em 1942, na escolha dos ministros o presidente deve ter em conta a composição parlamentar (artigo 174.º). Pode demiti-los após declaração de que entende que carecem de apoio parlamentar. O presidente pode pedir à

---

[573] CHASQUETTI, ref. 363, p. 58.

[574] Ver o quadro da composição do CNG durante a vigência da Constituição de 1952 em: CHASQUETTI ref. 363, p. 60.

[575] Sobre as várias leituras históricas desta competência dos ministros, v. GROS ESPIELL, ref. 568, p. 89.

Assembleia Geral um voto de confiança expresso, o qual pode ser conferido ou recusado, sem debate, por maioria absoluta (artigo 174.º).

Os poderes exercidos pelo presidente estão em linha com os de quase todos os presidentes de sistemas presidenciais, incluindo o poder de iniciativa legislativa e o direito de veto, com algumas especificidades. O poder de iniciativa legislativa exclusiva foi reforçado em 1967 (em relação a 1934/1942), indo além dos domínios fiscais e orçamentários, e passou a compreender a possibilidade de projetos de lei urgentes, que se consideram automaticamente aprovados se não aprovados ou rejeitados dentro de certo prazo. Detém direito de veto de projetos de lei, podendo fazer observações totais ou parciais (artigo 137.º). Se estas não forem rejeitadas expressamente pela Assembleia Geral (composta pela Câmara dos Representantes e pelo Senado), no prazo de 30 dias, consideram-se tacitamente aceites (artigo 139.º). A sua rejeição expressa requer maioria de três quintos dos membros presentes de cada uma das Câmaras (artigo 138.º).

A menor exigência no que concerne à superação do veto presidencial pelo parlamento (aliás, compensada pela faculdade de veto parcial), a inexistência de poder presidencial de publicação de decretos com força de lei, a vedação da reeleição e outros aspetos, não são suficientes para qualificar o sistema uruguaio como de presidente débil[576].

Seguro é que a relação entre o conselho de ministros e o parlamento não se coaduna com o espírito próprio dos sistemas presidenciais, na medida em que a Assembleia Geral pode, por maioria absoluta dos votos do total dos membros, mediante proposta de uma das câmaras, aprovar votos de desaprovação de um, vários ou todos os membros do conselho de ministros.

Vimos antes que a linha divisória entre sistemas híbridos de presidente governante e presidenciais se traça entre aqueles em que todo o gabinete, incluindo o primeiro-ministro (se existir), pode ser objeto de censura parlamentar e demitido, e aqueles em que isso se passa apenas em relação a membros isolados do gabinete. O Uruguai pertence ao primeiro grupo: a desaprovação determina a renúncia de quem for objeto dela, todos, só alguns ou um apenas, salvo se for aprovada por menos de dois terços da Assembleia Geral. Neste caso, o presidente pode não aceitar. Mas se a Assembleia Geral mantiver o voto de desaprovação por mais de três quintos, tal desaprovação produz os seus efeitos. Se a votação for inferior a três quintos, o presidente pode manter, por decisão expressa, o ministro, os ministros ou o conselho de ministros, dissolvendo as câmaras e realizando-se eleições. Os poderes presidenciais estão, todavia, sujeitos a limites temporais e circunstanciais. Depois das eleições, as câmaras podem, por maioria absoluta, manter ou revogar o voto de desaprovação. Se mantiverem, o conselho de ministros é demitido (artigo 148.º).

Atendendo simplesmente à arquitetura constitucional, a arrumação do sistema uruguaio no grupo parlamentar ou, porventura, com mais plausibilidade, no sistema semipresidencial com componentes de sistema parlamentar, como sugerido

---

[576] Cfr., porém, NOHLEN; GARRIDO, ref. 16, p. 284.

por alguns constitucionalistas de relevo[577], suscita reservas. Quanto a esta segunda hipótese, ela esbarra com a circunstância de estarem ausentes traços estruturais constitutivos do sistema semipresidencial: não existe estrutura tripartida do poder político, faltando um gabinete e um primeiro-ministro como órgão autónomo titular do poder executivo; em consequência, não se verifica a distribuição de competências entre os três órgãos do poder político, típica do sistema semipresidencial, que favoreça a gestação de equilíbrios entre eles.

(xiv)   *Caso da Zâmbia*

A Constituição da Zâmbia, de 1991, revista em 2016, está recheada de soluções singulares que não apenas dotam o sistema de governo de um vincado caráter híbrido, como confirmam a tendência contemporânea para o afastamento dos cânones institucionais mais comuns. Um aspecto que lembra o esquema formal do sistema britânico de incorporação é a circunstância de o parlamento ser constituído pelo presidente da República e pela Assembleia Nacional (artigo 62.º, n.º 1).

O presidente da República é chefe de Estado e do governo, além de comandante das Forças Armadas. É eleito por maioria absoluta na primeira ou numa segunda volta, se necessária (artigo 101.º, n.º 1, 2 e 3), para mandato de cinco anos. Quem tiver exercido o cargo por duas vezes não pode candidatar-se de novo (artigo 106.º, n.º 4). A duração do mandato presidencial é coincidente com a do parlamento (artigo 106.º, n.º 1). O vice-presidente é eleito em candidatura conjunta com o presidente (artigo 110.º), exercendo as funções cometidas pelo presidente e respondendo perante ele (artigo 112.º).

O presidente estabelece, funde e dissolve ministérios, sujeito a aprovação da Assembleia Nacional [artigo 92.º, n.º 2, alínea d)] e está dotado de poder de iniciativa legislativa [artigo 92.º, n.º 2, alínea i)]. Exerce o direito de veto, podendo expressar o sentido das suas reservas. A Assembleia pode aceitá-las ou superar o veto por dois terços dos seus membros. Os ministros são nomeados pelo presidente entre membros do Parlamento; são responsáveis, sob a direção do presidente, pela política dos respetivos ministérios (artigo 116.º); e são livremente demitidos pelo presidente.

O gabinete é composto pelo presidente, vice-presidente, ministros e procurador-geral, por inerência (artigo 113.º). É presidido pelo presidente ou, na sua ausência, pelo vice-presidente ou quem for por ele nomeado (artigo 115.º, n.º 4).

O presidente pode ter a imunidade levantada. Além disso, pode ser objeto de *impeachment* em casos de alegada violação da Constituição, de crimes punidos pelo direito internacional público e por má conduta grosseira (artigo 108.º, n.º 1), num processo com a intervenção de maiorias de dois terços da Assembleia Nacional e de um tribunal especial.

A Assembleia Nacional tem a titularidade do poder legislativo, embora com o poder de delegar. É composta por 156 membros, eleitos de acordo com o sistema

---

[577] V., no primeiro sentido, CASSINELLI MUÑOZ, ref. 568, p. 173; compreende-se a deambulação de GROS ESPIELL, ref. 576, que admite que passou por várias hipóteses — presidencial, parlamentar, semipresidencial — até se fixar na qualificação semipresidencial.

maioritário (*first-past-the-post*), a que acrescem o *speaker* e dois vice-*speakers*, eleitos entre cidadãos que não sejam membros dela. O presidente pode nomear até 8 membros da Assembleia (artigo 69.º).

Crucial para a integração do sistema da Zâmbia no grupo dos híbridos é a possibilidade de o Parlamento ser dissolvido [exceto em períodos de transição entre mandatos (artigo 104.º) e outros momentos (artigo 108.º, n.º 3)] pelo presidente, "*if the Executive cannot effectively govern the Republic due to the failure of the National Assembly to objectively and reasonably carry out its legislative function*" (artigo 81.º, n.º 4). A fórmula não deixa de fazer lembrar o irregular funcionamento das instituições democráticas que, em Portugal, é pressuposto do exercício do poder de demissão do governo pelo presidente da República. Contudo, na Zâmbia, esse deficiente funcionamento constitui pressuposto da dissolução parlamentar. Acentuando o caráter hibridizante do mecanismo, preveem-se, todavia, algumas condições prévias, designadamente a decisão do Tribunal Constitucional de que os pressupostos para a dissolução estão efetivamente verificados. Só então o presidente pode avançar com a dissolução (artigo 81.º, n.º 7). Sendo dissolvido o Parlamento, realizam-se eleições gerais no prazo de 90 dias, incluindo para presidente da República, mantendo-se o presidente incumbente em funções até à posse de um novo presidente eleito (artigos 81.º, n.º 8 e 104.º)

O sistema eleitoral maioritário tem produzido, basicamente, os mesmos efeitos que noutras latitudes: um sistema de partidos essencialmente bipartidário[578].

(xv)   *Caso da Região Administrativa Especial de Macau*

De um modo geral, os sistemas que compõem o universo comparativo correspondem a sistemas de governo de Estados. Não é habitual focar-se sistemas de governo como os instituídos nas Regiões Administrativas Especiais de Macau (RAEM) e de Hong Kong (RAEHK). Embora se trate de sistemas com extensa autonomia política e legislativa, estão integrados num sistema político de nível superior. Pode ainda se questionar se o *score* democrático é suficiente, segundo as teorias da democracia mais difundidas. Todavia, iremos dedicar alguma atenção àquele que tem maior interesse para o universo de língua oficial portuguesa: o de Macau. Na verdade, mesmo que não possa ser considerado plenamente democrático àquela luz, é considerado pela Constituição chinesa como o "segundo sistema" praticado no contexto da República Popular da China. É visto pelos próprios líderes chineses como um sistema democrático e pode ser uma espécie de laboratório ou de indicador para o "máximo de democracia" que a liderança chinesa está disposta a aceitar no futuro, inclusive além de 2049, dentro do qua-

---

[578] Hakainde Hichilema, do *United Party for National Development* (UPND), derrotou o candidato incumbente Edgar Lungu, da *Patriotic Front* (PF), em agosto de 2021, com 59% dos votos. Nas eleições para a Assembleia Nacional, no mesmo dia, o UPND obteve a maioria, com 85 lugares, ficando o PF apenas com 58. Outros 12 são ocupados por independentes.

dro tradicional — milenar, pode dizer-se — do pensamento político chinês, cuja última instanciação é o regime da República Popular da China[579].

De acordo com o artigo 45.º. § 1, da Lei Básica da RAEM (LBRAEM, de 1993), o chefe do executivo é o dirigente máximo da RAEM. Esta indicação exprime adequadamente a posição dominante que o chefe do executivo ocupa no sistema político da RAEM. O chefe do executivo é responsável, nos termos da LBRAEM, perante o governo popular central e a RAEM.

Tal responsabilidade tem manifestações precisas.

Desde logo, ao nível da escolha e nomeação. No espírito da LBRAEM, é impossível que o chefe do executivo seja alguém sem ligação a Macau. Na verdade, o chefe do executivo, além da nacionalidade chinesa, tem de ser residente permanente em Macau (e não mero residente habitual, por exemplo), e tem de ter residido permanentemente em Macau por 20 anos, no mínimo. Por outro lado, a LBRAEM determina que seja nomeado pelo governo central, mas com base em consultas ou eleições. Ora, o que tem sido praticado é a escolha através de uma comissão eleitoral "amplamente representativa" das sensibilidades locais. Atualmente, é composta por 400 eleitores (conforme a *Metodologia para a Escolha do Chefe do Executivo*). Há alguma ambiguidade sobre se o governo central está vinculado à escolha realizada pela comissão eleitoral. Na prática, o governo central tem seguido o resultado da eleição. Tendo em conta que os dirigentes chineses — designadamente Xi Jinping — se têm referido ao sistema da RAEM como um "sistema político democrático"[580], essa parece ser a melhor interpretação da LBRAEM: agir em conformidade com o resultado democraticamente apurado na comissão eleitoral.

Nos termos do artigo 52.º da LBRAEM, o chefe do executivo pode dissolver a Assembleia Legislativa em algumas circunstâncias, mormente, quando aquela aprove, duas vezes, um projeto de lei que o chefe do executivo se escuse a assinar, quando rejeite a proposta de orçamento apresentada pelo governo ou quando recusar uma proposta de lei de interesse geral da RAEM. A dissolução é um ato essencialmente livre do chefe do executivo, sem necessidade de intervenção formal do governo central, embora só o possa fazer uma vez no decurso do respetivo mandato (artigo 52.º, 2, § final).

Porém, o chefe do executivo não está imune a que, reciprocamente, a ação da Assembleia Legislativa provoque a sua demissão, em dois casos: em um diretamente, noutro indiretamente. Assim, o chefe do executivo é obrigado a renunciar ao cargo nas circunstâncias previstas no artigo 54.º, n.ºs 2 e 3, da LBRAEM, ou seja, quando uma Assembleia Legislativa com nova composição, depois de ter sido dissolvida, insistir, por maioria de dois terços, na confirmação de diploma anteriormente vetado pelo chefe do executivo, que este continue a recusar assinar, ou quando insistir na não aprovação de proposta do chefe do executivo anteriormente re-

---

[579] O presente desenvolvimento beneficia do texto publicado por CANAS, Vitalino; CARDINAL, Paulo. Os sistemas de governo da RAEM e do Território de Macau – uma visão comparada. *In*: MENDES, Carmen Amado; CANAS, Vitalino (coord). *Lei Básica da Região Administrativa Especial de Macau. 30 anos.* Lisboa: Centro Científico e Cultural de Macau, 2025. p. 31.

[580] XI, Jinping. *A Governança da China*, II. Beijing: Editora de Línguas Estrangeiras, 2018, p. 521.

jeitada. Trata-se de um mecanismo similar ao que existe em alguns dos sistemas de *governo híbridos* até aqui analisados. A simples consideração dos pressupostos que devem estar preenchidos leva a pensar que se tratará de uma situação de rutura radical, pouco expetável, tendo em conta a cultura política prevalecente.

Por outro lado, o chefe do Executivo pode ser demitido por decisão do governo popular central, na sequência do processo previsto no artigo 71.º, n.º 7, da LBRAEM. Trata-se de algo equivalente ao *impeachment* que encontramos na maioria dos sistemas presidenciais.

É claro que, embora indiciem a preocupação de criar válvulas de escape para graves situações de crise e de impasse institucional, todas estas saídas extremas só terão sucesso em situações dificilmente imagináveis no quadro institucional vigente.

Os dois órgãos, chefe do executivo e Assembleia Legislativa, estão, na prática, condenados a entender-se. Os seus mandatos, de 5 anos para o primeiro e de 4 para os membros da segunda, são praticamente fixos. E, na falta de entendimento, o elo mais fraco será a Assembleia Legislativa.

Diga-se, a propósito da Assembleia Legislativa, que, em termos formais, viu reforçado o seu estatuto na LBRAEM em comparação com o do antigo Estatuto Orgânico de Macau (EOM).

Por um lado, a sua composição é mais numerosa que a prevista sob o EOM. Atualmente, é composta por 33 membros: 7 nomeados pelo chefe do executivo, 14 eleitos por sufrágio direto, 12 eleitos por sufrágio indireto. O peso relativo dos membros nomeados pelo chefe do executivo e eleitos por sufrágio indireto diminuiu.

O reforço institucional, *pelo menos do ponto de vista estatutário-constitucional*, ressalta também no facto de a Assembleia Legislativa ser o órgão legislativo quase exclusivo. O chefe do executivo não recebeu, em termos gerais, competência legislativa, nem exclusiva, nem concorrencial. O artigo 67.º proclama que a Assembleia Legislativa é o órgão legislativo da RAEM.

Sendo isto assim, e jurídico-institucionalmente muito relevante, nada permite dizer, porém, que, em termos reais, o chefe do executivo tenha menos capacidade de impor ou condicionar a agenda legislativa do que o antigo governador do Território sob administração portuguesa de Macau. Antes, pelo contrário, sobremaneira nos anos mais recentes, o chefe do executivo mantém o poder de iniciativa da lei, exclusivo em vários domínios, e o poder de veto, superável apenas por maioria de 2/3 de todos os deputados (artigo 51.º da LBRAEM).

Por outro lado, os deputados estão impedidos de exercer iniciativa legislativa sobre certas matérias (finanças, estrutura política e funcionamento do governo) ou têm de obter a anuência do chefe do executivo noutras (artigo 75.º). Acresce que o chefe do executivo continua a deter o poder de nomeação de alguns deputados que, certamente, servem de ressonância das posições daquele no processo legislativo.

A LBRAEM instituiu, formal e expressamente, um governo da RAEM (artigo 61.º da LBRAEM), órgão executivo chefiado pelo chefe do executivo (artigo 62.º da LBRAEM), composto, entre outros, por secretários, propostos pelo chefe do executivo e nomeados pelo governo popular central (artigo 50.º, n.º 6, da LBRAEM).

O sistema da RAEM não se afasta do instituído em Hong Kong. A consideração dos dois sistemas de governo pode ter um interesse mais global, já que pode (ou poderia) constituir um indicador relevante e seguro de até onde a República Popular da China está disposta a ir na instituição de um sistema que, embora possa ser encarado com reservas à face das conceções mais difundidas da democracia liberal de matriz ocidental, é visto pelas autoridades chinesas como expressão do princípio democrático, na leitura de democracia musculada que perfilham, típica de alguns Estados da região.

Como mencionado antes, o sistema de governo da RAEM é um sistema híbrido, que não se enquadra em nenhum modelo típico[581]. Todavia, a prática institucional, condicionada pelo contexto e pela cultura política específicos, é muito próxima, formalmente, dos sistemas presidenciais de presidente dominante.

---

[581] V. GOUVEIA, Jorge Bacelar. Macau no Direito Constitucional de Língua Portuguesa. *Revista da Ordem dos Advogados*, Lisboa, ano 71, n. 4, p. 993-1079, out./dez. 2011.

Capítulo V

A REPERCUSSÃO DO AMBIENTE CONTEXTUAL NO FUNCIONAMENTO DOS SISTEMAS DE PRESIDENTES GOVERNANTES

1. CONSIDERAÇÕES GERAIS

Os quadros constitucionais são mais ou menos estáveis, em função de vários fatores: a estabilidade constitucional pode ser contrariada por revisões, transições e ruturas constitucionais, por interpretações evolutivas e oscilantes, ou até por práticas constitucionais desviantes que adquiram, após algum tempo, a força do costume constitucional. Daremos especial relevo ao que sucedeu ultimamente com o instituto clássico do *impeachment*. Mas, de modo geral, a estabilização de quadros comparativos das instituições constitucionais é viável.

Em Estado de Direito, esses quadros constituem a variável fundamental independente que mais condiciona o ambiente contextual. Todavia, a interação entre os quadros constitucionais e as variáveis referentes ao ambiente contextual é recíproca. Este pode, reversamente, repercutir-se sobre o modo como as instituições constitucionais são transformadas em prática institucional. As variáveis atinentes ao contexto tanto podem incentivar como desincentivar os agentes políticos relevantes a alinhar a sua ação política pelos quadros constitucionais, respeitando-os e implementando-os, ou não.

Embora o objetivo destas considerações seja encontrar linhas de força dessa interação, que existe sempre e em qualquer sistema, deve reconhecer-se que a identificação de tais linhas de força só é viável a um nível elevado de abstração. A coleção de dados sobre as variáveis que compõem o ambiente contextual implica operações multidisciplinares e metódicas, muito mais complexas do que a interpretação constitucional. Por outro lado, algumas premissas contextuais não são constantes — designadamente as contingentes —, podendo alterar-se significativa e subitamente, mais repentina e inesperadamente do que o quadro constitucional. Pode até haver fatores contextuais "relâmpago" que suscitam um reforço (ou enfraquecimento) súbito, tendencialmente transitório (mas podendo deixar sequelas para o futuro).

Franklin Delano Roosevelt teve, de modo geral, altos níveis de aprovação popular: em 1936, na eleição para o segundo mandato, atingiu mesmo percentagem recorde de votos, acima dos 60%; em alguns períodos da II Guerra, o nível de aprovação esteve acima dos 80%. Sustentado na forte legitimação decorrente do sucesso eleitoral e dos níveis de aprovação, durante os quatro mandatos emitiu quase 3000 *executive orders*, muitas de caráter manifestamente legislativo e estruturantes do sistema jurídico, social e económico. Após o 11 de setembro de 2001, os níveis de aprovação de George W. Bush subiram a níveis nunca antes detetadas pelos estudos da *Gallup*. Alicerçado nisso, o Presidente promoveu a aprovação do *Patriot Act*, publicado em outubro de 2001, que reforçou significativamente os poderes do executivo federal em matérias de segurança nacional.

Estes dois momentos históricos mostram que, mesmo sem qualquer alteração constitucional, uma arquitetura constitucional de equilíbrio pode ser significativamente abalada pela força do contexto. Se o contexto não tivesse sido de urgente enfrentamento da crise económica da década de 1930 e do terrorismo após o 11 de setembro de 2001, possivelmente a maior parte das *executive orders* de Roosevelt e o *Patriot Act* de Bush — que sinalizam uma situação de presidente reforçado num sistema constitucional montado para o equilíbrio entre os órgãos federais —, nunca teriam visto a luz do dia.

A imagem relativamente translúcida que poderia resultar da simples consideração de aspetos jurídico-constitucionais desfoca-se significativamente, quando passamos a uma perspetiva de ciência política considerando variáveis que não relevam estritamente da arquitetura do sistema constitucional de governo. Por isso, a circunstância de a Constituição projetar *juridicamente* um presidente institucionalmente reforçado ou débil não indicia forçosamente o funcionamento do sistema de governo com forte ou fraco pendor presidencial[582]. Por outro lado, a circunstância de haver um presidente forte ou fraco num Estado, em dado contexto, muito possivelmente não é suscetível de generalizações mecanicamente extensíveis a outros, mesmo em contexto semelhante. Um universo reduzido simplifica a comparação, mas dificulta as correlações estatísticas, pois as discrepâncias nacionais tornam-se mais salientes — e menos diluíveis por grandes números — e comprometem a possibilidade de um modelo explicativo e preditivo uniforme[583]. Por isso, a inevitável apresentação de casos individualizados não é acompanhada pela pretensão de os reconduzir subsequentemente a hipóteses e teorias gerais.

Tudo isto desemboca, em última análise, em dificuldades de classificação dos sistemas numa perspetiva da prática institucional. Não é, por isso, raro que autores diferentes concluam pela arrumação de um mesmo caso em prateleiras distintas. Cada caso é um caso, com percentagem de similitude com outros que nunca atinge os 100% e que pode até ser tendencialmente baixa. Há casos que ostentam características irrepetíveis. As variáveis que funcionam como incentivo ou desincentivo ao funcionamento

---

[582] NOHLEN; GARRIDO, ref. 16, p. 127.

[583] Entre muitos, v. BIRCH, Anthony. *The concepts & theories of modern democracy*. 3. ed. New York: Routledge, 2007. p. 283.

alinhado com o quadro institucional constitucionalmente traçado podem organizar-se em três grupos:

(i) personalidade do presidente (e de outros atores políticos relevantes que com ele interajam)[584];

(ii) estruturais;

(iii) contingentes.

Combinadamente, estas três nebulosas formam o contexto ou ambiente contextual no qual as instituições constitucionais (e também as infraconstitucionais, como as leis eleitorais e as leis sobre organizações partidárias) operam. Por economia de exposição, usaremos as expressões *contexto* ou *ambiente contextual* quando quisermos aludir por atacado às variáveis não institucionais.

As variáveis *estruturais* são as que permanecem duradouramente no sistema político, sem flutuações de maior, nem possibilidade de modificação por ato de autoridade ou de dissipação num horizonte temporal relativamente longo. Entre outras:

(i) história política;

(ii) questões de identidade ou unidade nacional;

(iii) diferenças ou rivalidades regionais, étnicas, religiosas antigas e vincadas;

(iv) dimensão e grau de participação política dos cidadãos, incluindo no controlo ativo do exercício do Poder político;

(v) cultura política, nomeadamente predomínio de cultura de antagonismo ou, ao invés, de cooperação entre os poderes;

(vi) peso do Estado e da Administração Pública na burocracia e na economia;

(vii) práticas de clientelismo, nepotismo, caciquismo;

(viii) grau de (des)confiança dos cidadãos no sistema político, nas instituições, nos partidos, no sistema eleitoral ou nas eleições.

As variáveis *contingentes* ou conjunturais têm um âmbito mais vasto, mais difuso e mais heterogéneo, que as da personalidade e as estruturais, pelo que a sua elencagem exaustiva é ainda mais inviável. Aí tanto se abrigam as variáveis referentes a alguns quadros jurídicos infraconstitucionais que sejam menos estáveis e mais facilmente

---

584 O tema da *leadership* é um dos mais promissores do estudo de sistemas em que um político individualizado — presidente, primeiro-ministro — exerce a função vetorial do sistema: capacidade comunicativa, atratividade da imagem, capacidade organizativa, criação de equipas de talentos, intuição política, capacidade cognitiva, maleabilidade tática, inteligência emocional, etc. Para um exemplo de uma análise psicológica e da personalidade, v. BARBER, James David. *The presidential character: predicting performance in the White House*. 4. ed. New York: Prentice Hall, 2008. A centralidade da análise dos temperamentos e das inclinações individuais não pode, todavia, alhear-se dos condicionamentos institucionais e contextuais, que tendem a prevalecer e a condicionar as variáveis atinentes à personalidade.

alteráveis por força de maiorias de ocasião, do que os quadros constitucionais, como contingências relativas:

(i)   à extensão dos efeitos concretos decorrentes da sincronia, ou não, de atos eleitorais presidenciais e parlamentares;

(ii)   à existência de governo unitário ou dividido;

(iii)   à relação entre o presidente e as forças políticas representadas no parlamento e, especificamente, o seu próprio partido;

(iv)   a conflitos internacionais;

(v)   à situação social e económica;

(vi)   à situação de segurança interna;

(vii)   à turbulência ou acalmia públicas;

(viii)   a calamidades e catástrofes naturais;

(ix)   a escândalos de corrupção;

(x)   a movimentos políticos que eclodem momentaneamente;

(xi)   ao grau de recetividade dos cidadãos a discursos e propostas populistas.

Como todas as classificações, estas têm candidatos positivos, candidatos negativos e candidatos duvidosos, ou seja, variáveis que não têm enquadramento evidente. O sistema de partidos foi, durante muitas décadas (e continua a ser, em alguns casos), uma variável estrutural dos sistemas políticos. As vicissitudes e tendências de volatilidade e fragmentação mais recentes, tratadas noutro local do texto, atenuam a possibilidade de o enquadrar nas variáveis estruturais, no sentido acima apresentado e acentuam a pertinência de o incluir no grupo das varáveis tendencialmente contingentes.

Há variáveis que podem ter ou não impacto, dependendo das circunstâncias. A *personalidade* dos protagonistas em alguns casos pode ser determinante, noutros nem tanto. Um presidente decisionista, impulsivo, com queda autoritária, eventualmente convicto do seu carisma, tanto pode impor-se, como suscitar reações de rejeição, criando dificuldades para si próprio, e vendo sucessivas portas a fechar-se, até ao isolamento. Não está sozinho no terreno de jogo político e isso depende da reação de (supostos) aliados e dos adversários. Javier Milei, a quem boa parte daqueles traços de caráter se aplicam, no primeiro ano de mandato lançou medidas contra tudo e contra todos e com enfrentamentos com as elites políticas tradicionais, não se sabe para onde cai: em novembro de 2024, obtinha índices de aceitação superiores aos seus antecessores, no mesmo momento dos seus mandatos, e impunha a sua agenda, mas qualquer insucesso das medidas radicais pode mudar tudo de um dia para o outro. Collor de Mello e Carlos Andrés Pérez sentiram-no bem. Do primeiro, falaremos mais tarde. O segundo, fiando-se no que julgava ser a incontestável posição de líder da esquerda venezuelana de muitos anos, entendeu poder impor unilateralmente, contra a tradição e vontade de boa parte do seu Partido (Ação Democrática), maioritário no parlamento venezuelano, medidas austeritárias. O movimento *Caracazo* viria como resposta. A sua repressão deixou cerca de 300 mortos, gerando persistentes protestos entre 1989 e 1992 e descontentamento entre civis e militares, que desembocariam no *impeachment* do Presidente Pérez, em 1993. Em contrapartida, a existência de uma personalidade forte — por exemplo, ex-candidato à presidência ou candidato a candidato —, carismática, popular, que faça marcação cerrada ao presidente, limitando o seu espaço de manobra (como Trump ou Marine Le Pen), pode também ter um efeito condicionador da ação presidencial.

Outras variáveis podem ser decisivas, quando pontificam, mas têm aplicação em sistemas políticos com caraterísticas específicas. Nos Estados em que persistam questões de *identidade ou de unidade nacional,* mais ou menos latentes ou agudas, que o tempo não resolveu, ou *diferenças regionais, étnicas e religiosas* pronunciadas (como, frequentemente, na América Latina e em África), a capacidade de o presidente simbolizar a unidade nacional e integrar ou fomentar equilíbrios regionais, no quadro da forma de Estado consagrada, pode ser um fator incomensurável do reforço da sua posição no concerto dos poderes.

Consoante as variáveis de contexto, assim a sua operatividade tem um alcance temporal mais longo e estrutural ou mais momentâneo e conjuntural. Quando o que opera são sobretudo as variáveis estruturais, no limite, pode verificar-se uma *mutação* do sistema constitucional de governo prolongada e estável, geralmente aceita e encarada como apropriada pelas elites e pelos cidadãos. Nesses casos regista-se uma mutação de sistemas de governo que, do ponto de vista do quadro constitucional, se inscrevem numa categoria — sistemas presidenciais, híbridos de presidentes governantes, parlamentares, semipresidenciais — para uma qualquer categoria diferente. Em contrapartida, se produzirem impacto sobretudo eventualidades respeitantes à personalidade do presidente e a variáveis contingentes ou conjunturais, é expectável que haja uma mera oscilação diacrónica ou *basculação sistémica*. Esta será caracterizada pela prática institucional oscilar entre situações de observância da letra e do espírito constitucional e situações momentâneas, transitórias ou até episódicas, eventualmente vistas como patogénicas e, portanto, não procuradas pelas elites deliberadamente e com plena consciência das consequências sistémicas.

No primeiro caso, há uma *mutação* sistémica, com caráter estrutural e duradouro. No segundo, um fenómeno de *basculação* sistémica, com caráter transitório, que, mais tarde ou mais cedo, evolui, verificando-se ou o regresso ao quadro constitucional, ou a migração para outra prática institucional igualmente desviante do quadro constitucional.

Em nenhum dos casos o sistema muda a sua natureza *jurídica*. Na *basculação sistémica*, o eixo do sistema continua a ser o quadro constitucional vigente, com o qual a prática institucional se coloca a par mais cedo ou mais tarde. É o caso, por exemplo, de um sistema presidencial de equilíbrio funcionar episodicamente como de presidente reforçado (ou dominante) ou débil regressando, mais cedo ou mais tarde, ao equilíbrio, antes de voltar, novamente, a presidente reforçado (ou dominante) ou débil, como ocorre designadamente nos EUA, nas Filipinas, no Malawi, no México ou na República da Coreia. Ou o caso de um sistema de presidente reforçado funcionar episodicamente como de equilíbrio ou débil, como ocorre no Chile ou no Brasil. Na *mutação sistémica*, a prática institucional afasta-se duradouramente do eixo do sistema, sem embargo de poder regressar a ele.

Subcapítulo I

BASCULAÇÃO SISTÉMICA

A presente secção ocupa-se daquele primeiro fenómeno, a *basculação sistémica*. As situações de *mutação sistémica* e os exemplos de sistemas mutantes serão estudados no subcapítulo seguinte.

A *basculação sistémica* pode ter amplitudes maiores ou menores. Demonstraremos que, em certos ambientes, a conjugação entre o quadro institucional e certas variáveis de contexto — particularmente contingentes, embora sujeitas ao balizamento inerente à operação das variáveis estruturais — pode gerar situações que extravasam as três categorias de sistemas presidenciais que estudámos, atendendo ao quadro constitucional — de equilíbrio, de presidente reforçado e de presidente débil —, provocando o deslizamento para o *sistema de presidente dominante* ou para o *sistema presidencial de assembleia* ou *com ascendente parlamentar*.

Para os objetivos deste livro — avaliar até onde vai o poder dos presidentes governantes e quais podem ser os limites jurídicos e fáticos desse poder — não é necessário, nem tão pouco viável, apurar a repercussão de todas as variáveis. Destacaremos, portanto, apenas algumas das acima identificadas: (i) os efeitos da sincronia/assincronia das eleições presidenciais e parlamentares; (ii) a relação entre presidente e maioria/minoria parlamentar; (iii) a relação do presidente com o seu partido e com os demais partidos.

1. EFEITOS DA SIMULTANEIDADE OU DESFASAMENTO DAS ELEIÇÕES PRESIDENCIAIS E PARLAMENTARES

Uma apreciação empírica permite inferir que, quando as eleições parlamentares não ocorrem concomitantemente com as presidenciais, há maior probabilidade da formação de parlamentos ou maiorias hostis e menor probabilidade de formação ou manutenção de coligações, devido à opção dos partidos de manterem distâncias em relação à atuação presidencial. Os *coattail effects* (literalmente, efeitos da aba da casaca), ou de *arrastamento*, da eleição presidencial, são pouco ou nada significativos[585]. É essa noção empiricamente adquirida que leva, por exemplo, a que Constituições de diferentes latitudes, como a angolana, a turca ou a do Quiribati, sejam extremamente cuidadosas em garantir que as eleições parlamentares e presidenciais andam a par.

Isso ocorre nos casos em que as eleições são em dias diferentes (Colômbia, Chipre, Coreia do Sul, Indonésia), desde que haja alguma distância temporal entre elas. É também assim nos casos em que se realizam eleições intercaladas ou intermédias, como

---

[585] CHAISTY; CHEESEMAN; POWER, ref. 92, p. 61. Ao invés, não há dados seguros que permitam supor que a não concomitância conduza ao aumento do número de partidos e que a concomitância induz a uma diminuição: cfr., porém, CHEIBUB, ref. 19, p. 169.

no México. Aí realizam-se, a cada três anos, eleições para a Câmara dos Deputados; ou seja, no meio do mandato presidencial de seis anos, ocorre uma eleição para renovar integralmente os mandatos dos 500 deputados. Nos EUA, a cada dois anos realizam-se eleições para o número total de lugares na Câmara dos Representantes e para um terço do Senado; ou seja, em cada mandato presidencial há uma eleição *midterm*. O mesmo sucede na Argentina, com renovação de metade dos lugares na câmara baixa no meio do período do mandato presidencial. Qualquer das duas hipóteses de desfasamento pode suscitar novos realinhamentos e novas composições dos grupos de deputados com assento parlamentar[586]. É frequente o presidente ver os partidos que o apoiam terem a sua representação reduzida e, por vezes, perderem a maioria do parlamento, quando a detinham. Se existentes, as coligações podem não resistir. É raro um reforço eleitoral daqueles partidos.

A penalização destes traduz-se, presumivelmente, em menor força presidencial para viabilização da sua agenda, pelo que a realização de eleições legislativas dessincronizadas com eleições presidenciais é, de alguma forma, um mecanismo de limitação do poder presidencial. Para quem vise o reforço dos poderes ou da posição presidencial é preferível, pois, a simultaneidade das eleições. De preferência, total e não apenas parcial[587].

Existem três modelos de simultaneidade: (i) baixa simultaneidade, quando as eleições se processam no mesmo dia, embora com boletins de voto diferentes; (ii) simultaneidade média, quando o boletim de voto é o mesmo, mas há uma indicação de voto por cada órgão a eleger; (iii) simultaneidade alta, quando o eleitor emite apenas um voto, válido para todas as eleições em causa[588].

O sistema mais praticado é o primeiro[589]. Um exemplo do último caso, o mais raro, é o de Angola (Constituição de 2010): é eleito presidente o primeiro nome da lista candidata ao círculo nacional do partido ou coligação mais votada em eleições gerais, sendo também eleitos, através dessa lista e com o mesmo voto, o vice-presidente e parte dos deputados.

Nos sistemas de presidentes governantes em que o presidente seja eleito na mesma lista que os candidatos ao parlamento (o exemplo de Angola, acabado de citar), há sempre unidade de sentido de voto: o presidente, normalmente líder do partido mais votado ou maioritário, partilha da mesma base eleitoral que os membros do órgão legislativo afetos a esse partido. Já nos sistemas de presidentes governantes eleitos por votação separada da dos parlamentares, pode haver discrepâncias entre o sentido intencional de voto dos eleitores numa e noutra votação. A explicação mais consensual para isso é, desde logo, que os candidatos presidenciais têm tendência a adotar posicionamentos

---

[586] Esse é o fundamento da crítica de Carlos Santiago Nino, apontando que as renovações parciais impedem produzir efeito legislativo mesmo quando se forme um consenso popular num certo momento. V. NINO, ref. 15, p. 43,

[587] SIAROFF, ref. 90, p. 136.

[588] Cfr. PAYNE; ALLAMAND ZAVALA, ref. 336, p. 21; NOHLEN; GARRIDO, ref. 16, p. 93.

[589] Particularmente na América Latina, conforme mostra o estudo de NOHLEN; GARRIDO, ref. 16, p. 93.

politicamente mais abrangentes — ou mais difusos, porventura mais "centristas" ou próximas do ponto médio do eleitorado — do que os seus partidos e os eleitores podem adotar estratégias eleitorais diferentes em cada uma das eleições[590].

Até que ponto pode ir essa discrepância?

Pode não ser possível calcular com exatidão a extensão do desvio e as razões que conduzem a ele. Por isso, a construção de uma teoria sobre isso não é fácil.

Samuels e Shugart reuniram dados respeitantes ao período de 1946 a 2007, referentes a 53 países, abrangendo 19 sistemas presidenciais e também alguns semipresidenciais (que não consideramos)[591], quando as eleições não são unitárias (ou seja, quando um único voto não vale para dois ou mais cargos[592]). Alicerçados nessa recolha, avaliaram o que designam por *electoral separation of purpose* (ESP)[593].

Os autores notam que o sentido de voto se pode alterar no que toca aos candidatos do mesmo partido ou de vários partidos, em diferentes períodos, dentro do mesmo país e em diferentes países, não sendo possível estabelecer recorrências exatas. Mas salientam que na maior parte dos casos se verifica apenas pequena a moderada discrepância do voto[594]. Por outro lado, detetam tendência para o sentido do voto variar menos quando as eleições presidenciais e legislativas são simultâneas do que quando são separadas no tempo (embora seja relevante o tempo de separação que existe, designadamente se ainda se está no período de "estado de graça" presidencial ou já não). As eleições simultâneas encorajam os eleitores — mas não os impelem necessariamente[595] — a tomar os candidatos presidenciais e legislativos como membros da mesma constelação e peças da mesma solução governativa e programática e a votar de acordo com isso[596].

> Os autores calculam que o ESP nas eleições simultâneas é de 7,20, enquanto a média em eleições não simultâneas é de 13,11 (sendo que, quanto mais perto do zero, menos discrepância há entre o sentido de voto em eleições presidenciais e para o parlamento)[597]. Daqui decorre que a atitude racional dos membros do parlamento do partido presidencial (e talvez da coligação, desde que funcione solidariamente, com possibilidade de colher louros da governação) é, definitivamente, a cooperação com o presidente, contribuindo para o seu sucesso, e não a opção por comportamentos dissidentes, na ilusão de que o "seu" eleitorado se vai guiar pelas suas ações para decidir o voto.

---

[590]   SAMUELS; SHUGART, ref. 19, p. 124.
[591]   Lista na p. 144, *ibid.*
[592]   Neste caso, correspondente ao nível de alta simultaneidade acima mencionado, o efeito de arrastamento atinge o máximo expoente.
[593]   SAMUELS; SHUGART, ref. 19, p. 123 *et seq.*
[594]   SAMUELS; SHUGART, ref. 19, p. 143.
[595]   *Ibid.*, p. 128.
[596]   *Ibid.*, p. 129, 147; v. também CHEIBUB, ref. 19, p. 122; NOHLEN; GARRIDO, ref. 16, p. 94.
[597]   SAMUELS; SHUGART, ref. 19, p. 145.

Sem embargo, há casos de grande desvio entre a votação de eleitores presidenciais e a votação das listas legislativas dos seus partidos, mesmo quando são simultâneas: o Brasil (PT e PSDB) é apresentado como o caso mais flagrante[598].

Ressalvados estes casos, que fogem à tendência geral, pode, por conseguinte, admitir-se que as eleições simultâneas tendem a potenciar, de facto, o que se designa de *coattail effect* ou *efeito de arrastamento*: o voto num candidato presidencial induz ao voto (arrasta o voto) numa lista de candidatos a membros do parlamento que se identifique com a candidatura presidencial.

Já nas eleições não simultâneas, mormente intercalares ou antecipadas, o desvio entre voto presidencial e voto parlamentar pode ser maior. Várias razões se podem apontar.

Por um lado, não está em causa, em princípio, a permanência do presidente, nem, mais uma vez em princípio, a composição do governo (sem prejuízo, naturalmente, de eventual impacto em coligações pré-existentes). Nesse contexto, os eleitores podem produzir um voto estratégico diferente do que produziriam se estivesse em causa con-comitantemente a eleição presidencial. Mormente, as eleições discrepantes são o meio perfeito para enviar "uma mensagem" de insatisfação, se esta couber, ao presidente e aos partidos que o suportam no parlamento, designadamente o seu, se o tiver. Pode produzir-se, inclusive, um efeito de arrastamento *reverso*: a impopularidade ou baixo índice de aprovação do presidente fomenta o desvio do voto no seu partido e, possivel-mente, nos partidos de coligação (caso evidente, a votação no *Ensemble* de Macron, nas eleições legislativas antecipadas francesas de junho/julho de 2024), mesmo que estes se procurem demarcar daquele.

Por outro lado, se quando há simultaneidade de atos eleitorais os partidos tendem a não se desviar significativamente do discurso e da estratégia eleitorais do candidato presidencial, para não comprometerem as hipóteses de obter "o primeiro prémio", nas eleições não simultâneas os partidos — incluindo o presidencial — podem orientar a sua campanha produzindo uma oferta eleitoral que não coincide ou não tem a mesma força mobilizadora que a da campanha eleitoral presidencial. É consensual (mas desa-fiado por exemplos como Trump ou Bolsonaro) que os candidatos presidenciais com reais pretensões de lutar pela eleição optam comumente por um discurso mais próximo do centro geométrico do eixo esquerda/direita do que os seus partidos. Isso pode ficar mais patente quando as eleições não coincidem no tempo.

Acresce ainda que o tempo pode desvendar algum grau de conflitualidade interna entre o presidente e o seu partido ou coligação, cavando ou acentuando fraturas que di-minuem a sua margem de manobra na promoção de uma agenda política. Eventualmente, essas fraturas suscitam uma penalização da parte dos eleitores, materializada através da mudança de sentido do voto (para penalizar o próprio partido e/ou o presidente).

São muitos "talvez" e "em princípio" que, como se reconheceu, dificultam ou in-viabilizam uma teoria geral. De qualquer modo, a evidência empírica é suficiente para

---

[598]   SAMUELS; SHUGART, ref. 19, p. 137, 190 *et seq.*

afirmar que tanto a simultaneidade quanto a não simultaneidade de eleições produzem efeitos importantes. Pode extrapolar-se que, como é intuição comum na ciência política, as eleições presidenciais simultâneas (ou quase simultâneas) às legislativas produzem um efeito positivo de arrastamento, mormente no que concerne aos votos nestas, embora não seja líquido o grau, bem como o efeito que as instituições desempenham nisso. Esse efeito de arrastamento faz diminuir os riscos de governo dividido, que focamos a seguir e, por conseguinte, pode refletir-se positivamente na posição do presidente no sistema de governo.

Em contrapartida, a descoincidência das eleições pode desencadear dinâmicas eleitorais perniciosas para a ação e os objetivos presidenciais[599].

2. A RELAÇÃO ENTRE PRESIDENTE E MAIORIA/MINORIA PALAMENTAR

Uma variável contingente decisiva para qualquer presidente de qualquer sistema de presidente governante, e não apenas de sistemas presidenciais, é a que se refere à relação entre presidente e composição parlamentar.

Há aspetos referenciados pela literatura, como a perceção pública — e a perceção do próprio — sobre o quadrante que o presidente ocupa no eixo esquerda-direita, mas que tendem hoje a perder peso, seja pela exaustão das ideologias, seja pela inclinação centrista — genuína ou tática — da maioria dos presidentes. Por isso, cingimo-nos aos seguintes fatores:

i. existência ou não de uma maioria estável e coerente no parlamento;

ii. existindo essa maioria, alinhamento, ou não, do presidente com ela;

iii. relação entre o presidente e o seu partido ou coligação de suporte primitivo;

iv. em caso de coligação do seu partido com outros, estruturada ou não, a relação do presidente com ela e, mormente, com o partido mais influente (dominante, maioritário ou quase maioritário), se não for o seu;

v. grau e tipo de apoio de que o presidente consegue atrair entre os partidos representados no órgão parlamentar que não o seu.

Neste número, ocupamo-nos dos primeiros dois temas: existência ou não de uma maioria estável e coerente no parlamento e, existindo essa maioria, o alinhamento ou não do presidente com ela.

Importa fixar alguns conceitos.

O *governo* unitário, expressão importada da ciência política norte-americana (onde o Congresso e o presidente são o "governo"), caracteriza-se pela existência de uma maioria estável e coerente no parlamento de suporte à ação política do presidente. A *unidade* do governo pode ser assegurada pelo partido do presidente ou por uma coligação pré-eleitoral ou pós-eleitoral de partidos *office seekers* e/ou *policy seekers*.

---

599 PAYNE; ALLAMAND ZAVALA, ref. 336, p. 37.

No *governo dividido*, o presidente não dispõe de maioria de suporte no parlamento. O presidente lidera, assim, um *executivo minoritário*, por: (i) não ter o apoio declarado e duradouro de qualquer partido, frente ou coligação estruturada formal representados no parlamento (presidente independente ou suprapartidário); (ii) ter apenas o apoio de um partido, frente ou coligação bastante minoritários; (iii) ter o apoio de um partido, frente ou coligação minoritários, mas com presença significativa, ainda que sem possibilidade de garantir a sustentação de veto presidencial acionado sobre medidas do parlamento; (iv) ter o apoio de um partido, frente ou coligação minoritários capazes de impedir a superação de veto presidencial pelo parlamento e/ou a maioria necessária para *impeachment*[600]. Essas ocorrências de governo dividido implicam que o presidente não goza, à partida, de uma conjugação favorável de forças no parlamento para executar o seu programa. Em alguns casos, o presidente não tem sequer meios para evitar que outro programa inconciliável seja executado ou até para se manter garantidamente no cargo pelo período constitucionalmente previsto.

A situação de governo dividido pode assumir várias configurações.

Quando vigore um sistema bicameral, o governo dividido pode ser (i) total ou (ii) parcial. É *total* se o presidente não tiver maioria em ambas as câmaras. É *parcial* se isso só ocorrer numa delas. Para que a situação de governo dividido total seja relevante, importa que ambas as câmaras tenham efetivo poder, ainda que assimétrico, de contrariar a agenda presidencial. A situação de governo dividido meramente parcial, em comparação com o governo dividido total, pode representar um benefício para a afirmação presidencial, particularmente quando cada uma das duas câmaras dispõe de alguns poderes exclusivos ou quando decisões adversas ao presidente têm de ser tomadas por ambas, em reuniões separadas ou conjuntas. Todavia, haverá situações em que o facto de o governo dividido ser meramente parcial não obsta a bloqueios de iniciativas presidenciais, produzindo--se um efeito prático equivalente ao do total.

Olhando agora pelo prisma da composição e estrutura das forças de *oposição* no parlamento à ação política presidencial, distinguem-se duas modalidades: (i) governo dividido maioritário e (ii) governo dividido minoritário.

O *governo dividido maioritário* caracteriza-se pela existência no parlamento de um partido ou coligação suficientemente estruturada, estável e coerente (maioria *monopartidária* ou *maioria de coligação*), que imponha programa e linha política de manutenção ou de alteração do *status quo* alternativos aos do presidente e seus apoios parlamentares. O governo dividido maioritário pode manifestar-se em duas variantes: (i) o partido ou coligação maioritária no parlamento tem força numérica suficiente para neutralizar o veto presidencial e/ou para impor o *impeachment* do presidente; (ii) o partido ou coli-

---

[600] A situação de governo dividido tornou-se a tendência mais marcada na América Latina. No tocante ao período 1978-2002, v. NEGRETTO, Gabriel. Minority Presidents and Democratic Performance in Latin America. *Latin American Politics and Society*. v. 48, n. 3, p. 63-92, 2006; CHEIBUB, José Antonio. Minority Governments, Deadlock Situations, and the Survival of Presidential Democracies, *Comparative Political Studies*, v. 35, n. 3, p. 284-312, 2002.

gação maioritária dispõe de votos para aprovação ou rejeição de iniciativas legislativas patrocinadas pelo presidente (e outras), mas não reúne votos suficientes para suplantar o veto presidencial e/ou para aprovar o *impeachment* do presidente. Esta segunda situação manifesta-se tipicamente quando a neutralização do veto presidencial requer uma maioria absoluta ou mais qualificada (*supermajority*, noutro idioma), como, por exemplo, dois terços dos membros da câmara parlamentar.

Ocorre *governo dividido minoritário* quando os partidos parlamentares não apoiantes do presidente têm, em soma aritmética, número de votos superior aos do(s) partido(s) apoiantes da agenda presidencial, mas não conseguem maioria política devido a situações de fracionamento partidário e/ou de distanciamento ideológico, que obsta à coordenação e articulação sistemáticas no parlamento contra o partido/coligação do presidente ou contra a agenda presidencial em termos maioritários, e tão pouco a favor de uma alternativa que altere o *status quo*. A composição e estrutura dessa oposição inorgânica varia, podendo haver, entre muitos cenários: (i) um partido ou coligação que apesar de não ter maioria, tem representação superior ao partido ou coligação que suporta o presidente; (ii) vários partidos ou coligações que apesar de não terem maioria, têm individualmente representação superior ao partido ou coligação que suporta o presidente; (iii) vários partidos ou coligações com dimensão equivalente, todos eles com representação inferior ao partido ou partidos que apoiam o presidente; (iv) vários partidos ou coligações com representação diminuta e altamente fragmentada. A configuração estrutural da oposição não é indiferente: a possibilidade de negociar propostas concretas com um número limitado de partidos ou coligações tende a ser mais frutuosa do que a de negociar com uma miríade de partidos, em termos que se podem traduzir em sérios abalos da coerência do resultado da concertação.

O que antecede pode ser sistematizado do seguinte modo:

(i) Governo unitário
    a. Monopartidário
    b. Coligação
(ii) Governo dividido maioritário
    a. Com possibilidade de superação do veto presidencial e/ou de aprovação de *impeachment* pela maioria
        i. Monopartidário
        ii. Coligação
    b. Sem possibilidade de superação de veto presidencial e/ou de aprovação de *impeachment* pela maioria
        i. Monopartidário
        ii. Coligação
(iii) Governo dividido minoritário
    a. Vários partidos minoritários
    b. Vários partidos e/ou coligações minoritárias

Uma das diferenças entre o contexto político dos EUA e o da maioria dos demais sistemas presidenciais reporta-se às situações de governo dividido. Não os distingue a existência ou não de casos de governo dividido: nos EUA tanto se registam situações (com crescente frequência) de governo dividido, como de governo unitário. Todavia, nos EUA, salvo situações de verificação até aqui quase impossível, não são plausíveis situações de governo dividido minoritário.

Nos EUA, o governo dividido resulta da alternância entre dois partidos, potenciada pelo desfasamento parcial entre eleições (designadamente as *midterm elections* ou as vagaturas de mandatos); nessas circunstâncias, não se persegue a unificação do governo através da estruturação de coligações, mas o evitamento — ou superação — do impasse mediante negociação/concertação casuística. No grupo mais numeroso dos demais países presidenciais, particularmente latino-americanos, o governo dividido resulta primacialmente do multipartidarismo (embora possa também ser facilitado pelo desfasamento de eleições); na iminência ou pendência de governo dividido, a solução mais comum para unificação do governo ou para a neutralização dos impasses é a formação de coligações (embora não se exclua, também, a possibilidade de negociação / concertação casuística).

É consensual que o *governo unitário monopartidário* é, em princípio, muito favorável à posição presidencial, verificadas certas condições, podendo no limite potenciar um sistema de presidente dominante. Um *governo unitário de coligação* também o pode ser, embora em grau menor, devido às normais exigências de gestão/manutenção da coligação.

No polo oposto, o *governo dividido maioritário monopartidário,* com possibilidade de superação do veto presidencial ou de aprovação de i*mpeachment* pela maioria, se não fosse extremamente improvável, seria extremamente grave, porventura fatal, para a posição presidencial, ameaçando com o espectro do sistema presidencial de assembleia. A questão coloca-se quase nos mesmos termos com o *governo dividido maioritário de coligação*, embora não exatamente os mesmos, particularmente quando se trate de coligação não coesa ou propensa a fraturas internas. Todas as hipóteses intermédias — as demais — apontam para tendências mais ou menos favoráveis à posição presidencial. O *governo dividido maioritário* sem possibilidade de superação de veto presidencial ou de aprovação de *impeachment* pela maioria, seja a oposição protagonizada por um partido ou uma coligação, não tem possibilidade de colocar em causa a continuidade do presidente, nem de alterar o *status quo* através da execução de uma agenda alternativa. Nesse caso, ou há impasse, ou há negociação com vista a atingir uma mediana política. Nessas circunstâncias, embora seja improvável que a posição presidencial assuma um papel de domínio ou reforçada, também é improvável que fique dramaticamente debilitada perante a maioria.

Na situação de *governo dividido minoritário*, com vários partidos minoritários e/ ou coligações minoritárias, é muito provável que o presidente exerça o papel central de *chief negotiator*, com inúmeros cenários alternativos concebíveis, mais ou menos favoráveis para a sua posição.

Para nos aproximarmos de orientações mais precisas, necessitamos de introduzir novos dados.

3.   A RELAÇÃO DO PRESIDENTE COM OS PARTIDOS REPRESENTADOS NO PARLAMENTO

Para aferir do grau de benefício ou de desvantagem para a posição presidencial que pode advir das situações de governo unitário e de governo dividido, nas diversas expressões, tem de se apurar: (i) a relação entre o presidente e o seu partido ou coligação de suporte primitivo; (ii) em caso de coligação do seu partido com outros, estruturada ou não, a relação do presidente com ela e, mormente, com o partido mais influente (dominante, maioritário ou quase maioritário), caso não seja o seu[601]; (iii) grau e tipo de apoio que o presidente consegue angariar entre os partidos representados no órgão parlamentar que não o seu.

Em muitos casos, é também importante considerar (iv) o grau de disciplina e o nível de estruturação e institucionalização dos partidos e coligações, designadamente dos que apoiam o presidente. Estes fatores acentuam as vantagens ou desvantagens que podem resultar do tipo de relação que o presidente mantiver com os partidos. Mormente, liderar ou gerir relações políticas com partidos caracterizados pela indisciplina, deficientemente estruturados ou institucionalizados, acentua a exigência da gestão política, aumenta o grau de imprevisibilidade na obtenção de resultados e degrada o horizonte de estabilidade de acordos e compromissos. Isso propenderá a repercutir-se negativamente na solidez da posição presidencial e na sua capacidade de prosseguir previsível e consistentemente uma agenda. Sem embargo, não é impossível que o presidente usufrua de circunstâncias específicas ou tenha talento e capacidade políticos e pessoais para reverter esses fatores — em princípio, negativos — a seu favor. Uma vez que essa complexificação da grelha não é sempre necessária para o ponto de vista que queremos vincar, ou seja, a concepção de que o ambiente contextual é suscetível de provocar desvios em relação ao quadro institucional constitucionalmente estabelecido, não consideramos sempre esse especto nas grelhas de análise e nos exemplos que se seguem.

4.   O SISTEMA PRESIDENCIAL DE PRESIDENTE DOMINANTE COMO MODALIDADE GERADA PELA PRÁTICA INSTITUCIONAL

O sistema de presidente dominante,[602] como sistema que se deteta pela constatação da prática institucional, começou por ter expressão em repúblicas latino-americanas,

---

[601]   É um dado adquirido que o presidente é quase sempre o líder do seu partido, como, invariavelmente, no México, e em muitos outros países, quando não fundador do partido, como Fernando Henrique Cardoso ou Lula da Silva (Brasil), Uribe (Colômbia), Fujimori (Peru), Milei (Argentina), Morales (Bolívia) ou Bukele (El Salvador). Todavia, como se verá, os laços entre presidente e partido tendem a ser mais brandos do que entre os primeiros-ministros e respetivos partidos. Isso não impede executivos poderosos.

[602]   Tal como nos demais tipos, mas particularmente neste, as designações empregues podem variar muito. Hipótese plausível seria também hiperpresidencialismo (Nohlen e Garrido). Em outros trabalhos, aludimos a presidencialismo, mas optamos por deixar esta designação em exclusivo para um tipo de sistemas de presidentes governantes com concentração de poderes (v. *infra*). Para o debate, v. MOULIN, ref. 65.

entre meados e finais do século XIX e, mais tarde, em África, depois dos movimentos de independência. Neste último caso, a tendência para o *big man rule* pode induzir à instituição de sistemas de governo de presidente dominante ou sistemas presidencialistas. A diferença entre estes dois reside em que os primeiros ainda respeitam (limitadamente) a máxima da divisão do Poder, enquanto os segundos são sistemas de governo com concentração ou monopolização total do Poder.

> Todavia, a fronteira e o trânsito entre uns e outros às vezes é tão difusa ou impercetível que pode ser difícil fazer uma qualificação segura.
>
> O Benim foi um dos primeiros Estados africanos a fazer a transição democrática na chamada terceira vaga (eleições presidenciais com alternância, em 1990) e uma das mais estáveis democracias da África subsariana. Os autores de uma das obras de referência sobre o presidencialismo coligacionista, Paul Chaisty, Nic Cheeseman e Timothy Power, indicavam que o "Benim desenvolveu uma vibrante democracia baseada na formação de coligações e acomodação mútua, apesar de ser uma das mais fragmentadas legislaturas do continente"[603]. Todavia, em 2016, a eleição do Presidente Patrice Talon (2016) marcou o início de um período de ataque aos oponentes políticos, de violência policial, de limitação de direitos fundamentais e de alterações legislativas com o propósito de permitir a consolidação do poder presidencial. Nas eleições parlamentares de 2019, só dois partidos, apoiantes do Presidente, União Progressiva (UPR) e o Bloco Republicano (BR), foram autorizados a concorrer. Nas eleições de 8 de janeiro de 2023, já com o Presidente Talon em seu segundo mandato, a UPR obteve uma maioria relativa (53 dos 109 lugares), seguido pelo BR (28). O único partido da oposição que obteve lugares foi o Democratas (LD), do ex-Presidente Thomas Boni Yayi, também com 28. Nenhum outro Partido atingiu o limiar de 10% exigido para entrar no Parlamento[604]. Onde colocar o sistema, que parece em transição?

Numa perspetiva *macro*, são traços essenciais do sistema de presidente dominante: (i) concentração de poder no presidente; (ii) quase ausência de controlos sobre a ação presidencial[605].

A matriz que sobressai é a hipertrofia dos poderes presidenciais ancorados na constituição e na prática institucional. Todavia, persistem balizas institucionais e formais. Em último recurso, impõem-se durações não demasiado extensas e limitação do número de mandatos (como no México, mesmo durante a parte da sua história de domínio presidencial)[606]. Por outro lado, embora por vezes se fique muito próximo do

---

[603] CHAISTY; CHEESEMAN; POWER, ref. 92, p. 27.

[604] Polity 5, +7; V-Dem qualifica de autocracia eleitoral, EIU de regime híbrido e Freedom House de parcialmente livre.

[605] Similar, v. NOHLEN; GARRIDO, ref. 16, p. 130.

[606] Dieter Nohlen e Antonio Garrido argumentam que a concentração de poder no presidente deste tipo de sistema não é consequência direta da constituição, apenas da conjugação entre os poderes constitucionais e o contexto político. A questão é discutível, sendo desaconselháveis generalizações tão perentórias. V. *Ibid.*, p. 150.

predomínio absoluto do princípio da unidade do Poder, em função da concentração de várias funções nas mãos presidenciais e da quase total diluição dos controlos horizontais[607], o princípio da divisão do Poder não é totalmente postergado: o presidente coexiste com um parlamento e com órgãos judiciais independentes. Todavia, os poderes do parlamento são usados de maneira contida — e não apenas pela habitual dificuldade de ter iniciativas próprias, por falta de capacidade técnica ao nível da que o presidente e os seus órgãos de apoio são capazes de ativar — e os indicadores referentes ao controlo da agenda legislativa pelo presidente mostram claramente o predomínio também no campo do *output* legislativo.

Não existe consenso sobre como medir o nível de controlo presidencial do produto legislativo. Se se optar por uma abordagem simplesmente quantitativa (Saiegh, Cheibub e outros), existem, pelo menos, quatro indicadores:

(i)   *quota de produção legislativa*, apurada através da percentagem de atos com força de lei produzidos pelo presidente, ou resultantes da aprovação parlamentar de projetos iniciados ou patrocinados por ele, no cômputo global dos atos legislativos que entraram em vigor no período de referência;

(ii)   *quota de iniciativa legislativa*, percentagem das iniciativas legislativas, diretas ou indiretas (por exemplo, através de atos legislativos dependentes de ratificação ou não revogação parlamentar), do presidente no cômputo global das iniciativas legislativas que correram o processo parlamentar no período de referência;

(iii) *quota de sucesso legislativo*, percentagem dos projetos legislativos direta ou indiretamente iniciados, ou com iniciativa patrocinada pelo presidente, que obtiveram aprovação no parlamento e entraram em vigor no período de referência;

(iv)   *quota de gaveta legislativa*, percentagem dos projetos legislativos direta ou indiretamente iniciados, ou com iniciativa patrocinada pelo presidente, que não foram apreciados pelo parlamento no cômputo global das iniciativas não apreciadas no período de referência.

---

[607]   Havendo certamente casos de sistema presidencial que se articulam com o conceito de democracia delegativa (cunhado por Guillermo O'Donnell), cujas características seriam a tendência para retirar ilações plebiscitárias da própria eleição presidencial (quem é eleito recebe delegação para governar segundo o seu critério exclusivo), mobilização baseada na personalidade e no carisma e não no programa, base política clientelar, perspetiva suprapartidária (com fragilização e ostracização dos partidos pelos próprios cidadãos), fuga aos controlos horizontais, insulação em relação às restantes instituições políticas, populismo, iliberalismo. V. O'DONNELL, Guillermo. Delegative democracy. *Journal of Democracy*, v. 5, n. 1, p. 55-69, 1994. A noção não é incontroversa: cfr. CHERESKY, Isidoro; POUSADELA, Inês (compiladores). Introducción. *In*: CHERESKY, Isidoro; POUSADELA, Inês (compiladores). *Política e instituciones en las nuevas democracias latinoamericanas*. Buenos Aires; Barcelona; México: Paidós, 2001. p. 30 *et seq.*

A crítica mais frequente aos critérios essencialmente quantitativos é que não permitem aferir a relação entre o conteúdo original da iniciativa presidencial e o conteúdo final da lei. O processo legislativo pode abrir a porta para modificações relevantes que afastem significativamente este conteúdo da intenção legislativa original do presidente. Por outro lado, quotas ou números elevados nos três primeiros indicadores, mas abaixo dos 100%, ou baixas, no quarto, ainda assim deixam margem para que leis vitais ou de grande alcance na ordem jurídica escapem à iniciativa ou patrocínio presidencial. Por isso, se a medição do nível de controlo presidencial do produto legislativo não prescinde de indicadores quantitativos, também não pode ignorar considerações de natureza qualitativa: mormente, o presidente que viu aprovadas 90% das suas iniciativas, mas com profundas alterações e/ou que teve de contemporizar com leis estruturantes propostas pelos seus opositores ou fora do seu controlo, não pode ser considerado dominante.

Quanto ao sistema judicial, será característico da modalidade de sistema presidencial de que falamos neste número a inexistência de um forte e respeitado tribunal de *judicial review*, seja um tribunal superior da jurisdição comum, seja um Tribunal Constitucional, capaz de fazer o presidente respeitar a constituição ou de arbitrar eficaz e autoritativamente os litígios constitucionais que envolvam o presidente[608].

Aos poderes constitucionalmente atribuídos, adicionam-se, por norma, poderes fáticos, decorrentes do ambiente contextual, que conduzem a uma prática institucional de domínio presidencial. Vimos que a situação de *governo unitário monopartidário* é, em princípio, muito favorável à posição presidencial, podendo potenciar um sistema de presidente reforçado ou dominante, verificadas certas condições. Essas condições prendem-se com a relação entre o presidente e o seu partido e a estrutura deste. Ou seja: o grau máximo de solidez da posição presidencial atinge-se se o partido do presidente for (i) maioritário, (ii) liderado incontestavelmente pelo presidente (e se, exemplificando a complexificação adicional mencionada no parágrafo anterior, for estruturado e disciplinado).

Conhecem-se exemplos, como o do México, no tempo do predomínio do PRI, o da Argentina de Carlos Menem, o da Bolívia de Morales, o das Filipinas de Rodrigo Duterte, o da Colômbia de Álvaro Uribe e outros. Assinale-se, desde já, que a noção de presidente dominante é aplicável também em sistemas híbridos de presidente governante, como Angola, Moçambique ou a Turquia com Erdoğan e até a casos de sistemas mutantes, como o do Peru de Fujimori.

Há uma diferença quantitativa entre o México e os demais. Decerto que ocorreu uma transição há mais de duas décadas, com regresso ao sistema de equilíbrio vertido na Constituição desde o seu nascimento. Todavia, a nova era *Morena*, iniciada com

---

[608] VALENZUELA, ref. 126, na sua crítica aos sistemas presidenciais, em 1993, notava precisamente que uma das razões por que aqueles funcionam disfuncionalmente na América Latina é a possibilidade de o sistema judicial estar sujeito ao executivo. A situação sofreu uma evolução sensível desde então (se é que nessa altura a observação era totalmente verdadeira).

AMLO, suscita alguns a interrogação sobre se esse regresso está condenado a ser transitório e se o sistema de presidente dominante, que perdurou durante muitas décadas, quase derrogando o texto constitucional, é, afinal, a inclinação mais natural, pronta a regressar a qualquer hora.

Justifica-se que continuemos a recordar como funcionou durante várias décadas. No *México*, apesar de a Constituição instituir uma estrutura de órgãos políticos em equilíbrio, até ao final do século XX a doutrina era unânime em considerar que o presidente tinha um enorme predomínio sobre os demais órgãos políticos, incluindo o legislativo[609]. Mário Vargas Llosa disse um dia que se tratava de uma ditadura perfeita. Aos poderes constitucionais, o presidente agregava inúmeros poderes e beneficiava de várias situações de facto: (i) liderança não formal do Partido "oficialista", Partido Revolucionário Institucional (PRI)[610], disciplinado e fiel ao seu líder; (ii) na medida em que aquele estava sobrerrepresentado no Congresso, dispondo sempre de maiorias parlamentares sólidas, o presidente controlava o legislativo, uma vez que dirigia os deputados e senadores do PRI, cujas candidaturas ou empregos dependiam de decisões daquele; (iii) o presidente não enfrentava uma verdadeira oposição com expetativa de alternância no poder; (iv) o Congresso era uma instância de aprovação automática; (v) ao presidente competia escolher o seu sucessor, impreterivelmente membro do PRI (falando-se de uma República hereditária); (vi) o presidente contava com a indulgência do Supremo Tribunal de Justiça, composto em boa parte por ex--políticos que não dificultavam a resolução de assuntos em que o presidente estivesse interessado; (vii) o presidente influenciava decisivamente a economia através do banco central e de empresas públicas; (viii) o presidente controlava as centrais sindicais, camponesas e profissionais; (ix) o presidente tinha na sua dependência os chefes militares e, consequentemente, as Forças Armadas; (x) o presidente influenciava a opinião pública através dos instrumentos de controlo dos *media*; (xi) o presidente controlava a principal fatia dos recursos financeiros; (xii) o presidente designava os governadores das entidades federativas; (xiii) o presidente governava diretamente o distrito federal, correspondente à capital federal[611]. Esta forte supremacia presidencial fazia *jus* a antigas tradições, desde os *tlatoani* (líderes ou sacerdotes das civilizações pré-hispânicas) até aos vice-reis e imperadores. Historicamente, o presidente goza inequivocamente do estatuto e perceção pública de líder incontestado da Nação, quase mítico, que alguns radicam, inclusive, nas civilizações hierárquicas pré-hispânicas (aztecas)[612]. Perante este panorama, poderia suscitar-se se a fronteira entre sistema de presidente dominante e presidencialismo — e, na verdade, entre democracia e autocracia — não

---

[609] CARPIZO, ref. 119, p. 24.

[610] Formado em 1928 pelo General Plutarco Elías Calles, com a designação inicial de Partido Nacional Revolucionário.

[611] Neste elenco seguimos, no essencial, v. CARPIZO, ref. 119, p. 25 e 26; VALENCIA ESCAMILLA, ref. 402.

[612] CARPIZO, ref. 119, p. 31.

teria sido violada[613]. Todavia, era certo que o poder presidencial estava limitado, pelo menos, pela duração do mandato presidencial, um único, não renovável. A impossibilidade de reeleição foi historicamente a última fronteira e reduto de resistência a um ostensivo autoritarismo.

Não obstante, o princípio da não reelegibilidade teve uma vida atribulada. Foi, aliás, substituído em várias ocasiões sob o impulso de incumbentes decididos a exercer mais do que um mandato. Mas, desde 1933, embora tenham passado pela função presidentes poderosos, todos resistiram à tentação de abolir o limite à reeleição[614].

A proibição de reeleição consecutiva vigorou, também, para os membros do Congresso. Mas isso funcionou como fator de enfraquecimento deste face ao presidente. A vedação da reeleição consecutiva, introduzida em 1933, foi um dos fatores que contribuiu para a lealdade dos membros do Congresso ao PRI[615]. Em 2014, foi alterado o artigo 59 da Constituição, sendo agora (desde 2018) possível reeleição consecutiva de senadores e deputados para um número limitado de mandatos, perfazendo no máximo doze anos, desde que apresentados pelo mesmo partido[616].

O papel subalterno ou não autónomo do Congresso ficava evidenciado pelo domínio avassalador da instituição presidencial no controlo da agenda legislativa. Perto do final do século XX, as estatísticas demonstravam que uma altíssima percentagem das leis adotadas pelo Congresso resultavam de projetos de lei presidenciais, chegando num período a 98%. Aliás, a esmagadora maioria das iniciativas eram presidenciais, votadas por robustas percentagens dos deputados, quando não

---

[613] A melhor doutrina qualificava a forma de governo do México como *quase* democracia. V., por exemplo, FINER, ref. 154, p. 408.

[614] CARPIZO, ref. 119, p. 59.

[615] Entre 1933 e 2014, a Constituição proibiu a reeleição consecutiva de membros do Congresso, o que implicava que o exercício de mandatos por estes estava mais orientado à procura de manter a boa vontade presidencial, alavanca inevitável de futuras colocações, do que a satisfazer um eleitorado local, por forma a criar condições para a reeleição. Uma consequência era, além do mais, a baixa profissionalização. Em virtude da reforma constitucional de 2014, os deputados eleitos em 2018 puderam apresentar-se à reeleição em 2021. Sobre o assunto, CAMPOS VARGAS, Emma. Un Congreso sin congresistas. La noreeleccion consecutiva en el Poder Legislativo mexicano, 1934 - 1997. *In:* DWORAK, Federico (coord.). *El legislador a examen: el debate sobre reeleição legislativa en México*. México: FCE, Cámara de Diputados, 2003. p. 98 *et seq.*; VALENCIA ESCAMILLA, Laura. Representación y reelección legislativa México: la elección federal de 2021. *Revista Mexicana de Opinión Pública*, ano 1, n. 32, p. 97-115, ene. -jun. 2022.

[616] Artigo 59.º (em vigor a partir de 2018): "*Los Senadores podrán ser electos hasta por dos periodos consecutivos y los Diputados al Congreso de la Unión hasta por cuatro periodos consecutivos. La postulación sólo podrá ser realizada por el mismo partido o por cualquiera de los partidos integrantes de la coalición que los hubieren postulado, salvo que hayan renunciado o perdido su militancia antes de la mitad de su mandato*". V. MÉXICO [Constituição (1917)]. *Constituição Política dos Estados Unidos Mexicanos*. 1917. Cidade do México: Gobierno de México. Disponível em: https://www.gob.mx/indesol/documentos/constitucion-politica-de-los-estados-unidos--mexicanos-97187. Acesso em: 9 jan. 2025.

por unanimidade[617]. Eram raras as iniciativas presidenciais que não viam a luz do dia e quando isso ocorria, normalmente, era por desinteresse superveniente do presidente. O presidente era também o principal dinamizador das (muitas) iniciativas de revisão constitucional. Até à década de 1990, podia concluir-se que o Congresso desempenhava uma função ratificadora das decisões do executivo, com pouca capacidade técnica e movido por uma lógica patrimonialista[618].

Na *Argentina*, a qualificação do sistema de governo como de presidente dominante ou, na linguagem mais usada localmente, *hiperpresidencial,* é consensual entre os analistas nacionais e estrangeiros[619], sendo exemplo saliente a presidência de Carlos Menem (presidente entre 1989 e 1999). O aspeto determinante não foi historicamente apenas o quadro de competências constitucionais do presidente. A cultura política e o sistema de partidos têm sido decisivos. A primeira privilegia a figura do líder, na tradição dos caudilhos. O segundo funcionou, até recentemente, em termos de não criar condicionamentos reais ao predomínio presidencial, antes potenciar o seu domínio.

Na *Bolívia*, com Evo Morales abriu-se um ciclo novo, que quebrou com o sistema de presidente débil ou até presidencial de assembleia, e atingiu o patamar de presidente dominante. No seu primeiro mandato (2006–2009), Morales promoveu a alteração da Constituição em 2009, à sombra da qual, respaldado por sólidas maiorias nas duas Câmaras do Parlamento do Partido por ele fundado, *Movimiento al Socialismo,* exerceu um domínio absoluto no sistema político que só não se prolongou pelos motivos que veremos adiante.

Nas *Filipinas*, na Constituição de 1987 o desenho institucional não se afasta muito do norte-americano. Mas o período da presidência de Rodrigo Duterte (meados de 2016 a meados de 2022) constituiu um notório interregno, em que o sistema presidencial de equilíbrio passou a sistema de presidente dominante. Trata-se, aliás, de um dos exemplos de sistema presidencial de presidente dominante com coligação. Duterte adotou uma conceção de democracia musculada e puramente eletiva ou delegativa, impondo e exercendo um poder quase absoluto, com menosprezo por direitos fundamentais, pelos direitos das minorias e por algumas regras básicas do Estado de Direito, e execução de uma política de dureza para com grupos criminais (com especial incidência nos traficantes de droga) e comunistas. Todavia, também mostrou capacidade para levar os separatistas muçulmanos da Ilha de Mindanao a negociações (com o desenlace da realização de um referendo em 2019, que implicou autonomia para a região). Duterte beneficiou de um massivo apoio popular e de um Congresso dócil. Estudos de opinião revelaram consistente apoio ao populismo justiceiro e despreocupação em relação às práticas

---

[617] CARPIZO, ref. 119, p. 84.

[618] Assim, VALENCIA ESCAMILLA, ref. 402, p. 26.

[619] NINO, ref. 15, p. 43 *et seq.*; NOHLEN; GARRIDO, ref. 16, p. 128; Néstor Pedro Sagües alude a um César republicano, v. SAGÜES, ref. 84, p. 540.

iliberais do Presidente. Por outro lado, no Congresso (bicameral, com Senado e Câmara dos Representantes), composto por numerosos partidos, instáveis, pouco consistentes e sem real implantação popular, controlados por clãs familiares e oligárquicos, a coligação de suporte ao governo submeteu-se docilmente aos ditames de Duterte, hábil (e duro) articulador de interesses e de acesso ao *pork barrel*. Embora tenha aceitado sair no final do mandato, Duterte manteve presença política ativa, continuando a ser Presidente do *Partido Demokratiko Pilipino*.

Na Colômbia, segundo os dados conhecidos, Álvaro Uribe Vélez foi o presidente mais popular do país (2002-2010)[620]. Eleito pela primeira vez em 2002, sem apoio expresso de nenhum dos partidos do bipartidarismo clássico (embora tivesse militado anteriormente no Partido Liberal, de que se desvinculou antes das eleições), usou frequentemente um discurso populista, antipartidos e antipolíticos. Não obstante, teve nas suas campanhas figuras destacadas de muitos deles (ou de fações), desde o Partido Conservador, ao Liberal, passando pelos de antigos guerrilheiros, à esquerda e à direita[621]. Alicerçado numa imagem de firmeza perante os fenómenos de guerrilha e de insegurança, adotou um estilo de liderança de proximidade e de diálogo direto com os cidadãos, ao mesmo tempo que manteve permanente confrontação com a classe política. Todavia, não alienou a capacidade de fazer as alianças necessárias para os seus fins, aproveitando os clássicos instrumentos do clientelismo e do patrocínio político e utilizando recursos públicos, seja para a condução de uma agenda política neoliberal e securitária, seja, inclusive, para obter apoios para a revisão constitucional (2004) que viabilizou a sua reeleição e até para a aprovação de um referendo (2009) que permitiria um terceiro mandato, se o Tribunal Constitucional não o tivesse inviabilizado (em 2010). Elevados níveis de popularidade alimentados por uma combinação de populismo, carisma, discurso adaptado aos anseios de uma sociedade cercada pela violência, alguma dose de autoritarismo e de intolerância ideológica, cumplicidade (talvez forçada) de muitos agentes políticos[622], proporcionaram a Álvaro Uribe uma posição de presidente dominante, pulverizando as limitações constitucionais que não prezava (à semelhança do que ocorria em relação a instituições como o Tribunal Constitucional).

No *Peru*, com sistema constitucional semipresidencial "à francesa", a longa presidência de Fujimori conheceu vários matizes que tornam impossível uma arrumação precisa. Depois do primeiro ano, até ao autogolpe de 1992, registou-se um braço de ferro entre Presidente e Congresso que não permite uma classificação inequívoca do sistema de governo que efetivamente funcionou; seguiu-se

---

[620] Imagem favorável sempre acima dos 60% ao longo de 8 anos (2002-2010), em alguns casos atingindo mais de 80%. V. DUQUE, Javier. Colombia: political leadership in a turbulent environment. César Gaviria and Álvaro Uribe Vélez. *In:* ALCÁNTARA, Manuel; BLONDEL, Jean; THIEBAULT, Jean-Louis (ed.). *Presidents and democracy in Latin America.* London: Routledge, 2018. p.117-144. p. 133.

[621] DUQUE, ref. 621, p. 125.

[622] V. a apreciação pormenorizada de Javier Duque, *ibid.*

um período de exercício ditatorial do poder. A partir de 1993, Fujimori gozou de uma sólida maioria de suporte parlamentar para a sua agenda e ação política, consolidada nas eleições de 1995 (o *Cambio 90/Nueva Mayoría* obteve acima de 50% dos votos e dos mandatos no Congresso), que lhe permitiu encetar a prática de um sistema presidencial de presidente dominante.

Estas situações e outras, abundantes, apontam para a necessidade de aditar à classificação de sistemas de governo presidenciais já enunciados, uma outra categoria, imposta pela prática institucional: a dos *presidentes dominantes*.

Os traços essenciais do *sistema de presidente dominante*, na perspetiva da prática institucional, resultam da ação de variáveis que acentuam o poder presidencial em relação àquilo que decorre da constituição, seja ela de presidente reforçado, em equilíbrio, ou até (menos plausivelmente, diga-se) débil. Pode suceder que o quadro constitucional não seja de todo generoso para a posição presidencial, sendo o predomínio causado pela operatividade de fatores contextuais compensatórios. Os presidentes africanos têm em média poderes com incidência legislativa que se podem considerar mais modestos que os dos presidentes latino-americanos; todavia, isso é compensado pela mobilização de fatores estruturais intravenosos, como são os étnicos, regionais, religiosos.

O sistema de presidente dominante pode resultar da conjugação entre os poderes constitucionalmente conferidos e, isolada ou conjugadamente, a verificação dos seguintes fatores (elenco não taxativo): (i) governo unitário; (ii) radical presidencialização e controlo pelo presidente do partido estruturado e disciplinado maioritário no parlamento; (iii) poderes informais do presidente decorrentes da inserção étnica, regional, religiosa ou outras; (iv) ineficácia de controlos sobre a ação presidencial, por os que constam da constituição ficarem reiteradamente letra-morta, tendo em conta o domínio presidencial sobre o partido maioritário; (v) repercussão acima do normal da personalidade presidencial; (vi) prática de decisionismo; (vii) recurso reiterado do presidente a práticas plebiscitárias para acentuar a sua relação direta com os eleitores; (viii) poder irrestrito sobre todos os domínios da administração pública, incluindo nomeações e recursos financeiros.

A hipertrofia dos poderes presidenciais, constitucionais ou faticamente reivindicados e exercidos, proporcionam ao seu titular ascendente político incontestado sobre os outros órgãos.

Como se alertou acima, a modalidade de presidente dominante não supõe a eliminação da divisão de Poder. O presidente coexiste com um parlamento e com órgãos judiciais independentes (não obstante eventuais investidas presidenciais, como no Peru de Fujimori, nas Filipinas de Duterte ou, em certa medida, na Colômbia de Uribe) que mantém, embora a exerçam com parcimónia, uma fatia do Poder.

Decisivo é que funcionem a prazo obstáculos à eternização da figura presidencial: em último recurso, através do regime da duração do mandato e da limitação do número de mandatos. Exemplos expressivos: o termo do único mandato de Rodrigo Duterte, de seis anos, em 2022 e, em alguma medida, também, a desistência de Uribe de adaptar a Constituição aos seus desígnios para se poder candidatar a um terceiro mandato em 2010.

A transição deveria, além disso, fazer-se pacificamente. A prática demonstra, todavia, frequentes contestações aos resultados eleitorais, alegações de fraude, impugnações judiciais, por vezes acompanhadas de violência, tentativas de mudar as regras do jogo por forma a permitir reeleições não permitidas constitucionalmente[623].

Na América Latina, tal como em África, mesmo nos Estados onde existem padrões mínimos de regularidade constitucional, são frequentes as tentativas de presidentes dominantes de alterar os quadros constitucionais — através da aprovação de novas normas ou da interpretação constitucional das vigentes — com vista a consentir recandidaturas e reeleições originalmente vedadas. No virar do século e já no atual:

– Ernesto Pérez Balladares (Panamá), intentou em 1998 revisão constitucional que permitiria um novo mandato de 6 anos, tendo sido derrotado em referendo. Ricardo Martinelli seguiu-lhe os passos em 2011, tendo a reforma constitucional sido rejeitada no Congresso.

– Hugo Chávez (Venezuela) procurou fazê-lo em 2007. Foi derrotado por referendo (embora talvez por razões não atinentes ao mandato presidencial), mas conseguiu mais tarde obter a consagração da reeleição sem limite.

– Álvaro Uribe (Colômbia) promoveu revisão constitucional em 2004 para uma primeira reeleição, até aí vedada; procurou, sem sucesso, promover outra para se recandidatar a um terceiro mandato, em 2010. A Colômbia voltou, entretanto, ao sistema de mandato único.

– Rafael Correa (Equador) conseguiu sucessivas alterações constitucionais para ser reeleito em 2009 e 2013. Em 2015, chegou a ser introduzida, por revisão constitucional, a possibilidade de reeleições ilimitadas (que Correa não aproveitou), depois revogada por referendo em 2017.

– Evo Morales (Bolívia), depois de três reeleições, procurou legitimar a possibilidade de quarta em 2019, através de referendo de 2016, tendo sido derrotado; perante o insucesso no voto, procurou recorrer a subterfúgios, tendo, finalmente, sido forçado à renúncia em 2019.

---

[623] VERSTEEG, Mila; HORLEY, Timothy Anne Meng; GUIM, Mauricio; GUIRGUIS, Marilyn. The Law and Politics of Presidential Term Limit Evasion. *Columbia Law Review* v. 120, n. 1, p. 173–248, 2020, tendo observado o comportamento de 234 incumbentes em 106 países desde 2000, concluíram que pelo menos um terço prosseguiu estratégias de continuação no cargo depois do seu termo. Quanto à violência pós-eleitoral, a situação em Moçambique, após as eleições gerais de 9 de outubro de 2024, é emblemática. A vitória do candidato presidencial do Partido Frelimo foi veementemente contestada pelos candidatos que ficaram nos lugares imediatos. O candidato votado em segundo lugar, Venâncio Mondlane, convocou manifestações e greve geral em 21 de outubro, ainda antes de os resultados oficiais estarem publicados. A violência atingiu altos responsáveis ligados a ele e ao Partido Podemos — o seu apoiante, até aí um pequeno Partido —, que conquistou o segundo lugar nas eleições legislativas, destronando a Renamo, tradicionalmente o maior Partido da oposição. Aliás, a grande novidade, sinal de que a volatilidade e a fragmentação (pelo menos no seio dos Partidos da oposição) também chegaram a Moçambique, é justamente a subida exponencial da votação no Podemos.

– Bakili Muluzi (Malawi), o primeiro presidente eleito em 2003, depois da instauração do multipartidarismo em 1994, procurou emendar a Constituição de 1995 por forma a permitir a reeleição para um terceiro mandato, após o termo do seu segundo, em 2004. Isso gerou uma rebelião dentro do seu próprio partido, *United Democratic Front*, que o impediu de obter a maioria de revisão constitucional necessária.

– No Paraguai, um dos poucos Estados onde vigora a regra de um único mandato de cinco anos, com impossibilidade de reeleição, a questão é recorrente. Os episódios mais recentes foram protagonizados por Fernando Lugo e Horácio Cartes. O primeiro procurou obter uma emenda constitucional, por forma a viabilizar a recandidatura em 2013. A tentativa, como outras com o mesmo objetivo, foi infrutífera e Lugo seria até destituído. Logo no mandato presidencial seguinte, em 2016, Horacio Cartes (presidente do dominante Partido Colorado, quando se escreve), Presidente entre 2013 e 2018, patrocinou uma emenda constitucional que permitiria a reeleição. Esta iniciativa desencadeou uma crise política, conhecida como *segundo marzo paraguayo*, com violentas manifestações, tendo o palácio presidencial chegado a ser incendiado. Na sequência, Cartes anunciou que não pretendia recandidatar-se para o período de 2018-2023.

– Mais resiliente tem sido Daniel Ortega (Nicarágua), no poder desde 2007[624].

– Paul Kagame (Ruanda[625]), líder de facto desde o genocídio dos tutsis em 1994, eleito presidente em 2003 e 2010, patrocinou uma revisão da Constituição de 2015 que alterou a duração do mandato presidencial de sete para cinco anos. Todavia, disposição transitória estabeleceu não apenas a continuidade do mandato iniciado em 2013, mas a possibilidade de um terceiro mandato de sete anos, a terminar em 2024. Kagame foi reeleito para o quarto mandato em 2024.

– Joko Widodo (Indonésia), foi eleito para um segundo mandato em 2019. À medida que o termo do mandato se aproximava, em outubro de 2024, e que a própria erosão democrática do país se parecia acentuar, a sua alegada resistência a promover a necessária revisão constitucional para o terceiro mandato foi-se esbatendo. Todavia, segundo leituras plausíveis, as elites relevantes do próprio partido (*Partai Demokrasi Indonesia – Perjuangan*, PDI-P, fundado por Megawati Sukarnoputri), mais do que o poder judicial ou os eleitores, inviabilizaram a estratégia;

– Nayib Bukele (El Salvador[626]) foi eleito para um mandato de 5 anos em 2019[627] e, apesar de a Constituição vedar a reeleição, recandidatou-se, sendo reeleito em fevereiro de 2024, alicerçado numa decisão de setembro de 2021 da secção

---

[624] Tenha-se, porém, em conta que a Nicarágua é considerada um Estado não livre pela Freedom House (19/100, em 2023) e autoritário pela EIU (2,26, 2023).

[625] Classificado como autocracia eleitoral pelo V-Dem, não livre pela Freedom House (19/100, 2024) e autoritário pela EIU (3.30, 2023).

[626] Classificado de autocracia eleitoral pelo V-Dem, de regime híbrido pelo EIU e de parcialmente livre pela Freedom House.

[627] Em 2019 e 2024, Bukele preencheu o vazio deixado pelos Partidos tradicionais, ARENA e FMLN (Frente de Libertação Farabundo Marti). Em 2024, os candidatos presidenciais destes partidos mantiveram-se abaixo dos 10%.

constitucional do Supremo Tribunal, a mesma que, em 2014, decidira que os presidentes eleitos têm de esperar 10 anos antes de poderem candidatar-se de novo[628]. O artigo 88.º consagra, aliás, um invulgar dever de insurreição caso um presidente se suceda a si próprio.

– Azali Assoumani (Comoros), após ter cumprido funções de presidente de 2002 a 2006, regressou à presidência em 2016. Patrocinou uma revisão constitucional (2018), antecedida de referendo, que lhe proporcionou contornar a limitação a dois mandatos, com o beneplácito do Supremo Tribunal, investido para o efeito das necessárias competências em detrimento do Tribunal Constitucional, entretanto suspenso. Foi reeleito em 2019. Em 13 de janeiro de 2024, foi reeleito para o quarto mandato, com 57,2% dos votos[629].

– Macky Sall (Senegal) mostrou intenção de se candidatar a um terceiro mandato, nas eleições de 2024, pretensão sustida, designadamente, pelo Conselho Constitucional, que desempenhou um papel fundamental na imposição da realização de eleições antes da data do fim do mandato de Macky Sall, em abril de 2024.

Sem embargo do que se disse até aqui, não é forçoso que as circunstâncias acima enunciadas — governo unitário monopartidário com partido estruturado e disciplinado controlado pelo presidente — alicercem um presidente dominante. Na Venezuela, na vigência da Constituição de 1961, elas limitaram-se a compensar a debilidade constitucional do presidente, introduzindo equilíbrio institucional.

Até pouco antes do advento de Chávez e do colapso do sistema político enquadrado pela Constituição de 1961, apesar da debilidade presidencial no desenho estabelecido por esta, a prática institucional não foi de presidente débil ou de sistema de inclinação parlamentarista. Num contexto de sistema partidário com dois partidos sólidos, disciplinados, centristas, quando o partido do presidente dispunha de maioria no Congresso (o que era a regra), a debilidade dos poderes presidenciais não tinha consequências e a tendência normal era para o funcionamento de um sistema presidencial entre equilibrado e reforçado. O pendor parlamentar só poderia manifestar-se quando o partido do presidente não dispusesse de maioria, obrigando o presidente a procurar coligações ou a submeter-se à vontade da oposição, em qualquer caso, sem risco de bloqueios mútuos ou imobilismo ao nível legislativo. No entanto, ele poderia insinuar-se quando as leis parlamentares requeressem regulamentação presidencial para a sua execução.

---

[628] A mudança tem uma explicação simples. Até 2020, Bukele não tinha maioria no Parlamento, enfrentando resistência, por exemplo, às medidas legislativas e à atribuição de poderes de emergência para fazer face aos gravíssimos problemas de segurança. Nesse ano, aliás, o Presidente entrou no Parlamento com soldados para exercer pressão sobre a oposição. Quando o seu Partido obteve a maioria, em 2021, uma das medidas que o Congresso com nova composição aprovou foi a depuração do Tribunal Constitucional, com a substituição de juízes por outros leais ao presidente. A nova composição do Tribunal encontrou argumentos para legitimar a candidatura a um segundo mandato de cinco anos.

[629] V. AFRICA CENTER FOR STRATEGIC STUDIES. *Comoros Election Exercise Promises More of the Same*. 11 jan. 2024. Disponível em: https://africacenter.org/spotlight/comoros-election--exercise-promises-more-of-the-same. Acesso em: 15 jan 2024.

Por outro lado, a modalidade de sistema de presidente dominante pode surgir no âmbito da prática institucional de *sistemas híbridos de presidente governante*. Esse é o caso do Equador: num período histórico recente assistiu-se à prática institucional de presidente dominante, com Rafael Correa que, como veremos mais adiante, sucedeu a um período de sistema presidencial de assembleia e/ou de presidente débil e seria sucedido por um regresso ao mesmo padrão.

No Equador, a dinâmica política gravita em torno de vários eixos: diferenças entre Costa e *Sierra*, entre liberal/conservador, étnicas. O contexto político equatoriano é ideologicamente polarizado, pautado por fragmentação, volatilidade eleitoral e deficiente estruturação do sistema partidário, grande pujança dos poderes fáticos com capacidade de veto (militares, empresários, media), pressão dos movimentos indígenas, porosidade dos partidos em relação aos ecos da rua, em permanente ebulição. A propósito deste último fator, nem sempre valorizado em estudos de ciência política e política comparada, pode conjeturar-se que em poucos outros sistemas políticos a "rua" tem o impacto perturbador da estabilidade presidencial que logra no Equador.

Uma das consequências do doseamento, discrepante momento a momento, desses fatores, foi a tendência de curtos mandatos presidenciais, apenas interrompida por Rafael Correa (2007-2017).

O "segredo" da longevidade de Correa, num sistema político em que, antes (e depois), o máximo que os presidentes podiam aspirar era conseguir conservar e cumprir o mandato de quatro anos, assenta, naturalmente, na conjugação de vários fatores. Desde logo, as próprias caraterísticas pessoais de liderança, com impressivos laivos populistas. Acresce que Correa se inseriu na onda de rejeição das políticas do chamado consenso de Washington, que pontificaram praticamente em todos os países da América Latina nos anos de 1990 e no virar do século. Aderiu também ao ideário do "socialismo do século XXI", que se tornou mobilizador pela mesma altura em vários países da América Latina (Bolívia, Venezuela; em certa medida, mas sem referências totalmente coincidentes, Brasil de Lula e Rousseff, Chile de Bachelet). Por outro lado, combinou estratégias eficazes quanto à neutralização dos poderes fáticos (negociando e diversificando a coligação partidária, política e social de apoio) com a alteração do quadro constitucional e a politização do aparelho burocrático, colocando-o ao seu serviço.

No que toca ao quadro constitucional, a peça essencial foi a Constituição de 2008, promovida pelo (então) novo presidente. Aquela reforçou o poder presidencial, particularmente na medida em que colocou nas suas mãos uma potente arma de condicionamento da (assim designada, desde então) Assembleia Nacional: o poder de dissolução, com a possibilidade, se permitida pelo Tribunal Constitucional, de *"expedir decretos-leyes de urgencia económica, que podrán ser aprobados o derogados por el órgano legislativo"* enquanto não estiver constituída nova Assembleia (artigo 148). Na medida em que a dissolução é acompanhada pela obrigatória marcação de eleições presidenciais, transporta grande potencial para ser a porta de entrada de um cesarismo plebiscitário promovido pelo presidente.

Esse risco de cesarismo plebiscitário poderia acentuar-se significativamente com os efeitos da revisão constitucional de 2015. Esta, entre outros aspetos relevantes, alterou o artigo 144.º da Constituição, permitindo a reeleição ilimitada do presidente. A conjugação da morte cruzada com a possibilidade de perpetuação no cargo de presidente, mediante sucessivos mandatos de quatro anos, permitiria que aquele pudesse escolher o momento de realizar eleições parlamentares e presidenciais, potenciando momentos de popularidade para se perpetuar e conseguir votações favoráveis para o seu partido na Assembleia Nacional.

Na revisão constitucional de 2015 ficou consagrada uma regra transitória que remetia a entrada em vigor desta disposição para depois das eleições de 2017. Rafael Correa não podia, consequentemente, beneficiar dela. Todavia, os seus altos níveis de popularidade animaram, em 2016, a recolha de assinaturas para um referendo que permitiria uma nova candidatura em 2017. O Tribunal Constitucional viabilizou, mas o próprio Correa anunciou que não se candidataria. Fizeram-se especulações sobre as motivações da decisão de Rafael Correa, talvez inesperada. Imediatamente gerou a expetativa sobre como se reconverteria o correismo e se o sistema de governo manteria o mesmo perfil.

Não manteve.

É expectável que a evolução dos sistemas partidários torne, em geral, menor do que no passado a frequência de sistemas de presidente dominante em sistemas políticos que cumpram os critérios mínimos de funcionamento republicano e democrático.

Por isso, deve baixar-se de patamar, para situações que parecem mais plausíveis e mais comuns no futuro próximo. Se, em vez de um partido maioritário, for uma coligação maioritária em que o partido do presidente é (i) maioritário dentro da coligação, (ii) esta coligação é estruturada e disciplinada, e (iii) liderada incontestavelmente pelo presidente, a posição presidencial terá também condições propícias — embora não tão boas quanto no cenário anterior — para uma presidência robusta. Outros cenários favorecedores da posição presidencial poderiam ser concebidos. Se alguma dessas dimensões for aligeirada — o partido presidencial não é maioritário na coligação e/ou a coligação não é totalmente estruturada e disciplinada e/ou a liderança do presidente suscita alguma reserva em parceiros da coligação — as condições de exercício da função presidencial e de imposição da sua agenda podem degradar-se em graus variáveis em função das circunstâncias.

5. ENFRAQUECIMENTO DA POSIÇÃO PRESIDENCIAL EM FUNÇÃO DO CONTEXTO

Assinalou-se acima que não bastava uma situação de governo unitário para assegurar uma posição reforçada ou até dominante do presidente. Acrescente-se agora que, mesmo com governo unitário, o presidente pode (em sentido contrário do que se expôs nos parágrafos anteriores), ver a posição enfraquecida se a sua relação com o seu partido e/ou com partidos da coligação (maioritária) for subótima. Por outro lado, os constrangimentos decorrentes de um governo dividido, que só por si podem ser vultuosos, podem crescer se a relação entre o presidente e o seu partido e/ou partidos da coligação (minoritária) for subótima.

Em tese, o presidente pode ver a sua posição enfraquecida (em diferentes graus, consoante o cenário) se:

O seu partido é maioritário no parlamento (1), mas

a.   o presidente não é líder, nem comanda, de algum modo, o partido (2)

b.   o presidente é líder meramente nominal do partido, uma vez que este o abandonou ou está em processo de rutura com ele (3)

c.   o presidente é líder do partido, estando este, porém, dividido por fações internas, que aquele apenas controla em parte, ou seja, sem domínio total do partido e dos membros do parlamento (4)

O seu partido é minoritário no parlamento (5) e

d.   Integra uma coligação maioritária (6)

   i.   não sendo o maior partido da coligação (7)

      1.   presidente não é o líder, nem comanda, de algum modo, o partido (8)

      2.   o presidente é líder meramente nominal do partido, uma vez que este o abandonou ou está em processo de rutura com ele (9)

      3.   o presidente é líder do partido, estando este, porém, dividido por fações internas, que o presidente apenas controla em parte, ou seja, sem domínio total do partido e dos deputados no parlamento (10)

   ii.   sendo o maior partido da coligação (11)

      1.   presidente não é o líder, nem comanda, de algum modo, o partido (12)

      2.   o presidente é líder meramente nominal do partido, uma vez que este o abandonou ou está em processo de rutura com ele (13)

      3.   o presidente é líder do partido, estando este, porém, dividido por fações internas, que o presidente apenas controla em parte, ou seja, sem domínio total do partido e dos deputados no parlamento (14)

e.   Não integra uma coligação maioritária (integrando, ou não, uma coligação minoritária) (15)

   i.   Havendo um partido ou coligação maioritária adversa no parlamento (16)

      1.   Sem maioria suficiente para superar veto presidencial ou votar *impeachment* do presidente (17)

      2.   Com maioria suficiente para superar veto presidencial, mas não para votar *impeachment* do presidente (18)

      3.   Com maioria suficiente para superar veto presidencial e votar *impeachment* do presidente (19)

    ii.   Havendo possibilidade de coligações negativas, ocasionais, contrárias, no parlamento (20)

        1.   Todavia, geralmente sem possibilidade matemática de superar veto presidencial ou votar *impeachment* do presidente (21)

        2.   Com possibilidade matemática de superar veto presidencial, mas não para votar *impeachment* do presidente (22)

        3.   Com possibilidade matemática de superar veto presidencial e votar *impeachment* do presidente (23)

    f.   Presidente independente ou sem um partido ou coligação relevante com assento no parlamento (24).

As situações de (1) a (14), que ocorrem episodicamente em alguns países da América Latina, são, *nominalmente* de governo unitário, seja monopartidário, seja com coligação, nas várias configurações que esta pode assumir tendo em conta a relação interna de forças, particularmente entre o partido presidencial e os demais membros da coligação. O traço comum é que o presidente não é líder, nem comanda de algum modo o seu partido. Em alguns casos, ele é líder meramente nominal, uma vez que o partido o abandonou ou está em vias de abandonar. Em outros, é líder efetivo do partido, mas este está dividido por fações internas, que ele apenas controla em parte, ou seja, sem domínio total do "partido parlamentar". Nas duas primeiras situações, o presidente ocupa uma posição fragilizada perante o seu próprio partido por motivos relacionados com a sua personalidade, peso no partido, *performance* no cargo, presença e expressão do partido que excede significativamente a do presidente (presidentes politicamente débeis, convivendo com partidos fortes).

A indicação geral é que nestes casos o governo pode não funcionar — ou só funcionar aos solavancos — como governo *realmente* unitário, dada a eventual ou, em alguns casos, garantida, dificuldade do presidente em assegurar o apoio incondicionado e persistente do (seu suposto) partido à sua ação política. Em casos extremos, não é impossível que o eixo do Poder transite para o parlamento — *rectius*, para o partido presidencial ou para a coligação maioritários no parlamento —, caindo-se na modalidade do sistema presidencial de assembleia.

O caso de c. [(24)], presidente independente, ou não filiado num partido ou coligação relevante com assento no parlamento, não tem sido frequente[630]. Ou, melhor dizendo, tem sido menos frequente do que alegadamente poderia ser, tendo em conta que se tende a considerar que o sistema presidencial — tal como todos os sistemas de presidentes governantes — cria melhores oportunidades para *outsiders*. Além disso, observa-se que a situação de *party switch* é mais frequente do que noutros sistemas, inclusive quando é obrigatório que a candidatura presidencial seja subscrita por um

---

[630] V. a demonstração estatística em CHEIBUB, ref. 19, p. 84. Todavia, casos recentes, como os de Trump (2016, EUA), Milei (2023, Argentina) ou Noboa (2023, Equador), podem ser reveladores de um acréscimo da tendência de sucesso de *outsiders*.

partido (como ocorre no Brasil)[631]. As experiências mais estudadas (Collor de Mello, Fujimori) mostram que, mais cedo ou mais tarde, ou o presidente constrói a sua base de sustentação, tipicamente através da criação de um partido, ou tem poucas hipóteses de sucesso, mais uma vez recentrando-se o poder no parlamento.

As situações de e. [(15), (16), (17), (18), (19), [(20), (21), (22), (23)] não suscitam observações adicionais às que se deixaram a propósito do governo dividido maioritário e minoritário. Como verificámos, a posição presidencial pode ir desde aquela em que o seu mandato está em risco permanente e/ou é joguete de um sistema presidencial de assembleia (e.i.3.), até a ocupar o lugar crucial de *chief negotiator* num sistema político com um parlamento altamente fragmentado (e.ii.1.).

6. SISTEMA PRESIDENCIAL DE ASSEMBLEIA OU DE ASCENDENTE PARLAMENTAR

A prática institucional pode, portanto, traduzir-se no funcionamento de outro sistema de governo, *o sistema presidencial de assembleia*. Este conceito não deve ser confundido com outro, próximo, de *sistema presidencial com subordinação parlamentar*, que se reporta especificamente aos casos — estudados abaixo — em que a constituição inclui hipóteses de responsabilidade política de membros do conselho de ministros ou do gabinete perante o parlamento.

No sistema presidencial de assembleia — conceito que, à luz da teoria clássica dos sistemas de governo, pode parecer intrinsecamente contraditório —, o cargo presidencial mantém os traços *formais* do sistema presidencial, como a eleição direta, a titularidade da chefia de Estado e do poder executivo e os poderes constitucionais típicos, incluindo os poderes de veto e de nomeação dos titulares dos principais cargos executivos, militares, diplomáticos. Mas o efeito combinado de algumas soluções constitucionais e da verificação de variáveis contextuais com impacto circunstancial leva a que o presidente tenha chances exíguas de assumir a iniciativa de liderar ou sequer de influenciar decisivamente a agenda e o *output* legislativos. Estes ficam, em última análise, dependentes de coligações, positivas ou negativas, geradas pela dinâmica própria do funcionamento parlamentar e do inter-relacionamento partidário, sem intervenção decisiva do presidente.

Condições *constitucionais* especialmente propícias para este formato são, entre outras, aquelas em que:

(i) a constituição define mandatos presidenciais de duração relativamente curta e não permite a reeleição do presidente para um segundo mandato. Isso desencadeia pelo menos duas dinâmicas: os deputados, se, conforme é

---

[631] CAMERLO, Marcelo; MALAMUD, Andrés. Sucessão presidencial em contextos de crise: as experiências latino-americanas recentes. *In*: PINTO, António Costa; RAPAZ, Paulo José Canelas (org.). *Presidentes e (semi)presidencialismo nas democracias contemporâneas*. Lisboa: Imprensa de Ciências Sociais, 2018. p. 92-112. p. 96.

normal, não estão sujeitos a limites à reeleição (embora se conheçam exceções, como na Costa Rica e, no passado, no México), são mais impelidos a
direcionar a sua atuação no sentido de garantir a própria reeleição do que
para o efémero exercício de cargos executivos, concentrando-se nas suas
próprias agendas e na manutenção de posições dentro do próprio partido;
o efeito *lame duck* — inevitável em todos os sistemas presidenciais — ocorre
mais prematuramente (podendo até levar a que o presidente opte por cessar
o seu mandato mais cedo, renunciando, como fez Raúl Alfonsín, na Argentina, em 1989);

(ii)　o presidente não dispõe de poder legislativo nem do poder de veto sobre
legislação do parlamento (como na Costa Rica, em relação ao orçamento);

(iii)　o veto presidencial pode ser superado por uma maioria relativa ou não
superior à maioria necessária para a aprovação de legislação (Venezuela,
Constituição de 1961), ou até por maioria absoluta (Colômbia, Paraguai).
Na Venezuela, por exemplo, o veto inicial do presidente teria de ser superado por dois terços, mas existiam mecanismos que permitiam que,
numa segunda ronda, as duas câmaras do parlamento pudessem impor
a sua vontade por maioria simples (Constituição de 1961, artigo 173.º).
Quando o presidente gozava de apoio maioritário (governo unitário), isso
não constituía um constrangimento sério, mas se assim não fosse, teria de
se submeter. Em qualquer caso, o sistema não corria risco de paralisia ou
de bloqueio;

(iv)　a consagração de estritos mecanismos de apreciação e consentimento
parlamentar prévios das nomeações de titulares de cargos pelo presidente
(Paraguai), incluindo, eventualmente, membros do gabinete, com poderes
efetivos de veto;

(v)　a previsão de que, em caso de vagatura do cargo ou de impedimento definitivo do presidente, este será substituído por um membro do parlamento
ou por alguém eleito pelo parlamento.

A circunstância de o presidente ser eleito pelo parlamento se na votação direta
dos eleitores nenhum candidato lograr percentagem suficiente para ser eleito, como
ocorria na Bolívia, até à Constituição de 2009, será também um fator relevante,
mas não existem exemplares suficientes para tirar conclusões seguras. O sistema
boliviano entre 1985 e 2005, quando os presidentes foram eleitos por uma coligação formada no Congresso, é qualificado vulgarmente como de presidencialismo
parlamentarizado[632], embora tenham de ser considerados outros fatores que não
apenas o método de eleição.

---

[632]　NOHLEN; GARRIDO, ref. 16, p. 144. Note-se que há também quem aluda a um tendencial
ascendente dos presidentes. Sobre o tema, v. SHUGART; CAREY, ref. 13, p. 83.

Condições fáticas, circunstanciais ou de contexto especialmente propícias para o sistema presidencial de assembleia, além das já enunciadas no que respeita à situação de governo unitário ou dividido e à relação entre o presidente e os partidos, são:

(i) tendência confrontacional ou não cooperante do presidente;

(ii) posicionamento não centrista do presidente que estimule o centro político a optar por coligações formais ou informais que o ostracizem ou menosprezem;

(iii) sistema de partidos pouco estruturados e/ou divididos por fações internas e/ou com diretórios sem autoridade, comandados por forças extraparlamentares movidas por interesses pouco transparentes, e/ou à mercê das iniciativas casuísticas dos membros do partido eleitos para mandatos parlamentares;

(iv) presidentes fragilizados por casos políticos, de justiça ou éticos;

(v) relações tensas com as chefias e a instituição militar;

(vi) cisão do partido presidencial, por ação do presidente ou de outros, com a concertação de uma parte desse partido com forças parlamentares oposicionistas.

Os traços de domínio parlamentar acentuam-se quando paira a ameaça — ou essa ameaça se materializa — de o próprio mandato presidencial ser interrompido por ação do parlamento, mormente por via do uso, válido ou desviado, de mecanismos do tipo *impeachment*[633]. A referência à simples ameaça ou iminência do *impeachment* não é vã, uma vez que, por vezes, ela, por si só, tem efeitos no modo como o sistema funciona. A circunstância de Sebastián Piñera (Chile) ter sido objeto de duas tentativas de *impeachment*, uma em 2019, devido a fortes protestos populares, e outra em 2021, motivada pelos *Pandora Papers*, em circunstâncias de grande impopularidade, condicionaram o final do seu segundo mandato.

Mantendo-se a impossibilidade de o parlamento ser dissolvido por decisão e ato presidenciais, aquela deslocação pode revelar-se por meio de vários indícios. O parlamento: (i) através das lideranças das câmaras, das comissões e das bancadas, controla efetivamente o poder de agenda e de submissão a votação dos projetos legislativos; (ii) devido à sua composição, força o presidente a negociações casuísticas das respetivas iniciativas legislativas, que estão sujeitas a um crivo apertado e não têm garantia inicial de aprovação; (iii) exerce efetivo poder sobre parte significativa do conteúdo do orçamento do Estado, esteja ou não a iniciativa reservada ao presidente; (iv) executa agenda legislativa própria, seja positiva, pela aprovação de iniciativas geradas no interior do próprio parlamento, seja negativa, pela imposição da manutenção do *status quo*, mesmo que isso não corresponda ao ponto ideal presidencial (e mesmo que isso não corresponda ao ponto ideal de todos os grupos políticos cujas votações contribuam para a manutenção do *status quo*); (v) exerce efetivo poder de destituição do presidente, v.g., através de *impeachment* ou mecanismos equiparados, de autodissolução com

---

[633] Sobre o assunto, em geral, v. PÉREZ LIÑÁN, Aníbal. *Presidential impeachment and the new political instability in Latin America*. Cambridge: Cambridge University Press, 2007.

concomitante demissão do presidente; (vi) pode influir, direta ou indiretamente, na composição do *staff* político presidencial (ministros, secretários, etc.).

Em tese, o sistema presidencial de assembleia tem, pelo menos, quatro modalidades:

(i)   com partido presidencial maioritário;
(ii)   com coligação maioritária;
(iii)   sem coligação maioritária;
(iv)   com presidente independente.

No caso de *sistema presidencial de assembleia com partido presidencial maioritário,* o presidente não lidera o partido, ou é meramente líder nominal do partido, ou é líder efetivo, mas o partido está dividido internamente em fações que o presidente não controla na íntegra.

Na situação de *sistema presidencial de assembleia com coligação maioritária* (que também se pode dizer, mais abreviadamente, *sistema de coligação presidencial*[634]), o presidente mantém *formalmente* o seu papel de *formateur* e articulador da coalizão, dispondo de maior ou menor margem, consoante as circunstâncias políticas, de desempenho dessa função. Contudo, seja por constrangimentos políticos (por exemplo, impopularidade ou baixo grau de aprovação), pela (in)consistência da coligação (por exemplo, um número grande e incoerente de partidos integrantes), por posicionamento no *eixo* esquerda/direita, por características pessoais (por exemplo, pouco talento ou inclinação para a concertação) ou por não conseguir mobilizar um volume suficiente de recursos que permitam manter o estável apoio dos membros da coligação[635], o presidente tem dificuldades de liderança, de gestão e de articulação dela. Estas dificuldades da posição presidencial geram incentivos a que a coligação funcione com dinâmica própria, colateral e não totalmente controlada pelo presidente — que pode implicar incoerência governativa ou não —, e o centro do poder, verdadeiramente, se situe nela.

No *sistema presidencial de assembleia sem coligação maioritária*, o poder reside, presumivelmente de modo difuso, no parlamento, sujeito às maiorias *ad hoc* que se formem circunstancialmente, caso a composição parlamentar o permita, como, aliás, acontece com o parlamentarismo de assembleia. Não só o Poder está capturado pelo parlamento, como o próprio presidente está nas suas mãos, por meio do uso do *impeachment*, como já aconteceu duas vezes no Brasil e várias vezes noutros países. Em contrapartida, o presidente não possui instrumentos para interromper os mandatos dos parlamentares, mormente através da dissolução das Câmaras.

---

[634]   Invertendo-se, por conseguinte, os termos: em vez de sistema presidencial de coalizão/coligação, é sistema de coalizão/coligação presidencial.

[635]   Ou, talvez mais frequentemente, se o presidente não conseguir assegurar uma distribuição considerada equilibrada pelos parceiros da coligação, por optar por — ou ser obrigado a — satisfazer clientelas ou os membros do próprio partido presidencial em termos desproporcionados ao seu peso parlamentar, alocando-lhe mais recursos financeiros ou cargos administrativos.

O *sistema presidencial de assembleia com presidente independente* (ou sem partido ou coligação de suporte) pode ocorrer quando o presidente não consegue cumprir o papel de *formateur* de uma coligação pós-eleitoral maioritária e sofre de isolamento progressivo (como Collor de Mello, no Brasil, ou Fujimori, no Peru, na fase inicial das presidências), nem criar condições para a formação de um partido que o passe a suportar a partir de certo ponto da legislatura (como sucedeu no Malawi, em 2005, com Bingu Wa Mutharika, quando se tornou independente em relação à UDF e formou o *Democratic Progressive Party*), tampouco cumprir com eficácia o papel de *chief negotiator* de entendimentos casuísticos.

Até ao momento os exemplos de funcionamento como sistema presidencial de assembleia resumem-se, em geral, a períodos curtos, interregnos do funcionamento normal do sistema de governo presidencial em alguma das suas modalidades constitucionalizadas (equilíbrio, presidente reforçado ou débil). A ilustração mais próxima de um funcionamento relativamente prolongado é a da Bolívia, numa época histórica pré-Morales.

> O sistema presidencial de assembleia ficou claramente ilustrado nos anos que antecederam a eleição de Evo Morales. Em 2002, o Congresso elegeu Gonzalo Sánchez de Lozada (MNR). Tendo obtido 22,46% no voto direto, a eleição pelo Congresso baseou-se num acordo com o MIR, com vista a evitar a eleição do *outsider* Morales (que ficara em segundo lugar na eleição direta). Todavia, Lozada teve de enfrentar uma série de revoltas contra as políticas neoliberais aplicadas (que já aplicara na década de 1990) e decisões relacionadas com a exploração do gás. A saída que encontrou foi a renúncia em outubro de 2003. Sucedeu-lhe o vice-Presidente Carlos Mesa, que chegou com uma alta taxa de aprovação e procurou constituir um governo afastado dos partidos políticos históricos. Entretanto, sem apoio sólido dos Partidos no Congresso, não dispondo de poder legislativo próprio, foi gradualmente ficando à mercê da relutância daqueles para lhe dar os meios de governação. Renunciou, à terceira tentativa, em março de 2005. Também se demitiram os presidentes da Câmara dos Deputados e do Senado, o que levou à eleição pelo Congresso do presidente do Supremo Tribunal de Justiça.

Recorde-se que o sistema presidencial de assembleia pode manifestar-se em qualquer sistema de presidente governante. O caso mais plurifacetado é o do Equador, cuja Constituição estabelece um sistema híbrido, e que tanto fornece um exemplo de presidente dominante como pode ser usado para ilustrar o sistema presidencial de assembleia (e/ou débil).

> Emulando o que ocorreu na Argentina depois da resignação de Fernando de la Rúa, em dezembro de 2001, o Equador, estabeleceu entre 1996, data em que Sixto Durán Ballén, do Partido da União Republicana, terminou o mandato (1992-1996) e 2006, data da eleição de Rafael Correa, um recorde de sete presidentes; adotou três Constituições (1996, 1997, 1998); sofreu a ausência de maiorias estáveis; recorreu às coligações fantasmas; experimentou a rejeição sistemática pelo legislativo de propostas presidenciais.

Abdalá Bucaram, do Partido Roldosista Equatoriano, eleito em 1996, permaneceu cerca de seis meses no cargo (agosto de 1996, fevereiro de 1997). O Presidente viu a coligação governista desfazer-se, devido a conflitos internos entre roldosistas e bucaranistas, sendo forçado a governar em minoria. Em 1997, o impasse foi resolvido com a destituição daquele pelo Congresso (unicameral), recorrendo a uma solução improvisada: na falta de maioria para o *impeachment*, a oposição seguiu a via constitucional da declaração de incapacidade mental de Abdalá Bucaram, que apenas requeria maioria, em nítida violação do espírito constitucional. A vontade da Assembleia prevaleceu.

Bucaram foi substituído pelo presidente do Congresso (e não pela vice-presidente do país, como constitucionalmente previsto), Fabián Alarcón, que permaneceu seis meses.

Jamil Mahuad Witt, do Partido Democracia Popular, foi eleito em 1998. Em 1998-99 eclodiu uma crise económica severa. O orçamento das Forças Armadas foi reduzido, o FMI impôs medidas. A popularidade do Presidente caiu para 6% em janeiro de 2000; quando anunciou a dolarização da economia, a "coligação fantasma" que o sustentava esboroou-se. Uma revolta popular liderada por organizações indígenas, apoiada por escalões intermédios das Forças Armadas, ocupou o Congresso. Estas anunciaram que não podiam garantir a segurança do Presidente; este abandonou o Palácio Presidencial sob escolta militar, deslocando--se para uma base militar onde dois aviões o aguardavam para abandonar o país. Todavia, conseguiu furtar-se e refugiar-se na Embaixada do Chile. Cientes da indesejabilidade de assumirem o poder (e da falta de apoio interno e internacional), as hierarquias militares acabaram por não prosseguir o intento da criação de uma Junta Militar (que funcionou apenas três horas) e patrocinaram a assunção do cargo de Presidente pelo vice-Presidente Noboa em janeiro de 2000. Este assegurou, de seguida, um governo de transição (2000-2003).

O Presidente seguinte, Lucio Gutiérrez, do Partido da Sociedade Patriótica, eleito em 2003, foi destituído pelo Congresso em 2005, com o fundamento de abandono do cargo (embora nunca tivesse abandonado o Palácio de Carondelet, sede da Presidência); o vice-Presidente, Luis Alfredo Palacio González, sem filiação partidária, assumiu, entre 2005 e 2007, o cargo de Presidente. A sucessão de Presidentes num período de dez anos não é, seguramente, muito distinta da que ocorreu em alguns históricos sistemas parlamentares de assembleia.

Finalmente, depois da vitória na segunda volta das eleições de 2006, assumiria o cargo presidencial Rafael Correa, da *Alianza PAIS* (Aliança Pátria Altiva e Soberana), que o ocuparia durante 10 anos (2007-2017).

Após a saída de Correa, havia o interesse em verificar qual o rumo que o sistema de governo seguiria, sendo certo que a Constituição de 2008 havia colocado nas mãos do presidente instrumentos poderosos de que este não dispunha antes.

A primeira nota que sobressaiu é que o correísmo manteve a sua pujança e influência. Nas eleições de 2017, seria eleito, à segunda volta, um dos vice-Presidentes de Rafael Correa, Lenín Moreno, também da *Alianza PAIS*. Porém, em termos reais, o correísmo seria rapidamente superado, uma vez que Lenín Moreno aplicou, em boa medida, políticas neoliberais. O antecessor na presidência acusou-o de traidor da Revolução Cidadã.

Quanto ao sistema de governo, regressariam alguns dos traços endémicos que haviam ficado na penumbra nos dez anos anteriores. Sem embargo, não se pode dizer que tenha regressado a cem por cento o perfil do final dos anos de 1990 e início da década de 2000. Decerto, o período da presidência de Lenín Moreno foi atravessado pela mesma romaria de crises e agitação sociais, manifestações, decretação do estado de exceção, conflitos externos e internos, acusações de corrupção do Presidente e de pessoas próximas, colapso da popularidade para mínimos incomportáveis. Cedo, o vice-Presidente afastou-se do Presidente, com ele eleito; e o próprio Partido *Alianza PAIS* o destituiu de presidente do Partido. Em consequência, Lenín Moreno não se recandidatou em 2021 (continua a ser assoberbado por acusações de corrupção), regressando à prática de presidências curtas, nunca além de quatro anos.

Mais curto seria o mandato de Guillermo Lasso, do *Movimiento CREO - Creando Oportunidades*, o primeiro Presidente não alinhado com Rafael Correa desde a eleição deste. Eleito em 2021, em maio de 2023 Lasso foi objeto de um processo de *impeachment*, iniciado pela Assembleia Nacional, relacionado com alegações de irregularidades em negócios de petróleo. Todavia, desta vez o Presidente dispunha de armas que não estavam disponíveis antes de 2008, que nunca tinham sido testadas e faziam a diferença. Nesse mesmo mês, antes da conclusão do processo, Lasso dissolveu a Assembleia Nacional, desencadeando o mecanismo constitucional da *muerte cruzada*, provocando eleições gerais. Embora. Lasso se pudesse candidatar às eleições de agosto de 2023, para reatar o mandato até 2025, não considerou ter condições para o fazer.

Com as caraterísticas apontadas, em rigor não se pode dizer que o sistema presidencial de assembleia é um sistema presidencial ou tão pouco de *presidente governante*. De facto, quem assume e conduz o governo do país é a assembleia, ficando o presidente encarregue de pouco mais do que da representação nominal interna e externa do Estado e da gestão corrente dos negócios públicos.

Subcapítulo II

A MUTAÇÃO SISTÉMICA

1. A NOÇÃO DE SISTEMAS MUTANTES DE PRESIDENTE GOVERNANTE

Na parte final do subcapítulo anterior mostrou-se que os sistemas de governo podem ser vulneráveis a uma *basculação sistémica* que leva a mais ou menos repentinas e *normalmente transitórias* mutações na forma de funcionamento do sistema de governo. Assinalámos que essa dinâmica pode, se muito acentuada, levar ao funcionamento com aumento radical — sistema de governo presidencial de presidente dominante — ou diminuição pronunciada — sistema de governo presidencial de assembleia — da margem de manobra do presidente. Embora dedicando maior atenção aos sistemas presidenciais, assinalámos que este deslizamento radical também pode ocorrer noutros sistemas de presidentes governantes.

No presente subcapítulo analisamos também sistemas que sofrem um desvio pronunciado entre o que flui da constituição e a prática institucional, devido à operatividade de variáveis de contexto. Todavia, com uma diferença quantitativa em relação aos focados anteriormente.

Ali, as variáveis institucionais são o eixo central em torno do qual ocorre a *basculação sistémica* e as estruturais funcionam como pano de fundo balizador. São determinantes, sobretudo, fatores respeitantes à personalidade do presidente e a variáveis contingentes. Entre estas estão: a amplitude dos efeitos da sincronia ou não de atos eleitorais presidenciais e parlamentares; a existência de governo unitário ou dividido; a relação entre o presidente e as forças políticas representadas no parlamento e, especificamente, o seu próprio partido; conflitos internacionais; situação económica; estado da segurança interna; situação social, turbulência ou acalmia públicas; verificação de calamidades e catástrofes naturais; escândalos de corrupção; movimentos políticos momentâneos que eclodem; recetividade dos cidadãos a discursos e propostas populistas; e outras.

Neste subcapítulo focamos ocorrências de *mutação ou migração prolongada e estável e geralmente aceite como apropriada pelas elites e pelos cidadãos ordinários,* de sistemas de governo que do ponto de vista constitucional se inscrevem numa categoria — sistemas presidenciais ou híbridos de presidentes governantes, ou parlamentares, ou semipresidenciais — para outra categoria diferente[636]. Pelo objeto deste ensaio, interessa a mutação ou migração para uma qualquer modalidade de sistema de governo de presidente governante.

Aqui operam, sobretudo, variáveis estruturais, como as acima enunciadas: história política; questões de identidade ou unidade nacional; diferenças ou rivalidades regionais, étnicas, religiosas antigas e vincadas; cultura política, nomeadamente predomínio de cultura de antagonismo ou, ao invés, de consenso e cooperação entre os poderes; hábitos e níveis de participação política; peso do Estado e da Administração Pública na burocracia e na economia; práticas de clientelismo, nepotismo, caciquismo; grau de (des)confiança dos cidadãos no sistema político, nas instituições, nos partidos, no sistema eleitoral ou nas eleições. Desta feita, as variáveis contingentes ou conjunturais operam simplesmente como persistente fator *adjuvante* da mutação ou como fator ocasionalmente *contrário* a essa mutação e favorável à reposição da pureza da letra e espírito constitucionais. Nesta segunda hipótese, os fatores contingentes ou conjunturais produzem impactos momentâneos e transitórios, como é suscetível de ocorrer em

---

[636] É nessa observação que entronca a distinção entre sistema *constitucional* de governo e sistema de governo, que adotamos: v. CANAS, ref. 63, p. 138 *et seq.*, entre vários locais.

todos os sistemas de governo. No entanto, esses não obstarão a que, mais tarde ou mais cedo, o sistema regresse ao seu funcionamento habitual, ou seja, à prática institucional desviada do estrito quadro constitucional. O caso francês tem ilustrado esta situação.

Os exemplos que apresentámos na última secção do subcapítulo anterior foram em geral casos de funcionamento breve, alternado, transitório ou até episódico (com exceção do México, pelas razões apontadas), eventualmente patológico e, possivelmente, não desejado nem procurado pelas elites políticas deliberadamente e com plena consciência das consequências sistémicas, pelo que não se devem considerar mutações *tout court*. No presente subcapítulo, percorremos alguns casos de sistemas de presidentes governantes que resultaram de um processo de mutação de outro sistema — incluindo de outro sistema de presidente governante, mas sobretudo dos demais sistemas — para sistema de presidente governante em termos duradouros e geralmente aceites. Isto, sem prejuízo de oscilações, que são possíveis no funcionamento de todos os sistemas de governo. Para os distinguir das demais categorias, designamo-los *mutantes*, designação que parece indicar apropriadamente a sua condição mais saliente.

As variáveis de contexto — todas elas, ou seja, da personalidade, estruturais e contingentes — funcionam sempre como sistema de incentivos/desincentivos a que o sistema de governo funcione conforme o que consta na constituição.

Mais especificamente (pensando em todos os sistemas de presidentes governantes):

(i)   todas ou algumas variáveis (*maxime* estruturais) determinantes podem incentivar os centros de poder e os protagonistas políticos a forçar o quadro institucional de modo a acentuar o peso da sua posição no sistema de governo. Assim:

    i.   o presidente pode ser incentivado a melhorar a sua posição no sistema de governo, no confronto com o parlamento (e/ou no interior do próprio executivo, quando este for composto); ou

    ii.   o parlamento pode ser incentivado a reforçar a sua posição no sistema de governo, no confronto com o presidente (e/ou com ramificações do executivo, como conselhos de ministros e ministros);

(ii)   Todas ou algumas variáveis (*maxime* estruturais) determinantes podem desincentivar os protagonistas políticos de usar plenamente os poderes que a constituição lhes atribui. Assim:

    i.   O presidente é desincentivado de usar poderes, degradando a sua posição no sistema de governo, no confronto com o parlamento (e/ou no interior do próprio executivo, quando este for composto); ou

    ii.   o parlamento é desincentivado de usar poderes contemplados na constituição, degradando a sua posição no sistema de governo, no confronto com o presidente (e/ou com ramificações do executivo, como conselhos de ministros e ministros).

Impõe-se um primeiro momento de recorte, por ora negativo: não se consideram aqui situações de mutação em que o sistema de incentivos/desincentivos produziu simplesmente o resultado de um concreto sistema de governo funcionar em modo diferente do que decorre do quadro constitucional , sem que se possa falar, porém, de mutação de sistema de governo. Nessa situação, o funcionamento ainda se mantém dentro do quadro tipológico apresentado a propósito dos sistemas presidenciais (mas aplicável a todos os sistemas de presidentes governantes), de equilíbrio, de presidente reforçado, débil e dominante (a última, observável apenas ao nível da prática institucional). É o que ocorre, por exemplo, quando um sistema de presidente reforçado na constituição funciona, afinal, duradouramente, como sistema de presidente dominante e vice-versa, ou quando um sistema de presidente reforçado funciona sistematicamente como sistema de presidente em equilíbrio ou débil. Ou, ainda, quando um sistema híbrido de presidente governante funciona como sistema híbrido de presidente governante dominante (como na Turquia, conforme visto antes).

Tomemos um exemplo, assente na muito difundida faculdade de o presidente publicar atos com força de lei, em sistemas presidenciais e sistemas híbridos de presidentes governantes: medidas provisórias com força de lei, como na Constituição do Brasil; medidas excecionais, como as consagradas na Constituição do Benim[637]; decretos de necessidade e urgência, como na Constituição da Argentina; decretos legislativos presidenciais ou decretos presidenciais com força de lei, como consta das Constituições de Angola[638] e da Turquia[639]. Como sustentámos anteriormente, estas faculdades presidenciais ocorrem com frequência em sistema presidencial (ou, mais genericamente, sistema de presidente governante) de presidente reforçado. Ora, variáveis como a história e a política constitucionais, a tradição, o peso e dimensão do Estado e da Administração Pública, e os seus papéis em variados domínios, incluindo o económico e social, a tolerância em relação a tendências decisionistas (variáveis estruturais), conjugadas com variáveis como inflação, crise económica, catástrofes, reivindicações da "rua", agitação étnica, ambiente insurrecional, governo dividido, impasse no parlamento (variáveis contingentes), incentivam a que aquelas faculdades sejam usadas mais profusa e latamente, e em domínios mais extensos, do que aquilo que decorre do espírito das constituições em termos estritos. Essa prática pode ser tolerada pelas lideranças políticas e vista não apenas como normal pelos cidadãos, mas como desejável. Está comprovado que esse poder, de modo geral, reforça a capacidade de o presidente induzir mudanças de política legislativa próximas do seu ponto ideal[640]. Presidentes reforçados podem passar de reforçados a dominantes governando e executando a sua agenda por decreto[641].

---

637 Artigo 68.º da Constituição de 1990. V. BENIM, ref. 506.
638 Artigo 125.º, n.º 1, da Constituição de 2010.
639 Artigo 104.º da Constituição de 1982.
640 NEGRETTO, ref. 480, p. 532.
641 VALENZUELA, ref. 126, p. 14, sustenta que competências legislativas reforçadas do presidente o robustecem como instituição, mas contribuem para enfraquecer o sistema presidencial e complicar as relações entre executivo e legislativo. Sendo uma generalização, arrisca-se a ser refutada, uma vez que não é difícil encontrar casos em que assim não sucede, como o Brasil ou a Argentina.

Exemplo já estudado, especialmente complexo e com características únicas de uma situação inversa, é o que decorre da prática chilena. O Chile é, do ponto de vista constitucional, um sistema de presidente reforçado, mas que tende a funcionar como sistema de equilíbrio ou de presidente débil, correspondendo isso ao consenso entre as elites políticas e porventura entre os cidadãos.

Note-se, porém, que este caso de sistema constitucional de presidente reforçado com estável e aceite prática institucional de presidente débil não é dos mais frequentes. A tendência mais comum é a inversa: quando não se remetam ao estrito quadro constitucional, os presidentes tendem a assumir posições no sistema político mais robustas e não mais fracas que as decorrentes daquele quadro. Isto sucede *dentro* das classes de sistemas presidenciais, mas também fora, como se verá adiante.

Em qualquer dos casos acabados de invocar, circula-se ainda *dentro* de uma classe de sistemas de presidente governante (sistemas presidenciais ou sistemas híbridos de presidente governante), não havendo migração para outra classe. Quando muito, poderia falar-se de uma *mutação interna* à classe de sistemas de governo.

Agora o recorte positivo. Nas páginas seguintes vão ser apreciados concretos sistemas de governo onde a operação do sistema de incentivos/desincentivos das variáveis estruturais, eventualmente coadjuvadas por outras variáveis de contexto, lograram repercussão *transformativa* ou *qualificadora*, conduzindo a que se processasse uma das seguintes *mutações* (*externas*): (i) de um qualquer sistema que não é constitucionalmente de presidente governante — parlamentar, semipresidencial, híbrido que não seja de presidente governante — para sistema de presidente governante; e (ii) de um sistema de presidente governante — presidencial, híbrido de presidente governante — para outra classe de sistema de presidente governante — híbrido de presidente governante, presidencial.

Os casos tratados de seguida são de sistemas que, do ponto de vista jurídico--constitucional, ou pertencem a alguma das categorias clássicas ou se caracterizam pelo hibridismo, mas que a persistente prática institucional leva a que sejam expressão de outra categoria de sistemas, avultando, em qualquer caso, a figura central de um presidente governante. Um dos casos mais vulgares é (i) o dos sistemas constitucionalmente semipresidenciais que funcionam persistentemente como sistemas de presidente governante, sejam híbridos ou presidenciais, como em França, no Peru ou em Taiwan. Mas há também os casos de (ii) sistema parlamentar na Constituição, funcionar persistentemente como de presidente governante, híbrido ou presidencial, como na Sérvia. Além de (iii) sistema híbrido de presidente governante na Constituição, funcionar estavelmente como presidencial, como na África do Sul, em Angola, no Botswana, no Chipre, na Gâmbia, em Moçambique, na Namíbia, no Uruguai e no Suriname. No final será discutido o caso duvidoso do Paraguai.

Designamo-los por *sistemas mutantes de presidente governante*.

Uma vez que alguns não são sistemas de presidente governante de raiz (do ponto de vista constitucional), não foram tratados em nenhum outro lugar deste texto, pelo que, para melhor compreensão, terão de receber maior desenvolvimento neste subcapítulo, inclusive no que respeita ao desenvolvimento histórico de aspetos essenciais do quadro constitucional.

2. CASOS DE SISTEMAS MUTANTES

2.1 *França: de sistema semipresidencial para sistema híbrido de presidente governante*

A arrumação do sistema *constitucional* de governo francês começa por não ser consensual entre a doutrina francesa[642]. Uma parte arruma o sistema de governo da Constituição da V República, de 4 de outubro de 1958, no grupo dos sistemas semipresidenciais, na senda de Duverger[643]. Todavia, está longe de ser maioritária. Outra parte, fiel à tradição parlamentar francesa[644], vê na Constituição de 1958 uma mera correção do sistema, talvez alinhada por uma correção republicana do esquema orleanista[645]. Também enfrenta dificuldades, decorrentes de dificuldades da interpretação do texto constitucional e acentuadas pelas tendências persistentes do funcionamento. Vozes respeitadas arrumam o sistema noutras classes, entre as quais a presidencial[646] ou até hiperpresidencial[647].

A construção do sistema francês está indissociavelmente ligado às ocorrências da sua formação histórica e à figura do General de Gaulle. Carismático e venerado, soube colocar-se quase sempre acima dos partidos políticos — embora tenha servido de inspiração a alguns até hoje —, encetando um diálogo direto com o povo sempre que quis. Esse padrão presidiu ao próprio processo constitucional que desembocou na Constituição de 1958. Quando De Gaulle foi chamado a sair do seu recolhimento político, em maio de 1958, no período mais crítico da guerra da Argélia (iniciada em

---

[642] Particularmente quando não se distingue entre sistema constitucional de governo e sistema de governo (perspetiva do funcionamento, v. *supra*). Quem o faz, como, há várias décadas, é Olivier Duhamel que aceita tendencialmente a discrepância entre um e outro. Para o autor, por exemplo, convivem em França um sistema presidencialista e um regime (sistema constitucional) semipresidencial. V. DUHAMEL, Olivier. Remarques sur la notion de régime semi-présidentiel. *In: Droit, institutions et systèmes politiques: mélanges en hommage à Maurice Duverger*. Paris: PUF, 1987. p. 581-590. p. 587.

[643] O termo terá sido avançado por Hubert Beuve-Méry, fundador do *Le Monde*, num artigo nesse jornal, em 8 de janeiro de 1959, embora o seu grande divulgador tenha sido Duverger. Uma dúvida suplementar reside em se o sistema constitucional de governo francês já era semipresidencial em 1958 ou se só o passou a ser em 1962, quando foi introduzido o sufrágio direto na eleição do presidente. Esta parece ser a inclinação dominante (entre os que aceitam a qualificação semipresidencial).

[644] Hauriou propôs a atraente tese dos ciclos constitucionais em França, parlamentar → de assembleia → cesarista. Todavia, os períodos mais prolongados terão sido os segundos.

[645] O chamado parlamentarismo orleanista é reportado à vigência da Carta de 1830 (1830-1848). Nesse contexto, Louis-Philippe d'Orléans (Louis Philippe I) detinha significativos poderes executivos e de condicionamento da atividade legislativa (designadamente, direito de veto), exercendo, ou podendo exercer, influência real nos assuntos do Estado. Todavia, formalmente, o poder executivo cabia a um governo chefiado por um primeiro-ministro, responsável perante o Parlamento e suportado pela maioria parlamentar.

[646] Cfr., por exemplo: GICQUEL, Jean; HAURIOU, André. *Droit constitutionnel et institutions politiques*. 8. ed. Paris: Montchrestien, 1985. p. 208; GICQUEL, Jean. *Droit constitutionnel et institutions politiques*. 18. ed. Paris: Montchrestien, 2002. p. 466-478.

[647] VEDEL, Georges. Variations et cohabitations. *Pouvoirs*, v. 83, p. 101-129, 1997.

novembro de 1954)[648], aquele entendia que a crise francesa não era superável no quadro das instáveis instituições políticas parlamentares da IV República. Por isso apresentou ao Presidente René Coty e aos partidos principais, como condição da sua investidura na função de Presidente do Conselho de Ministros, a revisão da Constituição de 1946. As normas desta, relativas ao processo de revisão, foram expeditamente alteradas com vista a delegar ao Governo poder para preparação do projeto de revisão constitucional, a ser diretamente submetido ao povo (lei constitucional de 3 de junho de 1958). No país do parlamentarismo de assembleia, a V República nasceu praticamente sem participação formal do Parlamento.

O projeto constitucional, que não surgiu do nada, antes sendo alicerçado por um debate constitucional de décadas[649], foi elaborado sob condução do próprio General e de Michel Debré, Ministro da Justiça, com a participação de outros ministros, de René Cassin, vice-Presidente do Conselho de Estado e outros. Entre a inclinação bonapartista plebiscitária de de Gaulle e a fidelidade ao parlamentarismo, defendido por alguns notáveis do *gaullismo*, como Michel Debré, embora com reforço do executivo, a solução final traduziu-se inequivocamente nesse reforço[650]. Todavia, houve cedências de de Gaulle quanto às suas propostas iniciais[651]. Mantiveram-se alguns traços identitários de um sistema parlamentar clássico, como a eleição indireta do presidente da República (embora por um colégio muito alargado, composto por mais de 80.000 titulares de cargos eletivos) ou a responsabilidade política do gabinete perante o parlamento. A proposta de revisão preparada pelo Governo — que, na verdade, alicerçaria uma nova Constituição e não uma simples revisão da vigente — foi submetida ao povo em 28 de setembro de 1958, através de referendo, e por ele massivamente aprovado[652]. A França redescobria o referendo. Resta a dúvida sobre se a sua verdadeira função era a aprovação

---

[648] Dera-se um golpe de Estado em 13 de maio de 1958 na Argélia, protagonizado pelos europeus, com a cobertura militar, procurando evitar negociações com os independentistas da FLN. Os porta-vozes dos insurretos apelaram a um regresso ao poder de de Gaulle, ameaçando com uma investida sobre a própria metrópole. Ameaçando demitir-se se isso não fosse aceite pelos partidos, o Presidente da República, René Coty, indigitou de Gaulle como Presidente do Conselho de Ministros, investido pela Assembleia Nacional em 1 de maio de 1958 (324 votos contra 224). O Ministério integrava os líderes dos principais partidos da época.

[649] GICQUEL, Jean; GICQUEL, Jean-Éric. *Droit constitutionnel et institutions politiques*. 22. ed. Paris: Montchrestien, 2008, p. 494.

[650] GICQUEL; GICQUEL, ref. 650, p. 490, assinalam que a contestação ao sistema de assembleia e o apelo à restauração da autoridade executiva datam da década de 1930.

[651] Sobre os contributos e as várias proveniências, cfr. CHANTEBOUT, Bernard. *Droit constitutionnel*. 25. ed. Paris: Sirey, 2008. p. 395; GICQUEL; GICQUEL, ref. 650, p. 492. Os principais ministros do Governo, provenientes dos partidos parlamentares, bateram-se por um sistema parlamentar com executivo reforçado, do tipo britânico, e com poderes meramente simbólicos do presidente. Querendo garantir o apoio dos partidos e assegurar a realização do referendo constitucional que, como sempre, via como o fator de legitimação do seu poder, de Gaulle cedeu significativamente em relação à sua visão inicial.

[652] Opuseram-se o Partido Comunista e alguns notáveis, como Pierre Mendès France e Miterrand.

do texto constitucional, ou antes, a legitimação no Estado da posição do General, como este manifestamente pretendia[653].

Todavia, mesmo que de Gaulle tenha ficado longe do que preconizava — designadamente no que toca à livre convocação do referendo[654] — e o desenho institucional tenha revelado, sobretudo, um presidente com funções arbitrais que deixa a direção do país ao primeiro-ministro e ao governo[655], não merece concordância a tese de Duverger de que a Constituição atribui ao presidente um número reduzido de poderes em comparação com outros alegados casos de sistema semipresidencial.

O presidente dispõe de significativas competências próprias desoneradas da necessidade de referenda ministerial: nomear o primeiro-ministro e demais membros do governo; convocar o referendo legislativo mediante proposta do governo ou das câmaras do parlamento; dissolver quase incondicionalmente a Assembleia Nacional (salvo limites temporais[656] e a audição, *pro forma*, de alguns, poucos, titulares de cargos políticos, artigo 12.º da Constituição); exercer poderes de crise; enviar mensagens às câmaras parlamentares; nomear membros do Conselho Constitucional e outros titulares de cargos públicos de topo; exercer poder de iniciativa de fiscalização junto deste (tratados, leis)[657]; presidir ao conselho de ministros salvo delegação no primeiro--ministro[658]; conduzir certas políticas em domínios reservados; exercer a iniciativa da revisão constitucional; exercer várias faculdades do *pouvoir d'arrêter*; exercer o direito de veto[659]. É certo que não dispõe do poder de demissão do primeiro-ministro por iniciativa própria, uma vez que só o pode demitir se este lhe apresentar a demissão, o que, em situações de coabitação ou coexistência de maiorias discrepantes, só sucede quando é presumivelmente do interesse do próprio primeiro-ministro[660]. Mas isso não é

---

[653] CHANTEBOUT, ref. 652, p. 397.

[654] Como o futuro ditaria, os constrangimentos quanto à convocação de referendos nunca embaraçariam de Gaulle, convenha-se.

[655] CHANTEBOUT, ref. 652, p. 395.

[656] §4.º do artigo 12.º, proibição de dissolução durante o ano que se segue às eleições resultantes de dissolução. V. FRANÇA. [Constituição (1958)]. *La Constitution de la Ve République*. Paris: Sénat, 1958. Disponível em: https://www.senat.fr/connaitre-le-senat/evenements-et-manifestations--culturelles/les-revisions-de-la-constitution/constitution-du-4-octobre-1958-texte-originel. html. Acesso em: 9 jan. 2025.

[657] De exercício infrequente.

[658] Essa delegação ocorre presumivelmente com maior frequência em situações de coabitação. Em todo o caso, a circunstância de presidir ao conselho de ministros e de fixar a sua agenda não implica que a direção da atividade do governo lhe caiba, competindo ao primeiro-ministro.

[659] Artigo 10.º da Constituição. Todavia, o exercício do veto é raro. Tenha-se em conta que o artigo 10.º, §2, não exige uma maioria mais reforçada para a superação do veto do que a inicialmente requerida para a aprovação da lei.

[660] Os autores dão conta de práticas antigas, como a imposta por de Gaulle de solicitar do primeiro-ministro, no momento da sua nomeação, uma carta de demissão previamente assinada, sem data. A prática terá sido continuada por outros Presidentes.

determinante, considerada a circunstância de deter o poder de dissolução parlamentar que, como de Gaulle intuía, é a chave do sistema.

O presidente não é politicamente responsável perante o parlamento. Todavia, é relevante notar que pode por ele ser destituído, por dois terços dos membros, constituído em Supremo Tribunal, se faltar aos seus deveres de modo manifestamente incompatível com o exercício do mandato (artigo 68.º). Embora não seja exatamente a formulação do *impeachment* clássico, uma vez que na expressão literal parece franquear a possibilidade de responsabilização política, é um mecanismo que aproxima mais dos padrões centrais dos sistemas presidenciais do que dos semipresidenciais.

Por seu turno, o governo, presidido pelo primeiro-ministro, tem estatuto constitucional que, se colocado em contraste com a tradição histórica dos governos absolutamente à mercê do parlamento, típicas do parlamentarismo de assembleia, vigente em França durante décadas, resulta reforçado.

O primeiro-ministro é nomeado pelo presidente. O mesmo sucede com os ministros, formalmente sob proposta do primeiro-ministro. Esta proposta pode ser mais ou menos negociada entre os dois, em função da natureza da relação política e pessoal entre eles (e até da personalidade mais ou menos transigente de cada um), podendo, no limite, o presidente escolher muitos dos titulares. Predomina, além disso, a prática constitucional — atenuada ou disputada em situações de coabitação — de reconhecer ao presidente o poder de influir com maior intensidade na escolha dos titulares dos negócios estrangeiros e da defesa, na medida em que se aceita que nessas matérias existe algo próximo de um domínio reservado presidencial, não obstante o silêncio constitucional[661]. Vigora um sistema de incompatibilidades entre a função ministerial e o mandato parlamentar[662].

O governo responde perante a Assembleia Nacional, pelo que o presidente não pode deixar de ter em conta a composição desta na escolha do primeiro-ministro. Sem embargo, o governo não está sujeito a investidura parlamentar, ao invés do que ocorre com os sistemas parlamentares. Quando é nomeado, o primeiro-ministro deve apresentar o programa do governo, mas a Constituição não define um prazo para essa apresentação. Por exemplo, os Primeiros-Ministros do segundo mandato de Macron, deram-se algumas semanas: Borne, 51 dias; Attal 21 dias. O artigo 49 da Constituição prevê que o primeiro-ministro solicite um voto de confiança da Assembleia Nacional aquando da apresentação do programa, desde que o conselho de ministros assim delibere. Essa solicitação não é, portanto, obrigatória. Por isso, enquanto os Primeiros-Ministros Édouard Philippe e Jean Castex, que dispunham de maioria absoluta (primeiro mandato de Macron), submeteram voto de confiança, Borne e Attal (segundo mandato), que não dispunham, abstiveram-se de o fazer, de modo a não arriscar a rejeição por uma maioria absoluta negativa. Não sendo a apresentação e aprovação de voto de confiança

---

[661] Aliás, a Constituição atribui expressamente a responsabilidade pela política de defesa nacional ao primeiro-ministro, artigo 21.º, § 1.º.

[662] Exigência de de Gaulle, para garantir a solidariedade governamental.

compulsória, a viabilidade de governos que não dispõem de maioria absoluta na Assembleia fica facilitada.

A qualquer altura, a Assembleia Nacional pode obrigar o primeiro-ministro a apresentar a demissão ao presidente da República se, depositada uma moção de censura por um décimo dos deputados, for aprovada por maioria absoluta (289 deputados) ou se for recusado voto de confiança solicitado pelo governo (artigo 50.º). Contudo, seja devido à ameaça do exercício do poder de dissolução parlamentar, de exercício quase livre pelo presidente, seja pela dificuldade de formação de maiorias ocasionais integradas por partidos polarizados ou irremediavelmente antagónicos, a possibilidade de demissão pela Assembleia foi quase apenas virtual desde 1962 até 2024. Os Primeiros-Ministros nomeados por Macron, nos primeiros dois anos do segundo mandato, enfrentaram 17 moções de censura, todas sem sucesso. Michel Barnier enfrentou a primeira em outubro de 2024, poucos dias depois da posse do Governo, igualmente sem sucesso (mas seria triunfo de pouca dura, não resistiria a uma segunda).

A circunstância de ser o primeiro-ministro e o governo que carregam a incumbência de defender a política do executivo perante a Assembleia Nacional, *mesmo quando aquela seja a mera execução da vontade e da agenda presidenciais*, constitui uma importante banda protetora do presidente, que não existe, por exemplo, no sistema presidencial americano.

O primeiro-ministro e o governo não se ficam pelo exercício do poder executivo, uma vez que também dominam a agenda legislativa. Pela primeira vez desde 1789, dispõem de um domínio próprio no âmbito do qual produzem regulamentos autónomos (artigo 37.º da Constituição).

Em contrapartida, o parlamento vê-se enredado numa narrativa constitucional antiparlamentar[663] que limita fortemente a sua potente soberania (na tradição francesa): pode falar-se de *relegação do parlamento*[664]. A própria lei parlamentar perde, por assim dizer, a aura de *infalibilidade* e de *vontade geral e soberana* em que assentou historicamente a respetiva incontestabilidade: tem de se limitar às matérias enunciadas na Constituição, pode ser adotada excecionalmente sem aprovação formal (mecanismo de racionalização do artigo 49.º), pode ser fiscalizada pelo Conselho Constitucional, pode ser suplantada pelo direito europeu e por vontade referendária. Não despiciendas, também, as competências do governo que lhe permitem influenciar ou condicionar fortemente a atividade parlamentar.

Com esta repartição constitucional de poderes e sem mais considerações, pode-se defender que a instituição presidencial se reveste de um perfil de tradição orleanista, onde ao presidente se pede o desempenho de um papel *moderador*, de árbitro, exercido espo-

---

[663] CHANTEBOUT, ref. 652, p. 396, com o elenco de coletes de força impostos à ação parlamentar. A revisão constitucional de julho de 2008 viria a atenuar ligeiramente a "relegação do Parlamento", v. GICQUEL; GICQUEL, ref. 650.

[664] GICQUEL; GICQUEL, ref. 650 p. 484.

rádica e parcimoniosamente, quando necessário[665]. A tradução disso, em linguagem dos sistemas de governo moderna, é um *sistema constitucional de governo semipresidencial*.

A aprovação de uma moção de censura, em 1962, contra o governo de Georges Pompidou (cuja consequência sobre a subsistência do governo, e a necessidade de nomear outro, de Gaulle não aceitou, optando por dissolver a Assembleia Nacional), foi o primeiro aviso de que o sistema não estava completamente blindado contra a instabilidade política suscitada pelos partidos no Parlamento, a mesma que de Gaulle quisera suster com a Constituição de 1958. Pensando sobretudo na consolidação do sistema de *confluência presidente, governo, maioria parlamentar* e da posição presidencial como *garante* da unidade nacional, de Gaulle quis assegurar que o presidente da V República ficasse numa posição suprapartidária, liberto do abraço (alegadamente) asfixiador dos partidos e cobrando a sua legitimidade diretamente do público. Pela alteração constitucional de 1962, controversa, do ponto de vista jurídico, como o processo de 1958, também ela aprovada por referendo[666], o artigo 6.º passou a dispor que o presidente da República seria eleito por sete anos, por sufrágio universal direto. A disposição constitucional sofreria ulteriormente alterações, passando a duração do mandato presidencial a ser de cinco anos (2000) e sendo introduzida a limitação do número de mandatos a dois (2008).

As competências constitucionais do presidente permaneceram basicamente inalteradas, mas receberam um suplemento vitamínico decorrente da legitimidade reforçada para o seu exercício.

A alteração não decorria da exclusiva necessidade de de Gaulle reforçar a própria posição política, mas da intenção de salvaguardar a sustentabilidade futura do sistema. Desde o início, a eleição indireta[667] não inibira de Gaulle de impor a visão de um presidente da República como símbolo da unidade do Estado, principal dignatário da República, agregador e depositário do poder confiado pelo povo e da autoridade indivisível para definir o rumo da Nação. Os demais titulares de cargos políticos, incluindo o primeiro-ministro e a maioria parlamentar, estão ao serviço e são o instrumento para atingir os objetivos em nome dos quais o povo delegou a autoridade no presidente[668]. Contando com a conivência do Primeiro-Ministro Michel Debré (imposto por de Gaulle depois das primeiras eleições subsequentes ao referendo constitucional), interpretou a Constituição de forma lata no que toca aos poderes presidenciais e reverteu, na prática, as concessões que tinha feito aos seus Ministros para assegurar a realização do referen-

---

[665] CHANTEBOUT, ref. 652, p. 397. Só nessa limitada medida parece possível dizer que o sistema constitucional de governo saído da revisão de 1958 ainda entroncava na tradição parlamentar francesa, como sugere, por exemplo, RANGEL, Paulo. *Elementos de política constitucional.* Coimbra: Almedina, 2023. p. 115.

[666] Sobre o assunto, v. CHANTEBOUT, ref. 652, p. 398; RANGEL, ref. 666, p. 120.

[667] De Gaulle foi eleito Presidente, pelo Colégio Eleitoral, em 1958, com 78,51% dos votos. Em 1965 foi reeleito, já com sufrágio direto, com 55,2%, contra os 44,8% de Mitterrand.

[668] Aponta-se para a Conferência de Imprensa de 31 de janeiro de 1964 como o local onde o General expôs com maior clareza o seu pensamento sobre o fundamento da autoridade — delegada pelo povo — e dos poderes presidenciais, na sua leitura: cfr. GICQUEL; GICQUEL, ref. 650, p. 496.

do constitucional[669]. A interpretação do General levou a que as instituições políticas se moldassem ao seu perfil e à sua conceção sobre a posição presidencial, regularmente legitimada através de referendos ou plebiscitos (janeiro de 1961, fevereiro de 1962 e o de revisão constitucional de outubro de 1962, geralmente considerado inconstitucional). A deliberada estratégia bipolarizadora — auxiliada pelo sistema eleitoral — levou a que o multipartidarismo desorganizado fosse substituído por um bibloquismo que permaneceria durante décadas, praticamente até 2017.

Nesse contexto, o aparente equilíbrio constitucional foi quebrado pela prática constitucional. O funcionamento do sistema teve, desde o início, mais parecenças com um modelo híbrido que agrega num mesmo titular o poder de um primeiro-ministro parlamentar e o poder de um presidente de sistema presidencial, do que com qualquer outro[670]. E se é certo que de Gaulle foi o responsável original pela instituição do *bonapartismo republicano* ou *presidencialismo pessoal*[671], também é seguro que os seus sucessores imediatos, depois de 1969, a começar por Georges Pompidou (Presidente entre 1969 e 1974), se esforçaram por preservar e normalizar essa dinâmica de presidencialismo, agora *impessoal*[672], podendo ser considerados, consequentemente, como cofundadores do sistema de governo. Assim ocorreria inclusive com os afetos à tradição parlamentarista francesa e opositores da Constituição de 1958, como Mitterrand (eleito Presidente em 1981, viria a cumprir o mais longo período de exercício presidencial da história constitucional francesa, correspondente a dois septenatos).

Colocando a questão em termos esquemáticos, até à posse de Michel Barnier, em setembro de 2024 — que inaugurou a prática de coligações entre partido presidencial e outros partidos não pertencentes ao quadrante presidencial —, o sistema francês oscilou entre duas aplicações, correspondentes a duas lógicas, consoante houvesse coabitação ou não[673].

Nos extensos períodos de *concordance majoritaire*, o poder do Presidente francês na V República sempre se mostrou mais intenso do que aquele que se pode esperar de um presidente de sistema semipresidencial. Nessas circunstâncias, o Parlamento

---

[669] CHANTEBOUT, ref. 652, p. 397.

[670] Contra Maurice Duverger, nos vários locais citados, nomeadamente em: DUVERGER, Maurice. Le concept de régime semi-présidentiel. In: DUVERGER, Maurice (org.). *Les régimes semi--présidentiels*. Paris: Presses Universitaires de France, 1986. p. 7-16.

[671] GICQUEL; GICQUEL, ref. 650, p. 495.

[672] *Idem*. V. um quadro que assinala a diferença entre os poderes atribuídos pela Constituição e os poderes assumidos na prática presidencial, mormente quanto ao poder de demissão do governo, à iniciativa legislativa e ao papel na política externa e na defesa nacional, em: FRANCO, Vasco. *Semipresidencialismo: perspectiva comparada e o caso português. Os poderes presidenciais na interação com o governo e com a Assembleia da República (1982-2016)*. Lisboa: Assembleia da República, 2020. p. 138.

[673] Usa-se *concordance majoritaire* quando há concordância entre maioria parlamentar e maioria presidencial. *Fait majoritaire*, usa-se a propósito da situação em que o governo dispõe de apoio maioritário no parlamento. Se houver *fait majoritaire* mas não *concordance majoritaire*, o *fait majoritaire* é imperfeito, falando-se, então, de coabitação.

e o Governo nunca tiveram outra alternativa que não a resignação face à liderança político-institucional do presidente, detentor de legitimidade democrática diretamente concedida por, pelo menos, 50%, mais um, dos votantes nas eleições presidenciais. Além disso, o presidente, sendo habitualmente líder ou referência máxima da maioria parlamentar[674], possui um poder quase ilimitado de dissolução do Parlamento (até à revisão constitucional de 2000, acrescia que era titular de um mandato mais duradouro que o dos deputados).

Nos períodos da chamada coabitação entre um presidente e um primeiro-ministro de cores político-partidárias divergentes — como sucedeu entre março de 1986 e maio de 1988 (Mitterrand/Chirac, *coabitação dura*), entre março de 1993 e maio de 1995 (Mitterrand/Balladur, *coabitação suave*) e entre junho de 1997 e maio de 2002 (Chirac/Jospin, *coabitação longa*) —, o texto tende a ser aplicado na sua interpretação mais literal, semipresidencial, com equilíbrios dinâmicos entre os órgãos, particularmente presidente e primeiro-ministro (líder da maioria no Parlamento)[675]. É necessário ter em conta que a introdução do *quinquénio* presidencial contribuiu para reduzir as possibilidades de coabitação[676]. Por outro lado, coabitação não é necessariamente sinónimo de instabilidade governativa: em situação de coabitação, os governos tendem a ter uma duração média superior aos demais[677]. Em contrapartida, também não se pode dizer que haja maior estabilidade governativa em épocas de *concordance majoritaire*. Nesse caso, a estabilidade política é assegurada pelo presidente da República, mesmo que opte pela substituição de primeiros-ministros e de elencos governativos[678], o que pode ocorrer

---

[674] O que não ocorreu com Valéry Giscard d'Estaing, Presidente entre 1974 e 1981.

[675] Afirmar que situações de conflitualidade latente, tal como as de crise, provocam, em geral, um regresso ao estrito texto constitucional, qualquer que seja o sistema de governo adotado na constituição (v., sobre o caso francês, RINELLA, Angelo. *La forma di governo semi-presidenziale: profili metodologici e circolazione del modello francese in Europa centro-orientale*. Torino: Giappichelli, 1997. p. 196), não resiste a uma observação empírico-comparatística, mas é uma das possibilidades em sistemas maduros e estruturados.

[676] O projeto do *quinquénio*, com vista a fazer coincidir o momento em que a legitimidade se exprime e renova para presidente e parlamento, tinha já sido apresentado no tempo de Georges Pompidou, em 1973. O fenómeno da coabitação, experimentado nas duas décadas anteriores a 2000, tornou mais vincadas as vantagens da solução, razão pela qual o Primeiro-Ministro Lionel Jospin a propôs ao Presidente Jacques Chirac. Cfr. CHANTEBOUT, ref. 652, p. 402; VEDEL, ref. 648, p. 129. Desde 2002, o mandato presidencial e os mandatos dos deputados da Assembleia Nacional têm a mesma duração, de cinco anos (fixada por lei, no caso dos parlamentares). Além disso, embora isso não decorra diretamente da Constituição, as eleições parlamentares realizam-se poucos meses depois das presidenciais. Considerando a segunda volta: 2002, com Chirac, 25 de junho; 2007, com Sarkozy, 26 de junho; 2012, com Hollande, 26 de junho; 2017, com Macron, 18 de junho; 2022, 19 de junho. Entre 2002 e 2022, as maiorias parlamentares sempre coincidiram com a maioria presidencial. Em 2022 a situação alterou-se; em 2024, alterou-se significativamente.

[677] FRANCO, ref. 673, p. 155. A coabitação Chirac/Jospin, a partir de 1997, perdurou por cinco anos, sendo conhecida como *longa coabitação*.

[678] *Ibid.*

quando o presidente pretende aligeirar os custos do desgaste da governação e, direta ou indiretamente, a pressão sobre ele próprio.

Estes dois quadros tendenciais não se manifestam sempre do mesmo modo.

Se houver confluência de maiorias, a circunstância de o presidente ser o líder do partido maioritário ou da coligação maioritária, ou não, tem repercussão importante. O pendor presidencial pode não desaparecer totalmente, mas é possível que fique atenuado no caso raro em que o presidente, apesar da *concordance majoritaire*, não é líder do partido ou da coligação maioritária, como ocorreu com Valéry Giscard d'Estaing, eleito com o apoio de uma coligação entre a sua UDF, de centro-direita, minoritária, e os *gaullistas*, maioritários, chefiados por Jacques Chirac (UDR/RPR). O exercício por este das funções de Primeiro-Ministro, sob a presidência daquele, não foi pacífico, tendo apresentado a demissão em 26 de agosto de 1976 (sendo substituído pelo centrista Raymond Barre, Primeiro-Ministro entre 1976 e 1981). Consumava-se a rutura entre o centrismo de direita e o *neogaullismo*: em 1981, Chirac recusou o apoio à reeleição de Giscard d'Estaing. Mas as novas circunstâncias políticas também impuseram (ou, talvez, propiciaram, admitindo que o Presidente de então a perfilhava como a mais razoável) uma nova leitura do sistema de governo, não referendária e não dependente de um partido presidencial que assegurasse a concentração da autoridade na figura presidencial[679].

Por outro lado, a relação entre presidente e primeiro-ministro não será igual em todas as circunstâncias. Se o presidente aspirar a um segundo mandato e o primeiro-ministro for um (ou o) potencial rival nas eleições presidenciais — como é provável, quando for o líder do maior partido parlamentar —, a marcação mútua será inevitavelmente acentuada. Todavia, a aberta e excessiva conflitualidade pode desgastar a imagem de ambos, encorajando um tácito pacto de não agressão. Mas isso depende de outras circunstâncias, não sendo a menos importante o histórico de relacionamento e o temperamento dos dois políticos. Em contrapartida, se o presidente não puder ou não quiser recandidatar-se, e o primeiro-ministro for candidato assumido ou expectável, outros fatores serão determinantes. Nesse caso, o desgaste com uma situação de permanente conflito pode não ser relevante para o presidente, pelo que pode enveredar por essa via se isso se mostrar interessante para o candidato presidencial afeto à sua área política. Mas também não é impossível que o presidente, se não totalmente confluente com aquele putativo candidato presidencial, opte pela linha de cordial entendimento com o primeiro-ministro. Os fatores a considerar são múltiplos, mas o que importa sublinhar é que as coabitações não são monocromáticas[680].

Em qualquer caso, os factos e a literatura pertinentes destacam que é provável que os primeiros-ministros de coabitação vejam goradas as suas ambições presidenciais:

---

[679] GICQUEL; GICQUEL, ref. 650, p. 498, aludem ao reaparecimento do parlamentarismo racionalizado, ocultado depois de 1962, com recurso frequente ao mecanismo do artigo 49.º, alínea 3 (adoção pela Assembleia Nacional de projetos de lei sem votação), e ao Senado.

[680] Assim, BLANCO DE MORAIS, Carlos. *O Sistema Político: no Contexto da Erosão da Democracia Representativa*. Coimbra: Almedina, 2017. p. 449.

Chirac foi derrotado por Mitterrand em 1988, quando este obteve o segundo mandato; Balladur, perdeu para Chirac na primeira volta, em 1995; Jospin também perdeu logo na primeira volta para Chirac (e Le Pen), na dramática eleição de 2002. Expostos ao desgaste do dia a dia das decisões de maior imediatividade, os primeiros-ministros são os primeiros sacrificados das dificuldades da governação.

Os resultados da segunda volta das eleições legislativas de 2022 fixaram o cenário político para um (relativamente) novo teste ao sistema de governo[681]. A formação partidária afeta ao Presidente Macron, *Ensemble*, obteve 246 lugares da Assembleia Nacional, aquém dos 289 da maioria absoluta. Os Primeiros-Ministros e Governos por ele nomeados desfrutavam apenas de maioria relativa, sendo obrigados a negociar apoios duradouros ou pontuais com outras bancadas parlamentares, não obstante a aparente indisponibilidade generalizada de quem com eles podiam fazer maioria: NUPES (142 lugares), *Rassemblement National* (89), *Les Républicains* (64). O pendor continuou a ser presidencial, com nomeação e autoridade do presidente sobre o primeiro-ministro, fiel membro da sua formação política, mas o ascendente presidencial atenuou-se comparativamente com o que foi próprio das ocasiões em que o partido ou coligação presidencial deteve maioria na Assembleia Nacional. A dinâmica do sistema de governo sofreu uma inflexão mais radical a partir de meados de 2024.

Em 9 de junho de 2024, o Partido/coligação do Presidente Emmanuel Macron sofreu derrota severa nas eleições europeias, ultrapassado pela União Nacional de Marine Le Pen (31,37%, com aplicação do sistema proporcional) e vendo aproximar-se os Socialistas, ao mesmo tempo que os Republicanos (direita clássica) quase desapareciam. O Presidente anunciou de imediato a dissolução da Assembleia Nacional, a sexta desde 1958[682], e a realização de eleições no prazo de semanas (30 de junho e 7 de julho). Uma consequência imediata da decisão era a modificação da sequenciação do calendário eleitoral que vinha sendo praticado desde 2002. A dissolução a meio do mandato presidencial implicava uma dessincronização entre a eleição presidencial e a eleição da Assembleia Nacional que, desde aquela altura, sempre se tinham verificado quase em simultâneo, a

---

[681] Teste não totalmente similar ao de 1988, embora o cenário então verificado possa fornecer algumas indicações relevantes. Nessa ocasião, Mitterrand, depois da sua reeleição com 54% dos votos, decidiu nomear, em maio de 1988, Michel Rocard como Primeiro-Ministro de um governo quase integralmente socialista. No momento, existia uma maioria parlamentar conservadora, obtida sob a liderança de Jacques Chirac, em 1986, diferente da oposição fragmentada à direita e à esquerda da atualidade.

[682] Dissoluções de: 9 de outubro de 1962, por Charles de Gaulle, após moção de censura votada pela Assembleia Nacional contra o Governo de Georges Pompidou, a seguir à reforma constitucional que consagrou a eleição presidencial por sufrágio direto e universal; 30 de maio de 1968, por Charles de Gaulle, na sequência dos acontecimentos de maio de 1968; 22 de maio de 1981, por François Mitterrand, após a sua eleição presidencial, com vista a obter uma maioria parlamentar na Assembleia Nacional; 14 de maio de 1988, também por François Mitterrand, reeleito; 21 abril de 1997, com eleições antecipadas, por Jacques Chirac, a fim de obstar em 1998, mas com o desenlace de uma maioria de esquerda na Assembleia Nacional.

segunda logo após a primeira. Agora, não havendo nenhum imprevisto, a eleição presidencial ocorre em 2027 e a próxima eleição parlamentar em 2029.

Não obstante esta importante alteração — com (im)previsíveis impactos sistémicos —, o desgaste da ameaça de bloqueio e os baixos níveis de popularidade tornavam inevitável essa opção, aos olhos de Macron. Na comunicação que faria dias depois, ficaria clara a sua preocupação: a três anos do termo do mandato, queria evitar que na próxima eleição presidencial, onde já não poderia ser candidato, tivesse de transmitir o poder para Marine Le Pen. Para isso teria de gerar as condições propícias para uma aliança centrista capaz de enfrentar a *Rassemblement National* (RN ou União Nacional, UN).

Todavia, as comparações com a decisão do ex-primeiro-ministro britânico, David Cameron, de convocar um referendo ao Brexit (2016) e as consequências daí advenientes, logo vieram a lume. Como a maioria dos observadores apontou, um dos possíveis desenlaces da jogada de risco era a erosão da própria legitimidade de Macron, se o seu partido e estratégia fossem derrotados; uma vez que, após as eleições, outro Primeiro-Ministro e Governo teriam de ser nomeados, isso poderia levar a possível coabitação forçada com um primeiro-ministro da União Nacional, fortalecido por uma eventual maioria absoluta, ou sem maioria absoluta e, portanto, exposto a uma moção de censura a qualquer momento.

Este cenário prefigurava o regresso da velha instabilidade e da quase ingovernabilidade do parlamentarismo francês, num sistema de governo pilotado por um presidente sem crédito e um primeiro-ministro sem apoio parlamentar consistente.

Na primeira volta das eleições, em 29 e 30 de junho de 2024, a coligação presidencial, *Ensemble*, não conseguiu reverter totalmente as suas perdas nas eleições europeias, obtendo 21% dos votos (ainda assim, acima dos 14,6% daquelas). A *Nouveau Front Populaire* (NFP), formada pelo Partido Socialista, verdes, comunistas e *France Insoumise*, de Jean-Luc Mélenchon, obteve 28,1% (melhor que a coligação *NUPES*, formada antes das eleições de 2022, onde obteve 25,7%). O partido de centro-direita clássica, *Les Républicains*, manteve cerca de 10%, o mesmo que nas últimas, não obstante a clivagem provocada pela aliança de Éric Ciotti com a extrema-direita da União Nacional), de Marine Le Pen e Jordan Bardella. Esta última obteve uma vitória histórica, com 34%.

Na segunda volta, em 7 de julho, apesar das grandes discrepâncias, as desistências mútuas da denominada frente republicana, sobretudo entre a NFP e o *Ensemble*, funcionaram acima das expetativas, levando a que os resultados da RN ficassem surpreendentemente abaixo de todas as projeções. A RN, com 143 deputados, ficou atrás do *Ensemble*, com 168 e da vencedora da noite, a NFP, com 182. Os *Républicains*, do centro-direita, ficaram distantes, com 45.

As eleições de 2024 consumaram uma revolução copérnica completa, já pré-anunciada em 2022. O sistema eleitoral, concebido para gerar maiorias (que a partir do século passado se descobriu que poderiam não ser do partido presidencial), perdeu essa aura. Em 2022, gerou uma maioria simples do bloco presidencial e nenhuma maioria absoluta de um partido ou coligação. A circunstância de, ainda assim, aquele ser o maior bloco e de ser inconcebível uma coligação entre a RN e os outros Partidos que viabilizassem um Governo alternativo ao do Primeiro-Ministro do bloco presidencial, permitiu que este governasse entre

2022 e 2024. Com as eleições de 7 de julho de 2024, gerou-se um cenário dramaticamente inédito. Os resultados eleitorais ditaram que não haja sequer um bloco claramente candidato à formação de Governo, ainda que minoritário: (i) o Partido presidencial não tem maioria absoluta; (ii) o Partido presidencial não é, à partida, o maior bloco partidário, mas mantém uma posição de charneira; (iii) há três blocos quase iguais, em peso, no Parlamento (NFP, *Ensemble*, RN); (iv) o centro-direita tradicional, representado pelos *Républicains*, perde influência, sendo substituído, no espaço político da direita, pela direita radical; (v) os blocos não são todos monolíticos, designadamente a NFP, com quatro Partidos que podem enveredar por caminhos autónomos, quanto à formação de governo; (vi) há um panorama de fragmentação partidária nunca visto na V República. Finalmente, nada despiciendo, (vii) o Presidente vê a sua posição alterar-se substancialmente, sendo remetido à posição de Presidente semipresidencial; mas um presidente semipresidencial que, não obstante o seu desgaste, detém forte posição arbitral, decorrente não apenas dos robustos poderes constitucionais, mas também de ser o líder de um Partido charneira que guarda uma das chaves das soluções de governo.

Em 5 de setembro de 2024, foi nomeado Michel Barnier, próximo não do Partido mais votado, nem do segundo, nem do terceiro, mas do quarto, Republicanos, a contar com o beneplácito de Le Pen. Em 8 de outubro de 2024, dias após a apresentação do programa, foi votada a primeira moção de censura, apresentada pela NFP, rejeitada com a "abstenção violenta" da UN. Porém, o governo Barnier durou menos de cem dias, tornando-se o Governo de mais curta duração da V República e apenas o terceiro a ser derrubado por uma moção de censura[683]. Na sequência da invocação, pelo Governo, do artigo 49.º, n.º 3, da Constituição, associando a responsabilidade política do Governo à proposta de financiamento da segurança social em 2025, duas moções de censura, uma da esquerda radical, outra da extrema-direita, foram depositadas. Aprovada a primeira, em 4 de dezembro de 2024, o Primeiro-Ministro ficou vinculado à obrigação de apresentar a demissão.

Uma Constituição desenhada para gerar maiorias presidenciais e parlamentares coincidentes, e contando com elas, que, no percurso, teve de se acomodar a maiorias relativas parlamentares e à coabitação entre maiorias presidenciais e maiorias parlamentares díspares, é agora confrontada com o que até 2024 era desconhecido.

Convenha-se, porém, que até nos casos de ascendente parlamentar a Constituição continua a impor o seu sentido normativo e há mecanismos constitucionais que determinam que mesmo no plano da prática institucional — ou do funcionamento potencial — não se esteja perante um sistema parlamentar ou de exclusivo pendor parlamentar. Determinantes são, além do poder presidencial praticamente livre de dissolução da Assembleia Nacional, a qualquer momento e sob qualquer motivação[684], a circunstância de o poder executivo ter uma estrutura composta, binária, repartida entre presidente

---

[683]   Não obstante a apresentação de mais de 60 ao longo da história da V República.

[684]   Há quem alegue, por esta razão, que os sistemas constitucionalmente semipresidenciais podem gerar presidentes mais dominantes que os presidenciais: LIJPHART, Arend. *Constitutional design for divided societies. Journal of Democracy*, v. 15, n. 2, p. 96-109, 2004.

e governo presidido por um primeiro-ministro, ambos possuidores, além do mais, de poderes consideráveis.

Em qualquer caso, qualquer que seja o pendor, o último é, normalmente, a parte fraca da *diarquia* executiva. Sofre o primeiro embate de maiorias negativas parlamentares que eventualmente se formem em situações extremas, podendo ser vítima de moções de censura que o presidente não queira ou não possa evitar através da ameaça de dissolução. Sofre também as principais consequências da impopularidade ou do insucesso das políticas patrocinadas pelo presidente, quando este pretende dar um novo elã à ação política. Por isso, por exemplo, a Primeira-Ministra Élisabeth Borne e o seu governo foram sacrificados em janeiro de 2024, depois de um ano marcado pela contestação à reforma da segurança social e à lei da imigração e um decréscimo pronunciado da aceitação popular de Macron.

Chegados a este ponto, seria o momento de extrair conclusões sobre a arrumação do sistema de governo francês. Entre semipresidencial, parlamentar hiper-racionalizado, orleanista, presidencial, bonapartista, hiperpresidencial e algumas outras alternativas que os autores franceses e estrangeiros oferecem[685], há alguma que se destaque?

A hipótese semipresidencial na Constituição, e hiperpresidencial em muitos momentos, tem adeptos de peso[686] e é atraente. Todavia, o debate é circular e provavelmente a melhor aproximação é sincrética.

Em boa verdade, a conjugação entre o espírito e a prática bonapartista do fundador da V República[687], a atração pela elegância orleanista, a força da tradição parlamentarista, fizeram com que o sistema francês seja único e difícil de classificar de acordo com os cânones clássicos. Durante séculos, revolucionários e contrarrevolucionários franceses dedicaram-se à atividade pendular de inventar e experimentar sucessivos sistemas de governo, logo copiados noutras latitudes. Desde 1958, a conjugação de todos aqueles fatores engendraram (involuntariamente, decerto) soluções institucionais que permitem evitar decisões definitivas e rígidas sobre *um* sistema de governo. A Constituição e a prática constitucional oferecem uma espécie de elenco *a la carte* que permite que os franceses decidam, através do desenlace de cada eleição, que governantes querem[688] e que sistema

---

[685]   V. uma resenha em FRANCO, ref. 673, p. 130; RANGEL, ref. 666, p. 122 *et seq.*

[686]   Inclusive na doutrina portuguesa: ALEXANDRINO, José Melo; VALLE, Jaime. *Lições de Direito Constitucional*. v. 1. 4. ed. Lisboa: AAFDL, 2022, p. 82; RANGEL, ref. 666, p. 127.

[687]   Que, no dizer de Bernard Chantebout, só tem equivalente em países do "Terceiro Mundo", embora tenha válvulas de escape que preservam a sua democraticidade. V. CHANTEBOUT, ref. 652, p. 399.

[688]   Sendo que o caso francês é um dos que mais justificam a menção à volatilidade que consta do título deste livro. Essa volatilidade tem-se manifestado nas dificuldades de reeleição nos últimos anos, ao contrário do que era usual (e do que ainda é pronunciada tendência ao nível global, como mostra a Política Comparada): Sarkozy não conseguiu fazer-se reeleger em 2012; Hollande não se recandidatou em 2017, face às ténues possibilidades de reeleição; Macron conseguiu a reeleição em 2022, mas sem obter renovação de uma maioria parlamentar nas subsequentes eleições legislativas.

desejam que funcione[689]. Não será por acaso que a Constituição de 1958 se aproxima a passos largos de se tornar a de mais longa vigência no constitucionalismo francês.

2.2 Peru: de sistema semipresidencial para oscilação permanente de funcionamento

O sistema de governo do Peru é um dos que fogem a uma qualificação segura. Juridicamente, está próximo dos sistemas semipresidenciais.[690]

Do ponto de vista das instituições políticas, a Constituição *fujimorista* de 1993 não se afasta muito da de 1979. O aspeto mais saliente foi a introdução do unicameralismo (artigo 90.º)[691]. O presidente é eleito por sufrágio universal, para um mandato de cinco anos, não renovável no período respeitante ao mandato imediato. Mais explicitamente do que em França, ao presidente está entregue a condução da política geral de governo.

Em paralelo, existe um conselho de ministros, com presidente próprio, nomeado pelo presidente da República, que cumpre funções auxiliares e subordinadas à vontade presidencial. Os atos do presidente da República devem ser ministerialmente referendados, sob pena de nulidade. Os membros do conselho de ministros são nomeados ou demitidos pelo presidente da República sob recomendação, ou com consentimento, respetivamente, do presidente do conselho. No prazo de 30 dias após início de funções, o presidente do conselho e os seus membros apresentam ao Congresso a sua política geral (não se exigindo um programa de governo) e submetem um voto de confiança. Não está, todavia, definido o prazo de que o Congresso dispõe para votar. O Congresso aciona a responsabilidade política do conselho de ministros ou de cada ministro, através de um voto de censura ou da rejeição de um voto de confiança, este apresentado por iniciativa ministerial. Se um voto de censura for aprovado por maioria absoluta, o conselho de ministros ou o ministro visado deve demitir-se e o presidente da República tem de aceitar a demissão.

O presidente tem o poder de dissolução do Congresso se este tiver censurado ou negado a confiança a dois conselhos de ministros (artigo 134.º).

Numa situação de funcionamento que correspondesse aos padrões observados em casos paralelos, designadamente França, até 2024, haveria uma grelha de leitura razoavelmente segura. Havendo maioria do partido ou coligação do presidente no Congresso,

---

[689] GICQUEL; GICQUEL, ref. 650, p. 486. É elucidativa a forma como os autores intitulam os vários mandatos — ou partes de mandatos — dos sucessivos presidentes, títulos sempre diferentes: presidencialismo confirmado com Georges Pompidou (1969-1974); presidencialismo preservado, com Giscard d'Estaing (1974-1981); presidencialismo alternado, com François Mitterrand; presidencialismo instalado, com Jacques Chirac (1997-1997); presidencialismo rompido ou parlamentarismo aplicado, com Jacques Chirac (1997-2002); presidencialismo temperado, com Jacques Chirac (2002-2007). Podia acrescentar-se, presidencialismo *gaullista* modernizado, de Sarkozy; presidencialismo fraco, com François Hollande (2012-2017); presidencialismo ambicioso e depois vigiado, com Emmanuel Macron (2017-2022 e 2022-...)."

[690] Assim, por exemplo, NOVAIS, Jorge Reis. *Semipresidencialismo: teoria geral e o sistema português*. 3. ed. Coimbra: Almedina, 2023. p. 137.

[691] Porém, após mais de 30 anos de unicameralismo, o Congresso votou a restauração do bicameralismo em março de 2024.

como ocorreu entre 1980 e 1990, e um sistema partidário institucionalizado, poderiam encontrar-se semelhanças entre o Peru e a França. Todavia, as variáveis contextuais são significativamente diferentes, levando a que ora se registem circunstâncias que permitem o funcionamento como sistema presidencial, eventualmente numa versão forte, talvez de presidente dominante, ora ocorra uma oscilação para padrões típicos do sistema presidencial de presidente débil e até de assembleia, numa versão errática. É duvidoso que alguma vez tenha realmente funcionado como semipresidencial; mas não é impossível que isso alguma vez ocorra, uma vez que o desenho constitucional o comporta. Não se podendo afastar perentoriamente a dúvida sobre se as mutações sofridas pelo sistema, na prática institucional, impedem que se possa falar *de uma (única) mutação central*, optamos por o considerar no grupo dos sistemas mutantes.

As variáveis de contexto que se encontram em toda a América Latina — partidos fracos e pouco estruturados, personalismo, clientelismo, patrimonialismo, diferenças regionais e sociais cavadas, *jobs for the boys*, pendor confrontacional — observam-se no Peru, mas algumas delas parecem assumir uma expressão mais decisiva do que noutros sistemas, falando-se, por isso, de *singularidade*[692].

Na falta de uma cultura democrática consolidada[693] e de referências institucionais sólidas, o sistema vale-se desproporcionadamente das personalidades que exercem o cargo presidencial, o único que oferece perspetivas de unificação de um processo político com tendência para a desagregação. O estilo de liderança assume uma relevância mais vincada do que noutros casos. Emerge uma situação crítica quando a personalidade sofre por qualquer razão um processo de erosão.

A Constituição de 1979 e as eleições gerais de 1980 marcaram o retorno da democracia. Eleito Presidente, Fernando Belaúnde Terry pôde dispor de uma maioria no Congresso, formada pelo seu *Acción Popular* e pelo *Partido Popular* Cristiano, que propiciou um funcionamento como sistema presidencial (1980-1985).

Este pendor foi mais vincado no (primeiro) mandato do *aprista* Alan García (1985-1990). A vitória sem precedentes do habitualmente ostracizado APRA (esquerda) proporcionou ao Presidente uma sólida maioria monopartidária nas (ainda) duas Câmaras do Congresso, que lhe permitiu um exercício do poder altamente personalizado e dominante. García exerceu um estilo de liderança populista e voluntarista, instrumentalizador do próprio partido e assumindo monocraticamente o poder, com o apoio de um círculo fechado de colaboradores próximos[694]. A leitura de que o primeiro-ministro era uma espécie de chefe de gabinete e de que a dissolução do parlamento era implausível[695] era ajustada.

---

[692] TANAKA, Martín; MOREL, Jorge. The singularity of Peruvian politics and the role of presidential leadership: The Cases of Alberto Fujimori and Alan García. *In*: ALCÁNTARA, Manuel; BLONDEL, Jean; THIEBAULT, Jean-Louis (ed.). *Presidents and democracy in Latin America*. London: Routledge, 2018. p. 145-165.

[693] *Ibid.*, p. 146.

[694] TANAKA; MOREL, ref. 693, p. 152.

[695] SHUGART; CAREY, ref. 13, p. 128.

Com a eleição de Alberto Fujimori, em 1990, iniciou-se uma fase distinta que, *mutatis mutandis*, se prolonga pela atualidade.

Todos os dados jogavam contra aquele. Inexperiente, desalinhado dos partidos tradicionais, com apoio apenas do próprio partido, por ele fundado, o precário *Cambio 90*, sem maioria no Congresso, enfrentando uma insurreição interna, foi obrigado a um programa de forte ajustamento económico que enfrentasse a hiperinflação e a quase bancarrota do Estado. As expetativas só podiam ser a de um Presidente bloqueado pela oposição hostil e pela reação social ao programa neoliberal que tinha em mente. Todavia, no primeiro ano conseguiu construir algumas alianças pontuais no Congresso que permitiram o lançamento de um programa de reajustamento económico. Sentindo o acréscimo de popularidade, afastou-se gradualmente dos seus parceiros pontuais no Congresso, apostando na compensação da falta de apoio político suficiente com o apoio das Forças Armadas[696]. Isso permitiu evitar que ocorresse o que a história mostra ser habitual em situações de bloqueio institucional: um golpe ou uma ação unilateral para afastar o presidente. Atipicamente[697], ocorreu antes um autogolpe de Fujimori: em abril de 1992 o Congresso foi dissolvido, a Constituição de 1979 foi suspensa e o executivo assumiu plenos poderes legislativos. Ficava aberto caminho para a eleição do Congresso Constituinte Democrático, em que os apoiantes do Presidente conseguiram maioria. Aquele Congresso elaborou a Constituição de 1993.

Assim, a presidência de Fujimori conhece vários matizes que tornam impossível uma arrumação precisa. Depois do primeiro ano, até ao autogolpe de 1992, não é possível uma classificação inequívoca do sistema de governo que efetivamente funciona; segue-se um período de exercício ditatorial do poder. A partir de 1993, Fujimori goza de uma sólida maioria de suporte parlamentar para a sua agenda e ação política, que lhe permite recuperar a prática de um sistema presidencial de presidente dominante. A juridicamente controversa reeleição em 2000 é seguida por um curtíssimo mandato, entre julho e novembro de 2000, que termina com a sua renúncia por *fax* a partir do Brunei, exílio no Japão e decisão de destituição (também juridicamente controversa) pelo Congresso. Seria preso no Chile, em 2005, e condenado no Peru, em 2009, a 25 anos de prisão por responsabilidade por uma operação antiterrorista em que esquadrões da morte executaram 25 pessoas no início dos anos 1990[698]. Foi libertado em dezembro de 2023 por razões humanitárias.

---

[696] TANAKA; MOREL, ref. 693, p. 155. Sobre a governação *fujimorista*, v. por todos, MURAKAMI, Yusuke. *Perú en la era del chino: la política no institucionalizada y el pueblo en busca de un salvador*. 3. ed. Lima: Instituto de Estudios Peruanos (IEP), 2018.

[697] Embora sem ser caso único. Pouco depois do autogolpe fujimorista, em maio de 1993, no país mais populoso da América Central, a Guatemala, Jorge Elias Serrano, eleito democraticamente (mas por menos que maioria absoluta), com coligação maioritária no Congresso em desintegração, seguiria o exemplo de Fujimori, suspendendo a Constituição, encerrando o Congresso e o Supremo Tribunal. O desenlace seria, porém, diferente, uma vez que em junho de 1993 foi obrigado a demitir-se.

[698] BERNTZEN, Einar; SKINLO, Tor-Einar Holvik. Peru and the Fujimori presidential breakdown in 2000: continuismo gone bad. *In:* LLANOS, Mariana; MARSTEINTREDET, Leiv (ed.). *Presidential*

Após a queda de Fujimori, processou-se a restauração democrática. Depois de um curto interregno, em que exerceu a função presidencial o presidente do Congresso, foram eleitos três Presidentes: Alejandro Toledo, Alan García, Ollanta Humala, que concluíram o seu mandato, entre 2001 e 2016, embora tenham enfrentando agitação social e recorrido amiúde à decretação do estado de emergência, sobretudo por causa das manifestações e protestos indígenas. Humala (2011-2016, atualmente a braços com a justiça devido ao caso Odebrecht) foi o último Presidente a cumprir o mandato na íntegra. Pedro Pablo Kuczynski (2016-2018) foi objeto de um processo de destituição, sendo salvo pelo Partido de Keiko Fujimori, mas não resistiu à pressão e acabou por se demitir. Sucedeu-lhe o antigo vice-Presidente Martín Vizcarra (2018-2020). Este, manteve-se independente dos partidos políticos e promoveu reformas contra a corrupção. Em setembro de 2019, dissolveu (polemicamente) o Congresso ao abrigo do artigo 134, convocando eleições. Em 2020, alguns meses depois destas se realizarem, foi sucessivamente objeto de dois processos de *impeachment,* num parlamento largamente dominado pela oposição. O segundo teve êxito, sendo destituído com fundamento em incapacidade moral permanente. Em 2020 foi substituído pelo líder da oposição, Manuel Merino, que permaneceu seis dias no cargo. Em seguida, Francisco Sagasti terminou o mandato iniciado por Vizcarra. Pedro Castillo (2021-2022), depois de dois processos de *impeachment* e enfrentando o terceiro, tentou o autogolpe, com a dissolução do Congresso fora do quadro constitucional. Contudo, a falta de apoio do Exército comprometeu os intentos. Foi preso em dezembro de 2022, pouco mais de um ano após o início do mandato presidencial. Desde a eleição de Pedro Pablo Kuczynski, em 2016, até ao ano de 2024, o Peru conheceu 6 Presidentes, incluindo a que está em exercício desde 2022, Dina Boluarte, anterior vice-Presidente de Pedro Castillo. Cinco não concluíram o mandato. A própria Dina Boluarte ficou em certa altura em risco, devido ao chamado "caso dos Rolex". Desceu a níveis de impopularidade intoleráveis. Embora com perfil de esquerda, dispõe de apoio parlamentar (ou de um simples pacto de não agressão, movido por interesses particulares de deputados[699]) de uma coligação de partidos da direita e da extrema-direita[700], cujos deputados estão longe de assegurar a maioria de 66. A governabilidade foi assegurada pelo apoio adicional de independentes, mas é, como nos últimos anos, frágil. A fraca institucionalização partidária, o fracionamento do sistema de partidos[701] e a persistente situação de governo dividido, aprofundam-se.

---

breakdowns in Latin America: causes and outcomes of executive instability in developing democracies. New York: Palgrave MacMillan, 2010. p. 197-211.

[699]   V. a análise noticiosa em: https://www.infobae.com/peru/2023/12/07/dina-boluarte-y-el--congreso-la-relacion-de-conveniencia-politica-que-mantiene-a-ambos-en-el-poder/

[700]   *Fuerza Popular, Avanza País, Renovación Popular* e *Alianza para el Progreso.*

[701]   Na legislatura de 2021-26, dez partidos estão representados no Congresso, sendo o maior a Fuerza Popular da direita radical fujimorista, com 24 membros em 130. Além do fenómeno de fragmentação por inúmeras forças partidárias, que se sucedeu ao sistema de partidos tradicional (Apra, Ação Popular), regista-se a fragmentação decorrente da "frágil articulação entre a representação nacional (os partidos) e a representação subnacional, e, por outro, os inúmeros movimentos regionais e locais que disputam entre eles os cargos de representa-

Aquilo que à distância aparenta ser um quadro constitucional de distribuição equilibrada de poderes, típica de um sistema semipresidencial (veto presidencial superável por maioria absoluta, com promulgação da lei pelo próprio *speaker*, poder de dissolução do Congresso pelo presidente, poder do Congresso de demissão do primeiro-ministro e do conselho de ministros através da aprovação de moções de não confiança ou da rejeição de moções de confiança), não tem propiciado concertação de posições e apaziguamento das tensões[702].

Seja pelas inevitabilidades precipitadas pelas variáveis contextuais predominantes (entre as quais fraturas sociais, regionais e étnicas endémicas, um sistema partidário altamente fragmentado, destruturado e polarizado, volatilidade eleitoral, cultura confrontacional e com aversão a coligações ou compromisso e inexistência de liderança forte e unificadora), seja por opção própria dos presidentes, não tem sido aproveitado o potencial racionalizador do sistema semipresidencial constitucionalmente previsto. O deslocamento do centro do Poder para o presidente inviabiliza que ele desempenhe o tradicional poder moderador e arbitral, reservado aos presidentes em sistemas semipresidenciais, tornando-o o alvo principal da responsabilização política, mormente por via da adulteração do *impeachment*[703], transformado em instrumento de censura política. Isso incentiva a escalada de conflitos políticos entre executivo e Congresso e a propensão para a adoção de vias de resolução unilateral.

Como se referiu, o sistema peruano figura como um dos de qualificação mais difícil do ponto de vista da prática institucional. O seu tratamento aqui radica em razões opostas às que motivam o estudo do caso francês: o padrão de funcionamento, ao invés de estável, tem sido altamente oscilante, quando não mesmo errático, ficando, todavia, distante do que caracteriza um sistema semipresidencial. Nessa medida, é incluído no grupo dos sistemas mutantes. Trata-se, todavia, de um caso em que o que é duradouro é a constante mutação e oscilação e não a mutação para *um concreto sistema* diferente do desenhado na Constituição. Logo após a transição democrática funcionou como presidencial, no segundo mandato de Fernando Belaúnde (1980-1985) e, mesmo, como presidencial com presidente dominante, no primeiro mandato do aprista Alan García (1985-1990)[704]. A partir daí, ergue-se uma grande dificuldade em identificar exatamente como se pode caracterizar a mutação em termos de uma tipologia sistémica. Nas últimas décadas há episódios de funcionamento como sistema presidencial de presidente

---

ção política": v. PANFICHI, Aldo; DOLORES, Juan. Representação político-eleitoral no Peru: fragmentação e construção partidária (2001-2016). *Revista USP*, n. 109, p. 11-30, 2016. Os autores destacam também os fenómenos endémicos da sua alta dependência das decisões de líderes personalistas com altas margens de discricionariedade, das práticas de clientelismo e da corrupção.

702   NOHLEN; GARRIDO, ref. 16, p. 188, apresentam um mapa que mostra que entre 2006 e 2019 exerceram funções 21 diferentes primeiros-ministros.

703   Regulado no artigo 113.º da Constituição.

704   SABSAY, ref. 14, fala de um semipresidencialismo aparente, dada a magnitude dos poderes do presidente face a um conselho de ministros sem faculdades próprias.

débil e, inclusive, de sistema presidencial de assembleia. Mas o padrão mais notório é o de uma instabilidade permanente que torna arriscada qualquer qualificação estável.

As sucessivas deposições de Presidentes dos últimos anos induzem a situá-lo no quadro teórico do sistema *presidencial de assembleia*.

2.3 Taiwan: de sistema semipresidencial para sistema presidencial

A Constituição de 1947, adotada durante a Guerra Civil chinesa para vigorar em todo o território da República da China[705], foi revista várias vezes a partir de 1991 (a última em 2005), muitas delas apenas com o voto do *Kuomintang* (KMT ou Partido Nacionalista, partido muito tempo dominante, constituído em 1919), para materializar o processo de abertura e democratização, já sob a presidência do Presidente Lee Teng-Hui (1988-2000). As disposições resultantes das revisões (artigos adicionais da Constituição) consolidaram-se num texto, aplicável à "área livre da República da China"[706].

Uma das primeiras revisões consagrou a eleição direta do presidente, substituindo a eleição pela Assembleia Nacional[707]. Desde a revisão de 1992, o presidente (bem como o vice-presidente) é eleito por sufrágio direto e universal para um mandato de quatro anos.

O presidente nomeia e demite o primeiro-ministro (presidente do *Yuan* executivo) livremente. A Constituição não obriga, por exemplo, a que tenha em conta resultados eleitorais, ao invés da portuguesa. Acresce que não há intervenção parlamentar, designadamente qualquer forma de investidura parlamentar, seja aprovação, eleição, moção de confiança ou outra.

O presidente pode dissolver o parlamento, mas apenas mediante proposta do primeiro-ministro, após um voto de não confiança adotado pelo parlamento (dito poder *passivo* de dissolução). O presidente não dispõe, formalmente, do poder *positivo* de decidir por iniciativa própria a dissolução[708].

Os decretos presidenciais de nomeação e demissão do primeiro-ministro, bem como a dissolução do parlamento (*Yuan* legislativo) não carecem de referenda ministerial. Pode emitir decretos em situações de emergência (de segurança e económico--financeiras), mas estão sujeitos a ratificação pelo parlamento. O presidente e o vice--presidente podem ser objeto de *recall*, pela maioria absoluta dos eleitores, desde que

---

[705] A Constituição, cujo sistema de governo se baseava na teoria de Sun Yat-sen dos cinco ramos de governo, esteve suspensa até 1991, vigorando os chamados artigos provisórios. Sobre ela, na sua versão originária, há debate inconclusivo sobre se incorpora um sistema presidencial, parlamentar ou semipresidencial: v. HUANG, Thomas W. The president refuses to cohabit: semi-presidentialism in Taiwan. *Washington International Law Journal*, v. 15, n. 2, p. 375-402, 2006. p. 380.

[706] Alguma bibliografia, v. RIGGER, Shelley. *Why Taiwan matters: small island, global powerhouse*. Lanham: Rowman & Littlefield, 2011; YEH, Jiunn-rong. *The Constitution of Taiwan: a Contextual Analysis*. Oxford: Hart Publishing, 2016; FELL, Dafydd. *Government and politics in Taiwan*. New York: Routledge, 2018.

[707] Órgão já extinto, distinto do *Yuan* Legislativo. Cfr. YEH, ref. 707, p. 97-100.

[708] HUANG, ref. 706, p. 391.

vote a maioria absoluta dos inscritos, bem como de *impeachment,* por votação de dois terços do *Yuan* legislativo e decisão final do Supremo Tribunal, funcionando como Tribunal Constitucional[709].

O primeiro-ministro dirige o gabinete (*Yuan* executivo). A posição constitucional do primeiro-ministro, desenhada na quarta revisão constitucional (1997), resultou de um compromisso entre o Presidente Lee Teng-Hui, que pretendia ter mais liberdade na nomeação do primeiro-ministro do que a conferida pela versão original da Constituição e o principal Partido da oposição, o Partido Democrático Progressista (PDP ou DPP na sigla em inglês), que pretendia ter uma palavra a dizer no controlo daquele órgão a partir da única base política de que dispunha, a representação no parlamento.

O primeiro-ministro é politicamente responsável perante o parlamento. Embora para ser investido no cargo aquele não necessite de um voto de confiança ou de um voto de aprovação do segundo, este pode aprovar subsequentemente, a qualquer momento, um voto de não confiança por mais de metade dos seus membros. Se assim suceder, o primeiro-ministro tem de apresentar a sua demissão, que se torna efetiva se, proposta ao presidente a dissolução do parlamento, este decidir não o fazer, no exercício do seu poder discricionário. Vigora um sistema de dupla responsabilidade política: o primeiro-ministro necessita de reunir simultaneamente a confiança do presidente (que o nomeia e pode demitir, livremente) e da maioria do parlamento. Não está prevista a possibilidade de o primeiro-ministro solicitar um voto de confiança do parlamento. Em Taiwan, a existência de maioria adversa ao presidente não constitui um incontornável incentivo à coabitação. Esta não é impossível, mas não é a única opção, nem tem sido a mais natural, como se verá.

Original, é o regime do veto. O *Yuan* executivo (e não o presidente) pode pedir ao parlamento que reconsidere uma proposta de lei que entenda difícil de executar, podendo este confirmá-la por maioria absoluta dos seus membros, ficando o *Yuan* executivo obrigado a aceitá-la.

O *Yuan* legislativo dispõe do poder legislativo, do poder de votar moções de não confiança em relação ao primeiro-ministro e de consentir algumas nomeações reali-zadas pelo presidente, bem como dar início aos processos de *recall* e de *impeachment* acima mencionados.

Embora haja tentação de alguns académicos e responsáveis políticos (como o anterior Presidente Chen Shui-bian) de aproximar o sistema de governo de Taiwan do americano, entre os estudiosos existe consenso de que o sistema de governo constitu-cionalmente consagrado é semipresidencial[710]. Todavia, observando a prática política, nunca foi o sistema semipresidencial que funcionou, seja quando o partido do presidente

---

[709] Embora não tenha essa designação, o Supremo Tribunal tem vindo a reforçar o seu papel de verdadeiro Tribunal Constitucional. V. YEH, ref. 707; YEH, Jiunn-rong. Presidential politics and the judicial facilitation of dialogue between political actors in new Asian democracies: comparing the South Korean and Taiwanese experiences. *International Journal of Constitutional Law*, v. 8, n. 4, p. 911-949, 2010.

[710] SIAROFF, ref. 90, p. 308; HUANG, ref. 706; YEH, ref. 707, p. 57-59; SAMUELS; SHUGART, ref. 19, p. 87.

beneficia de uma maioria no parlamento, seja quando não. A primeira situação tem ocorrido quase sempre. Mas já houve um período em que não foi assim e em 2024 volta a não ser assim.

Antes de 1988, prevaleceu uma forma de governo autocrática, primeiro sob Chiang Kai-shek e, depois, sob o seu filho Chiang Ching-kuo, com concentração de poderes, apoiados no KMT. O primeiro exerceu a função de Presidente. O segundo exerceu a função de Primeiro-Ministro (por pouco tempo) e de Presidente. O Presidente Lee Teng-hui, também do KMT, desempenhou funções entre 1988 e 2000. Foi responsável pelo fim da lei marcial e pelo lançamento do processo de democratização, tendo sido o primeiro Presidente a ser eleito diretamente em 1996, com 54% dos votos. Antes e depois disso, beneficiou do domínio do *Kuomintang*, largamente maioritário.

Em 2000, foi eleito pela primeira vez (com 39,4%) um candidato não proposto pelo *Kuomintang*, Chen Shui-bian, do PDP, cuja criação havia sido autorizada em 1986, na fase final do período da lei marcial.

No entanto, em 2000 o PDP apenas tinha 70 mandatos (em 225) no parlamento. Tratava-se de uma situação inédita. A Constituição não determina a demissão do primeiro-ministro em caso de eleições presidenciais, mas o novo presidente demitiu o primeiro-ministro afeto ao KMT. Concomitantemente, nomeou para primeiro-ministro uma personalidade próxima do KMT, embora não seu líder, com um gabinete formado por muitos membros do PDP. Não havia um gabinete de coabitação, em sentido próprio, uma vez que esta, por definição, requer não apenas que o primeiro-ministro seja de um partido rival do partido presidencial, mas também que este não esteja representado no governo (não há possibilidade de preencher o critério da coabitação quando o presidente e o primeiro-ministro são independentes, a não ser que, no que toca ao segundo, se sustente no apoio maioritário de um partido ou coligação rival da do presidente). O governo durou apenas 134 dias, perante a impossibilidade de conseguir obter apoio parlamentar consistente para as suas medidas.

Ficava assim registada a resistência a coligações "forçadas" por ação unilateral do presidente e, seguramente, também a coligações formadas com o acordo "coligacionista" dos partidos contribuintes para o governo. Sucedeu-se um Governo composto por membros do Partido presidencial, no contexto de um típico governo dividido[711]. Nas eleições legislativas de 2002 e 2004, o PDP não consolidou a sua posição parlamentar, permanecendo bastante minoritário. No entanto, Chen Shui-bian foi reeleito em 2004. Neste ano, o KMT, juntamente com o Partido do Povo Primeiro (PPP), obteve a maioria dos 225 lugares no Parlamento. O Presidente rejeitou a formalização de uma situação de coabitação, não acedendo à pretensão do KMT de que fosse nomeado um primeiro-ministro que lhe fosse afeto e nomeando um do seu Partido. Isto levou a que a percentagem de rejeições de medidas legislativas propostas pelo governo fosse bastante alta (85%) e que o número de vetos do executivo sobre legislação iniciada no

---

[711] V. RIGGER, Shelley. The education of Chen Shui-bian: Taiwan's experience of divided government. *Journal of Contemporary China*, v. 11, n. 33, p. 613-624, 2002.

Parlamento também[712]. Na impossibilidade de coligação do partido do presidente com o KMT ou o PPP, a situação de potencial ou real impasse e bloqueio mútuos — ou até situação de rutura — persistiu ao longo de todo esse período.

Entre 2008 e 2016, exerceu o cargo presidencial Ma Ying-jeou, do KMT (eleito com 58,45% dos votos em 2008 e 51,6% em 2012). Durante a sua presidência, o Partido que liderava (exceto em períodos limitados) dispôs de maiorias absolutas ou até maiorias qualificadas no parlamento.

Entre 2016 e 2024, período dos dois mandatos presidenciais de Tsai Ing-wen, o PDP teve maioria absoluta dos lugares no Parlamento[713].

Nas eleições de 2024, o candidato presidencial do PDP, Lai Ching-te, com cerca de 40%, suplantou os seus rivais, Hou Yu-ih, do Kuomintang (33.49%) e Ko Wen-je, do Partido Popular de Taiwan (PPT, centrista), com 26.46%, tendo sido eleito. Todavia, o PDP elegeu apenas 51 deputados, contra 52 do *Kuomintang* e 8 do Partido Popular de Taiwan (formado em 2019). O efeito conjugado do sistema eleitoral[714] e do limiar de 5% continua a evitar a fragmentação das representações partidárias no Parlamento. Todavia, a legislatura iniciada em 1 de fevereiro de 2024 conhece uma situação em parte similar à que se verificou entre 2000 e 2008, quando o Presidente Chen Shui-bian (PDP) conviveu com uma maioria da oposição do *Kuomintang* e de outros partidos no Parlamento. Das eleições legislativas de 2024 resultou que nenhum Partido tem a maioria dos 113 deputados do *Yuan* Legislativo; o Partido com mais lugares é o principal partido da oposição, o *Kuomintang*; para obter a viabilização da agenda legislativa e até para assegurar a estabilidade governativa, o presidente carece de negociar com um — ou os dois — dos partidos representados no Parlamento além do partido do presidente. Quando não o consegue, arrisca o cenário logo ocorrido com a eleição do *speaker* do Parlamento, em fevereiro de 2024, em que o KMT obteve a eleição do seu candidato, beneficiando da abstenção do PPT. Taiwan volta a ser um exemplo da *nova normalidade* de governo dividido.

Tudo em Taiwan se inclina para a forte liderança presidencial e o esbatimento da figura do primeiro-ministro, bem como do parlamento.

Taiwan tem tradição de presidente forte[715], que vem desde os tempos do pós-Guerra (mundial e civil), mesmo em situação de governo dividido. O elemento histórico vai nesse sentido: a intenção do Presidente Lee era criar uma presidência com poderes reforçados e não um primeiro-ministro com real autoridade competitiva com o presidente. O sistema constitucional atribui ao presidente, diretamente legitimado pelo voto, poderes que, combinados com a circunstância de o presidente ser normalmente

---

[712] HUANG, ref. 706, p. 384.

[713] Em 2020, o PDP tinha 62 deputados, a que acresciam 3 do Partido do Novo Poder, enquanto o Partido Nacionalista (*Kuomintang*), na oposição, tinha apenas 37.

[714] 73 membros do *Yuan* Legislativo são eleitos pelo sistema maioritário, 34 pelo sistema proporcional e 6 estão reservados aos povos indígenas, sendo eleitos através de voto simples não transferível.

[715] HUANG, ref. 706, p. 386.

chefe de partido e, possivelmente, chefe de partido maioritário, num sistema partidário estruturado e com disciplina, lhe dão a possibilidade de ser muito mais poderoso do que qualquer presidente de sistema presidencial.

A cultura política prevalecente vai no mesmo sentido: o povo tem alta expetativa em relação à liderança presidencial. Não pontua na cultura política a repartição de poderes entre dois órgãos, presidente e primeiro-ministro, mesmo na lógica do sistema semipresidencial. Menos ainda existe uma cultura que valorize a vertente parlamentar e o parlamento[716], semelhante à que se encontra noutros sistemas parlamentares, presidenciais ou semipresidenciais.

Acresce que a situação geopolítica envolvente, com a persistente tensão com a República Popular da China e a permanente retórica desta, insistindo na possibilidade da colocação de Taiwan sobre a sua autoridade pela força, aconselha à unidade de comando e de decisão.

Por isso, a tendência política, assumida por todos os Presidentes e reiterada com a Presidente Tsai Ing-wen (2016-2024), é para o funcionamento como sistema presidencial com predomínio do presidente. Regista-se o apagamento do primeiro-ministro e do gabinete, esbatendo-se os traços característicos de um sistema semipresidencial[717].

Essa tendência não é surpreendente nas situações em que o presidente exerce uma forte liderança, direta ou indireta, do partido maioritário no parlamento, ou seja, até 2000 e de 2008 a 2024. Em alguns casos, usam-se expressões como ultrapresidencialismo para qualificar o modo como o sistema de governo é interpretado pelo presidente. Todavia, mesmo nas situações em que o partido presidencial não dispôs de maioria parlamentar, o sistema não funcionou como semipresidencial.

É sabido que em sistemas de governo onde o primeiro-ministro e o gabinete não necessitam de uma votação parlamentar maioritária para serem investidos nos respetivos cargos, como sucede em vários sistemas constitucionalmente semipresidenciais (incluindo Portugal e França), a formação de um governo que corresponda à maioria parlamentar, designadamente um governo de coabitação (governo apoiado no partido maioritário no parlamento, diferente do partido presidencial), não é forçoso, embora a sua subsistência possa ser difícil. A ausência de obrigação constitucional ou política é, aliás, mais pronunciada nas situações em que o presidente é o líder ou referência política superior do partido que não logrou a maioria parlamentar.

Em Taiwan, uma vez que o primeiro-ministro não necessita de um voto parlamentar para ser investido nas suas funções, o presidente opta, em regra, por nomear um primeiro-ministro da sua confiança, mesmo que ele não tenha a possibilidade de obter a confiança da maioria do Parlamento, jogando com a improbabilidade de o primeiro-ministro ser objeto de um voto de não confiança, uma vez que isso abre a porta a uma dissolução par-

---

716   HUANG, ref. 706, p. 386.

717   KUČERA, Ondřej. Is Taiwan a Presidential System? *China Perspectives* [online], n. 66, jul.-ago. 2006. Publicado online em: 01 ago. 2009. Disponível em: http://journals.openedition.org/chinaperspectives/1036. Acesso em: 28 out. 2023.

lamentar, a qual implica eleições que podem ser altamente onerosas para os deputados que possam ser responsabilizados pela instabilidade governativa, sendo, por isso, um cenário pouco atraente. Na verdade, no sistema de governo de Taiwan não há nenhuma garantia ou indicador seguro de que eleições legislativas levem o presidente a nomear um governo alinhado com o resultado das eleições (ao invés do que ocorre nos sistemas parlamentares ou em alguns sistemas semipresidenciais, como o português), pelo que não há incentivo para arriscar uma dissolução, que poderá seguir-se a um voto de não confiança no primeiro--ministro. Mesmo que a dissolução produza uma maioria similar ou mais indefinida do que a que existia previamente, o presidente não tem a obrigação constitucional ou política de nomear um primeiro-ministro do agrado da maioria saída das eleições e tão pouco tem a obrigação constitucional ou política de se demitir (ao invés do que alguns entendem dever ocorrer em França, como se viu após as eleições legislativas de junho/julho de 2024). Por isso, já foram apresentados alguns votos de não confiança, mas nenhum foi aprovado.

Ao contrário de França e de outros sistemas semipresidenciais, as experiências de governos de coabitação não existem em Taiwan. Quando houve o ensejo (2000-2008), o presidente optou por governos minoritários, preferindo nomear primeiros-ministros da sua confiança e partido, a entregar o cargo ao líder da oposição. Isso gerou *frequentes impasses e bloqueios*, que o presidente não pode resolver através da dissolução do parlamento — que só pode ser realizada na sequência de um voto de não confiança —, nem sequer o parlamento procura superar através da aprovação de votos de não confiança, porque isso abre a porta à dissolução e não assegura um novo governo do agrado da maioria.

Alguns autores falam de falhanço do sistema por deficiente desenho constitucional. Mas a verdade é que muito do que é o funcionamento do sistema não é imputável ao quadro institucional e, porventura, não seria corrigido com ajustamentos a esse quadro. A cultura política prevalecente e o próprio contexto muito possivelmente conduziriam a que a liderança sempre fosse entregue a um órgão unipessoal e que qualquer situação de impasse fosse superada com a prevalência dessa figura política. Enquanto não houver ajustamentos constitucionais[718], porém, o sistema continuará a funcionar com forte pendor presidencial. Esse pendor pode ser mitigado em situações de governo dividido, mas não deixa de se verificar.

Em suma: no plano constitucional é ainda, no limite, possível enquadrar o sistema de governo de Taiwan no molde semipresidencial — não obstante os limites ao poder de dissolução. Mas não funciona como sistema semipresidencial. A opção do presidente de não atender aos resultados eleitorais para o parlamento e de nomeação de primeiro-ministro de confiança, mesmo em situação de governo dividido, a consequente subalternização daquele, a ineficácia prática dos mecanismos de responsabilização política do primeiro-ministro pelo parlamento e de dissolução deste, implicam que, na perspetiva do funcionamento, o sistema de governo de Taiwan não se distinga do presidencial, oscilando entre a modalidade de equilíbrio de poderes — por vezes com bloqueio mútuo — e de presidente dominante.

---

[718] É entendimento geral que é muito difícil que venham a existir outras revisões constitucionais, dada a exigência de uma maioria de três quartos para a respetiva aprovação agora em vigor.

2.4   Sérvia: de sistema parlamentar para sistema presidencial ou híbrido de presidente governante

Para aqueles que adotam critérios mais maleáveis ou mais lassos de identificação do sistema semipresidencial — considerando, por exemplo, a existência de um presidente eleito por sufrágio direto universal, com alguns poderes de exercício mais ou menos livre, e de um governo encarregue do poder executivo, liderado por um primeiro-ministro, responsável perante o parlamento —, o sistema de governo da Constituição sérvia, referendada em 2006, é semipresidencial. Para quem, como nós, é mais exigente quanto à quantidade e qualidade dos poderes presidenciais, preconizando, designadamente, um poder arbitral e condições de equilíbrio interinstitucional mínimo, o sistema de governo constitucional parece mais próximo do parlamentarismo racionalizado do que do sistema semipresidencial.

É certo que o presidente é eleito por sufrágio universal direto, por maioria absoluta, em uma ou duas voltas, para mandato de cinco anos, renovável por uma vez (artigo 116.º). O ato eleitoral é marcado pelo presidente da Assembleia Nacional.

O presidente dispõe de alguns poderes — não executivos —, muito condicionados. Pode vetar leis da Assembleia Nacional, mas é obrigado a promulgar se a lei for confirmada por voto da maioria dos deputados daquela (artigo 113.º). Em caso de veto de bolso, o presidente da Assembleia Nacional substitui-o nesse ato. Revelador da debilidade presidencial é o que ocorre com a dissolução do parlamento unicameral. Esta não resulta da sua livre vontade: ou é necessariamente precedida de proposta do governo ou é obrigatória quando ocorrem certas circunstâncias, como a demissão do governo, por ato da AN (aprovação de moções de não confiança ou rejeição de votos de confiança ao governo) ou por iniciativa do primeiro-ministro, se não for eleito novo primeiro--ministro e governo no prazo de 30 dias. Quanto à formação do governo, compete ao presidente fazer a proposta à Assembleia Nacional depois das eleições ou da demissão do governo anterior, ouvidos os representantes dos partidos com eleitos. Àquela cabe eleger o primeiro-ministro e os demais membros do governo, bem como aprovar o programa, por maioria dos deputados que a integram (artigo 127.º). O primeiro-ministro e o governo respondem unicamente perante a Assembleia Nacional (artigo 124.º), não assistindo ao presidente a faculdade de o demitir. O presidente não dispõe de poderes de iniciativa politicamente relevantes.

Além de o primeiro-ministro, do governo ou de ministros individualizados poderem ser demitidos pela Assembleia Nacional, também o presidente o pode ser. O artigo 118.º abre essa porta em caso de violação da Constituição, verificada pelo Tribunal Constitucional, por deliberação de dois terços dos deputados da AN.

Até 2017, o funcionamento do sistema não saía do quadro normal de um sistema parlamentar, centrado na função do primeiro-ministro, desempenhada, por exemplo, por Aleksandar Vučić, entre 2014 e 2017 (tendo sido, anteriormente, vice-primeiro-ministro). Em 2017, Vučić foi eleito Presidente. Em abril de 2022 foi reeleito com 58,6% dos votos.

A circunstância de Vučić ser o líder incontestado (não oficial) do Partido maioritário, com tendência a dominante, Partido Progressista da Sérvia, deslocou o centro do poder para a instituição presidencial, como fica bem vincado no dia a dia, onde o primeiro-ministro assume o papel de segunda figura na condução dos assuntos de governo do país.

Isso foi de novo comprovado nas eleições legislativas de dezembro de 2023. Na sequência de graves incidentes em maio, com 18 mortes em tiroteios e assassinatos, incluindo crianças, numa escola em Belgrado e perto de Mladenovac e Smederevo, de acusações de instigação à violência, bem como de protestos entre maio e novembro, Vučić dissolveu o Parlamento e convocou eleições antecipadas — as terceiras em quatro anos —, também solicitadas pela oposição, democrática e pró-europeia que, desta vez, se uniu numa aliança. Nas eleições legislativas de 17 de dezembro de 2023, o Partido Progressista da Sérvia reforçou a sua representação parlamentar, conseguindo 47% dos votos da circunscrição nacional única para o Parlamento com 250 assentos, o que dá uma maioria absoluta de mandatos. A coligação da oposição, "Sérvia Contra a Violência" teve apenas 23%. Vučić não é oficialmente o líder do Partido, nem era candidato nestas eleições, mas foi ele quem assumiu as principais despesas da campanha, ocupando o espaço mediático de modo que os observadores internacionais consideram desproporcionado e desigual em relação aos competidores. O alvo principal das gigantescas manifestações do início de 2025 é, sintomaticamente, o presidente Vučić, visto como o principal responsável pela alegada corrupção generalizada no país.

Neste contexto, além de crescentes alertas quanto a práticas iliberais e adulteradoras dos preceitos democráticos[719], aponta-se também para a transformação do sistema em presidencial. Mas mais do que um sistema presidencial *de facto* o sistema transmuta-se para um modelo híbrido: os poderes constitucionalmente limitados do presidente no sistema de governo sérvio são reinterpretados, passando a sustentar uma figura presidencial muito mais dominante do que as de qualquer modalidade de sistema presidencial. O presidente decide livremente sobre a permanência do primeiro-ministro — e até fixa prazos para o exercício de funções[720] — e sobre a dissolução parlamentar, desenha a política do governo, controla a agenda e processo legislativos[721].

2.5   África do Sul: de sistema híbrido de presidente governante para presidencial (e regresso a híbrido...?)

Conforme a Constituição de 1996, o presidente, chefe de Estado e chefe do executivo (artigo 83.º), é eleito pela Assembleia Nacional (uma das duas câmaras do parlamento,

---

[719]   V. FREEDOM HOUSE. *Freedom in the World 2023: Serbia*. Disponível em: https://freedomhouse. org/country/serbia/freedom-world/2023. Acesso em: 9 jan. 2025.

[720]   Numa ação inédita, em agosto de 2022, já com alguns meses de espera por um novo governo após eleições antecipadas, que só seria eleito em outubro, Vučić comunicou que o mandato do primeiro-ministro duraria apenas até 2024 e não quatro anos, como seria possível do ponto de vista constitucional. Não apresentou, no entanto, nenhum fundamento constitucional ou justificação política palpável: v. FREEDOM HOUSE, ref. 720.

[721]   A FREEDOM HOUSE aponta práticas como o sancionamento disciplinar de deputados, imposição de processos legislativos ultrarrápidos, alterações de última hora da agenda legislativa e outras táticas.

composta por 400 membros), na primeira sessão após as eleições parlamentares ou de vacatura do cargo, de entre os membros daquela (o próprio Nelson Mandela foi eleito assim); o presidente, uma vez eleito, renuncia ao mandato de membro da AN; o presidente exerce o poder executivo com os outros membros do gabinete, vice-presidente e ministros (artigo 85.º), livremente nomeados e demitidos por ele, devendo ser membros da Assembleia Nacional, com exceção de dois (artigo 91.º); a Assembleia Nacional pode remover o presidente por dois terços dos seus membros, sob pressupostos que vão muito além do tradicional *impeachment* (artigo 88.º); os membros do gabinete são responsáveis coletiva e individualmente perante a Assembleia Nacional (artigo 92.º, n.º 2), que pode aprovar moções de não confiança em relação a eles (artigo 102.º); a moção de não confiança dos membros do gabinete, exceto o presidente, por maioria dos membros da Assembleia, obriga aquele a remodelar o gabinete (artigo 102.º, n.º 1); se a moção de não confiança abranger o presidente, este tem de se demitir, arrastando os demais membros do gabinete (artigo 102.º, n.º 2); o presidente tem o poder de dissolução da Assembleia Nacional, mas apenas se esta assim decidir por maioria dos seus membros (artigo 50.º), com a consequência de o mandato presidencial também cessar com as eleições.

Trata-se de um caso notório de sistema híbrido de presidente que governa, não obstante o aparente pendor parlamentar do sistema constitucionalmente consagrado. Contudo, a circunstância de o *African National Congress* (ANC) ter mantido, até junho de 2024, inabaláveis maiorias na Assembleia Nacional e de o presidente ser, por norma, o seu líder, atribui centralidade ao chefe de Estado e chefe do executivo, o que leva a que, quase sempre, o sistema ostente os traços exteriores aparentes de um sistema presidencial. A natureza híbrida está, todavia, latente, e pode ter consequências, ainda que indiretas, como ficou demonstrado com o processo que teve o desenlace da renúncia do Presidente Thabo Mbeki, em setembro de 2008, meses antes do final do mandato. Aquela não decorreu de um voto parlamentar, mas da retirada de confiança e sugestão dos órgãos cimeiros do ANC — já fiéis a Jacob Zuma, presidente de 2009 a 2018 — que, a não ser acatada, poderia ser seguida pelo uso de poderes formais do Parlamento contra o Presidente. Ironicamente, a história repetir-se-ia no que toca a Jacob Zuma, que renunciou em fevereiro de 2018, também por pressão do seu Partido, ANC.

A natureza híbrida pode também impor-se após as eleições de 29 de maio de 2024.

Estas mostraram que tendências recentes de outras democracias chegaram ao país: baixa participação eleitoral (58,64%, a mais baixa desde que há eleições democráticas); o sistema proporcional facilita a pulverização partidária, com 21 partidos com representação parlamentar (eram 14 em 2019-2024), nenhum com maioria absoluta; 40 lugares no parlamento distribuídos por 13 partidos, alguns dos quais criados há pouco tempo; surgimento do fenómeno do populismo de direita, com o *ActionSA*, dirigido pelo ex-prefeito de Johannesburg (então eleito pela DA), Herman Mashaba, admirador de Donald Trump, que obteve 6 lugares; necessidade de coligações para eleição do presidente e sustentação de um governo; elevado risco de ingovernabilidade.

O ANC, que sempre governou sem procura de consensos ou concertações interpartidárias, viu a sua tradicional maioria absoluta (em alguns casos, superabsoluta) esvair-se, designadamente devido à transferência de votos para o MKP (*uMkhonto we Sizwe,* populista de esquerda), o novo partido de Jacob Zuma, que saiu do ANC em dezembro de 2023. Com 159 mandatos (71 a menos do que em 2019), faltavam ao ANC 42 votos para atingir a maioria de 201 necessária para assegurar a eleição de Cyril Ramaphosa para o segundo (e final) mandato e um governo estável. O antagonismo entre Zuma e Ramaphosa, a eventual indisponibilidade da *Democratic Alliance* (DA), de centro-direita, tradicionalmente o maior partido da oposição (87 lugares, em 2024) e visto como o Partido mais próximo da minoria branca, e dos seus aliados do *Multi-Party Charter* (acordo de vários partidos, liderado pela DA), dificultavam a aritmética das coligações. Mas em junho de 2024, o ANC, a DA, o *Inkatha Freedom Party,* a Aliança Patriótica e o Good, firmaram um acordo histórico, que permitiria a eleição de Ramaphosa e a formação do governo. A coligação de unidade nacional entre ANC e DA, considerada impossível pelos dois Partidos, materializava-se, deixando, além do mais, os constitucionalistas sul-africanos na expetativa de perspetivas futuras de estabilidade governativa e da coligação.

2.6 Angola: de sistema híbrido de presidente governante para sistema presidencial

Como se viu no momento próprio, quando foram estudados os sistemas híbridos de presidente governante, o sistema de governo angolano, do ponto de vista estritamente constitucional, enquadra-se nesse grupo. Salientámos também que, entre outras, a maior nota de hibridização é a que decorre do modo como está previsto o poder de dissolução da Assembleia Nacional. Este está incindivelmente ligado à autodemissão do presidente da República, que pode ocorrer em caso de perturbação grave ou crise insanável na relação com a Assembleia Nacional. Este instrumento, no entanto, não foi acionado até ao momento. Nas atuais circunstâncias é duvidoso que o venha a ser no horizonte previsível.

O presidente tem sido sempre líder do MPLA, Partido estruturado e disciplinado, que tem invariavelmente ganho as eleições, com maiorias absolutas ou até qualificadas. Isto coaduna-se bem com a circunstância de a Constituição e o sistema eleitoral implicarem que o presidente seja sempre o primeiro nome da lista do partido ou coligação mais votados para o Parlamento. O domínio presidencial efetivo leva a que o controlo da agenda legislativa pertença integralmente ao presidente, o qual não necessita de usar por sistema as competências legislativas de que dispõe. É o caso, por exemplo, dos decretos legislativos presidenciais provisórias. Observando, todavia, os instrumentos formais confiados ao presidente para a produção de atos com força de lei, é possível que em circunstâncias de governo dividido (nunca até aqui ocorridas) esse controlo da agenda legislativa se pudesse revelar problemático.

> Outro instrumento de domínio e de controlo apertado do exercício do poder de decisão política fundamental pelo presidente é aquilo que parece ser uma duplicação do gabinete ministerial constitucionalmente previsto, com a localização de ministros de Estado, com e sem pelouro atribuído, no próprio gabinete presidencial, a par de outros membros das casas civil e militar. A proximidade — inclusive física — destes elementos induz à opinião muito difundida de que exercem uma influência mais decisiva nas decisões presidenciais do que os "ministros de fora do Palácio".

Por isso, sendo o sistema angolano híbrido na arquitetura constitucional, como visto no local próprio, funciona como presidencial de presidente dominante, na prática[722]. Por isso figura no elenco dos sistemas mutantes.

2.8 Botswana: de sistema híbrido de presidente governante para sistema presidencial

O facto de o *Botswana Democratic Party* (BNP), Partido da luta (não armada) pela independência, ter predominado na cena política desde a independência, em 1966, ficando os partidos da oposição sempre a uma considerável distância (embora o BNP tenha enfrentado alguma dificuldade nas eleições de 2019), e de os presidentes resultarem diretamente da nomeação pelo partido maioritário, levou a que a posição presidencial tivesse um ascendente significativo, não se registando diferença, ao nível da prática institucional, em relação a um típico sistema presidencial.

Nas eleições de 30 de outubro de 2024, o BNP, do Presidente Mokgweetsi Masisi (2018-24), que pretendia a reeleição, perdeu pela primeira vez em 58 anos. Foi mais do que uma derrota, pois o sistema eleitoral *first-past-the-post* ditou que passasse de primeiro Partido, com 38 dos 61 lugares, para quarto, com apenas 4 lugares. A coligação de oposição *Umbrella for Democratic Change* conquistou 36 dos 61 lugares, podendo assim eleger folgadamente o seu candidato a Presidente da República, Duma Boko.

O Botswana é o caso mais evidente da tendência para a gradual decadência eleitoral dos partidos de libertação nacional na África subsariana, particularmente no Sul. Será um caso a observar para verificar se o funcionamento como sistema presidencial sofre alterações.

2.7 Chipre: de sistema híbrido para presidencial

Após a adoção da Constituição de 1963, os acontecimentos que se seguiram impediram a observação de se o complexo e peculiar sistema de governo cipriota teria condições para funcionar tal como originariamente concebido. Depois da fratura entre cipriotas gregos e cipriotas turcos, em 1963, estes abandonaram, em 1964, as instituições constitucionais — ou foram obrigados a abandoná-las, as versões variam —, pelo que o quadro constitucional, que lhes reservava uma participação proporcional nessas instituições, não tem sido aplicado. Por exemplo, está vago, desde então, o cargo de vice-presidente.

A recusa dos cipriotas turcos de ocuparem as funções e lugares que constitucionalmente lhe estão atribuídos dilui a efetiva separação de poderes entre chefe de estado

---

[722] Já antes de 2010, no âmbito da Constituição anterior, a dúvida estava instalada. Admitia-se que o sistema fosse semipresidencial na Constituição, embora com alguma dose de hibridismo. Todavia, a prática institucional, que via o apagamento do primeiro-ministro (ou até a vagatura do cargo durante algum tempo), era claramente a de sistema presidencial de presidente dominante: v. SANTOS, José Reis. Entre o Futungo e a Assembleia: considerações sobre o sistema político angolano. *In*: LOBO, Marina Costa; AMORIM NETO, Octavio (org.). *O semipresidencialismo nos países de língua portuguesa*. Lisboa: ICS, 2009. p.49-78. p. 71 *et seq.*

e conselho de ministros. Isso permite que se manifeste a tendência de predomínio do órgão presidencial, mesmo quando a constituição obriga ao convívio com um primeiro--ministro e/ou um conselho de ministros. E aquilo que ocorre, com a ausência dos ci-priotas turcos nos órgãos, designadamente na vice-presidência, no conselho de ministros e no Parlamento, é que o sistema de Chipre é visto, em função da prática institucional, não só como o único plenamente presidencial de Estados-membros da União Europeia, mas também como um sistema de *presidente reforçado*. Isso se deve à concentração, nas mãos do presidente, de um acervo relevante de poderes, incluindo a decisão sobre a composição do outro órgão executivo e a nomeação dos juízes do *Supreme Court*, que substituiu, em 1964, o *Supreme Constitutional Court* e o *High Court*[723].

Aquela posição reforçada, em termos de poderes, não se traduz, porém, em sistema de governo de presidente dominante.

2.9 Gâmbia: de sistema híbrido de presidente governante para sistema presidencial

Yahya Jammeh permaneceu vinte anos na presidência, desde 1996 até 2016, ano em que foi derrotado surpreendentemente pelo candidato da oposição, Adama Barrow. Os observadores internacionais sublinham a persistente violação de direitos humanos durante aqueles vinte anos[724]. A evidência é a de que o sistema funcionou como presidencial, com presidente dominante.

Adama Barrow foi reeleito em 2021. As eleições parlamentares de 2022 não produziram uma maioria, uma vez que o Partido do Presidente, *National People's Party* (NPP), obteve apenas 18 dos 53 lugares eletivos. Apesar de o presidente nomear cinco deputados adicionais, isso não é suficiente para a maioria, tendo de haver acordo com partidos menores para atingir a maioria de 30 deputados. O futuro próximo ditará, por isso, se o sistema retoma as suas características híbridas ou se continua a funcionar próximo de uma lógica essencialmente de sistema presidencial.

2.10 Moçambique: de sistema híbrido de presidente governante para presidencial

Tal como o de Angola, o sistema de Moçambique é de sentido único a favor do presidente, que vê entre as suas competências a dissolução do parlamento unicameral, embora em circunstâncias delimitadas. O contínuo predomínio do Partido Frelimo tem possibilitado a unificação do Poder nas mãos do presidente, com pouca autonomia da Assembleia da República. Consequentemente, a hipótese de dissolução da Assembleia da República não está habitualmente no horizonte. A autonomia do primeiro-ministro e dos ministros perante o presidente é inexistente: são meros órgãos auxiliares, de apoio e aconselhamento, não representando verdadeiro limite à ação presidencial.

---

[723] Cfr. KER-LINDSAY, James. Presidential power and authority in the Republic of Cyprus. *Mediterranean Politics*, v. 11, n. 1, p. 21-37, 2006: *"the president of Cyprus exerts greater control over domestic political affairs than any other European Union (EU) leader"*.

[724] V. FREEDOM HOUSE. *Freedom in the World 2023: Gâmbia*. Disponível em: https://freedomhouse.org/country/gambia/freedom-world/2023. Acesso em: 9 jan. 2025.

2.11   Namíbia: de sistema híbrido de presidente governante para presidencial

O sistema constitucional de governo é híbrido, como se assinalou no Capítulo IV. No contexto político, é fundamental a posição da *South West Africa People's Organisation* (SWAPO), que tem ocupado o poder desde a independência, apesar de existirem outros partidos. Em 2019, a SWAPO obteve maioria na Assembleia Nacional, com 65.5% (correspondendo a 63 lugares num total de 96). Perdeu a maioria de dois terços que obtivera em 2014, mas manteve uma confortável distância do segundo Partido, *Popular Democratic Movement*. Hage Geingob, presidente da SWAPO, foi eleito presidente da Namíbia, para um segundo mandato, em 2019, com 56.3%. Após a sua morte, em 4 fevereiro de 2024, foi substituído pelo vice-Presidente, Nangolo Mbumba, para garantir o resto do mandato, até março de 2025. Nas eleições de 27 a 30 de novembro de 2024, Netumbo Nandi-Ndaitwah, do SWAPO, tornou-se a primeira mulher Presidente do País. A circunstância de ser mulher pode ter contribuído para que a perda nas eleições não fosse mais grave. Todavia é de notar que o SWAPO viu reduzir a sua representação na *National Assembly* para 51 lugares dos 96 eleitos, escassa maioria, a mais fraca performance eleitoral do Partido desde a independência, em 1990.

Apesar de os relatórios independentes atribuírem nota positiva à vida democrática e à governação do país[725], é óbvio que o domínio do partido do presidente no Parlamento lhe permite o exercício de um governo unificado que dilui a maior parte das hipóteses de controlo horizontal.

2.12   Suriname: de sistema híbrido de presidente governante para presidencial

A exigência de uma maioria de dois terços dos membros do parlamento para a eleição, quando alcançada, confere ao presidente uma forte legitimidade, sustentada numa transversalidade partidária (e, concomitantemente, étnica, dada a configuração do sistema partidário). A este quadro institucional acresce que o presidente é por norma uma das referidas figuras tutelares e líder do principal partido da coligação do governo. Por isso, mesmo que a configuração constitucional singular suscite hesitações quanto à qualificação presidencial ou híbrida[726], o funcionamento é de sistema presidencial.

2.13   Uruguai: de sistema híbrido de presidente governante para presidencial

A descrição que realizámos do sistema híbrido uruguaio, no capítulo IV, suscita a suspeita de que muitos dos rebuscados mecanismos constitucionais referentes ao sistema de governo que o hibridizam, pelas condições relativamente drásticas e excecionais que requerem, são de difícil operacionalidade prática, como, aliás, sempre foram ao longo da história constitucional uruguaia[727]. A única dissolução do parlamento ocorreu em

---

[725]   V. FREEDOM HOUSE. *Freedom in the World 2023: Namíbia*. Disponível em: https://freedomhouse. org/country/namibia/freedom-world/2023. Acesso em: 9 jan. 2025.

[726]   SIAROFF, ref. 90, p. 140, inclui o caso do Suriname nos sistemas híbridos.

[727]   Cfr. SHUGART; CAREY, ref. 13, p. 128; GROS ESPIELL, ref. 576.

junho de 1973, fora do marco constitucional do artigo 148 da Constituição, uma vez que foi imposta pelo golpe de Estado que instaurou a ditadura no país. Não há registos de votos de desaprovação ou de demissões do governo votadas pela Assembleia Geral (embora haja notícia de ministros que se demitem de moto próprio). A possibilidade de dissolução parlamentar que, em última análise, poderia ocorrer, ainda que em excecionais circunstâncias, é dissuasória, como também em todos os sistemas parlamentares e semipresidenciais. E mesmo que os mecanismos constitucionais fossem fáceis de desencadear, enfrentariam o viés histórico uruguaio, que transitou progressivamente da coparticipação — no que se pode designar por *consociativismo institucional* ou *imperativo* —, imprescindível para evitar a guerra civil e a luta fratricida entre partidos e fações, para uma versão de consociativismo aparentada à de alguns sistemas europeus. Esta tendência era, aliás, enfatizada por um sistema eleitoral peculiar[728].

Mesmo que se pudesse aceitar a qualificação semipresidencial (que alguns avançam) ou a natureza híbrida no plano constitucional, a prática pende para o sistema presidencial. Os presidentes das últimas décadas beneficiaram de maiorias estáveis resultantes de coligações ou de maiorias monocolores que o permitem.

---

[728] Até 1996/1999, num único ato eleitoral os eleitores escolhiam os membros do parlamento e o presidente. A eleição processava-se conforme o mecanismo dos *lemas*: cada partido apresentava, se quisesse, múltiplos candidatos, de acordo com as várias sensibilidades internas, que competiam entre si e com os candidatos dos outros partidos. Os eleitores votavam simultaneamente no partido e no candidato (ou num dos candidatos) do partido da sua preferência. Ganhava o partido cuja agregação de votos nos respetivos sublemas fosse superior, sendo eleito o candidato mais votado do partido mais votado. No âmbito da eleição presidencial, isso produzia o efeito prático de as eleições funcionarem simultaneamente como primárias internas dos partidos e como eleição presidencial. Bastando a maioria simples, o candidato eleito poderia, inclusive, ter uma percentagem muito baixa de votos diretos (por exemplo, o *colorado* Juan Maria Bordaberry, em 1971, ganhou com 22,8% dos votos) e não ser o candidato mais votado (Bordaberry teve percentagem inferior ao *blanco* Wilson Ferreira). A prática, até à alteração do sistema, com a reforma de 1996, era a de presidentes eleitos por maioria relativa, buscando compromissos no Parlamento com as várias sensibilidades do seu próprio partido e do partido opositor, incluindo a alocação de cargos e funções, sendo reiteradamente evitada a lógica do *vencedor leva tudo*. v. LANZARO, ref. 489. p. 213 *et seq.*; CHASQUETTI, Daniel. Gobierno y Coaliciones en Uruguay: 1985-1999. *In:* PELÚAS, Daniel *at al. Coparticipación y Coalición : 164 años de acuerdo entre blancos y colorados*. Montevideo: Arca;Humus, 2000. p. 70–91; BUQUET, Daniel. *La evolución del sistema de partidos uruguayo: en busca del equilibrio perdido*. Universidad de la República. Disponível em: https://www.js3la.jp/journal/pdf/ronshu50/50_buquet.pdf. Acesso em: 9 jan. 2025.

O sistema eleitoral sofreu alterações em 1996 (estimuladas pela emergência da *Frente Amplio* como terceira força, opositora dos dois partidos tradicionais), aplicadas pela primeira vez nas eleições de 1999. Quanto às eleições presidenciais, os candidatos são selecionados em primárias partidárias, efetuando-se subsequentemente a eleição presidencial segundo o método maioritário, com a realização de uma segunda volta entre os dois candidatos mais votados se nenhum obtiver maioria absoluta na primeira.

Os governos de coligação têm longas raízes históricas no Uruguai, mesmo antes das últimas décadas[729], quando se tornaram a regra na maioria das democracias presidenciais latino-americanas. Após a redemocratização, o reingresso das coligações na prática institucional foi gradual. O primeiro Presidente eleito após o fim da ditadura (1984), Julio María Sanguinetti, do Partido Colorado (direita[730]), exerceu o mandato presidencial entre 1985 e 1990. Sem maioria na Assembleia Geral, propusera aos demais Partidos a constituição de um *"gobierno de unidad nacional"*. Em janeiro de 1985, o Partido Nacional (*blancos*, centro) e a Frente Amplio (esquerda) anunciaram que não integrariam o gabinete. O presidente informou, então, que integraria no gabinete cidadãos de outros partidos, que atuariam a título pessoal (governo de '*Entonación Nacional*'), incluindo dois *blancos*. Nenhuma dúvida sobre a inexistência de coligação se colocava. A situação foi mais dúbia no tocante ao governo que correspondeu ao mandato presidencial de Luis Lacalle (1990-1995), do Partido Nacional (*blancos*), eleito presidente com 38,9%, ocupando o seu Partido 40% da *Asamblea General*. Daniel Chasquetti assinala que após negociações com todas as fações do Partido Colorado, se iniciou um governo de coligação, *Gobierno de Coincidencia Nacional*, com oito ministros do Partido presidencial e quatro *colorados*[731]. Diferente perspetiva é a de outros autores[732], sendo certo que no final do seu mandato Lacalle viu a deserção sucessiva de várias fações do Partido Colorado e pelas fações do seu próprio Partido Nacional, exceto a sua (*herrerista*). Nenhuma dúvida, todavia, sobre o governo correspondente ao segundo mandato de Sanguinetti (1995-2000). Na eleição, altamente competitiva, os três principais partidos (*Colorado, Blancos, Frente Amplio*) ficaram separados por cerca de 1% a 2%. O lema (tendência) presidencial obteve apenas 26%. Sanguinetti arquitetou uma coligação das várias fações *coloradas* e *blancas*, que assegurou ampla maioria (64%). O mesmo sucederia com Jorge Batlle, do Partido Colorado: foi formada coligação entre o *Partido Colorado* e o *Partido Blanco*, que funcionava na base da distribuição dos cargos ministeriais na proporção da representação parlamentar dos dois partidos, tal como já sucedera com Sanguinetti II. As coligações, pelo menos a partir de Sanguinetti II, assemelharam-se às chilenas da época, na sua natureza estruturada.

No período dos presidentes da *Frente Amplio*, de esquerda, Tabaré Vázquez (2004-2009), José Mujica (2009-2014) e, novamente, Tabaré Vázquez (2014-2019), regressariam os gabinetes monopartidários (tanto quanto se possa dizer assim, tendo em conta as várias frações internas), embora os Presidentes compusessem os respetivos gabinetes

---

[729] V. ALTMAN, ref. 19.

[730] Tenha-se em conta que o posicionamento dos Partidos históricos uruguaios, particularmente Colorado e Nacional, no eixo direita-esquerda, é evolutivo e algo artificial. Com o avançar do final do século XX, a sua proximidade acentuar-se-ia num espaço que se pode classificar como centro-direita ou direita clássica, embora com oscilações.

[731] CHASQUETTI, ref. 568, p. 39.

[732] NOHLEN; GARRIDO, ref. 16, p. 172.

mais ou menos articulados com as diferentes fações dentro da *Frente*[733]. De 2020 a 2024, com Luis Lacalle Pou, do Partido Nacional, funcionou uma coligação *multicolor* de direita clássica ou centro-direita, integrada pelo Partido Nacional, o Partido *Colorado*, o *Cabildo Abierto*, o Partido *Independiente* e o Partido de *la Gente*. Em 24 de novembro de 2024, na segunda volta da eleição presidencial, venceu o candidato Yamandú Orsi, da *Frente Amplio*. Os partidos dos dois candidatos derrotados na primeira volta, Alvaro Delgado (*Blancos*) e Andrés Ojeda (*Colorados*), haviam retomado a coligação que elegera Pou, agora com a designação de Coligação Republicana Nacional, apoiando Álvaro Delgado na segunda volta. Nas eleições parlamentares, o *Frente Amplio* obteve 48 lugares (em 99) na Câmara dos Representantes e 16 (em 30), no Senado. Surgiu mais um caso em que o Partido presidencial tem de negociar apoios para garantir o sucesso da sua agenda política.

A ambiguidade conceptual do esquema constitucional acaba por não suscitar verdadeiramente um funcionamento distinto dos sistemas presidenciais, nas várias modalidades[734]. A notória inclinação de muitos políticos e académicos uruguaios pelas instituições do parlamentarismo ou por experiências inovatórias de modificação do sistema presidencial, que ao longo das décadas e dos séculos inspiraram reformas institucionais, parece ter entrado num momento de pausa.

2.14 *Paraguai: de sistema presidencial para sistema híbrido de presidente governante?*

Do ponto de vista constitucional, apresentámos o Paraguai como um caso de sistema presidencial de equilíbrio, embora com vários componentes hibridizantes que, em última análise, deixam em aberto a possibilidade de se alistar aquele sistema no grupo dos sistemas híbridos de presidente governante. Essa dúvida persiste e até se adensa quando se considera o funcionamento institucional.

Atipicamente, no Paraguai a transição democrática foi iniciada por um golpe militar que visou pôr termo a uma ditadura militar. Em fevereiro de 1989, o General Andrés Rodríguez Pedotti derrubou o ditador Alfredo Stroessner, que retivera o poder durante 35 anos. Além do apoio militar, Pedotti contou com o contributo de uma fação do Partido que Stroessner havia patrocinado o Partido Colorado, de orientação conservadora. Isso terá contribuído para que este Partido tenha sobrevivido à restauração da democracia, ao contrário de outros que serviram ditaduras militares, e permaneça — com poucos interregnos — como partido central e dominante do sistema partidário há setenta e cinco anos, embora não esteja imune aos movimentos globais de fragmentação e volatilidade políticas semelhantes aos que assolam outros países.

---

[733] Funcionando umas vezes o gabinete como *comité* em que estavam os líderes das fações, o que permitia internalizar a negociação entre elas a propósito das decisões de governo.

[734] Nas várias modalidades, entre elas a de sistema presidencial de coligação que, no caso uruguaio, como apontado em vários passos do texto, tem longas raízes históricas. V. ALTMAN, ref. 19.

Como veremos adiante, o sistema de partidos do país é apresentado como um sistema bipartidário (classicamente composto pela *Asociación Nacional Republicana*, nome oficial do Partido Colorado e pelo Partido Liberal Radical Autêntico), embora com partido dominante, o Colorado. A partir do final da primeira década de 2000, a Frente Guasú, de esquerda, do ex-presidente Lugo, emergiu, temporariamente, como terceira força política. Mais recentemente, surgiram vários outros Partidos. A duração do predomínio do *Colorado* praticamente não tem paralelo na América Latina.

Todavia, esta aparência exterior não esconde o que os Partidos tradicionais sempre foram: coligações de frações que por vezes se digladiam como se fossem partidos autónomos. Isso é particularmente relevante no caso do Partido Colorado. Se a unidade interna do Partido não estiver garantida, pode ocorrer, por um lado, que os seus presidentes tenham dificuldades em governar e até manter o seu mandato e, por outro, que os seus candidatos tenham dificuldades em ser eleitos. O facto de um candidato sair das fileiras do Partido Colorado e de ser eleito com o seu apoio — como quase sempre sucedeu em mais de setenta anos — pode não lhe dar garantia inequívoca de usufruir de uma base governativa estável e coerente no Congresso. E os exemplos históricos de tentativas de golpe (1994, 1996, 2000) e de *juicio politico* contra presidentes colorados mostram que, em situações mais agudas, a própria permanência do presidente não está assegurada: em 1999, Raúl Cubas Grau, sujeito a *juicio politico*, renunciou para evitar destituição certa; Luis González Macchi, também sujeito a *juicio politico*, no final de 2002, pouco antes das eleições presidenciais de 2003, manteve a posição por votação no Senado não ter atingido os dois terços necessários para a sua destituição, embora tenha havido uma maioria de votos favoráveis (25 contra 18, além de uma abstenção). Entretanto, quando não é agitado por crise interna e prevalece o "abraço republicano", ou unidade interna do Partido, como em 2003, 2013 e 2018, o Partido Colorado tem-se mostrado imbatível, mesmo quando a oposição se apresenta unida, como naquela última data.

Um caso agudo de divisões *coloradas* ocorreu em 2008, dando azo a que o ex-bispo Fernando Lugo fosse eleito Presidente, com o apoio de uma coligação de vários partidos (APC), que evoluiria para a *Frente Guasú*, quebrando uma hegemonia *colorada* de mais de 60 anos. Todavia, a coligação do Presidente nunca alcançou uma maioria no Congresso, obrigando a negociações pontuais com os partidos da oposição, que raramente permitiram a materialização dos seus compromissos e plataforma eleitoral, forçando a uma deriva para sistema presidencial com equilíbrio de impasse ou, porventura, de assembleia. A resposta presidencial foi a alta rotatividade ministerial e a procura incessante de novas alianças, gerando incoerência e instabilidade programática. A gestão política agravou-se pela circunstância de o próprio vice-presidente, Federico Franco, membro de um dos partidos da coligação governativa (Partido Liberal Radical Autêntico, PLRA), se ter tornado um dos mais vocais críticos da atuação presidencial. Foi no período mais agudo de erosão da coligação presidencial que Lugo procurou conseguir uma emenda constitucional do artigo que proíbe a reeleição (artigo 229.º), por forma a viabilizar a recandidatura em 2013. A tentativa, como outras com o mesmo objetivo, foi infrutífera. A rutura definitiva com o PLRA precipitaria o rumo que conduziria ao *juicio político*, baseado numa avaliação puramente política, votado por uma maioria de dois terços de cada uma das Câmaras, num processo relâmpago, alegadamente sem observância de *due process*.

Na sequência, ascendeu à presidência o vice-Presidente Federico Franco. O papel do vice-presidente, substituto constitucional do presidente em caso de destituição, teve manifestas semelhanças com outros, mormente do Brasil. Muitos aliados do Paraguai não reconheceriam o novo governo. Mas ficava bem vincada a dinâmica parlamentar, em circunstância de ausência de maioria do Presidente no Congresso. Dinâmica parlamentar semelhante à dos sistemas parlamentares, até no mecanismo de resolução de ausência de confiança do parlamento no chefe do executivo: destituição deste.

O domínio do Partido Colorado continua a ser, porém, um dos dados fundamentais da caracterização do sistema. Em 2013 e 2018, unido no "abraço republicano", os seus candidatos presidenciais obtiveram vitórias expectáveis perante uma oposição dividida. Em abril de 2023, transpareceram divisões internas, evidenciadas por declarações do ex-presidente *colorado*, Mario Abdo Benítez (2018-2023), sobre o candidato apertadamente nomeado nas primárias do Partido, Santiago Peña (promovido pelo seu mentor e líder do Partido Colorado, o controverso Horacio Cartes). Além disso, a oposição uniu-se em torno da candidatura presidencial de Efraín Alegre). Porém, o candidato *colorado* alcançou mais uma vez a vitória, ainda que com menos de 43% dos votos, inferior à percentagem totalizada pelo segundo e terceiro candidatos. Além disso, o Partido Colorado dispõe de maioria na Câmara dos Deputados e no Senado, o que, sem embargo, não assegura um apoio sistemático e automático, tendo em conta a possibilidade de uma agenda própria de fações do Partido no Congresso.

Pode concluir-se que, no plano da prática institucional, o sistema de governo oscila entre o funcionamento ao modo presidencial equilibrado, particularmente quando o Partido Colorado está razoavelmente unido em torno do presidente e o funcionamento acentua as componentes híbridas recebidas na Constituição.

A possibilidade de o Congresso pôr termo ao mandato presidencial por censura estritamente política tornou-se real e efetivou-se em várias ocasiões. Num dos casos, com uma tramitação relâmpago, muito similar à aprovação de moções de censura ao governo dos sistemas parlamentares. Por outro lado, os poderes presidenciais de influenciação e definição da agenda legislativa podem ser neutralizados, por o partido do presidente, mesmo que maioritário em ambas as Câmaras, nem sempre assegurar coesão e disciplina suficientes das respetivas fações ou por o presidente não lograr formar coligações estáveis e coerentes quando o seu partido — ou fação de partido — não tiver maioria numa ou nas duas Câmaras. Por outro lado, é notório que o Congresso frequentemente desenvolve agenda própria e com mais liberdade do que em outros Estados da região.

A imprevisível evolução do *Partido Cruzada Nacional*, liderado por Paraguayo Cubas (terceiro lugar na eleição presidencial de 2023), e consensualmente qualificado de ultradireitista ou neofascista, não permite prever qual o seu impacto no sistema de governo. É possível que contribua para acentuar as tendências, colaborando para que o sistema do Paraguai permaneça sob o sinal gráfico de interrogação que consta do título desta secção.

Capítulo VI

O PODER DOS PRESIDENTES EM FUNÇÃO DA PRESIDENCIALIZAÇÃO DOS PARTIDOS

1. AS RAÍZES DA PRESIDENCIALIZAÇÃO

Como se notou no início[735], um dos seis sintomas da presidencialização dos sistemas políticos é o da presidencialização dos partidos[736]. Todavia, o alcance desse fenómeno e as suas causas principais não são consensuais. Há, desde logo, uma divergência entre os que ligam a presidencialização sobretudo a fatores *institucionais*, ou seja, ao sistema de governo constitucionalmente consagrado, embora sem afastar a repercussão de fatores contextuais de variada ordem, e aqueles que veem na presidencialização um fenómeno precipitado pela conjugação de variáveis *não institucionais*, embora sem ignorar o contributo destas.

Na primeira linha, Samuels e Shugart, partindo do postulado *madisoniano,* de que as instituições moldam o comportamento e canalizam a ambição política, procuraram demonstrar que a estrutura constitucional dos Estados molda a organização e o comportamento dos partidos. Assim, os sistemas constitucionais de *separação* de poderes — os presidenciais e os que designam de híbridos (semipresidenciais) — e de *integração* — os parlamentares — são mimetizados pelos partidos políticos desses sistemas, que, conformemente, se presidencializam ou parlamentarizam. Em sistemas de separação de poderes, o mesmo partido subdivide-se politicamente em partido presidencial e partido parlamentar, prevalecendo o primeiro, ou seja, *presidencializa-se.* Em sistemas de integração, como os parlamentares, há um só partido, o parlamentar, ou seja, *parlamentariza-se*[737].

O sistema de separação não divide apenas o executivo do legislativo, mas também divide internamente os partidos, em "partido presidencial" e "partido legislativo"[738]. O sistema de separação induz ao partido presidencializado. Neste, os arranjos internos dedicados à organização da ação coletiva e à obtenção dos objetivos estão primariamente

---

[735] *Supra*, capítulo I.

[736] A imagem das faces da presidencialização foi explorada por POGUNTKE; WEBB, ref. 111, p. 5. A par da face executiva, que estudámos, e da face partidária, apontam a face eleitoral, que não é tratada neste trabalho.

[737] SAMUELS; SHUGART, ref. 19.

[738] *Ibid.,* p. 21 e 38.

virados para a seleção do *agente* capaz de levar o partido — o *principal* — a atingir esses objetivos através da obtenção do "primeiro prémio", a presidência. O líder selecionado, nestes partidos, seria dotado de um poder delegado muito mais discricionário em relação à forma de ganhar a eleição presidencial e, ulteriormente, à forma como governa[739].

É comum que os partidos enfrentem o dilema de que o candidato que tem de ser escolhido, por ser o que tem melhor apelo eleitoral, não é o candidato que se adapta melhor aos seus interesses internos (*adverse selection*)[740]. Os candidatos à eleição presidencial do sistema presidencial são tendencialmente mais *outsiders* em relação aos partidos do que os dos sistemas parlamentares[741]. Isto aumenta o risco de escolhas falhadas, e de o agente expor o partido (*principal*) ao risco moral (*moral hazard*) de não representar os seus interesses. Se eleito, o partido não o pode, contudo, extrair do cargo. O "partido parlamentar", ou seja, a dimensão partidária orientada para a procura de sucesso na eleição parlamentar (primordialmente de *policy seeking*[742]), é secundarizada e subalternizada à dimensão de "partido presidencial", movido por uma estratégia de *vote-seeking*, eventualmente contraditória.

O partido *parlamentarizado*, em contrapartida, está orientado a obter lugares no parlamento e, por essa via, a conseguir o lugar de primeiro-ministro. O candidato a primeiro-ministro é o agente do partido com poderes delegados para defender a reputação coletiva, em quem os membros do partido confiam para o conduzir à obtenção desses lugares e ao sucesso em eleições subsequentes.

A grande diferença com o partido presidencializado é que, no partido parlamentarizado, a dimensão de "partido parlamentar" não tem de rivalizar com uma dimensão de "partido presidencial". Este mantém o controlo sobre o agente — o primeiro-ministro —, podendo substituí-lo através de um processo que mimetiza a responsabilização política em sistema parlamentar, caso aquele deixe de corresponder aos interesses do principal (*deselection process*)[743].

A presidencialização ocorreria nos sistemas designados como presidenciais puros, mas também nos — por eles designados — sistemas híbridos ou semipresidenciais, seja na modalidade *president-parliamentary,* seja até na *premier-presidential*[744].

Poguntke e Webb pronunciam-se sobre o tema mais geral da presidencialização da política — como ação — e dos sistemas políticos — como quadro global —, distinguindo

---

[739] SAMUELS; SHUGART, ref. 19, p. 16.

[740] *Ibid.,* p. 69.

[741] *Ibid.,* p. 68 *et seq.* Os autores esclarecem mais adiante que os três principais critérios para distinguir *insiders* de *outsiders* são a extensão do exercício do mandato parlamentar, de funções no governo ou o exercício de funções de destaque na direção do seu partido.

[742] *Ibid.,* p. 38 e 50.

[743] *Ibid.,* p. 16.

[744] SAMUELS; SHUGART, ref. 19, p. 39 *et seq.* Neste segundo caso, como em geral no livro, extrapolam conclusões referentes ao caso francês. Isso pode ser questionado, tendo em conta que este está longe de ser o caso mais paradigmático de prática institucional de um sistema semipresidencial. Todavia, essa discussão não cabe no presente estudo.

política presidencializada e política com pendor partidário. Não circunscrevem a investigação à presidencialização (de todos ou alguns) dos partidos políticos. Esse fenómeno é apenas uma das faces da presidencialização da política: faces executiva, partidária e eleitoral. Todavia, as causas que identificam para tal presidencialização partidária são mais de caráter contingente e estrutural (ou seja, não formais-constitucionais) do que institucionais. Entre as causas contingentes da presidencialização intrapartidária, destacam as referentes à personalidade dos líderes e ao contexto político. Como causa estrutural referem a mudança estrutural da comunicação de massas. Por outro lado, salientam que as três faces da presidencialização interagem entre si, pelo que o robustecimento de uma provoca quase sempre o da outra[745].

Pela nossa parte, não se desvaloriza, como já se sabe, o relevo decisivo das instituições constitucionais, que são o eixo em torno do qual tudo gravita. Contudo, a automaticidade entre a consagração de sistemas de separação e de integração e partidos presidencializados e parlamentarizados não parece sustentável. Essa ideia assenta num equívoco decorrente de não se ter em devida conta o modo como certas instituições realmente funcionam. Não é inexpugnável o argumento de que, em sistemas de separação, o *principal* não pode exercer mecanismos de retirada de confiança, com consequências ao nível na continuidade no cargo. Na verdade: (i) pode fazê-lo quando se trata da recandidatura presidencial (hoje permitida em numerosos sistemas), negando apoio[746]; (ii) pode colaborar numa ação de *impeachment;* (iii) pode negar sustentação política na fase *lame duck*, esvaziando, na prática, o mandato, caso isso signifique a perda de suporte de maioria parlamentar.

Há, decerto, diferenças em relação ao que ocorre no sistema parlamentar (sistema de integração), mas estas são mais formais do que materiais, repercutindo-se sobretudo ao nível dos mecanismos de retirada de confiança: demissão em congresso ou conferência partidária e, muito raramente, participação na aprovação de moção de censura, no caso de sistema parlamentar; ou recusa de reeleição para a liderança partidária.

Acresce que o critério fundamental, na construção dos autores inicialmente citados, para distinção entre partidos presidencializados e partidos parlamentarizados — o critério da *descartabilidade* do chefe do executivo — na prática, vale pouco, conforme a estatística mostra. A possibilidade de retirada de confiança ao agente pelo próprio partido e a sua remoção do cargo, em sistemas parlamentares, ocorre muito episodicamente. Nos sistemas parlamentares racionalizados, é improvável que ocorra. Nos demais sistemas parlamentares, a situação é relativamente incomum. Os próprios autores o ilustram.

> Conforme Samuels e Shugart, desde 1945 ocorreram 374 mudanças de primeiros--ministros em 39 sistemas parlamentares puros (na sua terminologia), dos quais 107 por motivos *intrapartidários*. Destas, apenas 49 não resultaram de renúncia voluntária, mas sim de pressão partidária. Em cerca de oito décadas, apenas em

---

745 POGUNTKE; WEBB, ref. 111, *maxime* p. 16.
746 Sendo claro, sem embargo, que não é fácil encontrar casos de presidentes incumbentes a quem o respetivo partido negue apoio: v. SAMUELS; SHUGART, ref. 19, p. 201-202.

21 desses 39 sistemas parlamentares houve primeiros-ministros forçados a sair devido à ação dos seus partidos, pelo menos uma vez. Em alguns casos, isso ocorreu devido à indisciplina partidária de alguns membros, que juntaram os seus votos aos da oposição em votações decisivas, e não, em rigor, por decisão formal do partido.

Entre os vários exemplos em que houve decisão formal do partido de substituir a sua liderança e, concomitantemente, o primeiro-ministro desse partido — por este ter se tornado impopular ou se ter desviado a linha do partido —, destacam-se os casos da Austrália, da Nova Zelândia e do Reino Unido, cujos sistemas eleitorais conferem ou conferiam significativo "senhorio" do mandato parlamentar ao próprio eleito.

Os autores não fizeram o exercício exaustivo de apurar quantos presidentes de sistemas de presidentes governantes ou de todos os sistemas em que o presidente é eleito por sufrágio direto foram apeados das suas funções ou forçados a resignar por ação ou com a colaboração imprescindível do seu partido ou de uma parcela dele. Depois de operações de sucessivas exclusões, concluem que *"intraparty politics forced a president from office early in only one of these cases, or about 0.5% of the total"*[747]. Quanto ao *impeachment*, são apresentados números referentes aos casos de ameaça e de efetivo desenlace destitutivo[748]. Contudo, recusa-se retirar qualquer ilação com vista à comparação com o que ocorre com as demissões de primeiros-ministros em sistemas parlamentares, uma vez que se frisa que os processos de *impeachment* nunca são puramente intrapartidários, tendo uma natureza extraordinária[749] e ressaltando que *"[t]here is a universe of difference between a party that dismisses its prime minister and a party that attempts to send its own leader to prison"* (através do *impeachment*)[750].

Sacrifica-se a substância à forma. O que seria relevante seria comparar *quantas vezes*, e em que *situações protótípicas*, primeiros-ministros foram demitidos por ação — unilateral ou colaborativa — do respetivo partido, e *quantas vezes*, e em que *situações protótípicas*, presidentes eleitos por sufrágio universal viram o seu mandato expirar ou foram forçados a renunciar, por ação — unilateral ou colaborativa — do respetivo partido. O veículo formal dessas consequências políticas não deve constituir a base primordial de uma distinção *forte* — como a proposta por Samuels e Shugart — entre partidos presidencializados e partidos parlamentarizados.

---

[747] Deixando em dúvida outro caso (Estrada, Filipinas): v. SAMUELS; SHUGART, ref. 19, p. 111. Com base nestes dados, os autores recusam a ideia de parlamentarização dos sistemas presidenciais, veiculada por alguns autores e discutida neste livro, sob o prisma da hibridização dos sistemas presidenciais.

[748] SAMUELS; SHUGART, ref. 19, p. 108 *et seq.*

[749] *Ibid.*, p. 109: o *impeachment* "*involve a detailed and public legislative investigation, a media feeding frenzy, recourse to the judicial branch of government (depending on the constitutional procedure), and the mudslinging of a potentially lengthy public trial*".

[750] *Ibid.*, p. 110.

Em alternativa, enveredamos pela via que seguimos a propósito da definição das modalidades de sistemas presidenciais e, mais latamente, de sistemas de presidentes governantes: a que procura atribuir o devido peso causal a cada uma das variáveis independentes e dependentes, sejam institucionais ou decorrentes de condições estruturais, contextuais ou de personalidade.

As instituições moldam os comportamentos, mas os comportamentos induzidos pelos fatores estruturais, pelo contexto e pelas personalidades dos agentes também moldam as instituições ou, mais precisamente, o modo como estas são aplicadas, determinando a forma como funcionam. E a maneira como as instituições funcionam dilui significativamente a diferenciação entre sistemas presidenciais — ou, mais compreensivamente, sistemas de presidentes governantes — e parlamentares, em certos aspetos. Alguns desses aspetos levam a que a pretensão de uma *dicotomia forte* entre partidos presidencializados e partidos parlamentarizados, com correspondência automática ao sistema constitucional de governo — de separação ou de integração —, tenha dificuldades em subsistir.

Sugerimos a seguinte orientação em quatro pontos: (i) distinção entre partidos presidencializados e partidos parlamentarizados; (ii) em todos os sistemas de governo, os partidos que procuram obter o "primeiro prémio" da contenda eleitoral, são em regra, partidos presidencializados (iii) salvo raras exceções, todos os partidos dos sistemas políticos que constituem o universo deste trabalho são presidencializados; (iv) a presidencialização dos partidos obedece a gradações.

Partidos presidencializados são aqueles em que as elites e coligações de elites do partido, após a escolha periódica de quem protagoniza candidatura ao *"primeiro prémio"* do sistema político — seja ele o cargo presidencial ou o cargo de primeiro-ministro (chanceler, etc.) —, atribuem-lhe a liderança do partido e lhe conferem liberdade e recursos para conduzir essa candidatura por forma a que tenha sucesso. Com isso, espera-se que ele crie uma *coattail* (uma aba de casaca, em tradução direta; um *efeito de arrastamento*, em bom português), que arraste consigo outros membros do partido para lugares políticos, no parlamento, no governo, na administração pública, nas empresas com capitais públicos (e até logre aumentar as possibilidades eleitorais em outras eleições sub ou supraestaduais)[751]. Em muitos casos, particularmente no âmbito de sistemas presidenciais, mas não apenas, são partidos que procuram o *rassemblement* em torno dos seus candidatos (recordem-se os *Estados Gerais*, de António Guterres, em 1994-1995[752]).

---

[751] A magnitude dos efeitos do líder nas eleições e nos resultados eleitorais está, todavia, por estabelecer, não existindo consenso e variando as conclusões dos autores entre quem sustenta que os líderes têm um efeito reduzido e quem alega, diferentemente, que os efeitos são significativos. Para uma síntese, LOBO, Marina Costa; CURTICE, John. Introduction. *In:* LOBO, Marina Costa; CURTICE, John (ed.). *Personality Politics?. The Role of Leader Evaluations in Democratic Elections.* Oxford: Oxford University Press, 2015. p. 1-14.

[752] Os Estados Gerais foram uma iniciativa lançada por António Guterres, então Secretário-Geral do Partido Socialista e candidato a suceder a Cavaco Silva como Primeiro-Ministro, que mobilizou, durante cerca de um ano, inúmeras personalidades não vinculadas ao Partido Socialista, para o estabelecimento de uma plataforma programática reformista. Isso ocorreu antes das eleições legislativas de outubro de 1995.

Os *partidos parlamentarizados* podem, também estatutariamente, ser dotados de uma liderança individual. Todavia, numa modalidade de equilíbrio entre o líder e os órgãos colegiais superiores, o primeiro não pode decidir sem a anuência dos segundos ainda que esta seja, normalmente, dada; nem os segundos podem decidir contra a posição do primeiro. O líder do partido está permanentemente limitado, na sua margem de ação, por órgãos coletivos e por uma série de *veto players* internos, que lhe negam a possibilidade de decisão individual sem a superação dos *veto players*. Numa outra modalidade, de líder débil, o coletivo sobrepõe-se ao individual, sendo o líder aparente um mero *primus inter pares* e primeiro executante das decisões do ou dos órgãos coletivos máximos do partido. O cargo de liderança é precário e permanentemente revogável por tais órgãos.

A opção pelo modelo de partido parlamentarizado andará associada, eventualmente, à circunstância de as elites do partido não terem a aspiração de lutar, *realmente,* pelo "primeiro prémio", ambicionando apenas a obtenção de mandatos em órgãos políticos e a oportunidade de fazer parte de uma coligação de governo. Um caso conhecido é, porventura, o do (P)MDB, do Brasil. Ou pode resultar de o partido ter objetivos primacialmente de *policy seeking* (como o Partido Comunista Português), localistas ou localizados (como alguns partidos com agenda meramente regional ou setorial), ou assentar num ideário político de descentralização da decisão política (como os Verdes alemães, na sua organização inicial, depois superada com a presidencialização induzida por Joschka Fischer). No tempo em que as ideologias ainda marcavam diferenças, a parlamentarização era mais apreciada à esquerda do que à direita do espectro político.

Todos os sistemas de governo, independentemente da sua estruturação interna, contemplam um "primeiro prémio", seja corporizado por um cargo presidencial, de primeiro-ministro, de chanceler ou de presidente do governo. A questão só se complexifica quando há dúvidas sobre o que, num concreto sistema de governo, constitui o "primeiro prémio". Isso pode suceder quando presidente e primeiro-ministro ostentam, num mesmo sistema, legitimidade própria e poderes próprios, podendo funcionar em condições de equilíbrio, como ocorre com sistemas semipresidenciais. Entretanto, mesmo nesses casos, a leitura das instituições e da prática institucional permitirá dizer qual é, realmente, o cargo que merece aquela distinção. Por isso, em todos os sistemas de governo, pode haver partidos presidencializados. Tanto são presidencializados o *Forza Italia* de Silvio Berlusconi ou o *Fratelli d'Italia* de Giorgia Meloni, como o Partido Republicano de Donald Trump, o Partido Socialista de Pedro Nuno Santos, o Partido Social Democrata de Luís Montenegro, o *Fidesz* de Viktor Orbán, o *Party for Freedom* de Geert Wilders, o *Labour* de Keir Starmer, o Partido dos Trabalhadores de Lula da Silva ou o *Renaissance* de Emmanuel Macron.

O que o saber convencional da ciência política revela é que a maior parte dos *principais partidos* dos sistemas de presidentes governantes, dos sistemas parlamentares e dos sistemas semipresidenciais são partidos *presidencializados,* sendo excecional a adoção do modelo parlamentarizado. Dando um passo além: salvo raras exceções, a maioria dos partidos relevantes dos sistemas políticos que constituem o universo deste trabalho são presidencializados.

O quarto ponto reporta-se à gradação da *presidencialização partidária*. Quanto a isso, parece profícuo adaptar algumas modalidades de sistemas presidenciais — e, por extensão, de presidentes governantes —, distinguindo entre partidos presidencializados de presidente dominante e reforçado.

O grau mais elevado de presidencialização é o do *presidente dominante*, caracterizado pela máxima *personificação* do partido: este confunde-se com uma individualidade, como ocorre, ou ocorreu, com os já referidos *Renaissance* (Emmanuel Macron), *Partido para a Liberdade* (Geert Wilders), *Forza Italia* (Silvio Berlusconi); mas também com o CHEGA (André Ventura), o Partido Libertário (Javier Milei), o Cidadãos pelo Desenvolvimento Europeu da Bulgária (Boyko Borisov), o *Georgian Dream* (Bidzina Ivanishvili) ou o SMER (Robert Fico). A saída do líder implica, amiúde, ou o desaparecimento do partido ou o seu esvaziamento, a não ser em condições específicas (como é o caso da sucessiva recomposição/reconversão da Frente Nacional dos Le Pen).

Mas a categoria com maior representatividade, mormente entre os partidos principais (sobretudo aqueles que têm pretensões realistas ao "primeiro prémio"), é a dos partidos presidencializados com *presidente reforçado*. Tipicamente, os congressos e conferências (*caucus*) eletivos do líder perdem espaço, e generaliza-se a escolha através de eleições internas diretas, com participação de todos os militantes e até de "primárias", fechadas ou abertas. As elites do partido e as estruturas intermédias aceitam — ou são forçadas — delegar Poder interno, porque, em boa parte, deixam de controlar a eleição do líder; este adquire legitimidade acrescida perante aqueles. O seu núcleo duro, de fiéis empenhados no mesmo objetivo, tende a monopolizar quase todos os recursos do partido, no que toca à autonomia e capacidade de decisão, ao acesso à informação e comunicação, à definição da agenda, do programa e da tática de campanha, aos recursos financeiros.

Em contrapartida, é nesta categoria de partido presidencializado com presidente reforçado que se verifica maior intolerância, quer das estruturas intermédias — sobretudo estas —, quer dos militantes de base e até dos membros da *constituency* nuclear do partido, em relação a insucessos eleitorais supostamente imputáveis ao líder. É comum que não seja fácil resistir-lhes e que este possa ver a sua posição de liderança interna afetada ou mesmo perdê-la. Esta é a principal diferença entre os partidos presidencializados de presidente reforçado e de presidente dominante. A presidencialização do partido não é, necessariamente, sinónimo de lideranças longas ou com duração do mandato protegida. Na síntese lapidar de Webb e Poguntke, os líderes estão mais fortes na vitória, mas mais fracos na derrota. Acrescentaríamos que, no ínterim, estão mais ansiosos, o que pode melhorar ou não a qualidade da ação política.

A presidencialização dos partidos é mais um fator que ameaça colocar em risco a sua centralidade na estruturação do processo democrático. A presidencialização traz consigo, normalmente — talvez, em regra, mais nos sistemas de presidentes governantes —, a personalização das decisões políticas, tornando os partidos meras máquinas eleitorais, mobilizáveis apenas quando necessário. Contudo, mesmo nessa vertente, os partidos veem-se ameaçados por alternativas organizativas e pelas redes sociais.

Capítulo VII
A LIMITAÇÃO DO PODER DOS PRESIDENTES GOVERNANTES

Sempre foi um dilema e continua a ser: quando se cria um Poder forte e eficaz — como deve ser o Poder da democracia —, como se evita que ele exceda os limites e ameace ou viole a liberdade? O reverso da medalha da prevalência do princípio da unidade do Poder sobre o princípio da divisão do Poder, em benefício de um presidente governante, é o imperativo de assegurar um sistema eficaz de limites ao Poder. As respostas clássicas são conhecidas. Obedeciam a uma máxima dominante no pensamento liberal: o poder controla o poder. Todavia, foi sendo superada — se é que alguma vez foi efetivamente concretizada — a aspiração de garantir o limite do Poder, predominantemente através da operatividade do princípio da separação de poderes, numa aceção orgânico-funcional[753]. Alguns dos antigos freios e contrapesos permanecem operantes, eventualmente recauchutados, mas as atenções viraram-se, quer para outras modalidades da separação de poderes, quer para formas de autolimitação do Poder, para instituições políticas exteriores à organização do Poder político, quer ainda para a profissão de fé numa cidadania ativa e vigilante.

Anteriormente expôs-se a aceção do princípio da separação de poderes em sentido funcional, a que aderimos[754]. Outros sugerem uma separação de poderes interna ao executivo. Perante a falência do princípio *standard* da separação de poderes, propõe-se uma solução *second-best*: a limitação interna ao próprio poder executivo através de mecanismos como a redundância de organismos competentes, revisão obrigatória de atos do governo por diferentes agências, proteção da independência de funcionários, procedimentos de reporte ao parlamento e resolução de conflitos entre organismos administrativos através de agentes imparciais[755]. Outra linha, assumindo que a preservação da credibilidade dos titulares dos cargos políticos de topo é um desiderato fundamental do seu comportamento (*for presidents, credibility is power*[756]), sugere mecanismos de autocontrolo e de autovinculação: comissões independentes para apreciar certos assuntos, agências independentes, nomeações bipartidárias (no caso dos

---

[753] V. *supra*, capítulo I.
[754] V. *supra*, capítulo I.
[755] Assim, v. KATYAL, Neal Kumar. Internal separation of powers: checking today's most dangerous branch from within. *The Yale Law Journal*, v. 115, p. 2314-2349, 2006.
[756] POSNER; VERMEULE, ref. 55, p. 153.

EUA), adoção de políticas alheias ao *mainstream* do próprio partido, procedimentos de transparência, apoio ao multilateralismo ao nível das relações internacionais, e outros[757]. O robustecimento dos mecanismos de participação política, fora dos quadros da democracia representativa, e o efetivo exercício de uma cidadania ativa que mantenha sob permanente vigilância e pressão os órgãos do Poder, é crescentemente valorizada por muitos setores.

Todavia, os mecanismos mais poderosos de limitação do Poder são alguns que os próceres do liberalismo (ainda) não podiam adivinhar: os sistemas de justiça constitucional, gerados ou aperfeiçoados pelo constitucionalismo contemporâneo; o controlo mediado pelo sistema de partidos, expresso no jogo Poder-oposição; o escrutínio pelos *media*; e, mais recentemente, o escrutínio social, através das redes digitais. Sobretudo, a tirania das massas interligadas pelas redes e da opinião das elites comentaristas nos canais de cabo[758]. Notoriamente, freios e contrapesos que os clássicos não imaginariam.

Um dos mais poderosos instrumentos de limitação do Poder[759] está atualmente em acelerada transformação na maior parte dos Estados. A dinâmica política mais recente transporta a progressiva fragmentação dos sistemas partidários. Não se pode dar por arrumado o debate sobre se a fragmentação partidária é um risco para a democracia e, sobretudo, para sistemas políticos onde se pratica um sistema presidencial (e, mais latamente, um sistema de presidente governante), como sustenta uma conhecida linha de pensamento; ou se, ao invés, não existe relação direta entre fragmentação, risco de colapso democrático e dificuldade acrescida de formação de coligações que assegurem a governabilidade[760]. Possivelmente, os riscos e dificuldades não são tão elevados quanto a primeira corrente diagnosticou, mas não devem ser menosprezados. Como quer que seja, é intuitivo que a fragmentação torna as coligações mais necessárias e, concomitantemente, mais prováveis e vulgares, mesmo onde não eram habituais. São esses os novos e talvez os mais eficazes controlos do Poder em muitos sistemas políticos.

Mas há também "velhos" freios e contrapesos, que não só mantêm a sua relevância como ganharam nova importância. Destacamos especificamente o que se passou com o instituto do *impeachment*.

---

[757] POSNER; VERMEULE, ref. 55, p. 122 *et seq.*
[758] Recorremos a uma pitoresca expressão de POSNER; VERMEULE, ref. 55, p. 201.
[759] V. por todos LEVINSON; PILDES, ref. 56, p. 1-73.
[760] Assim, CHEIBUB, ref. 19, p. 19, 168, *passim.*

Subcapítulo I

FRAGMENTAÇÃO E OUTROS ASPETOS DE EVOLUÇÃO DOS SISTEMAS PARTIDÁRIOS

1. O DESAFIO A ALGUNS ADQUIRIDOS SOBRE SISTEMAS PARTIDÁRIOS

A segunda tendência a que aludimos nas primeiras páginas, é, na verdade, uma contra tendência em relação à primeira, da unidade do Poder: dispersão e fragmentação partidária que, em um número crescente de casos, obriga os presidentes governantes a partilhar o poder. A fragmentação partidária, segundo uma certa visão, não é necessariamente um malefício do ponto de vista democrático. Alguns sublinham evidências de que a fragmentação e a concomitante motorização de presidentes minoritários se correlacionam positivamente com o aumento dos índices de democratização.

O tema da fragmentação (ou, inversamente, da concentração) partidária articula--se necessariamente com outros relativos ao sistema de partidos, na dupla vertente do sistema de partidos *tout court* e do sistema de partidos no parlamento:

i. composição;
ii. grau de institucionalização;
iii. nível de disciplina interna e de voto no parlamento;
iv. grau de polarização;
v. disponibilidade para coligações.

Em épocas mais remotas, havia motivos para se pensar que os sistemas de presidentes governantes, *maxime* os presidenciais, conjugados com sistemas maioritários para a eleição do parlamento, conduziam quase inevitavelmente a sistemas bipartidários estruturados e estáveis. Em contrapartida, os sistemas parlamentares, particularmente aqueles em que as eleições parlamentares se processassem de acordo com o método da representação proporcional, situar-se-iam no extremo oposto em termos de capacidade para gerar um número efetivo de partidos[761] mais elevado. Por outro lado, pensava-se

---

[761] São diversas as fórmulas de cálculo do número efetivo de partidos (NEP), tendo em conta o número de votos ou o número de lugares no parlamento. A mais popular é a de Markku Laakso e Rein Taagepera. Traduzindo a fórmula $NEP=1/\Sigma p^2$, operação a operação, para o cálculo do NEP no parlamento: (i) divide-se o número de mandatos obtidos por cada partido pelo número total de lugares na câmara; (ii) multiplica-se por ele mesmo o número obtido para cada partido; (iii) somam-se os resultados dos vários partidos; (iv) divide-se 1 por essa soma. O resultado é o NEP. Por exemplo, o NEP no Parlamento português, depois das eleições de 2024, é de 3,5 partidos. A fórmula não tem outro préstimo senão a comparação de graus

que a centralidade das eleições presidenciais em sistemas de presidentes governantes induzia a que os partidos com pretensões presidenciais acompanhassem os seus candidatos numa confluência ao centro no eixo esquerda/direita, dissuadindo à polarização. O normal nos sistemas presidenciais seria, consequentemente, a tendência para sistemas bipartidários ou com dois partidos centrais, estruturados, estáveis e resistentes à polarização. Um dos efeitos mais notados disto era a pouca frequência de situações de governo dividido e, consequentemente, a possibilidade de o presidente poder criar condições de desenvolver a sua agenda sem a necessidade de concertar posições fora do seu próprio partido. E, quando o governo dividido ocorria, a reduzida polarização facilitava a negociação interpartidária. Este é o panorama que assenta quase perfeitamente no sistema partidário norte-americano.

No primeiro espaço de expansão do sistema presidencial, a América Latina, esta imagem geral teve também, durante muito tempo, aplicação nos períodos de funcionamento democrático.

O último quartel do século XX forneceria indicadores de evolução, que se acentuaram significativamente nas últimas décadas. Nos próprios EUA, referência básica, alguma evolução é notada, pelo que começamos por aí. Na América Latina, os primeiros sinais de alteração do paradigma são ainda anteriores, surgindo no âmbito das Constituições brasileira de 1946 e chilena de 1925. No caso brasileiro, porém, esses sinais acentuam-se após a redemocratização em 1985 e com a vigência da nova Constituição de 1988. Na maioria dos países da América Latina o panorama sofreu igualmente transformações. Noutras latitudes, o tripé "sistema presidencial — sistema maioritário — forçosamente sistema bipartidário" também tem de ser reavaliado, como mostra o exemplo do Malawi.

2.   O SISTEMA DE PARTIDOS DOS EUA

Desde o século XVII que a Inglaterra conheceu um sistema de proto-partidos (*whigs* e *tories*). No período inicial da Revolução Francesa, também se pode admitir a existência de um sistema de proto-partidos, cujo expoente máximo foram os clubes políticos, que, em 1791, passaram a sofrer restrições com a Lei Chapelier — que proibia a formação de associações profissionais e o direito de greve. Em 1794, foi a vez do Clube Jacobino ter a sua proibição decretada e, mais tarde, em 1795, uma proibição mais ampla foi implementada, afetando clubes, associações e sociedades populares. No entanto, foi o sistema de partidos norte-americano o primeiro a formar-se no ambiente de um sistema de presidente governante e também o primeiro a influenciar decisivamente esse sistema. Vejamos como isso aconteceu.

---

de fragmentação. Nenhuma indicação fornece, por exemplo, sobre a proximidade entre os vários partidos, a viabilidade de coligações, as soluções de governo disponíveis, etc. Também relevante é o número efetivo de partidos da coligação (NEPC). V. LAAKSO, Markku; TAAGEPERA, Rein. Effective number of parties: a measure with application to West Europe. *Comparative Political Studies*, v. 12, n. 1, p. 3-27, 1979.

a.   Formação e início do processo transformativo do sistema de partidos dos EUA

Apesar de à época já existirem partidos na Inglaterra, em 1787 os pais da Constituição não poderiam prever — e, se previssem, rejeitariam —, a formação de partidos políticos e, muito menos, o seu papel na organização política dos nossos dias[762]. Todavia, desde cedo os partidos reclamaram um lugar relevante. Embora a vida política americana tenha orbitado tradicionalmente em torno de dois partidos e as designações Democrático e Republicano tenham sido usadas amiúde para identificar diferentes formações, cada uma dessas designações raramente representou o mesmo doseamento das diferentes coligações e tonalidades que viajaram ao longo dos tempos pelos partidos americanos — acomodacionismo, antipartidarismo, reformismo, populismo, pró-capitalismo, radicalismo[763].

Entre os fundadores, a ideia de oposição ao governo não era bem-quista e tendia até a ser vista como um sucedâneo da sedição. Os opositores eram vistos como inimigos e não como rivais políticos[764]. George Washington, por exemplo, não integrava nenhum partido[765]. Mas, mesmo aqueles que defendiam aquela posição extrema cedo cederam à necessidade de organizar posições políticas divergentes. Logo em 1792, Madison e Jefferson viram necessidade de se opor organizadamente no Congresso a iniciativas económicas de Hamilton. Tratava-se, afinal, de uma sequela organizacional da contradição entre duas fações que divergiam desde a Convenção de Filadélfia: os Federalistas (de Alexander Hamilton e outros), defensores de um governo centralizado nas mãos de um executivo forte; e os antifederalistas (Republicanos *jeffersonianos*), liderados por Jefferson e Madison, mais marcadamente defensores de um executivo limitado e submetido ao Congresso, do poder popular e do respeito pelas competências dos Estados[766]. A linha divisória ficou bem definida, por exemplo, quando os Federalistas

---

[762]   Muito provavelmente os pais da Constituição comungariam, em geral, das opiniões de James Madison e Alexander Hamilton, para quem facções e partidos seriam a mesma coisa e teriam uma carga negativa que os tornaria indesejáveis. Sobre isto, v. SARTORI, Giovanni. *Parties and party systems: a framework for analysis.* Cambridge: Cambridge University Press, 1976, p. 33.

[763]   Sobre estas tonalidades, v. SCHLOZMAN; ROSENFELD, ref. 154, p. 13 *et seq.*

[764]   LEVITSKY; ZIBLATT, ref. 46, p. 126.

[765]   Sobre o tema, v. KETCHAM, Ralph. *Presidents above party: the first American presidency.* Chapel Hill: University of North Carolina Press, 1987.

[766]   Hamilton fundou o Partido Federalista em 1791, com uma visão nacional mais forte, mais conservador, crente num governo reforçado como cura para o excesso de democracia. Jefferson criou o Partido dos Democratas-Republicanos (também dito dos republicanos *jeffersonianos*, antifederalista) em 1792, mais aberto às liberdades de imprensa e de expressão e advogado da descentralização e dos direitos dos estados. Os Democratas-Republicanos controlaram o Congresso entre 1793 e 1797, coincidindo com a presidência (neutra) de George Washington. Os Federalistas controlaram o Congresso entre 1797 e 1801, conseguindo também a presidência, através de John Adams (1797-1801). Entre muitos, v. BODENHAMER, David. *The U.S. Constitution: a very short introduction.* Oxford: Oxford University Press, 2018; ROSENFELD, Sam. *The polarizers: postwar architects of our partisan era.* Chicago: University of Chicago Press, 2018; SCHLOZMAN; ROSENFELD, ref. 154.

apoiaram a criação do banco central federal proposto pelo Secretário do Tesouro, Alexander Hamilton, em 1791, enquanto os antifederalistas se opuseram. Os Federalistas, por vezes acusados de tendências monárquicas, eram também mais conservadores na política externa: criticaram a Revolução Francesa. O Presidente federalista John Adams (1797-1801) quase se viu forçado a entrar em guerra com França, desejada pelos radicais Federalistas. Os (anti-Federalistas) Republicanos, ao invés, eram suspeitos de lealdade à França e à Revolução Francesa e de rondar a traição, na medida em que queriam que os EUA a apoiassem. Esta fratura ficou evidente quando o Republicano Thomas Jefferson derrotou o Federalista John Adams em 1800. Estava implícito o designado *primeiro sistema partidário*.

A política circulava entre uma pequena elite de homens brancos e assim ficaria nas primeiras décadas. Tocqueville observou que os Federalistas eram minoritários, mas reuniam nas suas fileiras quase todos os que haviam adquirido prestígio e influência moral na luta pela independência[767]. Nos primeiros anos, dirigiram os negócios públicos. Todavia, os Republicanos fizeram valer a sua maior implantação sociológica nas eleições a partir do final do mandato presidencial de John Adams, tendo obtido a maioria nas duas Câmaras do Congresso em 1800, além da eleição de Jefferson como Presidente (dois mandatos, entre 1801 e 1809).

A eleição de Jefferson marcou o início de uma recomposição partidária. Nos anos vindouros, o Partido Anti-Federalista ou Republicano exerceu o poder federal quase sem oposição, com Jefferson, James Madison (Presidente entre 1809 e 1817) e James Monroe (Presidente entre 1817 e 1825), enquanto o Partido Federalista foi perdendo sucessivamente lastro e implantação, quase desaparecendo depois de 1816. No tempo de Monroe, pode-se praticamente falar de um sistema de Partido único. Salvo nesta situação transitória, que perduraria poucos anos, a formação inicial do sistema partidário, embora pouco estruturada, já revelava a propensão bipartidária que só esporádica e transitoriamente seria desafiada daí em diante (mormente, em 1912, quando Theodore Roosevelt resolveu candidatar-se pelo então formado Partido Progressista, na falta de nomeação presidencial pelo seu próprio Partido, o Republicano).

Por altura das eleições de 1824, dois candidatos afetos ao já dominante Partido Republicano, John Quincy Adams e Andrew Jackson, disputaram as eleições presidenciais. Não tendo nenhum obtido a requerida maioria de votos, a eleição passou a ser incumbência do Congresso. Apesar de Andrew Jackson ter ganho no voto popular, Quincy Adams conseguiu o apoio do quarto candidato mais votado (Henry Clay), em troca de um lugar de Secretário, e foi eleito Presidente. Isto constituiu a semente que gerou duas fações no Partido: os Democratas-Republicanos e os Republicanos-Nacionais. Estava em curso a estruturação do *segundo sistema partidário*.

Os Democratas-Republicanos ou democratas jacksonianos, são os antecessores mais remotos do atual Partido Democrático. Alavancaram, em 1828, a eleição de Andrew

---

767   TOCQUEVILLE, ref. 154, p. 118 *et seq.*

Jackson (Presidente de 1829 a 1837) e, em 1836, a de Martin Van Buren (Presidente entre 1837 e 1841). A segunda fação constituiu a base dos *Whigs*, a partir de 1834.

Tanto quanto se pode generalizar com os dados existentes, o antecessor do Partido Democrático era representativo do Sul e Oeste e dos segmentos pobres da população do Leste. Reivindicando os valores e princípios do antifederalismo *jeffersoniano*, inclinava-se para a supremacia presidencial, para a defesa dos direitos dos estados e contra a existência de um banco central. Os *Whigs* eram mais influentes nos estados do Nordeste industrializado e comercial e nos sectores economicamente mais prósperos, inclinando-se para maior intervenção do Estado e para a supremacia do Congresso.

Outros Partidos menores procuraram quebrar a hegemonia bipartidária: *Liberty Party* (1839), *Free Soil Party* (1848).

Democratas e *Whigs* adquiriram, nos anos vindouros, o caráter de partidos populares, não formados apenas por titulares de cargos políticos nem circulando somente na orla do Poder. O Partido Democrático é considerado por alguns como o primeiro Partido de massas, correspondendo ao aumento do direito de voto (entre homens brancos) trazido pela democracia *jacksoniana* e pelo trabalho transformativo de Martin Van Buren.

A questão da escravatura causou importantes clivagens no seio de ambos os partidos, Democratas e *Whigs*, ocorrendo uma reestruturação do sistema partidário na década de 50 do século XIX, fruto das fraturas, deserções, fusões e reunificações ocorridas nos até aí ativos. O Partido Democrático consolidou-se, permanecendo até hoje, com muitas metamorfoses. O Partido Republicano foi fundado completamente de raiz em 1854, no Wisconsin, por um grupo (maioritário) de *Whigs* (entre os quais o futuro Presidente Lincoln), ex-Democratas e dissidentes de outros grupos, como o *Free Soil Party*. O programa unificador mais saliente era a defesa do trabalho livre, ou seja, a contestação à escravatura e, particularmente, à sua propagação para os novos territórios do Oeste (o Partido Republicano só em 1864 inscreveu na sua plataforma política a abolição *total* da escravatura).

O ano de 1854 é, justamente, uma data importante nesse domínio, na medida em que, por ação dos estados do Sul, havia a possibilidade de isso ser deixado ao livre-arbítrio dos colonos dos novos estados. Em 1860, quando o Partido Republicano conquistou a presidência (com Abraham Lincoln), formalmente podia já se falar do *terceiro sistema partidário*, protagonizado por dois Partidos, Democrático e Republicano. Todavia, a questão da escravatura e da secessão dividiu gravemente o primeiro, entre Partido do Norte e Partido do Sul.

Os Democratas do Norte (depois conhecidos por *war democrats*), atentos à defesa dos interesses da indústria e do trabalho livre, dominante no Norte, não apoiavam a extensão da escravatura para Oeste e tampouco a secessão, embora mantivessem ambiguidade em relação à continuação da escravatura no Sul. Aceitaram a liderança do Partido Republicano no esforço de guerra. Nessa medida, o governo de Lincoln integraria um Democrata como vice-Presidente, Andrew Johnson, eleito com aquele, em 1864, sob o *ticket* do *National Union Party* (sigla que o Partido Republicano adotou para exprimir a ação conjunta com os *war democrats*). Johnson sucederia a Lincoln depois do assassinato deste em 1865. Não teve vida fácil, estando permanentemente em conflito com a maioria republicana do Congresso, sobretudo republicanos radicais, que o submeteram a um processo de impeachment devido a vários vetos que exerceu.

O Partido Democrático sobreviveu com dificuldade à divisão entre as alas do Norte e do Sul e à Guerra Civil, consolidando a sua base eleitoral sobretudo à custa do apoio dos homens brancos nos Estados do Sul segregacionista. Permaneceu num limbo que só começaria a ser superado com F. D. Roosevelt e seria eliminado em definitivo depois da década de 1960. Os seus sucessos eleitorais foram escassos nos primeiros 70 anos após a Guerra Civil, conseguindo apenas vitórias nas eleições presidenciais de 1884, 1892 e 1912. O Partido Republicano dominou até à década de 1930. Estava consolidado o sistema dos dois principais partidos, que assumiriam crescente domínio na escolha e eleição de candidatos, controlados por *party bosses* que baseavam o seu poder em esquemas de clientelismo.

A chamada *Gilded Age*, entre o final do século XIX e o início do século XX, gerou uma proliferação de visões sobre o papel dos partidos e a sua organização[768]. Destaca-se o surgimento do *People's Party* e merece referência o *Progressive Party*, surgido no bojo do chamado Movimento Progressista, não pelo sucesso nem pela longevidade, mas por ter quebrado episodicamente o tradicional bipartidarismo. Englobou várias personalidades relevantes desde o final do século XIX, de ambos os Partidos e fora deles.

No que se refere ao sistema político, o Movimento advogava uma agenda reformadora que, em última análise, visava libertar o sistema do apertado controlo pelas máquinas e chefias partidárias (*bossismo*) e moralizar o funcionamento interno dos partidos (visto como corrupto e clientelar). Entre as propostas, contava-se a generalização das primárias para escolha dos candidatos, voto secreto (em vez do sistema, vigente até ao final do século XIX, de voto em boletins fornecidos por cada Partido à porta do local da votação), eleição direta dos senadores, referendo e sufrágio feminino. Mais cedo ou mais tarde, todas essas propostas seriam incorporadas pelos Partidos do sistema (porém, a generalização das primárias só ocorreu a partir do final da década de 1960, após o relatório McGovern-Fraser)[769].

Theodore Roosevelt, uma das personalidades afetas ao Movimento, Presidente entre 1901 e 1909 pelo Partido Republicano, não tendo conseguido a nomeação pelo seu Partido para se candidatar a um terceiro mandato, lançou de raiz o Partido Progressista, em 1912, pelo qual se candidatou nesse ano. Perdeu as eleições, e o Partido Progressista perdeu fôlego, desaparecendo em 1920.

A Grande Depressão (1929-1941) pôs termo ao domínio do Partido Republicano e causou uma nova recomposição importante, embora se mantivessem os dois Partidos: perante o insucesso do republicano Herbert Hoover no enfrentamento da crise, os Democratas retomaram o poder em 1932, com Franklin D. Roosevelt, que conseguiu a primeira das quatro investiduras sucessivas antes de falecer e ser substituído por Harry Truman em 1945, também democrata, reeleito em 1948.

---

[768] SCHLOZMAN; ROSENFELD, ref. 154, p. 78 *et seq.*

[769] *Ibid*, p. 94 *et seq.*

Até ao início do *New Deal*, os Republicanos tinham uma postura mais aberta à ação do governo federal, designadamente com vista à criação de um mercado interno e à proteção dos agricultores e das atividades de manufatura. Os Democratas, ancorados no Sul, defendiam um federalismo forte e os direitos dos estados e resistiam ao Poder da União[770]. Desde o início do *New Deal*, prometido, concebido e cumprido por Roosevelt, os Democratas evoluíram para uma postura mais liberal (no sentido americano), mais centralista, mais inclinada ao intervencionismo do Estado, mais nacional e mais centrada na figura do Presidente[771]. A presidencialização da política democrática, o nosso tema, teve aqui um marco decisivo[772].

O Partido Republicano, por seu turno, passou a assumir-se como o depositário dos valores identitários mais conservadores da sociedade americana, menos intervencionista do ponto de vista económico e mais preocupado com a manutenção do equilíbrio do sistema federal. Os dois Partidos não alteraram a sua natureza fundamental de *grandes coligações* de interesses, sensibilidades regionais e estratos sociais, alheios a noções de luta de classes, eivados de elevado grau de pragmatismo e de acomodacionismo, que, em certa medida, os tornavam pouco diferenciados. Sucedeu que uma das componentes da coligação que estruturava o Partido Democrático, até aí minoritária, ganhou ímpeto sob a liderança forte de F. D. Roosevelt, precipitada por um contexto ímpar, sem que outras componentes — designadamente a dos *dixiecratas* do Sul — desaparecessem ou perdessem totalmente influência.

Nas décadas de 1930-1940, travaram-se debates sérios entre políticos e académicos sobre a conveniência de estruturar um sistema bipartidário constituído por um partido declaradamente liberal e outro declaradamente conservador[773], que sustentasse um governo responsável de partidos (*responsible party government*). Herdeira de uma linha crítica (iniciada por Woodrow Wilson, em 1885) em relação aos aspetos alegadamente perniciosos do sistema rígido de separação de poderes projetado por Madison e vertido na Constituição, a doutrina do *responsible party government* preconizava a diluição das diferenças em relação ao sistema parlamentar (de integração de poderes) através de partidos fortes que garantissem um governo unido e unitariamente responsável, com integração entre presidente e Congresso, diluindo, *ipso facto*, a separação de poderes madisoniana[774].

---

[770] SCHLOZMAN; ROSENFELD, ref. 154, p. 82.

[771] Dizer que o Partido Democrático é mais liberal e, ao mesmo tempo, mais intervencionista não envolve aqui nenhuma contradição, uma vez que empregamos a expressão liberal com o significado que lhe tem sido dado nos EUA, e que é diferente do uso comum na Europa. Nos EUA, "liberal" opõe-se a "conservador" do ponto de vista político.

[772] Sobre isso, v. SCHLOZMAN; ROSENFELD, ref. 154, p. 113.

[773] *Ibid.*, p. 116.

[774] Sobre a doutrina do *responsible party government*, v., a obra clássica, RANNEY, Austin. *The doctrine of responsible party government: its origins and present state*. Urbana: University of Illinois Press, 1954.

Sem embargo, os Partidos americanos continuaram essencialmente indiferentes às grandes clivagens ideológicas que dividiram a Europa nos dois últimos séculos (entre liberais e conservadores, liberais moderados e radicais, conservadores e socialistas, sociais-democratas ou socialistas-democráticos, democratas-cristãos e comunistas, mais recentemente, etc.[775]) e que originaram partidos de massas altamente disciplinados e estanques, além de militâncias fiéis.

Os Partidos americanos, formatados pelas coligações entre segmentos da sociedade americana típicas da era do *New Deal*, eram heterogéneos, com zonas de sobreposição programática e discursiva[776] difíceis de encontrar em qualquer sistema partidário da Europa, mesmo nos tempos de alegada exaustão das ideologias. A um Partido Democrático dominante desde Roosevelt até Truman (1945-1953), sustentado por uma coligação apoiante do *New Deal*, contrapunha-se um Partido Republicano moderado (não obstante sobressaltos episódicos, como o provocado pelo populismo do Senador McCarthy, na década de 1950), sendo comuns convergências no Congresso. Eisenhower (1953-1961), republicano, continuou as políticas do *New Deal*. Ocasionalmente, essas convergências interpartidárias iam contra o sentido geral da política partidária: não foram raros os casos em que Democratas do Sul e Republicanos do Norte se concertaram quando se tratava de travar desenvolvimentos ou de impor retrocessos no campo dos direitos laborais e civis[777].

À medida que as coligações do *New Deal* foram perdendo ímpeto e capacidade de tração, a procura de novos rumos e objetivos gerou contradições internas nos Partidos.

No Partido Democrático, estas acentuaram-se a partir da década de 1940 e, particularmente, de 1950. Era visível a dificuldade de encaixar a postura conservadora e até reacionária da ala dos Democratas do Sul no Congresso com as novas bandeiras de setores, crescentemente influentes na correlação de forças entre coligações do Partido Democrático, que pretendiam captar a imensa mole de eleitores que favoreciam uma renovada e reforçada agenda progressiva de direitos civis e laborais, que o Partido Republicano não acompanhava.

Os fatores que, a prazo, iriam produzir alterações neste padrão começaram a registar-se ainda nas décadas de 1940 (pontificando nomes como Hubert Humphrey) e 1950, intensificando-se na década de 1960, quando a fação liberal do Partido Democrático ganhou prevalência consolidada e o partido se tornou o campeão dos direitos

---

[775] Os partidos norte-americanos, no fundo, corporizam meras tendências de um mesmo partido liberal. Neste sentido, v. LECLERCQ, Claude. *Droit constitutionnel et institutions politiques*, 5.ª ed., Paris: Litec, 1987. p. 277.

[776] Nesta linha de ideias, era até comum chamar-se a atenção para o facto de um Senador ou Representante democrata de um Estado sulista estar ideologicamente mais próximo de um republicano do Norte do que dos membros do seu Partido do resto da União: cfr. DUVERGER, Maurice. *Os grandes sistemas políticos*. Coimbra: Almedina, 1985. p. 316. Como se referiu antes, a partir das décadas de 1950-60 a situação evolui no sentido de isso deixar de ser verdade.

[777] SCHLOZMAN; ROSENFELD, ref. 154, p. 116.

civis, ao mesmo tempo que o Partido Republicano assumiu uma posição crescentemente reativa em relação aos avanços da igualdade racial.

O tímido *Civil Rights Act* de 1957, incidente sobre direito de voto, foi fruto de uma coligação entre a posição moderada do Presidente Eisenhower — alegadamente democrata na juventude, convertido à ala menos conservadora dos Republicanos mais tarde — e a bancada democrata no Senado, liderada por Lyndon Johnson.

Na década de 1960, o Partido Democrático, liderado pelos Presidentes J. F. Kennedy (1961-1963) e, sobretudo, Lyndon Johnson (1963-1969)[778], fez uma opção decisiva a favor da universalização e consolidação dos direitos civis nos EUA, corporizada pelo *Civil Rights Act* de 1964, pelo *Voting Right Act* de 1965 e pela *Great Society* do segundo (1964-5). Mais um marco na presidencialização da política e na demonstração de que determinadas agendas de transformação que enfrentam fortes resistências podem ser possíveis apenas através de lideranças personalísticas de um órgão unipessoal[779].

A recalibragem democrata, feita mesmo com a consciência de que o Partido perderia o Sul, teve repercussões cruciais, particularmente nos onze estados que integraram a antiga Confederação na Guerra Civil. Ocorreu a erosão eleitoral do Partido Democrático no Sul, passando muitos dos seus tradicionais eleitores a votar no Partido Republicano. Os Republicanos passaram a disputar renhidamente todas as eleições, particularmente a partir de 1968, o que lhes permitiu, em algumas ocasiões, maiorias acima da sua própria média nacional. Estima-se que, logo nas décadas imediatas (1964 a 1988), os candidatos Democratas à presidência conseguiram apenas 20% do total dos votos dos estados do Sul[780]. As tradicionais relações de força romperam-se: o que até aí era um sistema de partido quase único no Sul, com o Partido Democrático a eleger sistematicamente os seus candidatos a senadores e representantes, sempre defensores de uma perspetiva diferente da do resto do Partido, deu lugar a uma situação muito parecida com a observada no resto dos EUA. Com a deserção de eleitores e de figuras democratas do Sul para o Partido Republicano, os que permaneceram democratas aderiram tendencialmente às posições dominantes do Partido[781].

O Partido Republicano conheceu também um trajeto de reposicionamento, que o afastaria do conservadorismo moderado da época do pós-II Guerra. Simetricamente, o Partido Republicano sofreria uma erosão similar no Nordeste, perdendo lugares tradicionais. Esse movimento — muitas vezes induzido ou liderado a partir de fora do Partido, por poderosas organizações e individualidades intrinsecamente céticas

---

[778] SCHLOZMAN; ROSENFELD, ref. 154, p. 127 *et seq*.

[779] *Ibid*, p. 124.

[780] Cfr. JONES, C., ref. 180, p. 2.

[781] Sobre a tendência, já intuída por FINER, ref. 154, p. 214, pode ver-se também: WATTENBERG, Martin. From a partisan to a candidate centered. *In*: KING, Anthony (org.). *The new americam political system*. 2.ª ed. Washington, DC: AEI Press, 1990. p. 139-74. p. 165 *et seq*. e POLSBY, ref. 180, p. 38. Sobre a discussão do unipartidarismo sulista, SARTORI, ref. 763, p. 112 *et seq*.

em relação ao papel dos partidos[782] — foi inicialmente ensaiado por Barry Goldwater, candidato republicano derrotado na eleição presidencial de 1964.

Os anos 1970 foram vetoriais no processo de gradual captura do Partido Republicano pelo estilo e visão da Nova Direita: instrumentalizadora das instituições e dos partidos, conflitiva e polarizadora da política[783], opositora da intervenção federal no âmbito de competências dos estados e das principais políticas de direitos civis, além de preconizar uma política internacional agressiva. Alguns observadores identificam a chegada de Newt Gingrich à Câmara dos Representantes, em 1979, em representação do estado sulista da Geórgia, como o ponto de rutura ou de viragem do estável ambiente de convivialidade partidária para o novo estilo da *política como guerra*[784]. O Partido Republicano, de Abraham Lincoln e da abolição do esclavagismo, seria gradualmente conquistado pelas posições mais extremadas da direita neoconservadora — com eco radical no *Tea Party* — ou por agendas populistas de sectarismo nacionalista identitário, como a de Donald Trump (pelo menos no plano da narrativa simbólica[785]).

Entre 1995 e 1996, após o Partido Republicano ter posto termo a uma maioria dos Democratas na Câmara dos Representantes, que perdurou por quatro décadas, Gingrich desempenhou o cargo de *speaker* e procurou definir a agenda política a partir da *House*. É um dos exemplos que ilustram que o predomínio presidencial pode ser desafiado a partir do Congresso, embora isso não tenha garantia de sucesso.

Com esta "purificação" cruzada, estavam criadas condições para uma nova jornada, na direção do desconhecido: uma vincada fratura ideológica entre os dois Partidos e uma brecha na propalada homogeneidade. Deixou de haver democratas conservadores e republicanos liberais[786]. Permanecendo sempre na retaguarda uma linha pragmática e de corretagem de trocas políticas, a distância ideológico-programática média entre os Partidos — ou seja, entre a postura liberal (de "esquerda") dos Democratas e a conservadora (de "direita") dos Republicanos, que antes dos reposicionamentos das décadas de 1940-60 não se podia afirmar que existisse em termos nítidos — cavou-se desde então[787].

---

[782] SCHLOZMAN; ROSENFELD, ref. 154, p. 149.

[783] Numa perspetiva confessadamente influenciada por um ponto de vista democrata, Daniel Schlozman e Sam Rosenfeld apontam como traços da postura da Nova Direita a exploração dos ressentimentos e queixas, a propensão para o conflito, para a instrumentalização das instituições e a advocacia de uma política sem controlos internos — ao invés do conservadorismo tradicional — e sem noção dos limites táticos ou substantivos. O conhecido moto populista — nós, contra eles — seria conjugado com posições pró-capital e pautado por um discurso contra sindicatos, burocratas do governo e impostos. V. SCHLOZMAN; ROSENFELD, ref. 154, p. 146 *et seq.*

[784] LEVITSKY; ZIBLATT, ref. 46, p. 180.

[785] Frisando a diferença entre os planos retórico e simbólico e do pragmatismo executivo que os Presidentes republicanos enfrentam, v. AZARI, ref. 257, p. 67.

[786] SCHLOZMAN; ROSENFELD, ref. 154, p. 184.

[787] LEVITSKY; ZIBLATT, ref. 46, p. 209, estimam que, por volta de 2000, já não existissem as categorias de democratas conservadores e de republicanos liberais. Notam, além disso, que

A subterrânea captura do *Grand Old Party* (GOP) pela Nova Direita não se refletiu nas presidências republicanas, de Nixon, eleito em 1968 (embora também este se tenha deixado levar, por vezes, pela política do ressentimento[788]), e Ford. Mas a diferença ideológica entre os dois Partidos adquiriu expressão notória no curso da altamente personalizada presidência de Ronald Reagan (1981-1989), não obstante este não ser a primeira escolha da Nova Direita e até ter mantido ocasionalmente relação fria com ela[789].

Note-se, todavia, que, mesmo em tempos de intensificação da fratura ideológica, não deixam de existir visões partilhadas sobre alguns assuntos correntes da política interna e externa e consensos bipartidários sobre muitas matérias que dizem respeito à concretização do *American way of life* e à presença americana no mundo. Algumas estatísticas revelam a alta percentagem de situações em que o Congresso votou a favor de posições de Presidentes mesmo quando estes mantinham relacionamento tenso ou oscilante com maiorias de outro partido que não o seu: Nixon (67%), Ford (57%), Reagan (61%)[790]. Em 1990, o Presidente republicano George Bush fez um acordo com os líderes democratas no Congresso para diminuir o défice, com aumento de impostos. Teve a oposição ruidosa da Nova Direita, capitaneada por Newt Gingrich.

A par da transformação das *constituencies* dos dois Partidos, a década de 1960 foi também de mudança profunda da sua estruturação interna e da relação com os eleitores. O impulso foi dado pelo Partido Democrata, após a traumática Convenção de Chicago de 1968. Nesses dias, no exterior do edifício da Convenção, a polícia reprimia violentamente manifestações contra a guerra do Vietnam; no interior da sala, as diferentes fações do Partido envolviam-se numa luta fratricida que, a pretexto da nomeação presidencial para as eleições desse ano, pôs em causa a estrutura interna do Partido, o *bossismo* ainda viçoso e dominante e, designadamente, a regulação opaca e assimétrica do processo misto de nomeação do candidato presidencial.

O relatório McGovern-Fraser, que se seguiria, propôs a estandardização do processo de nomeação, com significativa abertura à participação popular. Um dos efeitos colaterais, porventura não intencionados pelos autores, seria a generalização de primárias para a escolha de candidatos[791]. As reformas que se seguiriam ao relatório seriam criticadas por enfraquecerem os Partidos, comprometerem a autoridade política das lideranças partidárias e acentuarem a centralização das campanhas na figura dos candidatos[792]. Fenómenos que, por razões similares ou distintas, são mencionados repetidamente neste livro.

---

o distanciamento foi assimétrico: o Partido Republicano deslocou-se mais para a direita do que o Partido Democrático para a esquerda.

[788] SCHLOZMAN; ROSENFELD, ref. 154, p. 160.

[789] Como notam SCHLOZMAN; ROSENFELD, ref. 154, p. 168. V. BUSCH, Andrew. *Reagan's Victory: The Presidential Election of 1980 and the Rise of the Right*. Lawrence: University Press of Kansas, 2005.

[790] Mais uma vez, v. THE AMERICAN Presidency Project. Disponível em: https://www.presidency.ucsb.edu/statistics/data/house-and-senate-concurrence-with-presidents. Acesso em: 7 jan. 2025.

[791] SCHLOZMAN; ROSENFELD, ref. 154, p. 136 *et seq.*

[792] *Ibid.*, p. 142.

b.   *Vetores mais recentes do desenvolvimento do sistema de partidos dos EUA*

A crescente influência do *Tea Party*[793], vertebrada na *House Freedom Caucus*, depois de 2015, no Partido Republicano e a alegada emergência de correntes ditas social-democráticas ou de esquerda dentro do Partido Democrático, contribuem para aprofundar a diferença[794]. Os sinais exteriores são os típicos da polarização e fratura, decorrentes de clivagens ideológicas — e até da permanente crispação, que não se manifesta apenas nas campanhas presidenciais que envolvem Donald Trump (2016, 2020 e 2024) — entre os dois grandes Partidos americanos, que marcam o ritmo e o tom do debate político[795]. Cavou-se a distância entre eles — cooperam menos, ou quase nada, entre si — e entre os respetivos eleitores, também eles polarizados, quando não ainda mais exacerbadamente radicalizados do que os políticos em que votam. Indicadores recentes mostram que a identificação partidária dos americanos e a intolerância em relação ao Partido que não é o seu estão a aumentar[796-797]. Eventualmente, isso aponta para uma trajetória inversa à que atinge os sistemas partidários e os partidos centrais europeus, aqueles que se encarregaram da construção do modelo social e político europeu depois da II Guerra. Estes foram acusados de contribuírem para a diluição das ideologias e de exagerarem no consenso centrista, assombrados por um pronunciado afrouxamento dos laços de fidelização e da identificação partidária.

Polarização e fraturas partidárias são alimentadas pelas novas coligações e clivagens sociais que, após sucessivos realinhamentos, estruturam eleitoralmente os dois Partidos, em mosaicos cada vez mais complexos e justapostos, quando não quase contranatura. O bipartidarismo, forjado pela tradição e pelo sistema eleitoral, tem esse preço.

---

[793]   A referência ao *Tea Party* brotou de uma emissão radiofónica de um dos editores da CNBC, Rick Santelli, em fevereiro de 2009, que apelou a um protesto de um *Chicago Tea Party* contra proprietários que haviam recebido indevidamente dinheiro no âmbito de um resgate federal. O *Tea Party* é um caso típico de uma instância inorgânica que, não fora a estrutura bipartidária, se organizaria como partido em vez de se ocupar em influenciar o Partido Republicano por dentro.

[794]   V. em geral, SAVAGE, Sean. *JFK, LBJ, and the Democratic Party.* Albany: State University of New York Press, 2004; MILKIS, Sidney. *The President and the Parties: The Transformation of the American Party System Since the New Deal.* New York: Oxford University Press, 1995; ROSENFELD, Sam. A Choice, Not an Echo: Polarization and the Transformation of the American Party System. 2014. Tese (Doutorado em História) – Harvard University, The Department of History, Cambridge, 2014; ROSENFELD, ref. 767; SCHLOZMAN; ROSENFELD, ref. 154.

[795]   Para uma visão atualizada, v. ABRAMOWITZ, Alan. *The Disappearing Center: Engaged Citizens, Polarization, and American Democracy.* New Haven: Yale University Press, 2011; BREWER, Mark; MAISEL, Sandy. *Parties and Elections in America: The Electoral Process.* 6. ed. Lanham: Rowman & Littlefield Publishers, 2012; AZARI, ref. 257, p. 67-8.

[796]   LEVITSKY; ZIBLATT, ref. 46, p. 206.

[797]   A acompanhar, a tendência no que toca ao valor da democracia, particularmente nas gerações mais jovens. Os dados do YouGov (dezembro de 2023) continuam a mostrar um alto nível de adesão aos valores da democracia e pouca abertura a alternativas. Todavia, 31% dos jovens entre os 18 e os 29 anos respondem que a democracia já não é viável e que deviam ser procuradas alternativas. V. https://today.yougov.com/politics/articles/48238-most-americans--support-democracy-and-oppose-dictatorship.

A *constituency* do Partido Democrático conjuga eleitores dos litorais leste e oeste, minorias, mormente étnicas e LGBT, setores liberais e menos vinculados à religião, atentos aos novos temas sociais e pós-materialistas, abertos a um maior intervencionismo do Estado, setores feministas e pró-aborto. A do Partido Republicano, fazendo jus ao modo como é designado (*Grand Old Party*), tanto atrai os setores mais agarrados ao *status quo* (ou ao regresso do *status quo* do passado), do Sul (contra a tradição histórica republicana) e do *Midwest*, dos círculos e eleitores evangélicos mais conservadores (antiaborto, anti-casamento entre pessoas do mesmo sexo), que dão maior relevo à religião, adeptos de um Estado mínimo, da preservação de valores identitários tradicionais e do livre acesso a armas de defesa pessoal, como também concita apoios dos trabalhadores brancos atingidos pela globalização, que consideram o Partido Democrático o Partido das elites intelectuais do litoral leste e oeste. No meio disso, sobressai um dado sociologicamente significativo: cerca de 90% dos eleitores do Partido Republicano são brancos, enquanto quase 50% dos eleitores do Partido Democrático pertencem a várias minorias étnicas[798].

O Partido Democrático, menos radical na evolução ideológica[799], acusa o Partido Republicano de se deixar capturar pela direita radical, colada a Trump (Presidente entre 2017 e 2021 e vencedor das eleições presidenciais de 2024), e mostra receptividade (mas não franca adesão, como revela a derrota, na nomeação presidencial de 2016, do socialista democrático Bernie Sanders) a um ideário próximo do que algumas correntes socialistas e social-democratas promoveram historicamente na Europa ou ao ideário *woke*[800].

O Presidente Biden (2021-2025) sinalizou a vontade de colocar medidas "à esquerda" no mapa das negociações com o Congresso. Mas frequentemente teve de se vergar à dura realidade de um governo dividido e de um Partido Republicano à mercê de membros do Congresso irredutíveis a qualquer concertação, alicerçados no alegado enfeudamento do Partido Democrático a grupos superminoritários com agendas esquerdistas radicais estranhas a toda a tradição do Partido e americana.

Isto tem várias consequências tendencialmente estruturais, destacando-se duas para efeitos dos objetivos deste livro: primeiro, o paradigma do presidente respeitado por ambos os partidos e respetivo eleitorado, primeiro promotor de valores amplamente partilhados, que pontificou em quase todo o século XX, esbateu-se, mesmo em relação a presidentes que prometeram trabalhar para a colaboração bipartidária (como George W. Bush ou Obama, que, aliás, não cumpriram); segundo, no Congresso multiplicaram-se os momentos de conflito e bloqueio mútuos — com aumento exponencial do *filibus-*

---

[798] LEVITSKY; ZIBLATT, ref. 46, p. 210.

[799] A assimetria da polarização/radicalização é apontada por muitos: cfr. a entrevista, ao *Expresso* de 5 de janeiro de 2024, de Lawrence Douglas, autor de *Will he go? Trump and the Looming Election Meltdown in 2020*. v. DOUGLAS. Lawrence. *Will he go? Trump and the Looming Election Meltdown in 2020*. New York: Twelve, Hatchette Book Group, New York, 2020.

[800] Ideário algo difuso nos contornos, mas genericamente relacionado com a promoção dos temas da igualdade racial, do combate ao sexismo e das agendas LGBT.

terismo no Senado[801] e das imposições de legislação sem possibilidade de emendas das minorias —, em detrimento da cooperação e da convergência[802]. Não é incomum que o bloqueio comece dentro do próprio Partido Republicano, com a maioria da maioria republicana a ser obstruída por uma minoria de dissidentes da ala direita.[803]

Esta viagem pelo sistema partidário norte-americano mostra que este se foi transformando e transfigurando ao ritmo das transformações e transfigurações dos dois Partidos históricos. Isso encoraja alguns a falar de partidos sujeitos à condição de esvaziamento ou vaguidade (*hollowness*, no dizer de Schlozman e Rosenfeld), conchas vazias prontas a serem preenchidas por quem tenha oportunidade e engenho, em compasso com o momento histórico. Não obstante, os partidos americanos são hoje mais coerentes do ponto de vista ideológico do que no passado[804]. Associadas a isso, vêm tendências que também encontramos noutras geografias, como a polarização. Nessa medida, são um desafio maior — e, portanto, um limite mais eficaz — a um Poder presidencial desmedido, em situações de governo dividido.

O motivo por que dedicamos tanta atenção ao sistema americano *bipartidário* num subcapítulo que tem no seu título o conceito de *fragmentação* reside em que, na verdade, esta também tem expressão nesse sistema, embora esteja ocultada pela circunstância de a cultura política, a tradição e o sistema eleitoral "obrigarem" a um sistema nominalmente bipartidário. Olhando, todavia, para as facetas dos Partidos, na expressão de Schlozman e Rosenfeld, verificamos que as que são essencialmente endógenas a cada um ou que, sendo fundamentalmente exógenas, também se refletem — e pretendem refletir — na ação dos Partidos têm tendência a multiplicar-se.

Com recurso ao elenco e às balizas temporais, a partir de meados do século XX, oferecidos pelos autores, temos, pelo menos: *programatic liberals, mcgovern-fraserites, long new right* (com várias ramificações e reconfigurações, endógenas ou exógenas, expressas ultimamente no *Tea Party* e no *House Freedom Caucus*), *left dissidents, dem institutionalists, neoliberal centrists, reaganite GOP e right populists*[805]. Num exercício contrafactual, admite-se que, num Estado em que o sistema bipartidário tivesse menos amarras estruturais, essas facetas poderiam dar origem a vários outros partidos. Trata-se de uma outra forma de fragmentação, a *fragmentação intrapartidária*, e por isso tem lugar neste subcapítulo.

---

[801] Táticas dilatórias de membros do Senado, com vista a impedir ou atrasar a aprovação de propostas. V. a explicação *supra*, Capítulo I, n.º 3, nota 237.

[802] LEVITSKY; ZIBLATT, ref. 46, p. 186 *et seq.*

[803] SCHLOZMAN; ROSENFELD, ref. 154, p. 241.

[804] Assim, v. LEVINSON; PILDES, ref. 56, p. 22.

[805] SCHLOZMAN; ROSENFELD, ref. 154, p. Atente-se que os autores não distinguem entre as *facetas* que foram mais do que isso, tendo sido institucionalizadas em Partidos autónomos, e as facetas que não se traduziram em Partidos. Por outro lado, não distinguem entre facetas endógenas e facetas exógenas aos Partidos do sistema bipartidário, referindo-se apenas àquelas.

3. OUTROS SISTEMAS PARTIDÁRIOS DE PAÍSES COM SISTEMAS DE PRESIDENTES GOVERNANTES

A porosidade, o individualismo e a vinculação a interesses eleitorais localistas, que ainda têm peso nos partidos norte-americanos e no exercício do mandato parlamentar dos eleitos (não obstante a progressiva *nacionalização* da política), são transversais a muitos dos partidos relevantes dos países com sistemas presidenciais, particularmente, mais uma vez, na América Latina, mas também em África, na República da Coreia e outros.

Poderia até se sustentar que existem Estados cujos sistemas aproximam-se daquele arquétipo e o têm mantido razoavelmente preservado. Na República da Coreia e em Taiwan vigoram (ou vigoraram até recentemente, no caso de Taiwan) sistemas bipartidários, explicados, em boa parte, pelo sistema eleitoral anteriormente referido. A polarização partidária que se insinua nos EUA existiu historicamente em Taiwan e na Coreia do Sul, alicerçada na história recente em motivos ideológicos, regionais ou outros.

Todavia, os sistemas bipartidários presentes nos dois sistemas políticos asiáticos, embora formalmente semelhantes ao dos EUA, são intrinsecamente incomparáveis[806]. No caso de Taiwan, ocorre que mesmo a aparência externa de sistema bipartidário, alimentado pela rivalidade política entre dois partidos (ou coligações por eles lideradas), Nacionalista e Democrático Progressista, pode estar em vias de superação, uma vez o sistema parece estar em trânsito para o tripartidarismo, caso se consolide a pretensão do Partido Popular de funcionar como partido alternativo aos dois tradicionais[807].

Outro caso interessante é o da Guiana, onde persiste um sistema bipartidário, entre o *People's Progressive Party/Civic* (PPP/C) *e o People's National Congress* (PNC), e as coligações por eles articuladas, muito explicadas pela vincada base sobretudo étnica de ambos. Também no Gana, mantém-se um sistema bipartidário, sustentado por um sistema maioritário e por equilíbrios étnicos e regionais. Na verdade, o arquétipo americano — tal como o sistema de governo —, por muitas razões, não é replicável.

4. EM ESPECIAL: DESENVOLVIMENTOS DOS SISTEMAS PARTIDÁRIOS LATINO-AMERICANOS

Encontramos na região experiências de bipartidarismo quase tão antigas quanto a norte-americana, algumas com razoável estabilidade durante um longo período. Aliás, os casos de multipartidarismo classicamente operante no Brasil e no Chile eram a exceção. Atualmente, não resta muito dos sistemas bipartidários, como se pode ver pela evolução registada em alguns países[808], como o Paraguai, o Uruguai, a Costa Rica ou a Colômbia.

---

[806] V. *supra*, os casos da República da Coreia e de Taiwan.

[807] O Partido Popular foi formado em 2019 pelo ex-Presidente da Câmara de Taipé, Ko Wen-je, situando-se na centro-esquerda. Em 2020, obteve cinco dos 113 lugares do Parlamento; em 2024, oito, tornado-se o partido charneira de um parlamento de governo dividido.

[808] No que toca à América Latina, v. MAINWARING, SCOTT (ed.). *Party Systems in Latin America: Institutionalization, Decay, and Collapse*. New York: Cambridge University Press, 2018.

Os sistemas bipartidários parecem condenados a dar lugar a outros, pelo menos tripartidários ou até multipartidários. A tendência para a fragmentação, alimentada por agendas múltiplas, tem-se repercutido na rápida reconstrução de sistemas partidários. Presumivelmente, esse panorama acentuar-se-á.

O Paraguai é o exemplo histórico de bipartidarismo mais perene. Como assinalado antes, é apresentado como um sistema bipartidário (formado pela *Asociación Nacional Republicana*, nome oficial do Partido Colorado, e pelo Partido Liberal Radical Autêntico), embora com partido dominante, o Colorado. Este exerce uma hegemonia persistente: nos últimos 75 anos (incluindo durante a ditadura de Alfredo Stroessner, 1954-1989) só não ocupou o poder em cinco, com as presidências de Fernando Lugo (*Frente Guasú*) e de Federico Franco (Partido Liberal), entre 2008 e 2013. Esse predomínio praticamente não tem paralelo na América Latina.

A partir do final da primeira década de 2000, partidos à esquerda, com destaque para a *Frente Guasú*, do ex-Presidente Lugo, emergiram como possível terceira força política, mas regista-se tendência para o seu esvaziamento.

Sempre os dois Partidos tradicionais foram coligações de frações que, por vezes, se digladiam como se fossem partidos autónomos. Por isso, em termos reais, o sistema sempre funcionou como multipartidário. As consequências disso são particularmente relevantes no caso do Partido Colorado, uma vez que a tendência é, por um lado, para que os seus Presidentes enfrentem dificuldades se a unidade interna do Partido não existir e, por outro, que os seus candidatos possam ter dificuldades em ser eleitos, ao contrário do que é comum.

Como se viu, os exemplos históricos de tentativas de golpe (1994, 1996, 2000) e de *juicio político* contra Presidentes colorados mostram que, em situações mais agudas, pode ocorrer que a própria permanência do Presidente não esteja assegurada. O facto de um candidato sair das fileiras do Partido Colorado e de ser eleito com o seu apoio pode não lhe dar garantia inequívoca de usufruir de uma base governativa estável e coerente no Congresso.

Por outro lado, quando não é agitado por crise interna e prevalece o "abraço republicano", ou unidade interna do Partido, como em 2003, 2013 e 2018, o Partido Colorado tem-se mostrado imbatível, mesmo quando a oposição se apresenta unida, como em 2018.

Um caso agudo de divisões *coloradas* ocorreu em 2008, dando azo a que o ex--bispo Fernando Lugo fosse eleito Presidente, com o apoio de uma coligação de vários partidos (APC), que evoluiria para a *Frente Guasú*, quebrando uma hegemonia colorada de mais de 60 anos.

Em 2023, uma coligação heterogénea, composta por mais de vinte partidos e movimentos, apresentou como candidato presidencial Efraín Alegre, ex-membro do Governo do Presidente Lugo, visando derrotar o candidato do Partido Colorado, Santiago Peña. Este sairia, contudo, vencedor, com 42,74%, derrotando dois candidatos principais e dez secundários. O Partido Colorado obteve maioria no Senado e na Câmara dos Deputados. O percurso do Partido Cruzada Nacional, liderado por Paraguayo Cubas (terceiro lugar na eleição presidencial de 2023), é de evolução imprevisível, que não permite antever qual o seu impacto no sistema de partidos, nem se está em curso uma evolução tardia, similar à de outros Estados.

O normalmente estável Uruguai sofreu transformações importantes a partir do último terço do século XX. Também nominalmente, funcionou como um sistema bipartidário assente nos Partidos *Blanco* e *Colorado*. Em termos reais, isso era apenas a fachada que ocultava várias fações internas, por vezes muito antagónicas e quase independentes, como no Paraguai. Mesmo esse bipartidarismo nominal começou a ser ameaçado pelo surgimento e sucesso do *Frente Amplio*. Conotado com a esquerda, foi instituído em 1971, num período de forte dificuldade dos partidos de esquerda na região — incluindo no Uruguai —, fazendo grandes progressos até ao final do século XX[809]. Iniciou-se, então, um período de tripartidarismo (que, na verdade, se transformou em bipartidarismo ou bibloquismo, tendo em conta as coligações de governo e os apoios cruzados em eleições presidenciais entre *Partido Colorado* e *Partido Blanco*, contra o *Frente Amplio*, a partir de Lacalle Pou, 1990-1995, e Sanguinetti II, 1995-2000). As eleições legislativas mais recentes, no momento em que se escreve, realizadas em 2024, permitiram que seis partidos obtivessem assentos na Câmara dos Deputados e três na Câmara dos Senadores. Em 2019, a pujança revelada pelo novo Partido *Cabildo Abierto* indiciava a migração do Uruguai para o grupo dos sistemas multipartidários com tendência à fragmentação. Todavia, esse Partido sofreu significativas perdas em 2024[810].

Outro sistema político também considerado estável e com índices democráticos elevados, o da Costa Rica, sofreu transformações significativas no sistema de partidos, na viragem de século. O *Partido Liberación Nacional*, fundado em 1951, que se auto-classifica como social-democrata (mas ideologicamente oscilante), é o partido que desde 1953 mais maiorias parlamentares obteve. Desde 1953, muitos dos Presidentes foram oriundos das suas fileiras. Entre 1953 e 1978 não teve propriamente um segundo partido opositor, sucedendo-se os que lhe procuraram disputar a primazia. Em 1978, perdeu, pela primeira vez, a maioria parlamentar para uma coligação de partidos da oposição, que logo recuperaria em 1982. Entre 1986 e 2006, alternou maiorias com o *Partido Unidad Social Cristiana*, fundado em 1983. Todavia, já em 2002, o *Partido Acción Ciudadana*, fundado em 2000 e também se reivindicando da ideologia social-democrata, surgiu como terceiro partido parlamentar, tornando-se, em 2006, o segundo partido, até 2018. Entre 2010 e o final da legislatura que termina em 2026, o PLN mantém o estatuto de Partido mais votado, embora, ultimamente, com frágeis maiorias relativas.

---

[809] A partir da década de 1970, a *Frente Amplio* ganhou progressivamente um quinhão eleitoral que lhe permitiu, depois da década de 1990, ser a terceira, a segunda e até a primeira força política. A emergência da *Frente Amplio* esteve, aliás, na raiz da reforma constitucional de 1996. Já neste século, a *Frente Amplio* viu serem eleitos vários presidentes saídos das suas fileiras e obteve maiorias parlamentares, permanecendo no poder entre 2005 e 2020.

[810] O sistema transitou primeiro de bipartidário (composto por *Blancos* e *Colorados)* para tripartidário ou bibloquista, caminhando atualmente para multipartidário, como sucede depois de 2019 nas duas Câmaras da *Asamblea General*. Quatro dos Partidos representados na Câmara dos Deputados dispõem de mais de dez assentos, sendo a maior bancada a da *Frente Amplio*, com 42 (em 99). A coligação de governo (de direita) integra cinco partidos.

Desde 2006, o NEP tem-se mantido relativamente elevado. A tendência é para nenhum partido dispor de maioria no parlamento[811].

A Colômbia é considerada uma das mais antigas democracias da América Latina[812], não obstante alguns interregnos democráticos (tendo sido, porém, juntamente com a Venezuela e a Costa Rica, um dos poucos Estados da América do Sul que escapou a golpes militares nas décadas de 1960-70[813]) e de ter estado à beira do rótulo de Estado falhado no último quartel do século passado e início do presente. Formalmente, durante a maior parte da sua história, conheceu um rígido bipartidarismo protagonizado por dois dos mais antigos partidos do mundo, Liberal (fundado em 1848) e Conservador (1849). Todavia, como no Paraguai, no Uruguai (e, em certa medida, nos EUA), o bipartidarismo sempre foi enganador. Cada um dos partidos era uma federação de fações, ao nível nacional e ao nível regional, por vezes aguerridas na contenda interna como se fossem partidos diferentes e não imunes a defeções. Álvaro Uribe, durante muito tempo filiado no Partido Liberal, desvinculou-se dele antes das eleições presidenciais de 2002, nas quais conseguiu o seu primeiro mandato, sem apoio formal de nenhum dos dois partidos principais. Isso acelerou a recomposição do sistema partidário[814].

Na Argentina, sem embargo da existência de outros partidos, até ao virar do século XXI, o sistema partidário girou essencialmente em torno do Partido Justicialista (PJ, peronista) e da *Unión Cívica Radical* (UCR) — ou, mais recentemente, de dois blocos político-partidários —, não forçosamente identificáveis conforme os quadros fixos do eixo esquerda/direita. Todavia, durante muito tempo, tratou-se de um bipartidarismo nominal, com predomínio do Partido Justicialista. Desde 1946, este predominou, só perdendo eleições presidenciais na primeira eleição depois do fim da ditadura, em 1983

---

[811] Nas eleições de 2022, o PLN obteve 19 e o Partido Progresso Social Democrático (PPSD), fundado em 2018, 10 lugares na Assembleia Legislativa (com 57 lugares). Outros quatro partidos, incluindo o PUSC, obtiveram representação parlamentar, cada um com menos de 10 deputados.

[812] https://freedomhouse.org/country/colombia/freedom-world/2023 Embora haja quem aponte o artificialismo dessa posição, tendo em conta que o Estado não controlou, durante largos períodos, extensa parte do território nacional, dominado pelas guerrilhas, particularmente das FARC, não podendo realizar-se aí eleições livres, e que, mesmo noutras zonas do território, havia fortes limitações da liberdade de parte da população: COELHO, ref. 319, p. 99 *et seq.* Sobre a evolução política e constitucional, URIBE VARGAS, Diego. *Evolución política y constitucional de Colombia*. Madrid: Universidad Complutense de Madrid, 1996.

[813] VALENZUELA, ref. 126, p. 5. Todavia, a Colômbia não escapou à onda de golpes civis das décadas de 1940-1950.

[814] A reforma eleitoral de 2003 não susteve a trajetória, diferentemente do que é admitido por: NOHLEN; GARRIDO, ref. 16, p. 289. Na Câmara dos Representantes (Câmara baixa) estão quase duas dezenas de partidos, cinco deles com 15 a 32 representantes (em 188). Nestes cinco estão os históricos e outros criados nos últimos 25 anos. Gustavo Petro, eleito em 2022, anterior membro do movimento guerrilheiro M-19, primeiro Presidente de esquerda alguma vez eleito no país, é membro de um partido recém-formado.

(para o *radical* Raúl Alfonsín, Presidente até 1989[815]), em 1999 (para o *radical* Fernando de La Rúa, Presidente até dezembro de 2001) e em 2015 (para o centro-direitista Maurício Macri, Presidente entre 2015 e 2019). O bipartidarismo era ilusório, escondendo uma realidade mais complexa, como noutros Estados da região (Paraguai, Colômbia e Uruguai). Dentro do peronismo, por exemplo, existam várias fações (de direita, de centro, de esquerda) cuja articulação, por vezes, pode assemelhar-se a coligações interpartidárias[816].

Os últimos dados indicam que está em curso — pelo menos desde 2015 — uma alteração no sistema partidário que, confirmando-se, tem caráter estrutural. Em 2015, a vitória presidencial de Macri alicerçou-se numa aliança de centro-direita com vários partidos (que incluía a UCR). Em 2019, o próprio PJ seguiu essa tendência com vista a majorar as possibilidades de vitória do seu candidato, Alberto Fernández (Presidente entre 2019 e 2023).

O panorama político alterou-se, desde logo e sobretudo, devido ao sucesso do candidato presidencial populista Javier Milei e ao crescimento do seu bloco *La Libertad Avanza* (libertário de extrema-direita). No Congresso, assiste-se ao aprofundamento da fragmentação e da dificuldade de um partido ou coligação estabilizada (de frações de partidos ou de partidos) em garantir maioria. Desde as eleições de 2023, nenhum partido ou bloco estável tem maioria, seja na Câmara dos Deputados, seja no Senado[817].

O Chile, como o Brasil, seguiu uma trajetória diferente. Antes de 1973, conhecia um sistema multipartidário que gravitava em torno de alguns partidos de maior dimensão, de "tipo europeu", nenhum com capacidade de, por si só, conseguir maioria no parlamento. Até então, foi causticado por divisões e desencontros partidários gerados por um sistema multipartidário clássico, "à europeia", inclusive com importação de

---

[815] Raúl Alfonsín, com minoria no Congresso, renunciou antes do final do mandato, em maio de 1989 — sucedendo-lhe Carlos Menem —, muito pressionado pelas questões relacionadas com o julgamento dos crimes políticos praticados durante a ditadura, a relação com estes, problemas económicos e agitação social, que implicou a declaração do estado de emergência.

[816] Que não é seguro que funcionem sempre: por exemplo, em 2008 Cristina Kirchner viu medidas rejeitadas, para isso contribuindo a falta de apoio do seu setor político peronista: v. COELHO, ref. 319, p. 170.

[817] A aliança peronista perdeu mandatos e ficou mais longe da maioria, destacando-se o grande reforço da "terceira força", a ultradireita do LLA de Milei, que passou de 3 para 39 deputados. Na Câmara, são necessários 136 votos para aprovar lei (257 lugares), tendo o partido de Milei e os seus aliados estabelecidos pouco mais que 80 deputados. A oposição, divisível entre branda ou dialogante (UCR e *Hacemos Coalición*) e dura (justicialistas/peronistas), dispõe de, pelo menos, 173. Acrescem mais oito formações com um a oito deputados. No Senado, os peronistas têm 34, contra 24 da direita tradicional e 8 de Milei. São necessários 37 para fazer a maioria (72 membros). Outra aritmética relevante: à partida, o Partido de Milei e os seus aliados não dispõem de força suficiente para impedir a formação de maiorias de dois terços que confirmem leis vetadas pelo presidente (artigo 83) ou iniciem na Câmara dos Deputados a acusação do Presidente perante o Senado *por mal desempeño o por delito en el ejercicio de sus funciones; o por crímenes comunes* (artigo 53.º).

algumas siglas e ideologias, com tendência à fragmentação e ao bloqueio, o que deu pretexto ao golpe de Pinochet.

Depois da redemocratização, o trauma da ditadura levava a que as elites democráticas encarassem a transição com grande contenção, inibindo-se de movimentos bruscos, ao nível do quadro constitucional, dos elementos essenciais do sistema político — sistema de governo, sistema partidário, sistema eleitoral — e do sistema económico.

A aspiração de consolidação democrática e de estabilidade governativa levou à formação não de dois grandes partidos, mas de dois blocos ou coligações[818]. Por um lado, uma coligação de centro, centro-esquerda e esquerda, criada em 1988, em que, entre mais de uma dezena e meia dos membros, pontificaram partidos estruturantes da história política chilena, como o Democrata Cristão, o Socialista, o Radical e o Partido da Aliança de Centro (*Concertación de Partidos por la Democracia*; a partir de 2013, *Nueva Mayoría*; depois *Nuevo Pacto Social*). Por outro lado, uma coligação de direita e centro-direita, fundada em 1989 e dissolvida em 2015 (com várias denominações, designadamente *Alianza por Chile*). Esta configuração do sistema persistiu até à segunda metade da década de 2010-2020.

A *Concertación* sustentou o mandato do democrata-cristão Patricio Aylwin (1990-1994), do democrata-cristão Eduardo Frei Ruiz-Tagle (1994-2000), do socialista Ricardo Lagos (2000-2006) e da socialista Michelle Bachelet (2006-2010). O primeiro Presidente a ser eleito depois da democratização que não fazia parte do bloco da *Concertación* foi Sebastián Piñera (da Renovação Nacional, de centro-direita, da coligação *Alianza*, 2010-2014). Suceder-lhe-ia, de novo, a socialista Michelle Bachelet (2014-2018), sustentada pela *Nueva Mayoría*, que substituíra a *Concertación*. Sebastián Piñera exerceria mais um mandato ulteriormente (2018-2022).

A procura de estabilidade teve, desde logo, uma manifestação evidente no plano económico: os presidentes da *Concertación* não obstaram à continuação de políticas essencialmente neoliberais e à pilotagem tecnocrática da economia. Enfrentando, naturalmente, a dificuldade ideológica suscitada pela aplicação continuada de políticas neoliberais por uma coligação de centro e esquerda, as tensões foram diluídas pelo assinalável sucesso económico registado no período.

A substituição, em 2015, do peculiar sistema eleitoral binominal na eleição parlamentar — mantido inicialmente para salvaguardar a influência dos herdeiros políticos de Pinochet — por um sistema proporcional, com efeitos a partir de 2017, e a rebelião civil de 2019 implicaram reestruturações do sistema partidário. Assiste-se a uma enorme pulverização da representação parlamentar, com cerca de vinte partidos com assentos na Câmara dos Deputados e quase tantos no Senado, aproximando-se dos índices brasileiros de número efetivo de partidos (NEP). A influência dos partidos tradicionais foi drasticamente contida. Emergiram novas formações, incluindo o Partido de Convergência Social,

---

[818] V. sobre as origens do sistema partidário do Chile, VALENZUELA, J. Samuel. *The origins and transformations of the Chilean party system. Working Paper, n. 215.* Notre Dame: Kellogg Institute, 1995.

de Gabriel Boric, e o Partido Republicano, de ultradireita, de José Antonio Kast, todos eles, todavia, com pequenas bancadas. O fenómeno da instabilidade de siglas, com frequentes cisões, fusões e transferências, construção e dissolução de coligações, que encontramos noutros países da região, parece ter-se instalado. O Chile e o Brasil constituem casos extremos de fragmentação partidária, mais intensa que a dos outros Estados aqui trazidos.

Sendo previsíveis ajustamentos, não é possível antecipar se eles conduzirão os demais Estados ao patamar onde o Brasil e o Chile já se encontram há algum tempo ou se, ao invés, serão estes a reduzir o fosso. Todavia, parece ser plausível que a fragmentação, a volatilidade e a polarização, com maior ou menor extensão, sejam fenómenos que permanecerão, tendo em conta as condições sociológicas e políticas que os impelem. As sérias fraturas sociais, étnicas, religiosas e regionais, bem como o surgimento de alternativas políticas populistas (como as de Fujimori, no Peru, Chávez, na Venezuela, Morales, na Bolívia, Cubas, no Paraguai, ou Milei, na Argentina) e a volatilidade do voto contribuem para baralhar a dinâmica do sistema de partidos, por via do sistema eleitoral de representação proporcional. A polarização ideológica e a fragmentação são, por isso, dados incontornáveis para o estudo dos sistemas de presidentes governantes.

Todavia, o modo como os sistemas políticos reagem à fragmentação não é sempre o mesmo, e pode haver movimentos de reconfiguração que a anulem ou mitiguem, evoluindo para o sistema de grandes blocos, plurais no seu interior, mas unidos na obtenção de objetivos comuns. Vejam-se os casos do México e do Uruguai.

No primeiro, com vista às eleições para a Câmara dos Deputados de 2021, o processo de realinhamento partidário de resposta ao Morena sofreu um forte impulso. O PRI, o PAN e o PRD, superaram a sua rivalidade histórica e formaram a aliança pré-eleitoral *Va por México*, que obteve 199 dos 500 lugares. Pela mesma altura, o *Morena*, o *Partido del Trabajo* (PT) e o *Partido Verde Ecologista de México* (PVEM), formaram também uma aliança, *Juntos Hacemos Historia*, que assegurou maioria parlamentar, com 278 lugares.

Aprofundando os realinhamentos partidários, nas eleições presidenciais de 2024 o PAN, o PRI e o PRD formaram a coligação pré-eleitoral *Fuerza y Corazón por México* para apoiar Xóchitl Gálvez, contra a candidata do *Juntos Haremos Historia* (Morena), Claudia Sheinbaum, que sairia vencedora. As mesmas alianças concorreram às eleições para o Congresso de 2024: *Sigamos Haciendo Historia*, sucessora da *Juntos*, reforçou a sua maioria na Câmara dos Deputados, com 373 deputados, enquanto a *Fuerza y Corazón por México*, sucessora de *Va por México*, conseguiu apenas 102. No Senado, a relação é de 82 para o *Sigamos* e 40 para o *Fuerza*. Vários outros partidos obtiveram representação parlamentar significativa.

No Uruguai, num movimento talvez previsível há mais de uma década, os dois Partidos históricos, rivais de sempre, *Blancos* e *Colorados*, eles próprios coligações de tendências (*legendas*), têm acentuado a sua concertação e ação em bloco, contra a *Frente Amplio*, expressa na aliança para eleger o Presidente Luis Lacalle Pou em 2019 e repetida em 2024, para apoiar o *blanco* Alvaro Delgado na segunda volta das eleições presidenciais, onde foi derrotado.

O paradigmático caso brasileiro permite uma visão mais ampla.

5.   EM ESPECIAL: FRAGMENTAÇÃO DO SISTEMA PARTIDÁRIO BRASILEIRO

Em 1988, Sérgio Abranches expôs, no seu conhecido trabalho "Presidencialismo de coalizão, o dilema institucional brasileiro"[819], as razões por que se impunha que o sistema eleitoral brasileiro mantivesse a sua natureza proporcional, mesmo que isso conduzisse ao multipartidarismo e, em última análise, ao presidencialismo de coalizão.

Assinalava que o sistema proporcional é essencial em sociedades heterogéneas e atravessadas por fortes clivagens, como a brasileira.

Hoje, a justificação para o sistema eleitoral de representação proporcional continua válida, mas aquele sistema tem contribuído para que o sistema partidário[820] seja historicamente muito fragmentado (com alguma atenuação em 1945 e 1986, devido a condições peculiares das eleições, de transição para a democracia, com sequelas do regime cessante). Essa tendência acentuou-se até 2019, para decrescer ligeiramente na legislatura iniciada em um de fevereiro de 2023. Em 2019, o número de Partidos e o número efetivo de Partidos (NEP) no Parlamento atingiram números recorde ao nível mundial, com a sequela de os cinco partidos pilares verem as suas bancadas cada vez mais reduzidas, em benefício de partidos com pouca história[821]. Na 57.ª legislatura (2023-2027), os números decresceram: o número de partidos representados diminuiu para 19, situando-se o número efetivo de partidos (NEP) em pouco mais de nove[822-823], havendo seis partidos com mais de 40 e menos de 70 deputados (em 513)[824].

Em contrabalanço, é notável que a competição em eleições presidenciais tenha obedecido, invariavelmente, a uma lógica binária, sempre em torno de duas candidaturas para onde converge a maioria dos apoios partidários e eleitorais: de 1994 a 2014, protagonizadas por candidatos do PSDB e do PT, com crescente domínio deste último; desde 2018, a candidatura opositora à do PT passou a ser protagonizada não pelo centrista PSDB — oscilante entre direita e esquerda —, mas pela extrema-direita de Bolsonaro. Esta constitui uma das principais alterações no sistema partidário nos

[819]   V. ABRANCHES, Sérgio. Presidencialismo de coalizão: o dilema institucional brasileiro. *Revista de Ciências Sociais*, v. 31, n. 1, p. 5-38, 1988.

[820]   Sobre o sistema partidário ver por último: BRAGA, Thiago. *Partidos Políticos e a Democracia Brasileira - Um Diálogo Necessário*. Curitiba: Juruá, 2020; COELHO, Josafá. *Partidos Políticos no Brasil - Os Dilemas Entre a Cláusula de Barreira e o Hiperpartidarismo*. Curitiba: Juruá, 2022.

[821]   Na sua defesa perante o Senado, aquando da sessão de julgamento do *impeachment*, em agosto de 2016, Dilma Rousseff apontou que, na presidência de FHC, três partidos formavam a maioria simples e quatro a maioria de dois terços; na de Lula da Silva, passaram a ser oito e onze, respetivamente; na dela, às vezes, catorze e vinte partidos.

[822]   Para comparação, depois das eleições de 2024, o NEP em Portugal é de 3,5 partidos.

[823]   Transcrevemos os números de: MELO, Marcus André; PEREIRA, Carlos. *Por que a democracia brasileira não morreu?* São Paulo: Companhia das Letras, 2024. p. 101. O conglomerado presidencial, a que pertence o PT, vale ligeiramente acima de 13%.

[824]   Os dados podem ser encontrados no sítio web oficial da Câmara dos Deputados: https://www.camara.leg.br/deputados/bancada-atual. Na legislatura anterior, 56.ª, eram 24 partidos, 11 dos quais com 25 ou mais deputados e menos de 54.

últimos anos: a perda de protagonismo do PSDB como partido presidencial, conquistada com Fernando Henrique Cardoso, e do seu peso no Congresso, o que necessariamente implica reajustamentos importantes no resto do sistema[825].

A par da fragmentação, o sistema partidário brasileiro suscita comentários a propósito de dois traços salientes: (i) a alegada indisciplina; (ii) o funcionamento de "estabilizadores automáticos".

É corrente a alusão a um padrão de indisciplina, que prevalecerá. Certamente que um relance superficial sobre este é impressionado por alguns fenómenos mais mediatizados, como as recorrentes cisões e o trânsito entre partidos, frequentemente motivados por interesses políticos pessoais do momento e não por divergências ideológicas ou programáticas de fundo.

A existir indisciplina, isso poderia decorrer de fatores inerentes aos próprios sistemas presidenciais. Alega-se que os sistemas partidários dos sistemas presidenciais (e, por extensão, de todos os sistemas de presidentes que governam) conhecem, em média, um menor grau de disciplina do que os parlamentares e semipresidenciais.

Considerando sobretudo os membros do parlamento, existiria um contraste entre as fidelidades típicas dos primeiros e as dos dois últimos. Nos sistemas de presidentes que governam, não haveria incentivo para que os partidos se organizem primordialmente para apoiar um governo no parlamento. A subsistência do executivo não depende do parlamento, pelo que os partidos e os seus membros poderiam concentrar-se na criação de condições para a (re)eleição, o que, amiúde, dependeria da execução de uma agenda especificamente relacionada com o círculo eleitoral por onde o membro do parlamento se candidata ou é eleito, e não de uma perspetiva nacional ou de superior interesse partidário.

A fidelidade e a dependência principal não se reportariam ao executivo nem ao partido, mas antes ao eleitor local e ao círculo. Nos sistemas parlamentares e semipresidenciais, o deputado é eleito para suportar um governo ou uma alternativa credível ao governo, o que supõe a disciplinada vinculação a um programa ou agenda nacional. A queda do governo frequentemente precipita a dissolução do parlamento e a perda do mandato parlamentar (e, talvez, da expectativa de reeleição), algo que os deputados, por norma, procuram evitar. Os partidos organizam-se para eleger deputados que, de antemão, se comprometem a garantir disciplinadamente a base parlamentar do governo (ou da alternativa ao governo).

Todavia, não se afigura que se possa elaborar uma teoria geral assente nessa argumentação, porventura impressionada pela situação nos EUA. Ela pode, eventualmente, ser válida para certos casos, designadamente quando os membros do parlamento são eleitos em círculos uninominais e as suas candidaturas se processam com alguma in-

---

[825] V. ABRANCHES, Sérgio. *O tempo dos governantes incidentais*. São Paulo: Companhia das Letras, 2020. p. 168 *et seq*. Têm sido aventadas algumas causas para a erosão do PSDB: a aposta na desestabilização institucional de Dilma, iniciada com a não aceitação do resultado eleitoral de 2014 pela candidatura de Aécio Neves (pela primeira vez desde 1988), e a deslocação para a direita: v. SOUZA NETO, Cláudio. *Democracia em crise no Brasil*. Rio de Janeiro: Eduerj, 2020.

dependência em relação aos partidos e às respetivas lideranças. Quando, ao invés, as candidaturas são em listas cuja apresentação compete aos partidos, a vontade de obter a reeleição só se pode materializar se o membro do parlamento criar as condições para que o seu partido o inclua naquelas. Existem, assim, desincentivos a que a sua atividade se guie exclusivamente pelo objetivo de agradar a uma presumida *constituency* (cuja composição pode, aliás, ser difícil de determinar), alheando-se dos interesses do partido e da sua liderança (designadamente se esta for do presidente da República ou leal a ele). Nada obsta a que, nos sistemas políticos dos sistemas de presidentes que governam, haja partidos com indicadores de disciplina interna robustos, porventura até mais robustos que os de alguns partidos dos demais sistemas.

Assente este pano de fundo, coloca-se a questão de se os partidos que compõem o sistema político brasileiro são mais indisciplinados que a média dos partidos dos outros países que têm sistemas de presidentes que governam e se a alegada indisciplina caracteriza todos por igual. A pertença a um partido não expressaria uma opção ou visão de longo prazo, nem empenho num projeto comum, cimentado por um ideário ou uma leitura nacional compartilhada. Esse deslaçamento ocorreria mais frequentemente do que em outros sistemas partidários maduros, particularmente europeus, e seria demonstrado pelo trânsito entre partidos de membros do Congresso, presidentes, governadores, prefeitos e muitos outros, que não só não é penalizado como, repetidas vezes, é remunerador e institucionalmente tolerado[826].

Ora, estudos empíricos quantitativos apontam para um panorama mais matizado do que a hipótese de *generalizada* indisciplina de *todos* os partidos[827]. O panorama é bem mais complexo do que essa hipótese simplificada poderia indicar. Esse panorama é condicionado por dois vetores parcialmente antagónicos: (i) o papel das lideranças no Congresso; e (ii) as lógicas particularistas que emergem circunstancialmente.

As lideranças no Congresso compensam e diluem parcialmente alguma fragilidade e desestruturação dos partidos na sua projeção territorial[828]. Decerto, a maioria dos partidos brasileiros enfrenta dificuldades de afirmação no terreno eleitoral, sendo muitas vezes ofuscados e diminuídos pelo peso, currículo político e ligações — ou sindicatos de voto — de personalidades regionais. Facilmente, os partidos ficam à mercê das dis-

---

[826]   O *party switching* não é um fenómeno exclusivamente característico dos parlamentares, como fica patente com o ex-Presidente Jair Bolsonaro: militou, ao longo da sua carreira política, em nove partidos: PDC, PPR, PPB, PTB, PFL, PP, PSC e PSL e PL. Em 2018, foi eleito Presidente enquanto militante do PSL, desfiliando-se em 2019. No início de 2022 filiou-se ao Partido Liberal.

[827]   Assim, FREITAS, Andréa. *O presidencialismo da coalizão*. Rio de Janeiro: Fundação Konrad Adenauer, 2016. p. 34 *et seq*.; LIMONGI; FIGUEIREDO, ref. 19, p. 83; INÁCIO, Magna. Presidential leadership in a robust presidency: the Brazilian case. *In*: ALCÁNTARA, Manuel; BLONDEL, Jean; THIÉBAULT, Jean-Louis (eds.). *Presidents and democracy in Latin America*. New York: Routledge Press, 2018. p. 167-204. (usando dados de Figueiredo/Limongi).

[828]   V. PEREIRA, Carlos; MUELLER, Bernardo. Partidos fracos na arena eleitoral e partidos fortes na arena legislativa: a conexão eleitoral no Brasil. *Dados – Revista de Ciências Sociais*, v. 46, n. 4, p. 735-771, 2003; ABRANCHES, ref. 357, p. 76.

sensões e das fugas acima mencionadas. Porém, as lideranças do governo, partidárias e de bancada parlamentar, no Congresso dispõem de poderes regimentais decisivos para a viabilização de qualquer agenda pessoal (participação no influente Colégio de Líderes da Câmara dos Deputados e definição da agenda parlamentar, distribuição de tempos e intervenções dos membros do partido, designação de membros de comissões e dos relatores de projetos, etc.[829]). Isso concorre para, pelo menos, mitigar uma situação de generalizado individualismo no exercício do mandato parlamentar e assegura alguma coesão, particularmente no cumprimento de compromissos.

Sem embargo, há justificação para a perceção pública de indisciplina partidária e da representação política no Congresso. A objetividade dos números aponta para padrões de disciplina e de fidelização do voto relativamente elevados, mas a análise estritamente quantitativa deve ser temperada com uma observação mais fina, qualitativa. Esta mostra que as votações de reformas e medidas legislativas de maior relevo, ou que tocam mais fundamente questões sensíveis política, social e ideologicamente, facilmente dividem os partidos da coalizão de governo e até provocam divisões internas no próprio partido do presidente. No primeiro mandato de Lula da Silva, aquando de votações fulcrais para o Governo, houve casos notórios de deputados do PT votando contra algumas propostas daquele por eles consideradas demasiado liberalizantes.

Por conseguinte, se a apreciação meramente quantitativa não revela indisciplina pronunciada, uma análise mais fina mostra manifestações dessa indisciplina. Há casos em que só a colaboração de partidos da oposição — às vezes também afetados por episódios de indisciplina de parte dos respetivos membros — na aprovação de iniciativas legislativas colmata os vazios abertos pela relutância de partidos ou membros das Câmaras integrantes da base governativa[830].

Isto permite inferir que a fragmentação, bem como a inconsistência programática (e até indisciplina, nos casos em que é real) de alguns partidos ou membros de partidos não integrantes da coalizão, pode, paradoxalmente, abrir hipóteses inesperadas de coalizões ocasionais, fugazes. Isso pode ser uma vantagem para as perspetivas de governabilidade quando a fratura política entre dois polos extremados e inconciliáveis — à esquerda e à direita —, de par com um centro político quase irrelevante, como nas eleições presidenciais de 2022, está cavada em termos aparentemente irremediáveis.

A ausência de "linhas vermelhas" ideológicas ou programáticas, a opção pelo pragmatismo e, sobretudo, o reforço das recompensas para quem aceita votar conforme a vontade do governo, podem contribuir decisivamente para alcançar o que, à partida, parecia impossível.

---

[829] Veja os artigos 9.º e 10.º do Regimento Interno da Câmara dos Deputados. O artigo 11.º confere ao presidente da República a faculdade de indicar deputados para exercerem a Liderança do Governo, composta por um líder e cinco vice-líderes. Sobre o decisivo papel das várias lideranças do Congresso Nacional para o bom funcionamento da coalizão, v. VICTOR, Sérgio Antônio. *Presidencialismo de coalizão: exame do atual sistema de governo brasileiro.* São Paulo: Saraiva, 2015. p. 121 *et seq.*

[830] Para exemplos no governo de Lula I, ABRANCHES, ref. 357, p. 236 *et seq.*

No início do terceiro mandato de Lula da Silva (tudo tende a ser mais fácil no início dos mandatos, como Collor de Mello e outros Presidentes também puderam sentir a toda a linha...[831]) registou-se uma migração de partidos e personalidades do *centrão* no sentido da colaboração com o Presidente Lula. Entre aqueles, não faltaram alguns que estiveram ao lado de Bolsonaro mesmo depois do derradeiro minuto presidencial. O que falta saber é se essa colaboração tende a estabilizar no sentido desejado pelo Presidente ou se ela continua no jogo travão-acelerador, ao ritmo da popularidade do presidente e das medidas que propõe.

O funcionamento de "estabilizadores automáticos" decorre quer de fatores históricos atinentes ao processo de formação do sistema partidário, quer da circunstância de, no Brasil, haver mais, e mais determinantes, incentivos a construir uma coalizão de apoio estável ao governo do que uma coalizão de oposição.

Um dos principais estabilizadores é a existência de um *centrão*, um conjunto de partidos mais empenhados em participar do exercício do poder na base de plataformas de acesso a recursos e cargos públicos, do que de programas ideologicamente vinculados (mais *office seekers* do que *policy seekers*, no jargão usual).

Saliente tem sido, sobretudo, o papel do principal protagonista do *centrão*, o MDB (anteriormente, PMDB[832]). Formado na oposição tolerada pelo regime militar, abrigava, por natureza, gentes de várias proveniências políticas, estratos socioeconómicos, cosmovisões e ideologias. Após a redemocratização, muitos saíram para outros partidos, mas um núcleo com pouca densidade programática, instalado no centro geométrico do mapa ideológico, permaneceu e, desde o início, mostrou vontade e capacidade para ocupar a posição que o PSD desempenhou na Segunda República (ocorrendo, aliás, que muitos antigos filiados do PSD ingressaram no MDB).

Ao longo de décadas, teve bastiões ao nível local e estadual e foi detentor de uma das principais bancadas nas Casas do Congresso. Isso permitiu-lhe ser a charneira de quase todas as coalizões e um dos principais estabilizadores institucionais[833]. A natureza e lugar institucional do Partido sofreram alguma mudança no decurso da trajetória que desembocou no *impeachment* de Dilma Rousseff e na ascensão de Michel Temer à presidência. Este foi o primeiro Presidente filiado no MDB desde José Sarney, o pri-

---

[831] ABRANCHES, ref. 357, p. 343.

[832] O Partido mudou de designação mais de uma vez, entre MDB e PMDB. Desde 2017 é denominado MDB. Por facilidade, usaremos, de modo geral, esta sigla, mesmo quando ainda vigorava a outra.

[833] Sendo partido charneira, é um partido charneira diferente dos de outros sistemas, uma vez que estes costumam ser partidos de pequena dimensão capazes de negociar apoios com os partidos centrais do sistema (caso típico do FDP, na Alemanha). O MDB foi, durante muito tempo, o maior partido brasileiro, com maior e mais uniforme implantação nacional, mas sempre optou por não assumir o protagonismo próprio da liderança — umas vezes no governo, outras na oposição —, preferindo, antes, profissionalizar-se como eterno partido de governo, incontornável para o protagonista do momento.

meiro eleito diretamente[834], embora não para o cargo de Presidente, não obstante toda a influência do Partido ao longo de décadas.

As últimas eleições mostram uma erosão pronunciada e perda de influência do MDB que, eventualmente, se dilui numa mancha difusa de partidos *like-minded*, cedendo a sua função de principal estabilizador automático. Trata-se de uma questão com potenciais impactos sistémicos. O MDB é a face mais visível de um paradoxo do sistema presidencial de coalizão: alguns dos traços mais criticados são, simultaneamente, os que possibilitam um funcionamento tendencialmente virtuoso. A disponibilidade de certos Partidos para aceitar aquilo que os críticos designam como política do *toma lá, dá cá*[835] — com o MDB muitas vezes em posição de pivô — é um dos fatores que permitem que o sistema funcione desde a década de 1990 com uma estabilidade assinalável, quando fazemos a comparação com outros sistemas latino-americanos.

Ao longo das últimas duas décadas, o legislador introduziu alterações que visam obstar à excessiva fragmentação: cláusula de barreira para o financiamento parlamentar, com consequências ao nível do acesso ao financiamento público provido pelo Fundo Partidário (declarada inconstitucional pelo STF em 2006); exigência de desempenho mínimo individual dos candidatos (2015); fim da possibilidade de coligações eleitorais (mas, mais recentemente, possibilidade de federações, caracterizadas por uma duração mínima de quatro anos, ao invés da coligação eleitoral, que se extinguia com as eleições) e cláusula de desempenho mínimo para os partidos terem acesso a recursos públicos e a propaganda eleitoral gratuita (Emenda 97, de 2017); diminuição do número de candidatos que cada lista pode apresentar (2021). A circunstância de o financiamento partidário ter passado a ser essencialmente público[836], com limiar de acesso, além da importante consequência de desincentivar práticas promíscuas dos candidatos individuais com empresas financiadoras, pode dissuadir a criação de partidos a partir do zero.

As sucessivas reformas, de sinal por vezes contraditório, mas maioritariamente apontadas a enfrentar o fenómeno da fragmentação partidária e da desinstitucionalização dos partidos, pressupõem corretamente que o sistema eleitoral brasileiro é visto como caro e ineficiente. A sua mais direta consequência é consentir ou estimular a proliferação de partidos com chances de representação parlamentar. Decisivo é o sistema eleitoral proporcional de lista aberta, aplicado nas eleições parlamentares. Como se notou anteriormente, o sistema maioritário a duas voltas da eleição presidencial não corrige os seus efeitos. Na primeira volta, este sistema eleitoral produz efeitos equivalentes ao sistema proporcional: todos os partidos têm incentivos para apresentar os seus candidatos,

---

[834] José Sarney foi eleito em 1985 por um colégio eleitoral formado pelos membros do Congresso Nacional e por seis representantes de cada assembleia estadual. Itamar Franco, que assumiu a presidência após a renúncia de Fernando Collor de Mello, esteve ligado ao MDB, mas desfiliou-se antes de concorrer a vice-Presidente no *ticket* daquele, em 1989. O próprio Collor foi Governador de Alagoas entre 1987 e 1989 pelo MDB.

[835] Que suscitam críticas violentas ao sistema, em geral, como a de NOVAIS, ref. 12, p. 210.

[836] Na sequência da decisão do STF na ADI n.º 4650, que resultou na proibição do financiamento de campanhas por empresas.

para medir o peso eleitoral e definir a sua base negocial para a segunda volta. Só na segunda volta há um processo de concentração em dois blocos. O sistema de *ballotage* reforça a legitimidade presidencial, mas diminui a governabilidade, porque contribui para a fragmentação parlamentar. Os efeitos dos sistemas eleitorais para parlamento e presidente são amplificados pelas diferenças regionais, ideológicas, étnicas, económicas, culturais, que atravessam a sociedade brasileira. Qualquer pequeno partido de *nicho* ou que apresente um candidato com uma base regional sólida, ainda que delimitada numa exígua parcela do território, pode aspirar a obter um dos 513 lugares da Câmara.

No plano do sistema partidário, o panorama não permanece imóvel. É possível que a tendência de redução se mantenha em 2026 e 2030. Em termos nominais, isso pode ser considerado um indicador positivo para efeitos dos índices de governabilidade. Todavia, há outras transformações no sistema de partidos com impactos sistémicos imprevisíveis. A volatilidade das escolhas dos eleitores aumenta, conforme sucede universalmente, pelo que nenhum Partido tem uma base eleitoral inexpugnável. O MDB viu comprometido o seu estatuto como partido charneira estabilizador e persistente, fiel de coalizões. A polarização cresceu, com a crescente importância da extrema-direita bolsonarista e a capacidade agregadora do PT e de aliados esquerdistas.

Em paralelo à perda pelo PSDB do estatuto de Partido presidenciável (rivalizando com o PT), há um esvaziamento do espaço eleitoral do centro político. As opções presidenciais vêm do extremo e olham para o centro como uma mera coutada de caça. Mesmo que namore o centro na campanha eleitoral, o presidente está bastante à esquerda ou à direita, e o seu ponto ideal arrisca-se a ficar distante da mediana do Congresso.

A saída é ou o abandono daquele ponto ideal ou o impasse. O número efetivo de Partidos diminuiu — e continuará presumivelmente a diminuir —, mas não parece que isso se traduza forçosamente na facilitação de coalizões e na criação de condições de governabilidade melhores que no passado. A coligação "monstro" de 16 partidos de Lula III, se alguma coisa pode já revelar, é a tendência para serem mais estimulantes do fisiologismo, mais caras e mais instáveis.

6. AS TENDÊNCIAS GLOBAIS

Observando alguns sistemas, pode criar-se a sensação de que a alternativa mais resistente ao multipartidarismo fracionado não vem do bipartidarismo clássico, mas do sistema de partido dominante. Poderiam mencionar-se os países onde a consolidação do sistema partidário é fortemente condicionada por fatores específicos, como a pujança da referência e mobilização religiosas ou a luta pela libertação. Exemplo da primeira situação é o da Turquia. Exemplos da segunda são os da África do Sul (*African National Congress*), do Botswana, até 2024 (*Botswana Democratic Party*), da Namíbia (*South West Africa People's* Organisation), de Angola (MPLA) ou de Moçambique (FRELIMO), onde os principais partidos foram forjados e disciplinados nas lutas pela independência. Todavia, essa primeira impressão pode ser enganadora. Muitos dos partidos que gozam dessa posição no sistema político são, afinal, coligações de fações que materialmente se equivalem a vários partidos ou linhas partidárias. E, por outro lado, eleições sucessivas têm mostrado uma gradual erosão desses partidos, a níveis que podem chegar aos 10% em cada ciclo eleitoral (ou superior, como no Botswana, em 2024).

A tendência para a fragmentação, a volatilidade e, em menor medida, para a polarização, é global, embora com significativas variações. Tem causas e contornos diversos de Estado para Estado, e as suas consequências ao nível do funcionamento do sistema de governo também são diferenciadas. Mas manifestam-se em todas as regiões do mundo, desde a Europa à África e Ásia, acrescendo aos casos da América Latina acima ilustrados. Hoje não é possível prever se esses fenómenos se vão aprofundar, gerando cada vez menor governabilidade, ou se, ao invés, o sistema volta aos grandes e estáveis blocos de alternância, substituindo, porém, as fraturas ideológicas tradicionais por uma alternativa entre uma coligação favorável à democracia liberal e outra contrária.

Vejamos alguns exemplos retirados da atualidade política global:

i.   Como se viu a propósito do caso francês, pela primeira vez na V República as eleições parlamentares de junho/julho de 2024 apontaram para a necessidade de um acordo de governo/coligação, perante um parlamento dividido entre a direita clássica, a coligação de Macron, a União Nacional de Le Pen e a Nova Frente Popular, de esquerda. Macron surpreendeu, convidando para Primeiro-Ministro Michel Barnier, próximo dos Republicanos, quarto Partido mais votado, que formou um governo de coligação inédita em 21 de setembro de 2024, composto por uma maioria macronista, nove membros do *Républicains* e um ex-socialista (Didier Migaud). A União Nacional também surpreendeu ao deixar o Governo iniciar funções. O Governo Barnier não chegou, todavia, a durar 100 dias.

ii. No Chipre, o presidente da República não tem tido maioria parlamentar que garanta o apoio seguro e duradouro à sua agenda política. Por exemplo, o presidente Nicos Anastasiades (2013-2023) ultimamente, só contava com o apoio de 17 membros do Parlamento (dos 56 lugares efetivamente ocupados, todos por cipriotas gregos, eleitos por votação proporcional), entre os quais os do seu próprio Partido (DISY, centro-direita). As causas são o pronunciado declínio partidário, a erosão lenta e silenciosa do sistema partidário clássico, o surgimento de novos partidos e a fragmentação.

iii. Na África do Sul, as eleições de 29 de maio de 2024 geraram uma realidade até aí desconhecida. Aquelas mostraram que tendências recentes de outras democracias chegaram ao país: baixa participação eleitoral (58,64%, a mais baixa desde que há eleições democráticas); o sistema proporcional facilita a pulverização partidária, com 21 partidos com representação parlamentar (eram 14 em 2019-2024), nenhum com maioria absoluta; 40 lugares do parlamento distribuídos por 13 partidos, alguns dos quais criados recentemente; surgimento do fenómeno do populismo de direita, com o *ActionSA*, dirigido pelo ex-prefeito de Johannesburg (então eleito pela DA), Herman Mashaba, admirador de Donald Trump, que obteve 6 lugares; necessidade de coligações para eleição do presidente e sustentação de um governo; elevado risco de ingovernabilidade. O ANC viu a sua tradicional maioria absoluta (em alguns casos, super absoluta) esvair-se, designadamente devido à transferência de votos para o MKP (*uMkhonto weSizwe*, populista de esquerda), o novo partido de Jacob Zuma, que saíra do ANC em dezembro de 2023.

iv. Na Áustria, nas eleições legislativas de 29 de setembro de 2024, o FPÖ, Partido fundado nos anos de 1950 por réstias de simpatizantes nazis que sobreviveram à II Guerra, liderado por um notório e assumido simpatizante daquela ideologia, Herbert Kickl, ganhou as eleições parlamentares austríacas (28,9%, 57 lugares em 183). Suplantou, pela primeira vez, os dois Partidos da habitual alternância democrática, o ÖVP (26,3%, 51 lugares) e o SPÖ (21,1%, 41 lugares, o pior resultado de sua história). Outros Partidos obtiveram lugares, como o NEOS (com crescimento) e os Verdes (com decréscimo, penalizados pela participação na coligação de governo desde 2019). A fragmentação tem sido, todavia, mantida em números moderados pelo limiar de 4% para o direito a eleger deputados. Sem maiorias absolutas, num ambiente de aversão a governos com apoio minoritário, com um Partido vitorioso com quem todos se recusam a coligar-se (FPÖ), Alexander van der Bellen retirou os seus poderes de sistema semipresidencial do armário onde os Presidentes austríacos os guardavam.

v. No Malawi, onde se pratica um sistema eleitoral de maioria relativa na eleição presidencial e proporcional para a Assembleia Nacional, desde a transição democrática, na década de 1990, há tendência para a fragmentação e até para o fenómeno dos independentes, sempre em grande número no Parlamento, ambos explicados pelo fator regional. O número de partidos que obtiveram deputados nas últimas legislaturas foi de oito (em 2004) e de seis nas eleições seguintes (2009, 2014, 2019). A estes números acrescem os dos numerosos independentes, que representam cerca de 25% dos lugares da Assembleia. Na última década, nenhum dos principais partidos, o DPP dos Mutharika e o renovado MCP, obtiveram maioria absoluta na Assembleia Nacional. Aliás, normalmente não fazem melhor do que 20% ou 30%. Os resultados da volatilidade são bem sentidos pela outrora poderosa *United Democratic Front* (UDF), maioritária depois de 1994 e durante quase toda a primeira década de 2000: agora fica-se por percentagens abaixo dos 10%. Ainda maior dificuldade enfrenta outro histórico partido da luta pelo multipartidarismo, o AFORD. O panorama político está polarizado e fragmentado por divisões étnicas e regionais (Norte, Centro, Sul), mais do que ideológicas.

vi. A Ásia contribui para a exemplificação, embora, mais uma vez, as causas da fragmentação sejam diversas das que observamos nos exemplos de outros continentes.

Na Indonésia, a Câmara dos Representantes da Indonésia (DPR), na composição resultante das eleições de 2019, ficou dividida entre vários partidos. O mais representado é o partido liderado pela ex-Presidente (2001-2004)

Megawati Sukarnoputri, o PDI-P, com menos de 20% dos mandatos. É o partido do atual Presidente indonésio, Joko Widodo. Seguem-se o Golkar, do ex-Presidente Suharto, e o Gerindra, com cerca de 12%. Depois, temos vários outros, entre os quais alguns partidos islâmicos, com percentagens inferiores. A par dos partidos de base regional e étnica, sobressaem partidos que, mais do que uma base ideológica ou social, correspondem a fações de uma elite dirigente com vínculos familiares, económicos e regionais.

7. O IMPACTE DA VOLATILIDADE, DA POLARIZAÇÃO E DA FRAGMENTAÇÃO NOS SISTEMAS DE PRESIDENTES GOVERNANTES

Do que antecede, avultam conceitos que correspondem a três fortes tendências (aqui reportadas a sistemas de presidentes governantes, mas certamente mais gerais): volatilidade política, polarização e fragmentação partidárias.

A *volatilidade política* é observável em muitos sistemas políticos onde as fidelidades partidárias tradicionais são substituídas por transferências e flutuação do voto. Muitos sistemas partidários que perduraram ao longo de décadas esvaem-se e são substituídos por outros, pautados pela novidade e pela imprevisibilidade, com os partidos clássicos a desaparecer ou a tornarem-se quase irrelevantes[837].

Os dados mais recentes mostram que entre a tendência para a convergência homogeneizadora ao centro e a queda para a *polarização*, esta última parece ganhar ímpeto em muitos sistemas políticos. Não só os próprios Estados Unidos e outros Estados que não as conheciam veem o seu sistema partidário ser contaminado por pulsões polarizadoras, tornando-se exceção os que não as vivem, como aqueles que já as sofriam revelam uma tendência para o agravamento do fenómeno. Isso tem repercussões importantes na

---

[837] Volatilidade política é um conceito mais amplo do que volatilidade eleitoral, porque atende às mudanças de governo e coligações, à oscilação esquerda direita, e não apenas à volatilidade eleitoral. O mais conhecido método de medida desta é o da autoria de PEDERSEN, Mogens. The dynamics of European party systems: changing patterns of electoral volatility. *European Journal of Political Research*, v. 7, n. 1, p. 1-26, 1979; alternativa, por exemplo, os de Powell e Tucker e Torcal e Lago. O método de Pedersen não considera as percentagens da "troca" de votos entre partidos, ou seja, os eleitores que alteram cruzadamente o seu sentido de voto (percentagem dos eleitores que votavam no partido A e passaram ao partido B e de eleitores que votavam em B e passaram a A). Na aplicação mais simples do método de Pedersen, sem casos de cisões, de fusões e de alianças pré-eleitorais de partidos ou de novos partidos (que tornam a aplicação do método mais complexa e conduzem a resultados diferentes de aplicador para aplicador), tomam-se duas eleições de anos diferentes sucessivos, calculam-se os ganhos e perdas percentuais de cada partido em votos (também pode ser em cadeiras parlamentares), somam-se, e divide-se por dois. Sobre as tendências globais mais recentes, de aumento da volatilidade eleitoral, RAHAT; KENIG, ref. 77. Há vários bancos de dados sobre a volatilidade eleitoral que possibilitam a atualização do de Pedersen: v. DASSONNEVILLE, Ruth. *Net volatility in Western Europe: 1950-2014*. Leuven: Centre for Citizenship and Democracy, 2015. Dataset. Disponível em: https://search.dataone.org/view/sha256:91f4272be01585d26 4eb68ece266edcc4b7ff6562a4e2d41ab043acf88b3b0dc. Acesso em: 9 jan. 2025.

inclinação dos partidos para coalizões, concertações, entendimentos e cedências recíprocas. Se, nos EUA, mesmo quando a retórica política estica a corda, é tradicionalmente expetável que, à última hora, se atinja um acordo[838], em muitos países do Sul a corda mais depressa parte do que se distende, acordando os fantasmas que alguns autores agitam contra sistemas de presidentes governantes (particularmente presidenciais).

A multiplicação dos partidos, com tendência à *fragmentação* do sistema partidário, traduz-se em desafios novos aos sistemas de presidentes governantes e, dentro destes, aos presidentes.

A fragmentação do sistema partidário, quando se traduz em governos divididos e não permite a formação de uma coligação de governo, tende a constranger a ação política e o cumprimento das agendas legislativas do presidente. Se não conseguir gizar uma coligação, este pode ser obrigado a um permanente esforço de concertação com geometria variável, de resultados incertos e efémeros. Nem sempre o velho adágio "dividir para reinar" produz, neste caso, bons resultados na perspetiva do titular presidencial. Um presidente em fase de *honeymoon*, com legitimidade eleitoral fresca ou reforçada, ou com alto grau de aprovação popular, talvez consiga atrasar as inevitáveis dificuldades. Mas não é certo.

Por outro lado, a fragmentação, que na expressão mais recente se exprime através do surgimento de muitos novos — e, por vezes, efémeros — partidos, pode aumentar traços já existentes — quando existentes — de reduzida ou nula institucionalização, indisciplina do voto no Parlamento, porosidade, individualismo e vinculação a interesses eleitorais localistas[839].

Todavia, há outra face da moeda. Sem aderir ilimitadamente à ideia de que a fragmentação é um sintoma do crescimento e da qualidade da democracia, é certo que pode incentivar a criação de antídotos possíveis para o excesso — e os excessos — do Poder presidencial. Falou-se antes da desejabilidade de uma democracia defensiva eficaz, motorizada por um poder robusto que faça frente às autocracias em capacidade de decisão, rapidez e unidade de ação. Esse desiderato tem, todavia, de ser temperado por mecanismos, institucionais ou gerados pelo contexto, que garantam a divisão e contenção do Poder. Isso pode ser potenciado por maior competição e oferta partidária. É necessário, todavia, que a dinâmica partidária que assim se gere não atire o sistema de governo para o bloqueio. Mas esse é o tema que o estudo das coligações permitirá densificar.

---

[838] Muito típicos são os acordos orçamentais no Congresso americano no último minuto, quando se está prestes a chegar ao *shutdown*. Em março de 2024, após prolongadas negociações, o Congresso finalmente aprovou uma verba até setembro desse ano que obstaria à imediata paralisação de boa parte da Administração.

[839] Há, certamente, partidos disciplinados, próximos do modelo de rigidez interna europeu. O caso do PT brasileiro é conhecido. Isso não obsta, naturalmente, a que existam também fações, audíveis em várias fases da governação de Lula da Silva.

Subcapítulo II

COLIGAÇÃO COMO VEÍCULO DA LIMITAÇÃO E CIRCULAÇÃO DE PODER DO PRESIDENTE

1. UM NOVO NORMAL: CHEGADA DAS COLIGAÇÕES AOS SISTEMAS DE PRESIDENTES GOVERNANTES

Quando David Hume produziu o que se pode considerar o primeiro ensaio sobre a importância dos partidos políticos para o governo constitucional, em 1742 (*Of Parties in General*), já sublinhava a importância das coligações de partidos com vista à prossecução do interesse geral.

Todavia, a primeira coligação de governo não surgiu no Reino Unido, mas sim nos EUA. Durante a Guerra Civil, o Presidente republicano Lincoln (eleito em 1860), chamou ao Governo as principais correntes que se opunham à secessão e à expansão do esclavagismo para Oeste — incluindo os *war democrats*, facção do Partido Democrático essencialmente dos Estados do Norte, de que era membro o vice-Presidente, depois Presidente, Andrew Johnson, que não desejava a expansão da escravatura para os novos Estados, nem a secessão.

O Partido Republicano assumiu, por essa época, a designação de *National Union Party*[840]. Acresce que a própria formação do Partido Republicano, em 1854, fora fruto de uma coligação de facções dos partidos do chamado segundo sistema partidário norte-americano, os Whigs (os maiores contribuintes, incluindo o futuro Presidente Lincoln) e os democratas *jacksonianos*, a que acresceram dissidentes de outros Partidos menores. E dentro do Partido Republicano conviviam — nem sempre pacificamente — várias facções, designadamente os radicais e os moderados.

Não obstante este início promissor, as coligações não abundariam nem no Reino Unido, nem nos EUA, que nunca mais as conheceriam, pelo menos na formulação interpartidária, nem tão pouco nos sistemas presidenciais. Por isso, durante muito tempo persistiu a convicção de que as coligações são características e incentivadas sobretudo nos sistemas parlamentares e semipresidenciais das chamadas democracias consociativas. Nos sistemas presidenciais, quando muito, pode haver incentivo a coligações pré-eleitorais, que têm o efeito útil de aumentar as hipóteses de eleição de um candidato. Em contrapartida, não existiriam incentivos para coligações pós-eleitorais, diferentemente do que corre nos sistemas parlamentares. Nos sistemas presidenciais a formação e subsistência do governo não depende de uma maioria no parlamento, pelo que o presidente não tem incentivo a corretar qualquer coligação. Aliás, quanto mais

---

[840] SCHLOZMAN; ROSENFELD, ref. 154, p. 66.

poderes detiver, menos incentivo para a estruturação de coligações. Nesse cenário, em caso de presumível apoio minoritário e insuficiente para a sua agenda no parlamento, propende a usar poderes que contornam a intervenção parlamentar, mesmo que isso possa desencadear distúrbios políticos, impasses e crises agudas (e, talvez, ambiente para soluções extraconstitucionais[841]). Ao invés, nos sistemas parlamentares, para que haja governo, tem de haver maioria parlamentar que o sustente. Na ausência de partido maioritário tem de haver coligação. E uma vez formada, é do interesse do governo, dos partidos da coligação e dos eleitos desses partidos, mantê-la e cumprir disciplinadamente o acordo de coligação. Caso isso não ocorra, a solução é ou uma outra coligação, se possível no quadro parlamentar, ou, mais frequentemente, a dissolução e convocação de eleições, algo que, normalmente, não é desejado.

Esta visão desincentivou a investigação sobre as coligações nos sistemas de presidentes que governam. Por isso, não é de estranhar que as mais referenciadas teorias das coligações se reportem aos sistemas parlamentares[842].

Todavia, a falta de interesse tornou-se injustificada[843]. É certo que a percentagem de governos divididos em que o presidente não recorre à coligação é elevada e que isso não tem a necessária consequência da inviabilização da ação governativa e da agenda presidencial[844], ao contrário do que um setor relevante da literatura chegou a sustentar. Mas a conjugação de todos ou alguns fatores referentes aos sistemas eleitoral e partidário mais frequentes na América Latina conduziu ao alastramento, na região, dos incentivos à colaboração entre o partido presidencial e outros. Essa colaboração, em muitos casos, se traduz mesmo naquilo que há décadas era visto como praticamente exclusivo do Brasil: a formação de coligações que sustentam alguns governos — unitários e minoritários — no parlamento.

As coligações tornaram-se uma necessidade[845] devido à estrutura pluripartidária dos sistemas de partidos, que se formou em vários países da América Latina e gerou situações, até recentemente raras, de presidentes minoritários (*rectius*, presidentes cujos partidos são minoritários no parlamento). Assinalou-se, logo na abertura, que

---

[841] CHEIBUB, ref. 19, p. 16.

[842] O estudo das coligações beneficia-se de começar por alguns clássicos: CAPLOW, Theodore. Further development of a theory of coalitions in the triad. *American Journal of Sociology*, v. 64, n. 5, p. 488-493, 1959; GAMSON, William. A theory of coalition formation. *American Sociological Review*, v. 26, p. 373-382, 1961; GAMSON, William. An experimental test of a theory of coalition formation. *American Sociological Review*, v. 26, p. 565-573, 1961; RIKER, William. *The theory of political coalitions*. New Haven: Yale University Press, 1962; DE SWAAN, Abram. *Coalition theories and cabinet formations*. Amsterdam: Elsevier, 1973; PRIDHAM, Geoffrey. *Coalitional behavior in theory and practice*. Cambridge: Cambridge University Press, 1986.

[843] V. a demonstração em: CHEIBUB, José Antonio; PRZEWORSKI, Adam; SAIEGH, Sebastián. Governos de Coalizão nas Democracias Presidencialistas e Parlamentaristas. *DADOS*, v. 45, n. 2, p. 187-218, 2002.

[844] CHEIBUB, ref. 19, p. 119.

[845] Embora o grau dessa necessidade possa variar de Estado para Estado: v. uma proposta de medição em: CHAISTY; CHEESMAN; POWER, ref. 92, p. 27.

na América Latina coexistem sistemas eleitorais maioritários, na eleição presidencial (e de outros órgãos unipessoais), com sistemas proporcionais, na eleição parlamentar (ou na eleição da câmara baixa do parlamento, caso seja composto por duas câmaras). Esta arquitetura institucional é de alguma forma inevitável — e por isso se tem mantido incólume ao longo de muitas décadas, por mais vicissitudes que ocorram[846] —, tendo em conta a necessidade de refletir a heterogeneidade social, a polarização ideológica, as disparidades regionais e étnicas de países da região. Por vezes, o sistema proporcional convive com sistemas de lista aberta, o que encoraja o fenómeno de promoção das individualidades. Isoladas ou conjugadas, essas opções propiciam a dispersão de votos e o fracionamento partidário[847]. Esses fenómenos refletem-se na composição parlamentar e na incapacidade de o partido ou coligação de onde provém a candidatura presidencial obter maioria no parlamento.

Todavia, logo que este cenário começou a prefigurar-se, no período da redemocratização da 3.ª vaga, a primeira reação dos analistas e cientistas políticos não foi a de suscitar a *possibilidade* de coligações, ao modo que se conhecia nos sistemas parlamentares e semipresidenciais, e tampouco a de apontar no sentido da *necessidade* de coligações. Antes, propendeu-se a sublinhar a falta de incentivos para os partidos não apoiantes do presidente, na medida em que correriam os riscos de não conseguirem invocar com sucesso uma parte justa dos louros de governações com êxito e de terem de pagar os custos eleitorais de governações fracassadas. Do lado do presidente, mencionava-se a falta de hábito e de experiência na formação e gestão de coligações.

Por isso, as primeiras experiências tenderam a assumir o caráter de exceções pouco valorizadas. É o caso do Equador (Roldós, 1979; Hurtado, 1981; Febres-Cordero, 1984; Borja, 1988[848]) e da Bolívia (Paz Estenssoro, 1985-1989, MNR-ADN[849])[850]. Por

---

[846]   No Brasil vem desde a década de 1930, por exemplo.

[847]   V., em geral, CAREY, John. *Legislative voting and accountability*. New York: Cambridge University Press, 2009.

[848]   Cfr. CHAISTY; CHEESMAN; POWER, ref. 92, p. 65 *et seq*. O Equador tem, aliás, a mais longa série de coligações presidenciais desde a redemocratização.

[849]   Certamente em condições peculiares, mas que não podem ser menosprezadas. O antigo ditador Hugo Banzer Suárez (Acción Democrática Nacionalista, ADN) obteve 28,6% dos votos na eleição presidencial de 1985. Víctor Paz Estenssoro (Movimiento Nacionalista Revolucionario, MNR) conseguiu 26,4 %, ficando em segundo. Ao invés do que era habitual, o Congresso Nacional, chamado quando o presidente não era imediatamente eleito por voto popular, elegeu Paz Estenssoro. Dois meses depois, a ADN anunciou o apoio parlamentar ao Executivo, tendo ambas as forças (MNR/ADN) subscrito um inédito acordo de governabilidade (*Pacto por la Democracia*).

[850]   Não consideramos o caso da Colômbia, no período da Frente Nacional (1958–74). Mais do que uma coligação de governo houve acordo de supressão da competição entre os principais partidos (Liberal e Conservador), traduzido num pacto consociativo. O golpe de Estado de 1953, liderado por Gustavo Rojas Pinilla, sucedeu-se a um período de grave conflito interpartidário. Em 1956, voltou a opção consociativa: perante indicações de que Pinilla quereria perpetuar-se no poder, os dois partidos assinaram um pacto, em 1956, que originou a Frente Nacional. Nos termos do pacto, as próximas presidências seriam ocupadas rotativamente por

essa altura, já era conhecido o caso do Brasil, que, imediatamente antes e na vigência da Constituição de 1988, reatou a sua propensão coligacionista — ou de sistema presidencial de coalizão —, vinda já da vivência democrática ao abrigo da Constituição de 1946. Relevante é também o sistema presidencial *consociativo*, que funcionou no Uruguai desde a restauração da democracia, em 1985, até à reforma constitucional de 1996. Tratou-se, porém, de um efeito colateral da peculiaridade histórica do consociativismo institucional ou imperativo, do quadro constitucional e do singular contexto, irrepetíveis noutros países da região.

Mas, no final da década de 1990, os números já mostravam uma elevada quantidade de coligações num número significativo de sistemas presidenciais latino-americanos[851]. E aquilo que uma simples observação empírica mostra na atualidade é que cada vez mais sistemas presidenciais conhecem o fenómeno dos governos de coligação, e nem sempre em ambiente partidário revestido das condições consideradas perfeitas[852].

Além disso, não obstante as diferenças[853], parecem cada vez mais diluídos os aspetos distintivos das coligações de governo em sistema de presidente governante em relação aos demais sistemas, designadamente o parlamentar. É comum a todos, por exemplo, que as condições de fragmentação e polarização tornem a formação de coalizões governativas *maioritárias* cada vez mais complexa, mesmo quando há incentivos e condições propícias. A tendência é geral. Um dos efeitos colaterais é a formação de coligações atípicas, inesperadas, esdrúxulas, inéditas.

    i.   Na Grécia, depois das eleições de janeiro de 2015, o SYRIZA, da esquerda radical, formou uma coligação de governo com o ANEL, da extrema-direita populista;

    ii.   Em Portugal, formou-se em 2016 a "geringonça" (governo do Partido Socialista, sustentado parlamentarmente pelo Partido Comunista, pelo Bloco de Esquerda e pelo Partido Ecologista *Os Verdes*), por muitos considerada contranatura, devido às profundas divergências entre os Partidos que a formaram em temas vitais, como as integrações europeia e atlântica;

    iii.   O correspondente em Espanha foi a coligação "*frankenstein*" espanhola (governo do PSOE, com *Unidas Podemos* e partidos independentistas), em 2023;

---

cada um deles, sendo o candidato presidencial escolhido por acordo. Os lugares parlamentares e as posições na Administração Pública seriam distribuídos equitativamente. A situação de duopólio, que não se pode considerar de democracia plena, persistiria entre 1958 e 1974, ano em que se realizou de novo um ato eleitoral competitivo para a presidência.

[851]   Cfr. NOHLEN; GARRIDO, ref. 16, p. 192; ALBALA, Adrián. Presidencialismo y coaliciones de gobierno en América Latina: un análisis del papel de las instituciones. *Revista de Ciência Política*, v. 36, n. 2, p. 459-479, 2016. p. 462.

[852]   Não parece acolher a ideia de NOHLEN; GARRIDO, ref. 16, p. 159, de que para ser formado governo de coligação é indispensável a mediação de organizações partidárias tradicionais, bem estabelecidas e com posições ideológicas e programáticas sólidas. Estudaremos com profundidade o caso do Brasil, que desmente essa premissa.

[853]   V. a discussão em: NOHLEN; GARRIDO, ref. 16, p. 160 *et seq.*

iv.   Na Eslováquia, também em 2023, Robert Fico, regressado ao cargo de primeiro-ministro, promoveu uma coligação do seu SMER, social-democrata, com partidos ultranacionalistas de extrema-direita e partidos de esquerda (tendo por isso sido suspenso do Partido dos Socialistas Europeus, PES)[854];

v.   Na África do Sul, em 2024, o ANC, a Aliança Democrática e outros formaram uma impensável coligação de governo;

vi.   Em França, em 2024, Macron juntou macronistas, a direita clássica e dissidentes socialistas, contando com a transigência da União Nacional;

vii.   No Brasil, como se verá, Lula III chamou à coligação governista partidos que também haviam suportado Bolsonaro.

É certo que persistem diferenças. Nos sistemas presidenciais e, mais latamente, de presidentes governantes, o presidente é invariavelmente o *formateur* da coligação, enquanto, nos sistemas parlamentares, essa tarefa cabe a um primeiro-ministro (eventualmente com algum apoio do chefe de Estado). Trata-se, porém, de uma diferença formal. O facto de a coligação, nos sistemas de presidente governante, ter sempre de incluir o partido do presidente é simétrico ao facto de nos sistemas parlamentares ter de incluir sempre o do primeiro-ministro.

Eventualmente, a flexibilidade, a instabilidade e o número de hipóteses de coligações nos sistemas parlamentares é maior, uma vez que o candidato a *formateur* não é inelutavelmente um e um apenas. Contudo, nos sistemas de presidentes governantes, os dados mostram o crescente número de situações de mudança de coligações durante o mandato presidencial, com entradas e saídas de partidos, como sucede no sistema presidencial do Brasil. Por vezes, alega-se que nos sistemas de presidente governante é mais fácil para os eleitores identificar com antecedência as previsíveis coligações pós-eleitorais do que nos sistemas parlamentares. Mas, em última análise, isso depende muito das circunstâncias concretas: é tão difícil aos eleitores espanhóis antecipar as coligações pós-eleitorais que se poderão formar quanto aos eleitores brasileiros ou colombianos.

Pode prever-se que os fatores que conduzem à intensificação dessa tendência excedem os que a poderiam fazer infletir. Extremando-se os fenómenos retratados no subcapítulo anterior, é possível que as situações de governo unitário monopartidário se tornem mais raras, forçando os presidentes a procurar soluções de governabilidade, que passem, desde logo, por novas táticas relativas à composição do gabinete ministerial.

---

[854]   A Eslováquia é um exemplo das contradições e tendências da política contemporânea no próprio âmago da União Europeia. Robert Fico foi primeiro-ministro duas vezes até 2018. Desde a sua demissão nesse ano, o país conheceu quatro primeiros-ministros. Nas eleições de 2023, registou-se uma curta vitória do SMER de Robert Fico (cerca de 23%), que lhe permitiu o regresso à primeira linha, com um discurso populista e pró-russo, desalinhado da posição europeia sobre a ajuda à Ucrânia. A polarização política do país ficou dramaticamente exposta quando Fico foi objeto de um atentado em maio de 2024.

Um presidente de governo dividido pode optar por várias hipóteses de gabinete. Construindo sobre uma proposta antiga de Amorin Neto[855], pode, desde logo, formar um gabinete, disciplinado ou não, baseado no seu próprio partido. Ou então, se não puder ou não quiser atribuir o monopólio a um partido, pode decidir-se por gabinete apartidário (como muitos casos do Equador, assentes ou não em coligações fantasma e do Peru, derivado da propensão para a escolha de presidentes fora do sistema) ou por gabinete de cooptação (Collor, Fujimori). Finalmente, pode montar um gabinete de coligação, seja estruturada (quase todos no Chile, Uruguai de Sanguinetti II e Batlle), seja branda (Sanguinetti I, quase todos os casos de coligação do Brasil)[856].

As últimas décadas mostram que as mais sérias crises políticas, designadamente com consequências ao nível da subsistência do mandato presidencial, ocorrem quase sempre em situações de governo dividido, particularmente quando o presidente e o seu partido não ocupam um lugar central no eixo esquerda/direita ou mediano no seio da composição parlamentar. As situações de crise social, com levantamentos ou protestos, também tendem a ser enfrentadas de forma mais deficiente por presidentes em situação de governo dividido.

A formação de coligações não suprime todas as fragilidades do governo dividido, até porque, como veremos de seguida, elas próprias não são imunes a numerosas variáveis endógenas e exógenas, institucionais ou sistémicas, intrínsecas à coligação e conjunturais, que as tornam mais volúveis nos sistemas de presidente governante do que nos sistemas parlamentares e semipresidenciais. Entretanto, a coligação, enquanto subsiste, é suscetível de robustecer o governo presidencial e de amortecer algumas das ondas de choque das dificuldades de governação em minoria, de impopularidade e do desassossego social.

Discute-se se a instabilidade das coligações no contexto dos sistemas de presidente governante é superior às observadas noutros sistemas. Alguns dizem que condições próprias dos sistemas de presidentes governantes geram dinâmicas de rutura das coligações quando estas se formam. A aproximação de eleições estimula os partidos e os parlamentares, individualmente considerados, a afastar-se de presidentes impopulares, em final de mandato e/ou sem possibilidade de reeleição. Essa situação acentua-se quando os sistemas partidários e os partidos integrantes da coligação são pouco institucionalizados, indisciplinados, deficientemente estruturados ou permeáveis a agendas políticas individuais. Por isso, alguns vaticinaram que as coligações acelerariam o regresso da

---

[855] AMORIM NETO, Octávio. Formação de gabinetes ministeriais no Brasil: coalizão versus cooptação. *Nova Economia*, v. 4, n. 1, p. 9-34, 1994. p. 17. Outros trabalhos: AMORIM NETO, ref. 299; AMORIM NETO, Octávio. Presidential cabinets, electoral cycles, and coalition discipline in Brazil. *Dados – Revista de Ciências Sociais*, v. 43, n. 3, p. 0, 2000. (com versão em português usada seguidamente).

[856] Atente-se em que, para Octavio Amorim Neto, gabinete de coligação num sistema presidencial é simplesmente aquele que se baseia na existência de um acordo entre o presidente e mais de um partido em torno da nomeação de ministros: "Gabinetes presidenciais, ciclos eleitorais e disciplina legislativa no Brasil".

instabilidade e da ingovernabilidade, consideradas uma fatalidade clássica dos sistemas presidenciais latino-americanos, que, em muitos momentos, constituíram o pretexto para golpes militares, como no Peru (1962), Brasil (1964), Bolívia (1964), Argentina (1966), Equador (1972), Chile (1973), Uruguai (1973), entre outros[857].

No plano doutrinal, notava-se que a gestão das coligações em sistema presidencial enfrenta problemas complexos, porventura mais vultuosos do que as nos sistemas parlamentares e semipresidenciais. No seu estudo seminal sobre sistemas presidenciais de coalizão (ou de coligação), de 1988, Sérgio Abranches, discorrendo sobre a experiência brasileira sob a égide da Constituição de 1946 e após 1985 (antes da Constituição de 1988), já identificava alguns dos nós fulcrais, designadamente a ausência de mecanismos institucionais para a resolução de conflitos *intracoalizão*[858]. Nos sistemas parlamentares, esses conflitos resolvem-se com remodelações ministeriais, com ou sem reajustamento da coligação de governo. Em última análise, se se recair numa situação de impasse político, há a opção da dissolução do parlamento (normalmente a instância do primeiro-ministro, que detém a chave do sistema), para clarificação política e restabelecimento da estabilidade governativa. Sendo possível — e talvez inevitável — que as políticas não tenham ficado suficientemente assentes na plataforma que sustentou uma aliança/coligação pré-eleitoral ou coligação pós-eleitoral, ou que venham a se desatualizar, o seu aprofundamento e refrescamento têm um *locus* próprio: a colegialidade do conselho de ministros ou gabinete. Constituindo, em última análise, o *comité* diretivo da coligação, permite uma concertação quotidiana estruturada entre ministros, sob a coordenação e com a arbitragem de último recurso do primeiro-ministro.

O cenário de inconciliabilidade entre sistema presidencial e sistema partidário fragmentado, porque levaria à incapacidade de conseguir coligações e governos estáveis, mostrar-se-ia, todavia, menos inevitável do que a literatura dominante na década de 1980 receava no tocante à América Latina. Decerto que esta região (tal como outras, particularmente África) não ficou incólume a golpes militares ou com apoio militar, como o do Equador em 21 de janeiro de 2000 ou autogolpes, como o de Fujimori (Peru) em 1992 ou o de Jorge Elias Serrano (Guatemala) em 1993. Porém, escapou largamente ao cenário catastrófico da proliferação de golpes militares que haveriam de remover os avanços democráticos. Muito disso se deve à capacidade que o sistema mostrou de se adaptar à nova e incontornável realidade.

Uma das exceções que confirmam a regra foi o singular golpe militar de 21 de janeiro de 2000, no Equador. Em 1998-99, eclodiu uma crise económica severa. O orçamento

---

[857] Entre outros, quer na América Latina, quer noutras regiões do Globo, saliente-se: na Europa, Turquia (1960 em diante) e Grécia (1967); no Norte de África e África subsariana (Nigéria, 1966); na Ásia, Coreia do Sul (1961), Paquistão (1958), Indonésia (1965), Filipinas (1972, embora Ferdinand Marcos, quando, nesse ano, decretou a lei marcial que lhe permitiria permanecer no poder treze anos depois do fim do seu segundo mandato presidencial, contra a Constituição, tenha procurado convencer que não se tratava de um golpe militar, mas da proteção da democracia contra o comunismo). V. um balanço em HUNTINGTON, ref. 2, p. 19 *et seq.*

[858] V. ABRANCHES, ref. 820. Evoluindo em algumas das suas cogitações iniciais, ABRANCHES, ref. 537.

das Forças Armadas foi cortado e o FMI impôs medidas de ajustamento. A popularidade do Presidente Mahuad caiu para 6% em janeiro de 2000, coincidindo com o anúncio da dolarização da economia. Uma revolta popular, liderada por organizações indígenas e apoiada por escalões intermédios das Forças Armadas, ocupou o Congresso. As Forças Armadas anunciaram que não podiam garantir a segurança do Presidente; este abandonou o Palácio Presidencial sob escolta militar, a caminho de uma base militar onde dois aviões o aguardavam para abandonar o país. Todavia, conseguiu furtar-se e refugiar-se na Embaixada chilena. Cientes da indesejabilidade de assumirem o poder (e da falta de apoio interno e internacional), as hierarquias militares acabaram por não prosseguir com uma Junta Militar (que funcionou apenas três horas) e patrocinaram a assunção do cargo de Presidente pelo vice-Presidente Noboa, repondo, assim, uma aparência mínima de legalidade[859].

Capacidade de adaptação não significa sucesso total nem ausência de pontos críticos, eventualmente insolúveis. Não é impossível que prevaleça, duradouramente, uma tática confrontacional do presidente, dos partidos ou de ambos, ou clivagens político-ideológicas insuperáveis (presidente e partidos extremados, populistas, etc.) que desemboquem numa situação de permanente e incontornável bloqueio e confrontação entre o presidente e todos os potenciais agrupamentos de partidos do parlamento capazes de formar maiorias. A dificuldade das coligações adensa-se quando as posições políticas dos principais concorrentes estão extremadas, as suas linhas programáticas são radicalmente rejeitadas pelos rivais e o sistema partidário está *drasticamente fragmentado*[860]. Pode ocorrer que a crescente fragmentação partidária conduza a que o presidente só consiga uma base governativa maioritária se forem fechadas amplas coalizões que, muitas vezes, exigem a reconciliação das referidas posições extremadas e a construção de gabinetes potencialmente fraturados. Neste caso, os clássicos riscos de bloqueio e de procrastinação, advenientes dos desalinhamentos partidários, regionais e programáticos, são transportados para o âmago da própria equipa executiva. A instabilidade inerente pode suscitar interrogações sobre a viabilidade do sistema.

Mas, ao contrário do que alguns anteciparam, nem o sistema presidencial cai necessariamente nesta fatalidade, nem os sistemas parlamentares ou quaisquer outros estão imunizados contra ela. O que leva a que, também nesse domínio, as coligações típicas de uns e outros sejam menos diferenciadas do que em algum momento se julgou. Quando o presidente e alguns partidos, em princípio rivais, conseguem assegurar condições políticas para pactuar e garantir uma coligação positiva a favor da sua agenda (ou dos seus aspetos primordiais) ou, pelo menos, para obter a não obstaculização sistemática, a situação torna-se manejável. A contabilização das coligações ocorridas na região mostra muitos casos em que isso ocorreu.

---

[859] Cfr. o relato dos acontecimentos no relatório da Organização dos Estados Americanos acessível em (agosto de 2024) https://www.iachr.org/annualrep/99eng/Chapter4a.htm

[860] Circunstância que Abranches não considerou, uma vez que lia a situação brasileira até 1988 como similar à que se verificava na maior parte dos sistemas partidários dos países da Europa com mais do que dois partidos centrais.

Nem sempre é fácil dilucidar se há ou não algo contabilizável como coligação ou quando é que ocorre uma alteração na composição da coligação que implique a necessidade de contabilizá-la como uma nova coligação. Por isso, a computação exata das coligações padece de alguma instabilidade decorrente da ausência de clareza sobre quando há coligação, ainda que não assumida; nova coligação; simples alteração da composição de uma coligação já em vigor, com entradas ou saídas; ou coligação apenas em parte do mandato (Lenín Moreno, Equador, 2017-2021). Por exemplo, Adrián Albala[861], considera que um acordo de coligação expira quando ocorre alguma alteração da composição original fixada no *day one* ou *starting point*. É uma conceção maximalista que leva, aparentemente, a que qualquer entrada e saída de um partido implique a contabilização como uma *nova coligação*. Isso conduziria, por exemplo, a que no Brasil, onde são frequentes as recomposições das coalizões, se devesse considerar a existência de múltiplas coalizões em cada mandato presidencial, porventura até mais do que as duas de Sarney, as três de Collor, as três de Itamar Franco, e assim por diante (como aponta Cheibub)[862].

Sem embargo, há critérios seguros. Quando uma coligação se torna minoritária ou maioritária com a saída ou entrada de um ou vários partidos, pode averbar-se como nova. Quando a orientação política da coligação se desloca no eixo esquerda/direita com a entrada ou saída de um ou vários partidos, é também considerada uma nova coligação. Quando entra ou sai um número significativo de partidos (que representariam, por exemplo, 25% ou mais dos mandatos parlamentares cobertos pela coligação) obrigando o reajustamento interno de lugares no governo e no parlamento, de procedimentos de articulação, etc., há também uma nova coligação.

No entanto, a aplicação destes critérios não obsta a que surjam casos de dúvida: a cooptação presidencial de personalidades ligadas a um partido, que trazem com elas apoio parlamentar de apenas uma parte desse partido; coligações "fantasma"; ou fenómenos exógenos à coligação, mas que podem ter nela impacto (fusões, cisões, dissidências, transferências entre partidos). Acresce que, por vezes, a conclusão sobre se se verifica uma nova coligação resulta simplesmente do juízo político e do modo como o *formateur* a concebe e apresenta, independentemente da profundidade das alterações à previamente existente ("nova coligação para um novo rumo", "nova coligação para novas políticas", "nova coligação para nova energia", etc.). É, por isso, impossível fazer uma fotografia inequívoca[863].

---

[861] ALBALA, Adrián. When do coalitions form under presidentialism, and why does it matter? A configurational analysis from Latin America. *Politics*, v. 41, n. 3, p. 351-370, 2021.

[862] CHEIBUB, ref. 19, p. 53.

[863] Importando, porém, dar pelo menos uma noção da magnitude que o fenómeno alcançou desde 1979-1981 (Jaime Roldós, Equador), e sem impor excessiva rigidez na aplicação dos critérios mencionados, daremos crédito aos dados recolhidos pelos autores que se têm dedicado mais persistentemente ao estudo das coligações. O universo mais estudado é o da América Latina (não obstante a prática das coligações já não se restringir à região), com algumas atualizações da nossa responsabilidade.

Do acima mencionado, podemos partir para um dado significativo do ponto de vista sistémico.

Mais do que um risco para a estabilidade do sistema, as coligações surgiram em vários sistemas como um antídoto para a crítica recorrente de que o sistema presidencial favorece o princípio *winner-take-all*. O açambarcamento não ocorre em muitos casos, embora seja verdade que o presidente é o *formateur* e assume a liderança da coligação. O presidente controla recursos e a distribuição de cargos públicos, na administração e no setor empresarial do Estado, além de dispor de uma estrutura de apoio e comunicacional mais poderosa do que a dos setores parlamentares, pelo que essa é a tendência natural.

Os sistemas de presidentes que governam — presidenciais, híbridos ou mutantes — podem funcionar com ou sem necessidade de coligação no parlamento. A contingência da coligação não gera um sistema de governo novo. Os sistemas presidenciais, híbridos ou mutantes com coligação não são categorias alternativas; apenas incorporam um fator contingente que pode ser-lhes aditado e tem influência, por vezes impressiva, no funcionamento do sistema (eventualmente provocando *basculação* democrática e mutação). Autores como Figueiredo, Limongi, Deheza, Amorin Neto, Altman, Zelaznik, Chasquetti, Cheibub, Przeworski, Saiegh[864], ocupando-se, sobretudo, dos sistemas presi-

---

Considerando tão somente o coligacionismo de presidentes governantes na América do Sul e Costa Rica (deixando, portanto, de fora os demais da América Central), podemos encontrar coligações como prática não ocasional em pelo menos oito Estados:

Argentina (De La Rúa, 1999-2001; Mauricio Macri, 2015-2019; Alberto Fernández, 2019-2023);

Bolívia (Víctor Paz Estenssoro, 1985-1989; Jaime Paz Zamora, 1989-1993; Sánchez de Losada, primeiro mandato, 1993-1997; Hugo Banzer, 1997-2002; Sánchez de Losada, segundo mandato, 2002-2003);

Brasil (F.H. Cardoso, 1995-1998 e 1999-2002; Luiz Inácio Lula da Silva, primeiro mandato, 2003-2006; Luiz Inácio Lula da Silva, segundo mandato, 2007-2010; Dilma Rousseff, primeiro mandato, 2011-2014; Dilma Rousseff, segundo mandato, 2015-2016; Michel Temer, 2016-2018; Jair Bolsonaro, na segunda parte do seu mandato, 2019-2022; Luiz Inácio Lula da Silva, terceiro mandato, 2023-);

Chile (Aylwin, 1990-1994; Frei 1994-2000; Lagos, 2000-2006; Bachelet, primeiro mandato, 2006-2010; Piñera, primeiro mandato, 2010-2014; Bachelet, segundo mandato, 2014-2018; Piñera, segundo mandato, 2018-2022; Gabriel Boric, 2022-…);

Colômbia (Pastrana, 1998-2002; Uribe, primeiro mandato, 2002-2006; Uribe, segundo mandato, 2006-2010; Santos, primeiro mandato, 2010-2014; Santos, segundo mandato, 2014-2018; Iván Duque, 2018-2022; Gustavo Petro, 2022-…);

Costa Rica (Carlos Alvarado, 2018-2022; Rodrigo Chaves, 2022-…);

Equador (Jaime Roldós, 1979-1981; Osvaldo Hurtado, 1981-1984; Febres-Cordero, 1984-1988; Rodrigo Borja, 1988-1992; Lucio Gutiérrez, 2003-2005; Guillermo Lasso, 2021-2023; Daniel Noboa, 2023-…);

Uruguai (Lacalle, 1990-1995; Sanguinetti, segundo mandato, 1995-2000; Batlle, 2000-2005; Lacalle Pou, 2020-2025).

864 Além dos autores que forçaram a viragem copérnica no que toca à "difícil combinação" entre sistema presidencial e multipartidarismo, enunciados no início do trabalho, a literatura tende a ser, nos últimos anos, vasta e variada. Por ver-se, por todos, os vários trabalhos de Adrián Albala, designadamente: ALBALA, ref. 371; 852 e 862; ALBALA, Adrián. The missing

denciais da América Latina, demonstraram que o recurso a alianças e coligações nesses sistemas não pode ser considerado excecional ou atípico. Não obstante os exemplos que já avultam em outros continentes, é na América Latina que o fenómeno adquire maior incidência, seja pelo número de exemplos, pela dimensão histórica ou pelo impacto na vida política (e eventualmente no próprio sistema ou regime políticos). Os sistemas de presidentes governantes (mormente sistemas presidenciais) com coligação, nas várias modalidades, tendem a predominar na região. Nas últimas décadas, regista-se uma tendência para que isso se acentue.

Não parece que se possa demonstrar que os governos ou gabinetes presidenciais de coligação são característicos de sistemas com sistemas de partidos institucionalizados[865] ou, tampouco, que o sistema presidencial de coligação (ou coalizão) exija a mediação

---

piece: introducing the 4th generation of coalition theories. In: ALBALA, Adrián; RENIU, Josep (ed.). *Coalition politics and federalism*. Cham: Springer International, 2018. p. 13-32. Além disso, entre outros: ZELAZNIK, ref. 19; CHEIBUB; PRZEWORSKI; SAIEGH, ref. 20 e 844; AMORIM NETO, Octávio. The presidential calculus: executive policy making and cabinet formation in the Americas. *Comparative Political Studies*, v. 39, n. 4, p. 415-440, 2006; AMORIM NETO, Octávio. Cabinets and coalitional presidentialism. *In*: AMES, Barry (ed.). *Routledge handbook of Brazilian politics*. New York: Routledge, 2019. p. 293-312; CHAISTY; CHEESMAN; POWER, ref. 16 e 92; CAMERLO, Marcelo; MARTÍNEZ-GALLARDO, Cecília. *Government formation and minister turnover in presidential cabinets: comparative analysis in the Americas*. New York: Routledge, 2017; CHEIBUB, José Antonio; LIMONGI, Fernando. From conflict to coordination: perspectives on the study of executive-legislative relations. *Revista Ibero-Americana de Estudos Legislativos*, v. 1, n. 1, p. 38-53, dez. 2010; CANELLO, Julio; FIGUEIREDO, Argelina; VIEIRA, Marcelo. Governos minoritários no presidencialismo latino-americano: determinantes institucionais e políticos. *Dados*, v. 55, n. 4, p. 839-875, 2012; FREUDENREICH, Johannes. The formation of cabinet coalitions in presidential systems. *Latin American Politics and Society*, v. 58, n. 4, p. 80-102, 2016; ARAÚJO, Victor; SILVA, Thiago; VIEIRA, Marcelo. Measuring presidential dominance over cabinets in presidential systems: constitutional design and power sharing. *Brazilian Political Science Review*, v. 10, n. 2, p. 1-23, 2016; MEJÍA ACOSTA, Andrés. *Informal coalitions and policymaking in Latin America. Ecuador in comparative perspective*. London: Routledge, 2009; RENIU, Josep Maria; ALBALA, Adrián. Los gobiernos de coalición y su incidencia sobre los presidencialismos latinoamericanos: el caso del Cono Sur. *Revista de Estudios Políticos*, n. 26, p. 161-214, 2012; MARTÍNEZ-GALLARDO, Cecilia. Out of the cabinet: What drives defections from the government in presidential systems? *Comparative Political Studies*, v. 45, n. 1, p. 62-90, 2012; SILVA, Rafaela S. "Beyond Brazilian coalition presidentialism: the appropriation of the legislative agenda." *Brazilian Political Science Review*, v. 8, n. 3, p. 98-135, 2014; POWER, Timothy. Presidencialismo de coalizão e o design institucional no Brasil: o que sabemos até agora? *In*: SATHLER, André; BRAGA, Ricardo (ed.). *Legislativo pós-1988: reflexões e perspectivas*. Brasília: Câmara dos Deputados, 2015. p. 15-45; BORGES, André; TURGEON, Mathieu; ALBALA, Adrián. Electoral incentives to coalition formation in multiparty presidential systems." *Party Politics*, v. 27, n. 6, p. 1279-1289, 2021; BERTHOLINI, Frederico; PEREIRA, Carlos. Pagando o preço de governar: custos de gerência de coalizão no presidencialismo brasileiro. *Revista de Administração Pública*, v. 51, n. 4, p. 528-550, 2017; NOHLEN, G.; GARRIDO, ref. 16, p. 157 et seq.

[865]   NOHLEN; GARRIDO, ref. 16, p. 159.

de organizações partidárias tradicionais, bem estabelecidas e com posições ideológicas e programáticas sólidas[866]. O incontornável caso do Brasil desmente-o.

Em boa verdade, os incentivos à formação de coligações são muito similares aos que existem nos sistemas parlamentares. Os ordenamentos começam, inclusive, a conferir-lhes tratamento constitucional, como sucede no México.

Olhando para outras latitudes, em África[867], de modo geral, são consideradas uma raridade[868], persistindo o debate sobre se são benéficas ou prejudiciais[869]. Os primeiros exemplos vieram de sistemas parlamentares. O *case study* mais focado é o das Maurícias, onde vigora um sistema parlamentar, e as alianças e coligações são frequentes[870]. Nos sistemas de presidentes governantes, habitualmente mencionado é o caso do Governo de Unidade Nacional de 1994-1996 da África do Sul (ANC, *National Party, Inkatha Freedom Party*). No Quénia, no contexto de sistema presidencial com um dos parlamentos mais ativos de África, em 2002 foi criada a *National Rainbow Alliance* para derrotar o Presidente Daniel arap Moi e gerar a primeira transição de poder desde a independência do país[871]. No Benim, existiram em tempos, antes de 2016. Todavia, na maior parte dos casos têm uma ocorrência esporádica ou local[872]. Por isso, pode discutir-se se nessas regiões se verifica o funcionamento de variáveis específicas que levam a que a tendência não se instale ou não se instale com igual pujança (já que, frequentemente, o que divide os principais partidos é a base étnica, linguística, racial ou regional, rara-

---

866   NOHLEN; GARRIDO, ref. 16, p. 159.

867   KADIMA, Denis (ed.). *The politics of party coalitions in Africa.* Johannesburg: Konrad Adenauer Stiftung and EISA, 2006; KADIMA, Denis. An introduction to the politics of party alliances and coalitions in socially-divided Africa. *Journal of African Elections*, v. 13, n. 1, p. 1-24, 2006.; OYUGI, Walter. Coalition politics and coalition governments in Africa. *Journal of Contemporary African Studies*, v. 24, n. 1, p. 53-79, 2006; RESNICK, Danielle. Do electoral coalitions facilitate democratic consolidation in Africa? *Party Politics*, v. 19, n. 5, 735-757, 2013.

868   LEMBANI, ref. 449.

869   KADIMA, Denis. An introduction to the politics of party alliances and coalitions in socially--divided Africa. *Journal of African Elections*, v. 13, n. 1, p. 1-24, 2006. p. 17 *et seq*, nota que no contexto do multipartidarismo de características africanas as alianças e coligações contribuem para a coesão nacional, para a governabilidade e para a cooperação interpartidária, além da consolidação democrática. Em contrapartida, beneficiam desigualmente os maiores partidos, podem contribuir para o enfraquecimento ou desaparecimento de alguns e para a fragmentação.

870   KADIMA, ref. 870, p. 13.

871   Constando a possibilidade de coligações da própria Constituição. Em agosto de 2022, William Ruto conquistou o mandato presidencial, com 50,49% dos votos. A coligação pré-eleitoral que o apoiou, *Kenya Kwanza*, tinha inicialmente três partidos a que se juntaram vários outros. A coligação tem maioria na Assembleia Nacional. A coligação *Azimio la Umoja*, de Raila Odinga, candidato derrotado, com mais de duas dezenas de partidos, é minoritária. A correlação entre maioria e minoria é influenciada pelo trânsito de membros do parlamento entre uma e outra.

872   Assim, na África do Sul, ANC com o IFP, de 1994 a 2004, no KwaZulu-Natal; o *Democratic Party* e o *New National Party*, em 1999 no Cabo Ocidental; e o ANC e o NNP, em 2003, no Cabo Ocidental.

mente a ideológica)[873]. Por isso, é importante a observação da aliança celebrada antes da repetição das eleições presidenciais no Malawi (2020) além da coligação que se formou em junho de 2024, composta por cinco Partidos, estruturada para sustentar a reeleição do Presidente Cyril Ramaphosa para o segundo mandato e a viabilização de um novo governo da África do Sul.

No panorama asiático, as alianças e coligações têm-se mostrado inviáveis na Coreia do Sul e em Taiwan. Nas Filipinas, são inevitáveis devido à pulverização partidária. A Indonésia é exceção, mas uma exceção com caraterísticas singulares.

> *O caso da Indonésia.*
>
> As caraterísticas específicas das coligações parlamentares na Indonésia explicam-
> -se tendo em conta alguns antecedentes da história constitucional e política do
> país. Depois da independência, em 1945, houve uma tímida tentativa de prática
> democrática. Em 1957, o Presidente Sukarno impôs um regime autocrático, con-
> tinuado por Suharto a partir de 1966. Com a saída deste, em 1998, iniciou-se um
> processo de abertura (*Reformasi*, reforma). A partir de 1999, realizam-se eleições
> gerais e regionais de forma regular. Alguns observadores apontam que práticas de
> corrupção, clientelismo, fraude eleitoral e compra de votos, continuam a toldar
> o êxito da transição democrática[874].
>
> Em 2004, realizaram-se as primeiras eleições presidenciais por sufrágio universal
> e direto. Susilo Bambang foi eleito em 2004 e reeleito em 2009. Em 2014, não po-
> dendo haver uma segunda reeleição, ocorreu um teste importante: a transição para
> um novo titular. Saiu vencedor, numa eleição apertada e muito participada (70%),
> Joko Widodo, derrotando um candidato com vagas reminiscências ao passado
> autocrático. Widodo foi reeleito em 2019. Em fevereiro de 2024, nova mudança
> de titular, forçada pela regra da limitação do número de mandatos. Foi eleito por
> expressiva maioria, na primeira volta, o Ministro da Defesa, Prabowo Subianto,
> com o apoio (nunca expresso) do Presidente incumbente. Prabowo Subianto era
> um antigo general que, nos tempos de Suharto, teria estado ligado a violações
> de direitos humanos, incluindo em Timor-Leste. Ao seu lado, como candidato a
> vice-presidente, apresentou-se o filho do Presidente, especialmente autorizado
> pelo Tribunal Constitucional a candidatar-se, não obstante não preencher todos
> os requisitos constitucionais.
>
> A Câmara dos Representantes da Indonésia (DPR), na composição resultante das
> eleições de 2019, ficou dividida entre vários partidos. O mais representado é o
> partido liderado pela ex-Presidente (2001-2004) Megawati Sukarnoputri, o PDI-
> -P, com menos de 20% dos mandatos. É o partido do atual Presidente indonésio,

---

[873] CHAISTY; CHEESMAN; POWER, ref. 92, p. 30; KADIMA, ref. 870, p. 14. O autor assinala o gradual trajeto no sentido do centro político — centro, centro-direita, centro-esquerda — dos
principais partidos com vocação de governo.

[874] A Indonésia é classificada com +9 (sendo +10 o máximo) pelo Polity 5 (2020); é uma democracia eleitoral, com tendência negativa, para o V-Dem Institute (*Democracy Report 2024*); é
partly free para a Freedom House (57/100); é uma *flawed democracy* para o EIU (*Democracy
Index 2024*).

Joko Widodo. Seguem-se o Golkar, do ex-Presidente Suharto, e o Gerindra, com cerca de 12%. Depois, vários outros, entre os quais alguns partidos islâmicos, com percentagens inferiores. O Presidente é, assim, obrigado a formar uma coligação no Parlamento. Mas, pelo menos desde 2016, os mecanismos de controlo do Parlamento sobre o executivo têm sido suaves. A relação entre os dois órgãos é sobretudo de coordenação e cooperação, prevalecendo a convicção entre as elites políticas de que, mais do que o controlo, é importante a implementação e a eficácia das políticas (combate à pobreza, criação de emprego, infraestruturas). O Parlamento delega crescentemente a sua autoridade no executivo, colocando em plano secundário os controlos horizontais (eventualmente, até os da competência do Tribunal Constitucional e de outras entidades independentes). Todavia, o poder presidencial não é irrestrito, como se constata pela rejeição em 2024 da possibilidade de um terceiro mandato do Presidente Widodo, inviabilizado pelo próprio Partido do Presidente.

Eventualmente, estará em causa uma conceção instrumental de democracia. Esta não é vista pelas elites e pelos cidadãos como um valor em si, mas como a melhor forma de arbitrar a competição daquelas elites. Os controlos verticais, através das eleições, permanecem robustos, mas não os horizontais. Alguns alertam que esta interpretação da democracia, da separação de poderes e do sistema presidencial, em más mãos, pode ser perigosa para a sustentabilidade da própria democracia.

2. QUADRO TIPOLÓGICO E DEFINIÇÃO

Numa perspetiva de teoria geral, as coligações podem ser ordenadas consoante diversas tipologias.

a) Pré-eleitorais e pós-eleitorais;

b) Grandes, médias ou pequenas;

c) Bipartidárias, tripartidárias, pluripartidárias;

d) Equilibradas ou não equilibradas;

e) Que integram o partido ou coligação presidencial e outros partidos não afetos ao presidente e coligações que não integram um partido presidencial;

f) Formais e informais;

g) Estáveis e instáveis;

h) Estruturadas e brandas (ou semiestruturadas);

i) De governo e de oposição;

j) Maioritárias e minoritárias; dentro das maioritárias, mínimas, sobredimensionadas, supermaioritárias;

k) De gabinete e de incidência (meramente) parlamentar.

Algumas outras classificações doutrinárias pertinentes poderiam ser referidas, mas não é necessário ir à exaustão. Neste mesmo livro, aludimos, por vezes, a coligações *intrapartidárias*.

As *coligações pré-eleitorais*, neste ensaio também designadas por *alianças*[875], resultam de acordos fechados por partidos autónomos antes do ato eleitoral de referência, de apoio a uma candidatura, com o intuito de alcançar resultados eleitorais comumente desejados pelos seus membros[876]. Excluem-se, todavia, os acordos casuísticos com incidência específica num ou vários círculos eleitorais, incluindo os de desistência de candidatos numa segunda volta. As *coligações pós-eleitorais* ou, simplesmente, *coligações*, resultam de acordos fechados após conhecidos os pesos eleitorais de cada partido, com o fim de prosseguir objetivos de governo, providos de uma perspetiva de durabilidade temporal, independentemente do grau de formalização em que assentem[877]. Para o desenvolvimento subsequente, concentramo-nos nas coligações. As alianças são mencionadas apenas na medida em que, episodicamente, possam constituir um fator de limitação subsequente do poder presidencial ou em que prossigam como coligação de governo após a eleição, como foi típico, durante décadas, no Chile.

Aquelas que são comumente conhecidas na ciência política como *grandes coligações* (*große Koalitionen*, no original alemão) conglobam, pelo menos, quando existam, os dois principais partidos do sistema político, tendencialmente rivais na luta pela alternância no poder. As *médias ou pequenas* deixam de fora um desses dois principais partidos.

As coligações *bipartidárias, tripartidárias, pluripartidárias* distinguem-se pelo número de partidos que as integram: dois, três ou mais.

---

[875] Alguns autores distinguem entre alianças e coligações, sendo as primeiras pré-eleitorais e as segundas pós-eleitorais. As primeiras visam maximizar resultados eleitorais, enquanto as segundas se formam no parlamento ou para o governo. Assim, v. LEMBANI, ref. 449. A distinção pode ter utilidade heurística, e nessa perspetiva a usamos, mas não traduz uma diferença substantiva do ponto de vista estrutural; em ambos os casos há um acordo entre partidos para maximizar as possibilidades de aquisição, exercício e manutenção de poder.

[876] Os integrantes das coligações pré-eleitorais e pós-eleitorais poderão, eventualmente, ter objetivos diversos. E no caso das pré-eleitorais, pode haver diferenças entre se são fechadas antes da primeira volta ou entre esta e a segunda volta, caso exista. As coligações pré-eleitorais, em que alguns partidos prescindem de apresentar candidato próprio, poderão desde logo ser vistas como veículo para os partidos menos ligados ao candidato obterem vantagens *imediatas*: influência, visibilidade e amplificação para as suas próprias políticas, trocas de apoios e inclusão em listas de candidaturas para o parlamento e outros órgãos, etc. Só em segunda linha visarão vantagens *futuras*, como assegurar acesso a recursos ou guardar lugar em eventuais composições ministeriais (que podem não ter maneira de impor, mesmo que o candidato seja eleito, dada a ausência de mecanismos de responsabilidade). Diversamente, as coligações pós-eleitorais (incluindo após a primeira volta) podem ter um intuito mais vincado de obtenção de prémios no quadro do governo presidencial. Esta apreciação é, sem embargo, mais intuitiva do que baseada em sólidas bases empíricas, dada a óbvia dificuldade em sondar as ambições profundas de cada membro das coligações. Cfr. KELLAM, Marisa. Why pre-electoral coalitions in presidential systems? *British Journal of Political Science*, v. 47, n. 2, p. 391-411, 2017.

[877] As compartimentações podem ser mais finas. Por exemplo, ALBALA, ref. 862, distingue acordos pré-eleitorais madrugadores, tardios, antes da segunda volta, após as eleições (previsíveis, naturais ou por inércia).

As *coligações equilibradas* são compostas por partidos com dimensão e peso (essencialmente parlamentar) equivalentes; as *não equilibradas*, por partidos com dimensão e peso variáveis, podendo ou não as integrar um partido com maior dimensão e peso que os demais membros da coligação.

Quando o presidente é uma personalidade independente ou sem enquadramento partidário, a coligação é formada por partidos não afetos ao presidente. Se o presidente for uma personalidade com ligação partidária, a coligação integra, por norma, o partido presidencial.

As coligações são *formais* se assentam num acordo expresso e formalizado entre vários partidos, por escrito ou de outra forma, e *informais* se não forem materializadas desse modo. A configuração mais extrema das coligações informais é a das coligações clandestinas ou fantasma.

Coligações *estáveis* são as que sofrem apenas correções pontuais desde o *starting point*, mantendo, no essencial, a sua configuração e composição durante todo o período do mandato presidencial. *Instáveis* são as que sofrem alterações repetidas e profundas, seja ao nível da configuração ou da composição, ao longo daquele período.

As coligações *estruturadas* são as que geram gabinetes, baseadas primordialmente no princípio *gamsoniano* de distribuição dos cargos ministeriais (proporcionalidade aos assentos parlamentares). As coligações brandas ou *semiestruturadas* geram gabinetes com estrutura mista, com ministros que representam os partidos da coligação e ministros de outros partidos (cooptados sem o aval destes), independentes ou tecnocráticos[878].

A *coligação de (suporte ao) governo* reúne dois ou mais partidos que participam no governo e/ou asseguram no parlamento suporte à política presidencial. A *coligação de oposição* reúne dois ou mais partidos que desempenham, de forma coordenada e consistente, oposição no parlamento à política presidencial.

Quer as de governo, quer as de oposição, podem ser minoritárias, maioritárias mínimas, sobredimensionadas e supermaioritárias: as *minoritárias* reúnem dois ou mais partidos que executam coordenada e consistentemente, no parlamento, uma ação de apoio ou oposição não maioritários à política presidencial; as *maioritárias mínimas* conglobam partidos que ocupam 50% mais um dos lugares parlamentares; as *sobredimensionadas* compõem-se por mais partidos do que os necessários para perfazer 50% mais um dos lugares; as *supermaioritárias*, subtipo das sobredimensionadas, são as que reúnem o número de votos suficientes para votações que exigem maiorias qualificadas, tais como a revisão constitucional, o *impeachment* ou o derrube do veto presidencial.

Dentro das coligações de governo minoritárias, distinguem-se ainda as que têm dimensão suficiente para impedir a aprovação por parte da oposição de atos de revisão constitucional, de *impeachment*, de derrube do veto presidencial e outros que exijam maiorias qualificadas e as que não têm.

---

[878]   Sobre esta tipologia, v. NOHLEN; GARRIDO, ref. 16, p. 169 *et seq.*

Em síntese, cruzando estas últimas classificações:

(i)   coligação de (suporte ao) governo
    a.   maioritária (contexto de governo unitário)
        a.   mínima
        b.   sobredimensionada
        c.   supermaioritária
    b.   minoritária (contexto de governo dividido)
        a.   não impeditivas de maiorias qualificadas
        b.   impeditivas de maiorias qualificadas
(ii)   coligação de oposição
    a.   maioritária (contexto de governo dividido)
        a.   mínima
        b.   sobredimensionada
        c.   supermaioritária
    b.   minoritária (contexto de governo unitário ou dividido).

As *coligações de gabinete* (*portfolio coalitions*) refletem-se na composição do gabinete, na medida em que o partido subscritor do acordo de coligação indica membros deste em número que tanto pode ser proporcional como desproporcional ao seu peso percentual na coligação. As coligações *com incidência (meramente) parlamentar* (*legislative* ou *floor coalitions*) resultam de um acordo em que o partido signatário não indica para o gabinete individualidades que o representem, embora se comprometa a apoiar o governo no parlamento. Note-se que pode ocorrer que, numa mesma coligação, coexistam partidos que aceitam (ou exigem) integrar o gabinete e outros que não aceitam (ou não façam questão), ou seja, que haja partidos que entrem num acordo de gabinete e outros num mero acordo de incidência parlamentar.

Sendo inviável propor uma definição capaz de englobar todas as dimensões das tipologias de coligações, e sendo o prisma que aqui interessa o do estudo das coligações de *governo*, na sua função de *principal forma de limitação do poder de presidentes que governam*, assenta-se na seguinte definição:

> coligações de governo *lato sensu* em *sistema de presidente que governa* são as que *agregam dois ou mais partidos ou agrupamentos de partidos autónomos que, mediante articulação do presidente (formateur), colocam estavelmente os seus recursos políticos (designadamente, trabalho político, reputação e votos parlamentares) ao serviço da ação governativa, nos termos pactuados com o presidente, com vista a otimizar a quota de poder próprio, medidas de política, proventos eleitorais futuros ou outros fins.*

Algumas notas a propósito das tipologias e da definição.

Primeiro, nos sistemas de presidentes governantes há incentivos para que os candidatos à eleição presidencial, minimamente credíveis e viáveis, busquem acordos pré-eleitorais, tendo em conta a natureza da eleição, por natureza maioritária e a exigir a confluência de votos presumivelmente de várias proveniências[879]. Esses incentivos atingem o expoente máximo em caso de sistemas eleitorais de maioria relativa sem limiar mínimo. Contudo, há desincentivos para os partidos instados a entrar na aliança de apoio a um candidato que não pertence às suas fileiras. Desde logo, o partido que não apresenta candidato arrisca-se a ver o seu estatuto e prestígio afetados[880]. Por outro lado, não dispõe de meios para garantir que a sua participação na aliança será recompensada com políticas, lugares no governo ou recursos.

Os partidos que procuram, sobretudo, lugares no gabinete e acesso a recursos serão, portanto, tentados a não se envolver na aliança, reservando a disponibilização do apoio para quem vier a ganhar a eleição, se essa for a forma de garantir os seus objetivos[881]. Já os partidos que procuram a implementação de políticas podem sentir-se mais inclinados a formar alianças pré-eleitorais, particularmente se houver candidatos ideologicamente próximos[882] (quando as orientações programáticas são relevantes, o que já sabemos suceder raramente em África, na Ásia e na América Latina), na expetativa de conseguir deles compromissos de políticas durante as campanhas que possam ser cumpridos no exercício do mandato[883]. No entanto, essa estratégia não é infalível, uma vez que não têm, em princípio, meio de encarreirar a campanha eleitoral do candidato, nem o seu futuro desempenho na presidência, o qual depende de fatores que podem não estar sob o seu domínio. Se, subsequentemente, o presidente controlar o seu partido e este desfrutar de uma maioria no parlamento, não é forçado a promover políticas propostas por antigos parceiros de aliança pré-eleitoral. A situação pode alterar-se se: aquela maioria não existir e o presidente se encontrar na paradoxal situação de, por um lado, depender do apoio parlamentar de outros partidos que não o seu, mas, por outro, estar mais liberto para *policy switching*; quiser criar condições para uma reeleição.

Em qualquer caso, a constituição e o objetivo das alianças podem alterar-se da primeira para a segunda volta da eleição, se o sistema eleitoral as comportar.

Os estudos divergem sobre se a situação em que se formaliza uma aliança pré-eleitoral, transformando-se ulteriormente, eventualmente, em coligação de governo, com ou sem modificações, é mais frequente do que aquela em que não há aliança pré-eleitoral[884]. A divergência não surpreende: as negociações e as alianças pré-eleitorais

---

[879] FREUDENREICH, ref. 865, p. 84; CHAISTY; CHEESEMAN; POWER, p. 92, p. 59. Não é difícil encontrar exemplos de candidatos que só conseguiram eleição por terem feito alianças com partidos que, de outro modo, seriam seus rivais. Cfr. KELLAM, ref. 877.

[880] FREUDENREICH, ref. 865, p. 84.

[881] KELLAM, ref. 877, p. 397.

[882] Por isso, as alianças pré-eleitorais tendem a ser mais frequentes em sistemas ideologicamente polarizados: *Ibid.*, p. 398.

[883] *Ibid.*, p. 400.

[884] FREUDENREICH, ref. 865, após estudar os (treze) casos da Argentina, Bolívia, Brasil, Chile, Colômbia, Costa Rica, República Dominicana, El Salvador, Nicarágua, Panamá, Uruguai e Venezuela, conclui que sim. Em contrapartida, CHAISTY; CHEESEMAN; POWER, ref. 92, p. 216, na base da análise de nove casos, só encontram essa situação no Chile; NOHLEN; GARRIDO,

são ainda menos transparentes e formalizadas do que as pós-eleitorais, e pode até ser difícil conhecer a sua própria existência ou o seu conteúdo.

Como quer que seja, é improvável que se construam, logo no estádio pré-eleitoral, plataformas exaustivas e detalhadas sobre a distribuição de lugares e recursos e/ou as linhas de política, particularmente quando a coligação reúne um número elevado de partidos. Frequentemente conjugam-se fatores que tornam indesejável a assunção de compromissos firmes, coerentes entre si, de parte a parte (designadamente, o risco de desagradar à base eleitoral dos partidos, com efeito contraproducente). Por isso, parte substancial da plataforma política e programática requer especificação pós-eleitoral, se o candidato presidencial da coligação for eleito.

Além disso, como nos sistemas parlamentares, a incapacidade de antecipar todos os acidentes e as exigências da ação política conduzirá, quase forçosamente, a ajustamentos e a correções de rumo ao longo do período do mandato. Uma das poucas diferenças da dinâmica das coligações em sistema de presidente governante e em sistema parlamentar ou semipresidencial é que enquanto nestes os ajustamentos e correções programáticas e de políticas se processam sobretudo à mesa do conselho de ministros ou gabinete, naquele podem não ter um *locus* natural. O sistema de presidente governante nem sempre contempla a instituição do gabinete e, mesmo que este esteja constitucionalmente previsto, não será, muito possivelmente, um comité dos líderes e figuras de proa dos partidos da coligação. Por isso, os reajustamentos programáticos e organizativos da coligação são necessariamente coordenados e comandados pelo presidente, mas a sua especificação pode obedecer a vários procedimentos, porventura muito mais informais do que os do sistema parlamentar.

Segundo, sobretudo havendo aliança pré-eleitoral, nos sistemas de presidentes governantes são as eleições presidenciais que assumem caráter primacialmente estruturante, e não outras, mormente a parlamentar, ainda que possam existir concertações no tocante às eleições parlamentares e outras (particularmente quando simultâneas). Concomitante com este fator é a circunstância, já analisada, de alguns partidos — os que têm possibilidade de eleger candidatos presidenciais — se "presidencializarem", ou seja, orientarem a sua ação política central — embora não única — ao objetivo da eleição presidencial.

Terceiro, observa-se que, ao invés do que ocorre nos sistemas parlamentares e semipresidenciais, as alianças pré-eleitorais em sistemas de presidentes governantes não são, por norma, vinculativas, pelo que as coligações pós-eleitorais podem diferir, sendo a conversão perfeita relativamente rara[885].

Quarto, não constituem coligações a mera manifestação de apoio a um candidato presidencial, a desistência a favor de outro candidato presidencial ou um pacto de não apoio a um certo candidato.

---

ref. 16, p. 164, referem que apenas 30% das coligações de governo foram antecedidas por uma aliança pré-eleitoral.

[885] CHAISTY; CHEESEMAN; POWER, ref. 92, p. 60, 81, referindo-se a sistemas presidenciais e alguns constitucionalmente semipresidenciais.

Quinto, não vale como coligação de governo o apoio episódico, ou até reiterado, incerto antes de negociação casuística, a medidas patrocinadas ou promovidas pelo presidente, não enquadradas por qualquer pacto previamente estabelecido com pretensões de perenidade ou de duração[886].

Sexto, a cooptação para o governo de personalidades pertencentes a partidos que não o apoiam formalmente não preenche os critérios indiciários de uma coligação[887].

Sétimo, não cabe no conceito de coligação aqui adotado a formação partidária que estruturalmente reúne várias sensibilidades ou tendências internas que mantenham visibilidade e identidade na ação política da formação. Neste livro, alude-se, por vezes, a coligações internas aos partidos, mas apenas como imagem que pretende transmitir a ideia de pluralidade interna de certos partidos.

Oitavo, não constitui verdadeira coligação o conjunto de partidos em que um ou vários são meros satélites do principal (constituídos, porventura, para obter ganhos eleitorais derivados da autonomização)[888].

Nono, a colocação *estável* dos recursos políticos pode sofrer derrogações ocasionais devido a situações de crise, à indisciplina de membros do partido coligado ou a divergências sobre questões pontuais.

Décimo, o tempo conta, e a *energia* do pacto coligacionista pode variar ao longo do mandato presidencial. O período inicial (fase de *honeymoon*, que se diz corresponder aos cem primeiros dias de mandato) é convencionalmente tomado como o momento para uma agenda política presidencial intensa e transformadora. Em contrapartida, não é anormal que, com o aproximar do fim daquele mandato, se este não for renovável (a chamada fase *lame duck*), ou com a realização de eleições intermédias, a solidariedade e coesão internas diminuam (se não entrarem simplesmente em colapso).

Décimo primeiro, o *acordo* de coligação pode ser tácito ou nunca verdadeiramente assumido (clandestino, fantasma), mas traduzido na atuação político-parlamentar e em outras atuações aferíveis objetivamente.

---

[886] Por exemplo, a Presidente da Libéria, Ellen Johnson-Sirleaf (2006-2018), Prémio Nobel da Paz em 2011, optou com frequência pela obtenção de maiorias *ad hoc* para viabilizar propostas suas, num bastante fragmentado Parlamento. Isto continua a ser assim mesmo quando o acordo *ad hoc* incide sobre um "pacote" de medidas ou de reformas, como o *Pacto por México*, promovido pelo Presidente Peña Neto, em 2012. Parece demasiado inflexível a posição de que este tipo de soluções não é possível em sistemas de presidentes governantes (ou, mais restritamente, presidenciais latino-americanos), adotada por NOHLEN; GARRIDO, ref. 16, p. 162.

[887] No seu primeiro mandato, o Presidente Barack Obama nomeou dois Secretários próximos do Partido Republicano, Robert Gates e Ray LaHood. Todavia, ninguém viu aí indício de uma coligação, ainda que tácita, entre democratas e republicanos. Mas a situação pode ser dúbia, como se pode ver pelas "leituras" do governo que correspondeu ao mandato presidencial de Luis Lacalle (Uruguai, 1990-1995).

[888] ALBALA, ref. 862, aduz o exemplo do Partido Justicialista argentino que, limitado pela lei eleitoral a eleger até um máximo de dois senadores nas províncias, estabeleceu um partido satélite para se habilitar ao terceiro mandato em algumas.

3. OS CONDICIONAMENTOS DO QUADRO DAS COLIGAÇÕES DE GOVERNO

A formação de uma coligação (momento de *starting point*) e a sua ulterior gestão (gestão de coligação: processo de manutenção política contínua de uma coligação interpartidária no órgão legislativo por um presidente, em contexto de governo dividido), são condicionados por fatores que a tornam mais ou menos viável (no momento da formação), mais ou menos difícil de gerir e mais ou menos cara (pessoal, política e financeiramente).

Não é possível elaborar uma teoria formal que acomode todas as cadeias de causalidade entre os vários fatores condicionantes das coligações de governo em sistemas de presidentes governantes. Limitamo-nos a esboçar os componentes mais salientes de um quadro analítico que permitam a descrição do fenómeno daquelas coligações e a deteção de algumas regularidades empiricamente observáveis, a descrição e a comparação de situações de coligação.

Os condicionamentos derivam de variáveis *endógenas* e *exógenas* ao domínio presidencial.

As variáveis *endógenas* ao domínio presidencial reportam-se, desde logo (mas não só), (i) à personalidade e à capacidade do presidente, *formateur* da coligação; (ii) ao perfil e dimensão do partido do presidente, se este não for independente, e ao grau de autoridade que aquele exerce sobre o partido; (iii) à propensão do presidente para o uso estratégico unilateral de poderes constitucionais, com consequências constitutivas no ordenamento legislativo.

O primeiro aspeto reporta-se à personalidade e mundivisão do *formateur*, à sua capacidade de liderança e experiência políticas, ao prestígio adquirido em funções anteriores, ao pendor para o diálogo e para a cedência (ou não), à sua capacidade de moldar as convergências e entendimentos à mudança de circunstâncias e objetivos, ao poder de comunicação, à capacidade de manter a coesão entre os parceiros, e à habilidade de negociação para atingir pontos de confluência. Esta dimensão pessoal nem sempre é devidamente considerada como fator de maior ou menor sucesso/viabilidade de uma coligação.

Por vezes, as características pessoais do presidente *formateur* são significativamente moldadas pela cultura política dominante. Em África, por exemplo, a ideia de limitação e repartição do poder está menos gravada no espírito dos políticos — incluindo os legitimados democraticamente — do que em outras latitudes, devido a uma cultura política imbuída do espírito da autoridade tradicional africana, normalmente centrada na figura de um chefe tribal.

O segundo aspeto atende, desde logo, quer à dimensão do partido do presidente[889] — que tem impacto positivo no sucesso da coligação —, quer ao seu grau de estruturação, estabilidade e disciplina. Por outro lado, releva o grau de autoridade do presidente sobre o seu partido. Tal grau de autoridade pode resultar de múltiplos fatores. Sem os

---

[889] CHAISTY; CHEESEMAN; POWER, ref. 92, p.15.

esgotar: estatutos do partido; tendencial presidencialização dos partidos, acrescendo que, em princípio, os presidentes dos sistemas de presidentes governantes podem ter maior domínio sobre o respetivo partido do que os primeiros-ministros; papel que o presidente desempenhou historicamente no partido (como fundador, líder histórico ou prolongado, principal artífice do crescimento); grau de aprovação interna, expressa nas votações a que se submete; domínio do "aparelho" ou "máquina" partidários; cultura política prevalecente. A margem e liberdade de conceção, negociação, articulação e liderança da coalizão de que o presidente usufrui variam positiva ou negativamente em função da autoridade dentro do seu partido. Quando a autoridade não é suficiente nem é incontestada, os presidentes ficam mais dependentes dos posicionamentos e objetivos dos parceiros da coligação.

O terceiro aspeto considera quão parcimonioso é o presidente no exercício dos seus poderes unilaterais de decisão — por exemplo, através de medidas legislativas (provisórias ou não) ou veto. Um presidente que tenda a agir à revelia dos membros da coalizão com demasiada frequência, impondo unilateralmente o seu ponto ideal, arrisca-se a ter de pagar um "preço" maior pela sua coesão e fidelidade.

As variáveis *exógenas* ao domínio presidencial, ou seja, as que não dependem essencial ou unicamente de ações do presidente ou do seu partido, decorrem de fatores *institucionais* (formato constitucional, leis eleitorais, sistema de partidos), *intrínsecos à coligação* (características dos partidos constituintes e da barganha interpartidária) e *conjunturais* ou contingentes (popularidade presidencial, performance económica, choques externos, como corrupção, guerra, levantamentos populares, distúrbios internos)[890]. Estes fatores podem encarecer, complexificar ou dificultar as coligações; ou, ao invés, contribuir para a sua formação e gestão satisfatórias.

Algumas pontualizações decorrentes de observações empíricas.

Quanto aos *fatores institucionais*, não interessam neste ponto os que geram a *necessidade*, maior ou menor, da coligação: sistema eleitoral, sistema partidário, sistema de governo.

A configuração do sistema partidário — tipo de partidos, níveis de fragmentação e polarização, grau de competitividade estratégica, institucionalização — tem forte repercussão na probabilidade, viabilidade e natureza das coligações. À cabeça, releva o peso parlamentar do partido do presidente. Um partido presidencial dominante no parlamento — embora não maioritário — cria uma dinâmica dicotómica, governo--oposição, que induz os demais a definir-se, a favor ou contra. Isso pode facilitar ou dificultar a coligação, depende das circunstâncias do caso.

O posicionamento do presidente e do seu partido no eixo esquerda-direita é também decisivo. Um presidente "centrista" ou perto do ponto médio dos partidos parlamentares tem, normalmente, mais opções: pode circunscrever a coligação a partidos programática ou ideologicamente próximos, ou nem sequer apostar forte numa

---

[890] Nesta sistematização aproximamo-nos, parcialmente, de CHAISTY; CHEESEMAN; POWER, ref. 92, p. 91, 92, 166, *passim*.

coligação, podendo confiar que as suas propostas, por regra, agradarão ao legislador mediano e serão viabilizadas sem necessidade de enquadramento coligacional. Na perspetiva dos candidatos a integrar a coligação, é expectável que os partidos situados ao centro ou na mediana parlamentar sejam mais requisitados. Em contrapartida, partidos mais extremados do que o presidente em relação ao *status quo* terão maior dificuldade em mostrar valor acrescentado para integrar uma coligação[891].

O inventário de poderes presidenciais formais, designadamente legislativos (decretos legislativos, provisórios ou não), releva a vários títulos. Se forem significativos, permitindo, designadamente, atuações unilaterais do presidente escassamente condicionadas pelo parlamento, a pressão para formar coligações ou, pelo menos, coligações maioritárias é inversamente proporcional à extensão daqueles poderes[892]. Se os partidos da oposição mostrarem forte fragmentação, polarização e divisão entre eles, a tentação para governar em minoria acentua-se. Dispondo de instrumentos próprios, os presidentes preferem trabalhar com uma minoria coesa e leal no parlamento[893], até porque isso aligeira aspetos da gestão da coligação. Em qualquer caso, a pressão maior advirá da conveniência de garantir uma coligação que evite a formação de maiorias qualificadas na assembleia ou o derrube do veto.

A organização do Estado, o sistema eleitoral e o sistema partidário, podem ter implicações relevantes. Um sistema federal articulado com sistemas eleitorais que gerem dinâmicas políticas localistas tende a ser mais propiciador de coligações em que os partidos — e os seus eleitos — se concentram nas políticas locais, concedendo uma grande margem de manobra ao Presidente no que concerne às políticas nacionais.

A calendarização dos diversos atos eleitorais que possibilitem a realização concomitante de eleições presidenciais e legislativas, em princípio, facilita as coligações[894]. Todavia, perante um resultado desfavorável do seu partido, não é impensável que uma avaliação estratégica do presidente o leve a governar em minoria, apostando, por exemplo, no reforço do seu partido nas próximas eleições *midterm,* em que seja renovado total ou parcialmente o parlamento (se o sistema político as comportar).

Fator *intrínseco à coligação* é, desde logo, a sustentabilidade política e a viabilidade material de o presidente facultar ou propiciar aos parceiros da coligação aquilo que eles pretendem obter dela. Tradicionalmente fala-se da utilização da coligação como veículo de *vote-seeking* (ganhar eleições e/ou maximizar votos), de *office-seeking* (participar no governo ou obter lugares na administração) e de *policy-seeking* (obter medidas e resultados em certas políticas públicas). Pode também referir-se o *resource-seeking* (obter recursos para o partido, seus membros ou entidades associadas) e o *prestige-seeking* (ganhar notoriedade e prestígio acrescidos decorrentes de "ser governo"). Por outro

---

[891] FREUDENREICH, ref. 865, p. 83.
[892] Em termos aproximados, ALBALA, ref. 862; FREUDENREICH, ref. 865, p. 82; CHAISTY; CHEESEMAN; POWER, ref. 92, p. 232.
[893] CHAISTY; CHEESEMAN; POWER, ref. 92, p. 57.
[894] CHAISTY; CHEESEMAN; POWER, ref. 9., p. 39.

lado, quanto mais particularistas forem as pretensões dos partidos, menos possibilidades de coligação[895].

Se se pode falar de uma tendência geral *catch-all* dos partidos, no estado atual das democracias, essa tendência é mais acentuada nos sistemas de presidente governante. Os candidatos a presidentes com pretensões à vitória são ou transformam-se em candidatos *catch-all*, arrastando consigo os partidos ou desvanecendo a sua relação com eles. Em ambiente retórico de campanha (que, não raro, se prolonga para a governação), os candidatos presidenciais com maiores ambições são tentados a exaurir a ligação partidária e a expurgar a ideologia das suas campanhas. A personalização da política presidencial facilita até o sucesso de individualidades fora do sistema[896].

Mas, quando a exaustão ideológica não é feita com suficiente profundidade ou credibilidade, funcionam dois princípios: o alinhamento ou proximidade ideológico--programáticas facilita a identificação de linhas de coligação[897]; o afastamento dificulta-a e, se experimentada, encarece-a. Nenhuma dessas hipóteses deve ser afastada.

A tese de que o sistema presidencial permite maior identificabilidade antecipada das coligações possíveis pelos eleitores do que o sistema parlamentar (Shugart e Carey) não é confirmada por várias experiências, designadamente a do Brasil, quer na vigência da Constituição de 1946 (Vargas, Dutra), quer na da Constituição de 1988 (caso notório de Lula III, mas não só).

Quanto mais ampla e fragmentada for a coligação, maior o custo de gestão e manutenção[898]. Todavia, as coligações mínimas também podem ter custos próprios: por exemplo, o custo político de substituir ministros é maior[899].

Sendo a atribuição de lugares no gabinete o benefício mais procurado, por norma, a disciplina, fidelidade e eficácia da coligação varia positivamente com o nível de coalescência da composição do gabinete ministerial (Amorim Neto). Ainda que seja geralmente admitido um bónus de *formateur*, que se traduz numa sobrerrepresentação do partido do presidente e/ou de personalidades independentes ou tecnocráticas da sua

---

[895] CHAISTY; CHEESEMAN; POWER, ref. 9, p. 17.

[896] A proliferação de personalidades *outsiders*, anti, extra ou suprapartidários na política contemporânea no ambiente de todos os sistemas de governo, mas sobretudo nos de presidentes governantes, é ilustrada por NOHLEN; GARRIDO, ref. 16, p. 215, com extensa lista que inclui nomes como Alberto Fujimori (Peru), Abdalá Bucaram e Rafael Correa (Equador), Collor de Mello (Brasil), Hugo Chávez (Venezuela), Fernando Lugo (Paraguai), Evo Morales (Bolívia), Jean-Bertrand Aristide (Haiti), para citar apenas alguns que, por qualquer razão, deixaram marca (quase sempre negativa) nas presidências. Como também reconhecem os autores, diferentes da figura dos *outsiders* são as dos *amadores* (como, no início, Donald Trump), falsos *outsiders* (como Bolsonaro, no Brasil) ou *dissidentes* (como Andrés López Obrador, no México, ou Orbán, na Hungria), ainda que a retórica e a ação políticas se possam confundir.

[897] CHAISTY; CHEESEMAN; POWER, ref. 92, p. 55.

[898] ALBALA, ref. 862; CHAISTY; CHEESEMAN; POWER, ref. 92, p. 176.

[899] CHAISTY; CHEESEMAN; POWER, ref. 92, p. 127.

confiança[900], quanto mais justa for a adjudicação de cargos ministeriais, mais discipli-nada, fiável e empenhada será a coligação. A disciplina e a lealdade dos membros da coligação facilitam a sua gestão. Em contrapartida, a atuação concertada de membros da coligação e a capacidade negocial que daí decorre é suscetível de aumentar os custos da coligação[901].

Fatores conjunturais ou contingentes podem ter impacto significativo, embora ainda mais incomensurável ou imprevisível que os anteriores. Todavia, é consensual que as coligações se gerem melhor e com menores custos no período inicial do mandato pre-sidencial (*honeymoon*), e tendem a sofrer uma erosão quando o final desse mandato se aproxima (efeito *lame duck*). Nesta altura, a sua gestão e manutenção tornam-se mais caras (exigindo maiores recompensas).

Por outro lado, o custo pode diminuir em situações de crise nacional provocadas por eventos ou fenómenos fora do domínio presidencial (agressão externa, pandemia, catástrofe natural, crise económica ou financeira internacional), mas aumentar em situações de crise ou instabilidade decorrentes de dificuldades económicas próprias, de casos de corrupção ou instabilidade social. Em contrapartida, decrescem com a melhoria da situação económica[902].

4. CUSTOS E BENEFÍCIOS DAS COLIGAÇÕES

As coligações de governo, desde que eficientes, funcionam como uma oportuni-dade *win-win*, *maxime* se forem maioritárias. Elas acionam um *triângulo de circulação e alocação* de Poder:

   i.   o presidente desloca Poder para os — ou multiplica o Poder dos — parceiros da coligação;

   ii.   a coligação endossa créditos políticos e desencadeia dinâmicas de delegação e circulação de Poder (tácita ou formalizada) do Congresso (particularmente legislativo) para o presidente;

   iii. o presidente usa o Poder próprio e o Poder adicional obtido para garantir a satisfação dos seus interesses políticos e pretensões e objetivos dos parceiros da coligação.

---

[900] Nota-se que, diversamente do que sucede com as coligações parlamentares, a orientação *gamsoniana* não é natural na formação do gabinete nos sistemas de presidentes governantes. Neste caso, é esperável que a quota do partido do presidente (com ou sem uma componente de personalidades da sua confiança pessoal – *quota pessoal* do presidente), seja desigual, podendo, eventualmente, atingir o nível de controlo dos 50%, mesmo que o peso relativo do partido presidencial na coligação (medido em função do número de cadeiras no parla-mento) não atinja essa percentagem. Do mesmo modo, a repartição das pastas mais cruciais ou relevantes beneficia presumivelmente o partido presidencial. Cfr. NOHLEN; GARRIDO, ref. 16, p. 174 (com referências a David Altman).

[901] CHAISTY; CHEESEMAN; POWER, ref. 92, p. 119.

[902] ALBALA, ref. 862.

É bom de ver que estas três dimensões estão circularmente correlacionadas. Primeiro, a delegação de Poder, originalmente pertencente ao Congresso, que a coligação proporciona, é tanto maior quanto maior e mais valiosa for a recíproca deslocação/multiplicação de Poder promovida pelo presidente a favor da coligação. Segundo, quanto mais intenso for o Poder adicional que lhe seja delegado por ação da coligação, maior é a capacidade de o presidente satisfazer pretensões e objetivos dos membros da coligação. Terceiro, quanto maiores forem os poderes e faculdades presidenciais, delegados ou outros, maiores serão as opções alternativas de deslocação (ou multiplicação) de Poder para os parceiros da coligação.

Na relação dinâmica entre presidente e (parceiros da) coligação, a iniciativa cabe àquele, na qualidade, que o sistema de presidente governante lhe confere, de *formateur*. Dele depende, em princípio, a decisão *exclusiva* sobre a composição da coligação de governo, não sendo possível a mobilização de coligações alternativas que não passem pela sua decisão e interesse[903]. À partida, se não contarmos com os limites políticos, esta decisão é apenas limitada pela imperatividade de incluir o seu partido, se existir, o que constitui, aliás, também um limite ao número de coligações possíveis[904]. Dele depende, igualmente, a fluidez e sucesso de (i) e (iii), com vista a assegurar que a coligação funcione com a eficácia, coesão, estabilidade e durabilidade que proporcionem a situação de *win-win* mencionada[905]. Para isso, dispõe de uma *toolbox* (Raile; Pereira; Power)[906].

A deslocação de Poder para os — ou multiplicação do Poder dos — parceiros da coligação é efetuada, mormente, através das seguintes ferramentas:

i.   modelação do gabinete e atribuição de cargos ministeriais ou de outros altos cargos públicos de governo;

ii. uso do poder de preparação, emenda e execução orçamental ou de mobilização de verbas discricionárias;

iii. capacidade de entendimentos informais com atores individuais[907];

iv. apoio político presidencial a membros dos partidos da coligação em eleições subnacionais;

---

[903] O contraste com o que ocorre com o sistema parlamentar é patenteado por NOHLEN; GARRIDO, ref. 16, p. 167.

[904] *Ibid.*, p. 162. Não se pode, é claro, desconsiderar situações em que o presidente corta com o seu próprio partido, se desvincula dele (como sucedeu com Jair Bolsonaro), cria ou adere a outro. Nesses casos, o princípio enunciado no texto pode sofrer derrogação.

[905] Sem embargo, tenha-se em conta uma linha de estudo que sustenta que a formação do gabinete está significativamente afetada pela formação de coligações pré-eleitorais e pela competição nas eleições presidenciais: FREUDENREICH, ref. 865, p. 96.

[906] O quadro analítico da caixa de ferramentas (*toolbox*) usadas pelo presidente para garantir a coesão, estabilidade e durabilidade da coligação é proposto por RAILE, Eric; PEREIRA, Carlos; POWER, Timothy. The executive toolbox: building legislative support in a multiparty presidential regime." *Political Research Quarterly*, v. 64, n. 2, p. 323-334, jun. 2011; CHAISTY; CHEESEMAN; POWER, ref. 92, p. 84, *passim*.

[907] CHAISTY; CHEESEMAN; POWER, ref. 92, p. 189 *et seq.*, preferem falar de "troca de favores".

v. apoio presidencial à nomeação de membros dos partidos da coligação para órgãos não políticos, como os órgãos judiciais, de inspeção e controlo das contas, entre outros.

O presidente usa o Poder próprio e o Poder delegado para garantir a satisfação de pretensões e objetivos dos parceiros da coligação através do:

vi. exercício de faculdades com impacto legislativo, de forma a corresponder a demandas específicas de membros da coligação (incluindo do próprio partido presidencial).

A frequência e relevância de cada uma destas ferramentas varia de Estado para Estado, de presidente para presidente, de época para época, de estratégia para estratégia e assim por diante. Por exemplo, uma coligação que integre, na totalidade ou na maior parte, partidos *policy-seekers*, além de, em tese, ter uma maior propensão para constituir limite ao poder presidencial, dará relevo às ferramentas de (vi). No entanto, uma apreciação empírica permite concluir que essa não é a regra das coligações, pelo que a ordem por que as ferramentas foram apresentadas nas linhas anteriores espelhará, realisticamente, a ordem de eficácia, da maior para a menor.

É consensual que, de todas, a ferramenta mais usada é a nomeação (e demissão) para posições ministeriais. O presidente goza, nesse âmbito, de liberdade significativa, superior à dos primeiros-ministros e presidentes dos sistemas parlamentares e semi-presidenciais[908]. O elenco ministerial por ele definido, ainda que com auscultação aos partidos da coligação — e, em alguns casos, do próprio parlamento ou de uma câmara dele —, não deixa de ser a "sua equipa"[909]. Mesmo alguma hibridização introduzida por constituições que contemplam a possibilidade de censura parlamentar de membros do gabinete ministerial é pouco consequente, uma vez que essa possibilidade, por norma, não é usada. Isto tem uma contrapartida: também os partidos estão menos vinculados às opções e decisões tomadas pelo presidente nesse campo.

A segunda ferramenta mais determinante é a que se prende com o condomínio orçamental do presidente. Ainda que o poder de aprovação do orçamento caiba ao parlamento, como é regra (porventura sem exceção), são raras as situações em que o presidente não dispõe de eficazes instrumentos que, em última análise, permitem-lhe ter a decisão final sobre o destino dos recursos orçamentais. Em sistemas onde existe uma repartição de funções, com o presidente a ver-se encarregue das políticas "nacionais" e os demais responsáveis políticos — incluindo os membros do parlamento — a verem o seu sucesso eleitoral depender de avaliações "localistas" dos eleitores, o acesso aos recursos orçamentais pode mesmo suplantar, em importância, a ferramenta da distribuição dos postos ministeriais e na administração pública.

---

[908] NOHLEN; GARRIDO, ref. 16, p. 160.
[909] *Ibid.*, p. 160.

Se o uso da primeira ferramenta é, por natureza, patente e transparente, e o da segunda o pode ser também, embora isso nem sempre ocorra, o da terceira — capacidade de entendimentos informais com atores individuais — está normalmente envolto numa bruma de obscuridade e de secretismo. Por vezes, envolve esquemas ilegais ou próximos da ilicitude. Outras vezes não, mas mesmo nesses casos podem suscitar-se questões de ética. Embora se saiba que existe, é a ferramenta que menos se deixa estudar e em relação à qual é inviável não apenas uma teoria sobre o seu real impacto, mas até um quadro analítico pertinente.

Mesmo num ambiente de *win-win*, o *pay off* a cada um dos parceiros da coligação pode ser superior ao de outro.

A relação entre limitação do Poder e otimização do Poder presidencial pode variar em função de vários fatores. Uma coligação eficiente e com possibilidade de garantir estabilidade na relação entre presidente e parlamento é a que estabelece um equilíbrio, satisfatório para todos os signatários, no triângulo de circulação e alocação de poder. Esse equilíbrio é dinâmico e suscita cuidado e ajustes permanentes. Por vezes, o presidente tem de reforçar as recompensas ou até alterar a composição da coligação. É da consistência desse equilíbrio que decorre o caráter de limitação do Poder do presidente desencadeado pela coligação. Essa limitação exerce-se tanto de forma positiva, pela sua existência, como negativa, pela ameaça da sua quebra devido à deserção dos membros.

Alguns ensaios observam que as coligações podem ser um fator de enfraquecimento da capacidade parlamentar para decidir com autonomia ou para exercer as funções de fiscalização. Não se pode afastar, de facto, essa possibilidade. Os membros da coligação podem obter recompensas satisfatórias, no seu juízo, designadamente no que toca à partilha de Poder. Mas o preço disso pode ser o concomitante empobrecimento da posição político-institucional do parlamento globalmente considerado, na medida em que fique manietado pelo funcionamento disciplinado da coligação. O grau em que isso pode ocorrer depende de se, no caso concreto, o presidente de governo dividido com coligação se beneficia do funcionamento desta, ao ponto de sair até mais reforçado na relação com o parlamento do que o indicado na própria constituição.

Em suma, o tripé entre presidente, parlamento (globalmente considerado) e coligação (partidos) gera interações e trocas de Poder. O presidente pode ganhar Poder através do funcionamento da coligação no parlamento, mas também tem de transferir Poder para a coligação (ou, mais rigorosamente, para os partidos e elites partidárias que a integram). O *trade-off* de Poder entre presidente e coligação pode traduzir-se (e geralmente traduz-se) numa erosão de Poder do parlamento, globalmente considerado, e dos partidos que não estão na coligação.

Os fluxos de Poder podem ilustrar-se através da imagem dos vasos comunicantes. Se a estrutura de vasos comunicantes não estiver horizontalmente nivelada, o fluxo tende a encaminhar-se para o vaso que está a um nível mais baixo. No sistema de governo de presidente governante com coligação, em certas circunstâncias, o fluxo do Poder pode ser mais favorável ao presidente ou mais favorável aos partidos da coligação. As circunstâncias tanto podem levar a que a coligação funcione disciplinadamente sob autoridade presidencial, a favor da agenda presidencial, como também a que os partidos que a compõem saibam articular-se (entre eles e, porventura, com outros que não compõem formalmente a coligação de suporte ao presidente no parlamento) para maximizar o proveito que dela retiram através da ação parlamentar, inclusive com menosprezo do que é o ponto ideal do presidente. Esta situação, porventura transitória e excecional, pode desembocar em ocorrências episódicas de sistema presidencial de assembleia.

O ideal, numa perspetiva de controlo democrático do Poder, seria que a estrutura de vasos comunicantes estivesse horizontalmente nivelada, e que o *trade-off* de Poder entre presidente e coligação fosse equilibrado, ao mesmo tempo que o parlamento, globalmente considerado, não se visse desprovido de todos os instrumentos de agenda autónoma e de controlo do executivo. Indo mais longe: o ideal, numa perspetiva de controlo democrático, seria que a um sistema constitucional de governo de presidente governante com equilíbrio institucional correspondesse uma prática institucional de sistema de presidente governante com equilíbrio de Poder entre presidente, parlamento e coligação.

De que forma a generalização de um ambiente "coligacionista" contribui para degradação da adesão popular aos sistemas políticos é algo que merece reflexão, embora não possa ser feita aqui. Entretanto, é intuitivo que as coligações tendem a ser vistas como um expediente *dispendioso* para o erário público e um catalisador de um "*dá lá, dá cá*", que gera suspeição entre os cidadãos e os próprios agentes políticos. Isso é particularmente evidente no caso brasileiro[910].

Tomando em consideração os poderes constitucionais de que dispõe, distinguimos previamente sistemas de equilíbrio, de presidente reforçado e de presidente débil. A existência e funcionamento de uma coligação podem acentuar, confirmar ou atenuar, na prática institucional, o tipo de sistema de presidente governante que se extrai da constituição.

Teremos, assim:

- Sistemas de presidente reforçado, com coligação;
- Sistemas de equilíbrio, com coligação;
- Sistemas de presidente débil, com coligação.

Num mesmo Estado, estas modalidades podem suceder-se em rápida cadência. Os exemplos a que se recorre podem corresponder a um instantâneo que logo se altera. A análise do caso brasileiro, o mais notório e estável caso de sistema presidencial com coligação (ou coalizão), mostra que este convive com presidentes reforçados, em equilíbrio e débeis, havendo até situações em que um mesmo presidente transitou por mais do que uma dessas modalidades ao longo do seu mandato. O tópico é desenvolvido mais abaixo.

A hipótese mais provável é a de que a limitação do Poder presidencial adveniente da coligação não altere o perfil decorrente do quadro institucional estudado nos números anteriores. Significa isto que pode suceder que: (i) a posição presidencial seja

---

[910] O caso do *mensalão* no Brasil levantou o véu sobre o lado mais escuro da necessidade de gerar coligações formais ou escondidas. O tema será desenvolvido ulteriormente.

débil devido a outros fatores e débil se mantém; (ii) a posição presidencial esteja em equilíbrio com a de outros órgãos e assim permaneça; (iii) a posição presidencial seja reforçada e assim continue. Como se verá, no quadro brasileiro, o presidente brasileiro só é *realmente poderoso* — ou até *muito poderoso* — quando negoceia, articula e gere uma boa coligação.

Todavia, também é plausível admitir que, verificadas certas configurações da coligação (por exemplo, coligação minoritária ou em que o partido presidencial esteja numa posição especialmente frágil, devido ao seu peso reduzido ou ao posicionamento ideológico afastado da mediana do parlamento e/ou da coligação), a posição presidencial se degrade, implicando que a modalidade de sistema de presidente governante efetivamente praticada também se degrade em relação ao que decorre da constituição.

O mesmo sucede se, mesmo sendo a coligação maioritária, o presidente desenvolve uma insuficiente gestão, não garante recompensas adequadas, ou não sustém tendências fracionárias, indisciplina ou desalinhamento dentro e entre os partidos daquela coligação (incluindo o presidencial). Pode ocorrer que ela seja essencialmente comandada a partir das lideranças partidárias dos partidos coligados, no parlamento, consentindo agendas parlamentares erráticas, ao sabor dos interesses do momento de partidos e membros do parlamento, bem como vínculos regionais e outros. Nessas e noutras circunstâncias, não é impossível que um presidente institucionalmente reforçado, ou em equilíbrio com o parlamento, de acordo com a constituição, se veja remetido à posição de presidente débil.

No limite, pode deslizar-se para o sistema presidencial de assembleia. Como se assinalou antes, este tanto pode emergir da circunstância de o parlamento ser dominado por uma coligação da oposição, *positiva ou negativa*, como da existência de uma coligação nominalmente de governo presidencial, mas, *realmente*, de governo parlamentar, que, inclusive, pode pretender condicionar a atuação presidencial por forma a colocá-la ao seu serviço. A raridade desse cenário não equivale à impossibilidade.

Apresentámos, em momento anterior, a modalidade de sistema de presidente governante com presidente dominante. Como assinalámos, é uma ocorrência que não se basta com o quadro constitucional, uma vez que requer a agregação de poderes fáticos. Parece contraintuitiva a possibilidade de um presidente dominante coexistir com uma coligação. Esta pressupõe, geralmente, alguma dose de *limitação* e *partilha* do Poder do presidente, afetando ou suprimindo o domínio deste e não contribuindo significativamente para o seu acréscimo. Essa é, aliás, uma das teses centrais do presente trabalho, com a consequência, à cabeça, de evitar o domínio presidencial. Todavia, não é impossível que aquele Poder saia incólume ou até reforçado, caindo eventualmente na modalidade de presidente dominante.

O caso das Filipinas, durante o mandato de Rodrigo Duterte (2016-2022), foi um exemplo. Num Congresso composto por múltiplos partidos, instáveis, pouco consistentes e sem real implantação popular, controlados por clãs familiares e oligárquicos, a coligação de suporte ao governo submeteu-se docilmente aos ditames do hábil distribuidor de recompensas que foi Duterte. Esta situação singular, não replicável na maior parte dos casos, propiciou que, apesar da coligação, o sistema tenha funcionado como um sistema de presidente dominante e não como de equilíbrio, conforme se extrai da Constituição.

Subcapítulo III

MODIFICAÇÃO DO CONTEÚDO E FUNÇÃO DE ALGUNS MECANISMOS CLÁSSICOS DOS SISTEMAS DE PRESIDENTES GOVERNANTES: O CASO DO *IMPEACHMENT*

. . . .

1. O "NOVO NORMAL" DA UTILIZAÇÃO DO *IMPEACHMENT*

Formalmente, o *impeachment* (ou *enjuiciamiento político*, na terminologia corrente na América Latina de língua castelhana), distingue-se da censura política, mesmo que, por vezes, os dois institutos sejam constitucionalmente tratados como institutos afins ou vizinhos (como na Constituição equatoriana, artigos 129.º e 130.º). A sua função clássica é permitir, excecionalmente, um juízo de um órgão político sobre comportamentos ilícitos de responsáveis políticos (e, por vezes, outros). No Brasil, fala-se de crimes de responsabilidade, mas os comportamentos que recaem sob a alçada do instituto podem ir além dos ilícitos criminais (a Constituição dos EUA fala também de *misdemeanors*, a par dos *high crimes*).

Todavia, o instituto do *impeachment* vem ganhando crescente relevância nas últimas décadas fora desse domínio circunscrito[911]. Vão longínquas as apreciações de Rui Barbosa, ecoadas por Paulo Bonavides, que asseverava que "a responsabilidade criada sob a forma do *impeachment* se faz absolutamente fictícia, irrealizável, mentirosa"[912]. A situação de governo dividido (maioritário ou minoritário) já não é indesejável, do ponto de vista presidencial, apenas por dificultar, à partida, o cumprimento do programa e da agenda do presidente. Em certos contextos, o governo dividido pode ser a circunstância propiciadora da colocação em causa da própria continuidade do mandato presidencial vigente.

---

[911] Sobre o *impeachment,* BROSSARD, Paulo. *O impeachment: aspectos da responsabilidade política do presidente da república.* São Paulo: Saraiva, 1992; BAUMGARTNER, Jody; KADA, Naoko (ed.). *Checking executive power: presidential impeachment in comparative perspective.* Westport, CT: Praeger, 2003; BLACK, Charles; BOBBITT, Philip. *Impeachment: a handbook.* New Haven: Yale University Press, 2018; SERRAFERO, Mario Daniel; EBERHARDT, Maria Laura. Presidencialismo y Revocatoria de mandato presidencial en América Latina. Política y Sociedad, v. 54, n. 2, p. 497-519, out. 2017; TRIBE, Laurence; MATZ, Joshua. *To end a presidency: the power of impeachment.* New York: Basic Books, 2018; MARSTEINTREDET, Leiv; BERNSTZEN, Einar. "Latin American presidentialism: reducing the perils of presidentialism through presidential interruptions." *Comparative Politics*, v. 41, n. 4, p. 83-102, 2008; MELLO, Luiz Fernando Bandeira de. *Impeachment à brasileira: contornos da responsabilidade política do presidente da República.* Brasília: Senado Federal, 2024.; HOCHSTETLER, ref. 317.; NOVAIS, ref. 12, p. 211 *et seq.*

[912] BONAVIDES, ref. 7, p. 407.

É certo que, em muitos sistemas de presidentes governantes — mormente, por definição, nos sistemas presidenciais —, a constituição não reconhece ao presidente o poder de dissolução do parlamento, nem contempla a possibilidade de aquele ser removido pela ação do parlamento no uso de instrumentos de responsabilização política. Todavia, em vários desses sistemas, não é seguro que, na ausência de suficiente peso parlamentar do partido ou coligação presidenciais, condimentada com uma forte colisão política entre presidente e esmagadora maioria do parlamento (porventura em reação a um estilo presidencial hierárquico-decisionista[913], a um abissal colapso da aprovação popular, a casos de corrupção e outros escândalos ou a movimentações populares), o presidente não acabe por ser removido pelo parlamento. É crescentemente visível que, em alguns Estados, a duração do mandato do presidente depende de fatores contingentes e não apenas da previsão constitucional dessa duração.

Há exemplos históricos, desde muito cedo, de situações de destituição de presidentes pelo parlamento, como ocorreu com Vicente Guerrero, no México, em 1829[914]. O mecanismo do *impeachment* é uma remota herança do sistema parlamentar britânico, recuperado pelas constituições de presidentes governantes com a intenção de assegurar a existência de um instrumento que possa obstar a situações-limite, em que o presidente pretenda adulterar a forma e o sistema de governo[915] ou em que pratique ilícitos graves.

As últimas décadas assistiram a um processo de reformulação. Em alguns casos, essa reformulação tem reflexos ao nível do próprio texto constitucional, com o sucessivo alargamento dos fundamentos e o profuso recurso a conceitos vagos e indeterminados.

A Constituição do Chile (1980) prevê a possibilidade de destituição do presidente, entre outros fundamentos, pela prática de atos da sua administração que tenham afetado gravemente a honra ou a segurança da Nação [artigo 52º, n.º 2, alínea a)].

Constituição da Colômbia (1991), consagra a possibilidade de destituição por "*indignidad por mala conducta*", no artigo 175.º, n.º 2.

A Constituição da Gâmbia (1996) prevê, no seu artigo 67.º, a possibilidade de *impeachment* do presidente com fundamentos que vão desde o abuso de poder, à infidelidade ao juramento na posse, violação de norma constitucional e obstrução da justiça. Pode ser aplicado, inclusive, se o presidente agir desonestamente de forma prejudicial à economia da Gâmbia, o que abre todo um mundo de possibilidades em caso de insucesso económico do governo, a razão mais frequente da impopularidade presidencial e também das moções de censura nos sistemas parlamentares e semipresidenciais.

---

[913] V. PÉREZ LIÑÁN, ref. 634, (que foca em casos ocorridos até 2004, nem todos com o desenlace da destituição presidencial). Liñán frisa que os processos de *impeachment* estão geralmente associados a pronunciadas quedas de popularidade do presidente, níveis elevados de desemprego, reformas económicas dolorosas para a população e escândalos mediáticos (p. 89 *et seq.*)

[914] CARPIZO, ref. 119, p. 64.

[915] Essa intenção foi claramente assumida no debate constituinte da primeira Constituição republicana brasileira, de 1891, pelo influente Rui Barbosa. V. STRECK, Lenio Luiz; OLIVEIRA, Marcelo Andrade Cattoni de; BAHIA, Alexandre. Comentário ao artigo 85. In: CANOTILHO, J.J. Gomes *et al.* (coord.). *Comentários à Constituição do Brasil*. São Paulo: Saraiva: Almedina, 2013. p. 1285-1287.

É certo que a Constituição consagra um modelo misto, político-judicial, não deixando a decisão exclusivamente aos dois terços dos membros da Assembleia Nacional que podem proferir a decisão final. Contudo, isso não esbate a imensa amplitude da previsão do *impeachment*.

A Constituição do Gana (1992) prevê a possibilidade de remoção do presidente, se este se conduzir de modo prejudicial, hostil à economia ou à segurança do Estado, por decisão de dois terços dos membros do parlamento, precedida de apreciação judicial (artigo 69.º).

O artigo 225.º da Constituição do Paraguai descreve como conduta que pode ser censurada o *"mal desempeño de sus funciones, (...) delitos cometidos en el ejercicio de sus cargos o (...) delitos comunes"*. Não se trata apenas de um mecanismo de remoção de um presidente que comete delitos, mas também de um mecanismo de censura por mau desempenho das funções. O facto de, na lista que se segue, figurarem dois processos de *impeachment* com consequências é ilustrativo.

O caso do Brasil, pela abrangência e indeterminação das normas constitucionais, também merece estudo, mas fica reservado para ocasião posterior.

Mesmo quando o enquadramento constitucional se limita a empregar as fórmulas lapidares que se aproximam da Constituição norte-americana, prevendo o *impeachment* *"for treason, bribery, and other high crimes and misdemeanors"*, a interpretação dos conceitos vagos ou indeterminados é reiteradamente feita com sentido ampliativo, e podem encontrar-se exemplos em que não se nota sequer uma preocupação evidente em enquadrar o concreto processo nas normas e no espírito do mecanismo.

Processos de *impeachment* de presidentes governantes[916] desde a década de 1990[917-918]:

(i) Fernando Collor de Mello (Brasil, 1992, o primeiro Presidente eleito democraticamente depois da Constituição de 1988; renunciou para evitar destituição certa e a concomitante perda de direitos políticos, o que não conseguiu);

(ii) Carlos Andrés Pérez (Venezuela, 1993, destituído);

---

[916] O *impeachment* não é exclusivo dos sistemas de presidentes governantes: o primeiro Presidente europeu a ser destituído por aplicação do *impeachment* foi o lituano Rolandas Paksas, em abril de 2004, acusado de ter concedido a nacionalidade lituana a um empresário russo, financiador da sua campanha. Viria a ser eleito, subsequentemente, para o Parlamento Europeu, em 2009. O sistema constitucional de governo da Lituânia é semipresidencial. Que os institutos do *impeachment* ou similares são crescentemente vistos como um mecanismo de censura política e de eventual destituição do presidente também é demonstrado pelo caso francês. Após o anúncio de Jean-Luc Mélenchon, Mathilde Panot e Manuel Bompard, do movimento *Les Insoumis*, em agosto de 2024, de que tencionavam promover um pedido de destituição do Presidente Macron, ao abrigo do artigo 68.º da Constituição - caso este não nomeasse Lucie Castets para o cargo de Primeira-Ministra, na sequência das eleições legislativas de julho desse ano —, a proposta de resolução foi entregue à mesa da Assembleia Nacional, em 4 de setembro, por mais de 80 deputados. Todavia, seria rejeitada pela Comissão competente, sendo posteriormente recusada pela conferência de Presidentes a inscrição na ordem do dia.

[917] Naturalmente que o *impeachment* tem história anterior. Por exemplo, na Colômbia, em 1948, os liberais procuraram destituir o Presidente conservador Mariano Ospina. Este encerrou o Congresso.

[918] Referindo-se a muitos dos casos enunciados de seguida, NOHLEN; GARRIDO, ref. 16, p. 210, notam igualmente que quase todos se registaram em situação de governo dividido minoritário.

(iii)   Raúl Cubas Grau (Paraguai, 1999, renunciou para evitar destituição certa);

(iv)   Ernesto Samper (Colômbia, 1995, não pronunciado por votação da Câmara dos Representantes);

(v)   Albert Zafy (Madagáscar, 1996, destituído);

(vi)   Boris Iéltsin (Rússia, 1993, por duas vezes, e 1999; foi destituído na segunda ocasião de 1993, mas dissolveu o Soviete Supremo e permaneceu no poder);

(vii)   Joseph Estrada (Filipinas, 2000, não foi destituído, mas acabou por ser forçado à resignação por levantamentos populares);

(viii)   Abdurrahman Wahid (Indonésia, 2001, destituído, não obstante ter tentado dissolver o parlamento);

(ix)   Roh Moo-hyun (Coreia do Sul, 2004, destituído pelo parlamento, mas o Tribunal Constitucional reverteu a decisão);

(x)   Manuel Zelaya (Honduras, 2009, com a particularidade de o *impeachment* não estar previsto na Constituição; em 28 de junho de 2009, um grupo de militares obrigou-o a assinar uma carta de renúncia, tendo o Congresso aceitado a mesma e aprovado a destituição por unanimidade);

(xi)   Fernando Lugo (Paraguai, 2012, destituído num processo relâmpago).

(xii)   Dilma Rousseff (Brasil, 2016, destituída);

(xiii)   Park Geun-hye (Coreia do Sul, 2017, destituída);

(xiv)   Robert Mugabe (Zimbábue, 2017, o processo não chegou ao seu termo porque o presidente resignou antes);

(xv)   Pedro Pablo Kuczynski (Peru, 2018, renunciou para evitar destituição);

(xvi)   Martín Vizcarra (Peru, 2020, destituído);

(xvii)   Pedro Castillo (Peru, 2022, destituído).

(xviii) Yoon Suk-yeol (República da Coreia, 2024, voto de destituição aprovado pelo Parlamento confirmado pelo Tribunal Constitucional, em abril de 2025);

(xix)   Han Duck-soo (Presidente Interino, República da Coreia, 2024, voto de destituição aprovado pelo Parlamento, revertido pelo Tribunal Constitucional em março de 2025).

Salta à vista que neste elenco não figuram apenas Estados caracterizados por persistentes situações de instabilidade, de fragmentação, de volatilidade, de fragilidade presidencial ou de desinstitucionalização partidária, mas também Estados estáveis, como a República da Coreia e o Brasil, palcos de alguns dos mais poderosos presidentes do mundo.

Omitimos os vários casos dos EUA, sabendo-se que nenhum dos numerosos processos de *impeachment* resultou na destituição presidencial. Não se pode fazer o exercício de elencar as inúmeras intenções ou iniciativas de *impeachment* que não avançaram na maioria dos sistemas de presidentes governantes (o caso do Brasil será, todavia, mencionado adiante), algumas vezes por fatores puramente externos[919].

---

[919]   Por exemplo, em 2002, Enrique Bolaños, do Partido Liberal Constitucional (PLC), foi eleito Presidente da Nicarágua, notoriamente com o patrocínio do Presidente anterior, Arnoldo

Acresce que se multiplicam situações em que o mecanismo do *impeachment* não é sequer acionado, nem a título de ameaça ou início de processo, mas são usados outros mecanismos, formais ou informais, que direta ou indiretamente ditam a cessação do mandato presidencial. Nesses casos, os Congressos descobriram a via de destituir sem necessidade de maiorias qualificadas de dois terços ou próximas.

O Equador é pródigo no fornecimento de exemplos de mecanismos sucedâneos[920]:

(i) em 1997, na falta de maioria qualificada para o *impeachment*, o Parlamento seguiu a via constitucional da declaração de incapacidade mental de Abdalá Bucaram, que apenas requeria maioria, em nítida violação do espírito constitucional;

(ii) em 2000, Jamil Mahuad foi forçado a demitir-se após perder o apoio da sua coligação fantasma, após um pronunciamento por alguns militares e um levante popular;

(iii) em 2005, o Parlamento declarou que o Presidente Lucio Gutiérrez tinha abandonado funções e demitiu-o do cargo; todavia, a causa real foi a demissão de 27 dos 31 juízes do Supremo e nomeação de substitutos favoráveis ao governo em dezembro de 2004[921].

Ainda há outros casos de cessação ou antecipação do termo do mandato presidencial nas últimas décadas:

(i) Na Guatemala, Jorge Elias Serrano (1991-3), o primeiro Presidente da América Latina professante da religião protestante, suspendeu a Constituição, encerrando o Congresso e o Supremo Tribunal em 1993. As Forças Armadas, aparentemente, deram-lhe cobertura inicial, mas depois forçaram a sua demissão, permitindo ao Congresso eleger um sucessor, Ramiro de León Carpio (1993-6);

Alemán. Sendo este acusado de corrupção e julgado, com o alegado beneplácito de Bolaños, o PLC expulsou o Presidente e, juntamente com o Partido Sandinista (FSLN), na oposição, dispondo de dois terços no Parlamento, promoveu o *impeachment* de Bolaños, em outubro de 2004, sob a alegação de financiamento irregular da campanha de 2001. O *impeachment* não avançou devido à notória pressão internacional, da OEA e dos EUA.

[920] Ou, mais precisamente, o Equador é pródigo em choques frontais entre presidente e a maioria do congresso, que não tem normalmente contemplações em tentar libertar-se do presidente, à boa maneira parlamentar, quando este não tem maioria que o sustente. Essa tendência não demorou a manifestar-se logo após a redemocratização (1979). Febres-Cordero (1984-1988), conservador, próximo de Reagan, eleito em 1984 por uma apertada margem em relação ao candidato de centro-esquerda, perdeu a maioria no Congresso unicameral nas eleições intermédias de 1986. O Congresso passou a ser dominado pelo centro-esquerda. Em 1987, depois de um conflito em torno da amnistia de dois militares golpistas e do sequestro de Febres-Cordero pelas Forças Armadas, e na ausência de maioria para o *impeachment*, o Congresso aprovou uma resolução pressionando o Presidente a demitir-se, o que este recusou.

[921] Recorde-se ainda que em 2023, Guillermo Lasso "virou a mesa", dissolvendo o Congresso no âmbito do mecanismo designado "morte cruzada" para evitar a decisão de *impeachment*.

(ii)   Na República Dominicana, após ser eleito pela sexta vez em 1994, com quase 90 anos de idade e cego, Joaquín Balaguer aceitou antecipar as eleições presidenciais para agosto de 1996, no meio a uma contestação generalizada da regularidade das eleições presidenciais de 1994.

(iii)   No Peru, em 2000, o Congresso declarou a vacatura do cargo presidencial e a permanente incapacidade moral de Alberto Fujimori.

(iv)   Na Argentina, De La Rúa renunciou em dezembro de 2001, em resultado de protestos populares.

(v)   Na Bolívia, sucedeu o mesmo com Sánchez de Lozada, em setembro de 2003.

(vi)   Na Guatemala, em setembro de 2015, após acusações de envolvimento num caso de corrupção aduaneira do Presidente Otto Pérez Molina, o Congresso levantou a imunidade deste, que se demitiu um dia depois, sendo detido logo de seguida.

A maioria dos presidentes sujeitos a processos de *impeachment* ou outra forma de destituição não dispõem de maioria no parlamento. Mas há também situações de início do processo (e até de destituição), quando o partido ou coligação presidencial tem aí maioria (Samper, Colômbia; Cubas, Paraguai) ou, não tendo maioria, tem pelo menos minoria em princípio obstaculizadora do processo (Yoon Suk-yeol, República da Coreia). Muitos são declaradamente motivados por fatores políticos[922].

As razões por que nuns casos os presidentes são destituídos — ou saem pelo próprio pé — e noutros não, são complexas. Hochstetler sugeriu que a queda presidencial ocorre quando as movimentações das elites nos órgãos de poder são alimentadas e apoiadas por protestos de rua. A simples inclinação ou disponibilidade das elites para dar esse passo normalmente não é suficiente. Isso permite-lhe propor que os protestos de rua — ou ação da chamada sociedade civil —, devido a questões económicas e, sobretudo, a escândalos de corrupção, com ou sem ação paralela do poder político, podem ser o novo instrumento moderador do Poder político[923].

O quase garantido respaldo da sociedade às destituições presidenciais (com poucas exceções) é também uma das explicações por que, raramente, os presidentes procuram opor-se pela força ou através de mecanismos inconstitucionais (uma exceção foi Fujimori, no Peru), não obstante a conhecida fragilidade dos parlamentos.

2.   A NOVA FUNÇÃO DO *IMPEACHMENT*

Vimos, a propósito da formação e desenvolvimento do sistema de governo norte-americano, que a alteração da função do veto teve um papel significativo na formatação daquilo que consideramos, atualmente, o *tipo ideal* de sistema presidencial. O consenso a que os *founding fathers* chegaram em Filadélfia não apontava para um presidente forte

---

[922]   HOCHSTETLER, ref. 317, p. 61.

[923]   *Ibid.*, p. 56, *passim*. A autora nota que poucos presidentes sobrevivem a mobilizações grandes e violentas dos cidadãos (p. 68).

e, muito menos, capaz de enfrentar a vontade legislativa do Congresso. Nessa medida, o poder de veto poderia ser interpretado como um simples veto por inconstitucionalidade e não como instrumento para o presidente exprimir objeções políticas sobre uma lei do Congresso e, eventualmente, sobrepor-se à vontade legislativa deste[924].

Essa interpretação foi respeitada durante três quartos de século, mas viria a ser superada por Andrew Johnson (1865-1869), que inaugurou o uso do poder de veto como instrumento de afirmação política. A alteração da função do veto presidencial foi precipitada por um acontecimento histórico: o antagonismo do Presidente com o Congresso. A configuração de um instituto, hoje primordial e indiscutível nos sistemas de presidentes governantes, deve-se a um acidente da história política norte-americana.

O que as linhas anteriores mostram é que a função e o uso de institutos constitucionais podem sofrer alterações, mesmo quando estiveram congelados durante muito tempo. O instituto do *impeachment* pode estar a sofrer uma transformação tão impactante como a que o direito de veto sofreu no constitucionalismo americano[925]. Aquele instituto, quase inócuo até recentemente, pela sua excecionalidade constitucional, parece estar a transfigurar-se, *transformando-se num instrumento efetivo e corrente de limitação do Poder presidencial*, sucedâneo de mecanismo de responsabilização política, por vezes até com consequências mais graves do que os mecanismos de responsabilização política típicos de outros sistemas, uma vez que, em alguns países (Brasil, Chile e Colômbia, por exemplo), pode estar associado a perda de direitos políticos. Essa transformação pode até fazer descair a modalidade do sistema de presidente governante para presidente débil. Em casos extremos, fica no limiar de implicar o deslizamento para sistema presidencial de assembleia, particularmente se não estiver contemplada alguma fórmula dissuasória, por exemplo, um poder presidencial de, reciprocamente, pôr termo à legislatura.

Sem a mesma importância, por enquanto, pode ocorrer que outros mecanismos com o mesmo efeito, como o *recall,* venham a adquiri-la no futuro[926].

---

924 POSNER; VERMEULE, ref. 55, p. 184.

925 E que não se distancia muito do processo de reestruturação que sofreu no seu próprio ordenamento de origem, o britânico, onde o mecanismo do *impeachment* serviu de base a, e foi paulatinamente substituído por mecanismos de responsabilização política: v. NOVAIS, ref. 12, p. 218.

926 Indicações gerais sobre o instituto em: SERRAFERO; EBERHARDT, ref. 912. Os autores notam que o *recall* é praticado em vários países do globo, incluindo nos Estados Unidos, Suíça e, com variantes, Taiwan, Etiópia, Liechtenstein, Nigéria, entre outros. Na América Latina está consignado nas constituições nacionais da Venezuela, Bolívia, Equador e, desde 2021, no México. Os casos venezuelano e mexicano mostram que a possibilidade de *recall* tanto pode ser um meio de superação de impasses políticos, como um instrumento plebiscitário de reforço do poder presidencial e de neutralização da oposição. Em 2004 a oposição venezuelana conseguiu as assinaturas necessárias para convocar um plebiscito de *recall* de Hugo Chávez, ao abrigo do artigo 72.º da Constituição de 1999. O não (à perda do mandato) triunfou com mais de 59%, o que constituiu um importante tónico de legitimidade para o Presidente. No México, a possibilidade de referendo para confiar aos cidadãos a decisão de revogação do mandato presidencial foi prometida por Andrés Obrador como candidato presidencial. Depois da sua eleição, em 2018, e posse, em 2019, foi promovida uma revisão constitucional em 2021 que

introduziu o mecanismo (artigo 38.º, IX), o qual pode ser desencadeado por uma vez e nos três meses posteriores à conclusão dos três primeiros anos do mandato presidencial (de seis anos), mediante iniciativa de um certo número de cidadãos (3%, provenientes de pelo menos 17 estados). Para ser válida a revogação do mandato, tem de haver uma participação mínima de 40% e maioria absoluta a favor da revogação. Em abril de 2022, instigado pelo próprio Presidente, realizou-se o referendo sobre a *"Revocación de Mandato del Presidente de la República electo para el periodo constitucional 2018–2024"*. Votaram apenas 17% dos eleitores inscritos, mas a continuação de Obrador teve 90% de votos favoráveis. Os partidos da oposição aconselharam os apoiantes a não participar, acusando o referendo de ser uma mera manobra de reforço presidencial.

Capítulo VIII

O CASO PARADIGMÁTICO DO BRASIL

1. O PESO DA HISTÓRIA[927]

Na economia da Constituição imperial de 1824, o Imperador era o titular do poder moderador e do poder executivo que, aliás, se confundiam no exercício de um poder quase absoluto, muito além do que Constant propunha. O poder executivo era exercido por intermédio dos ministros — a fórmula canónica prolongar-se-ia para o sistema presidencial — por ele nomeados e demitidos livremente, sem atender à composição da Câmara dos Deputados. Esta, por sua vez, era livremente dissolvida pelo Imperador, com marcação de novas eleições, quando este pretendia adaptar a sua composição ao ministério da sua preferência, embora não estivesse previsto nenhum mecanismo de responsabilidade política acionável pelo parlamento.

O ministério era desprovido de qualquer organicidade. Só a partir de 1847 passaria a existir o presidente do Conselho, simples coordenador sem função de chefia do governo, que continuava a ser prerrogativa do Imperador. O cargo, aliás, seria dos poucos que não ganharia força política suficiente para se manter nos esquemas organizativos constitucionais subsequentes.

A República traria a Constituição de 1891 e o sistema presidencial que instaurou a tradição do *hiperpresidencialismo*, continuação, sob outro rótulo, do sistema do Império[928]. A inspiração intelectual foi colhida nos EUA e na Argentina, mas a alma é a da cultura política brasileira. O presidente era o ápice de uma estrutura sociopolítica coronelista e oligárquica, orquestrada pelos governadores, no contexto de um presidencialismo piramidal (José Afonso da Silva), sem o embaraço de freios e contrapesos.

Essa tradição não seria desafiada, antes confirmada, pelo interregno na democracia iniciado com a Revolução de 1930, que instaurou a II República, sob a batuta de Getúlio

---

[927] A literatura sobre a história constitucional brasileira é volumosa. V. FERREIRA, Waldemar Martins. *História do Direito Constitucional Brasileiro*. 2. ed. Rio de Janeiro: Forense, 2019; SILVA, José Afonso. Presidencialismo e Parlamentarismo no Brasil. *Revista de Ciência Política*, v. 33, n. 1, p. 9-32, 1990; PAIXÃO, Cristiano; CARVALHO, Cláudia Paiva. *História Constitucional Brasileira: Da Primeira República à Constituição de 1988*. São Paulo: Grupo Almedina, 2023. E-book.

[928] Nota-se, porém, que muitos dos republicanos originários eram parlamentaristas e não presidencialistas. BONAVIDES, ref. 7, p. 410, fala da consagração do presidencialismo como uma surpresa.

Vargas, nominalmente superado pela efémera Constituição de 1934. A referida marca seria intensificada pela Carta Constitucional de 1937, do Estado Novo, monocraticamente outorgada por Getúlio Vargas. Este permaneceria no poder, ditatorialmente, até ser deposto em 29 de outubro de 1945 (depois de ele próprio ter acedido a convocar eleições). Regressaria à presidência em 1951, democraticamente sufragado, já no âmbito da Constituição democrática de 1946.

A Constituição de 1946 não só cortava com instituições e práticas não democráticas de décadas, como ficava aquém da tradição brasileira do sistema presidencial musculado. Frequentemente, deixou presidentes à mercê dos humores próprios de um Congresso ingovernável e de um contexto e cultura políticos desfavoráveis. Entre 1946 e 1964, apenas Eurico Dutra (1946-1951) e Juscelino Kubitschek (1956-1961) conseguiram maiorias de apoio à sua presidência garantidoras de razoável estabilidade e coerência governativas[929]. Fora desses períodos, sucederam-se bloqueios, eternizados pela incapacidade de os superar. Esses bloqueios, em última análise, precipitaram acontecimentos e situações limite que condenaram a Segunda República. Logo no início do seu mandato democrático, Getúlio Vargas viu-se manietado por uma base parlamentar exígua, em permanente reconstrução através de arranjos *ad hoc*, consoante os interesses políticos de partidos, alguns dos quais neutrais (mormente o pivô de então, PSD), pela agitação social e por um ambiente de conspiração militar. Acossado, Getúlio Vargas suicidou-se em 24 de agosto de 1954. Jânio Quadros renunciou em 1961. João Goulart foi deposto pelo golpe militar de 1964. Crucial era a ausência de mecanismos presidenciais de controlo ou influenciação eficaz da agenda parlamentar, ou de materialização unilateral de uma agenda legislativa. O presidente não dispunha do poder de produzir decretos-leis ou medidas provisórias — ulteriormente previstos nas normas constitucionais da ditadura militar e na Constituição de 1988 —, que lhe permitissem ensaiar a quebra do cerco que um sistema de partidos, já com muitas caraterísticas do atual, erguia-lhe, não poucas vezes com os militares à espreita.

O sistema manteve-se presidencial ao longo de todo esse período, com exceção de um curto interregno semipresidencial na década de 1960.

> Por se tratar de uma experiência única em duzentos anos de história constitucional, o pretenso interregno semipresidencial (para alguns, parlamentar alicerçado designadamente na circunstância de no futuro a eleição do presidente passar a caber ao Parlamento)[930] merece algum desenvolvimento. Com a renúncia de Jâ-

---

[929] Juscelino Kubitschek (Presidente em 1956-1961) arquitetou uma coalizão que perdurou durante o mandato, que juntou o seu próprio partido, Partido Social Democrático, com o Partido Trabalhista Brasileiro, o Partido Republicano, o Partido Trabalhista Nacional, o Partido Social Trabalhista e o Partido Republicano Trabalhista. NOHLEN; GARRIDO, ref. 16, p. 176, apresentam esta coalizão como um exemplo paradigmático e, de certa forma, raro de uma coalizão estruturada no Brasil, caracterizada pela disciplina e distribuição dos cargos ministeriais proporcional ao peso dos Partidos no Congresso.

[930] A doutrina clássica qualifica o sistema de parlamentar: REALE, Miguel. *Parlamentarismo brasileiro*. 2. ed. São Paulo: Saraiva, 1962; SILVA, ref. 928, p. 22. Já ABRANCHES, ref. 357, p. 57 *et seq.*, alude ao semipresidencialismo.

nio Quadros, em agosto de 1961, ficou na linha da sucessão João Goulart, eleito vice-Presidente, por sufrágio universal, em 1960. As eleições para presidente e vice-presidente eram ambas por sufrágio universal, não sendo obrigatório que as candidaturas fossem no mesmo *ticket*. As suas inclinações à esquerda, ao trabalhismo (era figura de destaque do PTB) e a Getúlio Vargas, num ambiente anticomunista, suscitavam desconfianças em setores da direita e militares. Para evitar o veto militar à sua posse, Goulart foi forçado a aceitar uma emenda à Constituição de 1946 (Emenda Constitucional n.º 4 ou Ato Adicional, de setembro de 1961) que alterava o sistema de governo: o poder executivo passava a ser exercido pelo presidente da República e pelo conselho de ministros, chefiado pelo seu presidente;

Ao conselho de ministros cabia a direção e a responsabilidade da política do governo, assim como da administração federal; o presidente da República era eleito pelo Congresso Nacional por maioria absoluta de votos, exercendo o cargo por cinco anos; o presidente do conselho de ministros era nomeado pelo presidente, assim como os ministros de Estado; a investidura parlamentar do presidente do conselho de ministros dependia da aprovação pela maioria absoluta dos membros da Câmara dos Deputados; a investidura parlamentar do conselho de ministros dependia do voto favorável da maioria dos presentes da Câmara dos Deputados, após a apresentação do programa de governo; por seu turno, o Senado Federal, pelo voto de dois terços de seus membros, poderia, dentro de quarenta e oito horas, opor-se à composição do conselho de ministros; a recusa da confiança importaria formação de novo conselho de ministros; por outro lado, poderiam ser aprovadas moções de desconfiança contra o conselho de ministros, ou de censura contra qualquer de seus membros, devendo o presidente exonerá-los; o presidente da República poderia dissolver a Câmara dos Deputados em caso de aprovação de moções de desconfiança, opostas consecutivamente a três Conselhos.

Tendo em conta quer a circunstância de João Goulart ter sido eleito por sufrágio universal, em 1960, quer os relevantes poderes que a Constituição continuava a confiar-lhe, não custaria admitir que nesta fase de transição, enquanto o Presidente fosse João Goulart, o sistema tivesse um pendor semipresidencial (aliás confirmado pelas frequentes interferências do presidente no funcionamento do Governo). A partir do momento em que o presidente viesse a ser eleito pelo Congresso, a situação poderia deslizar para o parlamentarismo. Em qualquer caso, o período de vigência foi curto e a prática institucional, com três Primeiros-Ministros, foi atribulada, pelo que não é possível extrair conclusões sólidas sobre o rumo tomado. O primeiro conselho de ministros, presidido por Tancredo Neves, durou quase um ano; foi o mais duradouro e bem-sucedido, porém em ambiente de tensões com o Presidente, com o Parlamento e com os partidos, incluindo aqueles que tinham ministros no Governo. Isso tornou patente as desvantagens de um sistema semipresidencial em que vigora a dupla responsabilidade do Governo, perante PR e Parlamento. Em 1963, Goulart conseguiria a antecipação do plebiscito sobre a continuação do sistema de governo ou regresso ao sistema presidencial. Uma votação expressiva de 80% a favor do regresso ao sistema presidencial, como Goulart pretendia, pôs cobro à efémera e pouco memorável experiência do parlamentarismo/semipresidencialismo brasileiro. Porém, seria uma vitória de Pirro.

Em 31 de março de 1964, um golpe militar iniciou o percurso para a ditadura militar. O Congresso Nacional declarou a vacatura da Presidência da República em 2 de abril; foi formada uma junta militar; Goulart viajou para o exílio. Logo a seguir, foi eleito pelo Congresso o general Humberto de Alencar Castelo Branco, um dos principais líderes do golpe.

A Constituição da ditadura militar, de 1967, montou um poder presidencial musculado e consumou o eclipse quase total do Congresso, organizado entre 1966 e 1979 em torno de um partido da "situação" (Aliança Renovadora Nacional, ARENA) e de um manietado partido da oposição consentida (Movimento Democrático Brasileiro, MDB)[931].

2. A GESTAÇÃO DOUTRINAL E INSTITUCIONAL DO SISTEMA PRESIDENCIAL DE COALIZÃO

Em 1988, Sérgio Abranches publicou o conhecido ensaio "Presidencialismo de coalizão, o dilema institucional brasileiro"[932]. Até aí, o termo presidencialismo de coalizão não era usado. Propagou-se desde então, embora haja expressões alternativas, como de transação (Afonso Arinos). Inclusive neste livro, quando nos referimos especificamente ao sistema de governo brasileiro, usamos, em geral, a expressão *sistema presidencial de coalizão*[933].

Abranches apontava uma razão para o caráter inovatório do termo: o Brasil era o único país com sistema de governo presidencial no qual a prática das coalizões estava

---

[931] Na reforma partidária de 1979 a ARENA seria sucedida pelo PDS e o PMDB sucedeu ao MDB. Surgiram também por essa altura o PP, o PTB, o PDT e o PT.

[932] V. ABRANCHES, ref. 820.

[933] Como anunciámos no momento próprio, o léxico simplificado normalmente usado neste livro distingue entre *alianças* (acordos pré-eleitorais) e *coligações* (acordos pós-eleitorais). Todavia, esse léxico pode não coincidir com o mais comumente empregue no Brasil. Ultimamente, distinguem-se alianças, federações, coligações e coalizões. Segundo esclarece o Supremo Tribunal Eleitoral, a principal diferença entre federações e coligações "é o caráter permanente das federações, uma vez que as alianças firmadas nas coligações valem apenas até a eleição, podendo ser desfeitas logo em seguida". Desde 2017, as coligações não são permitidas "nas eleições proporcionais, que elegem representantes políticos para as casas legislativas (cargos de deputado federal, deputado estadual, deputado distrital e vereador). No entanto, a legislação continuou a permitir a união de partidos em torno de uma única candidatura nas eleições majoritárias (para os cargos de presidente, senador, governador e prefeito)": ELEIÇÕES 2022: entenda as principais diferenças entre federações partidárias e coligações. *Tribunal Superior Eleitoral*, 7 jan. 2022. Disponível em: https://www.tse.jus.br/comunicacao/noticias/2022/Janeiro/eleicoes-2022-entenda-as-principais-diferencas-entre-federacoes-partidarias-e-coligacoes. Acesso em: 23 jan. 2024. Deste esclarecimento decorre que há um macroconceito, o de *alianças* pré-eleitorais, que recobre dois tipos: as *federações* e as *coligações*. No léxico adotado dominantemente, talvez não unanimemente, no Brasil, o termo *coalizão* é reservado para os acordos pós-eleitorais, com diferentes graus de formalização e de estabilidade, pelos quais os partidos políticos e os seus líderes concordam em compartilhar recursos políticos para alcançar metas governativas em comum.

enraizada, pelo menos, desde a Constituição de 1946, tendendo a ser a regra e não a exceção[934].

Discorria sobre o que entendia serem fatores estruturais que o país havia mantido quase intocados nos períodos democráticos, independentemente da mudança de regime: sistema presidencial, federalismo, sistema proporcional na eleição dos deputados, multipartidarismo moderadamente fragmentado. E alianças ou coalizões (antes ou após eleições).

Não é possível concluir que Abranches veiculava uma visão cética ou desaprovadora daquela conjugação de fatores, particularmente no que toca ao sistema proporcional e ao sistema partidário. Admitia que o sistema proporcional — mesmo em contexto de sistema presidencial — é próprio de sociedades heterogéneas e atravessadas por fortes clivagens, como a brasileira; nessas circunstâncias, só ele é suficientemente legitimador, na medida em que só ele permite adequada expressão e representação política daquelas clivagens. Comparava o sistema de partidos tradicional brasileiro com os de democracias avançadas que tomava como referência e não lhe imputava um grau de fragmentação preocupante ou sequer superior ao da média. Analisava as coligações registadas na história recente e não lhes encontrava nenhum problema grave.

Todavia, não deixava de apontar aspetos críticos, de expressar cautelas e de mostrar inquietude com certas implicações das coligações que, no seu entender, nunca tinham sido adequadamente enfrentadas. Estava preocupado com a gestão das coligações e o seu potencial de risco para a governabilidade, para a autoridade presidencial e para a possibilidade de potenciar conflitos entre executivo e legislativo.

Em geral, as teses do autor contrariavam a orientação — estudada em momento anterior[935] — que, na época de retoma democrática na América Latina, dominou o panorama do direito constitucional comparado e da ciência política no que toca à relação entre sistema presidencial e democracia e entre sistema presidencial e sistema eleitoral proporcional (Linz; Valenzuela). Essas teses teriam algum eco no Brasil[936], particular-

---

[934] A tese tinha, porém, de ser matizada tendo em conta experiências históricas do Uruguai (consociativa) e do Chile. V. uma exaustiva enumeração das coligações chilenas, desde 1946, em: NOHLEN; GARRIDO, ref. 16, p. 178 *et seq.* E contemporaneamente ao trabalho existiam experiências coligacionistas no Equador e na Bolívia.

[935] V. *supra*, Capítulo I, incluindo bibliografia.

[936] A expressão ensaística desse debate, em geral ou particularmente no caso brasileiro, é vasta. V., designadamente, MAINWARING, Scott. Presidentialism in Latin America. *Latin American Research Review*, v. 25, 1990, p. 157-179; MAINWARING, Scott. Politicians, parties, and electoral systems: Brazil in comparative perspective. *Comparative Politics*, v. 24, n. 1, 1991, p. 21-43; MAINWARING, Scott. *Presidentialism in Brazil: The Impact of Strong Constitutional Powers, Weak Partisan Powers, and Robust Federalism.* Washington, D.C.: Woodrow Wilson International Center, 1997; MAINWARING, Scott. Presidentialism, multipartism, and democracy: the difficult combination. *Comparative Political Studies*, v. 26, n. 2, p. 198-228, 1993; MAINWARING, Scott. *Presidentialism and democracy in Latin America.* Cambridge: Cambridge University Press, 1997; INÁCIO, Magna. Presidencialismo de coalizão e sucesso presidencial no Brasil. 2006. Tese (Doutorado em Ciência Política) – Universidade Federal de Minas Gerais, Belo Horizonte, 2006; INÁCIO, ref. 828; CARDOSO, Fernando Henrique. *A arte da política: a história que vivi.* Rio de Janeiro: Civilização Brasileira, 2006; LIMONGI, Fernando. A democracia no Brasil: presiden-

mente durante o processo de redação da Constituição brasileira de 1988, reavivando, aliás, um debate histórico[937].

Alguns insinuam que a opção dos constituintes brasileiros pelo sistema presidencial, em detrimento do sistema parlamentar, foi mais movida por considerações estratégicas, sectoriais e fatores conjunturais, do que por uma forte convicção a favor daquele[938]. Como quer que seja, não só não foi adotado um sistema parlamentar, como o sistema presidencial se caracteriza, conforme logo se reparou (Shugart e Carey[939]), por albergar um dos mais poderosos presidentes do mundo. Na época, alguns — incluindo o então Presidente, José Sarney — temiam o regresso ao padrão inaugurado na vigência da Constituição de 1946, de presidente geralmente fragilizado e indefeso perante o enredo de uma profusão de partidos parlamentares indisciplinados e fragmentados. Por isso, os poderes presidenciais foram significativamente reforçados. Isso não obstou a que se conjeturassem crises de ingovernabilidade e até de legitimidade[940]. Observadores externos notaram que a Constituição consagrava tudo o que era desaconselhável: pre-

---

cialismo, coalizão partidária e processo decisório. *Novos Estudos CEBRAP*, n. 76, p. 17-41, 2006; SANTOS, Fabiano. *O poder legislativo no presidencialismo de coalizão*. Belo Horizonte: UFMG; Rio de Janeiro: IUPERJ, 2003; COUTO, Claudio; ABRUCIO, Fernando. O segundo governo FHC: coalizões, agendas e instituições. *Tempo Social*, v. 15, n. 2, p. 269-301, 2003; AVELAR, Lúcia; CINTRA, Antônio Octávio (org.). *Sistema político brasileiro: uma introdução*. 3. ed. Rio de Janeiro: Unesp, 2015; MACHADO, Aline. Minimum Winning Electoral Coalitions Under Presidentialism: Reality or Fiction? The Case of Brazil. *Latin American Politics and Society*, v. 51, n. 3, p. 87-110, 2009; KINZO, Maria D'Alva Gil. Governabilidade, Estrutura Institucional e Processo Decisório no Brasil. *Parcerias Estratégicas*, v. 2, n. 3, p. 9-25, 2009; PRAÇA, Sérgio; FREITAS, Andréa; HOE-PERS, Bruno. Political Appointments and Coalition Management in Brazil, 2007-2010. *Journal of Politics in Latin America*, v. 3, n. 2, p. 141-172, 2011; MELO, Marcus André; PEREIRA, Carlos. *Making Brazil Work: Checking the President in a Multiparty System*. New York: Palgrave, 2013; MELO, ref. 824; AVRITZER, Leonardo. *O Pêndulo da Democracia*. São Paulo: Todavia, 2019; SIL-VA, ref. 865; VICTOR, ref. 830; AMORIM NETO, ref. 299; FREITAS, ref. 828; ABRANCHES, ref. 357; AMES, ref. 299; NEGRETTO, ref. 601; LIMONGI; FIGUEIREDO, ref. 19; FIGUEIREDO; LIMONGI, ref. 19; CHEIBUB; PRZEWORSKI, A.; SAIEGH, ref. 844.

[937] Um episódio do debate: MELLO FRANCO, Afonso Arinos de; PILLA, Raúl. *Presidencialismo ou parlamentarismo?* Rio de Janeiro: José Olympio, 1958. Na condição de senador, Afonso Arinos foi o autor da emenda que supostamente instituiria um sistema parlamentar, adotada em setembro de 1961.

[938] V. uma apreciação externa — talvez mais objetiva do que a dos atores e observadores internos do processo — em LERER, Adrián. Presidencialismo en latinoamérica: experiências reformistas recientes, el caso brasileño. *In*: NINO, Carlos Santiago et al. *Presidencialismo puesto a prueba*. Madrid: Centro de Estudios Constitucionales, 1992. p. 157- 196. Recorde-se que na própria Argentina o Conselho para a Consolidação da Democracia havia proposto em 1986 e 1987 a instauração de um sistema misto (semipresidencial), em alternativa ao hiperpresidencialismo tradicional.

[939] SHUGART; CAREY, ref. 13.

[940] V., por exemplo, FERREIRA FILHO, Manoel Gonçalves. *Constituição e governabilidade: ensaio sobre a (in)governabilidade brasileira*. São Paulo: Saraiva, 1995.

sidente reforçado, sistema proporcional com círculos eleitorais de grande dimensão e lista aberta, regime dos partidos que os fragilizava[941].

E, na verdade, nos anos que se seguiram foram sendo elencados traços críticos: (i) multipartidarismo fragmentado e com tendência a alguma polarização; (ii) incentivos à instrumentalização dos partidos; (iii) incoerência das coalizões e dos governos que lhes correspondem; (iv) instabilidade e volatilidade das coalizões; (v) ineficiência do processo de decisão política decorrente da profusão de *veto players*; (vi) captura por interesses localistas.

Esse quadro é parcialmente real. E é indisfarçável que estes fatores por vezes provocam abalos na estabilidade. Sem embargo, pode afirmar-se, em termos gerais, que o modelo de funcionamento que caraterizou a vigência da Constituição de 1946 não se instalou ou, pelo menos, não tem constituído regra na Terceira República. Tanto a Segunda quanto a Terceira Repúblicas conhecem o presidencialismo de coalizão. Mas o da última desenvolve-se sobre bases distintas. No plano institucional, regista-se o reforço dos poderes presidenciais atribuídos pela Constituição, embora, seguindo uma tendência compensatória que encontramos noutros sistemas, também haja um reforço dos poderes de fiscalização do parlamento, da carta de direitos, dos poderes descentralizados e dos instrumentos de fiscalização judicial. O sistema partidário é distinto, o que implica que as bases e as lógicas das coalizões sejam diferentes[942]. O entrosamento dos fatores de cultura e contexto políticos mais salientes obedece a outra dinâmica.

O sistema de governo delineado pela Constituição de 1988 e temperado por condições institucionais extraconstitucionais e variáveis contextuais constitui resposta aos desafios contemporâneos que porventura excede expetativas iniciais. Em geral, tem funcionado com índices de estabilidade superiores aos de períodos históricos anteriores e aos de outros países da região[943]. O caso brasileiro é, possivelmente, aquele que mais eloquentemente mostra a sustentabilidade do sistema presidencial de coalizão[944]. E mostrou-a mesmo em ambiente institucional e contextual, algo diferente daquele que Abranches tinha tomado como referência para construir os alicerces da sua proposta doutrinal. Sendo o ensaio de Abranches publicado em 1988, a sua análise não tomava em consideração, é claro, o quadro institucional desenhado, e a dinâmica política desencadeada, pela Constituição de 1988[945].

---

[941] V., por exemplo, especialmente crítico em relação aos partidos brasileiros, SARTORI, Giovanni. Nem Presidencialismo, nem Parlamentarismo. *Novos Estudos*, n. 35, p. 3-14, mar. 1993. p. 11-12.

[942] Sobre o assunto, v. a exposição de ABRANCHES, ref. 357, p. 39 *et seq*. Desde logo, é notória a diferença entre um sistema tendencialmente bipolarizado entre PSD e UDN, com a interferência do PTB (e do Partido Comunista, até ser banido, em 1947) e um sistema multipartidário fragmentado.

[943] Devem-se, porventura, a Angelina Figueiredo e Fernando Limongi algumas das mais madrugadoras e eloquentes defesas do sucesso do sistema: v. FIGUEIREDO; LIMONGI, ref.19.

[944] Sendo hoje o sistema presidencial de coligação algo bastante estabelecido. Por todos, v. CHAISTY; CHEESEMAN; POWER, ref. 92.

[945] V. atualizações do próprio em ABRANCHES, ref. 826, p. 155; e no seu texto mais desenvolvido, de 2018, ABRANCHES, ref. 357, p. 76 *et seq*., 341, há o reconhecimento de que o sistema

O autor não previu (nem podia) alguns desenvolvimentos dos sistemas políticos brasileiro e dos outros países da América Latina.

Não podendo ser exaustivo nos detalhes, destacam-se cinco aspetos:

- A fragmentação do sistema partidário, no Brasil e na maior parte dos Estados, foi muito além do exigido pela induzida representação das correntes derivadas da heterogeneidade social, regional, étnica, ideológica;
- A (necessidade de) institucionalização do chamado "centrão", conjunto de partidos do sistema partidário que desempenham habitualmente funções de estabilizadores "automáticos", na medida em que viabilizam coligações maioritárias com múltiplas configurações;
- A proliferação universal de sistemas que escapam aos modelos clássicos de sistemas de governo (presidencial, parlamentar) e que formam uma categoria mais vasta de sistemas de governo de presidentes governantes;
- A proliferação de sistemas de presidentes governantes (e, dentro destes, de sistemas presidenciais) na América Latina (e até fora da América Latina, como, recentemente, a África do Sul) cuja estabilidade governativa requer necessariamente a constituição de alianças pré-eleitorais ou de coligações pós-eleitorais, com incidência parlamentar e governativa. Se em algum momento o Brasil foi o único país a adotar o sistema presidencial de coalizão, isso já não ocorre, embora continue a ser o que melhor o domina;
- A hibridização institucional — ao nível da constituição e de leis estruturantes do sistema político —, com a inserção de inovações ou a transmutação funcional de alguns mecanismos, como o *impeachment* presidencial.

Voltaremos a estes aspetos.

3. O SISTEMA PRESIDENCIAL REFORÇADO DA CONSTITUIÇÃO DE 1988

A Constituição de 1988 é fruto do trabalho de uma Constituinte composta por atores que tinham sido ativos em cargos políticos na Segunda República (sobretudo do PSD e da UDN), outros que integraram as fileiras do ARENA e outros que não tinham vínculos históricos significativos[946]. Não espanta que concilie traços de continuidade em relação às experiências constitucionais imediatamente anteriores e de inovação.

Os autores aderem normalmente ao consenso de que, do ponto de vista constitucional, o presidente brasileiro é um dos mais poderosos, particularmente quando consideram os poderes que se reportam ao exercício do poder legislativo e à irrestrita liberdade para moldar o executivo, por vezes com abundante e quase incondicionado

---

presidencial de coalizão funcionou melhor desde 1988 do que na Segunda República e de que "é governável, tem capacidades institucionais bastante robustas". Sem embargo, alerta que há "défices que estão se aprofundando".

[946] ABRANCHES, ref. 357, p. 80.

comprometimento de recursos públicos, alicerçado no controlo da definição e execução das rubricas orçamentais[947]. Na literatura não falta quem equipare o presidente da República aos Imperadores do século XIX.

A comparação entre as Constituições de 1946, de 1967 e de 1988, revela linhas de continuidade, mas também de dissonância[948]. No que toca ao sistema de governo, a última fica a meio caminho entre a Constituição de 1946, de sistema presidencial tornado débil pela conjugação entre quadro constitucional e funcionamento, e a Constituição de 1967, de rotativismo presidencial militar musculado. Na medida em que consagra um sistema presidencial reforçado — uma hiperpotencialização do executivo (Gilmar Mendes) —, pode considerar-se herdeira de uma tendência histórica endémica a favor da hipertrofia do executivo[949].

Isso não obsta a que quer o Congresso, quer o judiciário, tenham visto reforçadas as suas posições em relação ao que resultava da Constituição de 1967[950].

Sintoma relevante — embora não o único — foi o reforço da posição da segunda Câmara, o Senado, que passou a ter também iniciativa legislativa, a par de competências exclusivas (entre as quais o julgamento do presidente), passando assim a contar para a aritmética das maiorias — e das coalizões — necessárias para o presidente governar[951]. Este ponto é importante e explica uma dimensão da prática institucional do sistema — a dimensão de repartição de zonas de poder e influência na distribuição de recursos — desenvolvida mais adiante. Por seu lado, avulta a posição do STF como Tribunal Constitucional, Criminal e de Recurso — bem como, numa função menos institucionalizada, de nivelador de poderes — e do Ministério Público.

Conforme a Constituição, o presidente é eleito por sufrágio universal, para um mandato de quatro anos (desde 1994). Desde 1997, pode ser reeleito uma vez, para o período seguinte ao primeiro mandato, e voltar a concorrer após um intervalo de quatro anos desde o fim do segundo mandato. O parlamento (Congresso) é composto por duas casas, Senado e Câmara dos Deputados, integradas por senadores e deputados eleitos por sufrágio universal, em contexto de Estado federal. O Senado também dispõe agora

---

[947] Como veremos a seu tempo, este controlo quase incondicionado foi significativamente constrangido com a introdução do mecanismo das emendas orçamentais obrigatórias ou impositivas por Emendas Constitucionais e outras normas.

[948] SILVA, ref. 928.

[949] MENDES, Gilmar Ferreira.; BRANCO, Paulo Gustavo Gonet. *Curso de direito constitucional*. 17 ed. São Paulo: Saraiva, 2022. p. 975.

[950] SILVA, ref. 928, p. 30. Cálculos recentes indicam que o Congresso brasileiro estará entre os mais bem posicionados em termos de poderes: CHERNYKH, Svitlana; DOYLE, David; POWER, Timothy. Measuring Legislative Power: An Expert Reweighting of the Fish-Kroenig Parliamentary Powers Index. *Legislative Studies Quarterly*, v. 42, n. 2, p. 295-320, mai. 2017.

[951] Sobre a repercussão do bicameralismo na vida das coligações, ALBALA, ref. 371. Como se assinalou antes, um parlamento bilateral implica duas rondas de negociações para encontrar um suporte parlamentar do executivo, e não apenas uma. Isso aumenta a incerteza quanto ao sucesso, na medida em que o controlo de uma das câmaras pode não ser suficiente; ABRANCHES, ref. 357, p. 77 *et seq*.

do poder de iniciar o processo legislativo. Como se vai tornando comum nos sistemas presidenciais latino-americanos, o presidente é eleito por maioria absoluta (sistema de *ballotage*), enquanto os membros das casas do Congresso são eleitos de acordo com os sistemas de representação proporcional (deputados) ou maioritário (senadores).

Prevê, também, a existência de ministros de Estado, *livremente* nomeados e exonerados pelo presidente a *qualquer momento* [artigo 84.º, I)] e sem necessidade de confirmação ou autorização do Senado, ao contrário do que ocorre nos EUA, o que constitui um fator de reforço presidencial. Os ministros não são responsáveis perante as duas casas do Congresso (pelo menos juridicamente), embora possam ser convocados por estas ou por qualquer das suas comissões para "prestarem, pessoalmente, informações sobre assunto previamente determinado, importando em crime de responsabilidade a ausência sem justificação adequada" (artigo 50.º, §1.º, da Constituição).

Do ponto de vista constitucional, os ministros de Estado são meros órgãos auxiliares do presidente, que é o titular monocrático e único do poder executivo (artigo 76.º: "O Poder Executivo é exercido pelo presidente da República, auxiliado pelos Ministros de Estado"). Entretanto, desde o mandato de Collor de Mello, a lei prevê que integram a Presidência da República conselhos — em número variável — e órgãos, além dos serviços de apoio administrativo ao presidente. Entre aqueles conselhos está o Conselho de Governo, identificado como um dos órgãos que prestam assessoria imediata ao presidente da República. A composição do Conselho de Governo pode flutuar de presidente para presidente, mas inclui sempre os ministros de Estado (cujo número, no Brasil, depende exclusivamente do critério presidencial), a que acrescem outros titulares de órgãos superiores do perímetro do executivo[952]. Podem ser criadas câmaras do Conselho de Governo, direcionadas para uma perspetiva setorial. É presidido pelo presidente da República ou, por sua determinação, pelo chefe da Casa Civil, e reúne-se quando convocado por aquele. Ao Conselho de Governo compete "assessorar o presidente da República na formulação de diretrizes da ação governamental"[953]. O Conselho de Governo não é, por isso, um órgão colegial *autónomo*, do tipo conselho de ministros, com poder deliberativo próprio. Não obstante a função de presidência do conselho poder ser exercida pelo chefe da Casa Civil, este não é equiparável a um primeiro-ministro[954], ao modo dos primeiros-ministros dos sistemas parlamentares

---

[952] O Conselho de Governo foi criado em 1990 (v. Lei 8.028/1990). Na Lei n.º 11.204/2005, lê-se que "o Conselho de Governo é integrado pelos Ministros de Estado, pelos titulares dos órgãos essenciais da Presidência da República, pelo Ministro de Estado do Controle e da Transparência, pelos titulares das Secretarias Especiais de Direitos Humanos, de Políticas para as Mulheres, de Políticas de Promoção da Igualdade Racial e de Agricultura e Pesca, pelo Chefe do Núcleo de Assuntos Estratégicos e pelo Advogado-Geral da União".

[953] Para mais informações acessar o sítio do governo brasileiro: https://www.gov.br/planalto/pt-br/acompanhe-o-planalto/privadas-antigas/acao-governamental/conselho-de-governo/conselho-de-governo.

[954] Que já existiu no Brasil, cargo criado em 1847: v. LIRA, Augusto Tavares de. A presidência e os presidentes do Conselho de Ministros no Segundo Reinado. *Revista do Instituto Histórico e Geográfico Brasileiro (RIHGB)*, t. 94, v. 148, 1923, p. 567-609.

ou semipresidenciais, que têm Poder e poderes próprios. É sobretudo um ministro da presidência (na terminologia clássica portuguesa).

A Constituição de 1988 optou por manter — ainda que mitigadamente — traços do reforço do poder presidencial introduzidos durante a ditadura militar (Constituição de 1967), alguns sem paralelo na anterior Constituição democrática, de 1946. Com repercussão direta ou indireta no conteúdo normativo do ordenamento jurídico[955]:

(i) poder de veto total ou parcial, superável por maioria absoluta dos membros do Congresso, em deliberação conjunta das duas casas (em 1946 eram exigidos dois terços, como nos EUA). Saliente-se a possibilidade de veto apenas sobre artigo, parágrafo, inciso ou alínea (mas nunca sobre simples palavras), dito veto parcial, e a faculdade de o Congresso o derrubar apenas parcelarmente, rara em direito comparado;

(ii) poder genérico de iniciativa legislativa (artigo 61.º, *caput*). Além disso, reserva exclusiva (privativa) de iniciativa presidencial em várias matérias, algumas das quais entre as mais importantes para a materialização de uma agenda política ou legislativa e de um controlo efetivo sobre a alocação de recursos, como entre outras (artigo 61.º, §1.º): fixação ou modificação dos efetivos das Forças Armadas; criação de cargos, funções ou empregos públicos na administração direta e autárquica ou aumento da sua remuneração; organização administrativa e judiciária; matéria tributária e orçamentária; serviços públicos e pessoal da administração dos Territórios; organização do Ministério Público e da Defensoria Pública da União, bem como normas gerais para a organização do Ministério Público e da Defensoria Pública dos Estados, do Distrito Federal e dos Territórios; militares das Forças Armadas, seu regime jurídico, provimento de cargos, promoções, estabilidade, remuneração, reforma e transferência para a reserva;

(iii) poder de publicar medidas provisórias com força de lei (artigo 62.º da Constituição de 1988). Nos termos constitucionais, as medidas provisórias (MP) visam acudir a situações de relevância e urgência. Caracterizam-se por serem atos normativos primários, sob condição resolutiva, de caráter excepcional, cautelares (Gilmar Mendes; Paulo Branco). Entram imediatamente em vigor, mas carecem de posterior apreciação pelas duas casas do Congresso para se converter definitivamente em lei ordinária. Vigoram inicialmente por 60 dias, prorrogáveis automaticamente por igual período, se a votação não tiver sido concluída nas duas câmaras. É vedada a reedição, na mesma sessão legislativa, de medida provisória que tenha sido rejeitada ou que tenha perdido a sua eficácia por decurso de prazo (§10.º do artigo 62.º, inserido em 2001, durante o segundo mandato de Fernando Henrique Cardoso). Esta proibição visa obviar a uma prática de alguns presidentes (Sarney, Collor

---

[955] V., em geral, CLÈVE, Clèmerson Merlin. *Atividade legislativa do poder executivo*. 4. ed. São Paulo: Revista dos Tribunais, 2021.

de Mello, Itamar Franco e, profusamente, do próprio Fernando Henrique Cardoso[956]) de republicar medidas provisórias após perda da eficácia por decurso do prazo constitucional[957].

(iv) poder de solicitar urgência na apreciação das suas iniciativas legislativas (artigo 64.º, § 1º), o que se traduz na obrigação de as câmaras respeitarem um prazo exíguo (45 dias), sob pena de imporem prioridade no topo da agenda congressional, obstando ao veto de gaveta de maiorias negativas adversas que pretendam forçar a caducidade sem terem de se pronunciar expressamente[958]; quando se trate de medida provisória, aplicação automática de processo de urgência se não for apreciada em até quarenta e cinco dias contados da sua publicação (artigo 62.º, §6.º);

(v) poder de convocar extraordinariamente o Congresso (artigo 57.º, §6.º, II), fixando a agenda da sessão, desde que aprovado pela maioria absoluta de cada uma das casas;

(vi) poder genérico de produção de decretos e regulamentos de execução das leis (artigo 84.º, IV)[959];

(vii) poder exclusivo de emissão de decretos autónomos ou independentes sobre determinadas matérias (artigo 84.º, VI), a que a doutrina atribui perfil não

---

[956] Cfr. os números em: INÁCIO, ref. 828, p. 184.

[957] Ocorrendo, porém, que a reiteração das medidas provisórias, enquanto possível, contava frequentemente com o beneplácito e até o encorajamento táticos do Congresso, seja em contexto de coalizão presidencial maioritária, seja noutro: NEGRETTO, ref. 480, p. 546. Sobre o instituto das medidas provisórias, em geral, KADRI, Omar. *O Executivo Legislador: o caso brasileiro*. Coimbra: Coimbra Editora, 2004; SAMPAIO, Marco Aurélio. *A medida provisória no presidencialismo brasileiro*. São Paulo: Malheiros, 2007; VICTOR, ref. 830, p. 112 *et seq.*

[958] Estatísticas mostram o abissal contraste entre a duração do processo legislativo de iniciativas presidenciais e de iniciativas provenientes do interior do Congresso, com vantagem para aquelas.

[959] Que poderão alojar verdadeiras normas legislativas, inovatórias em relação à lei executada, permitindo a fuga ao constrangimento da coalizão parlamentar, mas defraudando o desenho de repartição de competências delineado pela Constituição: cfr. o debate em PORFIRO, Camila Almeida. *Limites Constitucionais e Dimensões de Controle*. Belo Horizonte: Fórum, 2021. A literatura nota o aumento do número de decretos presidenciais nos últimos anos. Luiz Inácio Lula da Silva publicou nos primeiros 60 dias do seu terceiro mandato o número recorde de 101 decretos, o maior desse período desde a redemocratização. Jair Messias Bolsonaro, havia publicado no primeiro ano de governo 536 Decretos (1.664, durante todo o mandato presidencial), também um recorde, só superado por Fernando Collor de Mello, com 1.186 Decretos. Dados acessíveis a partir de: http://www4.planalto.gov.br/legislacao/portal-legis/legislacao-1/decretos1/decretos-1. É certo que o artigo 49.º, V, atribui ao Congresso Nacional o poder de "sustar os atos normativos do Poder Executivo que exorbitem do poder regulamentar ou dos limites de delegação legislativa". Todavia, as ocasiões em que o Congresso usou este poder são um número irrisório. Por vezes, a "ameaça" de o Congresso produzir um decreto legislativo para sustar um concreto decreto presidencial pode despoletar negociações entre o presidente e as Câmaras, com subsequente alteração do decreto presidencial.

regulamentar e fundamento direto na Constituição[960], sendo difícil neles vislumbrar onde começa a real inovação legiferante.

O reforçado quadro normativo tem correspondência no funcionamento. Passados os primeiros anos de vigência da Constituição de 1988, já Fernando Limongi e Argelina Figueiredo[961] e Cheibub[962], entre outros, notavam o controlo presidencial sobre a agenda parlamentar[963].

Traço saliente da tendência para a liderança do presidente é o significativo peso das suas iniciativas (ou das iniciativas ministeriais, sujeitas ao crivo presidencial tratado abaixo) no *output* legislativo.

Acresce que o uso do poder presidencial de emissão de medidas provisórias tornou-se regra e não exceção; por outro lado, a não conversão de medidas provisórias em lei, pelo Congresso, ocorre menos frequentemente do que a conversão, mesmo quando aquelas suscitam resistência significativa, uma vez que qualquer supressão de uma medida provisória tem um custo, particularmente se for popular ou se já tiver produzido efeitos difíceis de eliminar[964]. A prática das medidas provisórias tem excedido largamente a vocação de medidas unicamente destinadas a acorrer a situações de relevância e urgência. Sucede, aliás, que algumas das mais importantes reformas as tiveram como veículo, como o *Plano Real*, de Fernando Henrique Cardoso (à época ministro da Fazenda, no governo de Itamar Franco)[965]. Pode até se conjeturar que o instituto saiu

---

[960] MENDES; BRANCO, ref. 950, p. 1108; CYRINO, André Rodrigues. *O Poder regulamentar autônomo do Presidente da República: a espécie regulamentar criada pela EC nº 32/2001*. Belo Horizonte: Fórum, 2005.

[961] LIMONGI; FIGUEIREDO, ref. 19. Fernando Limongi e Argelina Figueiredo são responsáveis pelo mais vasto repositório de trabalhos que lançam luz sobre o funcionamento e o posicionamento do Congresso e as relações deste com o Executivo, publicados ao longo das primeiras décadas de vigência da Constituição. As referências bibliográficas feitas no presente escrito espelham apenas uma pequena parte desse repositório. Mais recentemente, VICTOR, ref. 830, p. 116 *et seq*.

[962] Cfr. CHEIBUB, ref. 19, p. 128 *et seq*.

[963] Traço comum dos sistemas latino-americanos: THIÉBAULT, ref. 315, p. 41.

[964] Sendo, todavia, variável. Nos dois primeiros anos do governo Bolsonaro (2019-2020), a taxa de conversão em lei das medidas provisórias editadas foi relativamente baixa em relação ao padrão habitual, mas, mesmo assim, em torno dos 50% e com algumas rejeições ou revogações expressas. Em contrapartida, "no primeiro governo Lula, a média foi de 60 MPs por ano, sendo 90% convertidas em lei. No segundo governo Lula, 45 MPs por ano, 83% convertidas. No primeiro governo Dilma, a média foi de 36 MPs por ano, com 74,5% delas convertidas em lei. Entre 2015 e 2018, nos governos Dilma e depois Temer, a média foi de 51 medidas provisórias por ano, e 63% transformaram-se em lei" (Fonte: Agência Câmara de Notícias).

[965] MP 434, de 27 de fevereiro de 1994. Em 2020, o Presidente Jair Bolsonaro assinou a MP 1.000/2020, a milésima MP introduzida na legislação brasileira desde 2001, quando passaram a vigorar as regras atuais para esse tipo de instrumento, v. BRASIL chega à milésima medida provisória em 20 anos. *Agência Senado*, 10 set. 2020. Disponível em: https://www12.senado.leg.br/noticias/materias/2020/09/10/brasil-chega-a-milesima-medida-provisoria-em-20-anos. Acesso em 9 jan. 2025. Ao tempo em que se escreve, a última tem o n.º MP 1172. O ritmo e o

robustecido pela emenda constitucional de 2001, em vez de amenizado[966]. Por isso, as medidas provisórias têm funcionado como um processo legislativo normal que beneficia de um *fast track* parlamentar. Este poder presidencial é propício a condicionar a agenda legislativa e a aproximar o *output* legislativo do ponto ideal do presidente[967].

O veto presidencial é rejeitado numa percentagem relativamente baixa, embora não se possa considerar irrelevante, como mostram os mandatos de Bolsonaro e de Lula III.

O controlo presidencial da agenda legislativa no Congresso teve pontos altos, atingindo níveis que são típicos dos primeiros-ministros/gabinetes dos sistemas parlamentares, sendo o Congresso, por vezes, visto como mera caixa de ressonância de polémicas públicas[968]. Sem embargo, não é seguro que seja sempre assim e que não estejam em curso mutações, por enquanto incertas[969].

Não obstante os poderes reforçados do presidente e o sucesso do seu uso durante décadas, não se pode desvalorizar o conjunto significativo de poderes do Congresso, que se fizeram sentir nos primeiros anos de vigência da Constituição e, de outra forma — em certa medida preenchendo um vazio —, no mandato de Bolsonaro e talvez no terceiro de Lula da Silva. Quando exercidos em desarmonia com a vontade presidencial, tais poderes permitem a neutralização quase integral das vantagens presidenciais no campo da definição e execução de uma agenda legislativa que implique alterações ao *status quo*, como ficou bem demonstrado no período dos mandatos de José Sarney, Collor de Mello e Itamar Franco (1985-1994), quando eram exigidas — ou desejadas pelos Presidentes — reformas com vista à estabilização de um país assolado por crise económica e hiperinflação. Voltaremos ao assunto adiante.

---

número decresceram em relação ao período entre 1988 e 2001, mas continuam significativos, oscilando, anualmente, entre 20, em 2001, e 101, em 2020 (número explicado pela epidemia da COVID-19).

[966] Cfr. PEREIRA, Carlos; POWER, Timothy J.; RENNÓ, Lucio. From logrolling to logjam: agenda power, presidential decrees, and the unintended consequences of reform in the Brazilian Congress. Working Paper Number CBS-71-06. Oxford: University of Oxford/Centre for Brazilian Studies, 2006.

[967] Não se exclui que, em outros sistemas, a produção de medidas legislativas através de decreto seja um sinal de fraqueza dos presidentes, como sugere THIÉBAULT, ref. 315, p. 42. Não há evidência que esse seja o caso no Brasil: cfr. NEGRETTO, ref. 480, p. 542 *et seq*.

[968] Assim, v. REIS, Bruno. Sistema eleitoral e financiamento de campanhas no Brasil: desventuras do Poder Legislativo sob um hiperpresidencialismo consociativo. *In:* OLIVEN, Ruben; RIDENTI, Marcelo; BRANDÃO, Gildo (org.). *A Constituição de 1988 na Vida Brasileira*. São Paulo: Hucitec, 2008. p. 57-90.

[969] Segundo se pode retirar dos gráficos do Observatório do Legislativo do Brasil sobre sucesso do Executivo e dominância do Executivo, registou-se uma tendência ascendente (embora desigual de ano para ano e de mandato para mandato) a partir do final da década de 1990, até ser atingido um planalto elevado no final dos mandatos de FHC II, Lula I e II. O pico ocorreu por volta de 2006-2007 e, de novo, 2011-2012. Desde então, a tendência parece ser de um decréscimo consistente, que se tornou abrupto durante a primeira parte do mandato de Jair Bolsonaro. Cfr. OBSERVATÓRIO DO LEGISLATIVO BRASILEIRO. Disponível em: https://olb.org.br/. Acesso em: 9 jan. 2025.

Uma nota sobre o federalismo no Brasil[970], o qual tem a pretensão de ser um dos mais robustos da América Latina, herdeiro longínquo da *política de governadores* de Campos Sales (Presidente entre 1898 e 1902), que, na época, permitia a lateralização do Congresso. Não obstante, é muito dependente da agenda legislativa e da alocação de recursos geridos centralmente pelo *tandem* presidente-Congresso, além de estar sujeito ao permanente cutelo dos poderes de intervenção da União. Por isso, contribui forçosamente para a fragmentação partidária. A obtenção de recursos orçamentais depende da expressão e influência nos órgãos nacionais, mormente no Congresso. Isso supõe o incentivo e a viabilização de partidos e de candidatos cuja missão primordial é a representação específica de interesses regionais e não a observância e o cumprimento de um programa nacional. Além disso, incentiva a componente *consensual*, uma vez que retira importância às clivagens ideológicas e acentua o pendor negocial da ação daqueles partidos.

Não é possível desenvolver o tópico, o que não quer dizer que seja menos importante ou não tenha repercussões sistémicas significativas. Por exemplo, a textura própria do federalismo brasileiro, cimentado pela história e pelas características de gigantismo do país e pelo modo como se desenvolveu, pode ser um dos fatores explicativos da circunstância de a fragmentação partidária ser maior e de os principais partidos mostrarem maior vontade coligacionista do que, por exemplo, na vizinha Argentina, outro Estado federal[971].

3.1 Sistema presidencial de presidente reforçado de (ou com) coalizão

O presidente brasileiro é *juridicamente* poderoso. Mas os poderes constitucionais de que dispõe só podem ser exercidos se quiser e souber aceitar a respetiva limitação

---

[970] Algumas sugestões de leitura: em geral, ZIMMERMANN, Augusto. *Teoria Geral do Federalismo Democrático*. Rio de Janeiro: Lumen Juris, 1999. Também: RAMOS, Dircêo Torrecillas. *O federalismo assimétrico*. Rio de Janeiro: Editora Forense, 2000; CHAGAS, Magno Guedes. *Federalismo no Brasil: o poder constituinte decorrente na jurisprudência do Supremo Tribunal Federal*. Porto Alegre: Sergio Antônio Fabris Editor, 2006; SALDANHA, Ana Claudia. Estado Federal e Descentralização: uma visão crítica do federalismo brasileiro. *Revista Sequência*, n. 59, p. 327-360, 2009; RAMMÊ, Rogério Santos. O federalismo em perspectiva comparada: contribuições para uma adequada compreensão do federalismo brasileiro. *Revista Eletrônica de Direito e Política*, v. 10, n. 4, p. 2302-2323, 2015; LEWANDOWSKI, Enrique Ricardo. *Pressupostos materiais e formais da intervenção federal no Brasil*. 2. ed. Belo Horizonte: Fórum, 2018; DALLARI, Dalmo de Abreu. *O Estado Federal*. 2. ed. São Paulo: Saraiva, 2019; ARABI, Abhner Youssif Mota. *Federalismo brasileiro: perspectivas descentralizadoras*. Belo Horizonte: Fórum, 2019. Saliente-se que, além da União, há os estados federados, mas também os próprios municípios, que dispõem de amplos poderes auto-organizativos, de certa forma comparáveis aos de alguns estados federados: v. artigo 29.º da Constituição: "o Município reger-se-á por lei orgânica, votada em dois turnos, com o interstício mínimo de dez dias, e aprovada por dois terços dos membros da Câmara Municipal, que a promulgará".

[971] Para um olhar sobre o federalismo argentino, v. BAZÁN, Víctor. El federalismo argentino: situación actual, cuestiones conflictivas y perspectivas. *Estudios Constitucionales*, año 11, n. 1, p. 37-88, 2013.

política: paradoxalmente, o presidente brasileiro só é *realmente poderoso* — ou até *muito poderoso*[972] — se negociar e gerir a partilha de alguns dos seus poderes com outros agentes do sistema político. Nas circunstâncias que prevalecem desde a primeira eleição direta de um presidente sob a égide da Constituição de 1988 — Collor de Mello —, se o presidente não tiver talento e visão políticos, não quiser partilhar poder ou não quiser distribuí-lo equitativamente, arrisca-se a ter pouco ou a perdê-lo, como ocorreu com Dilma Rousseff. O ponto de vista de que o presidente brasileiro é um dos mais poderosos, pelos poderes de que dispõe — e pelo lastro político, cultural e histórico do cargo, ficando o parlamento num plano secundário —, deve ser corrigido a essa luz. Se em 1988 já se podia dizer que, pelo menos desde 1946, a necessidade de formar alianças ou coalizões para governar deixara de ser uma exceção para se constituir em regra, essa observação tornou-se irrefutável na vigência da Constituição de 1988.

Desde a década de 1990, os presidentes foram obrigados a arquitetar coalizões de partidos com representação parlamentar, cuja viabilidade e solidez só é assegurada com a partilha de poder. A partilha materializa-se, no essencial, num *duplo esquema de recompensas*: a atribuição de lugares nos ministérios, em empresas e outras posições relevantes, dando acesso a figuras de relevo dos partidos da coalizão a recursos que lhes permitem fazer política local ou setorial e, por vezes, ter aspirações a adquirir projeção nacional (correspondendo ao *office-seeking*); a atribuição de recursos, via orçamento, a personalidades das bases do partido da coalizão (ou outro), que lhes facultam vantagens eleitorais locais (*vote-seeking*). Nesse caso, o *policy-seeking* parece ocupar uma posição secundária.

Mesmo antes da Constituição de 1988, em 1985, o Governo de José Sarney beneficiou do apoio de uma coligação MDB/PFL e outros partidos menores. Nas eleições legislativas de 15 de novembro de 1986, o MDB de Ulysses Guimarães obteve 260 cadeiras, dentre 487, a única maioria de um partido até à data. Consequentemente, José Sarney dispôs de apoio maioritário em ambas as Câmaras durante quase toda a sua presidência (1985-1990), embora tenha terminado o seu mandato apenas com o apoio de 31 deputados[973].

Desde então, o panorama das coalizões é o seguinte:

- Collor de Mello (1990-1992), minoritária em ambas as Câmaras;
- Itamar Franco (1992-1995), minoritária em ambas as Câmaras;
- Fernando Henrique Cardoso I e II (1995-2002), maioritária em ambas as Câmaras;
- Lula da Silva I (2003-2006), inicialmente minoritária em ambas as Câmaras (ou mais rigorosamente minoritária no Senado, e quase empate na Câmara dos Deputados);

---

[972] O conceito de "hiperpresidencialismo consociativo", aparentemente contraditório nos termos, pode ter, afinal, um sentido possível, denotando o equilíbrio entre uma dimensão de (forte) decisionismo e uma dimensão consensualística. O termo é usado, por exemplo, por REIS, ref. 969.

[973] Situação típica de final de mandato de presidente não reelegível e com índices de aceitação baixos: NOHLEN; GARRIDO, ref. 16, p. 186.

- Lula da Silva II (2007-2010), maioritária em ambas as Câmaras;
- Dilma Rousseff I (2011-2014), maioritária em ambas as Câmaras;
- Dilma Rousseff II (2015-2016), inicialmente maioritária nas duas Câmaras;
- Michel Temer (2016-2018), maioritária em ambas as Câmaras;
- Lula da Silva III (2023…), minoritária inicialmente, formalmente maioritário no momento em que se escreve, embora com os constrangimentos que se referem abaixo.

Alguns apontamentos contribuirão para uma melhor compreensão.

As coalizões podem ter raízes em alianças, convergências e aproximações pré--eleições presidenciais, como sucede em maior ou menor grau nos Estados com sistemas de presidentes governantes, mas a sua real configuração só é consolidada depois daquelas eleições[974].

Como se assinalou, a crescente fragmentação e polarização registadas na maioria dos sistemas políticos tornam a formação de coalizões governativas *maioritárias* algo cada vez mais complexo. Um dos efeitos colaterais é a formação de coligações atípicas, inesperadas, esdrúxulas, inéditas.

- Essas coligações geram, inevitavelmente, risco de incoerência político-programática, de instabilidade interna e de pressão sobre as finanças públicas. Muitas vezes, suscitam suspeitas sobre os motivos ocultos, não divulgados, levantando a hipótese de "pactos secretos" ou pouco transparentes, que geram perceções de procura do poder a todo o custo, o que não favorece a legitimidade do sistema, tampouco a imagem dos políticos. Todavia, os casamentos por inconveniência, como disse um dia o líder da Aliança Democrática da África do Sul, tornam-se cada vez mais inevitáveis. O Brasil não escapa a essas tendências globais de dificuldade de formação de coligações maioritárias[975], de crescente incoerência das coligações e de acusações de opacidade.

---

[974] V. o estudo estatístico de ALBALA, ref. 852, p. 470-471.

[975] Duas situações, uma do início da vigência da Constituição de 1988, outra da atualidade: (i) Fernando Collor de Mello, eleito Presidente em 1989, integrava o PRN, que contava com a 5.ª maior bancada na Câmara dos Deputados, 40 membros. Em outros 18 partidos, o presidente apenas conseguiu congregar o apoio adicional de três (PSC, PTR e PST), que não lhe trouxeram mais do que 10 deputados para a base de apoio do Governo, viabilizando uma coalizão extremamente minoritária, com menos de 10% dos assentos, certamente porque decidiu impor um estilo concentracionário e unilateral, excessivamente assente em medidas provisórias, mas também porque era ela que correspondia a uma base *natural*; (ii) quase trinta e cinco anos depois, a já vista coalizão de Lula III começou com uma base "natural" na Câmara dos Deputados (PT, PDT, PSB, PSOL, PCdoB, PV, Rede) de menos de 130 deputados e foi alargando para o centrão, onde se encontra a maioria das duas Casas, até congregar 16 dos 20 Partidos com representação. É possível questionar se há uma verdadeira coalizão capaz de garantir o que as coalizões visam assegurar, mas, como quer que seja, é difícil vislumbrar o fio condutor de uma coligação com este perfil que, seguramente, condiz pouco com a base natural do presidente.

Embora se sustente que, em termos gerais, as coligações dos sistemas de presidentes governantes cada vez se distinguem menos das dos sistemas parlamentares e semipresidenciais, em termos específicos as coalizões do Brasil só muito dificilmente se comparam com as coligações típicas do parlamentarismo ou semipresidencialismo europeu. Estas assentam, por norma, num pacto programático que lhes confere coesão, estabilidade e previsibilidade por um período tendencialmente coincidente com a legislatura (sem prejuízo de exceções). As coalizões, embora possam produzir, em última análise, resultados finais similares aos das coligações parlamentares europeias, baseiam-se muito num *sistema de cooptação* orquestrado pelo presidente, que implica uma barganha permanente, com frequentes reajustamentos.

O chamado "centrão" é o elo comum à generalidade das coalizões. Por "centrão" designa-se um conjunto difuso de partidos sem ideologia firme (embora vulgarmente conotados com a direita ou o a centro-direita clássicas[976]) que, controlando entre cem e duzentos membros do Congresso, ou até mais, alinham a sua atuação pelo objetivo de garantir um bom posicionamento na distribuição de cargos executivos e recursos orçamentais, qualquer que seja o presidente. Isso permite-lhes quase sempre agir como fiéis da balança das maiorias que se formam no Congresso. A mercantilização do apoio destes setores partidários (*fisiologismo*) suscita críticas e suspeições, bem como alegações de perda da racionalidade económica e financeira. Mas é, objetivamente, um fator de estabilização do sistema de *coalizão*.

O rigor da contabilização das coalizões e da sua composição pode ser perturbado por situações dúbias ou evolutivas. Por exemplo, o presidente pode cooptar personalidades de um partido para um cargo ministerial, embora isso não se traduza, necessariamente, em apoio do partido ou traga apoio apenas de parte desse partido. Pode também ocorrer que a coalizão tenha, em certo momento, uma configuração e magnitude, para logo de seguida assumir outra. Uma coalizão maioritária pode tornar-se momentaneamente minoritária ou duvidosamente maioritária. Assim sucedeu quando o PFL (depois DEM e União Brasil), um dos partidos charneira da coalizão, abandonou, em 2002, o governo de Fernando Henrique Cardoso II — porém, sem declarar rutura radical —, após cerca de oito anos de (aparentemente) sólida aliança. Em 2003, a coalizão de Lula I começou por ser minoritária, para se tornar supermaioritária (capaz, inclusive, de aprovar emendas constitucionais) com a entrada do MDB (e a saída do PDT)[977]. Ainda em Lula I, o PSDB ingressou, a certa altura, na coalizão (de forma tão fugaz que não

---

[976] Incorre-se talvez aqui num erro, apontado por alguns autores, de forçar a leitura dos partidos brasileiros de acordo com o esquema clássico esquerda/direita. Por exemplo, MIGUEL, Luís Felipe. Os partidos brasileiros e o eixo "esquerda–direita". *In*: KRAUSE, Silvana; DANTAS, Humberto; MIGUEL, Luís Felipe (org.). *Coligações partidárias na nova democracia brasileira.* São Paulo: Editora Unesp, 2010. p. 31-38. p. 34, alerta que "qualquer classificação dos partidos políticos brasileiros no *continuum* esquerda-direita deve ser entendida como uma simplificação grosseira".

[977] Com a entrada do PP (ex-PPB), ainda em 2003, alguns meses depois da posse, a coalizão passou a ser maioritária na Câmara dos Deputados, embora teoricamente menos coesa, tendo em conta a orientação ideológica daquele partido. Pouco depois, tornou-se supermaioritária na

figura nos habituais registos), saindo logo depois, mantendo-se, no entanto, em funções os ministros designados pelo Partido. A coalizão de Lula II foi sempre maioritária, mas, três meses depois do início do mandato, tornou-se supermaioritária[978].

A não inclusão de referência ao mandato de Jair Bolsonaro (2019-2022) requer explicação. No início, Bolsonaro mostrou-se avesso às premissas fundamentais que sustentam uma coalizão: a criação de uma base comum, a transação, a negociação e a cedência de poder. Em suma, a repartição do poder. Num contexto *de antipolítica* ou de execração da *velha política*, anunciou que não promoveria uma coalizão para conseguir apoio no Congresso para a sua ação legislativa e política. Desvinculou-se, inclusive, do Partido em que militava quando se candidatou, o PSL. Apesar disso, a maioria do Congresso adotou uma postura não conflitual na primeira fase do mandato (*grosso modo*, 2019), oscilando entre a colaboração e a dissuasão de iniciativas mais radicais do Planalto[979]. A partir de certa altura, todavia, o Presidente ensaiou uma coalizão minoritária (PP, PL, Republicanos), talvez forçado por eventos relacionados com a investigação de familiares que poderia se aproximar dele próprio, ameaçando o *impeachment*. Há consenso de que essa coalizão foi a face visível de um presidente institucionalmente — e no discurso — forte, mas politicamente fraco, uma vez que foi apenas uma forma (involuntária) de se entregar nas mãos das lideranças do Congresso Nacional.

Um caso a seguir é o da coalizão de Lula III (2023…). Inicialmente, era minoritária, granjeando o apoio de 9 partidos de centro, centro-esquerda e esquerda. Gradualmente, evoluiu para maioritária, com a entrada, em setembro de 2023, de partidos do "centrão"[980]. Em meados de 2024, compunham a coalizão 16 Partidos, numa coalizão sobredimensionada (ou monstro[981]) e heterogénea.

Câmara dos Deputados e também maioritária no Senado, com a cooptação do MDB para a coalizão.

[978] V. estes dados em INÁCIO, ref. 828, p. 186.

[979] Alude-se até ao exercício de uma função moderadora do legislativo: SOUZA NETO, ref. 826, p. 221.

[980] Em 2023, vários meses depois da eleição e da tomada de posse, já derrotado em várias votações na Câmara dos Deputados, Lula III ainda se debatia com a inexistência de uma base parlamentar minimamente fiável para a viabilização de algumas das reformas em nome das quais se tinha apresentado ao eleitorado. A sua base "natural" na Câmara dos Deputados (PT, PDT, PSOL, PCdoB, PV, Rede) contava com menos de 130 deputados. Essa base já incluía o partido de Geraldo Alckmin, vice-Presidente, o PSB, um pequeno partido de centro-esquerda, quase residual no Congresso (Alckmin integrou durante muitos anos o centrista PSDB, desfiliando-se em 2021). A abertura pré-eleitoral ao centro teve continuidade com a estratégia pós-eleitoral de captar partidos do chamado "centrão". Em setembro de 2023, foram cooptados o PP (que já tinha integrado a coalizão de Lula I e Lula II) e o Republicanos (que tinha integrado uma versão da coalizão de Lula II e de outros Presidentes), ex-apoiantes de Bolsonaro. Desde o início, houve interrogações sobre quão segura era a expetativa de que todos os membros daqueles partidos contribuíssem ativamente para a sustentação do governo no Congresso.

[981] MELO; PEREIRA, ref. 824, p. 231. É mais fácil dizer os Partidos que não estão na coalizão: PSDB (federação), PL, Novo, Patriota e PSC. Note-se, todavia, que não constitui recorde: no final de 2011, a coligação de Dilma I conglobava 18 partidos.

As coalizões acrescem no custo e no tempo de decisão proporcionalmente à sua dimensão e heterogeneidade[982]. Quando o partido presidencial tem um peso quantitativo reduzido na coalizão (como sucedia com o PT: 68 lugares em 513, ou 13,2%, na Câmara dos Deputados), a gestão torna-se mais complexa, particularmente quando a distribuição de cargos ministeriais e recursos disponíveis não é feita equitativamente entre os parceiros da coalizão (como ocorre, em geral, nas coalizões semiestruturadas do Brasil[983], particularmente com as formadas por Presidentes do PT). No caso de Lula III, acrescia a madrugadora baixa popularidade do Presidente, bem como os ecos de que este valorizava a agenda externa em detrimento da interna, incluindo a legislativa[984]. Tudo isso contribuía para que a articulação e a gestão da coalizão fossem ineficazes, titubeantes e consumidoras de tempo.

Essa situação refletiu-se na taxa de sucesso de aprovação de medidas legislativas propostas pelo Presidente ao Congresso. Reformas importantes, como a tributária, foram adotadas; outras, não. A aprovação de medidas provisórias presidenciais evoluiu a um ritmo lento, com taxas de aprovação reduzidas[985]. Medidas legislativas criticadas pelo Governo foram unilateralmente adotadas pelo Congresso.

---

[982] É entendimento corrente que, no Brasil, as coalizões têm custos operacionais elevados, independentemente de quem exerça o cargo presidencial, não obstante haver fatores que contribuem para reduzir esses custos quando comparados com outras experiências. Por exemplo, a estrutura federal do Brasil, com fortes fatores de localismo, e a diluição do papel partidário nas eleições, devido ao sistema proporcional de lista aberta, levam a uma maior disponibilidade para delegar no presidente a condução da política nacional: CHAISTY; CHEESEMAN; POWER, ref. 92, p. 71, 99.

[983] As coligações estruturadas no Brasil são excecionais, podendo apontar-se o caso de Juscelino Kubitschek (1956-1961). V. NOHLEN; GARRIDO, ref. 16, p. 175.

[984] Circulavam notícias de desentendimentos entre ministros (da Casa Civil e da Fazenda), desinteresse do Presidente pela política interna, falta de articuladores com peso e experiência, ausência de rumo e de políticas mobilizadoras.

[985] Segundo os números oficiais (portal da Câmara dos Deputados), o governo de Lula da Silva emitiu 52 medidas provisórias em 2023, mas apenas 8 foram convertidas em lei. Desse total, 23 perderam a vigência ou foram revogadas, e 21 estavam ainda em tramitação no final do ano. Trata-se do mais baixo número de aprovações em 23 anos. O panorama é, de certa forma, suavizado pela circunstância de algumas medidas não votadas terem tido o seu conteúdo, total ou parcialmente, incorporado em projetos de lei com urgência. Convém destacar que, em junho de 2024, o Presidente do Senado, Rodrigo Pacheco, devolveu, em parte, uma medida provisória produzida pelo governo de Lula da Silva III em matéria fiscal, invocando violação do artigo 195.º, § 6.º, da Constituição: cfr. notícia em: CHRISTIAN, Hérica. Presidente do Senado devolve parte da MP sobre compensação do PIS/COFINS. *Agência Senado*, 11 jun. 2024. Disponível em: https://www12.senado.leg.br/noticias/audios/2024/06/presidente-do--senado-devolve-parte-da-mp-sobre-compensacao-do-pis-cofins. Acesso em: 9 jan. 2025. Conforme o próprio Rodrigo Pacheco esclareceu: "[a] devolução de medida provisória por inconstitucionalidade é algo muito excecional, poucas vezes aconteceu na história da República, e só se dá em razão flagrante inconstitucionalidade...". Curioso é que o próprio Partido do Governo (PT), se não o próprio Governo, se apressaram a desdramatizar e até a manifestar apoio: o líder do Governo no Senado, Jaques Wagner (PT-BA), afirmou que a decisão teria apoio do Governo, v. TURTELLI, Camila. Após reação do Congresso, Pacheco afirma que

3.2   Os incentivos ao funcionamento como sistema presidencial de coalizão

O funcionamento do sistema presidencial de coalizão influencia e é influenciado, antes do mais, pela existência de poderes reforçados do presidente.

No entanto, a interação de vários outros *fatores institucionais* é também marcante:

(i)   federalismo robusto;

(ii)   bicameralismo;

(iii)   sistema eleitoral de representação proporcional para eleição dos membros da Câmara dos Deputados;

(iv)   forte posição institucional dos órgãos judiciais federais superiores, sobretudo no exercício da função de defesa da constituição.

O último fator, em particular o papel cada vez mais central e interventivo do Supremo Tribunal Federal (STF) e do Supremo Tribunal Eleitoral[986], não costuma ser considerado quando se caracteriza o sistema de governo. Todavia, é, porventura, um dos fatores explicativos do melhor funcionamento da Terceira República em relação à Segunda. O STF e o Judiciário, em geral, desempenharam um papel central na legitimação do sistema político, ao mostrarem a eficácia deste contra os mais altos escalões políticos, desde o *mensalão* à *Lava Jato*. O STF assumiu, nas últimas décadas, também o papel, não explicitamente consagrado na Constituição, de *nivelador dos poderes*. Quando algum dos órgãos constitucionais parece colocar em causa o equilíbrio das instituições, é possível que o STF intervenha. Assim, o STF foi um aliado do Legislativo na moderação dos ímpetos populistas de um presidente iliberal (Bolsonaro) e na defesa das instituições da democracia; e é um aliado de um Executivo fragilizado, lutando por condições de governabilidade perante o crescendo do Congresso (Lula III)[987].

A função do STF de *nivelador de poderes*, porventura única, com intervenções compensadoras de desequilíbrios que tanto podem consistir em ações unilaterais como podem chegar a acordos solenes interinstitucionais, requer estudo, mas esse tem de ser

---

irá devolver parte da MP do PIS/COFINS para o Governo. *O Globo*, 11 jun. 2024. Disponível em: https://oglobo.globo.com/economia/noticia/2024/06/11/apos-reacao-do-congresso--pacheco-afirma-que-ira-devolver-parte-da-mp-do-piscofins-para-governo.ghtml. Acesso em: 9 jan. 2025.

[986] Nota-se uma tendência evidente de judicialização da política. Como sintetiza ABRANCHES, ref. 357, p. 285, todo o conflito entre legislativo e executivo e entre fações do Congresso gera recurso ao STF, por norma sob impulso dos próprios agentes políticos e com transigência do Tribunal.

[987] MELO, Marcus André. As metamorfoses do presidencialismo: relações Executivo-Legislativo em novo equilíbrio institucional e perspectivas de reforma. *In*: SORJ, Bernardo; FAUSTO, Sérgio (org.). *Desafios do sistema político brasileiro*. São Paulo: Fundação Fernando Henrique Cardoso, 2024. p. 32-65. p. 53.

autónomo. Não nos deteremos nele, não obstante a sua importância como variável do próprio sistema de governo[988].

Aos dados institucionais, acrescem outros referentes ao contexto e cultura políticos. Alguns representam simplesmente a reverberação de traços vitais da história constitucional brasileira. Na secção própria, já se adiantou o essencial a propósito da textura do sistema partidário, pautada por sequelas da fragmentação, da polarização e da diminuta institucionalização e estruturação partidárias. Releva também a refração da tendência global para as funções executivas serem vistas com melhores olhos e maior ambição do que as parlamentares.

Deve destacar-se, além disso:

i.   a dinâmica do sistema eleitoral;
ii. o peso dos interesses regionais e setoriais;
iii. a menor disponibilidade (ou indisponibilidade de todo) dos militares para desempenhar um papel político em circunstâncias de alegado bloqueio;
iv. a significativa dependência do presidente, do governo e das políticas, dos índices de popularidade.

3.2.1   Dinâmica do sistema eleitoral

O presidente e os senadores são eleitos de acordo com o sistema maioritário. Em contrapartida, os deputados federais e estaduais e os vereadores (dos municípios) são eleitos pelo sistema proporcional (desde 1932 ou 1935), em lista aberta. Os distritos eleitorais que constituem base para a eleição dos deputados federais têm grande magnitude, já que coincidem com os estados da Federação[989].

Focando nessa última eleição, trata-se de um sistema com características quase únicas.

As eleições incidem sobre listas partidárias. Desde 2021, cada lista só pode conter um número de candidatos correspondente ao número em disputa na circunscrição

[988] V. por exemplo, por último, ARGUELHES, Diego Werneck. *O Supremo: entre o direito e a política*. Rio de Janeiro: História Real, 2023.

[989] Agradeço ao Mestre Ruy Mello algumas indicações bibliográficas. V. NICOLAU, Jairo. *História do voto no Brasil*. Rio de Janeiro: Zahar, 2004; COSTA, Adriano Soares da. *Instituições de direito eleitoral: teoria da Inelegibilidade – Direito processual eleitoral*. 10. ed. Belo Horizonte: Fórum, 2016; GOMES, José Jairo. *Direito eleitoral*. 14. ed. São Paulo: Atlas, 2018; GONÇALVES, Luiz Carlos dos Santos. *Direito eleitoral*. 3. ed. São Paulo: Atlas, 2018; JORGE, Flávio Cheim; LIBERATO, Ludgero; RODRIGUES, Marcelo Abelha. *Curso de direito eleitoral*. 3. ed. Salvador: Ed. JusPodivm, 2020; ZILIO, Rodrigo López. *Direito Eleitoral*. 6. ed. Porto Alegre: Verbo Jurídico, 2018; SILVA, Henrique Neves da. Distorções do Sistema Proporcional Brasileiro. *In*: VICTOR, Sérgio *et al.* (org.). *A Defesa da Constituição e do Estado de Direito: Homenagem aos 20 anos do Ministro Gilmar Mendes no STF*. São Paulo: Contracorrente, 2022. p. 179-201; MENDES; BRANCO, ref. 950, p. 759 *et seq.*

eleitoral, acrescido de mais um (ao passo que antes podiam chegar ao dobro). Cada eleitor pode votar na legenda (sigla partidária) ou num candidato específico, independentemente da posição que esse candidato ocupe na sequência da lista apresentada pelo partido. Os votos depositados pelos eleitores na legenda ou nos candidatos da lista são somados, calculando-se assim o número de votos do partido. Para determinar o número de mandatos obtido por cada partido, realizam-se sucessivas operações.

Primeiro, calcula-se o quociente eleitoral (QE) pela aplicação do método de Hare: o número de votos válidos, resultante da soma das votações de todos os partidos, é dividido pelo número de lugares em disputa no distrito eleitoral estadual/circunscrição. Desde 1997, para o cômputo do QE excluem-se os votos em branco e nulos, o que, ao diminuir o valor do quociente, aumenta a possibilidade de os partidos menos votados obterem mandatos.

O quociente partidário (QP) calcula-se dividindo o número de votos do partido pelo QE. O QP indica o número de mandatos obtidos pelos partidos. Apurado o número de mandatos de cada partido, a ordem dos eleitos por cada partido obedece às preferências expressas pelos eleitores através do voto individualizado nos candidatos constantes na lista do partido. Por isso, é necessário verificar quantos votos foram obtidos por cada candidato da lista. Todavia, desde 2015 (Lei n.º 13.165) vigora uma cláusula de desempenho individual que visa impedir o que se considera uma ilegítima transferência de votos dentro de uma lista (por via dos chamados "puxadores de voto"). Para que qualquer candidato obtenha um mandato, tem de conseguir pelo menos 10% do quociente eleitoral (QE)[990]. Se o partido em causa não conseguir um número de candidatos que cumpra esse limiar igual ou superior ao número de mandatos que lhe cabem, perde-os, tornando-se os lugares disponíveis para preenchimento.

Se, após apuramento e aplicação do QP, continuarem por atribuir mandatos — as chamadas sobras —, estes são distribuídos pelos partidos através da aplicação de método da maior média, nos termos seguintes: o número de votos válidos é dividido pelo número de mandatos já obtidos por cada partido, mais um; o partido que obtiver a maior média recebe o mandato que houver para atribuir (ou o primeiro que houver para atribuir, se forem vários), sendo necessário que o candidato cumpra a referida cláusula de desempenho; se continuarem mandatos por atribuir, procede-se desse modo consecutivamente, agregando-se sucessivamente cada mandato averbado por cada partido na operação anterior, até que todos sejam entregues. A definição de quais os partidos cujas votações são consideradas para a atribuição das vagas sobrantes tem variado ao longo do tempo. Em 2021 (Lei n.º 14.211) passou a estatuir-se que concorrem à atribuição de vagas sobrantes os partidos que tenham obtido pelo menos 80% do QE, embora o critério de desempenho individual dos candidatos aplicável nesse caso passe a ser de 20% (e não 10%, como no primeiro momento).

---

990   Os elementos disponíveis mostram, todavia, que as situações em que deputados obtiveram mandatos com menos de 10% do QE depois da Constituição de 1988 são relativamente residuais.

Em particular, o sistema proporcional de lista aberta:

i.   Implica que haja candidatos que são, por norma, votados porque conseguem destacar-se pelo apoio que lhes dão os líderes estaduais e regionais, por seu perfil, trabalho, notoriedade, influência no contexto da bancada que integram e capacidade individual para captar recursos públicos para a região de onde são oriundos, e não tanto pelo desempenho ou implantação do partido. Isso fragiliza os partidos ao nível local, forçados a apagar-se em prol das candidaturas individualizadas dos seus candidatos mais promissores;

ii.   Torna praticamente impossível a aplicação de medidas eficazes de promoção da paridade, mormente quotas de ambos os sexos;

iii. Fomenta rivalidades internas entre candidatos do mesmo partido, cada qual fazendo a sua própria campanha e disputando potencialmente o mesmo voto;

iv.   Encarece o processo eleitoral, já que os candidatos tendem a executar campanhas específicas, desenhadas à sua medida, com meios de campanha próprios;

v.   Desvitaliza ou desvirtua a possibilidade de um programa político nacional de cada partido, uma vez que o que aparece em campanha são os programas e compromissos individuais que cada candidato define para obter a sua eleição, "contra o resto do mundo". Eleito, o deputado tem o seu próprio conjunto de compromissos a cumprir, gerando programas sem qualquer hipótese de coerência ou perspetiva nacional;

vi.   Torna mais complexas, caras e instáveis as coalizões de governo;

vii. Incentiva esquemas de "troca de favores", informais e não transparentes, entre o executivo e eleitos para o Congresso[991];

viii. Não gera, em termos reais, proximidade entre eleito e eleitor[992];

ix.   Na medida em que fragiliza os partidos e valoriza as individualidades e as competências eleitorais destas, propicia transferências de eleitos entre estes ou mesmo a prática de "partido de aluguel"[993];

x.   Dilui a fronteira entre governo e oposição democrática, devido às portas giratórias e vasos comunicantes entre um e outro, por vezes pouco transparentes.

Se as reformas das regras eleitorais sobre partidos e sobre financiamento dos partidos têm sido sucessivas, revelando ausência de ideias firmes e de resultados satisfatórios,

---

[991] Sobre este aspeto particular, v. CHAISTY; CHEESEMAN; POWER, ref. 92, p. 195, *passim*.

[992] Enfatiza a relação ténue entre representante e representado no Brasil, VICTOR, ref. 830, p. 100-101, 135, *passim*. O próprio deputado tem de construir, talvez artificialmente, a sua *constituency* para efeitos de prestação de contas (*accountability*) e de luta pela reeleição.

[993] V. DESPOSATO, Scott. Parties for Rent? Ambition, Ideology, and Party Switching in Brazil's Chamber of Deputies. *American Journal of Political Science*, v. 50, n. 1, p. 62–80, 2006.

o debate político e académico também revela desacordo. O sistema de representação proporcional, com voto obrigatório, parece estar relativamente consolidado; já o método da lista aberta tem defensores, mas também opositores, adeptos de listas fechadas[994].

3.2.2   Peso dos interesses regionais e setoriais

O federalismo brasileiro estimula a criação de poderosas bases regionais de poder e de interesses particularistas. Os executivos estaduais, liderados por governadores, dispõem de competências e movimentam recursos vultuosos. O potencial de influência ou mesmo de comando dos líderes com poder regional — governadores e prefeitos das grandes cidades — sobre membros das Casas do Congresso pode levar a diluir ou ignorar as fronteiras e linhas partidárias, em prol do interesse regional.

Sendo um dos objetivos deste trabalho identificar instâncias de limitação e controlo do poder de presidentes governantes, a estrutura federal é uma delas. Embora se tenha optado por não a tratar com desenvolvimento, por ter instanciações pouco numerosas nos sistemas de presidentes governantes (Argentina, Brasil, EUA, México, Nigéria), o caso brasileiro destaca-se também por isso, não obstante algumas dúvidas sobre até que ponto o Poder das estruturas dos estados constitui efetivo limite ao Poder federal.

As bancadas "setoriais", não assumidas como tal pelos seus integrantes, algumas vezes designadas pejorativamente devido à ausência de transparência e de base democrática (Bíblia, boi, bala), podem cobrir interesses de setores religiosos, designadamente evangélicos, do agronegócio ou da indústria do armamento. Apesar da informalidade, a sua ação pode ter repercussões significativas no processo legislativo[995]

3.2.3   Menor inclinação (ou indisponibilidade de todo?) dos militares em desempenhar um papel político

O envolvimento dos militares no exercício do poder político civil pesou ao longo da História do Brasil. A instauração da República, em 1889, teve o selo jurídico de Ruy Barbosa, mas foi orquestrada por militares, sob a batuta do Marechal Manoel Deodoro da Fonseca. Mais recentemente, nas décadas de 1960 a 1980, assumiu grande intensidade quando a ofensiva contra o comunismo desculpava a complacência dos Estados Unidos

---

[994] Para uma síntese do debate científico, v. RODRIGUES, Theófilo. Propostas de Reforma do sistema eleitoral no Brasil: o que pensa a ciência política brasileira? *Revista Brasileira de Estudos Políticos*, n. 124, p. 487-526, jan./jun. 2022.

[995] Talvez a mais notória tenha sido a que envolveu a tentativa de alteração do projeto de Código da Floresta, na Câmara dos Deputados, em 2012, contra a posição da Presidente Dilma Rousseff. A "rebelião" foi liderada por um Deputado do MDB, porta-voz informal da bancada do agronegócio. O MDB era, todavia, o partido charneira da coalizão. A Presidente teve de recorrer ao exercício conjugado do veto (parcial) e da publicação de medidas provisórias para impor a sua orientação.

e, em certa medida, da Europa Ocidental, para com as ditaduras militares ou, como alguns benevolamente designaram, ditaduras *burocrático-autoritárias*[996].

O Brasil não escapou à onda que assolou várias zonas do globo. Por isso, no Brasil contemporâneo, os sinais provenientes das fileiras militares são lidos com atenção (e talvez ansiedade). Há indícios contraditórios sobre o grau de compromisso dos militares em se confinarem aos quartéis. Ultimamente, o protagonismo daqueles nas estruturas civis do Estado é amiúde fomentado pelos próprios quadrantes políticos civis. Com Michel Temer e, exponencialmente, com Jair Bolsonaro, subiu o número de militares chamados a desempenhar funções normalmente confiadas primacialmente a agentes civis. Por outro lado, de alguns episódios transparece que os militares creem que não necessitam de ser chamados pelo poder político para exprimir posições que pertencem ao domínio do político.

Antes das eleições de 2018, que conduziriam Bolsonaro ao Planalto, o General Villas Bôas, comandante do Exército, exprimiu uma inequívoca posição política desfavorável à posição processual de Lula da Silva, quando o STF julgava o *habeas corpus* que poderia ser decisivo para que este iniciasse, ou não, o cumprimento de pena após condenação em segunda instância, no âmbito do julgamento de uma das muitas ramificações do processo Lava Jato. Essa decisão tinha relevo político, pois, embora Lula da Silva não pudesse candidatar-se à eleição presidencial, devido à Lei da Ficha Limpa, poderia ter um forte impacto no apoio ao candidato do PT, se estivesse em liberdade.

No entanto, afigura-se que o nível de intervenção, quando ensaiada, se mantém nas zonas *soft* da comunicação, de aviso ou de *appel*. Gerou-se alguma expetativa em torno da transição do poder de Bolsonaro para Lula da Silva, em janeiro de 2023, alimentada por apoiantes do primeiro, de que as Forças Armadas pudessem enveredar por uma via mais *impositiva*. Durante dias, foram montados acampamentos nas imediações de quartéis militares por alguns daqueles apoiantes. A reação das chefias das Forças Armadas foi de permanecer fora da contenda, embora persistam dúvidas sobre a sua cumplicidade em relação a uma eventual tentativa de impedir a posse do Presidente eleito[997], e aos acontecimentos de 8 de janeiro de 2023, na Praça dos Três Poderes.

---

[996] O'DONNELL, Guillermo. *Modernization and Bureaucratic-Authoritarianism: Studies in South American Politics.* Berkeley: University of California Press, 1973.

[997] Os *media* noticiaram, em março de 2024, que os três ramos das Forças Armadas foram convocados pelo Ministro da Justiça Anderson Torres, depois das eleições presidenciais que deram a vitória a Lula da Silva, em 2022, para aferir a sua disponibilidade para armar um golpe de Estado que impediria a posse do Presidente eleito e permitiria a continuidade de Bolsonaro. Conforme a *Folha de São Paulo*, o General Marco Antônio Freire Gomes, chefe do Exército, teria recusado perentoriamente qualquer ato de rutura institucional e ameaçado prender Bolsonaro. O então comandante da Força Aérea, Brigadeiro Carlos Baptista Júnior, foi influenciado pela posição do Exército. Por outro lado, Almir Garnier, chefe da Marinha, ter-se-á mostrado favorável a sustentar o golpe. V. LORENA, Sofia. Ex-comandantes militares confirmam que Bolsonaro traçou plano para golpe. *Público*, Lisboa, 16 mar. 2024. Disponível em: https://www.publico.pt/2024/03/16/mundo/noticia/excomandantes-militares-confirmam-bolsonaro-tracou-plano-golpe-2083850. Acesso em: 28 mar. 2024.

3.2.4 Significativa dependência do presidente, do seu governo e das políticas dos índices de popularidade

Nos sistemas parlamentares e semipresidenciais, a impopularidade pode ou não se traduzir na interrupção do exercício de funções do primeiro-ministro e do seu governo, sendo instrumentos mobilizáveis a moção de censura, a remodelação do governo e/ou a dissolução do parlamento. Em contrapartida, na maior parte dos sistemas de presidente governante, mormente nos sistemas presidenciais, a (im)popularidade do presidente apenas tem, em princípio, repercussão nas eleições que se realizem em momentos pré--fixados. As quedas de popularidade do presidente não têm forçosas sequelas imediatas, uma vez que: não estão sujeitos à moção de censura; os titulares do poder legislativo e do poder executivo têm mandatos fixos, imunes a demissões ou dissoluções não con-sentidas pelos atingidos. As remodelações dos ministros de Estado, por vezes opção dos presidentes em crise de popularidade, são um instrumento discricionário (que, aliás, raramente atingem a plenitude dos efeitos pretendidos, quando se pretende estancar a hemorragia de popularidade presidencial, e podem gerar ou aprofundar fissuras na coalizão).

Sem embargo, no sistema presidencial de coalizão brasileiro o modo como a figura do *impeachment* já foi usada por duas vezes e objeto de tentativas de emprego em centenas mais, indica que, tal como nos sistemas parlamentares (no tocante ao primeiro-ministro)[998], a popularidade é um fator determinante não apenas para a boa saúde de qualquer coalizão (não obstante exceções conhecidas[999]), mas sobretudo para o exercício do cargo presidencial[1000]. Abranches sugere que o sistema presidencial de coalizão e a capacidade de o presidente exercer a sua liderança evoluem por ciclos, de acordo com a sua popularidade: se esta é forte, ocorre o chamado período de lua de mel; quando enfraquece, inicia-se o ciclo da dispersão e do desalinhamento gradual; quando se torna fortemente negativo, entra-se no ciclo da fuga[1001]. Os dois casos estudados de seguida cabem justamente neste último ciclo.

Todavia, o modo como a (im)popularidade se repercute nos sistemas parlamentares e num sistema presidencial de coalizão como o brasileiro, não é igual. Num registo de

---

[998] ACKERMAN, ref. 9, p. 658, recorda o caso de Margaret Thatcher e outros.

[999] Michel Temer atingiu níveis de impopularidade recorde e, todavia, manteve a sua base go-vernativa relativamente robusta (articulada pessoalmente por ele e pelo seu próprio partido, sempre charneira de todas as coalizões, o MDB), embora com a contrapartida de ficar rela-tivamente capturado por aquela base governativa a partir do momento em que necessitou do Congresso, em 2017 e 2018, para inviabilizar inquéritos por corrupção iniciados pelo STF e para impedir a tramitação de dezenas de propostas de processos de *impeachment*.

[1000] Abordando o tema numa perspetiva mais geral, referente a *todos* os sistemas presidenciais, THIÉBAULT, ref. 315, p. 36. Crf., porém, uma visão diferente em WEBB; POGUNTKE, ref. 78, p. 353.

[1001] ABRANCHES, ref. 826, p. 183. O autor nota que a possibilidade de um ciclo de fuga aumenta no segundo mandato (p. 192). Em alternativa, parece ser mais plausível dizer-se que o ciclo de fuga se torna mais iminente no fim do ciclo presidencial, seja ele formado por um ou dois mandatos.

irreversível impopularidade, o primeiro-ministro do sistema parlamentar arrisca uma moção de censura quando: (i) existindo governo minoritário, os demais partidos estimam que as suas possibilidades eleitorais em eleições a curto prazo são superiores à representação parlamentar atual; (ii) existindo governo de coligação, os partidos secundários que a compõem estimam que a ligação ao governo é prejudicial para as suas perspetivas eleitorais imediatas ou a prazo; ou, mais raramente, (iii) existindo governo maioritário monopartidário, o próprio partido do primeiro-ministro entende que ele e o governo estão a delapidar seriamente a base eleitoral do partido e, concomitantemente, dos seus eleitos, tomando a iniciativa de descartar ou substituir o primeiro-ministro através de mecanismos equivalentes à moção de censura (como a que ocorre, por exemplo, no Reino Unido, quando os próprios parlamentares do partido do governo destituem o primeiro-ministro, como sucedeu com Margaret Thatcher e Boris Johnson)[1002].

Em contrapartida, no sistema presidencial de coalizão — especialmente no brasileiro — a impopularidade faz ativar um puro cálculo de custo/benefício. A impopularidade do presidente leva cada partido e cada membro do Congresso a avaliar se o custo de se associar ao governo, em coalizão ou em decisões casuísticas, é um custo suficientemente compensado pelos benefícios — leia-se, os recursos públicos disponibilizados pelo executivo — que potenciam o seu sucesso eleitoral, traduzido em reeleições ou que satisfazem a sua *constituency* (ou a dos seus patronos locais). Pode suceder que o presidente recupere, porventura à custa do aumento do gasto com a coalizão, como se verificou com Fernando Henrique Cardoso quando atingiu níveis de impopularidade críticos em certa fase do segundo mandato (final de 1999) ou com Lula da Silva, após o *mensalão* (2005)[1003]. Nessa circunstância, a coalizão pode recuperar a sua saúde, com mais ou menos mazelas. Entretanto, quando a análise custo-benefício se inclina cronicamente para valores negativos e isso é complementado por uma avaliação positiva do cenário de substituição do presidente pelo vice-presidente, estão reunidas condições propícias para o *impeachment*. Este panorama é acentuado pela lógica dispersiva e atomizada que subjaz aos sistemas partidário e eleitoral. Como se expôs, este propicia que cada eleição de deputados se paute pelo princípio "cada um contra o resto do mundo". Nesse ambiente, cada eleito e cada candidato à eleição ou reeleição privilegia a sua

---

[1002] Não cabe desenvolver o tópico no quadro apertado deste ensaio. Mas sempre se notará que o mito da facilidade e da praticabilidade das moções de censura com efeitos demissionários esbarra na relativa raridade em que isso ocorre nos sistemas parlamentares e semipresidenciais. Desde logo, são dificultadas num crescente número de países que adotam mecanismos como a moção de censura construtiva (Albânia, Alemanha, Bélgica, Eslovénia, Espanha, Hungria, Israel, Polónia) ou a exigência da aprovação por maiorias qualificadas (Portugal); mas também, nos demais, pela natural relutância dos membros dos parlamentos em colocarem em causa o seu próprio mandato. É possível que o número de vezes em que o *impeachment* derruba efetivamente presidentes ainda fique aquém do número de moções de censura que derrubam primeiros-ministros, mas a distância tem-se encurtado.

[1003] Despoletado em 6 de junho de 2005, quando o Deputado Roberto Jefferson (PTB) revelou um esquema de pagamentos mensais por pessoas próximas do Presidente a membros do Congresso para garantir votações favoráveis em iniciativas do interesse do executivo.

leitura individual das vantagens e desvantagens. O que vale é uma galáxia de interesses individuais — frequentemente corrigidos ou condimentados por interesses regionais articulados pelos governadores dos estados ou por outros dirigentes regionais — a que o partido, mal ou bem, procura dar seguimento coerente.

4. AS VÁRIAS FACES E METAMORFOSES DO SISTEMA DE GOVERNO BRASILEIRO

As quase três décadas cobertas, pelo menos, pelos mandatos presidenciais de Fernando Henrique Cardoso I e II, de Lula da Silva, I e II, de Dilma Rousseff I (e parte de II) e de Michel Temer, foram suficientes para o sistema presidencial de coalizão afastar a suspeita de ser inviável, de ameaçar a estabilidade e até a democracia. Ele funcionou como limite ao *presidente imperial* e como solução adaptada à realidade política e social brasileira, e não como o catalisador da catástrofe que alguns prognosticavam[1004]. Também não ficou demonstrado que o sistema seja facilmente acometido de convulsões quando ocorrem alterações significativas do sistema de partidos ou práticas disruptivas por algum dos órgãos[1005]. E o multipartidarismo funcionará, eventualmente, como barreira ao populismo[1006].

Decerto que houve períodos de impasse, indefinição e turbulência oscilatória. Como sucede, por norma, com todos os sistemas de governo, em maior ou menor grau, o sistema de governo brasileiro não está imune às vicissitudes e às transfigurações, que podem ser significativas.

Como se viu, o quadro constitucional é inequivocamente o de um presidente reforçado. Todavia, isso não diz tudo — e pode dizer pouco — sobre o modo como funciona efetivamente. Em tese, o que é expectável é que o estatuto constitucional reforçado tenha, *grosso modo,* correspondência na prática institucional. Mas não é impossível que o presidente se veja numa posição de equilíbrio ou de debilidade perante o Congresso (e, como insinuado anteriormente, no caso brasileiro é relevante assinalá-lo, perante o STF) ou, diferentemente, tenha visto preencherem-se as condições contextuais para o domínio. A recondução a cada uma dessas alternativas depende da conjugação entre o quadro institucional e o contexto.

Recorde-se que o sistema presidencial de presidente *dominante* ocorre quando o presidente aproveita integralmente as competências (reforçadas ou não) que a Constituição lhe confere e os incentivos que o contexto desencadeia para alavancar poderes fáticos, que lhe proporcionam um domínio indisputado do sistema de governo e até do sistema político. Isto seria a expressão contemporânea da doutrina clássica da *presi-*

[1004] Em ABRANCHES, ref. 826, p. 155, e no seu texto mais desenvolvido, ABRANCHES, ref. 357, o autor conclui que o sistema presidencial de coalizão funcionou melhor desde 1988 do que na Segunda República e que "é governável, tem capacidades institucionais bastante robustas" (ABRANCHES, ref. 357, p. 76 *et seq.,* 341).

[1005] ABRANCHES, ref. 826, p. 172.

[1006] A tese é exaustivamente desenvolvida por MELO; PEREIRA, ref. 824, *passim.*

dência imperial, potenciada pelo que ficou da história e pelas circunstâncias e práticas modernas: (i) o peso da tradição hiperpresidencialista (ou *imperial*)[1007]; (ii) o diálogo constante do presidente com os cidadãos e os *media*[1008], granjeando-lhe notoriedade e, eventualmente, popularidade superior a qualquer outra personalidade da política ativa; (iii) a enorme exigência técnica das decisões da política contemporânea — fora do alcance dos parlamentos e dos parlamentares; (iv) a possibilidade de uma visão agregadora de interesses que um país continental requer e que nenhum outro consegue garantir; (v) a última palavra sobre os recursos e os cargos mais apetecíveis ao nível da União; (vi) a quase plena discricionariedade e mão livre para encontrar, a qualquer momento do mandato e não apenas no início ou em alturas delimitadas no tempo, parceiros disponíveis para apoiar a governação a troco do exercício dos ambicionados cargos executivos, incluindo no governo, criados segundo o critério e o juízo presidenciais[1009].

No quadro da Constituição de 1988, nunca o sistema funcionou na modalidade maximalista de sistema presidencial de *presidente imperial* ou *dominante*. Esta só seria, em princípio, viável se presidente dispusesse habitualmente de maioria estável, coerente e disciplinada de suporte no Congresso, monopartidária ou de coalizão pré-eleitoral cristalizada (do estilo das antigas coligações do Chile, pós-restauração da democracia, ou da *Frente Amplio* do Uruguai), que lhe permitisse moldar unilateralmente a agenda segundo o seu ponto ideal. Ora, em democracia, será eventualmente necessário recuar à Segunda República e a Gaspar Dutra (1946-1951) ou a Juscelino Kubitschek (1956-1961) para encontrar uma situação política com estes contornos.

Em contrapartida, na maior parte do tempo, funcionou como sistema de presidente institucional e politicamente reforçado. Os traços mais evidentes são: exercício das competências constitucionais exatamente como concedidas pela Constituição, sem desvios significativos para mais ou para menos; leniente controlo parlamentar[1010] (quase sempre, FHC I e II, Lula I e II, Rousseff I[1011]; mais duvidoso, Temer).

[1007] Sobre o hiperpresidencialismo, v. MACEDO, José Arthur. (Hiper)presidencialismo brasileiro: esse outro esquecido. *In*: CLÈVE, Clèmerson Merlin (org.). Direito Constitucional Brasileiro: Organização do Estado e dos Poderes. *Revista dos Tribunais*, v. 2, p. 496-518, 2014.

[1008] Em 2005, em plena crise do m*ensalão*, perante o cerco no Congresso e na própria coalizão, Lula da Silva dizia, num comício em Teresina (Piauí), que a sua eleição se devia ao "povo deste país, que acreditou e que votou. É a ele que eu prestarei contas".

[1009] Uma frase de José Afonso da Silva, de 1990, insurgindo-se contra a intervenção do Presidente José Sarney na elaboração da Constituição de 1988, resume tudo: "[m]esmo quando [o presidente] não goza, em nível nacional, de prestígio e de credibilidade, assim mesmo dispõe de uma máquina governamental capaz de fazer votos parlamentares em prol de seus interesses políticos".

[1010] Sobre o défice de controlo parlamentar, v. MELO; PEREIRA, ref. 824, p. 116.

[1011] Quase sempre, porque, tal como a autoridade presidencial e o domínio da coligação — ou, mais genericamente, a pilotagem do sistema de governo — podem variar entre presidentes, também podem oscilar entre mandatos do mesmo presidente ou até dentro do mesmo mandato. Por exemplo, a popularidade de FHC e a força da coligação declinaram no segundo mandato daquele, particularmente depois da escolha de José Serra como candidato presidencial do PSDB (2002).

Todavia, trata-se de presidente institucional e politicamente reforçado, *mas limitado pela coalizão*. Os sistemas presidenciais de coalizão, por natureza, não permitem uma situação de *winner-take-all,* uma vez que assentam na repartição de Poder entre presidente e coalizão. O presidente não logra ser o "presidente imperial" que a história constitucional brasileira legou.

Porém, o sistema presidencial de coalizão pode sofrer *basculações* mais ou menos duradouras.

Uma das possibilidades é que, embora o sistema seja, institucionalmente, de presidente reforçado, as condições políticas — designadamente o tipo e dinâmica da coalizão — induzem ao equilíbrio político entre presidente e Congresso. Isso pode decorrer, designadamente, de o presidente se ver forçado ou optar estrategicamente por uma coalizão que corresponde à mediana do Congresso, mas se afasta do ponto ideal presidencial[1012].

Outra possibilidade é a de um sistema com presidente institucionalmente reforçado, mas politicamente débil. O contexto político mais propício para a modalidade de presidente *débil* ocorre quando o presidente não dispõe de uma maioria de suporte no Congresso, seja através de um partido ou de uma coalizão. Nessas circunstâncias, pode ficar à mercê de maiorias, *ad hoc* ou mais estruturadas, capazes de: derrubar o veto; de aprovar emendas constitucionais (que não estão sujeitas a veto presidencial e que no sistema brasileiro são profusamente adotadas como instrumento de política legislativa e até de política corrente); de não confirmar ou alterar medidas provisórias; de aprovar projetos legislativos que se afastam do ponto ideal das preferências presidenciais e, no limite, de votar pelo *impeachment,* se existir a maioria qualificada necessária.

Bolsonaro foi inicialmente visto como um presidente autoritário em potência, uma ameaça à democracia maior do que Orbán, Erdoğan, Duterte e outros. Paradoxalmente, apreciada agora, já com algum distanciamento, a sua presidência é o exemplo mais expressivo do funcionamento de um sistema presidencial de presidente institucionalmente reforçado, mas politicamente débil. A circunstância de não ter construído uma coalizão forte que lhe permitisse controlar a agenda do legislativo, de ter transigido com a assunção de boa parte do poder de articulação e orçamental pelos presidentes das duas Casas do Congresso Nacional e de ter mantido um permanente braço de ferro com o STF, tornou-o a parte fraca do triângulo dos poderes[1013].

[1012] Se o ponto ideal do (partido do) presidente se afasta significativamente da mediana do Congresso (designadamente, partido presidencial à esquerda, mediana à direita), situação potenciada pelo sistema eleitoral brasileiro, aquele pode sentir-se forçado — ou optar estrategicamente — por uma coalizão próxima desta mediana (Lula III). Nesse caso, querendo efetivamente assegurar a coesão e estabilidade da coalizão, é expectável que a cedência de poder e de protagonismo seja maior do que se esta pudesse coincidir ou aproximar-se do ponto ideal presidencial (Temer). Mas as circunstâncias concretas podem sempre gerar variáveis que corrijam estas considerações de princípio.

[1013] O tema é desenvolvido em: MELO; PEREIRA, ref. 824, p. 145 *et seq., passim;* v. também REY, Beatriz. O Congresso e o balanço de poder no Brasil. *Journal of Democracy em Português,* v. 12, n. 2, p. 1-27, 2023. p. 19 *et seq.*

Toda e cada uma destas modalidades de sistema presidencial de coalizão tem fronteiras difusas com a modalidade mais próxima: é relativamente fácil distinguir uma situação de presidente débil de uma situação de presidente dominante ou reforçado; já se afigura, normalmente, mais difícil distinguir cortantemente entre uma situação de presidente em equilíbrio e outra de presidente reforçado ou débil.

Independentemente das vicissitudes e da oscilação (ou talvez devido à possibilidade de oscilação), o sistema presidencial de coalizão já deu mostras de resiliência. Bolsonaro pô-lo deliberadamente em questão, recusando a própria ideia de coalizão e investindo no confronto com o Legislativo e o Judiciário. Mas isso apenas obrigou a que, durante um certo período, a viabilização de uma agenda política se materializasse através de mecanismos alternativos, uns automatizados, outros casuisticamente orquestrados pelo protagonismo do Congresso e das suas lideranças. A seguir, Bolsonaro voltou ao sistema, ainda que empurrado e não sem incidentes de percurso[1014].

O sistema presidencial de coalizão do Brasil não fica em desvantagem em relação a sistemas que são vistos como os pináculos da estabilidade e da racionalidade organizativa. Relembre-se que, no passado, se alegava que o sistema presidencial — com coalizão, ou qualquer outro — é dado a bloqueios insolúveis quando o executivo e a maioria do legislativo se desencontram. Ao invés, o sistema parlamentar permite superar esses bloqueios com mudança de governo e/ou realização de eleições parlamentares. Todavia, olhando para os sistemas não presidenciais que Linz tomou como modelo referencial — muitos deles exemplo da há muito ultrapassada era de ouro consociativa ou consensual que Lijphart celebrou —, verificamos que alguns se veem enredados na incapacidade dos respetivos sistemas partidários de gerar coligações óbvias e coerentes. As eleições em sistemas parlamentares ou semipresidenciais mostram dificuldades crescentes em gerar soluções estáveis de governo ou até, simplesmente, soluções de governo (Áustria, Bélgica, Bulgária, Eslováquia, Espanha, França, Países Baixos, Portugal). Pode ser que isso instigue a reavaliar as alegadas desvantagens comparativas do sistema presidencial de coalizão praticado no Brasil e em outros países da América Latina.

5. A COALIZÃO COMO FATOR DE CORREÇÃO DO SISTEMA PRESIDENCIAL

Nas condições brasileiras, a coalizão não é um fator conjuntural que vai e vem; antes, constitui um atributo estrutural do sistema de governo — fenómeno de *institucionalização da coalizão* e de procedimentos típicos do governo de coalizão —, com inevitáveis implicações *estruturais n*as condições de liderança presidencial[1015].

Embora não se possa falar de um contraste total entre os números atinentes aos mandatos presidenciais com coalizão minoritária ou de ausência de coalizão e os nú-

---

[1014] MELO; PEREIRA, ref. 824, p. 14, aludem à "coalizão de sobrevivência".

[1015] INÁCIO, ref. 828, p. 190.

meros de coalizão maioritária (porque há situações de exceção)[1016], é possível afirmar que, na atualidade, a construção de uma coalizão com um mínimo de estabilidade é um fator fundamental de governabilidade. Pode até ocorrer que não baste uma coalizão maioritária. Se o presidente promover uma agenda política que requeira emendas constitucionais, como frequentemente sucedeu com Fernando Henrique Cardoso (e, menos, com Lula da Silva), é imperativo obter maiorias qualificadas ou supermaiorias.

5.1 A coalizão como fator de limitação e otimização do Poder

Por um lado, a antiga aspiração de muitos políticos e pensadores de corrigir o modelo de sistema presidencial praticado na América Latina, caracterizado pelo excesso de Poder do presidente — em contraste com o modelo de referência norte-americano —, limitando esse Poder, foi alcançada, não através de reformas ou engenharias constitucionais, mas por constrangimentos contextuais ao Poder presidencial que decorrem do imperativo da coalizão. A coalizão funciona como instância de *limitação* do Poder presidencial.

Mas, por outro lado, o presidente mantém a sua posição de primeiro órgão responsável perante o povo e timoneiro do sistema de governo — e do sistema político, em geral. Nesse quadro, a coalizão pode ser um fator de *otimização* do exercício do poder presidencial, particularmente quando a coalizão é maioritária no Congresso Nacional e funciona disciplinada e eficazmente. Nessa circunstância, o Congresso Nacional, no contexto brasileiro, vê a sua posição praticamente reduzida a um mínimo. Atentemos a alguns exemplos.

Personagem central do PSDB desde a primeira hora, prestigiado e alcandorado a figura nacional pela sua ação durante o mandato de Itamar Franco, mormente pelo papel desempenhado no Plano Real (1994), Fernando Henrique Cardoso conduziu o partido à condição de partido charneira e presidencial, não obstante a sua limitada presença no Congresso e no terreno eleitoral. Fernando Henrique Cardoso beneficiou-se de uma fiel plataforma partidária, que lhe deu o lastro para construir os seus mandatos presidenciais e as coalizões de que necessitou. Exigindo a sua agenda política emendas constitucionais, o que requeria uma coalizão supermaioritária, conseguiu alcançá-la, reforçando o pendor otimizador do seu Poder.

Olhando para o outro grande polo político-partidário, o de Lula da Silva e do PT, à medida que iam sofrendo sucessivas derrotas eleitorais, adaptaram-se gradualmente, tornando-se um partido com vocação e ambição presidencial, com direção central forte e mão quase livre do candidato a presidente (e, subsequentemente, do Presidente) para definir a plataforma programática e a política de alianças, pré e pós-eleitorais[1017].

[1016] Os números e indicadores a que nos reportamos no texto valem-se, no essencial, da informação obtida de alguns sítios. Destacamos: BRASIL. Congresso Nacional. Medidas Provisórias. Disponível em: https://www.congressonacional.leg.br/materias/medidas-provisorias. Acesso em: 9 jan. 2025; BRASIL. Câmara dos Deputados. Disponível em: https://www.camara.leg.br/. Acesso em: 9 jan. 2025; BRASIL. Senado Federal. Disponível em: https://www12.senado.leg.br/hpsenado. Acesso em: 9 jan. 2025; OBSERVATÓRIO DO LEGISLATIVO BRASILEIRO, ref. 970.

[1017] Os vários passos são sintetizados por SAMUELS; SHUGART, ref. 19, p. 190 *et seq*.

Finalmente eleito, Lula da Silva, em seus dois primeiros mandatos, fez as escolhas de aliados que lhe permitiam executar o seu programa — alguns dos quais também estiveram com FHC —, sem alienar a sua essência, enfrentando apenas manifestações ocasionais de mal-estar e de criticismo de setores do Partido (algumas vezes expresso através de votações em sentido contrário ao do Governo nas duas Casas do Congresso), mas beneficiando, essencialmente, de um apoio quase sempre garantido[1018].

Dilma Rousseff I limitou-se a seguir o mesmo caminho, embora com menos audácia e habilidade políticas que o antecessor.

Até, pelo menos, Dilma I e, talvez, Temer, as coalizões permitiram a combinação das dimensões de otimização e de limitação do poder presidencial.

Já Jair Bolsonaro (2019-2022) baseou a sua campanha presidencial na rejeição da ideia de coalizão, acusada de ser o instrumento mais refinado da corrupção e da inautenticidade política de Brasília. Esta retórica teve tração eleitoral e, porventura, reproduz o que é voz corrente em parte significativa da população. Os equilíbrios, compensações e transações exigidos pela moldagem de uma coalizão são, em geral, pouco transparentes, incitam ao sobredimensionamento do governo[1019] e colocam pressão adicional sobre os recursos públicos. Também por isso, Bolsonaro conseguiu demonstrar o que alguns jurariam impossível no Brasil: a viabilidade de uma candidatura radical de direita derrotar candidaturas de esquerda e de centro-esquerda. Uma vez eleito, rejeitou a ideia de coalizão, abandonou o partido pelo qual tinha se candidatado, recusou a ideia de negociação, transigência e compromisso e escolheu o confronto com o poder judicial.

Todavia, a retórica de Bolsonaro não resistiu ao choque da realidade. Primeiro, porque, em boa verdade, mesmo que o Presidente procure legislar sistematicamente através de medidas provisórias (como sucedeu em vários momentos), a viabilização parlamentar de instrumentos legislativos promovidos pelo executivo com um conteúdo próximo do ponto ideal do governo implica sempre coalizões *ad hoc*, engendradas para cada votação, por vezes com protagonismo incontornável das lideranças do Congresso.

Na primeira metade do mandato, o índice de medidas provisórias e de iniciativas legislativas presidenciais aprovadas foi dos mais baixos em democracia, até atingir um mínimo em torno do 0% em 2020-21. Quando percebeu que a estratégia de confronto e intransigência, em lugar de *otimizar* o seu poder, contribuía para a sua drástica erosão e *limitação*, retrocedeu e procurou uma coalizão. Em consequência, ainda antes do virar da primeira metade do mandato, formou uma coalizão minoritária (PP, PL, Republicanos), contando, além disso, com a transigência do "centrão". Mas isso não foi a tempo de eliminar a perceção de que a estratégia de Bolsonaro, de recusa de traços fundamentais do sistema brasileiro, funcionou como fator de *limitação*, mas não de *otimização* do Poder.

[1018] Estudando os casos de FHC e Lula, v. INÁCIO, ref. 828.

[1019] Lula I (2003) era composto por 30 ministros de Estado; Lula II (2007), 32; Lula III (2023), 37. Só o segundo governo de Dilma Rousseff (2015), com 39, foi maior. O governo de Bolsonaro tinha inicialmente (2019) 22. O mais "frugal" foi o de Collor de Mello (1991), com 12.

5.2   Em especial: a coalizão como fator de limitação do poder presidencial

Vejamos, porém, de que modo a componente de *limitação* do Poder presidencial pode expressar-se. A discussão andará em torno de alguns eixos:

i.   repercussão do sistema de coalizão na posição do vice-presidente;

ii.   repartição de funções e competências entre presidente e parceiros da coalizão;

iii.   repercussão da coalizão no sistema de divisão de Poder;

iv.   reforço da componente ministerial;

v.   projeção do parlamento no interior do executivo e vice-versa;

vi.   deslocação da atividade de articulação de políticas para o parlamento;

vii.   diversificação das funções do veto.

5.2.1   Repercussão do sistema de coalizão na posição do vice-presidente

A presciência dos candidatos presidenciais com expetativas de vitória de que terão, forçosamente, de negociar com um Congresso fragmentado e erigir uma coalizão leva, normalmente, a que o *ticket* ou *chapa* do candidato a presidente/candidato a vice-presidente seja composto por duas personalidades de partidos diferentes, às vezes até programaticamente distantes. Frequentemente, o candidato a presidente faz-se acompanhar na corrida presidencial por alguém oriundo de um partido que aquele assume como futuro membro ou alvo para uma coalizão a formar depois das eleições[1020]. Esta quase convenção pode ser considerada uma sequela natural da fragmentação partidária e do sistema presidencial de coalizão. O fator coesivo é, amiúde, o interesse comum dos dois candidatos a atingirem uma vitória eleitoral e não uma genuína e sólida relação de comunhão ou de proximidade político-partidária. Isso leva a que se criem tensões entre estabilidade e instabilidade.

A circunstância de o vice-presidente ser o primeiro na linha da sucessão, na falta do presidente, dá azo a que seja um potencial competidor. E, quando os partidos de que provêm são adversários em outras contendas eleitorais (legislativas, estaduais, municipais), nem se pode dizer que desvios de solidariedade sejam sempre politicamente censuráveis. Nas duas ocasiões em que um *impeachment* provocou a queda de presidentes, é consensual que o processo só ganhou ímpeto quando o vice-presidente sinalizou a vontade — ou agiu ativamente a favor — de aceder à presidência e de fomentar uma

---

[1020] Assim ocorreu com: Marco Maciel (PFL), vice de FHC nos dois mandatos; José Alencar (PL, PRB), vice de Lula nos dois primeiros mandatos; Michel Temer (MDB), vice de Dilma Rousseff nos dois mandatos (o segundo, interrompido); Hamilton Mourão (PRTB), vice de Bolsonaro; e Geraldo Alckmin (PSB), vice de Lula no terceiro mandato deste. Destoa o primeiro vice-presidente eleito numa *chapa* de presidente eleito por sufrágio direto e universal, Itamar Franco (PRN), vice de Collor de Mello. Itamar Franco desvincular-se-ia do PRN quando começou a afastar-se do Presidente. Aliás, alguns vice-presidentes, antes e depois de serem eleitos, entraram no jogo das mudanças de partido (Itamar Franco é um caso singular de saídas e regressos ao MDB), mas nunca para aderir ao partido do presidente.

nova coalizão, presumivelmente com maiores benefícios para os seus membros do que a pré-existente[1021]. Porém, este fator de instabilidade tem o reverso da medalha: franqueia uma solução em casos de crises agudas e irremediáveis.

Tão gravosa para a saúde do sistema político como a potencial instabilidade é a circunstância de a substituição de um presidente proveniente de um partido por um vice-presidente oriundo de outro, que, porventura, nunca conseguiria obter o mandato por voto popular, gerar, previsivelmente, problemas de legitimidade e de rejeição radical. Estes problemas acentuam-se se o presidente substituto envereda por uma linha de políticas públicas diametralmente oposta à que guiara a candidatura do presidente deposto e obtivera a preferência do voto popular. Assim ocorreu quando Michel Temer, em coerência com as posições do seu partido (MDB), adotou um modelo económico antagónico ao que Dilma Rousseff apresentara ao sufrágio popular em 2014[1022] e deslocou o eixo político governativo do centro-esquerda para o centro-direita, algo que nem o eleitor mais sagaz poderia prever no momento do voto.

5.2.2   *Repartição de funções e competências entre presidente e parceiros da coalizão*

Qualquer coalizão, em qualquer contexto, seja presidencial, parlamentar ou semi-presidencial, implica, necessariamente, a repartição ou transferência de Poder. No caso do sistema presidencial de coalizão, trata-se da transferência de poder para os membros da coalizão: partidos, líderes partidários, ministros da coalizão, parlamentares dos partidos da coalizão, nas várias funções que exerçam no Congresso (líderes das casas e do governo, presidentes de comissão, relatores).

5.2.3   *Repercussão da coalizão no sistema de divisão e limitação do Poder*

O presidente brasileiro usufrui, de raiz, de um acervo de poderes no domínio da função legislativa muito superior ao detido pelo presidente norte-americano e por outros presidentes que se aproximam do figurino dos EUA. A versão algo (mas não totalmente) rígida da separação de poderes entre legislativo e executivo que vigora nos EUA sofreu uma correção significativa no Brasil. O presidente tem poder de iniciativa (exclusiva em certos domínios), poder legislativo formal (medidas provisórias), poder de agenda, poder de imposição de celeridade e urgência da apreciação das suas iniciativas, poder de veto e, talvez o mais determinante, poder de nomeação para postos executivos

---

[1021] Coalizão que pode, aliás, ser montada ainda antes da aprovação do *impeachment*, uma vez que, decretada a suspensão do exercício da função presidencial pelo Senado, o vice-presidente assume de imediato, interinamente, a presidência, podendo logo diligenciar a gestação da nova coalizão. É geralmente entendido que a decisão de suspensão torna praticamente ir-reversível o processo de *impeachment*, embora, teoricamente, ainda falte toda a tramitação de avaliação da validade dele e o julgamento final do Senado. Salientando o argumento, SOUZA NETO, ref. 826, p. 108.

[1022] Destacando-se a medida petrificada pela Emenda Constitucional n.º 95 de congelar o aumento dos gastos públicos primários por vinte exercícios.

apetecíveis e de alocação de recursos quase inesgotáveis (embora alguns destes poderes tenham sofrido, recentemente, um abalo significativo, como veremos abaixo).

Em consonância, durante muito tempo, os indicadores oficiais mostraram que uma apreciável percentagem das leis que saem do Congresso resultam de iniciativa presidencial. Num contexto bipartidário similar ao americano, o presidente brasileiro seria, seguramente, muito mais poderoso do que o americano. No quadro partidário brasileiro, todavia, esse reforço dos poderes presidenciais — *maxime* legislativos — não é mecanicamente determinante, devido à necessidade de obter, em qualquer circunstância, o apoio ou a transigência de vários partidos, nunca sendo suficiente o do seu próprio.

Por vezes, tem de se recorrer ao *varejo* casuístico, mas o normal é assentar na coalizão. Isso reflete-se, necessariamente, no modo como o princípio da divisão e limitação do Poder é materializado: tão relevante quanto a divisão constitucional de Poder entre executivo e parlamento é a divisão fática de Poder entre presidente e coalizão.

5.2.4   Reforço da componente ministerial

Tal como sucede, em geral, nos sistemas de presidentes governantes, os presidentes brasileiros usam estrategicamente os seus poderes de nomeação ao longo do mandato, mormente quando pretendem atingir fins conjunturais[1023]. Esse é um instrumento fulcral de gestão das coalizões.

Uma coalizão supõe um *trade-off*, uma filigrana de custos e benefícios de que resulte uma situação de *win-win*. O presidente transfere poder, mas ganha condições de governabilidade, atingindo um saldo presumivelmente positivo. Os partidos e as personalidades da coalizão ganham acesso a posições de decisão e a recursos, mas perdem liberdade e diluem a sua identidade no seio da coalizão; porém, o saldo é, também, presumivelmente positivo.

Na perspetiva do presidente, é essencial que os parceiros da coligação garantam lealdade e disciplina nas votações que interessam no Congresso para que o saldo seja positivo. Os números respeitantes aos mandatos presidenciais que estruturaram o sistema entre o final da década de 1990 e 2010 mostram que, de facto, a disciplina foi a regra. As coalizões construídas por Fernando Henrique Cardoso I e II (1995-2002) e Lula da Silva I e II (2003-2010) foram disciplinadas — as do primeiro beneficiando de uma maior condensação, e as de Lula da Silva apresentando maiores flutuações devido à sua heterogeneidade. As situações de coalizão dividida (pelo menos um dos partidos com maior peso diverge) seriam a exceção[1024]. Os números mais recentes, entretanto,

---

[1023] THIÉBAULT, ref. 315, p. 37.

[1024] INÁCIO, ref. 828, p. 193. Por ser saliente, veja-se, a propósito, o caso do MDB que, pela sua natureza polifacetada de partido *catch all*, regionalmente diverso e ideologicamente heterogéneo, por vezes, mostra dificuldades em acompanhar plenamente os seus próprios Presidentes. José Sarney, que transitou por vários partidos durante a ditadura para se fixar, finalmente, no MDB (1984), teve dificuldades em concitar a confiança do Partido durante o seu período presidencial. Michel Temer, também do MDB, não contou sempre com um apoio inequívoco.

são menos efusivos e há casos de desalinhamentos de partidos das coalizões, com repercussões sistémicas[1025].

Mas o ganho também passa pela contenção e minimização dos custos em termos de cedência de Poder. Desde logo, isso implica um *fine-tuning* na distribuição das pastas ministeriais e da proporção das que são confiadas a membros dos vários partidos da coalizão. Importa quais e quantas são entregues a membros do partido do presidente, a membros dos demais partidos e a personalidades com perfil não partidário ou tecnocrático da sua confiança. Fernando Henrique Cardoso procurou sempre ter, debaixo do seu ângulo de visão, as pastas económicas, reservando uma relevante quota de pastas para pessoas da sua estrita confiança ("quota pessoal"[1026]). Porém, respeitou mais a proporcionalidade *gamsoniana* do que Lula da Silva[1027]. Este propendeu a acentuar o pendor partidário e, dentro dele, a entregar as pastas mais ambicionadas a membros do PT[1028].

Os ministros de Estado pertencentes a outros partidos que não o presidencial são, tipicamente, cooptados pelo presidente[1029] para cimentar a base governativa parlamentar (embora, por vezes, com sucesso duvidoso[1030]). Transportam consigo, para o exercício de funções executivas, um peso político específico, correspondente ao peso e impor-

---

[1025] O caso com repercussões sistémicas foi o desalinhamento de Eduardo Cunha, Presidente da Câmara dos Deputados, que, apesar de oriundo do MDB do vice-Presidente Michel Temer, parceiro na coligação governista, era opositor da Presidente Dilma Rousseff. Granjeava o apoio de muitos deputados e trabalhava ativamente para dificultar a aprovação de medidas da iniciativa do executivo. Foi sob a presidência dele que, no dia 17 de abril de 2016, a Câmara dos Deputados aprovou a abertura do processo de *impeachment* no Senado Federal. Eduardo Cunha não teve muito tempo para celebrar: seria objeto de investigação no contexto do processo Lava Jato e, em 2020, viria a ser sentenciado a 16 anos de prisão, sentença posteriormente anulada pelo STF (2023).

[1026] NOHLEN; GARRIDO, ref. 16, p. 175.

[1027] THIÉBAULT, ref. 315, p. 32.

[1028] MELO, ref. 988, p. 46. Mesmo assim, os choques entre o Presidente e setores do PT foram persistentes, a propósito de políticas, de nomeações, da distribuição de fundos e outros temas. Houve repercussões até ao nível da disciplina de voto no Congresso Nacional.

[1029] V. MAINWARING, Scott. *Presidentialism in Brazil: The Impact of Strong Constitutional Powers, Weak Partisan Powers, and Robust Federalism*. Washington, D.C.: Woodrow Wilson International Center, 1997. p. 23. O grau de lealdade pode depender de vários fatores. Desde logo, pode sofrer variações conforme o ministro seja nomeado simplesmente porque o partido da coalizão o indicou, sem que o presidente tenha margem suficiente para o vetar, ou a escolha cabe ao próprio presidente, dentro das personalidades do partido, de acordo com os critérios daquele, designadamente de confiança e proximidade pessoal. A informação sobre isto está normalmente indisponível. Há exemplos históricos de ambivalência ou até de oposição declarada de ministros — ou dos seus partidos, ou membros dos seus partidos — ao presidente.

[1030] Particularmente quando alguém é convidado a assumir um posto ministerial *contra* a vontade do seu partido — como ocorreu quando Itamar Franco nomeou a *petista* Luiza Erundina para o Ministério da Administração, o que valeu a esta a suspensão por um ano —, mas essa situação não é frequente.

tância relativos na coligação parlamentar de suporte ao governo. Não ancoram a sua legitimidade simplesmente — ou de todo — na confiança presidencial[1031].

Em contraste com os membros dos partidos da coalizão que permanecem no Congresso e são, normalmente, disciplinados pelas lideranças, o que limita muito a possibilidade de sucesso de iniciativas individuais não viabilizadas por aquelas, os ministros de Estado usufruem de alguma liberdade para desencadear e prosseguir iniciativas e agendas próprias de interesse partidário, regional ou setorial — franqueando a ambicionada alocação de cargos e recursos —, que podem não ser totalmente coincidentes com o programa presidencial.

Esta margem de manobra é potenciada pela circunstância de não haver um programa de governo (além do programa eleitoral, se existir em termos formais) submetido ao público e ao Congresso que defina as balizas de um compromisso integral e coerente de atuação governativa. É certo que o artigo 84.º, XI, prevê a remessa de uma "mensagem e plano de governo ao Congresso Nacional por ocasião da abertura da sessão legislativa, expondo a situação do país e solicitando as providências que julgar necessárias"[1032]. Contudo, tal mensagem não tem o mesmo significado e peso que os discursos sobre o estado da Nação proferidos pelos presidentes americanos (que Lula da Silva pretendeu, aliás, introduzir em certo momento).

A probabilidade de que cada ministro cuide da sua pasta e dos meios que tem sob o seu domínio, com apreciável autonomia,[1033] arrisca, no mínimo, incoerências ou a neutralização recíproca de políticas e iniciativas dos ministros de Estado[1034], afetando a imagem do governo[1035]. No limite, pode colocar em causa a própria legitimidade do sistema político. Adensa-se uma névoa de descrença popular — o governo provoca a sensação de que não enfrenta os problemas com a racionalidade e a determinação exigíveis. Atrás da descrença vem, quase automaticamente, a impopularidade daquele

---

[1031] Segundo a comunicação social, Lula disse na primeira reunião do Conselho de Governo do seu terceiro mandato (em 6 de janeiro de 2023): "Não deixarei nenhum de vocês no meio da estrada, não deixarei nenhum de vocês. Vocês foram chamados porque têm competência, vocês foram chamados porque foram indicados pelas organizações políticas a que vocês pertencem, e eu respeito muito isso". V. MINISTRO que "fizer alguma coisa errada" sai do Governo, garante Lula no primeiro conselho de ministros. *Público*, Lisboa, 6 jan. 2023. Disponível em: https://www.publico.pt/2023/01/06/mundo/noticia/ministro-fizer-errada-sai-governo--garante-lula-conselho-ministros-2034076#google_vignette. Acesso em: 28 mar. 2024.

[1032] V. as mensagens em: BRASIL. Presidente (2023-: Lula). *Mensagem ao Congresso Nacional, 2023*. Brasília: Presidência da República, 2023. Disponível em: https://www.gov.br/planalto/pt-br/acesso-a-informacao/acoes-e-programas/governanca/mensagem-ao-congresso-nacional/MensagemaoCongressoNacional2023.pdf. Acesso em: 9 jan. 2025.

[1033] Para uma exposição de modelos de funcionamento de coligações (com incidência em sistemas parlamentares), ver: THIES, Michael. 2001. Keeping Tabs on Partners: The Logic of Delegation in Coalition Governments. *American Journal of Political Science*, v. 45, n. 3, p. 580-598, 2001.

[1034] Sobre isto, v. o aviso de SILVA, ref. 928, p. 28, já em 1990.

[1035] As notícias em junho de 2024, quando escrevemos, estavam saturadas de informação sobre os desencontros e — alegadas — conspirações mútuas dos ministros da Casa Civil (Rui Costa) e da Fazenda (Fernando Haddad) do Governo de Lula III.

que é visto como principal responsável pela política corrente, que, por seu turno, vê reduzidas as possibilidades de manter a unidade de uma coalizão movida essencialmente por interesses eleitorais e de puro exercício do Poder.

O modo como cada presidente enfrenta este risco de diluição política, ou desvitalização do seu Poder e de incoerência das políticas, pode variar significativamente. A forma como os presidentes limitam a discricionariedade ministerial — ou, por outras palavras, asseguram que a inevitável delegação de algum do seu Poder se contém em níveis controlados — pode passar por doseamentos vários de procedimentos e circuitos de decisão: reforço do articulador institucional; reprodução, no gabinete do presidente, de uma estrutura que de algum modo replique e acompanhe a estrutura ministerial e funcione como instância de controlo; empoderamento de ministérios, como o da Fazenda, com ligação direta ao presidente; estruturas paralelas de consulta e aconselhamento a que os ministros de Estado têm de submeter as suas iniciativas; secretários executivos dos ministérios, nomeados pelo presidente; submissão a vários tipos de controlo, designadamente jurídico e financeiro.[1036]. No entanto, nenhum evita o que os membros da coalizão consideram como um benefício desta: o reforço da componente ministerial, superior ao que ocorre no sistema presidencial de referência e mais próximo do que é típico de sistemas parlamentares e semipresidenciais.

5.2.5   *Projeção do Parlamento no interior do executivo e vice-versa*

O modelo de coalizão propicia que o Parlamento (ou setores cruciais do Parlamento) projete a sua influência dentro do próprio executivo e vice-versa. Isto tanto se verifica quando ocorre um equilíbrio reciprocamente bloqueador ou de ocasional pendor parlamentar — como sucedeu, à medida que se aproximava do fim, no mandato de José Sarney (1985-1990) e no tempo das presidências de Collor de Mello (1990-1992) e de Michel Temer[1037] —, quanto nas situações em que há ascendente do presidente, como, *grosso modo*, ocorreu nos mandatos de Fernando Henrique Cardoso I e II, Lula da Silva I e II e Dilma Rousseff I.

É relevante que os ministros de Estado previamente eleitos como membros do Congresso não perdem o lugar de deputado ou de senador[1038]. São substituídos por suplentes, reassumindo o lugar quando exonerados do cargo ministerial (conforme os Regimentos Internos da Câmara dos Deputados e do Senado). Não ficam investidos na dupla condição de ministro de Estado e membro do Congresso, como ocorreria tipicamente em sistemas parlamentares (mas não semipresidenciais, como o português), mas perdura uma ponte entre Congresso e executivo, de dupla entrada ou de placa giratória,

---

[1036] Para maiores informações sobre as diferenças entre as estratégias seguidas por FHC e Lula, v. INÁCIO, ref. 828, p. 189 *et seq.*

[1037] Particularmente após Temer passar a depender pessoalmente do Congresso para impedir o prosseguimento de processos de inquérito no STF e de *impeachment* devido a alegações de ilícitos criminais, designadamente corrupção.

[1038] Artigo 56.º, I, da Constituição, v. BRASIL, ref. 333.

projetando o Congresso no executivo e, necessariamente, o executivo no Congresso[1039]. A questão estará sempre em saber quem colhe maiores benefícios dessa ponte permanente, se o Congresso ou o executivo. As leituras mais comuns apontam para o executivo[1040].

5.2.6   *Parcial deslocação da articulação de políticas para o parlamento*

Quando as políticas envolvam medidas legislativas, os dados empíricos mostram que a maioria dos projetos imputáveis ao executivo não são oriundos do presidente, mas dos ministros de Estado (porém, com destaque para os ministros do partido do presidente)[1041]. Inexiste, formalmente, um órgão governativo colegial onde se *delibere* sobre as políticas e se dirimam, de forma integral e definitiva, eventuais divergências entre os membros da coalizão, ao contrário do que sucede nas coligações de sistemas semipresidenciais e parlamentares. O potencial de órgãos como o Conselho de Governo não foi, até agora, aproveitado[1042].

As principais formas de gestão do processo decisório e de coerência política passam pela articulação operada pela Secretaria das Relações Institucionais, pelo próprio *staff* presidencial, pela estrutura burocrática e por outros arranjos institucionais e procedimentais. Em última análise, assegura-se que o principal esforço de articulação ocorra no interior do Executivo; será aí que os partidos da coalizão resolverão os seus principais desencontros.

Todavia, mesmo quando se consegue um funcionamento satisfatoriamente disciplinado das coalizões, é comum que sobrem "pontas soltas", originais ou supervenientes, porventura relevantes, para serem dirimidas no processo legislativo. Nesse contexto, os próprios partidos da coalizão e membros dos partidos da coalizão (alguns movidos por interesses individuais ou regionais específicos, não contemplados na concertação interna ao executivo) tentarão aproximar as iniciativas do executivo do ponto médio ideal por eles preconizado. Ocorre a intervenção de uma miríade de *stakeholders* e/ou *veto players*: além do próprio presidente da República e dos ministros de Estado, pontificam ambas as casas do Congresso Nacional e respetivos presidentes, comissões, relatores, o plenário

---

[1039] Este é, aliás, um dos pontos em que os sistemas da América Latina se distinguem, em geral, do dos EUA: AMORIM NETO, ref. 299. A permanência da ligação entre o ministro e o seu mandato parlamentar de origem, mesmo no decurso do exercício daquele cargo, é confirmada, por exemplo, por interpretações como a do STF (2005), que considera que o parlamentar continua sujeito a prossecução disciplinar, como tal, por eventual quebra de decoro no exercício do cargo ministerial. Cfr. MENDES; BRANCO, ref. 950, p. 984.

[1040] Por isso, há até sugestões de eliminar a possibilidade de manutenção do mandato parlamentar, com vista a aumentar a margem de manobra do Congresso: SANTOS, Fabiano. Em defesa do presidencialismo de coalizão. In: ARY, Gláucio; SOARES, Dillon; RENNÓ, Lúcio (org.). *Reforma Política: Lições da História Recente*. Rio de Janeiro: Ed. FGV, 2006. p. 133-153.

[1041] Cfr. BATISTA, Mariana. O poder no Executivo: uma análise do papel da Presidência e dos Ministérios no presidencialismo de coalizão brasileiro (1995-2010). *Opinião Pública*, v. 19, n. 2, p. 449-473, 2013. p. 457.

[1042] V. *supra*.

do Congresso, as lideranças do governo, as lideranças partidárias, no Congresso e fora do Congresso, membros do Congresso com peso específico, ocasional ou duradouro, governadores com domínio sobre partidos e parlamentares, técnicos e assessores parlamentares.

Ora, esta multidão de agentes e instâncias formais ou informais torna o *decision making process* complexo e, por vezes, insondável, baralhando a equação da racionalidade. Decerto, é indiscutível o acompanhamento e gestão do processo legislativo pelo executivo, através dos instrumentos de que dispõe. Por outro lado, as comissões e os relatores são mediadores centralizadores da negociação e concertação, sob vigilância dos líderes governistas e das lideranças dos partidos da coalizão. Sem embargo, várias instâncias e patamares do órgão legislativo têm incentivo e oportunidade para substituir, em alguma medida, o executivo na função de articulação e coordenação de políticas que aquele pretende promover. A análise empírica mostra que o faz com impacto relevante na alteração do *status quo*[1043].

5.2.7 *Défice de responsividade do governo*

Há um problema geral de défice da representação política que afeta a forma de governo democrática e não é resolvido por nenhum sistema de governo em particular. O património de conhecimento da ciência política sustenta a intuição de que os sistemas parlamentares resistem menos mal a esse problema do que os demais.

Nos sistemas parlamentares, a maioria forma-se no Parlamento e gera o governo, com base em plataformas programáticas definidas inter ou intrapartidos. A *diluição da responsabilidade* pelo insucesso ou pelo *policy switch,* assim como a possibilidade de os eleitores identificarem a origem das políticas e os responsáveis pelos seus resultados, não é inviável, mas é mais difícil do que noutros sistemas de governo.

Por seu turno, nos sistemas de presidentes governantes com governo unido, a maioria parlamentar e o chefe do executivo têm eleitorados (*constituencies*) que podem não coincidir integralmente e recebem mandatos distintos, em função das diferenças de oferta eleitoral. O mandato recebido é menos inequívoco do que nos sistemas parlamentares, pelo que as condições de responsividade (*responsiveness*) e prestação de contas (*accountability*) são mais periclitantes.

Já nos sistemas de presidentes governantes com governo dividido e coligação, a maioria parlamentar é gerada pelo governo, e não o inverso. Pode tornar-se remota a hipótese daquilo que autores americanos designam por *responsible party government*[1044], isto é, um governo que apresentou previamente as políticas, foi legitimado pelo voto nessa base, é claramente identificado como o responsável pelas políticas e responde por elas junto dos eleitores. A interação entre presidente e coalizão pode levar a que a agenda e os *outputs* da ação governativa se afastem substancialmente das expetativas criadas nas campanhas, sendo difícil perscrutar a quem cabe a responsabilidade concreta última por um determinado rumo. Em situações como a do Brasil, em que as coalizões facilmente

---

[1043] V. o estudo e conclusões de FREITAS, ref. 828, p. 110.
[1044] Sobre as origens da doutrina, ver: RANNEY, ref. 775.

englobam mais de uma dezena de partidos com pouco em comum, o panorama torna-se crítico do ponto de vista da prestação de contas (*accountability* vertical) e da apreciação eleitoral. Nas eleições, o julgamento político é necessariamente afetado por informação distorcida e de má qualidade sobre quem merece prémios e castigos políticos.

5.2.8   *Diversificação das funções do veto*

Comparando o regime constitucional do veto nos EUA e no Brasil, poderia parecer evidente que a anulação daquele pelo parlamento é consideravelmente mais difícil no primeiro do que no segundo. Nos EUA, a rejeição do veto requer dois terços de cada uma das casas; no Brasil, exige-se a maioria absoluta dos membros do Congresso. Nos EUA, a possibilidade de superação do veto é rara porque é incomum que um só partido garanta os dois terços ou que membros dos dois Partidos se juntem para desafiar a posição presidencial; no Brasil, por outro lado, a fragmentação partidária pode presumivelmente gerar maiorias absolutas de rejeição com maior frequência.

Porém, os números nem sempre confirmam estas primeiras impressões. Decerto, nos EUA, o Congresso raramente supera vetos presidenciais: desde 1789, isso ocorreu apenas em cerca de 7% dos casos. Mas no caso do Brasil, nas primeiras décadas da vigência da Constituição de 1988, a percentagem foi significativamente mais baixa. Contudo, essa percentagem regista uma tendência de aumento que se acentuou nos últimos anos.

Importa reter alguns dados: franqueando a Constituição a possibilidade de veto total e de veto parcial, os Presidentes brasileiros preferem o veto parcial, o que ocorre em percentagem várias vezes superior ao veto total. Os Presidentes vetam com maior frequência projetos gerados internamente no Congresso e reportados a medidas provisórias. A percentagem global dos vetos rejeitados pelo Congresso ronda os 17%, sendo a percentagem maior quando se trate de vetos sobre iniciativas internas ao Congresso e medidas provisórias. Por outro lado, a rejeição de vetos sobre projetos do executivo anda em torno de 0%. Quando esteja em causa a eventual rejeição de vários vetos parciais sobre o mesmo projeto, o Congresso recorre, em alta percentagem, à rejeição parcial, isto é, aceita parte dos vetos e rejeita a outra parte.

Não é possível sugerir uma orientação geral sobre a função desempenhada pelo veto presidencial e pelo seu eventual derrube, mas não será desajustado defender que ele desempenha todas as funções que pode cumprir em qualquer sistema em que seja relevante (sobretudo sistemas presidenciais e, em menor grau, semipresidenciais). Tanto serve como instrumento de confronto e de clarificação de posições políticas, como peça de *blame game* ou de simples marcação de posição política, como pode ser instrumento de cooperação entre órgãos. Bolsonaro usou-o ostensivamente dentro da primeira lógica. Contudo, é relevante assinalar um mecanismo que o sistema brasileiro contempla: a possibilidade de rejeição pelo Congresso apenas parcial de vetos presidenciais parciais. Isso permite o desenvolvimento de uma função que outros sistemas também conhecem, mas com menos utensílios: a função de proporcionar novos momentos de negociação e calibragem dos projetos legislativos entre os rostos proeminentes da coalizão, presidente incluído, mas com intervenção de outros setores parlamentares.

6. O HIPOTÉTICO DESLIZAMENTO PARA O SISTEMA PRESIDENCIAL DE ASSEMBLEIA

A modificação das condições institucionais e contextuais que sustentam o sistema de presidente reforçado com coalizão pode levar a que este passe a funcionar, episódica ou duradouramente, como sistema de equilíbrio ou mesmo de presidente débil. Mas não só. Como se argumentou anteriormente[1045], em situações limite, pode até ocorrer que o sistema de governo revele um funcionamento que talvez não se possa sequer qualificar como próprio de sistema presidencial, recaindo no que designamos de sistema presidencial de assembleia. Nestes casos, o cargo presidencial mantém os traços *formais* do sistema presidencial, como a eleição direta, a titularidade da chefia de Estado e do poder executivo, e os poderes constitucionais típicos (reforçados ou não, mas a situação será mais iminente se não o forem). Entre esses poderes incluem-se os de veto e de nomeação dos titulares dos principais cargos executivos, militares e diplomáticos. Mas, na realidade dos factos, visível ou invisivelmente, o poder desloca-se para o Parlamento.

Entre as quatro modalidades de sistema presidencial de assembleia antes elencadas — com presidente independente, com partido presidencial maioritário, com coligação maioritária e sem coligação maioritária —, para a análise do caso brasileiro interessam as duas últimas.

Na situação de *sistema presidencial de assembleia com coligação maioritária*, o presidente mantém *formalmente* o seu papel de *formateur* da coligação, dispondo de maior ou menor margem, consoante as circunstâncias políticas, para o desempenho dessa função. Contudo, seja por constrangimentos políticos, como a baixa popularidade, pela textura da coligação, por posicionamento no *continuum* esquerda/direita, por caraterísticas pessoais, pelo envolvimento em importantes escândalos ou por não conseguir mobilizar um volume suficiente de recursos que permitam manter o estável apoio dos membros da coligação, o presidente tem dificuldades de liderança, de gestão e de articulação da coligação. Estas dificuldades da posição presidencial geram incentivos a que a coligação funcione em autogestão — que pode implicar incoerência governativa ou não — e o centro do poder, verdadeiramente, se situe nela.

No *sistema presidencial de assembleia sem coligação maioritária*, o poder reside, presumivelmente, de modo difuso, no Parlamento, ao ritmo das maiorias *ad hoc* que se formem sob a batuta das lideranças nas casas do Congresso como, aliás, acontece com o parlamentarismo de assembleia.

O funcionamento como sistema presidencial de assembleia de um sistema que, do ponto de vista constitucional, é um sistema de presidente reforçado, pode ser — e geralmente será — um mero episódio, um momento quase patológico, excecional. O exemplo recente mais flagrante foi o do momento do *impeachment* de Dilma Rousseff[1046].

[1045] Ver o Capítulo V, subcapítulo I.

[1046] Numa leitura alternativa interessante — não totalmente incompatível com a nossa — MELO; PEREIRA, ref. 824, p. 61, falam de uma espécie de semipresidencialização do sistema, com coabitação da Presidente com um *ersatz* de primeiro-ministro (Eduardo Cunha).

Mas, em tese, não se pode excluir a possibilidade de um funcionamento não meramente episódico, ou seja, um funcionamento como sistema presidencial de assembleia que perdura durante algum tempo. O tempo dirá se esse é o caso de Lula III[1047]. Este caso pode ser marcado por aquilo que se afigura ser uma evolução no sentido do fortalecimento do Congresso Nacional.

6.1 Os indicadores do fortalecimento do Congresso

Os indicadores do fortalecimento do Congresso — particularmente da Câmara dos Deputados — parecem acentuar-se paulatinamente[1048]. Assim, destaca-se:

– aumento do protagonismo dos legisladores na apresentação de iniciativas próprias — leis, leis complementares e emendas à Constituição — e emendas às propostas do executivo, adquirindo predomínio crescente[1049];

– reformulação do perfil sistémico do mecanismo do *impeachment*, mesmo que seja de uso esporádico e eventualmente contestado;

– contenção do poder de produção de medidas provisórias (2001) e contração do poder de agenda do presidente, através da flexibilização, ocorrida depois de 2009, da obrigação de trancamento da pauta parlamentar com vista à votação de medidas provisórias[1050];

[1047] Marcus André Melo e Carlos Pereira admitem a preponderância do legislativo no primeiro ano de mandato de Lula III. Cremos que, assumida aquela preponderância, segue-se a consequência de que o sistema funciona na modalidade de presidencial de assembleia, ainda que a governabilidade esteja em bom nível (porém, bastante cara…) e não se registe nenhum choque visível entre Presidente e Congresso Nacional (esforçando-se, aliás, os protagonistas por negar esse choque). Isto só se verifica por o Presidente renunciar ao seu ponto ideal, rendendo-se à "preferência mediana agregada dos parlamentares", como os autores reconhecem, v. MELO; PEREIRA, ref. 824, p. 222).

[1048] O momento a partir de quando esse fortalecimento ocorre é difícil de estabelecer, dados os avanços e recuos, bem como a sua natureza paulatina. Recentemente, v. REY, ref. 1014. O Congresso e o balanço de poder no Brasil, p. 2, fixa o início do processo de fortalecimento em meados dos anos 2000. Já MELO, ref. 988, p. 48, situa o enfraquecimento da presidência em relação ao Congresso no início do primeiro mandato de Dilma. Pela nossa parte, sugerimos que esse fortalecimento é evidente pelo menos a partir do final do primeiro mandato de Dilma Rousseff.

[1049] Os indicadores estatísticos, embora ainda não totalmente conclusivos, apontam essa tendência: REY, ref. 1014, p. 5 *et seq*. A autora salienta a importância do fortalecimento das comissões permanentes, a profissionalização do funcionalismo legislativo e a influência das chamadas bancadas temáticas. Já com números de Lula III, confirmativos da tendência, MELO; PEREIRA, ref. 824, p. 219.

[1050] O então Presidente da Câmara dos Deputados, Michel Temer, entendeu que, embora a Emenda Constitucional n.º 32, de 2001, determinasse o trancamento da agenda parlamentar, por forma a obrigar ao agendamento prioritário da votação das medidas provisórias decretadas pelo presidente da República, isso não obstava a que se incluíssem na agenda outras votações, como propostas de emenda constitucional e outros projetos.

- dever de execução das emendas obrigatórias ou impositivas individuais e das bancadas estaduais ou do Distrito Federal, introduzidas durante o processo orçamental no Congresso;
- uso pelo Presidente do Senado do poder de devolver medidas provisórias, com fundamento em inconstitucionalidade, o qual, mesmo que raro, constitui o Senado como um poderoso órgão de fiscalização política da constitucionalidade;
- derrube mais frequente do veto presidencial, limitando significativamente a capacidade de condicionamento da agenda legislativa pelo presidente, já visível no mandato de Bolsonaro, mas com continuação no de Lula III[1051].

A tendência de fortalecimento pode ser ainda detetada em domínios mais simbólicos. A circunstância de as duas Casas do Congresso terem decidido manter, por números expressivos, as suas lideranças por mais dois anos (Rodrigo Pacheco, do PSD, Senado; Arthur Lira, do PP, Câmara dos Deputados) após as eleições de 2022, revela o investimento na continuidade típica de estruturas que pretendem conferir estabilidade a equilíbrios e patamares de distribuição de poderes e benefícios já alcançados.

É relevante considerar que as dimensões de fortalecimento do Congresso parecem ser alimentadas por alguns fatores contextuais. Esse fortalecimento não pode ser desligado da fragilização de Presidentes, em exercício ou já fora do cargo, devido a casos de corrupção, de descredibilização pública e impopularidade, da erosão do poder presidencial devido a políticas económicas nem sempre exitosas, de gestão insatisfatória das coalizões com defraudamento das expetativas, e de menorização do Congresso. O impacto da pandemia da Covid-19 também contribuiu para que isso ocorresse. Paulatinamente, o Congresso e os Partidos reagem e ganham espaço, preenchendo vazios que os presidentes, em situações de debilidade, deixam. Como se verá, boa parte das emendas constitucionais e legislativas referentes às emendas orçamentais impositivas constituíram cedências de presidentes apanhados entre a espada e a parede.

O reajustamento do *impeachment* e as emendas obrigatórias ou impositivas são suscetíveis de implicações sistémicas significativas. O reajustamento *do impeachment* modifica a posição do presidente perante o Congresso; a possibilidade de emendas obrigatórias ou impositivas diminui os incentivos à coalizão. Dedicamos-lhes especial atenção[1052].

[1051] O derrube de vetos presidenciais foi extremamente raro até há pouco tempo: v. CHAISTY; CHEESEMAN; POWER, ref. 92, p. 113; Bolsonaro foi, de longe, o Presidente que mais vetos viu serem derrubados pelo Congresso: v. MELO; PEREIRA, ref. 824, p. 198.

[1052] No momento em que se escreveu este texto não era possível avaliar o impacto do acordo entre os três Poderes, selado em 20 de agosto de 2024, que estabeleceu limites e controlos, além de recuperar para o governo algum *droit de regard*.

6.1.1   *Reformulação da função do* impeachment

Depois do processo de Collor de Mello, todos os Presidentes, no presente século (Fernando Henrique Cardoso, Lula da Silva, Dilma Rousseff, Michel Temer, o recordista Jair Bolsonaro e, desde o início do terceiro mandato, Lula da Silva[1053]), foram objeto de propostas ou iniciativas de *impeachment*. As tentativas de *impeachment* (quase sempre inconsequentes, é certo) tornaram-se um expediente político corriqueiro[1054]. Não obstante as inúmeras tentativas, até o momento apenas dois Presidentes saíram devido a processos de *impeachment*.

O *impeachment*, no Brasil[1055], é uma prerrogativa exclusivamente parlamentar quando estejam em causa atos que se reconduzem a crimes de responsabilidade[1056-1057]: a Câmara dos Deputados autoriza o início do processo; o Senado decide (artigo 86.º, *caput*). A sua natureza é controversa desde a primeira aplicação, respeitante a Collor de Mello.

Encarado pelos políticos de Brasília como *outsider*, não obstante uma forte tradição política familiar, Collor de Mello não dispôs, logo desde o processo eleitoral, de uma base partidária forte. Derrotou Luiz Inácio Lula da Silva, na segunda volta das eleições presidenciais de 1989, por uma pequena diferença, de cerca de seis pontos percentuais (53,03% a 46,97%). A circunstância de não ter feito um esforço para assegurar a constituição de uma coalizão maioritária (até por não ser fácil encontrar parceiros para isso) não obstou a que, no início do mandato, tenha obtido a anuência ou a tolerância para drásticas medidas, entre as quais as enquadradas pelo Plano Collor.

As ações mais importantes foram adotadas através de medidas provisórias (como também ocorreria com medidas emblemáticas de outros Presidentes) ou pelo Congresso, por sua iniciativa. O Presidente conseguiu, no início, executar um programa sem obstáculos parlamentares maiores. O elevado grau de popularidade presidencial, na ocasião, levou a que partidos neutrais ou reticentes, como o MDB ou o PSDB, juntassem frequentemente os seus votos aos dos Partidos da base governativa, como o PRN ou o PFL (partido pivô), ou a Partidos normalmente apoiantes, como o PDT de Brizola. Enquanto as medidas económicas de combate à hiperinflação e outras criaram a ilusão da melhoria, o Presidente dispôs de índices de popularidade elevados. Quando a ilusão

---

[1053] Em 22 de fevereiro de 2024, foi protocolado na Câmara dos Deputados o 19.º pedido de *impeachment* contra o Presidente Lula, desta vez com a subscrição do significativo número de 139 deputados (liderança do Partido Liberal, de Bolsonaro); a justificativa para a saída do Presidente seria as declarações sobre a guerra entre Israel e Hamas.

[1054] MELO; PEREIRA, ref. 824, p. 63, dão nota de que, até julho de 2023, haviam sido protocoladas 363 denúncias/propostas de *impeachment* contra Presidentes.

[1055] V., por último, MELLO, 912.

[1056] Para uma síntese, v. STRECK; OLIVEIRA; BAHIA, ref. 916, p. 1347 *et seq.*

[1057] O que não era o caso, por exemplo, quando, em 2017, o sucessor de Dilma Rousseff, Michel Temer, foi atingido por ramificações do caso Lava Jato e arriscou um processo de *impeachment* que, se iniciado pela Câmara dos Deputados, seria subsequentemente decidido pelo Supremo Tribunal Federal, e não pelo Senado.

se esbateu e o caráter errático das políticas tornou-se evidente, a popularidade começou a colapsar, descendo, de seguida, a pique.

Encetou a dado passo diligências para alargar a base governativa, através dos instrumentos clássicos de criação de ministérios, de nomeações e de atribuição de meios financeiros, mas o seu destino estava traçado. Em setembro de 1992, com a popularidade presidencial em valores residuais, a Câmara dos Deputados aprovou, por 441 contra 38 votos, a autorização para o Senado decidir sobre o *impeachment*. Dentro dos 441 votos favoráveis estavam, sem surpresa, os do PT, o mais extremado opositor de Collor de Mello, desde sempre; mas também os de quase todos os deputados do Partido por ele criado, o PRN. Iniciada a sessão de julgamento pelo Senado, na iminência da inevitável destituição, Collor de Mello deu o passo que repetidas vezes recusara: apresentou ao Senado a sua renúncia, em 29 de dezembro de 1992, com efeitos imediatos, procurando evitar a perda de direitos políticos. Não conseguiu.

Dilma Rousseff II garantiu, no início do mandato (2015), uma coalizão de nove partidos que reuniam 59,26% da Câmara dos Deputados e 65,43% do Senado Federal[1058]. Pouco tempo depois, a base governativa sofreu uma súbita erosão, com vários partidos charneira a abandoná-la e até a colaborar ativamente no processo de *impeachment*. Vinte meses após a posse, Rousseff foi destituída, encerrando o processo iniciado na Câmara dos Deputados em 17 de abril de 2016, com 367 votos a favor do *impeachment* e 137 contra, o que consumou a falta de confiança política da maioria do Congresso Nacional.

Os dois processos de *impeachment* ostentam aspetos que os diferenciam, mas também algumas coisas decisivas em comum.

Primeiro, a interpretação do mecanismo como instrumento de responsabilização política, hábil para demitir o presidente, meio de desbloqueio de graves impasses políticos, ao estilo próprio dos sistemas parlamentares (ou até semipresidenciais)[1059]. No processo de *impeachment de* Collor de Mello, em 1992, os (raros) defensores do Presidente denunciaram o caráter estritamente político do uso da figura; tampouco os patrocinadores do *impeachment* enjeitaram o caráter político do mecanismo e do processo em si, embora balizado normativamente[1060].

Se no caso de Collor de Mello a natureza política ainda poderia ser ofuscada pela circunstância de haver fortes alegações de esquemas de corrupção — inclusive provenientes do próprio irmão do Presidente — na relação entre Collor de Mello e PC Farias, no caso de Dilma Rousseff não parece haver dúvida de que os motivos foram

---

[1058] A coalizão de Dilma Rousseff contava com o Partido Comunista do Brasil (extrema-esquerda), o seu Partido dos Trabalhadores (esquerda), o Partido Democrático Trabalhista e o Partido Republicano da Ordem Social (centro-esquerda), o Partido do Movimento Democrático Brasileiro e o Partido Social Democrático (centro), o Partido da República e o Partido Republicano Brasileiro, atuais Republicanos (centro-direita) e o Partido Progressista (direita).

[1059] Cfr. KASAHARA, Yuri; MARSTEINTREDET, Leiv. Presidencialismo em crise ou parlamentarismo por outros meios?: *impeachments* presidenciais no Brasil e na América Latina. *Revista de Ciências Sociais*, v. 49, n. 1, p. 30-54, mar. jun. 2018.

[1060] Cfr. Os ecos do debate da época em: ABRANCHES, ref. 357, p. 126 *et seq.*

estrita ou essencialmente atinentes à avaliação política da ação presidencial: em 2016, a Presidente foi pronunciada pela comissão do *impeachment* do Senado por crime de responsabilidade, cuja real natureza criminal é duvidosa[1061]. O relator, Senador Antonio Anastasia, indicou sem rodeios que o "impeachment não tem qualquer conotação penal (…) é essencialmente jurídico-político o julgamento"[1062].

Ora, sob a capa da invocação do referido crime, mormente no contexto da gestão orçamental e do cumprimento da Lei da Responsabilidade Fiscal pela Presidente (incluindo as célebres "pedaladas fiscais", empréstimos obtidos sem autorização do parlamento), o que verdadeiramente encaminhou Dilma Rousseff para a porta de saída do Planalto foi a incapacidade para manter a coesão e a confiança da coalizão[1063], as políticas de austeridade contrárias à política económica prometida eleitoralmente, as dificuldades da economia, com quebras sucessivas do PIB (2014, 2015, 2016), e a perceção da corrupção (Operação Lava Jato, a partir de 2014). Admita-se ou não que essa leitura se coaduna com a Constituição — questão talvez insolúvel[1064] —, é evidente o uso do instrumento para acionamento da responsabilização política do presidente.

Segundo, as fragilidades jurídicas. Mesmo que se aceite como boa a interpretação do *impeachment* como instrumento de responsabilização política, o de Collor de Mello, visto à distância, está eivado de numerosas debilidades jurídicas. Continua a ser difícil explicar juridicamente como é que, apesar de extinto o processo de *impeachment* por inutilidade, tenha ainda sido objeto de uma deliberação de suspensão de direitos políticos por oito anos, com o assentimento do próprio Presidente do STF, que presidiu à sessão de julgamento do Senado. Dilma Rousseff não viu os seus direitos políticos afetados, por falta de maioria, mas o seu processo continuou a padecer de muitas das

---

[1061] É elucidativo o que consta da página da Agência de Notícias do Senado sobre o crime de responsabilidade: "A rigor, não é crime, e sim a conduta ou comportamento de inteiro conteúdo político, apenas tipificado e nomeado como crime, sem que tenha essa natureza. A sanção nesse caso é substancialmente política: perda do cargo ou, eventualmente, inabilitação para exercício de cargo público e inelegibilidade para cargo político. A Lei n.º 1.079/50 regula o crime de responsabilidade cometido por presidente da República, ministros de Estado e do Supremo Tribunal Federal, governadores e secretários de Estado. (…) A Constituição elenca como crimes de responsabilidade os atos do presidente da República que atentem contra: a própria Constituição, a existência da União; o livre exercício dos Poderes Legislativo e Judiciário, do Ministério Público e dos estados; o exercício dos direitos políticos, individuais e sociais; a segurança interna do país; a probidade administrativa; a lei orçamentária; o cumprimento da lei e das decisões judiciais." V. BRASIL. Senado Federal. Crime de responsabilidade. *Glossário Legislativo*. Disponível em: https://www12.senado.leg.br/noticias/glossario-legislativo/crime-de-responsabilidade. Acesso em: 22 nov. 2023.

[1062] Intervenção do senador Antonio Anastasia, relator, na sessão de abertura do Senado em 10 de agosto de 2016, *apud* ABRANCHES, ref. 357, p. 321.

[1063] A degradação da relação com Michel Temer (MDB), vice-Presidente, e o episódio da eleição de Eduardo Cunha (MDB) para a presidência da Câmara dos Deputados, em fevereiro de 2015, com derrota expressiva do candidato patrocinado pela Presidente, Arlindo Chinaglia (PT), são apenas dois exemplos.

[1064] Assim, ABRANCHES, ref. 357, p. 322.

fragilidades jurídicas e regimentais que já haviam afetado o de Collor de Mello. Uma delas reside, por exemplo, em saber se para a imputação dos crimes de responsabilidade que fundamentam juridicamente o *impeachment* basta mera culpa, como parece ter sido admitido ou é requerido dolo.

Terceiro, a importância decisiva dos índices de popularidade do presidente e, em alguma linha, da sua equipa ministerial. Como já exposto, o modo como a figura do *impeachment* foi usada por duas vezes e objeto de tentativas de emprego em muitas mais, indica que, tal como nos sistemas parlamentares (no tocante ao primeiro-ministro)[1065], os índices de popularidade assumem caráter decisivo quanto à permanência do titular do órgão executivo. A impopularidade do presidente persuade cada membro do Congresso a avaliar se o custo de se associar ao governo, em coalizão ou decisões casuísticas, é suficientemente compensado pelos benefícios — leia-se, os recursos públicos disponibilizados pelo executivo — que favoreçam a sua reeleição. Como se referiu antes, análises de custo-benefício negativas associadas a expetativas positivas quanto ao sucessor constituem condições propícias para o *impeachment*.

Quarto, os acontecimentos retratados indicam que, embora funcione no limite e em ambiente de fadiga institucional[1066], o *impeachment* constitui um mecanismo de autorregeneração, ou de fusível, do sistema, quando a degradação do ambiente político atinge níveis de rutura[1067]. O sistema encontrou um modo de conseguir que o regime político não colapse, apesar de os presidentes colapsarem e de o sistema de governo enfrentar dificuldades mais ou menos momentâneas, ao invés do que ocorria em épocas mais recuadas[1068]. Pode mudar o sistema de governo, mas não o regime político, designadamente a forma de governo democrática. Pode até ocorrer que o *impeachment* tenha consequências positivas do ponto de vista do fortalecimento e vitalidade das instituições democráticas[1069].

Quinto, com o perfil que lhe foi fixado, o *impeachment* funciona como a bomba atómica: não necessita de ser efetivamente usado para condicionar comportamentos e atitudes políticas. Basta que o presidente saiba que ele pode ser usado e que não é impossível que o seja, mesmo que isso requeira a reunião de um conjunto extraordinário de pressupostos[1070]. Uma das razões por que Temer fez cedências significativas e inusuais à

[1065] ACKERMAN, ref. 9, p. 658, recorda o caso de Margaret Thatcher e outros.

[1066] Expressões de ABRANCHES, ref. 357, p. 338.

[1067] Ainda que, como diz NOVAIS, ref. 12, p. 244, se trate de um meio fraco contra presidentes poderosos e de um meio forte contra presidentes fracos. O autor acaba por reconhecer, todavia, a virtualidade regeneradora da instituição em certas circunstâncias.

[1068] Cfr. CAMERLO; MALAMUD, ref. 632, p. 98.

[1069] V. o exercício de HOCHSTETLER, Kathryn; SAMUELS, David. Crisis and Rapid Reequilibration: The Consequences of Presidential Challenge and Failure in Latin America. *Comparative Politics*, v. 43, n. 2, p. 127-145, jan. 2011; no mesmo sentido, MELO; PEREIRA, ref. 824, p. 93.

[1070] Como o foram, segundo todas as análises — mesmo que desencontradas sobre quais pressupostos foram efetivamente decisivos —, os do *impeachment* de Dilma Rousseff. MELO; PEREIRA, ref. 824, p. 64 *et seq.*, *passim*, defendem que os quatro fatores que se conjugaram para viabilizar o *impeachment* de Dilma Rousseff (no seu entender, mobilização popular,

sua base de apoio foi o receio de ser objeto de *impeachment* (perante processos iniciados pelo Ministério Público, com a aquiescência do STF). Em meados do segundo ano do mandato, quando o espectro do *impeachment* começou a pairar, Bolsonaro alterou por completo o seu rumo de antagonismo em relação à *velha política* e colocou-se nas mãos do *centrão*, sujeitando-se a um acelerado processo de "normalização".

Em suma: atualmente, o presidente vive sob regime de semi-tutela parlamentar e arrisca-se a ser destituído com mais frequência do que o modelo base de sistema presidencial pressupõe. O garante da permanência no cargo não é a previsão constitucional de um mandato presidencial fixo e irrevogável, mas sim aspectos contextuais que constituam cimento suficiente para assegurar a lealdade, disciplina e solidez de uma coalizão, designadamente um sistema remuneratório dos parceiros da coalizão, aceite por eles como adequado, e a obtenção de índices de popularidade.

6.1.2 As emendas orçamentais obrigatórias

As leis do orçamento e das diretrizes orçamentárias são forçosamente da iniciativa do poder executivo (artigo 165.º, *caput*, da Constituição), competindo a este, também, a execução orçamental. A literatura comparativa considera que o presidente brasileiro tem os poderes orçamentais formais mais fracos, embora os use muito ativamente para gerir as coalizões[1071]. Até há pouco, o orçamento continha autorização de despesa, dispondo, porém, o presidente de poder discricionário pleno sobre se executava ou não a despesa (exceto as despesas diretamente decorrentes da lei, como salários)[1072]. Esse era um dos pontos de reforço da posição presidencial e um poderoso instrumento de cooptação (partidária, de grupo ou individual) e de cimento das coalizões, sob a liderança presidencial. O grau de importância destas ferramentas para a captação *individual* de votos no Congresso não é consensual[1073].

Todavia, desde pelo menos 2014 (presidência de Dilma Rousseff), o Congresso tem conquistado progressivamente poderes em matéria orçamental. A introdução de

---

fratura da coalizão, economia em baixa e escândalos de corrupção)"dificilmente se repetirão, muito menos com a intensidade observada", sendo certo que as blindagens institucionais do presidente — incluindo o bicameralismo — encontram poucos paralelos no mundo.

[1071] Cfr. CHAISTY; CHEESMAN; POWER, ref. 92, p. 172.
[1072] Qualificando este regime como especificidade brasileira, MELO, ref. 988, p. 45.
[1073] CHAISTY; CHEESMAN; POWER, ref. 92, p. 175; BONFIM, Raul; LUZ, Joyce Hellen; VASQUEZ, Vitor. Mandatory Individual Amendments: a Change in the Pattern of Executive Dominance in the Brazilian Budgetary and Financial Cycle. *Brazilian Political Science Review*, v. 17, n. 2, 2023, p. 1-31; FARIA, Rodrigo. O desmonte da caixa de ferramentas orçamentárias do Poder Executivo e o controle do orçamento pelo Congresso Nacional. *In*: MURTA, Antônio Carlos Diniz; VITA, Jonathan Barros (coord.). *Direito tributário e financeiro*. Florianópolis: CONPEDI, 2022. p. 128-149; VICTOR, ref. 830, p. 103 *et seq.*, relativiza a capacidade explicativa da execução das emendas orçamentais no que respeita à disciplina dos parlamentares quanto às iniciativas presidenciais, embora reconheça que as emendas, em si, constituem uma importante moeda de troca.

normas constitucionais e legislativas que consagram a obrigatoriedade de execução das emendas individuais e coletivas, de comissão ou bancada — emendas obrigatórias ou impositivas —, introduzidas durante o processo orçamental no Congresso, trouxe um significativo constrangimento ao senhorio orçamental do presidente na execução orçamental, forçando a execução igualitária, independentemente de quem seja o membro do Congresso diretamente interessado.

Em 2014, a Lei de Diretrizes Orçamentais (LDO) introduziu a obrigatoriedade de execução das emendas individuais. A EC 82, de 2015, consolidou esse regime. Em 2016, foi a vez das emendas coletivas (LDO 2016), ulteriormente cristalizadas pelas EC 100 e 102 de 2019 (já com Bolsonaro). A EC 105, de 2019, criou as denominadas emendas "Pix", que permitem a transferência direta de recursos federais para estados, Distrito Federal e municípios, mediante proposta de membros do Congresso, sem necessidade de formalização prévia de convénios, apresentação de projetos ou aval técnico do governo federal.

Não é possível antecipar se a evolução normativa fica por aqui. Atualmente, nos termos do § 11 do artigo 166.º da Constituição, é obrigatória a execução orçamentária e financeira das programações oriundas de emendas individuais. O § 12 determina que a garantia de execução se aplica igualmente às programações incluídas por todas as emendas de iniciativa de bancada de parlamentares de Estado ou do Distrito Federal, no montante de até 1% da receita corrente líquida realizada no exercício anterior. Além disso, existe também um valor mínimo ao dispor das comissões (em 2024, correspondente a 0,9% da receita corrente líquida da União de 2022), distribuído na proporção de dois terços para a Câmara e de um terço para o Senado.

> A Constituição não define prazos para a execução orçamentária das emendas. A LDO para 2024, aprovada no Congresso, pretendeu definir, contra a posição do executivo, que as emendas individuais têm de ser cumpridas pelo executivo nos primeiros seis meses de 2024 e as de bancada nos primeiros noventa dias do ano. O governo costuma negociar com os parlamentares a data de liberação dos recursos oriundos das emendas, em troca de apoio. Com o cronograma, os parlamentares esperavam garantir a execução das emendas sem terem de garantir contrapartidas. O Presidente Lula da Silva sancionou a LDO (Lei 14.791, de 2024), mas vetou-a parcialmente, num total de 310 dispositivos (VET 1/2024), designadamente na parte que estabelecia o referido cronograma. Em maio de 2024, o Congresso, na sequência de acordo entre lideranças, derrubou parcialmente o veto, retomando 28 daqueles dispositivos, entre os quais não se encontram, porém, os que estabelecem o cronograma. Em todo o caso, essa seria apenas uma peça a adicionar a mecanismos de significativo acréscimo do poder das lideranças das Casas e das bancadas. Entretanto, um episódio relevante, revelador do papel nivelador do STF, ocorreu. No primeiro semestre de 2024, a execução de algumas emendas impositivas foi objeto de liminar no STF. Ficou como relator o Ministro Flávio Dino, recentemente saído do Governo para o STF, por nomeação do Presidente Lula da Silva. O relator mandou suspender a execução das emendas impositivas. Na sequência, e na iminência de decisões eventualmente drásticas do Tribunal, foi promovida reunião entre os três Poderes, Legislativo, Executivo e Judicial (STF). Conforme o

Ministro Luís Roberto Barroso, Presidente do Tribunal, comunicou em conferência de imprensa em 20 de agosto de 2024, dando voz aos acordos interinstitucionais alcançados, estavam em causa problemas de montantes, de rastreabilidade ou transparência de algumas transferências (particularmente nas emendas individuais, fossem clássicas ou Pix[1074]) e de fragmentação (particularmente nas emendas de comissão). Referindo que a questão do montante era essencialmente política, pelo que o STF não a tinha sob alçada, anunciou que as duas restantes questões que, essas sim, envolviam questões de constitucionalidade, tiveram avanços e que seriam reguladas no prazo de 10 dias, sob as orientações acordadas pelos três Poderes. Os observadores notaram que, embora as emendas obrigatórias ou impositivas se mantivessem na lei, o STF havia dado respaldo à posição do Governo no sentido de haver maior transparência sobre o destino e, sobretudo, de passar a ter intervenção relevante na definição do destino das emendas de comissão.

Num orçamento federal em que a alocação de recursos está, à partida, comprometida em alta percentagem e onde a margem de discricionariedade é limitada, importante margem dessa discricionariedade deixou de estar depositada nas mãos presidenciais e transitou para o Congresso (ou, mais rigorosamente, para centros do Poder no Congresso). Em certo momento, este transigiu em expedientes que permitiram ao presidente recuperar parcialmente a possibilidade de barganha discricionária (inicialmente, os chamados orçamentos secretos, materializados através de emendas do relator, entretanto declarados inconstitucionais pelo STF). Mas o poder orçamental que o Congresso adquiriu desvitaliza uma poderosa, embora não única, ferramenta presidencial[1075] instrumental à sua função de *formateur* e de articulador de coligações ou fomentador de maiorias casuísticas[1076]. Inevitavelmente, aumenta os custos da governabilidade[1077].

Estudos comparatísticos mostram que, no Brasil, a possibilidade de acesso a recursos orçamentais tem sido o primeiro ou o segundo fator preponderante que leva à adesão a uma coligação de apoio ao presidente[1078]. Uma incógnita que se abre é se estudos futuros continuarão a ditar essa conclusão.

[1074] V. *supra.*

[1075] Para uma análise dos impactos do uso por presidentes e primeiros-ministros de sistemas parlamentares da capacidade de alocação de recursos, v. SAIEGH, Sebastian. *Ruling by statute: how uncertainty and vote buying shape lawmaking.* New York: Cambridge University Press, 2014.

[1076] Acresce que, agregado a este fator de independentização de deputados, bancadas e comissões, há também que considerar o intenso acelerador de independentização dos *próprios partidos,* que logram superar as barreiras e obter importantes representações parlamentares, resultantes do incremento significativo dos recursos públicos recebidos do fundo partidário e eleitoral. Um partido que permaneça na oposição não está, seguramente, remetido à luta pela sobrevivência, à míngua de recursos provenientes da barganha com o executivo.

[1077] MELO; PEREIRA, ref. 824, p. 201, calculam o custo das emendas parlamentares em 53 mil milhões de reais em 2024 (quase 8 mil milhões de euros).

[1078] CHAISTY; CHEESMAN; POWER, ref. 92, p. 182.

6.1.3 Normalização dos episódios de sistema presidencial de presidente débil e/ ou de assembleia?

Embora observadores independentes considerem o Brasil, juntamente com o Chile, casos de sucesso no que toca à governabilidade[1079] (carburando melhor do que o prognosticado por observadores mais madrugadores, insista-se), é patente que o sistema de governo brasileiro está tão exposto a tensões como qualquer outro sistema de governo concreto, com maior ou menor propensão para a *basculação* radical.

Como assinalado acima, a posição constitucional do presidente, conjugada com as variáveis contextuais mais comuns, conduziu a que a situação mais frequente tenha sido, até há poucos anos, a de um *presidente institucionalmente e politicamente reforçado, porém limitado pela coalizão (derivada do multipartidarismo)*[1080]; registam-se também momentos de equilíbrio político com o Congresso, mediado e definido por uma coalizão. Mais raramente, assiste-se a episódios de presidente institucionalmente reforçado, mas politicamente débil.

A questão que se coloca é se a conjugação dos vários fatores enunciados, atinentes ao contexto político e à dinâmica funcional, mas também institucionais (como a releitura da função do *impeachment* e a introdução das emendas orçamentais obrigatórias), pode induzir a uma transformação evolutiva estrutural do sistema de governo, levando a que os episódios de funcionamento no modo de sistema presidencial de assembleia deixem de ser uma rara exceção e passem a ser uma realidade frequente, em que o pivô e o centro do poder não é o presidente, mas a coalizão formal ou informal (inorgânica, invertebrada).

Um dos fatores fundamentais dessa deslocação de poder é a circunstância de o sistema ter gerado a forma de resolver impasses *pelo lado da remoção do presidente*, mantendo incólume, porém, o principal traço de rigidez do modelo básico presidencial: a impossibilidade de dissolução do parlamento. Este e os seus membros têm sempre a sua posição salvaguardada e inexpugnável, mesmo que o afastamento do presidente não seja solução suficiente e definitiva, e desencadeie cenários democraticamente débeis. Assim é quando se dá a substituição do presidente destituído por uma personalidade que só estava na linha da sucessão por transações de bastidores e não por escolha específica dos eleitores para o exercício da função presidencial, com base em uma linha política pré-anunciada. Apesar de os *veto players* e de a responsabilidade pelo insucesso governativo estarem repartidos por vários níveis de decisão (tal como está montado, o sistema implica partilha de Poder, mas também de responsabilidade…), é o presidente que sofre as principais — se não únicas — consequências políticas[1081].

[1079] THIÉBAULT, ref. 315, p. 32.

[1080] Esse *mix* tem sido a receita da estabilidade do sistema. Assim, por exemplo, MELO; PEREIRA, ref. 824, p. 57.

[1081] Como nota Jean-Louis Thiébault, o exercício individual e personalizado do mandato dos presidentes tende a ocultar perante as opiniões públicas quer os constrangimentos institucionais, quer as limitações eventualmente decorrentes de não deterem maiorias de suporte

Essa virtualidade é, em parte, responsável pelo fato de o sistema brasileiro estar eventualmente em trânsito para uma prática mais frequente e mais prolongada de episódios que poderiam ser qualificados como indicadores de sistema presidencial de *assembleia* (o que pode ser revertido[1082]).

Será isso sistemicamente eficiente e politicamente sustentável?

Entendendo-se que não, que opções se colocam para enfrentar esse deslizamento sistémico?

7. HIPOTÉSES DE RECALIBRAGEM DO SISTEMA

Os patrocinadores e beneficiários da recalibragem do sistema são os mesmos que podem estabelecer barreiras a que ela se realize. Os caminhos referidos de seguida podem ser inviabilizados por falta de vontade política deles.

Uma hipótese é a blindagem do sistema na sua integridade constitucional, por forma a evitar o desvio de competências ou de procedimentos que fragilize a posição presidencial perante a coligação por ele formada ou perante coligações *ad hoc* ou estruturadas no Congresso.

Abranches já apontava, em 1988, a necessidade de encontrar mecanismos de articulação e disciplina da coalizão, de modo a que esta não obstrua a governabilidade e a posição presidencial. Em alguns países que praticam sistemas de presidentes governantes, nomeadamente presidenciais, existe gabinete, conselho de ministros ou equivalente; mas não é certo que desempenhe essa função. Não é fácil a sua institucionalização naqueles sistemas. Por uma razão: a única instituição que tem autoridade e meios para o fazer é o próprio presidente, diretamente ou através de núncios, emissários, articuladores, comissários, delegados, ou como quer que se designem. Em última análise, é sempre a autoridade e o poder arbitral do presidente que ocupa o derradeiro grau de decisão.

Outra hipótese é proceder aos ajustes institucionais necessários para assegurar o equilíbrio do sistema de governo. Em alguns sistemas de presidentes governantes de moldagem mais recente, procurou-se o equilíbrio atribuindo ao presidente o poder de dissolução do parlamento. Este poder é inconciliável com o sistema presidencial, implicando a mudança de sistema de governo[1083]. A consignação de um poder presidencial de dissolução, mantendo todo o resto como está atualmente, implicaria que o sistema deixasse de ser presidencial, transformando-se num sistema que engrossaria as fileiras

---

no parlamento. Há uma aura de poder que alimenta expetativas de decisões que nem sempre podem ser honradas. V. THIÉBAULT, ref. 315, p. 40.

[1082] MELO, ref. 988, p. 60, vaticina que o sistema presidencial de coalizão, na sua versão tradicional, retornará quando estiverem de novo preenchidas certas condições, embora com um presidente menos forte.

[1083] Este último reduto, verdadeira pedra de toque do sistema presidencial, é recorrentemente lembrado pela literatura desde quase sempre. V., por exemplo, Michel Troper, na p. X do seu prefácio à obra: MOULIN, ref. 65.

dos sistemas híbridos. Mas, mais importantes que essa sequela classificatória, seriam as previsíveis consequências de maior instabilidade.

Setores e figuras influentes propõem a evolução para o sistema semipresidencial comandado pelo *princípio fundamental de equilíbrio entre três órgãos políticos:* presidente, primeiro-ministro/governo e parlamento. O sistema semipresidencial permite que os bloqueios sejam superados via demissão do órgão executivo (nesse caso, o governo, incluindo um primeiro-ministro) pelo parlamento, com subsequente nomeação de um novo governo ou devolução da palavra ao povo, mantendo-se o presidente como árbitro e âncora de estabilidade com legitimidade política decorrente de eleição direta.

Seria essa uma evolução radical?

A resposta é facilitada pela situação de facto que flui dos parágrafos anteriores. Mesmo nos períodos de funcionamento mais estável, ao modo do sistema presidencial de presidente reforçado com coalizão, o sistema tem exibido componentes e modos de funcionamento que o hibridizam através da incorporação de mecanismos típicos dos sistemas parlamentares e semipresidenciais. Recapitulemos: (i) o sistema só funciona com eficácia e sem bloqueios ou conflitos institucionais se for formada uma coalizão, como em muitos sistemas parlamentares e semipresidenciais; (ii) a interpenetração e interdependência entre executivo e legislativo aproxima-se da que se encontra nos sistemas parlamentares e semipresidenciais; (iii) apesar de o parlamento manter uma significativa parcela da definição do *output* legislativo, este é sobretudo resultado das funções de decisão e coordenação desempenhadas no interior do executivo, fruto da relação entre presidente e ministros de Estado da coalizão, como nos sistemas parlamentares e semipresidenciais; (iv) a responsabilidade dos ministros, que no sistema presidencial de referência é exclusiva e claramente perante o presidente, dilui-se e reparte-se entre presidente e partido da proveniência dos ministros. E, nos períodos em que o sistema tende a aproximar-se do funcionamento do sistema presidencial de assembleia, particularmente em situações de apoio parlamentar inseguro ou minoritário, com presidente impotente ou impopular, o parlamento pode usar o *impeachment* para fins de efetivação de responsabilidade política, em termos materialmente equivalentes à censura dos órgãos executivos que pode ocorrer em sistemas parlamentares e semi-presidenciais.

Nesta hibridização *parlamentarizadora* ou *semipresidencializadora*, já detetável nos dias de hoje, pode assentar, talvez, o principal argumento que dá alento a quem propõe a correção parlamentar ou semipresidencial do sistema presidencial de coalizão brasileiro[1084].

É conhecida a tendência geral para a resiliência dos sistemas de governo[1085]. Há poucos exemplos de alteração do sistema de governo em democracia nos tempos mais

---

1084 V., desde há algum tempo, BARROSO, Luís Roberto. A reforma política: uma proposta de sistema de governo, eleitoral e partidário para o Brasil. Brasília: Instituto Ideias — Direito do Estado e Ações Sociais, 2006; assim, também, Gilmar Mendes e Michel Temer em numerosas intervenções públicas. Para contraponto, MELO, ref. 988, p. 57 *et seq.*

1085 Falando de inércia institucional, v. CHEIBUB, ref. 19, p. 152.

recentes: Brasil (1961 e 1963), França (1958), Turquia (2017-2018). O Brasil consta dessa lista restrita, com duas ocorrências, pelo que já conhece a experiência. Por outro lado, a transição do sistema brasileiro — inevitavelmente incremental — para semipresidencial não implicaria alterações sistémicas radicais. O presidente continuaria a extrair a sua legitimidade diretamente do voto popular e conservaria o estatuto de chefe de Estado, mas deixaria de ser chefe do executivo, desempenhando funções de arbitramento, moderação e estabilização do sistema. Olhando para a história recente do Brasil, não custa encontrar personalidades que exerceram o cargo de Presidente, como Fernando Henrique Cardoso, Lula da Silva ou Michel Temer, que se encaixariam seguramente nesse perfil institucional.

Em um sistema semipresidencial, por norma, não se prevê processo de *impeachment* do presidente[1086], nem este exerceria, seguramente, tanta atratividade como no sistema presidencial, se continuasse constitucionalmente consagrado.

Exigiria um atuante órgão executivo colegial deliberativo — gabinete, conselho de ministros —, chefiado por um primeiro-ministro (ainda que as reuniões pudessem ser presididas pelo presidente), com composição alinhada à coalizão que o presidente identificasse (ou até patrocinasse) no Congresso Nacional, tendo em conta os resultados eleitorais e a composição deste. Aquele órgão colegial ficaria incumbido da definição e condução da política geral do país e seria politicamente responsável perante o Congresso Nacional, mas não seria forçoso um ato positivo de investidura parlamentar; os seus membros continuariam a não ter de ser obrigatoriamente membros do parlamento, à semelhança do que ocorre na maioria dos sistemas semipresidenciais.

Talvez a novidade institucional mais decisiva — mas também mais afastada da tradição institucional brasileira e, por isso, de efeitos imprevisíveis — fosse a instituição do poder presidencial de dissolução parlamentar, exercitável mais ou menos livremente, decisiva sobretudo quando já não houvesse viabilidade governativa num determinado quadro político-parlamentar. Haveria, ainda, que fazer escolhas sobre aspetos críticos, como a continuação do poder presidencial de demissão do primeiro-ministro e do governo, à semelhança do que se designa por dupla responsabilidade política (geralmente pouco recomendada, devido ao acréscimo do risco de conflito entre presidente e parlamento[1087]) e o papel do Senado na expressão da responsabilidade política do governo.

Sem embargo, avultam três notas cautelares[1088].

[1086] Consagra-se normalmente a possibilidade de o presidente responder por ilícitos criminais perante um Tribunal Superior, cabendo a iniciativa do processo ao parlamento: v., por exemplo, artigos 130.º da Constituição portuguesa, de 1976, 131.º da Constituição caboverdiana, de 1980 e 145.º da Constituição polaca, de 1997.

[1087] Não se pode dizer que a dupla responsabilidade política na Constituição de Weimar ou na Constituição portuguesa de 1976, na versão anterior a 1982, tenha deixado boas indicações.

[1088] NOHLEN; GARRIDO, ref. 16, p. 213, observam que os sistemas semipresidenciais não evitam os casos de governo dividido minoritário e, nessa situação, têm provavelmente pautas de instabilidade semelhantes às dos sistemas presidenciais com governo dividido minoritário. Todavia, se é certo que a adoção de um sistema semipresidencial não obsta a governos divididos minoritários (se acabar com eles for um objetivo, é mais tarefa do sistema eleitoral

Primeiro, a reforma implicaria um referendo (uma vez que a questão do sistema de governo foi petrificada por referendo em 1993). Nada do que se conhece permite concluir que os brasileiros queiram descartar-se do sistema que lhes permite pedir e imputar responsabilidades exclusivas a uma pessoa com nome e rosto, de carne e osso, quando as coisas não correm de feição.

Segundo, as circunstâncias tanto poderiam ditar que o sistema funcionasse efetivamente como semipresidencial, *à portuguesa*, com um presidente mais ou menos ativo e interventivo, mas essencialmente remetido a funções de árbitro e de moderador, com responsabilidades executivas residuais, como poderiam ditar que, paradoxalmente, se voltasse ao sistema de presidente governante reforçado, de estilo imperial-bonapartista, como em França (nos períodos em que a maioria presidencial coincide com a parlamentar) ou na Guiné-Bissau[1089].

Terceiro, a alteração do sistema de governo não elimina todos os defeitos e disfunções que os analistas denunciam. Alguns insistem na necessidade de fortalecimento e blindagem dos partidos em relação a certos fenómenos, como o da fácil transferência interpartidária de eleitos — por iniciativa própria e por aliciamento dos próprios partidos desejosos de aumentar as respetivas bancadas e o seu poder negocial[1090] — ou o da instrumentalização dos partidos para fins estritamente individuais, entre outros. Acresce que parece adquirida a inevitabilidade de enfrentar a excessiva fragmentação partidária[1091]. Não podendo, obviamente, ser eliminadas as condições próprias da heterogénea sociedade brasileira que alimentam essa fragmentação, a solução eficaz passa quase exclusivamente pela alteração do sistema eleitoral e das regras de financiamento dos partidos. Mas não pode deixar de se notar que tem havido oscilações ao longo dos tempos[1092].

---

e das políticas sociais), não parece ser inequívoco que a contingência de governo dividido minoritário em sistema presidencial envolva *exatamente os mesmos* riscos de instabilidade. Nos sistemas semipresidenciais, por natureza, o presidente tem meios de moderar ou arbitrar as ações parlamentares hostis ao primeiro-ministro e ao gabinete. Por outro lado, dispõe do poder de dissolução mais ou menos livre, o que tem um efeito dissuasor e amortecedor das investidas parlamentares, inexistente nos sistemas presidenciais.

[1089] Particularmente se a investidura parlamentar do governo nomeado pelo presidente não requeresse um apoio positivo maioritário no parlamento (como em Portugal) e, como propõe Carlos Blanco de Morais, fosse adotada a figura da moção de censura construtiva. V. BLANCO DE MORAIS, ref. 681, p. 419.

[1090] Por vezes tolerado ao mais alto nível do Estado. Cfr. a referência ao "lavar de mãos" de Fernando Henrique Cardoso em relação aos esforços de Aécio Neves, em 2000, para alargar a bancada do PSDB, em prejuízo do PFL, por forma a criar condições para obter a eleição para a presidência da Câmara dos Deputados, em: ABRANCHES, ref. 357, p. 212.

[1091] Neste ponto, não pode deixar de se notar que há vozes que alertam que a fragmentação é uma restrição, mas não uma barreira intransponível para a montagem de coalizões consistentes: MELO; PEREIRA, ref. 824, p. 78.

[1092] A situação de 2023 não é muito diferente da de 1994, mas oscilou quanto aos vários indicadores ao longo dos tempos. V. *Ibid.*, p. 101.

EPÍLOGO, SOBRE O BRASIL E SOBRE O LIVRO

O sistema de presidente governante do Brasil é um microcosmo ou caixa de ressonância de quase todos os principais vetores que se registam em sistemas de separação funcional de poderes e divisão do Poder em várias zonas do globo. O seu estudo permite perceber melhor esses vetores e, de alguma forma, antecipar como podem ser enfrentados nos sítios onde ainda não chegaram ou onde não se sentem por enquanto. Sendo um sistema de presidente governante, reflete uma tendência crescente de personalização e de presidencialização dos sistemas políticos, que é global. Admite-se que a partir da observação do caso brasileiro se possa antever *o próximo paradigma dos sistemas de presidentes governantes*, pelo menos *do tipo presidencial*.

Global, também, é a tendência para a adaptação do universal ao local, que conduz à variação de soluções sistémicas, mesmo que estas se mantenham dentro das fronteiras delimitadoras dos sistemas clássicos.

De um modo mais intenso do que em outros locais, observam-se tendências de fragmentação do sistema partidário e de volatilidade da política, designadamente das escolhas eleitorais. O Brasil conhece, ainda, reiteradas situações de incomum desvio entre o voto na eleição presidencial e na eleição parlamentar. A fragmentação torna cada vez mais incontornáveis as coligações de governo como condição ou requisito *sine qua non* de governabilidade e de estabilidade. Todavia, essa fragmentação, associada a manifestações de polarização, gera um dilema: sendo as coligações — mormente as maioritárias — mais imprescindíveis, elas são, simultaneamente, cada vez mais difíceis de estruturar. Por vezes, restam apenas possibilidades de coligações esdrúxulas, inesperadas, contranatura.

A prevalência do princípio da unidade do Poder sobre o princípio da divisão do Poder, que encontra expressão nos sistemas de presidentes governantes, pode assumir vários graus. O mais intenso, resultante da conjugação entre o quadro institucional vigente e fatores contextuais que facultam poderes fáticos adicionais ao presidente, é o sistema de presidente dominante. Outros graus, sob o ponto de vista constitucional e/ou da prática institucional, são o de equilíbrio, de presidente reforçado e de presidente débil.

Em qualquer dos casos, mas com grau de imperatividade que varia conforme o grau de prevalência (ou não) do princípio da unidade do Poder, impõe-se uma rede de mecanismos de limitação e de controlo do Poder presidencial. Os mecanismos clássicos da separação funcional de poderes e da divisão do Poder através da distribuição por vários órgãos, da justiça constitucional, do bicameralismo, do federalismo (os dois últimos valem para o Brasil, mas não para a maioria dos Estados), são insuficientes. Insuficientes, mas cada vez mais essenciais e com mais veículos, são também os mecanismos de participação política. Contemporaneamente, o sistema de partidos, a fragmentação partidária e o seu efeito colateral, a necessidade de coligações, constituem vias de controlo e limitação do Poder presidencial, mas também de otimização desse Poder. Por outro lado, a reorientação de institutos clássicos, como o *impeachment*, deu novo espírito e ímpeto a tais institutos, como formas comuns de condicionamento do Poder. Além disso, é possível que institutos ainda pouco consagrados e aplicados, como o *recall* do presidente através de voto popular, tenham bons argumentos para adquirir maior peso.

O Brasil não apenas conhece o fenómeno — mais uma vez, global — da volatilidade do sentido de voto, como também o da volatilidade da prática institucional. O funcionamento do sistema de governo pode migrar brusca e rapidamente de uma modalidade para outra, em função das variáveis contextuais. Verifica-se um fenómeno de *basculação* das modalidades possíveis consoante as circunstâncias político-institucionais existentes. Por outras palavras: sendo verdade que, em termos gerais, funcionou como sistema de presidente reforçado — correspondendo ao que decorre da Constituição —, ainda que limitado pela coalizão, ao longo da última década sucederam-se episódios de funcionamento de acordo com outras modalidades, como a de equilíbrio e a de presidente débil. Observaram-se também manifestações de sistema presidencial de assembleia, embora episódicas e limitadas no tempo. As tendências atuais acima enunciadas podem traduzir-se, entre outras coisas, numa maior e mais prolongada sequência de casos de funcionamento como sistema presidencial de assembleia.

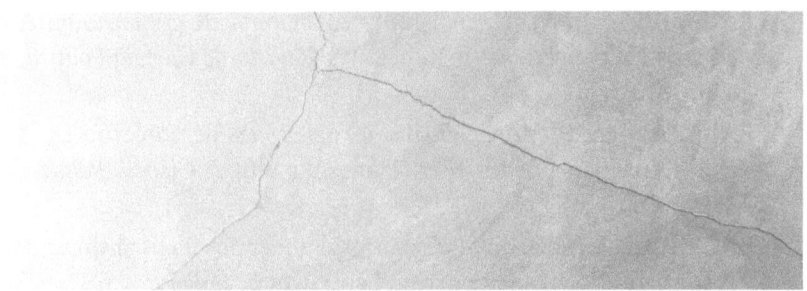

REFERÊNCIA BIBLIOGRÁFICAS

ABRAMOWITZ, Alan. *The Disappearing Center: Engaged Citizens, Polarization, and American Democracy.* New Haven: Yale University Press, 2011.

ABRANCHES, Sérgio. Presidencialismo de coalizão: o dilema institucional brasileiro. *Revista de Ciências Sociais*, v. 31, n. 1, p. 5-38, 1988.

ABRANCHES, Sérgio. *Presidencialismo de coalizão: Raízes e evolução do modelo político brasil*eiro. São Paulo: Companhia das Letras, 2018.

ABRANCHES, Sérgio. *O tempo dos governantes incidentais.* São Paulo: Companhia das Letras, 2020.

ACKERMAN, Bruce. The new separation of powers. *Harvard Law Review*, v. 113, n. 3, p. 633-729, 2000.

ACKERMAN, Bruce. *We the People: Foundations.* Cambridge: Harvard University Press, 1991.

ADKINS, Randall. Presidential Campaigns and Elections. *In:* COX HAN, Lori (ed.). *New directions in the American presidency.* New York: Routledge, 2018. p. 31-58.

ADKINS, Randall. *The evolution of political parties, campaigns and elections: landmark documents, 1787-2008.* Washington, DC: CQ Press, 2008.

AFRICA CENTER FOR STRATEGIC STUDIES. *2024 Elections in Africa: Key Contests to Watch.* Disponível em: https://africacenter.org/spotlight/2024-elections/. Acesso em: 9 jan. 2025.

AFRICA CENTER FOR STRATEGIC STUDIES. *Comoros Election Exercise Promises More of the Same.* 11 jan. 2024. Disponível em: https://africacenter.org/spotlight/comoros-election-exercise-promises-more-of-the-same. Acesso em: 15 jan 2024.

ALBALA, Adrián. Coalition presidentialism in bicameral congresses: how does the control of a bicameral majority affect coalition survival? *Brazilian Political Science Review*, v. 11, n. 2, p. 1-27, 2017.

ALBALA, Adrián. Presidencialismo y coaliciones de gobierno en América Latina: un análisis del papel de las instituciones. *Revista de Ciencia Política*, v. 36, n. 2, p. 459-479, 2016.

ALBALA, Adrián. Presidencialismo y coaliciones de gobierno en América Latina: un análisis del papel de las instituciones. *Revista de Ciência Política*, v. 36, n. 2, p. 459-479, 2016.

ALBALA, Adrián. When do coalitions form under presidentialism, and why does it matter? A configurational analysis from Latin America." *Politics*, v. 41, n. 3, p. 351-370, 2021.

ALBERDI, Juan Bautista. *Bases y Puntos de Partida para la Organización Política de la República Argentina*. Incluye prólogo de Matías Farías. Buenos Aires: Biblioteca del Congreso de la Nación, 2017.

ALCÁNTARA SAEZ, Manuel; BLONDEL, Jean; THIÉBAULT, Jean-Marie. *Presidents and democracy in Latin America*. New York; London: Routledge, 2018.

ALCÁNTARA SAEZ, Manuel. Politics in Latin America in the past third of a century (1975-2015). *In:* ALCÁNTARA, Manuel; BLONDEL, Jean; THIÉBAULT, Jean-Louis (ed.). *Presidents and democracy in Latin America*. New York; London: Routledge, 2018. p. 5-22.

ALCÁNTARA SAEZ, Manuel. *Sistemas políticos de América Latina*. 2. ed. Madrid: Tecnos, 1999.

ALCÁNTARA SAEZ, Manuel. *Algo mas que presidentes: el papel del poder legislativo en América latina*. Fundación Manuel Giménez Abad, 2011.

ALEMÁN, Eduardo; SCHWARTZ, Thomas. Presidential vetoes in Latin American constitutions. *Journal of Theoretical Politics*, v. 18, n. 1, p. 98-120, 2006.

ALEMÁN, Eduardo; TSEBELIS, George. *Legislative institutions and lawmaking in Latin America*. Oxford: Oxford University Press, 2016.

ALEMÁN, Eduardo; TSEBELIS, George. Political Parties and Government Coalitions in the Americas. *Journal of Politics in Latin America*, v. 3, n.1, p. 3-28, 2011.

ALEXANDRINO, José Melo; VALLE, Jaime. *Lições de Direito Constitucional*. v. 1. 4. ed. Lisboa: AAFDL, 2022.

ALFARO, Ronald; ALPÍZAR, Felipe. (ed.). *Elecciones 2018 en Costa Rica: retrato de una democracia amenazada*. San José: CONARE-PEN, 2020.

ALFONSÍN, Marcelo Alberto; SCHNITMANN, Ariela. Semipresidencialismo e Hiper-presidencialismo na Reforma Constitucional de 1994 na Argentina. *Resenha Eleitoral*, v. 20, n. 1, p. 39–74, 2016.

ALTMAN, D. Cambios en las percepciones ideológicas de lemas y fracciones políticas: un mapa del sistema de partidos uruguayo (1986-1997). *Cuadernos del CLAEH*, v. 85, p. 89-110, 2002.

ALTMAN, David; BUQUET, Daniel; LUNA, Juan Pablo. *Constitutional reforms and political turnover in Uruguay: winning a battle, losing the war*. Montevideo: ICP/UDELAR, 2011.

ALTMAN, David. *Direct Democracy Worldwide*. Cambridge: Cambridge University Press, 2011.

ALTMAN, David. The Politics of Coalition Formation and Survival in Multiparty Presidential Democracies: The Case of Uruguay, 1989-1999. *Party Politics*, v. 6, n. 3, p. 259-283, jul. 2000.

AMERICAN PRESIDENCY PROJECT. *Executive orders: statistics*. Disponível em: https://www.presidency.ucsb.edu/statistics/data/executive-orders#eotable. Acesso em: 9 jan. 2025.

AMES, Barry. *The deadlock of democracy in Brazil*. Ann Arbor: University of Michigan Press, 2001.

AMORIM NETO, Octávio. Cabinets and coalitional presidentialism. *In*: AMES, Barry (ed.). *Routledge handbook of Brazilian politics*. New York: Routledge, 2019. p. 293-312.

AMORIM NETO, Octávio. Formação de gabinetes ministeriais no Brasil: coalizão versus cooptação. *Nova Economia*, v. 4, n. 1, p. 9-34, 1994. p. 17.

AMORIM NETO, Octavio. *Of Presidents, Parties, and Ministers. Cabinet Formation and Legislative Decision Making Under Separation of Powers*. 1998. Tese (Doutorado) - University of California, San Diego, 1998.

AMORIM NETO, Octavio. *Presidencialismo e governabilidade nas Américas*. Rio de Janeiro: FGV Editora, 2006.

AMORIM NETO, Octávio. Presidential cabinets, electoral cycles, and coalition discipline in Brazil. *Dados – Revista de Ciências Sociais*, v. 43, n. 3, p. 0, 2000.

AMORIM NETO, Octávio. The presidential calculus: executive policy making and cabinet formation in the Americas. *Comparative Political Studies*, v. 39, n. 4, p. 415-440, 2006.

ANDEWEG, Rudy B. Institutional Reform in Dutch Politics: Elected Prime Minister, Personalized PR and Popular Veto in Comparative Perspective. *ACTA Politica*, v. 32, n. 2, p. 227–257, 1997.

APPLEBAUM, Anne. *Twilight of democracy: The Seductive Lure of Authoritarianism*. New York: Knopf Doubleday Publishing Group, 2020.

ARABI, Abhner Youssif Mota. *Federalismo brasileiro: perspectivas descentralizadoras*. Belo Horizonte: Fórum, 2019.

ARAÚJO, Raúl Vasques. *O Presidente da República no sistema político de Angola, 1975-2010*. Coimbra: Almedina, 2017.

ARAÚJO, Victor; SILVA, Thiago; VIEIRA, Marcelo. Measuring presidential dominance over cabinets in presidential systems: constitutional design and power sharing. *Brazilian Political Science Review*, v. 10, n. 2, p. 1-23, 2016.

ARAYA, Oscar Godoy. *Hacia una democracia moderna. La opción parlamentaria*. Santiago: Ediciones Universidad Católica de Chile, 1990.

ARGENTINA. [Constituição (1995)]. *Constitución de la Nación Argentina*. Buenos aires: Camara de Diputados, 1995. Disponível em: https://siteal.iiep.unesco.org/sites/default/files/sit_accion_files/constitucion_nacional_0.pdf. Acesso em: 14 jan. 2025.

ARGENTINA [Constituição (1853)]. *Constitución de la Confederación Argentina de 1853.* Buenos Aires: Biblioteca del Congreso de la Nación, 1853. Disponível em: https://bcn.gob.ar/uploads/constituciondelaconfederacionargentina1853.pdf. Acesso em: 9 jan. 2025.

ARGUELHES, Diego Werneck. *O Supremo: entre o direito e a política.* Rio de Janeiro: História Real, 2023.

AVELAR, Lúcia; CINTRA, Antônio Octávio (org.). *Sistema político brasileiro: uma introdução.* 3. ed. Rio de Janeiro: Unesp, 2015.

AVRITZER, Leonardo. *O Pêndulo da Democracia.* São Paulo: Todavia, 2019.

AZARI, Julia. Presidents and Political Parties. *In:* COX HAN, Lori (ed.). *New directions in the American presidency.* New York: Routledge, 2018. p. 60.

BAGEHOT, Walter. *The English Constitution.* Editado por Paul Smith. Cambridge: Cambridge University Press, 2001.

BARBER, James David. *The presidential character: predicting performance in the White House.* 4. ed. New York: Prentice Hall, 2008.

BARDES, Barbara; SHELLEY, Mack; SCHMIDT, Steffen. *American Government and Politics Today: The Essentials.* 19. ed. Boston: Cengage Learning, 2019.

BARILLEAUX, Ryan. *The post-modern presidency: the office after Ronald Reagan.* New York: Praeger, 1988.

BARROSO, Luís Roberto. *A reforma política: uma proposta de sistema de governo, eleitoral e partidário para o Brasil. Brasília: Instituto Ideias* — Direito do Estado e Ações Sociais, 2006.

BARTELS, Larry. *Democracy erodes from the top: leaders, citizens, and the challenge of populism in Europe.* Princeton: Princeton University Press, 2023.

BASTOS JUNIOR, Ronaldo. *O Hiperpresidencialismo no Novo Constitucionalismo Latino-americano: uma análise dos seus efeitos no regime político equatoriano.* Tese (Doutorado em Direito) - Universidade Federal de Pernambuco, Programa de Pós-Graduação em Direito, Recife, 2018.

BATISTA, Mariana. O poder no Executivo: uma análise do papel da Presidência e dos Ministérios no presidencialismo de coalizão brasileiro (1995-2010). *Opinião Pública,* v. 19, n. 2, p. 449-473, 2013.

BATTLE, Margarita. *Sistemas de partidos multinivel en contextos unitarios en América Latina: los casos de Ecuador, Perú, Bolivia y Colombia (1978-2011).* 2012. Tese (Doutorado em Procesos Políticos Contemporáneos) – Universidad de Salamanca, Salamanca, 2012.

BAUMGARTNER, Frank; LEECH, Beth. *Basic interests: the importance of groups in politics and in political science.* Princeton: Princeton University Press, 1998.

BAUMGARTNER, Frank *et al. Lobbying and policy change: who wins, who loses, and why.* Chicago: University of Chicago Press, 2009.

BAUMGARTNER, Jody; KADA, Naoko (ed.). *Checking executive power: presidential impeachment in comparative perspective*. Westport, CT: Praeger, 2003.

BAZÁN, Víctor. El federalismo argentino: situación actual, cuestiones conflictivas y perspectivas. *Estudios Constitucionales*, ano 11, n. 1, p. 37-88, 2013.

BEER, Samuel. *To make a nation: the rediscovery of American federalism*. Cambridge: Harvard University Press, 1993.

BENIM [Constituição (1990)]. *Constitution de la Republique du Bénin de 1990*. Porto-Novo: Le Haut Conseil de la Republique, 1990. Disponível em: https://cdn.accf-francophonie. org/2019/03/benin-constitution-1990.pdf. Acesso em: 9 jan. 2025.

BERNHARD, Michäel; REENOCK, Christopher; NORDSTROM, Timothy. The legacy of Western overseas colonialism on democratic survival. *International Studies Quarterly*, v. 48, n. 1, p. 225-250, mar. 2004.

BERNTZEN, Einar; SKINLO, Tor-Einar Holvik. Peru and the Fujimori presidential bre- akdown in 2000: continuismo gone bad. *In*: LLANOS, Mariana; MARSTEINTREDET, Leiv (ed.). *Presidential breakdowns in Latin America: causes and outcomes of executive instability in developing democracies*. New York: Palgrave MacMillan, 2010. p. 197-211.

BERRY, Jeffrey. *The interest group society*. 2. ed. New York: Harper Collins, 1989.

BERTELMANN STIFTUNG. *BTI Transformation Index*. Disponível em: https://www. bti-project.org. Acesso em: 9 jan. 2025.

BERTELSMANN STIFTUNG. *BTI 2024 Malawi Country Report*. Gütersloh: Bertelsmann Stiftung, 2024. Disponível em: https://bti-project.org. Acesso em: 9 jan. 2025.

BERTHOLINI, Frederico; PEREIRA, Carlos. Pagando o preço de governar: custos de gerência de coalizão no presidencialismo brasileiro. *Revista de Administração Pública*, v. 51, n. 4, p. 528-550, 2017.

BIRCH, Anthony. *The concepts & theories of modern democracy*. 3. ed. New York: Rou- tledge, 2007.

BLACK, Charles; BOBBITT, Philip. *Impeachment: a handbook*. New Haven: Yale Uni- versity Press, 2018.

BLANCO DE MORAIS, Carlos. *O Sistema Político: no Contexto da Erosão da Democracia Representativa*. Coimbra: Almedina, 2017.

BLONDEL, Jean. The character of the 'government' in Latin American presidential republics. *In*: ALCÁNTARA, Manuel; BLONDEL, Jean; THIÉBAULT, Jean-Louis (ed.). *Presidents and democracy in Latin America*. New York; London: Routledge, 2018. p. 55-71.

BOAS, Taylor. *Presidential campaigns in Latin America: electoral strategies and success contagion*. New York: Cambridge University Press, 2016.

BODENHAMER, David. *The U.S. Constitution: a very short introduction*. Oxford: Oxford University Press, 2018.

BOLONHA, Carlos; RANGEL, Henrique; CORRÊA, Flávio. Hiperpresidencialismo na América Latina. *Revista da Faculdade de Direito da Universidade Federal do Paraná*, v. 60, n. 2, p. 115-140, 2015.

BOLTON, Alexander; THROWER, Sharece. Legislative capacity and executive unilateralism. *American Journal of Political Science*, v. 60, n. 3, p. 649-663, 2016.

BONAVIDES, Paulo. *Ciência Política*. 10. ed. São Paulo: Malheiros, 1994.

BONFIM, Raul; LUZ, Joyce Hellen; VASQUEZ, Vitor. Mandatory Individual Amendments: a Change in the Pattern of Executive Dominance in the Brazilian Budgetary and Financial Cycle. *Brazilian Political Science Review*, v. 17, n. 2, 2023, p. 1-31.

BORGES, André; TURGEON, Mathieu; ALBALA, Adrián. Electoral incentives to coalition formation in multiparty presidential systems." *Party Politics*, v. 27, n. 6, p. 1279-1289, 2021.

BOSE, Meena. Presidents and Foreign Policy. *In*: COX HAN, Lori (ed.). *New directions in the American presidency*. New York: Routledge, 2018.

BOSE, Meena (ed.). *President or king? Evaluating the expansion of executive power from Abraham Lincoln to George W. Bush*. New York: Nova Science, 2012.

BOŻYK, Stanisław. The Direct Election of the Prime Minister in Israel's Constitutional System (1992-2001). Białostockie Studia Prawnicze, v. 20, p. 53-68, 2016.

BRAGA, Thiago. *Partidos Políticos e a Democracia Brasileira - Um Diálogo Necessário*. Curitiba: Juruá, 2020.

BRAMS, Steven. *The presidential election game*. New Haven: Yale University Press, 1978.

BRASIL. Congresso Nacional. *Medidas Provisórias*. Disponível em: https://www.congressonacional.leg.br/materias/medidas-provisorias. Acesso em: 9 jan. 2025.

BRASIL. Câmara dos Deputados. Disponível em: https://www.camara.leg.br/. Acesso em: 9 jan. 2025.

BRASIL. *Senado Federal*. Disponível em: https://www12.senado.leg.br/hpsenado. Acesso em: 9 jan. 2025.

BRASIL. *Emenda Constitucional nº 16, de 4 de junho de 1997*. Dá nova redação ao parágrafo 5º do artigo 14, ao caput do artigo 28, ao inciso II do artigo 29, ao caput do artigo 77 e ao artigo 82 da Constituição Federal. Brasília, DF: Diário Oficial da União, 5 jun. 1997. Disponível em: https://legislacao.presidencia.gov.br/atos/?tipo=EMC&numero=16&ano=1997&ato=c4fg3Z65kMJpWT82a. Acesso em: 14 jan. 2025.

BRASIL. Presidente (2023-: Lula). *Mensagem ao Congresso Nacional*, 2023. Brasília: Presidência da República, 2023. Disponível em: https://www.gov.br/planalto/pt-br/acesso--a-informacao/acoes-e-programas/governanca/mensagem-ao-congresso-nacional/MensagemaoCongressoNacional2023.pdf. Acesso em: 9 jan. 2025.

BRASIL. Senado Federal. Crime de responsabilidade. *Glossário Legislativo*. Disponível em: https://www12.senado.leg.br/noticias/glossario-legislativo/crime-de-responsabilidade. Acesso em: 22 nov. 2023.

BRASIL. Senado Federal. Crime de responsabilidade. *Glossário Legislativo*. Disponível em: https://www12.senado.leg.br/noticias/glossario-legislativo/crime-de-responsabilidade. Acesso em: 22 nov. 2023.

BRASIL [Constituição (1891)]. *Constituição da República dos Estados Unidos do Brazil*. 1891. Rio de Janeiro: Diário do Congresso Nacional. Disponível em: https://www2.camara.leg.br/legin/fed/consti/1824-1899/constituicao-35081-24-fevereiro-1891--532699-publicacaooriginal-15017-pl.html. Acesso em: 9 jan. 2025.

BRASIL [Constituição (1988)]. *Constituição da República Federativa do Brasil de 1988*. Brasília, DF: Senado Federal, 1988. Disponível em: https://www.planalto.gov.br/ccivil_03/constituicao/constituicao.htm. Acesso em: 9 jan. 2025.

BRASIL chega à milésima medida provisória em 20 anos. *Agência Senado*, 10 set. 2020. Disponível em: https://www12.senado.leg.br/noticias/materias/2020/09/10/brasil--chega-a-milesima-medida-provisoria-em-20-anos. Acesso em 9 jan. 2025.

BREWER, Mark; MAISEL, Sandy. *Parties and Elections in America: The Electoral Process*. 6. ed. Lanham: Rowman & Littlefield Publishers, 2012.

BREWER CARÍAS, Allan. *Instituciones políticas y constitucionales*. Tomo II. Caracas: Editorial Jurídica Venezolana, 1985.

BROSSARD, Paulo. *O impeachment: aspectos da responsabilidade política do presidente da república*. São Paulo: Saraiva, 1992.

BUQUET, Daniel. *La evolución del sistema de partidos uruguayo: en busca del equilibrio perdido*. Universidad de la República. Disponível em: https://www.js3la.jp/journal/pdf/ronshu50/50_buquet.pdf . Acesso em: 9 jan. 2025.

BUSCH, Andrew. *Reagan's Victory: The Presidential Election of 1980 and the Rise of the Right*. Lawrence: University Press of Kansas, 2005.

CALABRESI, Steven G. The virtues of presidential government: why Professor Ackerman is wrong to prefer the German to the US Constitution. *Constitutional Commentary*, v. 18, n. 5, p. 51-103, 2001.

CALDERÓN, José Maria. *Génesis del presidencialismo en México*. México: El Caballito, 1972.

CAMACHO, Manuel. México: presidencialismo agotado. *El País*, [s.l.], 9 dez. 2004.

CAMERLO, Marcelo; MALAMUD, Andrés. Sucessão presidencial em contextos de crise: as experiências latino-americanas recentes. *In*: PINTO, António Costa; RAPAZ, Paulo José Canelas (org.). *Presidentes e (semi)presidencialismo nas democracias contemporâneas*. Lisboa: Imprensa de Ciências Sociais, 2018. p. 92-112. p. 96.

CAMERLO, Marcelo; MARTÍNEZ-GALLARDO, Cecília. *Government formation and minister turnover in presidential cabinets: comparative analysis in the Americas*. New York: Routledge, 2017.

CAMPOS VARGAS, Emma. Un Congreso sin congresistas. La noreeleccion consecutiva en el Poder Legislativo mexicano, 1934- 1997. *In*: DWORAK, Federico (coord.). *El legislador a examen: el debate sobre reelección legislativa en México*. México: FCE, Cámara de Diputados, 2003. p. 98 *et seq*.

CANAS, Vitalino; CARDINAL, Paulo. Os sistemas de governo da RAEM e do Território de Macau – uma visão comparada. In: *[obra coletiva a publicar pelo Centro Científico e Cultural de Macau]*. Lisboa: Centro Científico e Cultural de Macau, 2025. No prelo.

CANAS, Vitalino. A admirável democracia (im)parlamentar da União Europeia. *In:* MACHETE, Pedro; RIBEIRO, Gonçalo de Almeida; CANOTILHO, Mariana (org.). *Estudos em Homenagem ao Conselheiro Presidente Manuel da Costa Andrade.* Volume I. Coimbra: Almedina, 2022. p. 783-802.

CANAS, Vitalino. *Ciência política.* Coimbra: Almedina, 2022.

CANAS, Vitalino. O sistema de governo moçambicano na Constituição de 1990. *Revista Luso-Africana de Direito*, v. 1, p. 167-178, 1997.

CANELLO, Julio; FIGUEIREDO, Argelina; VIEIRA, Marcelo. Governos minoritários no presidencialismo latino-americano: determinantes institucionais e políticos. *Dados*, v. 55, n. 4, p. 839-875, 2012.

CANO RADIL, Bernardino. Constitución de 1992 y la interacción Ejecutivo/Congreso: obstáculos jurídicos culturales para fortalecer la gobernabilidad democrática de la República del Paraguay. *In:* DALLA-CORTE CABALLERO, Gabriela (dir.). *Estado, nación e historia en el bicentenario de la independencia del Paraguay.* Asunción: Intercontinental Editora, 2012. p. 213-239.

CAPLOW, Theodore. Further development of a theory of coalitions in the triad. American Journal of Sociology, v. 64, n. 5, p. 488-493, 1959.

CAPOCCIA, Giovanni. *Defending Democracy: Reactions to Extremism in Interwar Europe.* Baltimore: The Johns Hopkins University Press, 2007.

CAPOCCIA, Giovanni. Militant Democracy: The Institutional Bases of Democratic Self-Preservation. *Annual Review of Law and Social Science*, v. 9, p. 207–226, 2013.

CARDOSO, Fernando Henrique; FALETTO, Enzo. *Dependencia y desarrollo en América Latina: ensayo de interpretación sociológica.* Lima: Instituto de Estudios Peruanos, 1967.

CARDOSO, Fernando Henrique. *A arte da política: a história que vivi.* Rio de Janeiro: Civilização Brasileira, 2006.

CAREY, John. *Legislative voting and accountability.* New York: Cambridge University Press, 2009.

CARPIZO, Jorge. *El presidencialismo mexicano.* 12. ed. México: Siglo Veintiuno, 1994.

CARRASCO BRIHUEGA, Daniel. El semi-presidencialismo francés v.s. el presidencialismo mexicano. *Tecsistecatl*, n. 13, dez. 2012. Disponível em: http://www.eumed.net/rev/tecsistecatl/n13/semi-presidencialismo-frances-presidencialismo-mexicano.html. Acesso em: 9 jan. 2025.

CASCANTE MATAMOROS, María José. Los cambios en el sistema de partidos costarricense: viejos y nuevos actores en la competencia electoral. *In:* FREIDENBERG, Flavia. (ed.). *Los sistemas de partidos en América Latina 1978-2015. México, América Central y República Dominicana (tomo 1).* México: UNAM, 2015. p. 79-110.

CASSINELLI MUÑOZ, Horacio. *Derecho Público.* Montevideo: Fundación de Cultura Universitaria, 1999.

CASTELLS, Manuel. *Ruptura. La crisis de la democracia liberal.* Madrid: Alianza Editorial, 2017.

CENTER FOR STRATEGIC AND INTERNATIONAL STUDIES (CSIS). *South Korea's 2024 general election: results and implications.* Disponível em: https://www.csis.org. Acesso em: 9 jan. 2025.

CHA, Dong-wook. The Constitutional Court: political or legal? *In:* THE KOREA HERALD; THE KOREAN POLITICAL SCIENCE ASSOCIATION (ed.). *Political change in Korea.* P'aju-si: Jimmondang, 2008.

CHAGAS, Magno Guedes. *Federalismo no Brasil: o poder constituinte decorrente na jurisprudência do Supremo Tribunal Federal.* Porto Alegre: Sergio Antônio Fabris Editor, 2006.

CHAISTY, Paul; CHEESEMAN, Nic; POWER, Timothy. Rethinking the 'presidentialism debate': Conceptualizing coalitional politics in cross-regional perspective. *Democratization*, v. 21, n.1, p. 72–94, 2012.

CHAISTY, Paul; CHEESMAN, Nick; POWER, Timothy. *Coalitional presidentialism in comparative perspective: Minority presidents in multiparty systems.* Oxford: Oxford University Press, 2018.

CHANTEBOUT, Bernard. *Droit constitutionnel.* 25. ed. Paris: Sirey, 2008.

CHASQUETTI, Daniel. Compartiendo el Gobierno: Multipartidismo y Coaliciones en Uruguay 1971-1997. *Revista Uruguaya de Ciencia Política*, v. 10, p. 25-45, 1999.

CHASQUETTI, Daniel. Democracia, multipartidismo y coaliciones en América Latina: evaluando la difícil combinación. *In:* LANZARO, Juan (comp.). *Tipos de presidencialismo y coaliciones políticas en América Latina.* Buenos Aires: Clacso, 2001. p. 319-359.

CHASQUETTI, Daniel. Gobierno y Coaliciones en Uruguay: 1985-1999. *In:* PELÚAS, Daniel *at al. Coparticipación y Coalición : 164 años de acuerdo entre blancos y colorados.* Montevideo: Arca; Humus, 2000. p. 70–91.

CHASQUETTI, Daniel. Tres experimentos constitucionales. El complejo proceso de diseño del Poder Ejecutivo en el Uruguay. *Revista Uruguaya de Ciencia Política*, v. 27, n. 1, p. 41-64, 2018.

CHEIBUB, José Antonio; ELKINS, Zachary; GINSBURG, Tom. Latin American Presidentialism in Comparative and Historical Perspective. *Texas Law Review*, v. 89, n. 7, p. 1707-1739, 2011.

CHEIBUB, José Antonio; LIMONGI, Fernando. From conflict to coordination: perspectives on the study of executive-legislative relations. *Revista Ibero-Americana de Estudos Legislativos*, v. 1, n. 1, p. 38-53, dez. 2010.

CHEIBUB, José Antonio; PRZEWORSKI, Adam; SAIEGH, Sebastián. Government coalitions and legislative success under presidentialism and parliamentarism. *British Journal of Political Science*, v. 34, n. 4, p. 565-587, 2004.

CHEIBUB, José António; PRZEWORSKI, Adam; SAIEGH, Sebastián. Governos de Coalizão nas Democracias Presidencialistas e Parlamentaristas. *DADOS*, v. 45, n. 2, p. 187-218, 2002.

CHEIBUB, José Antonio. Minority Governments, Deadlock Situations, and the Survival of Presidential Democracies, *Comparative Political Studies*, v. 35, n. 3, p. 284-312, 2002.

CHEIBUB, *José Antonio. Presidentialism, Parliamentarism, and Democracy*. New York: Cambridge University Press, 2007.

CHERESKY, Isidoro; POUSADELA, Inês. Introducción. *In*: CHERESKY, Isidoro; POUSADELA, Inês (comp.). *Política e instituciones en las nuevas democracias latinoamericanas*. Buenos Aires: Paidós, 2001. p. 30.

CHERNYKH, Svitlana; DOYLE, David; POWER, Timothy. Measuring Legislative Power: An Expert Reweighting of the Fish-Kroenig Parliamentary Powers Index. *Legislative Studies Quarterly*, v. 42, n. 2, p. 295-320, mai. 2017.

CHEVALLIER, Jean-Jacques. *Histoire des institutions et des régimes politiques de la France de 1789 à 1958*. 9. ed. Paris: Éditions Armand Colin, 2001.

CHILE [Constituição (1925)]. *Constitución Política de la República de Chile de 1925*. Santiago: Ministerio del Interior, 1925. Disponível em: https://www.camara.cl/camara/doc/archivo_historico/c_1925.pdf. Acesso em: 9 jan. 2025.

CHILE [Constituição (1980)]. *Constitución Política de la República de Chile de 1980*. Santiago: Ministerio Secretaría General de la Presidencia, 1980. Disponível em: https://siteal.iiep.unesco.org/pt/bdnp/181/constitucion-politica-republica-chile. Acesso em: 9 jan. 2025.

CHRISTIAN, Hérica. Presidente do Senado devolve parte da MP sobre compensação do PIS/COFINS. *Agência Senado*, 11 jun. 2024. Disponível em: https://www12.senado.leg.br/noticias/audios/2024/06/presidente-do-senado-devolve-parte-da-mp-sobre--compensacao-do-pis-cofins. Acesso em: 9 jan. 2025.

CHUBB, John; PETERSON, Paul. (ed.). *The New Directions in American Politics*. Washington, DC: Brookings Institution Press, 1985.

CLÈVE, Clèmerson Merlin. *Atividade legislativa do poder executivo*. 4. ed. São Paulo: Revista dos Tribunais, 2021.

CLITEUR, Paul; RIJPKEMA, Bastiaan R. The Foundations of Militant Democracy. *In*: ELLIAN, Afshin; MOLIER, Gelijn (ed.). *The State of Exception and Militant Democracy in a Time of Terror*. Dordrecht: Republic of Letters Publishing, 2012. p. 227-272.

COELHO, André Luiz. *Por que caem os presidentes? Contestação e permanência na América Latina*. Rio de Janeiro: Mórula Editorial, 2022.

COELHO, Josafá. *Partidos Políticos no Brasil - Os Dilemas Entre a Cláusula de Barreira e o Hiperpartidarismo*. Curitiba: Juruá, 2022.

COHEN, Jeffrey; NICE, David. *The Presidency: classic and contemporary readings*. New York: McGraw-Hill, 2003.

COHEN, Jeffrey. *Going local: presidential leadership in the post-broadcast age*. New York: Cambridge University Press, 2010.

COHEN, Jeffrey. *The president's legislative policy agenda, 1789-2002*. New York: Cambridge University Press, 2012.

COHEN, Marty *et al*. *The party decides: presidential nominations before and after reform*. Chicago: University of Chicago Press, 2008.

COLLIARD, Jean-Claude. *Los regímenes parlamentarios contemporáneos*. Barcelona: Blume, 1981.

COLOCAM as eleições de 2024 em causa o futuro da democracia representativa?, *Observatório Almedina*. Disponível em: https://observatorio.almedina.net/index. php/2024/07/08/colocam-as-eleicoes-de-2024-em-causa-o-futuro-da-democra-cia-representativa/. Acesso em: 8 jul. 2024.

COLOMER, Josep; NEGRETTO, Gabriel. Can presidentialism work like parliamentarism? *Government and Opposition*, v. 40, n. 1, p. 60-89, 2005.

COLOMER, Josep M. *Political institutions: democracy and social choice*. Oxford; New York: Oxford University Press, 2001.

COMISSÃO DE VENEZA. *Draft report on term-limits and a possible individual right to re-election. Part I – Presidents. Study No. 908/2017*. 2018. Disponível em: https://tinyurl.com/y56hvzyr. Acesso em: 9 jan. 2025.

COMISSÃO DE VENEZA. *Relatório da Comissão de Veneza de 2024*. Disponível em: https://www.venice.coe.int/webforms/documents/default.aspx?pdffile=CDL--AD(2024)007-e. Acesso em: 9 jan. 2025.

CONSTITUTE PROJECT. *How powerful is the US president?* Disponível em: https://www.constituteproject.org/data-stories/how-powerful-is-the-us-president. Acesso em: 9 jan. 2025.

COOPER, Phillip. *By order of the president: the use and abuse of executive direct action*. Lawrence: University Press of Kansas, 2002.

COPPEDGE, Michael. *Strong parties and lame ducks: presidential partyarchy and factio-nalism in Venezuela*. Stanford: Stanford University Press, 1994.

CORWIN, Eduard. *The Constitution and What It Means Today*. Revisão por Harol Chase e Craig Ducat. 13. ed. Princeton: Princeton University, 1978.

CORWIN, Edward. The Presidency in Perspective. *The Journal of Politics*, v. 11, n. 1, p. 7-13, 1949.

COSTA, Adriano Soares da. *Instituições de direito eleitoral: teoria da Inelegibilidade – Di-reito processual eleitoral*. 10. ed. Belo Horizonte: Fórum, 2016.

COSTA RICA [Constituição (1949)]. *Constitución Política de la República de Costa Rica de 1949*. San José: Tribunal Supremo de Elecciones, 1949. Disponível em: https://www.tse.go.cr/pdf/normativa/constitucion.pdf. Acesso em: 9 jan. 2025.

COUTINHO, Luís Pereira. *Teoria dos Regimes Políticos*. Lisboa: AAFDL, 2022.

COUTO, Claudio; ABRUCIO, Fernando. O segundo governo FHC: coalizões, agendas e instituições. *Tempo Social*, v. 15, n. 2, p. 269-301, 2003.

COX HAN, Lori. Introduction. *In*: COX HAN, Lori (ed.). *New Directions in the American Presidency*. New York: Routledge, 2018. p. 1-28.

COX HAN, Lori (ed.). *New Directions in the American Presidency*. New York: Routledge, 2018.

CRISP, Brian F. Presidential behavior in a system with strong parties: Venezuela, 1958-1995. *In*: MAINWARING, Scott; SHUGART, Matthew (ed.). *Presidentialism and democracy in Latin America*. Cambridge: Cambridge University Press, 1997. p. 160-198.

CROMWELL, Oliver. *The Instrument of Government - Full Text*. Disponível em: https://www.olivercromwell.org/protectorate/protectorate_6.htm. Acesso em: 9 jan. 2025.

CUITIÑO BURONE, Carlos. Sistema de partidos en Costa Rica en el periodo 1986-2018: del bipartidismo al multipartidismo. *Revista de Derecho Electoral*, n. 32, p. 117-133, 2021.

CYRINO, André Rodrigues. *O Poder regulamentar autônomo do Presidente da República: a espécie regulamentar criada pela EC nº 32/2001*. Belo Horizonte: Fórum, 2005.

DAHL, Robert. *Who Governs? Democracy and Power in the American City*. New Haven: Yale University Press, 1961.

DAHL, Robert A. Decision-Making in a Democracy: The Supreme Court as a National Policy-Maker. *Journal of Public Law*, v. 6, n. 2, p. 279-295, 1957.

DAHL, Robert A. *La democracia*. Barcelona: Ariel, 2022.

DALLARI, Dalmo de Abreu. *O Estado Federal*. 2. ed. São Paulo: Saraiva, 2019.

DASSONNEVILLE, Ruth. *Net volatility in Western Europe: 1950-2014*. Leuven: Centre for Citizenship and Democracy, 2015. Dataset. Disponível em: https://search.dataone.org/view/sha256:91f4272be01585d264eb68ece266edcc4b7ff6562a4e2d41ab043acf8 8b3b0dc. Acesso em: 9 jan. 2025.

DAVID, Sofia. *Os chefes de Estado em Moçambique e Angola: um estudo comparado*. Lisboa: CEJ, 2018.

DÁVILA AVENDAÑO, Mireya. *Presidencialismo a la chilena: coaliciones y cooperación política, 1990–2018*. Santiago: Editorial Universitaria, 2020.

DECLARAÇÃO DOS DIREITOS DO HOMEM E DO CIDADÃO (1789). Disponível em:https://www.elysee.fr/en/french-presidency/the-declaration-of-the-rights-of--man-and-of-the-citizen . Acesso em: 9 jan. 2025.

DEHEZA, Grace Ivana. *Gobiernos de coalición en el sistema presidencial: América del Sur*. 1997. Tese (Doutorado) – European University Institute, Florença, 1997.

DEMICHELI, Alberto. *El Poder Ejecutivo. Génesis y transformaciones*. Buenos Aires: Depalma, 1950.

DESPOSATO, Scott. Parties for Rent? Ambition, Ideology, and Party Switching in Brazil's Chamber of Deputies. *American Journal of Political Science*, v. 50, n. 1, p. 62–80, 2006.

DE SWAAN, Abram. *Coalition theories and cabinet formations*. Amsterdam: Elsevier, 1973.

DIAMOND, Larry; KIM, Byung-Kook (ed.). *Consolidating democracy in South Korea*. Boulder: Lynne Rienner Publishers, 2000.

DIAMOND, Larry. Elections Without Democracy: Thinking About Hybrid Regimes. *Journal of Democracy*, v. 13, n. 2, p. 21-35, abr. 2002.

DÍAZ DE VALDÉS, José Manuel. La reforma constitucional del año 2005: contexto, impacto y tópicos pendientes. *Revista Actualidad Jurídica*, n. 20, p. 35-69, jul. 2009.

DICKINSON, Matthew. Presidents, the White House, and the Executive Branch. *In:* HAN, Lori Cox (ed.). *New directions in the American presidency*. New York: Routledge, 2011. p. 136- 165. p. 194.

DOUGLAS. Lawrence. *Will he go? Trump and the Looming Election Meltdown in 2020*. New York: Twelve, Hatchette Book Group, New York, 2020.

DRUCKMAN, James; MARTIN, Lanny; THIES, Michael. Influence without confidence: upper chambers and government formation. *Legislative Studies Quarterly*, v. 30, n. 4, p. 529-548, 2005.

DUHAMEL, Olivier. Remarques sur la notion de régime semi-présidentiel. *In: Droit, institutions et systèmes politiques: mélanges en hommage à Maurice Duverger*. Paris: PUF, 1987. p. 581-590.

DUQUE, Javier. Colombia: political leadership in a turbulent environment. César Gaviria and Álvaro Uribe Vélez. *In:* ALCÁNTARA, Manuel; BLONDEL, Jean; THIEBAULT, Jean-Louis (ed.). *Presidents and democracy in Latin America*. London: Routledge, 2018. p. 117-144.

DUVERGER, Maurice. Le concept de régime semi-présidentiel. In: DUVERGER, Maurice (org.). *Les régimes semi-présidentiels*. Paris: Presses Universitaires de France, 1986. p. 7-16.

DUVERGER, Maurice. *Os grandes sistemas políticos*. Coimbra: Almedina, 1985.

EIU – ECONOMIST INTELLIGENCE UNIT. *Democracy Index 2023: Global State of Democracy in 165 Countries*. Londres: Economist Intelligence Unit, 2023. Disponível em: https://pages.eiu.com/rs/753-RIQ-438/images/Democracy-Index-2023-Final--report.pdf. Acesso em: 9 jan. 2025.

ELAZAR, Daniel. *American federalism: a view from the states*. New York: Harper & Row, 1984.

ELEIÇÕES 2022: entenda as principais diferenças entre federações partidárias e coligações. *Tribunal Superior Eleitoral,* 7 jan. 2022. Disponível em: https://www.tse.jus.br/comunicacao/noticias/2022/Janeiro/eleicoes-2022-entenda-as-principais-diferencas--entre-federacoes-partidarias-e-coligacoes. Acesso em: 23 jan. 2024.

ELGIE, Robert. *From Linz to Tsebelis: Three waves of presidential/parliamentary studies? Democratization*, v. 12, n. 1, p. 106-122, 2005.

ELKINS, Zachary; HUDSON, Alex. The constitutional referendum in historical perspective. *In:* LANDAU, David; LERNER, Hanna (ed.). *Comparative constitution making*. Cheltenham: Edward Elgar Publishing, 2019. p. 142-164.

ELLIS, Richard (ed.). *Speaking to the people: the rhetorical presidency in historical perspective*. Amherst: University of Massachusetts Press, 1998.

ELY, John. *Democracy and distrust: a theory of judicial review*. Cambridge: Harvard University Press, 1980.

EQUADOR. [Constituição (2008)]. *Constitución de la Republica del Ecuador*. Quito: Assembleia Constituinte, 2008. Disponível em: https://siteal.iiep.unesco.org/sites/default/files/sit_accion_files/constitucion_de_la_republica_del_ecuador.pdf. Acesso em: 14 jan. 2025.

ESCAMILLA CADENA, Alberto; CUNA PÉREZ, Enrique. *El presidencialismo mexicano. ¿Qué ha cambiado?* Ciudad de México: Universidad Autónoma Metropolitana, 2014.

ESCAMILLA CADENA, Alberto. Gobierno de coalición y ratificación del gabinete presidencial. *In:* GONZÁLEZ, Flavia Freidenberg; ESCAMILLA, Alberto (coord.). *El nuevo sistema político-electoral mexicano en 2015*. México: UAM-Iztapalapa, 2015. p. 255-266.

ESCAMILLA CADENA, Alberto. Las transformaciones del presidencialismo en el marco de la reforma del Estado en México. *Polis*, v. 5, n. 2, p. 13-47, 2009.

FARIA, Rodrigo. O desmonte da caixa de ferramentas orçamentárias do Poder Executivo e o controle do orçamento pelo Congresso Nacional. *In*: MURTA, Antônio Carlos Diniz; VITA, Jonathan Barros (coord.). *Direito tributário e financeiro*. Florianópolis: CONPEDI, 2022. p. 128-149.

FARRAR-MYERS, Victoria. Presidents and the Constitution. *In:* COX HAN, Lori (ed.). *New directions in the American presidency*. New York: Routledge, 2018.

FEIJÓ, Carlos Maria (coord.). *Constituição da República de Angola: enquadramento dogmático – a nossa visão*. v. III, Coimbra: Almedina, 2015.

FELL, Dafydd. *Government and politics in Taiwan*. New York: Routledge, 2018.

FERMANDOIS VÖHRINGER, Arturo; GARCÍA, José Francisco. Origen del presidencialismo chileno: reforma constitucional de 1970, ideas matrices e iniciativa legislativa exclusiva presidencial. *Revista Chilena de Derecho*, v. 36, n. 2, p. 281-311, 2009.

FERREIRA, Waldemar Martins. *História do Direito Constitucional Brasileiro*. 2. ed. Rio de Janeiro: Forense, 2019.

FERREIRA FILHO, Manoel Gonçalves. *Constituição e governabilidade: ensaio sobre a (in)governabilidade brasileira*. São Paulo: Saraiva, 1995.

FIERS, Stefaan; KROUWEL, André. The Low Countries: from 'Prime Minister' to 'President-Minister'. *In*: POGUNTKE, Thomas; WEBB, Paul (ed.). *The Presidentialization of Politics: a Comparative Study of Modern Democracies*. Oxford: Oxford University Press, 2005. p. 128-158.

FIGUEIREDO, Argelina; LIMONGI, Fernando. *Executivo e Legislativo na nova ordem constitucional*. 2.ª ed. Rio de Janeiro: Editora FGV, 2001.

FINE, Jeffrey; WARBER, Adam. Circumventing adversity: executive orders and divided government. *Presidential Studies Quarterly*, v. 42, n. 2, p. 256-274, 2012.

FINER, Samuel. *Governo Comparado*. Brasília: Editora Universidade de Brasília, 1981.

FIORINA, Morris. *Divided government*. New York: Macmillan, 1992.

FLÜMANN, Gereon. *Streitbare Demokratie in Deutschland und den Vereinigten Staaten: Der staatliche Umgang mit nichtgewalttätigem politischem Extremismus im Vergleich*. Wiesbaden: Springer, 2015.

FOX, Gregory; NOLTE, Georg. Intolerant Democracies. *Harvard International Law Journal*, v. 36, n. 1, p. 1-70, 1995.

FRANÇA. [Constituição (1958)]. *La Constitution de la Ve République*. Paris: Sénat, 1958. Disponível em: https://www.senat.fr/connaitre-le-senat/evenements-et-manifesta-tions-culturelles/les-revisions-de-la-constitution/constitution-du-4-octobre-1958--texte-originel.html. Acesso em: 9 jan. 2025.

FRANCO, Vasco. *Semipresidencialismo: perspectiva comparada e o caso português. Os poderes presidenciais na interação com o governo e com a Assembleia da República (1982-2016)*. Lisboa: Assembleia da República, 2020.

FREEDOM HOUSE. *Countries and territories: freedom in the world scores*. Disponível em: https://freedomhouse.org/countries/freedom-world/scores. Acesso em: 9 jan. 2025.

FREEDOM HOUSE. *Freedom in the World 2009: Malawi*. Disponível em: https://www.refworld.org/reference/annualreport/freehou/2009/en/68938 Acesso em: jun. 2024. A penalização pelos impasses viria a ser sofrida pelos partidos da oposição que viram o Partido do Presidente, DPP, alcançar uma rara maioria absoluta de 114 lugares em 2009.

FREEDOM HOUSE. *Freedom in the World 2009: Uruguay* Disponível em: https://free-domhouse.org/country/uruguay/freedom-world/2022. Acesso em: 9 jan. 2025.

FREEDOM HOUSE. *Freedom in the World 2022: Kiribati*. Disponível em: https://free-domhouse.org/country/kiribati/freedom-world/2022. Acesso em: 9 jan. 2025.

FREEDOM HOUSE. *Freedom in the World 2023: Gâmbia*. Disponível em: https://free-domhouse.org/country/gambia/freedom-world/2023. Acesso em: 9 jan. 2025.

FREEDOM HOUSE. *Freedom in the World 2023: Iraq*. Disponível em: https://freedomhou-se.org/country/iraq/freedom-world/2023. Acesso em: 9 jan. 2025.

FREEDOM HOUSE. *Freedom in the World 2023: Marking 50 Years in the Struggle for Democracy*. Disponível em: https://freedomhouse.org/sites/default/files/2023-03/FIW_World_2023_DigtalPDF.pdf. Acesso em: 9 jan. 2025.

FREEDOM HOUSE. *Freedom in the World 2023: Namíbia*. Disponível em: https://free-domhouse.org/country/namibia/freedom-world/2023. Acesso em: 9 jan. 2025.

FREEDOM HOUSE. *Freedom in the World 2023: Serbia*. Disponível em: https://free-domhouse.org/country/serbia/freedom-world/2023. Acesso em: 9 jan. 2025.

FREEDOM HOUSE. *Freedom in the World 2023: Suriname*. Disponível em: https://fre-edomhouse.org/country/suriname/freedom-world/2023 . Acesso em: 9 jan. 2025; EIU, *flawed democracy*.

FREEDOM HOUSE. *Russia: A Chronicle of Suppression.* Disponível em: https://free-domhouse.org/sites/default/files/Chronology_0.pdf. Acesso em: 9 jan. 2025.

FREITAS, Andréa. *O presidencialismo da coalizão.* Rio de Janeiro: Fundação Konrad Adenauer, 2016.

FREUDENREICH, Johannes. The formation of cabinet coalitions in presidential systems. *Latin American Politics and Society*, v. 58, n. 4, p. 80-102, 2016.

FRIEDRICH, Carl. *Trends of federalism in theory and practice.* New York: Praeger, 1968.

GAMARRA, Eduardo. Hybrid presidentialism and democratization: the case of Bolivia. *In:* MAINWARING, Scott; SHUGART, Matthew (ed.). *Presidentialism and democracy in Latin America.* New York: Cambridge University Press, 1997. p. 363-393.

GÂMBIA. *Constitution of the Republic of The Gambia, 1996.* Banjul: Government of The Gambia, 1996. Disponível em: https://www.constituteproject.org/constitution/Gambia_2004.pdf. Acesso em: 9 jan. 2025.

GAMSON, William. An experimental test of a theory of coalition formation. *American Sociological Review*, v. 26, p. 565-573, 1961.

GAMSON, William. A theory of coalition formation. *American Sociological Review*, v. 26, p. 373-382, 1961.

GARGARELLA, Roberto, *La sala de máquinas de la Constitución. Dos siglos de constitucionalismo en América Latina (1810-2010).* Buenos Aires: Katz Editores, 2014.

GICQUEL, Jean; GICQUEL, Jean-Éric. *Droit constitutionnel et institutions politiques.* 22. ed. Paris: Montchrestien, 2008.

GICQUEL, Jean; HAURIOU, André. *Droit constitutionnel et institutions politiques.* 8. ed. Paris: Montchrestien, 1985.

GICQUEL, Jean. *Droit constitutionnel et institutions politiques.* 18. ed. Paris: Montchrestien, 2002. p. 466-478.

GINSBURG, Tom; HUQ, Aziz. *How to save a constitutional democracy.* Chicago: University of Chicago Press, 2018.

GOMES, José Jairo. *Direito eleitoral.* 14. ed. São Paulo: Atlas, 2018.

GÓMEZ-CAMPOS, Steffan; VILLARREAL, Evelyn. Costa Rica: la derrota prematura de un gobierno dividido. *Revista de Ciencia Política*, v. 33, n. 1, p. 117-134, 2013.

GONÇALVES, Luiz Carlos dos Santos. *Direito eleitoral.* 3. ed. São Paulo: Atlas, 2018.

GONZÁLEZ, Luiz. *Estructuras políticas y democracia en Uruguay.* Montevideo: FCU-ICP, 1993.

GOUVEIA, Jorge Bacelar. Macau no Direito Constitucional de Língua Portuguesa. *Revista da Ordem dos Advogados*, Lisboa, ano 71, n. 4, p. 993-1079, out./dez. 2011.

GOUVEIA, Jorge Bacelar. Sistemas constitucionais africanos de língua portuguesa: a caminho de um paradigma. *Themis: Revista de direito*, n. Extra 1, p. 119-141, 2006.

GRABER, Mark; LEVINSON, Sanford; TUSHNET, Mark (eds.). *Constitutional democracy in crisis?.* Oxford: Oxford University Press, 2018.

GRANT, Thomas (org.). *Lobbying, government relations and campaign finance worldwide.* Oxford: Oceana Publications, 2005.

GREENSTEIN, Fred. *Inventing the job of president: leadership style from George Washington to Andrew Jackson.* Princeton: Princeton University Press, 2009.

GREENSTEIN, Fred. *The presidential difference: leadership style from FDR to Barack Obama.* 3. ed. Princeton: Princeton University Press, 2009.

GROS ESPIELL, Héctor; ARTEAGA, Juan José. *Esquema de la evolución constitucional del Uruguay.* Montevideo: Fundación de Cultura Universitaria, 1991.

GROS ESPIELL, Héctor. El Ejecutivo colegiado en el Uruguay. *Revista de Estudios Políticos,* n. 133, p. 157-172, 1964.

GROS ESPIELL, Héctor. Uruguay: ¿Presidencialismo o Parlamentarismo? *Cuestiones Constitucionales: Revista Mexicana de Derecho Constitucional,* v. 1, n. 7, p. 88-108, 2002.

GUIANA. [Constituição (1980)]. *Constitution of the Co-operative Republic of Guyana.* Georgetown: The Parliament of Guyana, 1980. Disponível em: https://pdba. georgetown.edu/Constitutions/Guyana/guyana96.html. Acesso em: 14 jan. 2025.

GUTIÉRREZ, Pablo. Estabilidad presidencial y democracia en Uruguay: una mirada a tres momentos. *Revista Divergencia* n. 1, p. 55-72, 2012.

HALE, Henry. Formal constitutions in informal politics: institutions and democratization in post-Soviet Eurasia. *World Politics,* v. 63, n. 4, p. 581-617, out. 2011.

HAMILTON, Alexander; MADISON, James; JAY, John. *The Federalist Papers.* New York: Signet Classics, 2003.

HAZAN, Reuven; KENIG, Ofer; RAHAT, Gideon. The Political Consequences of the Introduction and the Repeal of the Direct Elections for the Prime Minister. *In:* ARIAN, Asher; SHAMIR, Michal (ed.). *The Elections in Israel 2003.* New York: Transaction Publishers, 2005. p. 33–61.

HAZAN, Reuven. The Failure of Presidential Parliamentarism: Constitutional versus Structural Presidentialization in Israel's Parliamentary Democracy. *In:* POGUNTKE, Thomas; WEBB, Paul (ed.). *The Presidentialization of Politics: a Comparative Study of Modern Democracies.* Oxford: Oxford University Press, 2005. p. 289–312.

HECLO, Hugh. *A government of strangers.* Washington, DC: Brookings, 1977, *apud* DICKINSON, Matthew J. Presidents, the White House, and the Executive Branch. *In:* HAN, Lori Cox (ed.). *New directions in the American presidency.* New York: Routledge. 2018.

HERNÁNDEZ, Antonio María. Presidencialismo y federalismo en Argentina. *Anales: Academia Nacional de Derecho y Ciencias Sociales de Córdoba,* v. 47, p. 67-106, 2008.

HERNÁNDEZ CHÁVEZ, Alicia (coord.). *Presidencialismo y sistema político: México y los Estados Unidos.* México: Colegio de México, 1994.

HIGLEY, John; GUNTHER, Richard (orgs.). *Elites and democratic consolidation in Latin American and Southern Europe.* Cambridge: Cambridge University Press, 1992.

HIRSCHL, Ran. *Asuntos comparativos: el renacimiento del derecho constitucional comparado*. Bogotá: Universidad Externado de Colombia, 2019.

HOCHSTETLER, Kathryn; SAMUELS, David. Crisis and Rapid Reequilibration: The Consequences of Presidential Challenge and Failure in Latin America. *Comparative Politics*, v. 43, n. 2, p. 127-145, jan. 2011.

HOCHSTETLER, Kathryn. Repensando el presidencialismo: desafíos y caídas presidenciales en el Cono Sur. *América Latina Hoy*, v. 49, p. 51-72, 2008.

HOLYOKE, Thomas. *The ethical lobbyist: reforming Washington's influence industry*. Washington, DC: Georgetown University Press, 2015.

HOWELL, William. *Power without persuasion: the politics of direct presidential action*. Princeton: Princeton University Press, 2003.

HUANG, Thomas W. The president refuses to cohabit: semi-presidentialism in Taiwan. *Washington International Law Journal*, v. 15, n. 2, p. 375-402, 2006.

HUGHES, Arnold; PERFECT, David. *A Political History of The Gambia, 1816–1994*. Rochester: University of Rochester Press, 2006.

HUNTINGTON, Samuel. *The Third Wave: Democratization in the Late Twentieth Century*. Norman: University of Oklahoma Press, 1991.

IDEA - INSTITUTE FOR DEMOCRACY AND ELECTORAL ASSISTANCE. *The Global State of Democracy*. Disponível em: https://www.idea.int/gsod/2023/. Acesso em: 9 jan. 2025.

IDEA - INSTITUTE FOR DEMOCRACY AND ELECTORAL ASSISTANCE *Assessing the Iraqi Constitution's Impact on State and Society*. Estocolmo: IDEA, 2022.

INÁCIO, Magna. Presidencialismo de coalizão e sucesso presidencial no Brasil. 2006. Tese (Doutorado em Ciência Política) – Universidade Federal de Minas Gerais, Belo Horizonte, 2006.

INÁCIO, Magna. Presidential leadership in a robust presidency: the Brazilian case. *In:* ALCÁNTARA, Manuel; BLONDEL, Jean; THIÉBAULT, Jean-Louis (eds.). *Presidents and democracy in Latin America*. New York: Routledge Press, 2018. p. 167-204.

INDEPENDENT ELECTORAL COMMISSION OF THE GAMBIA. *History*. Disponível em: https://iec.gm/about-iec/history/. Acesso em: 23 ago. 2024.

INSTITUTO DE LA DEMOCRACIA; CONSEJO NACIONAL ELECTORAL (CNE). *Antología de la democracia ecuatoriana: 1979-2020*. Quito: Instituto de la Democracia y Consejo Nacional Electoral, 2020.

INTER-PARLIAMENTARY UNION. *Compare data on parliaments*. Disponível em: https://data.ipu.org/compare/. Acesso em: 9 jan. 2025.

JACOBSON, Gary. Barack Obama and the nationalization of electoral politics in 2012. *Electoral Studies*, v. 40, p. 471-481, 2015.

JAPÃO. [Constituição (1946)]. *The Constitution of Japan*. Tóquio: National Archives of Japan, 1946. Disponível em: https://japan.kantei.go.jp/constitution_and_government_of_japan/constitution_e.html. Acesso em: 28 mar. 2024.

JAVIER Milei: el rechazo al DNU de los orkos no puede esperarse más. *Ámbito*, 17 mar. 2024. Disponível em: https://www.ambito.com/politica/javier-milei-el-rechazo-al--dnu-de-los-orkos-no-puede-esperarse-mas-quecosasdeorkos-n5966677. Acesso em: 9 jan. 2025.

JIN, Young-jae. The strengths and weaknesses of government system in Korea. *In:* THE KOREA HERALD - THE KOREAN POLITICAL SCIENCE ASSOCIATION (ed.). *Political change in Korea.* P'aju-si: Jimmondang, 2008.

JOHNSON, Richard Tanner. *Managing the White House: an intimate study of the presidency.* New York: Harper & Row, 1974.

JONES, Charles. The separated presidency: making it work in contemporary politics. *In:* KING, Anthony (org.). *The new American political system.* 2. ed. Washington, DC: AEI Press, 1990. p. 1-28.

JONES, Mark. *Electoral Laws and the Survival of Presidential Democracies.* Notre Dame: University of Notre Dame Press, 1995.

JORGE, Flávio Cheim; LIBERATO, Ludgero; RODRIGUES, Marcelo Abelha. *Curso de direito eleitoral.* 3. ed. Salvador: Ed. JusPodivm, 2020.

KADIMA, Denis. An introduction to the politics of party alliances and coalitions in socially-divided Africa. *Journal of African Elections*, v. 13, n. 1, p. 1-24, 2006.

KADIMA, Denis (ed.). *The politics of party coalitions in Africa.* Johannesburg: EISA, 2006.

KADRI, Omar. *O Executivo Legislador: o caso brasileiro.* Coimbra: Coimbra Editora, 2004.

KAFFT KOSTA, Emílio. *Sistemas de governo na lusofonia: zonas e relações de poder.* Lisboa: AAFDL, 2019.

KASAHARA, Yuri; MARSTEINTREDET, Leiv. Presidencialismo em crise ou parlamenta-rismo por outros meios?: *impeachments* presidenciais no Brasil e na América Latina. *Revista de Ciências Sociais*, v. 49, n. 1, p. 30-54, mar. jun. 2018.

KATYAL, Neal Kumar. Internal separation of powers: checking today's most dangerous branch from within. *The Yale Law Journal*, v. 115, p. 2314-2349, 2006.

KELLAM, Marisa. Why pre-electoral coalitions in presidential systems? *British Journal of Political Science*, v. 47, n. 2, p. 391-411, 2017.

KELLY, Alfred; HARBISON, Winfred; BELZ, Herman. *The American Constitution: Its Origins and Development.* 6. ed. New York: W.W. Norton & Company, Inc., 1983.

KER-LINDSAY, James. Presidential power and authority in the Republic of Cyprus. *Mediterranean Politics*, v. 11, n. 1, p. 21-37, 2006.

KERNELL, Samuel. *Going public: new strategies of presidential leadership.* 4. ed. Washington, DC: CQ Press, 2007.

KETCHAM, Ralph. *Presidents above party: the first American presidency.* Chapel Hill: University of North Carolina Press, 1987.

KEY, V. O. *Politics, parties and pressure groups.* New York: Thomas Y. Crowell Company, 1958.

KIM, Man-heum. Regionalism still holds sway. *In:* THE KOREA HERALD; THE KORE-AN POLITICAL SCIENCE ASSOCIATION (ed.). *Political change in Korea.* P'aju-si: Jimmondang, 2008.

KIM, Nadejda. *Regionalism and political institutions in South Korea: towards democratic consolidation.* 2009. Dissertação (Mestrado em Estudos Asiáticos) – Centre for East and South-East Asian Studies, Lunds Universitet, Lund, 2009.

KING, Anthony (org.). *The New American Political System.* 2. ed. Washington, DC: AEI Press, 1990.

KINZO, Maria D'Alva Gil. Governabilidade, Estrutura Institucional e Processo Decisório no Brasil. *Parcerias Estratégicas,* v. 2, n. 3, p. 9-25, 2009.

KIRIŞCI, Kemal; TOYGÜR, İlke. Turkey's new presidential system and a changing West: implications for Turkish foreign policy and Turkey-West relations. *Turkey Project Policy Paper,* n. 5, p. 1-17, 2019. p. 4 *et seq.* Disponível em: https://www.brookings.edu/wp-content/uploads/2019/01/20190111_turkey_presidential_system.pdf. Acesso em: 9 jan. 2024.

KIRSHNER, Alexander. *A Theory of Militant Democracy: The Ethics of Combatting Political Extremism.* New Haven: Yale University Press, 2014.

KRAUSE, Enrique. *La presidencia imperial. Ascenso y caída del sistema político mexicano (1940-1996).* México: Tusquets, 1997.

KUČERA, Ondřej. Is Taiwan a Presidential System? *China Perspectives* [online], n. 66, jul.-ago. 2006. Publicado online em: 01 ago. 2009. Disponível em: http://journals.openedition.org/chinaperspectives/1036. Acesso em: 28 out. 2023.

LAAKSO, Markku; TAAGEPERA, Rein. Effective number of parties: a measure with application to West Europe. *Comparative Political Studies,* v. 12, n. 1, p. 3-27, 1979.

LACROIX, Alison. *The ideological origins of American federalism.* Cambridge: Harvard University Press, 2011.

LANDAU, David. *Abusive Constitutionalism. UC Davis Law Review,* v. 147, p. 189-260, 2013.

LANZARO, Jorge; MAYORGA, René (orgs.). *Tipos de presidencialismo y coaliciones políticas en América Latina.* Buenos Aires: CLACSO, 2000.

LANZARO, Jorge. *Democracia presidencial y alternativas pluralistas. In*: CHERESKY, Isidoro; POUSADELA, Inês (comp.). *Política e instituciones en las nuevas democracias latinoamericanas.* Buenos Aires: Paidós, 2001. p. 188-231.

LANZARO, Jorge. El centro presidencial en Uruguay: 2005-2015. *Revista Uruguaya de Ciencia Política,* v. 25, p. 121-142, 2016.

LANZARO, Jorge (ed.). *Presidencialismo y parlamentarismo: América Latina y Europa Meridional.* Madrid: Centro de Estudios Políticos y Constitucionales, 2012.

LANZARO, Jorge (org.). *Tipos de presidencialismo y coaliciones políticas en América Latina.* Buenos Aires: CLACSO, 2001.

LEACH, Richard. *American federalism.* New York: W. W. Norton & Co Inc, 1970.

LECLERCQ, Claude. *Droit constitutionnel et institutions politiques*, 5.ª ed., Paris: Litec, 1987, p. 277.

LEE, Dong-yoon. The dynamics of party politics in Korea. *In:* THE KOREA HERALD; THE KOREAN POLITICAL SCIENCE ASSOCIATION (ed.). *Political change in Korea.* Pʻaju-si: Jimmondang. 2008. p. 86.

LEE, Namhee. *The making of Minjung: democracy and the politics of representation in South Korea.* Ithaca: Cornell University Press, 2007.

LEE, Young-jae. Law, politics, and impeachment: The impeachment of Roh Moo-hyun from a comparative constitutional perspective. *The American Journal of Comparative Law*, v. 53, n. 2, p. 403-432, 2005.

LEES, John. *The Political System of the United States.* London: Faber and Faber, 1969.

LEHMAN, Kay; TIERNEY, John T. *Organized interests and American democracy.* New York: Harper & Row, 1986.

LEHOUCQ, Fabrice Edouard. Costa Rica: paradise in doubt. *Journal of Democracy*, v. 16, n. 3, p. 140-154, 2005.

LEMBANI, Samson. Alliances, coalitions and the weakening of the party system of Malawi. *Journal of African Elections*, v. 13, n. 1, p. 115-149, 2014.

LERER, Adrian. Presidencialismo en latinoamérica: experiencias reformistas recientes, el caso brasileño. *In*: NINO, Carlos Santiago et al. *Presidencialismo puesto a prueba.* Madrid: Centro de Estudios Constitucionales, 1992. p. 157- 196.

LEVINSON, Daryl J.; PILDES, Richard. Separation of parties, not powers. *Harvard Law Review*, Cambridge, v. 119, n. 1, p. 1-73, 2006.

LEVINSON, Sanford. *Our undemocratic constitution: where the constitution goes wrong (and how we the people can correct it).* Oxford: Oxford University Press, 2006.

LEVITSKY, Steven; ZIBLATT, Daniel. *How democracies die.* New York: Broadway Books, 2018.

LEWANDOWSKI, Enrique Ricardo. *Pressupostos materiais e formais da intervenção federal no Brasil.* 2. ed. Belo Horizonte: Fórum, 2018.

LIJPHART, Arend. Constitutional design for divided societies. *Journal of Democracy*, v. 15, n. 2, p. 96-109, 2004.

LIJPHART, Arend. *Patterns of democracy: government forms and performance in thirty-six countries.* New Haven; London: Yale University Press, 1999. p. 200-215.

LIJPHART, Arend (org.). *Parliamentary versus presidential government.* Oxford: Oxford University Press, 1992.

LIMONGI, Fernando; FIGUEIREDO, Argelina. Bases institucionais do presidencialismo de coalizão. *Lua Nova*, n. 44, p. 81-106, 1998.

LIMONGI, Fernando. A democracia no Brasil: presidencialismo, coalizão partidária e processo decisório. *Novos Estudos CEBRAP*, n. 76, p. 17-41, 2006.

LINZ, Juan. Democracia presidencialista o parlamentaria. Hay alguna diferencia?. *In*: CONSEJO PARA LA CONSOLIDACION DE LA DEMOCRACIA (ed.). *Presidencia-*

lismo versus parlamentarismo. Materiales para el estudio de la reforma constitucional. Buenos Aires: Eudeba, 1988, p. 19-44. Disponível em: http://www.derecho.uba.ar/academica/catedras_libres/pdf/presidencialismo-vs-parlamentarismo.pdf. Acesso em: 4 jan. 2025.

LINZ, Juan. *Parlamentarized Presidentialism, Moderate Multiparty System and State Transformation. The Case of Bolivia.* La Paz: CEBEM, 1996.

LINZ, Juan. *The perils of presidentialism. Journal of Democracy*, v. 1, n. 1, p. 51-69, jan. 1990.

LINZ, Juan J. Presidential or Parliamentary Democracy: Does it make a difference?. *In:* LINZ, Juan J.; VALENZUELA, Arturo (org.). *The Failure of Presidential Democracy.* Baltimore: Johns Hopkins University Press, 1994.

LIRA, Augusto Tavares de. A presidência e os presidentes do Conselho de Ministros no Segundo Reinado. *Revista do Instituto Histórico e Geográfico Brasileiro (RIHGB)*, t. 94, v. 148, 1923, p. 567-609.

LISSIDINI, Alicia; WELP, Yanina; ZOVATTO, Daniel (coord.). *Democracia directa en Latinoamérica.* Buenos Aires: Prometeo, 2008.

LLANOS, Mariana; MARSTEINTREDET, Leiv (ed.). *Presidential breakdowns in Latin America: causes and outcomes of executive instability in developing democracies.* New York: Palgrave MacMillan, 2010.

LOBO, Marina Costa; CURTICE, John. Introduction. *In:* LOBO, Marina Costa; CURTICE, John (ed.). *Personality Politics?. The Role of Leader Evaluations in Democratic Elections.* Oxford: Oxford University Press, 2015. p. 1-14.

LOEWENSTEIN, Karl: Autocracy versus Democracy in Contemporary Europe, I. *The American Political Science Review*, v. 29, n. 4, p. 571-593, 1935.

LOEWENSTEIN, Karl. Autocracy versus Democracy in Contemporary Europe, II. *The American Political Science Review*, v. 29, n. 5, p. 755-784, 1935.

LOEWENSTEIN, Karl. Militant Democracy and Fundamental Rights I. *The American Political Science Review*, v. 31, n. 3, p. 417-432, 1937.

LOEWENSTEIN, Karl. Militant Democracy and Fundamental Rights II. *The American Political Science Review*, v. 31, n. 4, p. 638-658, 1937.

LOEWENSTEIN, Karl. Teoría de la constitución, Barcelona: Ariel, 1986.

LORENA, Sofia. Ex-comandantes militares confirmam que Bolsonaro traçou plano para golpe. *Publico*, Lisboa, 16 mar. 2024. Disponível em: https://www.publico.pt/2024/03/16/mundo/noticia/excomandantes-militares-confirmam-bolsonaro--tracou-plano-golpe-2083850. Acesso em: 28 mar. 2024.

LUJAMBIO, Alonso. Adiós a la excepcionalidad: régimen presidencial y gobierno dividido en México. *In: LANZARO, Jorge. (coord.). Tipos de presidencialismo y coaliciones políticas en América Latina.* Buenos Aires, 2001. p. 251-282.

MACEDO, José Arthur. (Hiper)presidencialismo brasileiro: esse outro esquecido. *In:* CLÈVE, Clèmerson Merlin (org.). Direito Constitucional Brasileiro: Organização do Estado e dos Poderes. *Revista dos Tribunais*, v. 2, p. 496-518, 2014.

MACHADO, Aline. Minimum Winning Electoral Coalitions Under Presidentialism: Reality or Fiction? The Case of Brazil. *Latin American Politics and Society*, v. 51, n. 3, p. 87-110, 2009.

MACHADO, Jónatas. *Direito constitucional angolano*. Coimbra: Coimbra Editora, 2011.

MACKLEM, Patrick. Militant Democracy, Legal Pluralism and the Paradox of Self-Determination. *International Journal of Constitutional Law*, v. 4, n. 3, p. 488–516, jul. 2006.

MAINWARING, Scott. Presidentialism, multipartism, and democracy: the difficult combination. *Comparative Political Studies*, v. 26, n. 2, p. 198-228, 1993.

MAINWARING, Scott. *Presidentialism and democracy in Latin America*. Cambridge: Cambridge University Press, 1997.

MAINWARING, Scott. Presidentialism in Latin America. *Latin American Research Review*, v. 25, 1990, p. 157-179. MAINWARING, Scott. Politicians, parties, and electoral systems: Brazil in comparative perspective. *Comparative Politics*, v. 24, n. 1, 1991, p. 21-43. MAINWARING, Scott. *Presidentialism in Brazil: The Impact of Strong Constitutional Powers, Weak Partisan Powers, and Robust Federalism*. Washington, D.C.: Woodrow Wilson International Center, 1997.

MAINWARING, SCOTT (ed.). *Party Systems in Latin America: Institutionalization, Decay, and Collapse*. New York: Cambridge University Press, 2018.

MAKOVSKY, Alan. Erdoğan's proposal for an empowered presidency. *Center for American Progress*, p.1-27, 2017. Disponível em: https://www.americanprogress.org/wp--content/uploads/sites/2/2017/03/TurkeyProposedPresidential-report.pdf. Acesso em: 9 jan. 2025.

MALASSIS OTÁLORA, Janine. Un cambio de paradigma para la reforma electoral. Reflexiones a partir de la justicia electoral. *In*: MARTÍNEZ LÓPEZ, Cornelio; MIRÓN LINCE, Rosa María; ZEPEDA, Pedro José (coord.). *Transición y cambio en el Congreso Mexicano*. México: Instituto Belisario Domínguez, Senado de la República, 2020. p. 353-365.

MARSTEINTREDET, Leiv; BERNSTZEN, Einar. Latin American presidentialism: reducing the perils of presidentialism through presidential interruptions. *Comparative Politics*, v. 41, n. 4, p. 83-102, 2008.

MARTÍNEZ-GALLARDO, Cecilia. Out of the cabinet: What drives defections from the government in presidential systems? *Comparative Political Studies*, v. 45, n. 1, p. 62-90, 2012.

MARVÁN LABORDE, Ignacio. *Cómo hicieron la Constitución de 1917*. México: Secretaría de Cultura, Fondo de Cultura Económica-Centro de Investigación y Docencia Económicas, 2017.

MARVÁN LABORDE, Ignacio. *Y después del presidencialismo? Reflexiones para la formación de un nuevo régimen (Con una cierta mirada)*. México: Oceano, 1997.

MAYORGA, René; MAINWARING, Scott; SHUGART, Matthew (orgs.). *Presidentialism and democracy in Latin America*. New York: Cambridge University Press, 1997.

MCCLOSKEY, Robert. *The American Supreme Court*. 6. ed. Chicago: University of Chicago Press, 2016.

McFARLAND, Andrew. *Common cause: lobbying in the public interest*. Chatham: Chatham House Publishers, 1984.

MEJÍA ACOSTA, Andrés. *Informal coalitions and policymaking in Latin America. Ecuador in comparative perspective*. London: Routledge, 2009.

MELLO, Luiz Fernando Bandeira de. *Impeachment à brasileira: contornos da responsabilidade política do presidente da República*. Brasília: Senado Federal, 2024.

MELLO FRANCO, Afonso Arinos de; PILLA, Raúl. *Presidencialismo ou parlamentarismo?* Rio de Janeiro: José Olympio, 1958.

MELO, Marcus André; PEREIRA, Carlos. *Making Brazil Work: Checking the President in a Multiparty System*. New York: Palgrave, 2013.

MELO, Marcus André; PEREIRA, Carlos. *Por que a democracia brasileira não morreu?* São Paulo: Companhia das Letras, 2024.

MELO, Marcus André. As metamorfoses do presidencialismo: relações Executivo--Legislativo em novo equilíbrio institucional e perspectivas de reforma. *In*: SORJ, Bernardo; FAUSTO, Sérgio (org.). *Desafios do sistema político brasileiro*. São Paulo: Fundação Fernando Henrique Cardoso, 2024. p. 32-65.

MENDES, Gilmar Ferreira.; BRANCO, Paulo Gustavo Gonet. *Curso de direito constitucional*. 17 ed. São Paulo: Saraiva, 2022.

MENDONÇA, Daniel. *Democracia vulnerable: un estudio sobre el sistema político paraguayo*. Asunción: Intercontinental Editora, 2010.

MENDOZA, Cristhian Uribe Mendoza. *México elecciones 2021 (diputaciones federales y estatales, gubernaturas, presidencias municipales, sindicaturas, eegidurías y concejalías). Análisis de elecciones 2021. México: Observatorio de Reformas Políticas en América Latina, IIJ-UNAM y Organización de los Estados Americanos (OEA). 2021*.

MENDOZA BERRUETO, Eliseo. *El presidencialismo mexicano: génesis de un sistema imperfecto*. México: El Colegio de la Frontera Norte, FCE, 1996.

MENDOZA BERRUETO, Eliseo. *El presidencialismo mexicano: una tradición ante la reforma del Estado*. México: Fondo de Cultura Económica, 1998.

MÉXICO. [Constituição (1917)]. *Constitución Política de los Estados Unidos Mexicanos*. Ciudad de México: Cámara de Diputados, 1917. Disponível em: https://www.diputados.gob.mx/LeyesBiblio/pdf/CPEUM.pdf. Acesso em: 14 jan. 2025.

MIGUEL, Luís Felipe. Os partidos brasileiros e o eixo "esquerda–direita". In: KRAUSE, Silvana; DANTAS, Humberto; MIGUEL, Luís Felipe (org.). *Coligações partidárias na nova democracia brasileira*. São Paulo: Editora Unesp, 2010. p. 31-38.

MILKIS, Sidney; NELSON, Michael. *The American Presidency: Origins and Development, 1776–2021*. 9. ed. Washington, DC: CQ Press, 2022.

MILKIS, Sidney. *The President and the Parties: The Transformation of the American Party System Since the New Deal*. New York: Oxford University Press, 1995.

MINISTRO que "fizer alguma coisa errada" sai do Governo, garante Lula no primeiro conselho de ministros. *Publico*, Lisboa, 6 jan. 2023. Disponível em: https://www.publico.pt/2023/01/06/mundo/noticia/ministro-fizer-errada-sai-governo-garante--lula-conselho-ministros-2034076#google_vignette. Acessoe em: 28 mar. 2024.

MIRANDA, Jorge. A Constituição de Angola de 2010. *O Direito*, ano 142, v. I, p. 9-38, 2010.

MOBRAND, Erik. *Top-down democracy in South Korea*. Seattle: University of Washington Press, 2019.

MOREIRA, Adriano. O Regime: Presidencialismo do Primeiro Ministro. *In:* COELHO, Mário Baptista (coord.). *Portugal: o sistema político e constitucional, 1974-1987*. Lisboa: Instituto de Ciências Sociais da Universidade, 1989. p. 31-38.

MOULIN, Richard. *Le presidentialisme et la classification des régimes politiques*. Paris: LGDJ, 1978.

MOUNK, Yascha. *Povo Vs. democracia: saiba porque a nossa liberdade está em perigo e como a podemos salvar*. Alfragide: Lua de Papel, 2019.

MULLER, Jan-Werner. Protecting Popular Self-Government from the People? New Normative Perspectives on Militant Democracy. *Annual Review of Political Science*, v. 19, p. 249–265, 2016.

MUÑOZ QUESADA, Hugo Alfonso. El régimen presidencial costarricense. *Revista de Ciencias Jurídicas*, n. 24, p. 273-287, 1974.

MUÑOZ QUESADA, Hugo Alfonso. *La Asamblea Legislativa en el sistema constitucional costarricense*. San José: PRODEL, 1997.

MURAKAMI, Yusuke. *Perú en la era del chino: la política no institucionalizada y el pueblo en busca de un salvador*. 3. ed. Lima: Instituto de Estudios Peruanos (IEP), 2018.

NATHAN, Richard. Federalism - The great composition. *In:* KING, Anthony (org.). *The new American political system*. 2. ed. Washington, DC: AEI Press, 1990. p. 231-261.

NEGRETTO, Gabriel. Government capacities and policy making by decree in Latin America: the cases of Brazil and Argentina. *Comparative Political Studies*, v. 37, n. 5, p. 531-562, 2004.

NEGRETTO, Gabriel. La reforma del presidencialismo en América Latina hacia un modelo híbrido. *Revista Uruguaya de Ciencia Política*, v. 27, n. 1, p. 131-151, 2018.

NEGRETTO, Gabriel. Minority Presidents and Democratic Performance in Latin America. *Latin American Politics and Society*. v. 48, n. 3, p. 63-92, 2006.

NERIA GOVEA, Miguel. El poder constituyente permanente en México y el problema de los límites de la reforma constitucional. *Estudios Constitucionales*, ano 16, n. 1, p. 67-98, 2018.

NEUSTADT, Richard. *Presidential Power: The Politics of Leadership*. New York; London: John Wiley & Sons, 1960.

NEUSTADT, Richard. *Presidential power and the modern presidents: the politics of leadership from Roosevelt to Reagan*. New York: Free Press, 1990.

NEVES, Rômulo. *Cultura política e elementos de análise da política venezuelana*. Brasília: Fundação Alexandre de Gusmão, 2010.

NICHOLS, David. *The myth of the modern presidency*. University Park: Pennsylvania State University Press, 2010.

NICOLAU, Jairo. *História do voto no Brasil*. Rio de Janeiro: Zahar, 2004.

NILSSON-WRIGHT, John. Contested Politics in South Korea. Democratic Evolution, National Identity and Political Partisanship. *RIIA*, 2022. Disponível em: https://www.chathamhouse.org/sites/default/files/2022-07/2022-07-28-contested-politics-south--korea-nilsson-wright.pdf. Acesso em: 9 jan. 2025.

NINO, Carlos Santiago. El hiper-presidencialismo argentino y las concepciones de la democracia. *In*: NINO, Carlos Santiago *et al*. *Presidencialismo puesto a prueba*. Madrid: Centro de Estudios Constitucionales, 1992. p. 19-79.

NOGUEIRA ALCALÁ, Humberto (coord.). *La Constitución reformada de 2005*. Santiago do Chile: Librotecnia, 2005.

NOHLEN, Dieter; FERNÁNDEZ, Mario (orgs.). *El presidencialismo renovado*. Caracas: Nueva Sociedad, 1998.

NOHLEN, Dieter; GARRIDO, Antonio. *Presidencialismo comparado: América Latina*. Madrid: CEPC, 2020.

NOHLEN, Dieter. Presidencialismo versus Parlamentarismo en América Latina. *Revista de Estudios Políticos*, v. 74, p. 43-54, 1991.

NOVAIS, Jorge Reis. *Semipresidencialismo: teoria geral e o sistema português*. 3. ed. Coimbra: Almedina, 2023. p. 137.

NOVAIS, Jorge Reis. *Teoria das formas políticas e dos sistemas de governo*. 2. ed. Lisboa: AAFDL, 2019.

OBSERVATÓRIO DO LEGISLATIVO BRASILEIRO. Disponível em: https://olb.org.br/. Acesso em: 9 jan. 2025.

OPPENHEIM, Lois. *Politics in Chile: democracy, authoritarianism, and the search for development*. New York: Routledge, 2018.

OTERO, Paulo. *A Democracia Totalitária*. Cascais: Princípia, 2001.

OYUGI, Walter. Coalition politics and coalition governments in Africa. *Journal of Contemporary African Studies*, v. 24, n. 1, p. 53-79, 2006.

O'DONNELL, Guillermo. Delegative democracy. *Journal of Democracy*, v. 5, n. 1, p. 55-69, 1994.

O'DONNELL, Guillermo. *Modernization and Bureaucratic-Authoritarianism: Studies in South American Politics*. Berkeley: University of California Press, 1973.

PACATOLO, Carlos. *O domínio decrescente do MPLA no sistema partidário de Angola (2008-2022)*. Lisboa: UCP Editora, 2024.

PAIXÃO, Cristiano; CARVALHO, Cláudia Paiva. *História Constitucional Brasileira: Da Primeira República à Constituição de 1988*. São Paulo: Grupo Almedina, 2023. E-book.

PAKULSKI, Jan; KÖRÖSÉNYI, András. *Toward Leader Democracy*. London: Anthem Press, 2012.

PANAMÁ [Constituição (1972)]. *Constitución Política de la República de Panamá de 1972*. Cidade do Panamá: Asamblea Nacional de Representantes de Corregimientos, 1972. Disponível em: https://www.constituteproject.org/constitution/Panama_2004.pdf. Acesso em: 9 jan. 2025.

PANFICHI, Aldo; DOLORES, Juan. Representação político-eleitoral no Peru: fragmentação e construção partidária (2001-2016). *Revista USP*, n. 109, p. 11-30, 2016.

PARAGUAI. [Constituição (1992)]. *Constitución de la República del Paraguay*. Asunción: Convención Nacional Constituyente, 1992. Disponível em: https://siteal.iiep.unesco.org/sites/default/files/sit_accion_files/constitucion_de_la_republica_del_paraguay.pdf. Acesso em: 28 mar. 2024.

PARK, Chan-wook. Changing patterns of lawmaking in Korea. *In:* THE KOREA HERALD - THE KOREAN POLITICAL SCIENCE ASSOCIATION (ed.). *Political change in Korea*. P'aju-si: Jimmondang, 2008.

PARK, Jinwan. *South Korea's deepening political divide is mapping onto its foreign policy*. The *Diplomat*, jul. 2023. Disponível em: https://thediplomat.com. Acesso em: 9 jan. 2025.

PAYNE, Mark; ALLAMAND ZAVALA, Andrés. Sistemas de elección presidencial y gobernabilidad democrática. *In:* PAYNE, Mark; ZOVATTO, Daniel; MATEO DÍAZ, Mercedes (org.). *La política importa: democracia y desarrollo en América Latina*. Washington, D.C.: Banco Interamericano de Desarrollo / Instituto Internacional para la Democracia y la Asistencia Electoral, 2006, p. 19-40. Disponível em: https://www.idea.int/sites/default/files/publications/la-politica-importa-democracia-y-desarollo--en-america-latina.pdf. Acesso em: 10 out. 2024.

PEDERSEN, Mogens. The dynamics of European party systems: changing patterns of electoral volatility. *European Journal of Political Research*, v. 7, n. 1, p. 1-26, 1979.

PERCEPTIONS on the need for strong, rule-breaking leaders worldwide. *Statista*, 2023. Disponível em: https://www.statista.com/statistics/932923/perceptions-need-strong--rule-breaking-leader-worldwide/. Acesso em: 9 jan. 2025. Acesso em: 9 jan. 2025.

PEREIRA, Carlos; MUELLER, Bernardo. Partidos fracos na arena eleitoral e partidos fortes na arena legislativa: a conexão eleitoral no Brasil. *Dados – Revista de Ciências Sociais*, v. 46, n. 4, p. 735-771, 2003.

PEREIRA, Carlos; POWER, Timothy J.; RENNÓ, Lucio. *From logrolling to logjam: agenda power, presidential decrees, and the unintended consequences of reform in the Brazilian Congress*. Working Paper Number CBS-71-06. Oxford: University of Oxford/Centre for Brazilian Studies, 2006.

PÉREZ ANTÓN, Romeo. El parlamentarismo en la tradición constitucional uruguaya. *Cuadernos del CLAEH*, v. 14, n. 49, p. 107-133, 1989.

PÉREZ LIÑÁN, Aníbal. *Presidential impeachment and the new political instability in Latin America*. Cambridge: Cambridge University Press, 2007.

PETERS, Guy; RHODES, R. A. W.; WRIGHT, Vincent. Staffing the Summit – the administration of the core executive: convergent trends and national specificities. *In:* PETERS, Guy; RHODES, R. A. W.; WRIGHT, Vincent (ed.). *Administering the Summit, Administration of the Core Executive in Developed Countries.* Houndmills: Macmillan, 2000. p. 3-22.

PFEFFER URQUIAGA, Emilio. *Reformas constitucionales 2005.* Santiago do Chile: Editorial Jurídica de Chile, 2005.

PFERSMANN, Otto. Shaping Militant Democracy: Legal Limits to Democratic Stability. *In:* SAJÓ, András (ed.). *Militant Democracy.* Utrecht: Eleven International Publishing, 2004. p. 47-68.

PIGNATARO, Adrián. Lealtad y castigo: comportamiento electoral en Costa Rica. *Revista Uruguaya de Ciencia Política*, v. 26, n. 2, p. 7-25, 2017.

PINHEIRO, Flávio. Chile: um país em movimento. *In:* SOARES, Maria Regina; COUTINHO, Marcelo (org.). *A agenda sul-americana: mudanças e desafios no início do século XXI.* Brasília: FUNAG, 2007. p. 137-174.

PIÑÓN, Francisco. *Presidencialismo: estructura de poder en crisis.* México: Plaza y Valdés Editores, 1995.

PIVEL DEVOTO, Juan. *Historia de los partidos políticos en Uruguay.* Montevideo: Cámara de Representantes, 1994.

PIZA ROCAFORT, Rodolfo. Influencia de la Constitución de los Estados Unidos en las Constituciones de Europa y de América Latina. *Revista de la Facultad de Derecho de la Universidad Complutense*, n. l5, p. 667-687, 1989.

POGUNTKE, Thomas; WEBB, Paul. *The Presidentialization of Politics: a Comparative Study of Modern Democracies.* Oxford: Oxford University Press, 2005.

POGUNTKE, Thomas; WEBB, Paul. The Presidentialization of Politics in Democratic Societies: A Framework for Analysis. *In:* POGUNTKE, Thomas; WEBB, Paul (eds.). *The Presidentialization of Politics: a Comparative Study of Modern Democracies.* Oxford: Oxford University Press, 2005, p. 1-25.

POGUNTKE, Thomas. A presidentializing party state? The Federal Republic of Germany. *In:* POGUNTKE, Thomas; WEBB, Paul (ed.). *The Presidentialization of Politics: a Comparative Study of Modern Democracies.* Oxford: Oxford University Press, 2005. p. 63-87.

POLITY 5. *Democracy Index* [dataset]. *Polity5 Project, Political Regime Characteristics and Transitions, 1800-2018 5.* Processed by Our World in Data, 2020. Disponível em: https://ourworldindata.org/grapher/democracy-index-polity. Acesso em: 29 jul. 2024.

POLSBY, Nelson. Political change and the character of the contemporary Congress. *In:* KING, Anthony (org.). *The new American political system.* 2. ed. Washington, DC: AEI Press, 1990. p. 29-46.

PORFIRO, Camila Almeida. *Limites Constitucionais e Dimensões de Controle.* Belo Horizonte: Fórum, 2021.

POSNER, Eric.; VERMEULE, Adrian. *The executive unbound. After the Madisonian Republic.* Oxford: Oxford University Press, 2011, p. 118.

POSNER, Eric. *Balance-of-powers arguments and the structural constitution. Coase-Sandor Institute for Law & Economics Working Paper,* n. 622, 2012. Disponível em: https://chicagounbound.uchicago.edu/cgi/viewcontent.cgi?article=1071&context=law_and_economics. Acesso em: 25 ago. 2024.

POWER, Timothy; GASIOROWSKI, Mark. Institutional design and democratic consolidation in the Third World. *Comparative Political Studies,* v. 30, n. 2, p. 123–155, 1997.

POWER, Timothy. Presidencialismo de coalizão e o design institucional no Brasil: o que sabemos até agora? *In*: SATHLER, André; BRAGA, Ricardo (ed.). *Legislativo pós-1988: reflexões e perspectivas.* Brasília: Câmara dos Deputados, 2015. p. 15-45.

PRAÇA, Sérgio; FREITAS, Andréa; HOEPERS, Bruno. Political Appointments and Coalition Management in Brazil, 2007-2010. *Journal of Politics in Latin America,* v. 3, n. 2, p. 141-172, 2011.

PRIDHAM, Geoffrey. *Coalitional behavior in theory and practice.* Cambridge: Cambridge University Press, 1986.

PROTECT DEMOCRACY. *Presidential emergency powers explained.* Disponível em: https://protectdemocracy.org/work/presidential-emergency-powers-explained/. Acesso em: 9 jan. 2025.

PRUTSCH, Markus. *Caesarism in the Post-Revolutionary Age.* London: Bloomsbury, 2020.

PRZEWORSKI, Adam. *Crises da democracia.* Rio de Janeiro: Zahar, 2020.

QUÊNIA. *Constitution of Kenya, 2010.* Nairobi: National Council for Law Reporting, 2010. Disponível em: http://kenyalaw.org/kl/index.php?id=398. Acesso em: 9 jan. 2025.

RAHAT, Gideon; KENIG, Ofer. *From party politics to personalized politics?.* Oxford: Oxford University Press, 2018.

RAILE, Eric; PEREIRA, Carlos; POWER, Timothy. The executive toolbox: building legislative support in a multiparty presidential regime." *Political Research Quarterly,* v. 64, n. 2, p. 323-334, jun. 2011.

RAMMÊ, Rogério Santos. O federalismo em perspectiva comparada: contribuições para uma adequada compreensão do federalismo brasileiro. *Revista Eletrônica de Direito e Política,* v. 10, n. 4, p. 2302-2323, 2015.

RAMOS, Dircêo Torrecillas. *O federalismo assimétrico.* Rio de Janeiro: Editora Forense, 2000.

RANGEL, Paulo. *Elementos de política constitucional.* Coimbra: Almedina, 2023.

RANNEY, Austin. *The doctrine of responsible party government: its origins and present state.* Urbana: University of Illinois Press, 1954.

REALE, Miguel. *Parlamentarismo brasileiro.* 2. ed. São Paulo: Saraiva, 1962.

REIS, Bruno. Sistema eleitoral e financiamento de campanhas no Brasil: desventuras do Poder Legislativo sob um hiperpresidencialismo consociativo. *In:* OLIVEN, Ruben;

RIDENTI, Marcelo; BRANDÃO, Gildo (org.). *A Constituição de 1988 na Vida Brasileira*. São Paulo: Hucitec, 2008. p. 57-90.

RENIU, Josep Maria; ALBALA, Adrián. Los gobiernos de coalición y su incidencia sobre los presidencialismos latinoamericanos: el caso del Cono Sur. *Revista de Estudios Políticos*, n. 26, p. 161-214, 2012.

RESNICK, Danielle. Do electoral coalitions facilitate democratic consolidation in Africa? *Party Politics*, v. 19, n. 5, 735-757, 2013.

REY, Beatriz. O Congresso e o balanço de poder no Brasil. *Journal of Democracy em Português*, v. 12, n. 2, p. 1-27, 2023.

RIGGER, Shelley. The education of Chen Shui-bian: Taiwan's experience of divided government. *Journal of Contemporary China*, v. 11, n. 33, p. 613-624, 2002.

RIGGER, Shelley. *Why Taiwan matters: small island, global powerhouse*. Lanham: Rowman & Littlefield, 2011.

RIGGS, Fred W. The survival of presidentialism in America: para-constitutional practices. *International Political Science Review*, v. 9, n. 4, p. 247-278, 1988.

RIKER, William. *The theory of political coalitions*. New Haven: Yale University Press, 1962.

RINELLA, Angelo. *La forma di governo semi-presidenziale: profili metodologici e circolazione del modello francese in Europa centro-orientale*. Torino: Giappichelli, 1997.

RISSOTTO, Rodolfo; ZOVATTO, Daniel. Direct Democracy in Uruguay. *In:* IDEA (ed.). *Direct Democracy: The International IDEA Handbook*. Estocolmo: International Institute for Democracy and Electoral Assistance, 2008.

RODRIGUES, Theófilo. Propostas de Reforma do sistema eleitoral no Brasil: o que pensa a ciência política brasileira? *Revista Brasileira de Estudos Políticos*, n. 124, p. 487-526, jan./jun. 2022.

ROMERO, Luis Alberto. *Breve Historia Contemporánea de la Argentina 1916-2016*. 4. ed. Buenos Aires: Fondo de Cultura Económica, 2017.

ROSE-ACKERMAN, Susan; DESIERTO, Diane A.; VOLOSIN, Natalia. Hyper-presidentialism: separation of powers without checks and balances in Argentina and the Philippines. *Berkeley Journal of International Law*, v. 29, n. 1, p. 246-333, 2011.

ROSEN, Jeffrey. *The most democratic branch: how the courts serve America*. Oxford: Oxford University Press, 2006.

ROSENFELD, Sam. A Choice, Not an Echo: Polarization and the Transformation of the American Party System. 2014. Tese (Doutorado em História) – Harvard University, The Department of History, Cambridge, 2014.

ROSENFELD, Sam. *The polarizers: postwar architects of our partisan era*. Chicago: University of Chicago Press, 2018.

ROSSITER, Clinton. *The American Presidency*. New York: Harcourt, Brace & World, 1960.

ROTTINGHAUS, Brandon. Presidents and Congress. *In:* COX HAN, Lori (ed.). *New directions in the American presidency*. New York: Routledge, 2018.

RUDALEVIGE, Andrew. Executive orders and presidential unilateralism. *Presidential Studies Quarterly*, v. 42, n. 1, p. 138-160, 2012.

SABATER, Javier. Presidencialismo y relaciones ejecutivo-legislativo en la Argentina (1983-2007). *Colección*, n. 21, p. 177-212, 2011.

SABSAY, Daniel A. El semipresidencialismo: una visión comparada. *In*: NINO, Carlos Santiago *et al. El presidencialismo puesto a prueba*. Madrid: Centro de Estudos Constitucionales, 1992. p. 197-214.

SAGÜES, Néstor Pedro. *Elementos de derecho constitucional*. Tomo I. 3. ed. Buenos Aires: Astrea, 1999.

SAIEGH, Sebastian. *Ruling by statute: how uncertainty and vote buying shape lawmaking.* New York: Cambridge University Press, 2014.

SAJÓ, András. From Militant Democracy to the Preventive State? *Cardozo Law Review*, v. 5, p. 2255–2294, 2006.

SAJÓ, András (ed.). *Militant Democracy*. Utrecht: Eleven International Publishing, 2004.

SALDANHA, Ana Claudia. Estado Federal e Descentralização: uma visão crítica do federalismo brasileiro. *Revista Sequência*, n. 59, p. 327-360, 2009.

SAMPAIO, Marco Aurélio. *A medida provisória no presidencialismo brasileiro.* São Paulo: Malheiros, 2007.

SAMUELS, David; SHUGART, Matthew. *Presidents, Parties, and Prime Ministers: How the Separation of Powers Affects Party Organization and Behavior.* Cambridge: Cambridge University Press, 2010.

SÁNCHEZ, Ilka. Costa Rica: nuevos actores y transformación del paisaje político. *In*: ALCÁNTARA, Manuel. *et al.* (ed.). *Elecciones y partidos en América Latina en el cambio de ciclo*. Madrid: Centro de Investigaciones Sociológicas, 2018. p. 161-176.

SANDRO, Paolo. *The making of constitutional democracy. From creation to application of law*. Oxford: Hart Publishing, 2022.

SANTOS, Fabiano. Em defesa do presidencialismo de coalizão. In: ARY, Gláucio; SOARES, Dillon; RENNÓ, Lucio (orgs.). *Reforma Política: Lições da História Recente*. Rio de Janeiro: Ed. FGV, 2006. p. 133-153.

SANTOS, Fabiano. *O poder legislativo no presidencialismo de coalizão*. Belo Horizonte: UFMG; Rio de Janeiro: IUPERJ, 2003.

SANTOS, José Reis. *Entre o Futungo e a Assembleia: considerações sobre o sistema político angolano. In*: LOBO, Marina Costa; AMORIM NETO, Octavio (org.). *O semipresidencialismo nos países de língua portuguesa*. Lisboa: ICS, 2009. p. 49-78.

SARTORI, Giovanni. *Ingegneria costituzionale comparata*. Bolonha: Il Mulino, 1995.

SARTORI, Giovanni. Neither presidentialism nor parliamentarism. *In*: LINZ, Juan; VALENZUELA, Arturo (orgs.). *The failure of presidential democracy: comparative perspectives*. Baltimore: Johns Hopkins University Press, 1994. p. 106-118.

SARTORI, Giovanni. Nem Presidencialismo, nem Parlamentarismo. *Novos Estudos*, n. 35, p. 3-14, mar. 1993. p. 11-12.

SARTORI, Giovanni. *Parties and party systems: a framework for analysis.* Cambridge: Cambridge University Press, 1976.

SAVAGE, Sean. *JFK, LBJ, and the Democratic Party.* Albany: State University of New York Press, 2004.

SAVELIS, Peter. Exaggerated presidentialism and moderate presidents: executive-legislative relations in Chile. *In:* MORGENSTERN, Scott; NACIF, Benito (ed.). *Legislative politics in Latin America.* Cambridge: Cambridge University Press, 2002. p. 79-113.

SAVELIS, Peter. *The president and Congress in postauthoritarian Chile: institutional constraints to democratic consolidation.* University Park: Penn State University Press, 2000.

SCHLESINGER JR., Arthur. *The imperial presidency.* Boston: Houghton Mifflin, 1973.

SCHLOZMAN, Daniel; ROSENFELD, Sam. *The Hollow Parties: The Many Pasts and Disordered Present of American Party Politics.* Princeton: Princeton University Press, 2024.

SENEGAL. [Constituição (2010)]. *La constitution.* Dacar: Conselho de Governo, 2010. Disponível em: https://conseilconstitutionnel.sn/la-constitution/. Acesso em: 28 mar. 2024.

SEO, Hyun-Jin. Controversy over presidential term. *In:* THE KOREA HERALD - THE KOREAN POLITICAL SCIENCE ASSOCIATION (eds.). *Political change in Korea.* P'aju-si: Jimmondang, 2008.

SERRAFERO, Mario Daniel; EBERHARDT, Maria Laura. Presidencialismo y Revocatoria de mandato presidencial en América Latina. Política y Sociedad, v. 54, n. 2, p. 497-519, out. 2017.

SERVÍN AGUILLÓN, Gerardo. *Presidencialismo y gobernalismo en México. Revista Misión Jurídica,* v. 13, n. 19, p. 188-203, 2020.

SHAPIRO, Martin. *Courts: a comparative and political analyses.* Chicago: The University of Chicago Press, 1981.

SHAPIRO, Martin. *Freedom of Speech: The Supreme Court and Judicial Review.* Englewood Cliffs: Prentice-Hall, 1966.

SHINN, Henry. Long road ahead for progressives in Korea. *In:* THE KOREA HERALD - THE KOREAN POLITICAL SCIENCE ASSOCIATION (ed.). *Political change in Korea.* P'aju-si: Jimmondang, 2008.

SHUGART, Mathew; CAREY, John. *Presidents and assemblies: constitutional design and electoral dynamics.* Cambridge: Cambridge University Press, 1992.

SIAROFF, Alan. *Comparing Political Regimes: A Thematic Introduction to Comparative Politics.* 4. ed. Toronto: University of Toronto Press, 2022.

SILVA, Henrique Neves da. Distorções do Sistema Proporcional Brasileiro. *In:* VICTOR, Sérgio *et al.* (org.). *A Defesa da Constituição e do Estado de Direito: Homenagem aos 20 anos do Ministro Gilmar Mendes no STF.* São Paulo: Contracorrente, 2022. p. 179-201.

SILVA, José Afonso. Presidencialismo e Parlamentarismo no Brasil. *Revista de Ciência Política,* v. 33, n. 1, p. 9-32, 1990.

SILVA, Rafaela S. "Beyond Brazilian coalition presidentialism: the appropriation of the legislative agenda." *Brazilian Political Science Review*, v. 8, n. 3, p. 98-135, 2014.

SOLARES, Ignacio. *El Jefe Máximo*. México: Alfaguara, 2011.

SOMMA, Nicolás. Chilean democracy, past and present. *Latin American Research Review*, v. 57, n. 2, p. 490-503, 2022.

SONDROL, Paul. Paraguay: challenges in democratic consolidation. *In:* KLINE, Harvey; WIARDA, Howard (ed.). *Latin American politics and development*. Boulder: Westview Press, 2011. p. 325-344.

SOUZA NETO, Cláudio. *Democracia em crise no Brasil*. Rio de Janeiro: Eduerj, 2020.

STEPAN, Alfred; SKACH, Cindy. Constitutional frameworks and democratic consolidation: parliamentarianism versus presidentialism. *World Politics*, v. 46, n. 1, p. 1-22, out. 1993.

STRECK, Lenio Luiz; OLIVEIRA, Marcelo Andrade Cattoni de; BAHIA, Alexandre. Comentário ao artigo 85. In: CANOTILHO, J.J. Gomes *et al.* (coord.). *Comentários à Constituição do Brasil*. São Paulo: Saraiva: Almedina, 2013. p. 1285-1287.

SUNSTEIN, Cass. *Republic: divided democracy in the age of social media*. Princeton: Princeton University Press, 2017.

TAJADURA TEJADA, Javier. Ensayo de una teoría de la jefatura del Estado parlamentario. In: TAJADURA TEJADA, Javier (dir.). La jefatura del Estado parlamentario en el siglo XXI. Sevilla: Athenica, 2022. p. 13-88.

TANAKA, Martín; MOREL, Jorge. The singularity of Peruvian politics and the role of presidential leadership: The Cases of Alberto Fujimori and Alan García. *In:* ALCÁNTARA, Manuel; BLONDEL, Jean; THIEBAULT, Jean-Louis (ed.). *Presidents and democracy in Latin America*. London: Routledge, 2018. p. 145-165.

TEITEL, Ruti. Militant Democracy: Comparative Constitutional Perspectives. *Michigan Journal of International Law*, v. 29, n. 29, p. 49–70, 2007.

THE AMERICAN Presidency Project. Disponível em: https://www.presidency.ucsb.edu/statistics/data/house-and-senate-concurrence-with-presidents. Acesso em: 7 jan. 2025.

THE KOREA HERALD - THE KOREAN POLITICAL SCIENCE ASSOCIATION (eds.). *Political change in Korea*. P'aju-si: Jimmondang, 2008.

THE WHITE HOUSE. *The legislative branch*. Disponível em: https://www.whitehouse.gov/about-the-white-house/our-government/the-legislative-branch/. Acesso em: 9 jan. 2025.

THIBAUT, Bernhard. *Präsidentialismus und Demokratie in Lateinamerika: Argentinien, Brasilien, Chile und Uruguay im historischen Vergleich*. Opladen: Leske+Budrich, 1996.

THIÉBAULT, Jean-Louis. Presidential leadership in Latin America. *In:* ALCÁNTARA, Manuel; BLONDEL, Jean; THIÉBAULT, Jean-Louis (eds.). *Presidents and democracy in Latin America*. New York; London: Routledge, 2018, p. 24.

THIEL, Markus (ed.). *The 'militant democracy' principle in modern democracies*. London; New York: Routledge, 2009.

THIES, Michael. 2001. Keeping Tabs on Partners: The Logic of Delegation in Coalition Governments. *American Journal of Political Science*, v. 45, n. 3, p. 580-598, 2001.

THOMASHAUSEN, André. O desenvolvimento, contexto e apreço da Constituição de Angola de 2010. *In*: SOUSa, Marcelo *et al.* (coord). *Estudos em Homenagem ao Prof. Doutor Jorge Miranda*. v. I. Coimbra: Coimbra Editora, 2012. p. 323-348.

TOCQUEVILLE, Alexis de. *Democracia na América*. Publicado pela primeira vez em 1835. Tradução portuguesa. Lisboa: Estúdios Cor, [s.d.].

TOLEDO, Ricardo Espinoza; MEYENBERG LEYCEGUI, Yolanda. Ejecutivo y Legislativo: del multipartidismo al predominio de Morena. *In*: MARTÍNEZ LÓPEZ, Cornelio; MIRÓN LINCE, Rosa María; ZEPEDA, Pedro José (coord.). *Transición y cambio en el Congreso Mexicano*. México: Instituto Belisario Domínguez, Senado de la República, 2020. p. 53-72.

TORQUEMADA GONZÁLEZ, David. *Caracterización del presidencialismo mexicano: análisis histórico, orientaciones futuras e implicaciones hacia la administración pública*. 2005. Tese (Licenciatura) – Instituto de Ciencias Sociales y Humanidades, UAEH, Pachuca, 2005.

TRIBE, Laurence; MATZ, Joshua. *To end a presidency: the power of impeachment*. New York: Basic Books, 2018.

TSEBELIS, George; MONEY, Jeannette. *Bicameralism*. Cambridge: Cambridge University Press, 1997.

TUDOR, Daniel. *Korea: the impossible country*. North Clarendon: Tuttle Publishing, 2018.

TULIS, Jeffrey. *The rhetorical presidency*. Princeton: Princeton University Press, 1987.

TURTELLI, Camila. Após reação do Congresso, Pacheco afirma que irá devolver parte da MP do PIS/COFINS para o Governo. *O Globo*, 11 jun. 2024. Disponível em: https://oglobo.globo.com/economia/noticia/2024/06/11/apos-reacao-do-congresso-
-pacheco-afirma-que-ira-devolver-parte-da-mp-do-piscofins-para-governo.ghtml. Acesso em: 9 jan. 2025.

TUSHNET, Mark. *The new fourth branch: institutions for protecting constitutional democracy*. New York: Cambridge University Press, 2021.

TYULKINA, Svetlana. *Militant Democracy: Undemocratic Political Parties and Beyond*. London; New York: Routledge, 2015.

U.S. GOVERNMENT PUBLISHING OFFICE. *United States government policy and supporting positions (Plum Book)*. Washington, DC: U.S. Government Publishing Office, 2020. Disponível em: https://www.govinfo.gov/collection/plum-book?path=/
gpo/United%20States%20Government%20Policy%20and%20Supporting%20Positions%20(Plum%20Book)/2020/GPO-PLUMBOOK-2020. Acesso em: 9 jan. 2025.

UNITED STATES. [Constituição (1787)]. *Constitution of the United States of America*. Washington, DC: National Archives and Records Administration, 2025. Disponível em: https://www.archives.gov/founding-docs/constitution-transcript. Acesso em: 9 jan. 2025.

UNITED STATES. *Articles of Confederation, 1781. In:* AVALON PROJECT, Lillian Gold-man Law Library. New Haven: Yale Law School, 2008. Disponível em: https://avalon. law.yale.edu/18th_century/artconf.asp. Acesso em: 9 jan. 2025.

UNITED STATES. U.S General Accounting Office. *The Budget and Accounting Act.* Washington, DC: GAO, 1966. Disponível em: https://www.gao.gov/products/d03855. Acesso em: 9 jan 2025.

UNITED STATES CENSUS BUREAU. *Record high turnout in 2020 general election.* Dis-ponível em: https://www.census.gov/library/stories/2021/04/record-high-turnout--in-2020-general-election.html. Acesso em: 9 jan. 2025.

UNITED STATES HOUSE OF REPRESENTATIVES. *Party government.* Disponível em: https://history.house.gov/Institution/Presidents-Coinciding/Party-Government/. Acesso em: 9 jan. 2025.

UNITED STATES SENATE. *About filibusters and cloture - Historical overview.* Disponível em: https://www.senate.gov/about/powers-procedures/filibusters-cloture/overview. htm. Acesso em: 9 jan. 2025.

UNITED STATES SENATE. *Rejected treaties.* Disponível em: https://www.senate.gov/ legislative/RejectedTreaties.htm. Acesso em: 9 jan. 2025.

UNITED STATES SENATE. *Supreme Court nominations: present-1789.* Disponível em: https://www.senate.gov/legislative/nominations/SupremeCourtNominations1789pre-sent.htm. Acesso em: 9 jan. 2025.

UNITED STATES SENATE. *Vetoes by president.* Disponível em: https://www.senate.gov/ legislative/vetoes/vetoCounts.htm. Acesso em: 9 jan. 2025.

UPRIMNY, Rodrigo. The recent transformation of constitutional law in Latin America: trends and challenges. *Texas Law Review,* v. 89, n. 7, p. 1587-1609, 2011.

URBINATI, Nadia. *Democracy disfigured.* Cambridge, MA: Harvard University Press, 2014.

URBINATI, Nadia. *Me the people: how populism transforms democracy.* Cambridge, MA: Harvard University Press, 2019.

URIBE VARGAS, Diego. *Evolución política y constitucional de Colombia.* Madrid: Uni-versidad Complutense de Madrid, 1996.

URUGUAY [Constituição (1967)]. *Constitución de la República Oriental del Uruguay de 1967.* Montevidéu: Asamblea General Constituyente y Legislativa del Estado, 1967. Disponível em: https://www2.camara.leg.br/atividade-legislativa/comissoes/ comissoes-mistas/cpcms/publicacoeseeventos/livros.html/uruguai.html. Acesso em: 9 jan. 2025.

USA. *INS vs. Chadha.* 462 U.S. 919 (1983). INS vs. Chadha. Disponível em: https://supre-me.justia.com/cases/federal/us/462/919/. Acesso em: 9 jan. 2025.

USA. *McGrain vs. Daugherty,* 273 U.S. 135 (1927). McGrain vs. Daugherty. Disponível em: https://supreme.justia.com/cases/federal/us/273/135/. Acesso em: 9 jan. 2025.

USA. *Missouri Pacific Ry. Co. vs. Kansas.* 248 U.S. 276 (1919). Missouri Pacific Railway Company vs. Kansas. Disponível em: https://supreme.justia.com/cases/federal/us/248/276/. Acesso em: 9 jan. 2025.

USA. *Sinclair vs. United States,* 279 U.S. 263 (1929). Sinclair vs. United States. Disponível em: https://supreme.justia.com/cases/federal/us/279/263/. Acesso em: 9 jan. 2025.

VALADÉS, Diego. *El gobierno de gabinete.* México: UNAM, Instituto de Investigaciones Jurídicas, 2003.

VALADÉS, Diego. *La parlamentarización de los sistemas presidenciales.* Ciudad de México: UNAM, El Colegio Nacional, 2011.

VALENCIA ESCAMILLA, Laura. Institucionalización en el Congreso Federal: transición y cambio. *In:* MARTÍNEZ LÓPEZ, Cornelio; MIRÓN LINCE, Rosa María; ZEPEDA, Pedro José (coords.). *Transición y cambio en el Congreso Mexicano.* México: Instituto Belisario Domínguez, Senado de la República, 2020. p. 23-53.

VALENCIA ESCAMILLA, Laura. Representación y reelección legislativa México: la elección federal de 2021. *Revista Mexicana de Opinión Pública,* ano 1, n. 32, p. 97-115, ene.-jun. 2022.

VALENZUELA, Arturo. Latin America: Presidentialism in Crisis. *Journal of Democracy,* v. 4, p. 3-16, 1993.

VALENZUELA, Arturo. Latin American Presidencies Interrupted. *Journal of Democracy,* v. 15, n. 4, p. 5-19, 2004, p. 12.

VALENZUELA, Arturo. Party politics and the crisis of presidentialism in Chile: a proposal for a parliamentary form of government. *In:* LINZ, Juan J.; VALENZUELA, Arturo (org.). *The failure of presidential democracy.* Baltimore: Johns Hopkins University Press, 1994. p. 91-150.

VALENZUELA, Arturo. *The Breakdown of Democratic Regimes: Chile.* Baltimore: Johns Hopkins University Press, 1978.

VALENZUELA, J. Samuel. *The origins and transformations of the Chilean party system. Working Paper, n. 215.* Notre Dame: Kellogg Institute, 1995.

VALERIANO, João. *A institucionalização do poder tradicional em Angola.* Coimbra: Almedina, 2020.

VAN DE WALLE, Nicolas. Presidentialism and clientelism in Africa's emerging party systems. *Journal of Modern African Studies,* v. 41, n. 2, p. 297-321, 2003.

VARELA MARTÍNEZ, C. El desequilibrio de poderes en México: relaciones Executivo--Legislativo. *In:* MARTÍNEZ RODRÍGUEZ, Antonia; PARRA BARBOSA, José Francisco (ed.). *El Estado postransicional en México: un análisis sobre los cambios políticos y sus efectos en actores e instituciones.* Madrid: Fundación Ortega e Gasset, 2010.

VAUGHN, Justin; VILLALOBOS, José. *Czars in the White House: the rise of policy czars as presidential management tools.* Ann Arbor: University of Michigan Press, 2015.

VAUGHN, Justin. Presidents and Leadership. *In:* HAN, Lori Cox (ed.). *New directions in the American presidency.* New York: Routledge, 2018, p. 255.

V-DEM INSTITUTE. *Democracy Report 2024: Democracy Winning and Losing at the Ballot*. Gotemburgo: V-Dem Institute, 2024. Disponível em: https://v-dem.net/documents/49/v-dem_dr_2024_portuguese_lowres.pdf. Acesso em: 9 jan. 2025.

VEDEL, Georges. Variations et cohabitations. *Pouvoirs*, v. 83, p. 101-129, 1997.

VEGA VERA, David Manuel. *El presidencialismo mexicano en la modernidad: estudio sociológico y constitucional*. México: Editorial Porrúa, 1989.

VENEZUELA [Constituição (1961)]. *Constitución de la República de Venezuela de 1961*. Caracas: El Congreso de la República de Venezuela. 1961. Disponível em: http://americo.usal.es/oir/legislatina/normasyreglamentos/constituciones/Venezuela1961.pdf. Acesso em: 9 jan. 2025.

VICTOR, Sérgio Antônio. *Presidencialismo de coalizão: exame do atual sistema de governo brasileiro*. São Paulo: Saraiva, 2015.

VIGNUDELLI, Aljs. Sulla separazione dei poteri nel diritto vigente. *Diritto & Questioni Pubbliche*, ano 7, n.1, p. 201-232, 2007.

VOLKOMER, Walter. *American Government*. New York: Appleton-Century-Crofts, 1972.

VERSTEEG, Mila; HORLEY, Timothy Anne Meng; GUIM, Mauricio; GUIRGUIS, Marilyn. The Law and Politics of Presidential Term Limit Evasion. *Columbia Law Review* v. 120, n. 1, p. 173–248, 2020.

XI, Jinping. *A Governança da China*, II. Beijing: Editora de Línguas Estrangeiras, 2018.

WALDRON, Jeremy. Separation of Powers in Thought and Practice? *Boston College Law Review*, v. 54, n. 2, p. 433-468, 2013.

WALLERSTEIN, Immanuel. *World-systems analysis: an introduction*. Durham: Duke University Press, 2004.

WATTENBERG, Martin. From a partisan to a candidate centered. *In:* KING, Anthony (org.). *The new American political system*. 2.ª ed. Washington, DC: AEI Press, 1990. p. 139-74.

WAYNE, Stephen. *The legislative presidency*. New York: Harper & Row, 1978.

WEBB, Paul; POGUNTKE, Thomas. The Presidentialization of Contemporary Democratic Politics: Evidence, Causes and Consequences. *In:* POGUNTKE, Thomas; WEBB, Paul (eds.). *The Presidentialization of Politics: A Comparative Study of Modern Democracies*. Oxford: Oxford University Press, 2005. p. 336-356.

WELDON, Jeffrey. The logic of presidencialismo in Mexico. *In:* MAINWARING, Sott; SHUGART, Matthew. (ed.). *Presidentialism and democracy in Latin America*. Cambridge: Cambridge University Press, 1997. p. 225-258.

WHO likes authoritarianism, and how do they want to change their government? *Pew Research Center*, 2024. Disponível em: https://www.pewresearch.org/short-reads/2024/02/28/who-likes-authoritarianism-and-how-do-they-want-to-change-their-government/sr_24-02-28_authoritarianism_1/. Acesso em: 24 jul. 2024.

WILDAVSKY, Aaron. The two presidencies. *Trans-Action*, v. 4, p. 7-14, 1966.

WILSON, Woodrow. *Congressional Government: A Study in American Politics.* Boston: Houghton Mifflin, 1885.

WOODSTOCK THEOLOGICAL CENTER. *The ethics of lobbying: organized interests, political power, and the common good.* Washington, DC: Georgetown University Press, 2002.

YASHAR, Deborah (org.). *Demanding democracy: reform and reaction in Costa Rica and Guatemala, 1870's–1950's.* Stanford: Stanford University Press, 1997.

YEH, Jiunn-rong. Presidential politics and the judicial facilitation of dialogue between political actors in new Asian democracies: comparing the South Korean and Taiwanese experiences. *International Journal of Constitutional Law,* v. 8, n. 4, p. 911-949, 2010.

YEH, Jiunn-rong. *The Constitution of Taiwan: a Contextual Analysis.* Oxford: Hart Publishing, 2016.

YOO, Seung-ik. Long road to representation in the Assembly. *In:* THE KOREA HERALD; THE KOREAN POLITICAL SCIENCE ASSOCIATION (ed.). *Political change in Korea.* P'aju-si: Jimmondang, 2008. p. 255-275.

YOON, Jong-bin. Causes and consequences of deadlock in the Assembly. *In:* THE KOREA HERALD; THE KOREAN POLITICAL SCIENCE ASSOCIATION (ed.). *Political change in Korea.* P'aju-si: Jimmondang, 2008. p. 261 *et seq.*

ZAMORA SAENZ, Itzkuauhtli. El Congreso en la opinión pública. *In:* MARTÍNEZ LÓPEZ, Cornelio; MIRÓN LINCE, Rosa María; ZEPEDA, Pedro José (coord.). *Transición y Cambio en el Congreso Mexicano.* Ciudad de México: Instituto Belisario Domínguez, Senado de la República, 2020. p. 153-172.

ZELAZNIK, Javier. *The building of coalitions in the presidential systems of Latin America: An inquiry into the political conditions of governability.* 2001. Tese (Doutorado em Ciência Política) – Department of Government, University of Essex, Colchester, 2002.

ZEPEDA, Pedro José. Estrategias presidenciales de negociación frente al Congreso. *In:* MARTÍNEZ LÓPEZ, Cornelio; MIRÓN LINCE, Rosa María; ZEPEDA, Pedro José (coord.). *Transición y cambio en el Congreso Mexicano.* México: Instituto Belisario Domínguez, Senado de la República, 2020. p. 73-94.

ZILIO, Rodrigo López. *Direito Eleitoral.* 6. ed. Porto Alegre: Verbo Jurídico, 2018.

ZIMMERMANN, Augusto. *Teoria Geral do Federalismo Democrático.* Rio de Janeiro: Lumen Juris, 1999.

ZOVATTO, Daniel; TOMMASOLI, Massimo. Introducción. El debate sobre la calidad de las democracias en América Latina: 35 años después del inicio de la Tercera Ola en la región. *In:* MORLINO, Leonardo (org.). *La calidad de las democracias en América Latina.* Estocolmo: IDEA Internacional, 2014. p. 9-33.